AVEC KENNEDY

PIERRE SALINGER

AVEC KENNEDY

WITH KENNEDY

traduit de l'américain

à Nicole
à Marc, Suzanne,
Stephen et Gregory.

BUCHET/CHASTEL
PARIS

REMERCIEMENTS

L'auteur doit une profonde reconnaissance aux nombreuses personnes qui ont collaboré avec lui à la préparation de ce livre. Je vais essayer de les nommer et j'espère n'oublier aucun de ceux qui m'ont aidé pendant les nombreux mois qu'il m'a fallu pour écrire cet ouvrage.

Je désire remercier M. Robert F. Six, président des Continental Airlines où j'occupe actuellement les fonctions de vice-président pour le commerce extérieur et M. Eugene V. Klein, président de la National General Corporation dont j'étais vice-président et dont je suis maintenant conseiller; tous deux ont bien voulu me permettre de travailler à mon livre tandis que je continuais à assumer mes responsabilités. Je souhaite également exprimer ma reconnaissance au Dr Wayne C. Gover, ancien conservateur des Archives et aux membres de son personnel, particulièrement M. Harold Elliott, directeur du service central des Archives de l'Administration de Bell en Californie, pour l'aide qu'ils m'ont apportée en mettant leurs archives à ma disposition. Mrs John F. Kennedy et le sénateur Robert F. Kennedy n'ont cessé de m'accorder leur appui et leurs encouragements. Miss Pamela Turnure, l'ancienne secrétaire de Mrs Kennedy, m'a également apporté son concours.

Ce livre n'aurait jamais vu le jour sans la collaboration de M. Roy Ringer qui a relu mon manuscrit et m'a aidé à réunir mes souvenirs afin que mon récit soit aussi achevé que possible. Miss Joan Miller, ma charmante et compétente secrétaire, a dactylographié le manuscrit aidée de Mrs Betty Duffy qui faisait, elle aussi, partie de mon personnel aux Continental Airlines. Miss Christine Camp, mon ancienne secrétaire à la Maison-Blanche, qui fait maintenant partie du Département d'État dans la division chargée de l'information, a beaucoup contribué au travail de recherche.

Grâce à la compétence qu'elle a acquise en qualité de rédactrice dans une revue, ma femme Nicole m'a donné des avis et des conseils précieux.

Je ne pourrai jamais m'acquitter de la dette de gratitude que j'ai contractée à l'égard de mes collègues du bureau de presse de la Maison-Blanche pour leur fidélité et pour le travail qu'ils ont fourni. Je citerai parmi eux l'attaché de presse adjoint à la Maison-Blanche, Andrew T. Hatcher, les adjoints à l'attaché de presse Jay Gildner et Malcolm Kilduff; mes secrétaires, Chris Camp, Sue Vogelsinger, Barbara Coleman, Barbara Gamarekian, Helen Ganss, Nancy Larson et Jill Cowan, ainsi que les principaux membres du Bureau des Transports et de la Section des Archives de la Maison-Blanche. Wayne Hawks, Dewey Long, Edwin (Jiggs) Fauver, Ray Zook, and Bob Manning.

Mais, plus qu'à quiconque, c'est à John F. Kennedy que va ma reconnaissance; c'est à lui que je dois d'avoir vécu ces événements extraordinaires et d'y avoir participé.

I

Le matin du 19 novembre 1963, je reçus une lettre d'une femme de Dallas, dans le Texas.

« Ne laissez pas le Président venir ici, m'écrivait-elle. Je suis inquiète pour lui. Je crois qu'il va lui arriver quelque chose de terrible. »

Je lui répondis le jour même. « Je vous suis reconnaissant pour votre sollicitude à l'égard du Président, lui disais-je, mais il serait bien triste pour notre pays qu'il y eût une ville dans les États-Unis où le Président ne puisse se rendre sans craindre un acte de violence. Je suis certain que la population de Dallas lui fera un accueil chaleureux. »

Je ne montrai jamais cette lettre au Président et je ne lui en parlai pas, mais le 19 novembre 1963 devait être le dernier jour où je le vis vivant.

Ce fut une journée très remplie mais que rien ne distingua de toutes les autres que John F. Kennedy avait passées à la Maison-Blanche.

On avait nourri certaines inquiétudes au sujet du voyage que le Président devait faire au Texas à cause des incidents qui s'étaient produits pendant les visites d'Earl Warren, le président de la Cour suprême et d'Adlai Stevenson, l'ambassadeur à l'O. N. U. Mais le Président lui-même était la dernière personne au monde à se préoccuper de sa propre sécurité. Chaque fois que ce problème avait été abordé devant lui, il avait répondu : « S'il y a quelqu'un d'assez fou pour tuer le Président des États-Unis, qu'il le fasse. Il suffit qu'il soit prêt à donner sa vie en échange de celle du Président. »

Le Président était rentré la veille au soir en avion de Miami Beach où il avait prononcé un discours devant l'Association de la Presse américaine; nous avions atterri à la base militaire de Andrews, près de Washington, le 19 novembre, vers une heure trente du matin.

Les hélicoptères nous avaient amenés jusque sur la pelouse de la Maison-Blanche et là j'avais dit bonne nuit au Président et j'étais monté dans une voiture qui m'attendait pour faire le trajet d'une vingtaine de minutes jusque chez moi, en Virginie.

Je me levai à sept heures, car j'avais une longue journée devant moi. Je fis mes bagages pour le voyage de dix jours que je devais effectuer à Hawaii et au Japon. J'allais à Hawaii pour assister à l'une des conférences qui avaient lieu régulièrement pour discuter de la situation au Viêt-nam. Cette fois, je devais y retrouver Dean Rusk, le secrétaire d'État, Robert S. McNamara, le secrétaire à la Défense, l'ambassadeur Henry Cabot Lodge, le général Maxwell D. Taylor, chef d'état-major général, McGeorge Bundy, de la Maison-Blanche. De là, je devais continuer vers le Japon avec une délégation dirigée par Dean Rusk pour une conférence économique de cinq jours avec les ministres japonais. Mon rôle officiel était celui de porte-parole de la délégation, mais le Président m'avait demandé de procéder à des premiers sondages car il envisageait de faire un voyage au Japon au début de 1964.

Il était huit heures trente quand j'arrivai à mon bureau de la Maison-Blanche. La journée passa vite et sans incident particulier; je consacrai la majeure partie de mon temps à la préparation de dossiers pour Honolulu et le Japon. Un messager du Département d'État vint m'apporter un livre noir de près de dix centimètres d'épaisseur contenant des documents confidentiels sur les relations économiques américano-nippones. J'y jetai un coup d'œil et décidai de le lire en détail pendant le long trajet entre Honolulu et Tokyo.

Je tins deux conférences de presse ce jour-là, l'une à onze heures du matin et l'autre peu avant quatre heures et demie.

Les journalistes étaient surtout intéressés par le voyage du Président au Texas. Ils se montrèrent particulièrement insistants l'après-midi, parce que nous leur avions donné très peu de précisions sur l'itinéraire que suivrait le cortège dans les diverses villes du Texas où le Président devait se rendre. Cette imprécision était voulue car nous avions reçu des ordres dans ce sens de Ken O'Donnell, du secrétariat particulier du Président, qui, avec le Service Secret, était chargé de mettre au point les mesures de sécurité nécessaires pour ce voyage.

L'après-midi, je donnai quand même aux journalistes l'itinéraire exact du voyage et les heures d'arrivée et de départ à San Antonio, Houston, Forth Worth, Dallas, Austin et enfin au Ranch LBJ, demeure du vice-Président, où le Président et Mrs Kennedy devaient passer la dernière nuit du voyage.

A part cela, nous traitâmes, dans ces conférences de presse de sujets banaux comme les nominations à la Commission fédérale consultative pour le contrôle de la pollution de l'eau ou la publication du second rapport annuel des Volontaires de la Paix; l'on me posa aussi des questions sur le but de mon voyage à Honolulu et en Extrême-Orient. La conférence de l'après-midi était la 1.323e que je tenais dans mon bureau depuis l'accession de John Kennedy à la Présidence.

Vers sept heures et demie, j'entrai dans le bureau du Président Kennedy pour lui dire au revoir.

Le Président avait l'air fatigué; il était assis à sa table de travail et signait des lettres, ses lunettes perchées en équilibre précaire sur son nez. Il ne portait de lunettes que dans l'intimité de son bureau et n'oubliait jamais de les fourrer dans sa poche quand il devait se montrer en public.

— Je pars ce soir et je voulais juste vous dire au revoir, dis-je au Président.

Il leva les yeux.

— Tout est prêt, dans mon service, pour votre voyage au Texas, poursuivis-je. McKilduff vous accompagnera là-bas. Andy Hatcher restera à Washington. Je serai de retour dans dix jours, juste avant Thanksgiving et à temps pour aller au match Armée-Marine avec vous.

— Qui s'occupera de la visite du chancelier Erhard? demanda le Président.

— Andy.

— Parfait.

Le Président se tut et retira ses lunettes.

Je me souviens alors de la première impression que j'avais eue en pénétrant dans le bureau : j'avais trouvé que le Président avait l'air las.

— J'aimerais bien ne pas avoir à aller au Texas, dit-il.

Quand je songe à cette remarque, je ne pense pas que le Président eût été en proie à un sentiment de malaise ou qu'il eût des craintes pour sa vie. Il avait l'air las, tout simplement. Nous avions beaucoup voyagé depuis quelques mois.

Je le rassurai.

— Ne vous faites pas de soucis. Tout se passera très bien et vous attirerez plus de monde que jamais. Mrs Kennedy sera avec vous et ce sera formidable.

Le Président sourit de nouveau.

— Enfin, dépêchez-vous de rentrer, dit-il.

Nous nous serrâmes la main, puis je tournai les talons et sortis du bureau.

Le 22 novembre 1963, je me levai à six heures du matin. Le soleil hawaiien entrait à flots dans le cantonnement des officiers qu'on nous avait assigné pour notre réunion sur le Viêt-nam. La conférence durait depuis deux jours et un certain optimisme se dégageait des rapports de l'ambassadeur Cabot Lodge et du général Paul D. Harkins sur l'évolution de la guerre au Viêtnam. Le Président Ngo Dinh Diem venait d'être renversé et l'impression générale était que les militaires qui avaient pris le pouvoir faisaient du bon travail. Il n'y avait qu'une note inquiétante : un rapport indiquant que le Viêt-cong avait profité de la confusion qui avait suivi le renversement de Diem pour progresser sérieusement en certains endroits.

La veille au soir (21 novembre), les cinq membres du cabinet qui devaient se joindre à Dean Rusk pour aller au Japon arrivèrent à Hawaii. Ils étaient tous accompagnés de leurs femmes et la mienne, Nancy, était avec eux. McNamara et Bundy avaient pris un jet et étaient rentrés aux États-Unis.

A sept heures du matin, notre avion, le *Boeing* présidentiel bleu et blanc, décollait de l'aérodrome de Hickam, se dirigeant vers l'île de Wake et Tokyo.

On nous servit un petit déjeuner rapide et je tirai de ma serviette le livre sur les relations économiques américano-nippones que j'avais apporté avec moi. Je le trouvai d'une lecture particulièrement pénible. L'économie n'avait jamais été mon fort et le mécanisme compliqué de la coopération économique entre les États-Unis et le Japon n'était pas facile à démêler. Je regardai autour de moi dans l'avion et vis que la plupart de mes collègues étaient occupés à la même tâche que moi.

Un peu plus tard, alors que j'étais toujours plongé dans ma lecture, je sentis qu'on me tapait sur l'épaule et je levai les yeux. C'était Robert Manning, assistant du secrétaire d'État chargé des Affaires intérieures.

— Le secrétaire veut vous voir à l'avant, dit-il.

« A l'avant », c'était dans la cabine privée réservée au Président mais qui était occupée pendant ce voyage par le secrétaire d'État qui était le plus haut fonctionnaire à bord.

Quand j'arrivai, je trouvai le secrétaire, le visage grave, tenant une feuille de papier jaune à la main. Je la reconnus aussitôt comme venant du téléscripteur de l'avion. Les autres membres du cabinet qui participaient au voyage étaient déjà dans la cabine. Il y avait Douglas Dillon, secrétaire au Trésor, Stewart Udall, secrétaire à l'Intérieur, Luther Hodges, secrétaire au Commerce, Orville Freeman, secrétaire à l'Agriculture, et William Wirtz, secrétaire au Travail.

Tandis que nous attendions Myer Feldman, des bureaux de la Maison-Blanche et Walter Heller, chef du groupe des Conseillers économiques attachés au Président, je regardai par-dessus l'épaule de Rusk.

La dépêche était brouillée en bien des endroits... mais ce que je parvins à déchiffrer était incroyable.

UP-107 — HANOVRE, ALLEMAGNE, NOV.WW (UPI) LE MINISTÈRE PUBLIC
QMWW — UPI-207 — COUPS DE FEU — NSSS
X DALLAS NTEXAS, NOV.22 TROIS COUPS DE FEU ONT ÉTÉ TIRÉS SUR CORTÈGE
Présixent Kennedy AUJOURD'HUI A DALLAS

VVUPLF208 — HANOVRE, ALLEMAGNE, NOV WWKVUP I — LE MINISTÈRE PUBLIC A RECQUIS QUATRE MOIS DE PRISON POUR LE DOCTEUR...

XXXXXX LKDN VOGEN A DIT
QUE LE BEAU DOCTEUR AXEL DOHRN %% ÉTAIT UN IDÉALISTE MAIS A VIOLÉ LA LOI DANS AU MOINS IP DES QNEEP OPÉRATIONS DE STÉRILISATION QU'IL A EXÉCUTÉES SUR DES FEMMES — SUITE
HS 137PEST
RV — SSSSSSSS FLASH KENNEDY GRAVEMENT BLESSÉ HS (138PESTSSSSS) METTEZ PEUT ÊTRE PEUT ÊTRE XXXXX GRAVEMENT BLESSÉ HSQEOPEST

SSSSSSSSSSSS
SL GJ OWHL W BLESSÉ PAR Q 139PEST XXXXXXXXXXX

P
KENNEDY BLESSÉ PEUT ÊTRE MORTELLEMENT PAR VBALLES ASSASSINS HS 139PESTSSSSSS
SSSSSS SSSSS

Je lisais et relisais ces lignes pendant que Feldman et Heller se frayaient un chemin dans la cabine. Les mots restaient sur le papier. Ils refusaient de s'en aller.

Le secrétaire d'État nous lut la brève dépêche.

— Mon Dieu! fit Orville Freeman d'une voix étranglée.

Luther Hodges commença à s'affaisser lentement; il agrippa la table des deux mains et plusieurs d'entre nous l'aidèrent à s'asseoir dans un fauteuil.

Puis il y eut un silence interminable; chacun de nous s'enfonça dans son propre chagrin.

— Il faut rentrer tout de suite, dis-je à Dean Rusk.

— Oui, mais il faut vérifier la nouvelle d'une manière ou d'une autre. Mettez-nous en rapport avec la Maison-Blanche et voyez aussi si vous pouvez parler à l'amiral Felt, au CINCPAC (Commandement en Chef Pacifique).

Je sortis par la porte de devant de la cabine et allai dans la salle de transmissions.

— Appelez la Maison-Blanche et l'amiral Felt, ordonnai-je aux radios, les sergents Walter C. Baughman et Darrel Skinner.

Moins d'une minute plus tard, je parlais avec le Centre opérationnel de la Maison-Blanche, centre nerveux de la nation, à près de dix mille kilomètres de là.

— Centre opérationnel, ici Wayside (mon nom de code). Pouvez me donner les dernières nouvelles sur Lancer (nom de code du Président).

On me répondit aussitôt : « Le gouverneur Connally et lui ont été atteints par des coups de feu dans leur voiture. »

— Tenez-nous au courant, s'il vous plaît. Dean Rusk est avec nous et notre avion se dirige vers le Japon. Nous retournons à Honolulu. Nous y serons dans deux heures environ. Il faut que nous soyons tenus au courant pour décider si certains d'entre nous doivent se rendre directement à Dallas.

Je reposai le micro et dis au sergent Baughman de rester en ligne et d'essayer de joindre l'amiral Felt, puis je retournai dans la cabine pour communiquer ce que je venais d'apprendre à Dean Rusk. Il ordonna de faire demi-tour immédiatement.

Le radio me rappela presque aussitôt.

— La dépêche de l'AP vient de sortir. Président touché à la tête. Ils viennent de l'annoncer, disait le Centre opérationnel.

— Compris. Président touché à la tête, répondis-je, retournant dans la cabine de Rusk.

Nous étions alors à 1.900 kilomètres de l'île de Wake et à 1.200 d'Honolulu.

Dean Rusk avait rapidement pris la situation en main. Il estimait que si le Président était en vie, certains d'entre nous devaient se rendre immédiatement à Dallas, auprès de lui. D'autres devaient rentrer à Washington aussi vite que possible. Le secrétaire d'État décida que lui-même, Bob Manning et moi irions à Dallas et les autres rentreraient dans la capitale.

La communication fut établie également avec l'amiral Harry D. Felt. Les renseignements qu'il avait sur l'état de santé du Président étaient les mêmes que ceux que nous venions de recevoir de la Maison-Blanche. Le secrétaire d'État lui donna l'ordre de tenir prêt un *Boeing-707* avec le plein de carburant sur la piste d'envol d'Honolulu pour nous emmener, Manning, lui et moi, à Dallas. L'avion à bord duquel nous étions devait refaire le plein à Hawaii aussi vite que possible et retourner à Washington.

A ce moment, la radio se remit à grésiller.

— Centre opérationnel... Où vous trouvez-vous?

— (radio) Wayside est parti à l'arrière. Nous sommes à deux heures d'Honolulu.

— Centre opérationnel... que Wayside reste en ligne. Nous recevons des informations... Je vous lis la dépêche de l'AP : « Kennedy apparemment touché à la tête est tombé face contre terre, la tête ensanglantée. Mrs Kennedy a crié... Connally s'est effondré vers la gauche, il a du sang sur le visage et le front. C'est tout. » Une pause, puis : « Président et gouverneur Connally transportés d'urgence à l'Hôpital Parkland de Dallas... vous contacterons dès que nous aurons du nouveau. »

Le radio apporta la dépêche dans la cabine et la lut, la gorge serrée. Douglas Dillon secouait la tête, incrédule.

A l'avant, la radio continuait à fonctionner.

Tour de contrôle de la base d'Andrews : « 869.72 (le numéro de notre avion). Mr Murray Jackson (assistant particulier du secrétaire à la Défense McNamara) désire parler au colonel (lieutenant-colonel James) Toomey (le pilote) et au colonel (Clare, T.) Ireland (le co-pilote). »

Mr Jackson : « Colonel Toomey, le Président des États-Unis a été atteint de plusieurs coups de feu et gravement blessé à Dallas, Texas. Le Président des États-Unis, John F. Kennedy, a été atteint de plusieurs coups de feu et gravement blessé à Dallas, Texas. Le gouverneur Connally a également été blessé. »

Colonel Toomey : « Nous avons déjà reçu cette information par le télé-scripteur de l'UPI, avons fait demi-tour et sommes à une heure vingt minutes d'Honolulu. »

L'avion fendait le ciel du matin dans la direction d'Honolulu. On nous informa qu'un jet était prêt à partir pour Dallas si nécessaire puis on me rappela pour me transmettre deux autres messages.

Le premier était de « Stranger ». Il nous ordonnait de faire demi-tour et de rentrer à Washington. Je l'informai que nous nous dirigions déjà sur Honolulu.

Le second était de Mac Kilduff. « Wayside, Kilduff demande que tous les membres du cabinet retournent immédiatement à Washington. Nous ne savons rien de plus pour le moment... ne quittez pas l'écoute; le Centre opérationnel vous parle.

— Centre opérationnel... Dernier communiqué : On s'efforce de sauver la vie du Président Kennedy qui vient de subir une transfusion sanguine... Le Président est toujours dans la salle des urgences. Connally a été emmené dans la salle d'opérations. Recevez-vous les dépêches de presse ou voulez-vous que nous vous les transmettions? Nous pourrons vous dire si vous devez vous rendre à Dallas quand vous serez arrivés à Honolulu.

Dean Rusk fut sérieusement troublé quand je lui transmis ces messages. Il voulait savoir qui était ce « Stranger » qui donnait des ordres à notre avion.

Il y a généralement à bord de tous les jets présidentiels, un code de la Maison-Blanche. Nous le cherchâmes pendant cinq minutes environ, mais sans résultat.

— Il faut que nous sachions qui est Stranger, dit Dean Rusk. Nous ignorons ce qui se passe à Dallas. Qui est au Gouvernement maintenant?

Cette question, nous nous la posions tous. Nous n'avions pas d'autres nouvelles du Président Kennedy. L'attentat dont il avait été victime était-il un événement isolé ou faisait-il partie d'une conspiration nationale ou internationale? Dans ce dernier cas, notre avion n'était pas à l'abri de toute attaque car la puissance étrangère qui avait machiné l'attentat contre le Président ne négligerait certainement pas le fait que six des dix membres de son cabinet se trouvaient dans un avion au-dessus du Pacifique.

Il fut décidé que je devais cesser d'utiliser le code et découvrir qui était Stranger.

J'eus la réponse en une minute. Stranger était le commandant Harold R. Patterson, l'un des chefs du service de télécommunications de la Maison-Blanche. Il se trouvait à Washington, D. C., au moment où il était entré en contact avec notre avion. Je connaissais bien Patterson. Il était l'un des hommes de confiance de la Maison-Blanche et il ne nous aurait pas envoyé son message s'il n'avait reçu des instructions claires à ce sujet.

J'allais retourner à la cabine pour transmettre le renseignement à Dean Rusk quand le Centre opérationnel rappela.

— Restez à l'écoute un instant. Nous attendons la confirmation de quelque chose... Vous entendons parfaitement... Rien de plus pour vous.

Je restai près de la radio. Trente secondes passèrent. Une minute. Puis j'entendis de nouveau :

— Wayside, ici Centre opérationnel. Nous recevons des rapports contradictoires, aucune confirmation, vous rappellerons quand nous aurons la confirmation.

J'étais plongé dans l'angoisse. J'espérais que tout était pour le mieux, mais je soupçonnais le pire. Le message suivant ne fit rien pour apaiser mes craintes.

— Ici Murray Jackson. Nous voulons reparler à Dean Rusk. Mr Ball, secrétaire intérimaire, désire que tout le monde dans l'avion rentre à Washington au lieu d'aller à Dallas. Que Dean Rusk appelle Mr Ball quand il aura atterri à Honolulu.

Le message suivant nous parvint quelques secondes plus tard.

— Le Centre opérationnel transmet ce qui suit à Wayside : nous venons d'apprendre que Kilduff a annoncé à Dallas que le Président était mort. Il est mort il y a trente-cinq minutes environ. Autre chose. Votre avion a ordre de rentrer à Washington sans arrêt à Dallas.

Le Président est mort. Ces mots n'avaient pas de réalité. Le micro me tomba des mains.

Je retournai lentement dans la cabine. Déjà, des larmes coulaient sur mon visage.

— Le Président est mort, dis-je aux membres du cabinet.

Sans un mot, tous ceux qui étaient dans la cabine courbèrent la tête et prièrent en silence.

Au bout d'un moment, Dean Rusk releva la tête et alla au micro à l'avant de l'avion pour annoncer la mort du Président aux vingt-huit passagers.

— Mesdames et messieurs. Le secrétaire d'État vous parle. Nous venons de recevoir la confirmation officielle de la mort du Président Kennedy. Je suis affligé d'avoir à vous annoncer cette douloureuse nouvelle. Nous avons un nouveau Président. Que Dieu bénisse notre nouveau Président et la nation tout entière.

Un même cri de douleur monta de la bouche de tous les passagers. J'étais debout, à l'avant, et sanglotais. Ma femme Nancy se précipita vers moi et, le visage ruisselant de larmes, m'étreignit pour me consoler. D'autres épouses allèrent vers leur mari et firent de même.

Les sanglots diminuèrent lentement et les passagers retournèrent s'asseoir à leur place où ils demeurèrent muets et accablés.

Une pensée me revenait sans cesse à l'esprit. J'avais été partout dans le monde avec le Président, dans les petites villes d'Amérique comme à Paris, à Rome, à Caracas ou à Bogota. J'avais été avec lui pendant les plus dures journées de la campagne électorale quand nous nous estimions heureux de réunir vingt personnes pour nous entendre et le jour où deux millions de personnes l'avaient triomphalement accueilli à Mexico. Mais, pour cette dernière fois, j'étais à six mille kilomètres de lui.

Dans la cabine de devant, Dean Rusk sortit un bloc de papier jaune et commença lentement à rédiger une déclaration commune des membres du cabinet qui serait publiée après notre atterrissage à Hawaii. Il rédigea aussi un message de condoléance à l'adresse de Mrs Kennedy et un message d'espoir et d'encouragement au nouveau Président des États-Unis, Lyndon B. Johnson.

Nous restâmes en ligne à la fois avec Washington et Hawaii. Il apparut bientôt que le nouveau Président rentrait immédiatement de Dallas à Washington en avion et nous annulâmes l'ordre de tenir prêt un avion pour nous emmener à Dallas. Des dispositions furent prises à la place pour que le jet présidentiel soit ravitaillé en carburant le plus vite possible et fasse le trajet Hawaii-Washington sans escale. Les membres de la délégation ministérielle et leurs épouses reçurent l'ordre de rester dans l'avion quand celui-ci aurait atterri à Honolulu de manière qu'il n'y eût aucun retard.

Nous touchâmes terre à l'aérodrome de Hickam une heure quarante-cinq minutes après la première dépêche. Dean Rusk et moi quittâmes en hâte l'avion pour contacter Washington et Bob Manning descendit aussi pour transmettre la déclaration du cabinet à la presse. Il y avait une foule de journalistes à l'aérodrome, mais le secrétaire d'État et moi-même passâmes devant eux sans dire un mot, montâmes dans une voiture qui nous attendait et filâmes vers le quartier général de l'aviation américaine dans le Pacifique. Là, nous nous saisîmes de deux téléphones; j'appelai la Maison-Blanche et Dean Rusk le Département d'État.

Je parlai à Bromley Smith, secrétaire exécutif du Conseil national de Sécurité. Ce qu'il m'apprit confirmait ce que nous savions déjà. Le nouveau Président était en route pour Washington. Le même avion emportait le cercueil du Président et sa veuve.

Nous avions l'ordre de nous rendre immédiatement à Washington. Il était possible que le Président Johnson tienne un Conseil de cabinet aussitôt après notre atterrissage, et sinon le lendemain matin à dix heures.

Dean Rusk parla au sous-secrétaire d'État, George W. Bell. Il ordonna l'étude immédiate, pays par pays, des problèmes de politique étrangère dont la solution pourrait être affectée par l'assassinat du Président.

Nous eûmes terminé notre travail en moins de dix minutes et nous retournâmes aussitôt vers l'avion.

Il ne fallut que quatorze minutes pour refaire le plein et, vingt-cinq minutes plus tard, nous avions repris l'air. Dans l'avion le silence régnait, coupé parfois d'un sanglot.

Quelqu'un, je ne sais qui, proposa de faire une partie de poker pour passer le temps. Ce fut certainement la plus étrange partie de poker à laquelle j'eusse jamais participé. Nous jouions tout ce qu'il y avait sur la table. L'argent était jeté comme s'il ne valait rien. Il n'y eut aucune des plaisanteries ou apartés qui accompagnent généralement les parties de poker. On n'entendait que les paris énoncés d'une voix étouffée.

Lorsque j'y repense maintenant, il me semble que c'était presque un sacrilège de parler de jouer au poker en un moment pareil. Mais, l'émotion dont nous étions tous étreints était si intense que Dieu seul sait ce qui se serait passé dans l'avion s'il n'y avait pas eu cette partie.

Cependant, au bout d'un moment, nous ne fûmes plus capables de nous concentrer sur le jeu et certains d'entre nous retournèrent lentement vers la cabine du secrétaire d'État.

Là, on discutait pour savoir quel genre d'homme était susceptible de tuer le Président Kennedy. Je me souviens maintenant que presque tout le monde était d'avis qu'il ne pouvait s'agir que d'un fanatique appartenant à la faction extrémiste de droite de Dallas.

Des messages radio continuaient à nous parvenir, et, finalement, nous apprîmes l'histoire de Lee Harvey Oswald, de son séjour en Russie et de son appartenance au Comité de soutien à Cuba.

Ceci allait à l'encontre de toutes nos théories de tout à l'heure.

— Si c'est vrai, dit Dean Rusk, cet assassinat aura des répercussions dans le monde pendant des années.

Ses paroles étaient prophétiques car jusqu'à ce jour, les États-Unis sont seuls à croire les conclusions du rapport de la Commission Warren suivant lesquelles Oswald est l'unique coupable.

Il ne nous fallut que huit heures trente et une minutes pour faire le trajet sans escale d'Honolulu à la base d'Andrews. Nous y arrivâmes à douze heures trente et une, heure de Washington, et fûmes aveuglés, à notre descente d'avion, par un véritable tir de barrage des projecteurs de télévision.

Dean Rusk s'avança devant les caméras et fit une brève déclaration au nom du Cabinet. Puis je quittai la zone éclairée et m'enfonçai dans l'obscurité de l'aérodrome. J'entendis mon chauffeur de la Maison-Blanche appeler : « Mr Salinger » et je me laissai tomber dans la voiture qui m'y ramena.

Le vestibule de la Maison-Blanche était encombré de journalistes, comme il l'avait été au moment de la crise de Cuba et au moment de la libération de Francis Gary Powers, le pilote de *U-2* descendu au-dessus de la Russie en 1960. Mais on n'entendait pas les exclamations bruyantes et les échanges de plaisanteries habituels. Il régnait dans le vestibule de la Maison-Blanche l'atmosphère d'un tombeau.

J'évitai les journalistes en entrant par la porte Ouest du sous-sol, et en me glissant dans mon bureau par derrière. Mes deux principales secrétaires, Chris Camp et Sue Mortensen Vogelsinger étaient assises dans le bureau et pleuraient. Andy Hatcher et Mac Kilduff étaient là aussi, attendant mon arrivée. Paul Southwick, un autre membre de mon personnel, se trouvait à l'Hôpital naval de Bethesda avec Mrs Kennedy.

Penser à prendre du repos était impossible. L'engourdissement remplaçant la lassitude, je me plongeai dans le travail, presque comme un somnambule. Je parlai à Ken O'Donnell et à Dave Powers à l'hôpital et j'appris que le corps du Président serait ramené à la Maison-Blanche peu après trois heures du matin. Je me rendis dans la salle Est de la Maison-Blanche où le corps devait être exposé, pour vérifier que toutes les dispositions nécessaires avaient bien été prises, puis je sortis par la porte Nord; une garde d'honneur militaire était en train de se former dans l'allée.

Peu après quatre heures et demie du matin, un corbillard noir entra par la porte Nord-Ouest et passa devant l'escouade de Marines qui se tenaient au garde-à-vous.

Il y avait une autre garde d'honneur à l'intérieur du portique nord de la Maison-Blanche et des hommes étaient alignés au garde-à-vous le long des couloirs qui menaient à la salle Est. Le cercueil du Président Kennedy fut solennellement transporté par un groupe d'hommes représentant toutes nos forces armées.

Derrière le cercueil venaient Mrs Kennedy, Robert F. Kennedy, Ministre de la Justice, d'autres membres de la famille et quelques-uns des proches collaborateurs et amis du Président, Ken O'Donnell, Larry O'Brien et Arthur Schlesinger, Jr.

Le cercueil fut placé sur un catafalque drapé de noir au centre de la pièce et quatre gardes prirent place aux quatre coins.

Mrs Kennedy s'avança, s'agenouilla auprès du cercueil et se mit à prier silencieusement. Puis elle se pencha en avant, embrassa le cercueil et sortit lentement de la pièce.

Notre chef était de retour. Et, pour la première fois depuis que j'avais regardé sans y croire le morceau de papier jaune dans les mains du secrétaire d'État, je commençai à croire qu'il était réellement mort.

Le reste de la nuit se passa dans une sorte de brume. Mrs Kennedy avait invité Larry O'Brien, Ken O'Donnell et moi à passer la nuit à la Maison-Blanche dans les pièces du second étage, au-dessus de celles où elle avait vécu avec le Président.

Pendant une demi-heure environ, assis sur un lit, nous parlâmes, essayant de coordonner et de revivre les événements de la journée... comme si le simple fait de les redire allait les faire disparaître.

George Thomas était là aussi. George avait été le valet de chambre du Président pendant vingt ans. Il avait sorti ses vêtements, préparé ses bains, servi ses verres avant le dîner. Il avait voyagé avec lui à travers le monde entier. Et maintenant, il était là, sans Président, sans personne dont il pût s'occuper. En cet instant où le lien humain le plus fort qu'il eût connu dans sa vie venait de lui être arraché, il avait besoin de s'occuper de quelqu'un. Il prépara des verres pour Ken, Larry et moi, fit nos couvertures et nous sortit nos vêtements pour le lendemain matin.

Finalement, vers sept heures du matin, nous allâmes nous coucher.

A huit heures, le téléphone sonna sur ma table de chevet. Je décrochai l'appareil.

La téléphoniste me dit :

— M. Salinger, le Président vous demande.

Ces mots prononcés au téléphone me tirèrent brutalement de mon sommeil. L'espace d'une seconde, je me dis que tout ça n'était qu'un rêve, qu'il n'était pas réellement mort.

Puis j'entendis une autre voix au bout du fil :

— Pierre, ici Lyndon Johnson.

II

LA CHASSE AUX GANGSTERS

C'est par une voie assez imprévue que j'ai abouti à Washington, en partant de mon San Francisco natal, pour y servir deux présidents. En fait, c'est à la carrière politique d'Adlai E. Stevenson, et non à celle de John F. Kennedy, que je dois d'être arrivé à la Maison-Blanche.

Une suite d'heureux hasards et de coïncidences commença en juin 1956, quand je fus appelé par Ken McArdle, rédacteur en chef de la revue *Collier's*, dont j'étais alors correspondant pour la côte du Pacifique. Le gouverneur Stevenson venait d'obtenir pour la seconde fois sa désignation comme candidat démocrate à la Présidence, et l'une des premières personnes à qui il avait fait appel était John Bartlow Martin, bien connu aux États-Unis pour ses articles de revues, qui avait également fait partie de l'équipe de Stevenson lors de la première offensive de celui-ci contre Dwight D. Eisenhower, quatre ans auparavant.

McArdle me dit que Martin avait été chargé par le *Collier's* de rédiger un article sur le Syndicat des Transporteurs, mais qu'il lui fallait y surseoir en raison de son emploi auprès de Stevenson, qui lui prenait tout son temps. Or, la revue se refusait à attendre. Voulais-je me charger du travail et, de ce fait, quitter San Francisco pour devenir rédacteur au bureau new-yorkais du *Collier's?*

Je donnai vite mon accord. Le journaliste que j'étais ne pouvait se montrer réticent devant la perspective d'un article important et susceptible de faire sensation. J'avais eu vent, par mes accointances avec les routiers de Californie, d'une opposition croissante au président international de leur syndicat, Dave Beck, de Seattle. Le principal grief qu'on lui faisait était sa manière de brimer les chefs locaux et les sections qui n'acceptaient pas sa façon dictatoriale de diriger le syndicat. Mais on disait couramment aussi qu'il plongeait dans la caisse pour mener un train de vie très supérieur à ce que lui permettaient ses émoluments de président. Même à n'en juger que par les témoignages fragmentaires dont on disposait alors, il était manifeste que Beck et ses séides enfreignaient non seulement la loi, mais les pratiques démocratiques de leur propre organisation.

Le Syndicat des Transporteurs est l'une des organisations ouvrières les plus considérables et les plus puissantes des États-Unis, sinon du monde. D'autres syndicats importants, tels que ceux des travailleurs de l'acier, des mineurs et des dockers, sont en mesure de paralyser par la grève toute l'activité d'une industrie et de bouleverser un large secteur de l'économie nationale. Mais les produits de toutes les industries, que ce soit les produits alimentaires, laitiers, pharmaceutiques, le vêtement, l'acier, le bois de charpente ou le pétrole, sont distribués sur des roues. Et ces roues sont celles de véhicules conduits par des routiers et chauffeurs. Un des dirigeants de ce syndicat m'avait dit :

— Quand une femme appelle un taxi pour se faire conduire à la maternité accoucher de son gosse, le taxi est conduit par un de nos membres. Quand le gosse a vieilli et qu'il est mort, son cercueil est conduit par un de nos membres. Et entre-temps, c'est nous qui lui avons assuré sa nourriture!

Une grève nationale déclenchée par le syndicat peut en quelques heures juguler l'économie du pays. Le syndicat lui-même et le pays tout entier ont le droit de demander qu'un pouvoir aussi formidable ne tombe pas entre de mauvaises mains. La mission que me confiait *Collier's* était de chercher à savoir si Beck et son héritier présomptif, James Riddle Hoffa, étaient dignes du pouvoir qu'ils détenaient.

Je n'étais pas novice en matière d'enquête journalistique. Cela avait été en fait l'une de mes spécialités au cours des dernières années que j'avais passées à la rédaction du *Chronicle* de San Francisco. L'une des premières tâches que ce journal m'avait confiées quand j'avais été démobilisé de la Marine dans le courant de l'été 1946 avait été d'enquêter sur le fonctionnement de la police. J'avais découvert que les longues nuits assurent des heures de loisirs au journaliste affecté à la rubrique policière. Il a le choix entre les passer à jouer au poker ou essayer de dénicher un reportage à sensation.

En parcourant les archives judiciaires et des rapports de police, j'avais décelé la preuve manifeste qu'il s'exerçait un lucratif commerce clandestin de cautionnement pour mises en liberté dans lequel se trouvaient impliqués des juges peu scrupuleux et pas mal de garants particulièrement entreprenants de San Francisco. Le versement d'une caution a pour objet de garantir la comparution d'un inculpé devant le tribunal. S'il fait défaut lors de l'instruction ou du procès, le garant perd sa caution qui peut aller de 50 dollars pour une simple contravention à 10.000 pour un crime. J'avais découvert de nombreux cas dans lesquels les juges, par le truchement de considérants juridiques assez spécieux, restituaient la caution aux garants dont les clients ne s'étaient pas présentés. Le trésor municipal en était lésé d'autant. Les révélations que je fis sur cette escroquerie provoquèrent une enquête des autorités de l'État et une application plus rigoureuse des conditions de cautionnement.

Peu de temps après, Robert DeRoos, l'un des meilleurs enquêteurs du *Chronicle*, me dit qu'il était en train d'étudier une affaire susceptible de m'intéresser : l'incendie de l'Hôtel New Amsterdam en 1944. Je repris la collection des journaux pour voir ce que l'on avait écrit sur ce sinistre qui s'était produit alors que j'étais encore mobilisé dans le Pacifique.

Vingt-deux pensionnaires de cet hôtel quelque peu interlope avaient péri dans cet incendie qui avait eu lieu avant l'aube. Il semblait qu'il avait été causé par malveillance et l'opinion publique avait réclamé à grands cris l'arrestation de son auteur. A la fin, un Noir, George Holman, avait été déclaré coupable et s'était vu infliger vingt-cinq peines de détention à perpétuité, à purger à la prison de San Quentin.

Je fus frappé, comme DeRoos l'avait été, par la minceur des preuves retenues contre Holman. En fait, le témoin à charge dont la déposition avait le plus pesé était un trafiquant en stupéfiants, rival d'Holman dans les faveurs d'une prostituée résidant au New Amsterdam.

Cet homme avait témoigné qu'il avait vu l'accusé s'enfuir, un bidon d'essence à la main, par la porte de derrière de l'hôtel quelques secondes avant que celui-ci ne fût en flammes. Il avait eu l'intention, affirmait-il, de se débarrasser ainsi de son infidèle maîtresse. Je doutais de la véracité de cette déposition pour deux raisons. Tout d'abord, on ne pouvait guère faire confiance au témoignage d'un trafiquant en drogues, et ensuite, c'était au rez-de-chaussée qu'avait logé la prostituée. Pour se sauver, elle n'avait qu'à passer par la fenêtre et sauter sur le trottoir, à un mètre en dessous, ce qu'elle avait fait d'ailleurs.

Quand je me rendis à San Quentin pour interroger Holman, le gardien, Clinton Duffy, me dit : « Tous les pensionnaires de San Quentin se prétendent innocents, naturellement, mais s'il y en a un qui l'est vraiment, c'est bien George Holman. » Malgré la rigueur de sa peine, le Noir était l'un des pensionnaires les plus sympathiques et les plus travailleurs de la prison. Jusqu'à sa condamnation pour assassinats multiples, il n'avait jamais même eu de contravention sur la route.

Avec l'aide de DeRoos, je finis par retrouver à Los Angeles la trace du trafiquant, mais pour apprendre qu'il venait de mourir quinze jours auparavant. Je retrouvais aussi la prostituée, qui habitait maintenant la petite ville de Hazlehurst, dans le Mississippi, où le rédacteur en chef du *Copiah County News* m'attendait à l'aéroport pour me dire : « Pourquoi un Blanc ferait-il plus de trois mille kilomètres pour essayer de faire sortir de tôle un sale nègre? » L'entretien que j'eus avec la prostituée ne m'apprit absolument rien. Elle ne voulut souffler mot de peur d'avoir à revenir en Californie, ce qu'elle ne voulait pour rien au monde.

Mais nous parvînmes à découvrir deux témoins qui avaient également vu Holman s'éloigner de l'hôtel, mais sans bidon d'essence. Et nous acquîmes aussi la preuve que l'incendie n'avait pas été provoqué volontairement, mais était le résultat d'une combustion spontanée, les murs étant depuis des années aspergés de pétrole pour y détruire les cafards.

En dépit de ces éléments nouveaux, le gouverneur Earl Warren (maintenant président de la Cour suprême) se refusa à libérer Holman. DeRoos et moi finîmes par recourir aux bons offices d'Erle Stanley Gardner, l'auteur de romans policiers, et de son « tribunal du dernier appel ». Gardner chargea un jeune détective amateur, Bob Rhay (plus tard gardien à la prison de Walla Walla, dans l'État du Washington), de nous aider et, entre-temps, fit paraître dans le magazine *Argosy* une série d'articles dans lesquels il dénonçait l'injustice du verdict. En 1956, dix ans après avoir commencé de nous occuper de cette affaire, le successeur du gouverneur Warren, Goodwin J. Knight, accordait enfin la liberté sous caution à Holman.

Ma dernière enquête pour le *Chronicle*, je l'avais faite en avril 1953. Je devais suivre lès débats d'une assemblée de l'*American Friends Service Committee*, une organisation charitable quaker qui réclamait un traitement plus humain pour les détenus dans les prisons de comté en Californie. J'avais été si horrifié par ce que j'avais appris que j'avais décidé de faire mieux que de me contenter de relater ces débats : il me semblait que le meilleur moyen de connaître toute la vérité sur ces scandales serait de devenir prisonnier moi-même.

Le ministre de la Justice de Californie (plus tard gouverneur) Pat Brown voulut bien accepter de m'y aider en avisant les juges locaux — mais non pas les geôliers! — que je ferais en sorte de me faire arrêter comme vagabond à Stockton et Bakersfield. Sous le nom d'emprunt de Peter Emil Flick, je passai quatre jours dans la prison de Stockton — la plus infecte de tout l'État — et trois au poste de police de Bakersfield. A Stockton, je fus jeté dans une cellule, où quatre-vingts autres prisonniers étaient couchés à même le sol dans une crasse indescriptible.

La série des dix-sept articles qui en fut le résultat provoqua la demande générale d'une réforme du service pénitentiaire de l'État et une enquête que dirigea le gouverneur Warren en personne. On édifia de nouvelles prisons à Stockton et à Bakersfield mais, ce qui était plus important encore, ces articles amenèrent une conception nouvelle de la pénologie locale, selon laquelle on s'attacherait plus à la rééducation des délinquants qu'à leur châtiment.

L'enquête sur le Syndicat des Transporteurs, dont me chargea *Collier's*, promettait d'avoir des répercussions plus importantes encore par suite de son envergure nationale, et pas seulement locale.

Mes investigations, tout d'abord au quartier général de Beck, à Seattle, puis à Detroit, où Hoffa était tout-puissant à la direction du syndicat pour les États du centre, me prirent les trois mois qui suivirent. Un tableau se dessina sans tarder où la corruption et la brutalité dépassaient l'imagination. Alors que Beck se contentait de s'emplir les poches en puisant dans la caisse du syndicat, Hoffa s'entourait sans vergogne d'une troupe d'individus équivoques, gangsters et anciens condamnés de droit commun, pour faire exécuter ses volontés dans le syndicat. J'acquis également la preuve de contrats « de complaisance » passés avec un certain nombre de patrons, trahison manifeste des intérêts des routiers que l'organisation était censée représenter. A New York, des gangsters étaient nommés délégués de branches locales inexistantes pour assurer aux dirigeants du moment leur victoire lors des élections syndicales.

C'était un reportage passionnant que je commençai de rédiger à la mi-octobre pour *Collier's*. Mais un beau matin je tombai sur trois paragraphes du *New York Times* qui devaient influer sur le cours ultérieur de mon existence. John McClellan, Sénateur démocrate de l'Arkansas, se préparait à demander la constitution d'une commission d'enquête sur les pratiques frauduleuses des syndicats ouvriers et des entreprises, domaine dont je venais précisément de m'occuper. Il avait déjà choisi son conseiller principal, Robert F. Kennedy, frère cadet du Sénateur du Massachussetts, John F. Kennedy.

Je n'avais jamais rencontré Robert Kennedy pas plus que son frère, qui était aussi membre de la Commission. Mais la semaine même où j'avais lu cette information dans le *Times*, je me rendis par avion à New York pour avoir un entretien avec le jeune conseiller. Je voulais surtout savoir quand la nouvelle commission allait commencer de fonctionner. Sans nul doute les ventes de *Collier's* allaient monter en flèche si mes articles apparaissaient dans les kiosques en même temps que les comptes rendus des premières séances de la commission.

Je n'oublierai jamais ma première rencontre avec Bob lors d'un repas au restaurant du Sénat, prolongé pendant deux heures. Bien que j'y fusse venu en journaliste pour l'interviewer, c'est moi qui passai le plus clair du temps à répondre à ses propres questions sur Beck et Hoffa. Ce n'est que lorsque nous fûmes prêts à nous lever de table qu'il me fut possible de lui faire dire que c'était en février que la commission allait siéger, date qui cadrait parfaitement avec les projets de *Collier's* pour la publication de mes articles.

Dès le premier abord, Bob et moi nous sommes entendus parfaitement. C'était un homme qui ne gaspillait ni son temps ni ses paroles et était décidé à pousser son enquête à fond, où qu'elle pût le mener. Pendant les deux années et demie qui allaient s'écouler, il s'est montré aussi dur avec les patrons malhonnêtes qu'avec les chefs syndicaux auxquels ils payaient tribut.

La documentation qu'il m'avait été possible de rassembler sur les dirigeants du Syndicat des Transporteurs fit grosse impression sur Bob, et il fut convenu que je le tiendrais au courant de ce que je découvrirais sur d'autres malversations dont j'étais en train d'essayer de faire la preuve.

J'écrivis mes articles sur les Transporteurs à mon retour à New York, puis fus envoyé à Pittsburgh pour faire un reportage sur un groupe de combattants de la liberté hongrois qui s'y étaient réfugiés après le coup d'État manqué de 1956. La nuit qui suivit mon retour à New York, dans le courant de la première semaine de décembre, je fus sorti d'un profond sommeil par un coup de téléphone de John G. (Dick) Trezevant, directeur de *Collier's*.

— Ne vous donnez pas la peine de finir votre article sur les Hongrois, me dit-il. S'il paraît jamais, ce ne sera pas dans *Collier's*. Les propriétaires laissent tomber!

Tous les collaborateurs de *Collier's* savaient que la revue était financièrement en mauvaise posture, mais nous espérions que la nouvelle politique dynamique de sa rédaction parviendrait à le maintenir à flot en attirant de nouveaux bailleurs de fonds. Nous nous étions trompés! Les principaux rédacteurs, à l'instigation de Théodore H. White (l'auteur de *Comment on fait un Président*, 1960-1964), passèrent la semaine qui suivit à essayer de sauver le magazine. Mais dix jours avant Noël on nous fit savoir qu'il était en faillite.

Au cours des quarante-huit heures suivantes, je reçus deux coups de téléphone intéressants. Le premier venait de Paul Smith, rédacteur en chef de *Collier's*. Il me signalait la possibilité d'un emploi. Einar Mohn, alors vice-président et directeur des Routiers, l'avait informé que le syndicat offrait de m'employer comme chef de ses relations publiques. Mohn, dont j'avais fait la connaissance à San Francisco, était un routier honnête. Rien de ce que l'on découvrit par la suite ne laissa jamais le moindre doute quant à son intégrité. Dans le cas actuel, il était évident qu'il agissait sur ordres émanant de gens plus haut placés dans le syndicat, qui auraient préféré me voir travailler avec eux que contre eux. J'étais chômeur, mais pas aux abois!

Le second coup de téléphone était de Bob Kennedy. Quel parti allais-je tirer de toute la documentation que j'avais rassemblée sur les Transporteurs? Je lui répondis qu'elle était à sa disposition bien que j'eusse toujours le désir de la voir publier. (La série parut l'année suivante dans un autre magazine, mais sous un pseudonyme parce que je travaillais alors pour la commission sénatoriale.)

Bob me prit au mot. Un jour ou deux après, Carmine Bellino, le brillant expert comptable de la Commission McClellan, et l'enquêteur Paul S. Tierney vinrent à New York et nous passâmes plusieurs heures à examiner mon dossier, aussi bien sur le syndicat lui-même que sur ses rapports avec de « respectables » chefs d'entreprise de transport. Bellino me dit que je pouvais m'attendre à avoir d'autres nouvelles de Bob Kennedy.

Le Père Noël arriva pour moi en la personne de Gurney Breckenfeld, rédacteur en chef du *House and Home Magazine* (La Maison et le foyer) d'Henry Luce. Est-ce que j'étais libre? Il avait pour moi une place de rédacteur en chef adjoint de la rubrique actualités. Je me mis au travail le 29 décembre 1956. Malgré ma reconnaissance à Breckenfeld, je n'arrivai pas à me laisser captiver par le travail qui m'était dévolu — des articles sur le scandale des hypothèques des anciens combattants.

Bob Kennedy vint à mon secours la première semaine de février 1957 en m'offrant d'entrer dans son équipe comme enquêteur. Il ne me fallut pas plus de trois secondes au téléphone pour réfléchir et répondre affirmativement. Cette décision devait être la plus importante de ma vie.

Dès mon arrivée à Washington, Bob me présenta au sénateur McClellan. Il était évident que celui-ci n'éprouvait guère d'enthousiasme à embaucher un journaliste comme enquêteur. Il était de tradition que les enquêteurs pour le Congrès fussent choisis dans le FBI ou organismes semblables.

Je me rappelle encore le regard scrutateur du sénateur par-dessus son bureau.

— Bon, mettez-vous au travail, me dit-il. Mais si jamais j'apprends que vous donnez des informations aux journalistes, je vous traiterai sans pitié.

(McClellan était à la fois président de la Sous-Commission d'enquête permanente sur les activités du gouvernement et de la Commission spéciale sur les manœuvres frauduleuses des syndicats ouvriers et des entreprises.

Huit années à peine après être entré dans cette dernière Commission en qualité d'enquêteur, je devais en faire partie moi-même en tant que Sénateur, McClellan en étant toujours le président. Bien que je sois foncièrement en désaccord avec lui sur sa conception peu libérale des droits civiques, il m'est impossible d'émettre de critique sur la manière dont il a dirigé les opérations de la Commission. Il était rigoureux, mais juste, et il laissait carte blanche à Bob Kennedy même quand les témoignages tendaient à faire porter le blâme sur des chefs d'entreprises ayant les mêmes tendances conservatrices que lui.)

Le premier jour de mes fonctions à la Commission, Bob m'invita à dîner à sa résidence de McLean, en Virginie. Nous y allâmes en voiture et au cours du trajet, après avoir traversé le Potomac, il m'avoua franchement qu'il commençait lui-même à se demander s'il avait bien fait de m'engager. Bien que sa première idée eût été de me mettre tout de suite au travail, il pensait maintenant qu'il vaudrait peut-être mieux pour moi que je reste quelque temps à Washington à étudier le fonctionnement de la Commission. J'en éprouvai quelque déception et lui répondis qu'un bon reporter a tout pour être un bon enquêteur. Mais Bob n'était toujours pas convaincu.

En entrant chez lui, il me demanda ce que je désirais boire. Je lui répondis : rien avant le dîner, mais alors, je prendrais volontiers un verre de vin. Bob m'avoua qu'il n'en avait pas une goutte à la maison et il ne fut pas peu surpris quand je me rendis à ma voiture et en revins avec une bouteille de vin rouge de Californie, que je gardais en réserve précisément pour des occasions de ce genre.

Notre dîner fut des plus cordiaux et notre entretien se prolongea jusqu'à minuit. J'ignore ce qui fit changer Bob d'idée à mon sujet, mais il me téléphona à sept heures et demie le lendemain matin pour me dire de prendre tout de suite l'avion pour Seattle et de prêter main-forte à Bellino qui était en train d'y enquêter sur les tortueuses combinaisons financières de Beck.

J'eus lors de mon arrivée à Seattle à minuit un premier aperçu de la façon dont procédait la Commission d'enquête. Je m'étais figuré que le lendemain — un dimanche — nous aurions repos et que le travail ne commencerait que le lundi matin. Mais à l'hôtel, un message de Bellino m'attendait :

— Soyez le bienvenu à Seattle. Rendez-vous demain matin à huit heures !

Nous passâmes seize heures ce dimanche-là à interroger des routiers dissidents et à vérifier des tuyaux, provenant d'autres sources, sur l'emploi plus qu'équivoque que faisait Beck des fonds du syndicat. Il devait en être ainsi pendant les deux années et demie qui allaient suivre, seize à vingt heures de travail par jour, sept jours par semaine. Mais aucune réclamation ne se faisait entendre dans l'équipe qui compta bientôt plus d'une centaine d'enquêteurs, experts-comptables et dactylos. Et nous savions tous que Bob en faisait encore plus que nous.

Une certaine nuit, il était plus d'une heure du matin quand nous quittâmes nos bureaux du Sénat, Bob et moi. Il m'avait offert de me reconduire en voiture et, comme nous passions devant la centrale de Washington du Syndicat des Transporteurs, qui se trouvait juste en face du Sénat, il vit de la lumière briller dans le bureau de Jimmy Hoffa.

— S'il est encore au travail, dit Bob, nous devrions y être aussi.

Et nous fîmes demi-tour pour travailler deux heures encore!

Une autre fois, j'avais invité à passer la soirée chez moi plus de soixante-quinze personnes appartenant à la Commission. Bob et Ethel Kennedy n'étaient pas partis avant deux heures et demie du matin. Deux heures et demie après, le téléphone me tira d'un profond sommeil. C'était Bob.

— Je viens vous chercher dans vingt-cinq minutes, me dit-il. Nous avons une rude journée en perspective.

J'eus de la chance pour ma première mission à Seattle. L'un des éléments qui me faisaient défaut dans l'affaire Beck, c'était la provenance des vingt mille dollars qu'avait coûté la construction d'un café de Seattle dans lequel Beck avait des intérêts directs. Nous nous doutions que le président des Routiers avait dû se servir des fonds du syndicat pour cette entreprise manifestement non professionnelle, mais il nous était impossible de le démontrer. Un membre influent du syndicat résidant à Spokane aurait pu nous fournir la clé du problème. Avant mon intervention, deux enquêteurs de la Commission l'avaient interrogé mais n'avaient pu lui faire dire même l'heure qu'il était. Bellino m'envoya à Spokane faire une nouvelle tentative.

De bonne heure dans la soirée, je me rendis au domicile du chef du syndicat et le trouvai en train de s'adjuger un énorme bifteck! Je ne sais si c'est à cause de la magnificence de son repas ou par suite de la découverte que nous avions des amis communs parmi les routiers de San Francisco, mais il accepta de se confier à moi.

— De toute façon quelqu'un finira par découvrir la vérité, m'avoua-t-il.

C'était sa propre section locale, il le reconnut, qui avait « prêté » les 20.000 dollars pour la construction du café. L'homme me conduisit ensuite à son bureau et me fit voir comment on avait maquillé l'opération dans leur comptabilité.

J'appelai par téléphone Bob à Washington du bureau même du syndicat. Il dit quelques mots au délégué et le convainquit de prendre l'avion pour se rendre à la capitale avec tous ses livres.

Dans chaque affaire, Bob tenait à s'assurer le concours de l'enquêteur pour ordonner les témoignages et préparer l'interrogatoire. Le jour où l'on devait entendre la déposition relative à ce « prêt » de 20.000 dollars, j'étais assis aux côtés de Bob à la table des conseillers tandis que les membres de la Commission prenaient leurs places devant les caméras de la télévision et une salle bondée à craquer de spectateurs. Bob me donna une tape sur l'épaule.

— Pierre, je voudrais vous présenter à mon frère, Jack (John).

Ce fut ainsi que je fis la connaissance du futur Président.

De l'impression qu'il me fit alors, deux points me restent seulement en mémoire. Il était plus grand que je ne me l'étais imaginé et il n'avait pas une chevelure aussi broussailleuse qu'on la représentait sur les caricatures.

Toutes mes enquêtes n'eurent pas le même succès que l'affaire de Spokane. Un officier du service des renseignements de l'armée, cantonné à Fort Lewis, était venu me voir un jour à mon bureau de Seattle. Il avait appris par les journaux que pas mal de documents du Syndicat des Transporteurs susceptibles de nous intéresser avaient mystérieusement disparu de la centrale du syndicat.

— Je crois savoir où vous pourriez les trouver, me dit-il.

Il m'expliqua qu'un de ses sergents à Fort Lewis avait pour petite amie la bonne d'un des leaders des Routiers. Cette fille avait dit à son militaire d'amant qu'il y avait des boîtes entières d'archives du syndicat camouflées sous le lit de son patron.

L'officier me donna l'adresse du dit patron que l'on savait être ami intime de Beck et avoir accès aux documents les plus confidentiels de celui-ci. J'en avisai Bob qui me dit qu'il était essentiel que nous voyions ce qu'il y avait sous le lit. Il me laissait le soin de trouver la manière d'y arriver.

J'appelai Fort Lewis par téléphone et y demandai à voir le sergent. Malheureusement après trente-huit ans de service, il avait été démobilisé la veille et était parti en auto pour la Floride où il comptait se retirer. Il lui faudrait bien six jours pour s'y rendre!

Avait-il en cours de route des parents qu'il était susceptible d'aller voir? Un seul, me fut-il dit : un frère à Vancouver dans l'état de Washington. J'appelai ce frère au téléphone.

— Ça fait quinze ans qu'on n'a pas vu le sergent, me dit-il et on ne compte pas sur lui.

Mais, comme je me préparais à raccrocher, il s'écria :

— Attendez un instant. Il y a quelqu'un qui arrive par l'allée.

C'était le sergent! Je fis appel à son patriotisme et, après dix minutes, il donna son accord pour revenir à Seattle m'apporter son concours.

La jeune femme, qu'on le sache bien, n'était pas un prix de beauté de la côte du Pacifique, et c'est sans aucun enthousiasme que le sergent consentit à la revoir. Mais il accepta tout de même de la retrouver avec moi et une femme de Seattle de ma connaissance. Nous nous retrouvâmes tous dans un bar où, après un bon nombre de martinis, la fille me décrivit l'aspect qu'avaient ces documents. Je fus transporté de joie. Ce ne pouvait être que les livres de comptabilité que nous cherchions depuis des semaines.

A trois heures du matin, la femme nous demanda la permission de rentrer car elle tenait à dormir un peu avant de reprendre son travail. Nous fûmes tous d'accord pour dire que la réunion s'était trop agréablement passée pour se terminer comme cela et qu'après que son patron serait parti pour son bureau, nous monterions la retrouver avec quelques bouteilles de bière.

Toute cette journée-là et la nuit suivante, une équipe d'enquêteurs de la Commission surveilla d'un motel séparé de sa demeure par une petite pièce d'eau le fonctionnaire du syndicat pour bien s'assurer qu'il ne déménageait pas ses archives entre-temps.

Une fois le champ libre, je filai en auto à la maison où la bonne nous attendait, ouvre-bouteilles en main. Pendant que le sergent l'occupait d'une tout autre façon dans le salon, je jetais un coup d'œil sous le lit de l'homme. J'y trouvais bien les archives des Routiers, mais ce n'étaient pas celles que je cherchais. Toute notre peine, notre gin et notre bière avaient été en pure perte!

L'un des épisodes les plus scandaleux de l'enquête sur Beck fut la découverte que l'un de ses amis les plus intimes, Nathan W. Shefferman, de Chicago, était un professionnel de l'action antisyndicale! De grosses sociétés lui versaient des émoluments extravagants pour les conseiller sur la façon de contrer les manœuvres syndicales. Pour empêcher les syndicats d'intervenir dans les conflits ouvriers, il s'y prenait surtout de deux façons : en accusant faussement les leaders d'être communistes, ou encore en formant des syndicats jaunes locaux à la merci de la direction. Cela ne l'empêchait pas d'être un confident et un associé du syndicaliste Beck.

Bob Kennedy m'envoya à Chicago avec d'autres enquêteurs pour rechercher des preuves indiscutables de la collusion entre Beck et le conseiller du patronat. Nous parvînmes à découvrir que Beck avait remis un total de 85.000 dollars à Shefferman sur la caisse du syndicat pour qu'il achète au prix de gros divers objets destinés à lui-même ou à sa famille. Parmi ces achats se trouvaient des balles de golf, des billets pour des matchs de football, des bas en nylon, un frigidaire, deux bateaux et même des langes de bébé. Bob eut plus tard un mot pour qualifier cette cascade d'achats qu'avait faits Shefferman pour Beck :

— Je me demandais d'où Beck tenait tous ces articles à si bon compte. Parbleu, c'était Shefferman son fournisseur.

Celui-ci, évidemment, prétendit ignorer que Beck avait puisé ces 85.000 dollars dans la caisse du syndicat. Il n'avait fait, précisa-t-il, que rendre service à un ami. Une rude amitié ce devait être car Shefferman avoua plus tard à la Commission avoir donné à Beck 24.000 dollars en quelques années par « reconnaissance »!

L'enquête sur Shefferman devait être la plus révélatrice des singulières pratiques auxquelles le patronat avait recours pour juguler les syndicats. Bob Kennedy, Bellino et moi tinrent sur la sellette pendant deux heures dans ses luxueux bureaux de Chicago un Shefferman suant à grosses gouttes, mais il ne voulut rien nous avouer. Avant de nous en aller nous avons saisi ses dossiers que nous avons emportés nous-mêmes.

Nous y avons trouvé des doubles de lettres donnant à ses clients des conseils sur la façon de se comporter avec les dirigeants syndicaux voulant organiser le personnel de leurs entreprises.

« N'ayez aucune courtoisie avec ces gens-là. Traitez-les de voyous et de crapules. De basses et sales crapules. Accusez-les de n'importe quoi : d'être des communistes, d'être contre l'Amérique, de détruire la patrie... »

L'un des principaux clients de Shefferman, Sears and Rœbuck[1] lui avait versé, rien qu'entre 1953 et 1956, 250.000 dollars pour ses précieux conseils. Je voulus interroger Wallace Tudor, directeur du personnel de l'entreprise en question. Il reconnut qu'il connaissait Shefferman et avait fait appel à ses services, mais refusa d'une façon générale de répondre à toute autre question. Tudor se « dégonfla » toutefois lorsque Bob lui fit prêter serment devant la Commission.

— Je tiens à établir très franchement et sincèrement, déclara-t-il alors, que bon nombre d'agissements des « Labor Relations Associates » — la firme de Shefferman — et de certains membres de la direction des diverses sociétés qui ont eu recours à ce cabinet, ne sauraient trouver d'excuses, qu'ils étaient inutiles et odieux, et que de répéter de semblables erreurs ne saurait être toléré par notre société.

1. Un grand magasin de vente par correspondance de Chicago.

Ce que l'enquête sur Beck nous avait révélé n'était rien à côté de ce que nous allions découvrir dans la gestion infiniment plus corrompue et équivoque de Jimmy Hoffa, qui était devenu président international du Syndicat des Transporteurs en 1957. Au début de juillet de cette année-là, Bob m'avait envoyé à Detroit, où se trouvait le quartier général d'Hoffa, pour y installer une filiale de la Commission et y ouvrir une enquête approfondie sur les agissements d'Hoffa, qui commençaient à susciter de vives protestations dans le syndicat.

Je m'empressai d'envoyer des sommations à comparaître aux dirigeants des cinq centrales syndicales de Detroit. Le lendemain matin, je reçus un coup de téléphone de Frank Fitzsimmons, président de la section locale n° 299, celle d'Hoffa.

— Jimmy voudrait vous voir.

J'avisai immédiatement Bellino, qui était alors à Chicago, et il arriva à Detroit par avion dans l'après-midi pour m'accompagner chez Hoffa.

Hoffa était très petit, et son bureau était monté sur une plate-forme surélevée. Les chaises basses sur lesquelles on vous faisait asseoir lui permettaient de surplomber ses interlocuteurs et il n'était pas difficile de se le représenter accablant verbalement ses subordonnés du haut de sa position olympienne.

Les cinq dirigeants syndicalistes que j'avais convoqués en même temps qu'Hoffa étaient déjà là quand nous arrivâmes. Ils se levèrent, convocations en main, avec l'air de petits garçons pris les doigts dans le pot de confiture.

Hoffa était hors de lui et me lança :

— Alors, qu'est-ce que vous me voulez?

Bellino et moi lui expliquâmes que nous avions commencé d'enquêter sur le Syndicat des Transporteurs avant qu'il en soit devenu le président et que, s'il n'avait rien à nous cacher, il n'y avait pas de raison qu'il ne collaborât pas avec nous.

Il se fit insolent.

— Allez dire de ma part à Bobby Kennedy que ce n'est pas sur mon cadavre que son frère deviendra Président.

Cela dit, il se leva et, faisant le tour de son bureau, il arracha les convocations des mains de ses subordonnés. Mais il était trop malin pour les déchirer. Il remettait à plus tard ses manifestations de mépris envers la Commission.

Quand nous partîmes, Bellino et moi, nous aperçûmes une écurie de Cadillacs noires toutes semblables dans le parking du syndicat. Il était toujours possible de dire exactement combien Hoffa avait de lieutenants avec lui : il suffisait de compter les Cadillacs en stationnement. Chacun de ses principaux adjoints en recevait une neuve tous les ans, équipée du radiotéléphone, payée par les cotisations des membres.

On a déjà beaucoup écrit sur Jimmy Hoffa, chef syndicaliste et l'histoire la plus complète en a été tracée dans le livre de Bob Kennedy *Ma lutte contre la corruption.* Je me contenterai de citer trois incidents qui illustrent la terreur qu'il était capable de répandre non seulement au-dedans du syndicat, mais dans le patronat lui-même.

En juillet 1958, à la suite d'un « tuyau » qui m'avait été passé, je m'étais rendu à Iron City, dans le Michigan, pour interroger l'ancien propriétaire d'une blanchisserie sur un versement considérable qu'aurait fait à Hoffa le Detroit Institute of Laundry (une union patronale des blanchisseurs) en rémunération d'un contrat syndical truqué. Il me fit une déposition sous serment dans laquelle il reconnaissait avoir fait ce paiement illicite à Hoffa. Mais dans l'avion qui nous amenait à Washington pour y confirmer cette déposition devant la Commission, se trouvait également Hoffa et le blanchisseur, une fois à la barre, revint sur la plupart de ses déclarations!

La même année, j'avais eu rendez-vous à Los Angeles avec un routier de mes amis qui faisait partie du conseil particulier d'Hoffa, mais n'éprouvait que mépris pour lui. Bien qu'il vît d'un bon œil, dans l'ensemble, la tâche que j'accomplissais, il se refusa systématiquement à y apporter son concours de crainte de représailles et parce qu'il pensait que la réforme du syndicat devait venir de l'intérieur.

Il était terrorisé à un tel point qu'il ne consentit à me parler que lorsqu'il fut absolument sûr qu'on ne pouvait nous voir ni nous entendre. Nous nous étions retrouvés vers minuit et avions déambulé sur près de douze kilomètres par les rues les moins éclairées de la ville. Il avait passé la plupart de son temps à essayer de me convaincre que des « poursuites officielles » ne feraient que renforcer la position d'Hoffa au syndicat.

— Laissez-nous faire. Nous finirons bien par le vider.

Je lui objectai qu'il n'y avait aucun signe d'opposition effectif.

— Laissez-moi vous dire quelque chose, dit-il. Mon gamin rentre de l'école plusieurs fois par semaine avec le nez en sang pour s'être battu avec les autres gosses qui lui disent que son père n'est qu'un gangster puisqu'il travaille pour les Transporteurs. J'en ai honte, et il y a des quantités d'autres qui pensent comme moi. C'est pourquoi il faudra qu'on vide Hoffa... et nous y arriverons.

Une autre fois, c'était à un transporteur du Middle-West que j'avais eu affaire. Il était prêt à avouer n'importe quel délit, hormis d'avoir tué, pour dissimuler ce que nous avions toute raison de croire être un gros versement fait à Hoffa. Avec l'aide des experts comptables de la Commission, j'avais passé des semaines à éplucher la comptabilité de la société en question, mais sans résultat. Puis un jour, en fin d'après-midi, nous étions tombés sur un mystérieux compte intitulé « frais de main-d'œuvre » pour lequel il avait été établi un total de 30.000 dollars de chèques. J'eus l'impression que nous étions sur la piste d'une découverte importante.

Ce soir-là, alors que je m'adjugeai un « drink » avant d'aller me coucher, le fils du propriétaire de la société en question vint me retrouver au bar de l'hôtel où je logeais. Il était dans un état confinant à l'affolement. Il avait appris ma découverte des 30.000 dollars et voulait m'en donner l'explication.

— Cela fait des années que j'entretiens une femme, me dit-il, et cet argent a servi à payer son loyer, ses notes de couturières et à lui faire des cadeaux.

Il reconnaissait qu'il était frauduleux de faire passer le coût de ses fredaines amoureuses au compte des dépenses déductibles de l'impôt sur le revenu, mais à quelle sottise un jeune homme amoureux ne se livre-t-il pas? Je le remerciai de son aveu, mais me présentai de nouveau à son bureau le lendemain avec mon équipe de comptables. Il s'étonna que son explication n'eût pas mis un terme à mon enquête, mais quand il vit que j'étais bien décidé à examiner jusqu'au dernier de ses livres de caisse et chéquiers, il m'emmena dans son bureau personnel et m'avoua que sa confession de la veille n'était pas complète. Il me dit avoir acheté, par personnes interposées, une autre affaire de camionnage qui opérait sur les mêmes itinéraires que la leur. Il reconnaissait que c'était contraire aux règles de l'Interstate Commerce Commission, et c'était pourquoi il lui avait fallu camoufler la transaction.

Le lendemain, il me rappela dans son bureau pour me faire encore un complément de confession.

— Autant ne pas vous le dissimuler, me dit-il. Une partie de ces 30.000 dollars a servi à payer mon compte mensuel à une maison de prostitution de la ville. C'est là que j'amène les clients de la société quand ils viennent nous voir.

Et il produisit une suite de talons de chèques établis au profit d'une patronne de maison close du nom de Julia.

— Nous avons bien le droit de distraire nos clients, vous l'admettrez, précisa-t-il. Mais vous vous rendez compte de l'effet que ferait le nom de Julia dans notre comptabilité. Vous comprenez maintenant pourquoi nous avons usé de l'étiquette de « frais de main-d'œuvre »?

Je répondis que je ne croyais pas que le service des contributions directes admettrait que les versements à une patronne de maison close étaient frais déductibles, et je me replongeai dans ses livres de comptabilité.

Notre enquête s'acheva un jour ou deux après. Toutes ses déclarations correspondaient à la réalité. Il entretenait bien une maîtresse, il avait bien acquis illégalement une autre affaire de transports et il était bien client de la dite Julia. Mais pour ces trois chapitres, le montant des dépenses était bien loin d'atteindre 30.000 dollars!

Quand je revins jeter un dernier coup d'œil sur sa comptabilité, le jeune homme fut au désespoir et me fit une fois de plus ses confidences.

— Tenez, j'aime autant vous dire où est passé le reste de l'argent! me dit-il. En plus de ma maîtresse attitrée, je fréquentais une autre jeune femme, et disons seulement que je l'ai mise enceinte et que j'ai dû payer gros pour la faire avorter...

A ce moment-là, j'ai levé les bras au ciel. Il était évident qu'il n'aurait reculé devant rien pour expliquer l'emploi des milliers de dollars qui avaient disparu de la caisse de l'entreprise. Je lui fis signer une déclaration sous serment par laquelle il reconnaissait ses multiples délits et suis parti. Nous ne nous sommes jamais servi de cet « affidavit »...

Quant à Jimmy Hoffa, sa culpabilité n'a pu être prouvée que pour un seul délit important dépassant ses activités dans les syndicats, celui d'avoir tenté d'acheter le jury lors d'un procès qui lui était fait à Chattanooga pour avoir accepté des pots-de-vin d'une entreprise. Au moment où j'écris il fait appel de ce verdict devant la Cour suprême des États-Unis!

L'arme principale d'Hoffa était sa connaissance de la cupidité humaine. Il avait dit un jour à Clark Mollenhoff, un journaliste du *Star and Tribune* de Minneapolis : « Chaque homme a son prix. Quel est le vôtre? »

Quand Hoffa n'arrivait pas à ses fins avec de l'argent, alors il avait recours à l'intimidation et à la peur. La veille de la première audience de son affaire devant la Commission de manœuvres illégales, Bellino et moi nous étions rendus à l'immeuble du Syndicat des Transporteurs à Washington pour avoir un dernier entretien avec lui. De derrière son bureau, il nous fixa longuement d'un air furibond, puis nous déclara :

— Un jour, quelque part, je finirai bien par vous avoir!

Mais le moment le plus dangereux que j'aie jamais passé lors de mes enquêtes pour le Sénat, ce fut au cours d'une tentative pour démontrer la corruption d'un dirigeant du syndicat dans un des États du Sud. Lors d'une visite que je lui faisais un jour pour lui dire que bien que nous ayons la preuve indiscutable qu'il détournait des fonds syndicaux, nous n'étions pas arrivés à connaître la destination d'un certain chèque s'élevant à 240 dollars, il ouvrit son tiroir et en sortit un pistolet automatique du calibre 45 qu'il me braqua en plein front.

— Je m'en suis servi pour acheter ça!

Je le priai de me remettre l'arme, ce qu'il finit par faire, le canon en avant et le doigt toujours sur la gâchette. C'est le cœur me battant violemment que je le déchargeai et poursuivis mon interrogatoire...

Pendant les trois années qu'elles durèrent, les audiences de la Commission sénatoriale sur les manœuvres frauduleuses des organisations syndicales ou patronales, s'étaient tenues dans la salle de réunion des anciens locaux du Sénat, la même salle où s'était déroulée l'enquête sur les accusations de feu le Sénateur Joseph McCarthy contre l'Armée qui lui avaient valu la censure du Sénat et sa disgrâce finale.

La Commission avait recueilli les dépositions de plus de 1.500 témoins au cours de plus de 500 audiences publiques. Ces témoins allaient de présidents de grosses sociétés à des gangsters, et leurs déclarations faisaient un total de plus de 14 millions de mots, que des millions d'Américains avaient écoutés en direct à la télévision.

L'objectif officiel d'une commission d'enquête parlementaire est de préparer la voie pour une législation nouvelle dans des secteurs importants de notre vie nationale, ou de démontrer que les lois en vigueur présentent des abus et doivent être modifiées ou abrogées. Mais on objecte fréquemment que certaines commissions, notamment celle de la Chambre des Représentants sur les activités antiaméricaines, oublient leur raison d'être et se livrent à des attaques partisanes, en flagrant délit des droits constitutionnels de ceux qu'elles font comparaître devant elles.

Bien que pas mal de dépositions devant la Commission McClellan aient présenté un caractère sensationnel, elles avaient rarement fait l'objet de critiques de cette sorte.

Chaque affaire avait donné lieu à une enquête extrêmement poussée. Bob Kennedy avait adopté la règle qu'aucune déposition ne serait soumise à la Commission si elle n'était pas recevable par un tribunal. Il se refusait aussi bien à des attaques préjudiciables aux individus et ne visant qu'à faire sensation. Par exemple, il n'avait pas retenu les révélations du jeune directeur de l'entreprise de transports parce qu'il n'avait pu obtenir la preuve directe que ses 30.000 dollars étaient allés à Hoffa. Même lorsqu'il eut la preuve manifeste qu'un certain dirigeant de la côte Ouest puisait dans sa trésorerie pour pouvoir entretenir sa maîtresse, Bob ne demanda pas à la femme en question de venir déposer. Les détournements de fonds de ce genre n'étaient jamais désignés que comme « dépenses au profit de l'intéressé ou de ses amis ». Un dirigeant du Syndicat des Transporteurs particulièrement émotif, qui avait eu très peur que la Commission convoquât une amie avec qui il avait eu des relations adultères à Hawaii aux frais du syndicat, voulut embrasser le sénateur McClellan quand il apprit que la dite dame serait dispensée de venir à la barre devant tout le pays... et sa propre femme!

Celui qui critiquait la Commission avec le plus de virulence était naturellement Hoffa. Il avait essayé de camoufler ses malversations en accusant John F. Kennedy d'utiliser la commission, avec la connivence de son frère, pour favoriser ses ambitions présidentielles. Mais il faisait radicalement fausse route.

JFK savait dès le début qu'il lui serait tenu rigueur dans les milieux politiques d'avoir appartenu à la Commission. Cela compromettait ses relations avec le monde ouvrier ainsi que, dans certaines villes, avec des leaders démocrates qui acceptaient des enveloppes pour fermer les yeux sur certains agissements. Deux autres candidats présidentiels possibles, les sénateurs Stuart Symington, du Missouri, et Henry M. Jackson, de Washington, avaient refusé de faire partie de la Commission. JFK savait que s'il se dérobait aussi, le réactionnaire de la Caroline du Sud, Strom Thurmond, prendrait sa place.

Tant que la Commission fut en œuvre, John F. Kennedy se montra un chasseur acharné de témoignages, où qu'ils pussent conduire. L'un de nos meilleurs enquêteurs Lavergne Duffy, opérait depuis quelques temps à Gary, dans l'Illinois, où des agissements suspects s'étaient révélés. Il se rendit une nuit par avion à Washington pour dire aux frères Kennedy que les preuves qu'il avait rassemblées mettaient directement en cause le maire de Gary, le Démocrate le plus puissant de l'État.

— Retournez là-bas et recueillez tout ce que vous pouvez savoir sur son compte, dit le sénateur à Duffy. Nous ne connaissons qu'une règle ici : si quelqu'un est un escroc, on ne le ménage pas, on l'abat.

A la suite de cette enquête, le maire de Gary devait effectivement être inculpé et reconnu coupable.

JFK s'attira ainsi non seulement l'inimitié persistante d'hommes influents, quoique corrompus, et de dirigeants syndicaux, mais il fut aussi critiqué par des chefs d'entreprise pour avoir révélé la collusion du patronat avec la pègre.

Le seul avantage politique qu'il en retira, ce fut de se faire connaître à la télévision, mais les désavantages étaient autrement sérieux! Il m'avoua au cours de la campagne présidentielle de 1960 que même des gens dont il croyait avoir l'amitié dans les milieux syndicaux se méfiaient encore de lui.

— Je leur dis que les membres républicains de cette Commission auraient bien su leur assener le coup de massue s'il n'y en avait pas eu quelques-uns de nous à mettre un peu d'ordre. Mais tout ce qu'ils trouvent à me dire, c'est que ce sera difficile pour eux de me faire accepter par leur clientèle!

La seule tentative pour faire servir la Commission à des fins politiques vint d'ailleurs de certains de ses membres républicains. Les sénateurs Barry M. Goldwater, Karl E. Mundt et Carl T. Curtis virent dans les audiences une belle occasion de jeter le discrédit sur Walter P. Reuther, le président de l'U. A. W. — le Syndicat des Travailleurs de l'Automobile. Ils firent courir à Washington le bruit que Bob Kennedy « n'osait pas » mettre son nez dans les affaires de Reuther parce que cela pourrait bien faire retirer à son frère le soutien du chef de l'U. A. W. pour sa candidature à la Présidence. Mais Bob leur assena une réponse foudroyante. Le seul de nos enquêteurs ayant une appartenance politique était Jack McGovern, républicain coriace qui avait été engagé à la demande expresse du sénateur Goldwater. Bob avait laissé carte blanche à McGovern pour fouiller dans les affaires de Reuther, mais il n'avait absolument rien trouvé.

Il faut dire que Reuther était l'un des très rares chefs syndicaux qui reconnût l'importance de l'œuvre de la Commission et la détermination de son président McClellan à se montrer aussi équitable qu'impitoyable dans la mise au grand jour des irrégularités aussi bien des syndicats ouvriers que du patronat. Parmi ceux qui partageaient ses vues, il y avait David Dubinsky, président du Syndicat international de la Couture féminine, et David McDonald, président du Syndicat des Ouvriers de l'acier. Arthur J. Goldberg, alors principal conseiller de ce syndicat, œuvrait puissamment en sous-main à créer dans le monde ouvrier éclairé une opinion favorable à la Commission.

Malgré les risques qu'ils couraient et faisaient courir à leur famille, de nombreux employés supérieurs du Syndicat des Transporteurs prêtèrent leur concours à la Commission en lui apportant des éléments défavorables à Hoffa, et certains de nos informateurs appartenaient aux propres bureaux d'Hoffa.

Les nouvelles dispositions légales résultant des travaux de la Commission ne plaisaient pas toutes au sénateur Kennedy, mais il parvint à atténuer ou à annuler certaines des propositions répressives des sénateurs antisyndicat et à provoquer le passage de lois protégeant les ouvriers syndiqués contre des dirigeants malhonnêtes. Désormais, les potentats des syndicats n'ont plus la possibilité de camoufler leurs gestions financières ou administratives. Il ne leur est plus désormais possible de faire des tractations secrètes avec le patronat au détriment de leur propre syndicat. Et les entreprises doivent désormais déclarer toutes les dépenses qu'elles font à des fins antisyndicales, y compris les émoluments des « conseillers en questions ouvrières » tels que Nathan Schefferman.

Le vote secret est maintenant garanti aux ouvriers syndiqués, ainsi que des élections sans truquage. Une autre loi interdit aux individus ayant un casier judiciaire d'appartenir au personnel d'un syndicat moins de cinq ans après leur sortie d'un établissement pénitentiaire — une condamnation à mort pour la garde du corps d'Hoffa! Le maximum de 2.000 dollars imposé aux syndicats dans les prêts qu'ils peuvent consentir aux membres de leur administration a mis un terme aux agissements d'un Dave Beck, par exemple, dont les « emprunts » atteignaient jusqu'à 300.000 dollars!

En mai 1959, vingt-sept mois après mon entrée dans le personnel de la Commission, je reçus un coup de téléphone de Paul Butler, président national du Parti démocrate. Il me dit que le parti étudiait déjà une stratégie pour les élections de 1960 et qu'il avait à me faire une offre susceptible de m'intéresser. J'allais voir Butler à son bureau de Washington. Avec lui se trouvait Charles G. Murphy, qui avait été conseiller du Président Truman, allait devenir sous-secrétaire d'État à l'Agriculture sous le Président Kennedy : il est maintenant président du Conseil de l'Aéronautique civile.

Butler essayait de renforcer le Conseil consultatif démocrate qui avait pour mission de lancer à fond l'attaque contre l'administration républicaine et de susciter des solutions démocrates aussi bien pour les affaires étrangères que dans le domaine intérieur.

— Nous voudrions vous charger de la publicité du Conseil, me dit Butler, pour faire le même genre de travail pour l'administration actuelle qu'avait fait Charly Michelson pour Hoover.

Michelson, qui fut jadis correspondant à Washington du *New York World*, avait été directeur de la publicité du Comité national vers 1930-1931 et l'ordonnateur de la stratégie mise en œuvre contre l'administration de Hoover. Il était plus tard devenu l'un des conseillers les plus directs de Franklin D. Roosevelt.

Je répondis à Butler que cela m'intéressait énormément, mais qu'il y avait à mon acceptation un obstacle d'importance. Si j'entrais dans le personnel du Comité national, il me faudrait être au service de tous les candidats démocrates éventuellement désignés pour la Présidence.

— Et cela ne m'est pas possible, parce que j'ai déjà fait mon choix du Président.

— Et qui est-ce? demanda Butler.

— John F. Kennedy.

Le Président national eut un sourire.

— Je ne crois pas que cela soulève de difficultés.

Après avoir quitté Butler, je téléphonai à Bob Kennedy pour lui faire part de l'offre qui m'était faite.

— Pouvez-vous différer votre réponse de vingt-quatre heures? me dit-il.

Le lendemain matin j'avais un coup de téléphone de John F. Kennedy qui me priait de passer le voir à son bureau. Quand j'y entrai, il se leva, me tendit la main et aborda tout de suite le sujet.

— Pierre, je me présente à la Présidence l'année prochaine et j'ai besoin de vous pour ma campagne.

Bien qu'il n'eût soufflé mot ni de mon travail, ni de mon traitement, ni du jour où il me faudrait commencer, je n'eus pas la moindre hésitation.

— Sénateur, je suis votre homme.

III

DU NEW HAMPSHIRE A WASHINGTON

La course de John F. Kennedy à la Présidence prit son départ dans un modeste bureau situé au-dessus d'un garage du centre de Washington. Dans la politique américaine, existe toujours la singulière fiction selon laquelle une candidature à la Présidence n'est effectivement posée que le jour où le candidat en fait la déclaration officielle. Dans le cas de John F. Kennedy, cette réserve était particulièrement désuète. Quiconque ayant le moindre flair politique se serait rendu compte dès le début de 1959 que le sénateur avait l'intention de se présenter (et l'on pourrait même dire, sans arrière-pensée, qu'il y était résolu dès 1956, quand il fut battu à Chicago par le sénateur Estes Kefauver lors de la désignation du candidat à la Vice-Présidence).

Pour mener le jeu, l'équipe de Kennedy loua des bureaux au-dessus du Garage Esso de la Constitution Avenue. La porte n'arborait que le nom de Stephen E. Smith, beau-frère de Kennedy, qui était chargé des démarches préliminaires.

Je pris mes fonctions le 1er septembre 1959. Le sénateur Kennedy m'avait donné comme consigne générale de « préparer une campagne de presse », sans précisions particulières. « Si vous faites quelque chose qui ne soit pas de mon goût, avait-il ajouté, je vous le ferai bien savoir. »

Je m'empressai d'engager deux jeunes filles, Lenore Ostrow (maintenant Mrs Jacobson), qui avait été ma secrétaire à San Francisco quand j'avais participé à la campagne d'Adlai Stevenson à la Présidence, en 1952, et Barbara Coleman, ex-journaliste au *Washington Post*, qui était venue s'enquérir d'une autre place au bureau du sénateur Kennedy.

Nous entreprîmes immédiatement le travail considérable consistant à établir la liste des journalistes influents d'Amérique qui voudraient bien participer à la campagne présidentielle. J'allai également voir les rédacteurs politiques des journaux de Washington pour mieux les connaître, car je ne les avais, pour la plupart, jamais rencontrés. J'accompagnai aussi le sénateur Kennedy dans plusieurs voyages qu'il fit pour sonder les milieux politiques en dehors de Washington.

Ma position, pendant les premiers mois dans l'équipe « Kennedy pour Président », fut assez délicate. Après trente et un mois de collaboration avec Robert F. Kennedy, ce dernier m'était parfaitement connu et je m'en étais fait un ami. Mais John F. Kennedy était pour moi un point d'interrogation, tout comme j'en étais un pour lui. Il m'avait engagé sur la recommandation de son frère et n'avait pas encore acquis à mon endroit la confiance qu'il avait en de nombreux membres de son équipe qu'il connaissait de longue date. Pendant ces premiers mois, je me sentis comme un intrus. Des gens comme Ken O'Donnell et Larry O'Brien, qui avaient collaboré avec lui lors de ses campagnes sénatoriales de 1952 et 1958 avaient avec lui le franc-parler qui naît de relations prolongées.

Et puis, je fis quelques erreurs. La plus grosse fut de me figurer que lorsque Bob Kennedy me donnait des instructions, elles étaient forcément approuvées par John. Bob m'avait appelé pour me dicter pour la presse un communiqué que j'avais consciencieusement expédié. Le lendemain, John Kennedy me fit venir et me dit avec colère : « Qui vous a permis de faire partir cela? » Je lui répondis que c'était son frère. « Vraiment? mais sachez que c'est à moi qu'il faut demander ce qu'il faut faire. C'est pour moi que vous travaillez maintenant, plus pour Bob. » Jamais je ne répétai cette gaffe.

Mais quand je repense à tous ces mois de mes débuts, je crois que c'est à une autre gaffe — non pas mon fait, cette fois-ci — que je dois d'avoir établi de plus intimes relations avec le candidat.

JFK avait décidé de faire l'annonce de sa candidature à la Présidence le 2 janvier 1960. Le 17 décembre 1959, toutefois, un rédacteur entreprenant de l'United Press International qui flânait par les bureaux du Sénat remarqua qu'on manifestait une activité tout à fait exceptionnelle autour des « robotypes » du sénateur Kennedy. Chacun des cent sénateurs a droit à une salle de robotypes qui leur permet d'adresser à ses électeurs des milliers de lettres dont chacune a l'air d'être un original. Les volumineux robotypes non seulement tapent mécaniquement des lettres, mais conservent sur des rubans perforés les adresses des destinataires, et retiennent même s'il convient d'appeler ceux-ci par leur prénom ou d'une façon plus formelle. Le rédacteur prit une de ces lettres dans la salle des robotypes de Kennedy et immédiatement se rendit compte qu'il tenait là un sujet d'article. La lettre commençait ainsi : *J'annoncerai le 2 janvier prochain ma décision de postuler à la nomination comme candidat démocrate à la Présidence.*

La lettre n'était qu'une entre des milliers d'autres que l'on se disposait à envoyer aux partisans de Kennedy à travers tout le pays pour les informer un peu à l'avance de la décision que le sénateur avait prise de se présenter. Quand l'UPI eut diffusé l'article, les journalistes accoururent vers moi pour que je la leur confirme.

Ma réponse n'avait pas l'air très convaincante!

— Le sénateur Kennedy, leur dis-je, n'a pas encore décidé s'il sollicitera ou non sa désignation comme candidat démocrate en 1960. Le texte anonyme publié par l'United Press n'est qu'un brouillon entre quantité d'autres préparés par ses collaborateurs en vue de toutes les éventualités possibles sur la décision que prendra le sénateur.

Et j'ajoutai :

— Je doute fortement que le sénateur en ait même jamais eu connaissance.

Ce qui provoqua, dans l'un des journaux au moins, ce commentaire : « Nous doutons fortement que l'avenir de M. Salinger soit bien assuré... »

Le sénateur Kennedy, après un moment de mauvaise humeur, prit l'incident du bon côté. Au cours des entretiens des jours suivants, j'eus l'impression de me sentir de plus en plus un membre dans l'équipe.

La veille du nouvel an, le sénateur m'appela par téléphone de Nassau, dans les îles Bahamas, où il était allé passer de courtes vacances avec Mrs Kennedy, et il me parla pendant plus d'une demi-heure. Je me rappelle que, lorsque je raccrochai l'appareil, je sentis que mon temps d'essai était terminé et que j'étais vraiment accepté sans réserves.

Malgré les difficultés de ces premiers mois, je n'eus jamais le moindre doute que John F. Kennedy n'accédât à la Présidence des États-Unis, surtout après le voyage que je fis avec lui dans le Wisconsin en septembre 1959. Nous y avions visité quatre ou cinq villes avec l'avion de la famille Kennedy, le *Caroline*. A chaque escale, le sénateur avait pris la parole avec une clarté et un ton de persuasion qui lui gagnèrent complètement tous ses auditoires. Je me rappelle avoir, une fois rentré à Washington, téléphoné à un certain nombre de mes amis en divers points des États-Unis, pour leur faire part de ma grande découverte, et quelques-uns d'entre eux — pour la plupart, avec une longue expérience de la vie politique — me dirent que j'étais fou!

Le candidat était, selon eux, trop jeune, il était catholique et n'avait à son actif qu'une assez médiocre carrière de sénateur. Mais, pour moi, c'était une voix nouvelle que je venais d'entendre, une voix qui s'élevait au-dessus des nombreux conflits politiques de notre époque et savait discuter des problèmes de notre monde atomique.

Les élections primaires, la nomination comme candidat et l'élection finale de John F. Kennedy furent gagnées par deux facteurs. Le plus important était la personnalité même de Kennedy, le second, l'habileté avec laquelle il sut mobiliser en sa faveur des forces réparties d'un bout à l'autre du pays.

On a beaucoup écrit sur la campagne présidentielle de 1960 et je ne vais pas entreprendre de répéter tout ce qui a déjà été dit. Je m'en tiendrai seulement au rôle capital que joua la presse dans cette campagne.

Bien que le sénateur Kennedy ne m'eût pas donné d'instructions précises sur la façon de se comporter envers la presse au cours de la campagne, je discutai avec lui de l'idée que j'en avais. Ma doctrine se résumait à un principe : faire en sorte que la campagne fût aussi facile que possible à suivre pour la presse.

Dès le début, nous nous étions efforcés de créer chez les journalistes chargés de suivre cette campagne un climat leur rendant la tâche plus facile. Suivre une campagne présidentielle implique généralement pour les représentants des journaux qui accompagnent le candidat une succession d'aventures sans charme et pas mal d'inconfort. Les journées n'en finissent pas; il faut être constamment en route et les conditions dans lesquelles on travaille ne sont pas toujours des meilleures. Localité après localité, une police trop zélée s'efforce de protéger le candidat contre une foule envahissante, ce qui se termine la plupart du temps par des horions pour quelques-uns des journalistes en mission. Je me souviens d'une petite ville de Pennsylvanie où il m'avait fallu aller au secours de deux photographes aux prises avec les agents et j'avais moi-même été projeté à terre! J'allais être frappé une seconde fois quand le gouverneur de la Pennsylvanie, David L. Lawrence, me reconnut et ordonna aux policiers de me laisser tranquille!

Dans les élections nationales, un certain nombre de dispositions sont devenues pratique courante : affréter des avions pour la presse, réserver des chambres d'hôtel et s'assurer que les bagages de chaque journaliste trouvent le chemin de leur chambre, prévoir des cars pour les caravanes routières afin de permettre à la presse de suivre le candidat. Des salles étaient réservées dans les hôtels avec des lignes télégraphiques et téléphoniques supplémentaires pour les reporters. Au fur et à mesure que nous progressions, depuis le New Hampshire, puis en Wisconsin, en Virginie occidentale, en Orégon et dans les autres États où des élections primaires devaient avoir lieu, ces dispositions se faisaient de plus en plus compliquées, le nombre des journalistes ne cessant de croître.

Au départ du New Hampshire, en janvier 1960, une vingtaine de journalistes accompagnaient le sénateur Kennedy; le soir de l'élection, ils étaient près de quatre cents à Hyannis. Au début, il nous avait été possible de transporter dans un seul avion tous les journalistes désireux de nous suivre, mais comme la campagne prenait de l'ampleur, en allant des élections primaires à l'élection finale, il nous fallut en affréter un second, puis un troisième.

Nous appliquions pour une bonne part les pratiques considérées comme traditionnelles par les journalistes, mais nous avions aussi apporté quelques innovations. Dès l'élection primaire du New Hampshire nous avions fait installer, avec l'aide de Jim Williams, l'un des sous-directeurs de la Bell Telephone Company de Nouvelle-Angleterre, un poste radio émetteur-récepteur sur une voiture devant suivre immédiatement celle du candidat dans toutes ses tournées par route, ce qui permettait aux journalistes de service dans la voiture de transmettre directement à leurs bureaux le compte rendu des réceptions faites au candidat au cours du même trajet.

Mais l'innovation la plus importante fut la transcription instantanée des discours. Après la nomination de John F. Kennedy à la Convention démocrate de Los Angeles, j'avais eu un entretien avec Hal Alderson, directeur général d'une société de Washington s'occupant de reportages sténographiques. Alderson m'ayant confié qu'il tenait à donner son appui au sénateur Kennedy, je lui avais demandé s'il ne lui était pas possible de nous organiser un service de reportage permanent permettant de reproduire immédiatement tout ce que Kennedy dirait au cours de sa campagne.

Ce système fut inauguré lors du premier voyage qui avait suivi la Convention, et ce fut tout de suite une réussite. Il fallait en savoir gré pour une bonne part à l'habileté professionnelle de Chick Reynolds, le sténotypiste qu'Alderson nous avait affecté. Reynolds prit, quelque difficiles que fussent les circonstances, tous les discours du candidat. On l'apercevait, parfois juché sur le toit d'une voiture en stationnement, tendant l'oreille pour ne pas perdre un seul mot d'un discours, et le tapant méthodiquement sur son appareil. Chick était constamment accompagné d'un agent de transmission, généralement Ken Bowers, qui s'emparait des bandes sténotypées et courait les porter à l'avion de la presse où nous avions fait installer des machines à écrire spéciales et un ronéo. Moins de quinze minutes après la fin du discours, la presse avait des copies intégrales de ce qu'avait dit le sénateur. Le travail se compliquait parfois encore plus les jours où le candidat faisait sa tournée en voiture. Ces fois-là, Bowers transcrivait lui-même les textes sur une machine à écrire au fond d'un autocar bringuebalant. Mes secrétaires travaillaient, elles aussi, dans les plus mauvaises conditions possible. Je me rappelle une allocution de JFK lors d'un arrêt dans une petite bourgade du Connecticut vers les deux heures du matin. J'étais en train de faire le tour de l'assistance pour essayer d'enregistrer ses réactions quand je tombai sur deux de mes filles installées sur le toit d'une voiture et munies d'un ronéo portatif qui rédigeaient, à l'aide d'une lampe de poche, un communiqué de presse sur le discours du sénateur!

Mais la clé de notre réussite avec la presse était essentiellement la facilité d'abord de John Kennedy. Il était accessible aux journalistes aussi souvent que ceux-ci désiraient le voir, leur donnant ainsi l'impression de participer réellement à sa campagne, ce qui ne fut jamais le cas avec le vice-président Richard M. Nixon. En fait, plus d'un journaliste affecté au camp Kennedy après avoir suivi quelque temps le groupe du vice-président me dit qu'il se sentait « revenu chez lui » en nous retrouvant.

Les élections primaires étaient d'une importance capitale pour le sénateur Kennedy. Pour emporter la nomination en 1960, il lui fallait démontrer sa capacité de s'assurer des suffrages.

Après une victoire facile dans l'élection primaire du New Hampshire sur le fabricant californien de stylobilles, Paul Fisher, Kennedy se rendit au Wisconsin, l'épreuve pour lui la plus dure de la phase des élections primaires.

Le Wisconsin était chasse gardée pour Hubert H. Humphrey, alors sénateur, et maintenant vice-président des États-Unis. Pour un sénateur d'un État de l'Est, comme Kennedy, à peu près totalement étranger aux questions agricoles, emporter l'élection sur Humphrey, le spécialiste reconnu des dites questions dans le Parti Démocrate, c'était vraiment une entreprise risquée. Les journalistes venus en force dans le Wisconsin pour suivre la lutte ne manquaient pas d'aller voir Edwin Bayley, secrétaire de presse du gouverneur du Wisconsin (maintenant sénateur), Gaylord A. Nelson. A chacun de ses visiteurs, Bayley faisait la même réponse : il y avait dix districts électoraux dans le Wisconsin, et Kennedy était certain de les emporter tous les dix. Bon nombre de journalistes transmirent cette indication à leurs journaux.

Aussi, le soir de l'élection, lorsque Kennedy emporta finalement la victoire dans l'État par un succès dans six districts contre un échec dans quatre, ce qui aurait dû être tenu pour une victoire incontestable pour le sénateur du Massachusetts fut-il présenté dans certains journaux comme une défaite, à cause de ce qu'on baptisait sa « maigre » majorité. Cette façon de voir déplut fort au candidat. Il tenait une victoire dans le Wisconsin, quel que fût le nombre de suffrages recueillis, comme un grand succès en raison des circonstances. Il demanda à John Bailey, alors président du Comité Démocrate de l'État du Connecticut (maintenant président du Comité Démocrate National) et à moi-même de bien vouloir rester un jour de plus à Milwaukee pour voir les journalistes qui avaient lancé cette interprétation et essayer de les convaincre que Kennedy avait véritablement remporté un grand succès dans le Wisconsin. Nous y parvînmes tant bien que mal, mais l'impression persista malgré tout que Kennedy n'avait pas trop bien réussi là-bas.

C'est ce qui décida Hubert Humphrey à ne pas rendre les armes après le Wisconsin, et à lancer un autre défi à JFK en Virginie occidentale. Et c'est dans cette même Virginie occidentale avec une majorité triomphale de 60 voix contre 40 que Kennedy enleva véritablement sa nomination de candidat du Parti Démocrate.

Il convient d'établir ici un autre point d'histoire qui joua également un rôle dans les résultats du Wisconsin et de la Virginie occidentale. Louis Harris, qui effectuait les sondages d'opinion pour le compte du sénateur Kennedy, avait fait une petite erreur plusieurs jours avant les élections. Harris avait communiqué à Kennedy des calculs qui démontraient qu'il avait une légère chance d'emporter les 9e et 10e districts électoraux à la lisière nord du Wisconsin, à proximité de la frontière du Minnesota. Le même calcul faisait ressortir qu'il n'en avait par contre aucune dans l'important 2e district, qui comprend la capitale du Wisconsin, Madison.

Sur la foi de cette information, le sénateur Kennedy avait passé le dernier jour de sa campagne à Superior, Wisconsin, dans le glacial 10e district, pour s'efforcer, sans conviction, de l'emporter dans cette région. Quand vinrent les résultats Kennedy apprit qu'il était largement battu aussi bien dans le 9e que dans le 10e district (ce qui démontrait qu'il n'avait jamais eu la moindre chance), mais qu'il perdait le 2e par moins de 1.000 voix. Kennedy garda l'impression que s'il avait passé son dernier jour à faire campagne à Madison, il aurait peut-être emporté le 2e district et, de ce fait, gagné l'État, par 7 districts contre 3.

C'est ici qu'intervint la chance. Le vice-président Humphrey m'a depuis confié que si Kennedy l'avait emporté dans le Wisconsin par 7 districts contre 3, il aurait lui-même sur-le-champ abandonné la lutte et ne se serait pas présenté en Virginie occidentale. Et si Kennedy n'avait pas eu à faire campagne contre Humphrey en Virginie occidentale peut-être n'aurait-il jamais pu démontrer qu'il lui était possible de vaincre l'ostracisme anticatholique. Dans ce cas-là, l'erreur du sondage d'opinion lui avait servi.

La flambée de sentiments anticatholiques au cours des élections primaires de Virginie occidentale amena les principaux assistants de Kennedy à essayer d'obtenir une déclaration des principaux pasteurs protestants préconisant la tolérance dans les élections de tous les États d'Amérique.

Tandis qu'ils s'y employaient, j'eus l'occasion de me rendre par voie ferrée de Blue Bell, en Virginie occidentale, à Indianapolis, dans l'Indiana, et pendant que je prenais mon petit déjeuner au wagon-restaurant, j'aperçus Billy Graham, l'évangéliste, assis à deux tables de moi. Poussé par une sorte d'impulsion, je m'approchai de lui et m'étant présenté, lui demandai la permission de m'asseoir à sa table. Au cours de la conversation que nous eûmes en déjeunant, je l'entretins de la déclaration que les ministres du culte protestant étaient en train de rédiger et je lui demandai s'il consentirait à la signer. Comme il me l'avait assuré, je m'arrangeai pour que Ted Sorensen lui téléphonât le lendemain pour lui donner avec plus de précisions le libellé de la déclaration. Deux jours après, Sorensen essaya d'avoir le révérend au téléphone et, l'ayant enfin obtenu, Graham lui refusa tout net de signer sous le prétexte qu'il ne voulait pas intervenir dans l'élection, ce qui ne l'empêcha pas, plus tard, de participer à des réunions en faveur du vice-président Nixon...

C'est pendant les élections primaires que l'on eut l'exemple d'une campagne présidentielle de conférences de presse muettes! Tout d'abord en Orégon, puis plus tard en Indiana, le candidat, épuisé de fatigue, devint aphone. Dans les deux cas, il poursuivit la réalisation du programme prévu de conférences de presse, mais au lieu de répondre de vive voix aux questions qu'on lui posait, ce dont il était bien incapable, Kennedy écrivit ses réponses sur de grandes feuilles de papier jaune que je lus aux journalistes.

Une fois passé le cap des élections primaires, la Convention nationale de 1960 était l'avant-dernier obstacle à franchir par John F. Kennedy pour pouvoir accéder à la Présidence. Bien qu'il fût convaincu d'emporter la nomination du parti dès le premier tour de scrutin, il ne voulut rien laisser au hasard. Ses collaborateurs passèrent autant de temps et dépensèrent tout autant d'énergie à préparer la Convention que nous l'avions fait pour les plus incertaines des élections primaires.

Je me rendis par avion à Los Angeles trois semaines avant l'ouverture de la Convention, fixée au 11 juillet, pour y organiser notre campagne de presse. JFK se rendait pleinement compte de l'importance d'une liaison efficace et rapide avec les journaux, dont les représentants allaient être en plus grand nombre que délégués et suppléants, 4.750 pour les premiers contre 4.509 pour les seconds. Une Convention électorale comporte quantité d'impondérables. Qu'un ou deux délégués fasse défaut, ou qu'un discours inattendu y soit prononcé, et cela a suffi, l'expérience l'a prouvé pour faire perdre un candidat qui avait tous les atouts dans son jeu en arrivant à la Convention.

Deux autres compétiteurs démocrates de premier plan, Champ Clark en 1912 et William Gibbs en 1924 s'étaient présentés devant leurs Conventions respectives avec des majorités assurées, et avaient été battus. Bien que JFK n'eût besoin que de la majorité absolue, non celle des 2/3 des voix, comme lors des Conventions insolubles de 1912 et 1924, nous savions que ses chances diminueraient au fur et à mesure que les votes se succéderaient. Il était impératif qu'il atteignît le nombre magique de 761 voix dès le premier scrutin.

Il nous fallait établir un contact immédiat avec les délégations directement de nos centres de propagande, et indirectement par le truchement de la presse.

Robert B. Troutman Jr., avoué d'Atlanta et condisciple à Harvard de Joe Kennedy, mort au cours de la guerre, m'attendait à Los Angeles. Troutman, qui était doué d'une imagination prodigieuse, était chargé de deux missions importantes : établir notre P. C. central à l'hôtel choisi comme quartier général — le Biltmore — et orchestrer les acclamations lorsque John F. Kennedy ferait officiellement acte de candidature.

Comme Troutman n'entendait rien à l'art de la mise en scène, il fit appel à un vieil ami d'Hollywood pour l'aider à acheter des bannières et des instruments « à faire du bruit », et à organiser un cortège de sympathisants « spontanés ». Son ami lui donna son accord avec toutefois une réserve : il ne faudrait le dire à personne, sauf au candidat, et encore, seulement s'il était gagnant. Ce qu'il y a d'ironique dans l'affaire, c'est que l'ami metteur en scène de Troutman se trouvait être l'acteur George Murphy qui, quatre ans après, allait lui-même se lancer dans la politique et me battre au siège de Sénateur de Californie!

La partie la plus ingénieuse du P. C. du Biltmore était son réseau téléphonique, établi avec l'aide de Troutman et de Lyle Moore, représentant de la Pacific Telephone and Telegraph Company. Chacune des pièces occupées par l'un des membres de l'équipe Kennedy logé au Biltmore était reliée directement au réseau, ainsi que la cachette que JFK gardait à Hollywood et une maison modèle proche du stade où nous transporterions notre Q. G. le soir du vote. Cette maison modèle provenait d'exposition d'ameublement qui devait se terminer le soir du vote et Troutman avait obtenu de l'un des exposants qu'il mette sa maison à la disposition du candidat après la clôture de l'exposition.

La dite maison modèle fut elle-même convertie en central téléphonique. De son standard on pouvait communiquer directement avec les appareils qui se trouvaient dans la salle de la Convention, ce qui permettait à nos stratèges de garder un rapport avec les présidents des diverses délégations pendant les votes eux-mêmes. Mais nous n'ignorions pas qu'il ne serait pas possible d'obtenir la communication avec eux tant que la salle serait le théâtre de manifestations plus ou moins frénétiques, et nous installâmes un *walkie-talkie* pour relier la maison modèle avec nos agents circulant dans le stade.

En plus de ces deux systèmes de liaison presque instantanée entre notre équipe et les chefs des délégations, nous avions établi notre annuaire téléphonique personnel, comportant une liste alphabétique de tous les délégués, avec leurs hôtels, l'heure et le lieu de leurs réunions de comité, et la désignation des restaurants, bars et attractions touristiques où nous pouvions les trouver, en cas de besoin.

Nous avions également un fichier sur chaque délégué et suppléant, nous précisant si il (ou elle) était pro ou anti-Kennedy et si on pouvait réellement compter sur lui (ou elle). La fiche indiquait également sa profession, sa religion, les fonctions qu'il avait exercées dans le parti et même son surnom et ses occupations favorites. La fiche précisait si le sénateur Kennedy avait jamais rencontré le délégué — ou suppléant — et s'il l'appelait par son nom, son prénom ou son surnom. Ce fichier nous fut extrêmement précieux pour nous attirer les bonnes grâces des délégués.

Il suffit de jeter un coup d'œil sur un plan de Los Angeles pour se rendre compte que la liaison avec la presse allait y être plus difficile que dans toute autre ville que le parti aurait pu choisir pour sa Convention. A Chicago, à Philadelphie ou Atlantic-City, tous les délégués descendent dans des hôtels du centre, à quelques minutes de marche les uns des autres. Une telle centralisation permet à un candidat de garder le contact avec ses délégués et de contrer sans retard les manœuvres des autres candidats.

Mais Los Angeles a toujours souffert d'une pénurie d'hôtels dans sa partie centrale. Les délégations s'éparpillaient dans des hôtels allant de Pasadena, au pied des montagnes, à Santa Monica, sur le front de mer, ce qui représente une distance d'une cinquantaine de kilomètres à vol d'oiseau. Pendant les journées extrêmement importantes précédant l'ouverture de la Convention, les délégués allaient se répandre à travers toute la ville pour en voir les curiosités touristiques : le Disneyland, les studios d'Hollywood, les résidences des étoiles de cinéma, les plages ou le cimetière de Forest Lawn. Tout cela compliquerait nos liaisons avec les principales délégations et leurs rapports entre elles, et nous savions qu'elles s'en rapporteraient pour une bonne part à la presse, à la radio et à la télévision pour rester au courant des luttes d'influence d'avant la Convention. On décida, afin de permettre à JFK de répondre immédiatement aux attaques de ses adversaires et de lancer, si besoin en était, ses propres contre-attaques, que notre Q. G. du Biltmore resterait ouvert vingt-quatre heures par jour! Il me fallait donc gonfler sérieusement mon équipe. Je n'avais que deux adjoints, Charley Roche et Ron Linton, qui avaient fait du journalisme à Boston et dans le Michigan respectivement. Ils avaient l'un et l'autre suivi les élections primaires avec nous et s'y étaient montrés pleins de sang-froid et d'habileté au plus fort de l'action.

La première adjonction à l'équipe pour la Convention fut Roger Tubby, ancien secrétaire de presse de Truman pendant les derniers mois de sa présidence. Il était, quand je fis appel à lui, directeur-propriétaire d'un petit journal de Saranac Lake, dans l'État de New York, l'*Adirondack Daily Enterprise*. Le Sénateur Kennedy tenait absolument à tirer parti de sa longue expérience de la politique. Tubby, qui commençait déjà à se fatiguer de la vie sédentaire d'un journaliste de petite ville, accourut à Los Angeles.

Il continua à faire partie de l'équipe après la Convention, et dirigea notre P. C. de Washington au Comité Démocrate National tandis que j'accompagnais le candidat dans sa tournée à travers le pays. Il devint plus tard secrétaire d'État adjoint chargé des Affaires Publiques, nomination qui fut la cause d'une des rares disputes que j'eus avec le Secrétaire d'État Dean Rusk.

Lors de la nomination de celui-ci comme Secrétaire d'État, je lui dis que je pensais que nous étions moralement obligés de faire de Tubby son secrétaire de presse. Mais Rusk avait déjà songé pour ce poste à plusieurs autres journalistes, dont Elie Abel, le docte correspondant à Washington du *News* de Detroit — maintenant directeur du bureau londonien de la N. B. C. — et Douglas Cater Jr. du magazine *Reporter* (maintenant adjoint spécial auprès du Président Johnson). J'avais la plus grande considération pour ces deux hommes. Mais j'étais d'avis que la complaisance qu'avait manifestée Tubby en quittant son journal pour venir prêter main-forte à l'équipe de JFK lors de la Convention lui donnait droit à quelques égards particuliers de notre part. Rusk ne voulut toutefois pas voir le bien-fondé de mes arguments, et il me fallut en dernier ressort faire appel au Président-élu. Celui-ci intervint et Tubby obtint la place. J'aurais d'ailleurs mieux fait de m'en abstenir!

Bien que Tubby fût parfaitement qualifié, il n'acquit jamais la confiance de Rusk et demeura toujours quelque peu suspect aux yeux de la presse. Après un stage d'un an au State Department, il accepta un poste d'ambassadeur — comme représentant des États-Unis auprès des organismes de l'O. N. U. à Genève — où il fit une brillante carrière. Il fut remplacé au State Department par Robert J. Manning, qui avait été rédacteur au *Time* avant d'être rédacteur en chef de l'édition dominicale du *New York*

Herald Tribune. Manning mit sur pied le service de presse le plus parfait que le State Department ait jamais connu. Il est maintenant rédacteur en chef de l'*Atlantic Monthly.*

Le deuxième homme d'expérience que je fis entrer dans notre équipe avant la Convention fut Andrew T. Hatcher, ancien rédacteur en chef du *Sun Reporter*, journal des Noirs de San Francisco. Nous étions amis de longue date et avions suivi ensemble mainte campagne électorale en Californie, y compris les campagnes présidentielles de Stevenson en 1952 et 1956. Après mon départ pour l'Est en qualité d'enquêteur pour la Commission du sénateur McClellan, Andy avait été nommé commissaire adjoint aux questions syndicales par le gouverneur Brown. Selon son habitude, Andy répondit sur-le-champ à mon appel et accepta de démissionner de son poste officiel pour entrer dans l'équipe du candidat. Pendant toute cette fiévreuse semaine à Los Angeles et la longue et épuisante campagne qui devait y faire suite, il fut l'animateur essentiel de nos activités. Il n'était de tâche, minime ou écrasante, qu'il ne s'offrît le premier à assumer, et il accomplissait chacune avec compétence et dynamisme. Il allait ensuite devenir secrétaire de presse adjoint de la Maison-Blanche, la plus haute situation qu'un Noir eût encore jamais exercée à Washington. Quand je donnai ma démission de l'état-major du Président Johnson avec un préavis de trois heures pour poser ma candidature comme candidat sénateur démocrate de l'État de Californie, Andy vint dans l'Ouest pour m'aider dans ma campagne. Il est à l'heure actuelle directeur commercial de la Brasserie Ballantine de Newark, New Jersey.

Je complétai mon équipe de Los Angeles avec Chris Camp, Barbara Coleman, Sue Vogelsinger et Lenore Jacobson, quatre jeunes femmes de Washington aussi agréables qu'aimables et compétentes. Jusqu'au jour de l'élection définitive, elles travaillèrent de jour et de nuit à diffuser les discours et communiqués de presse, à répondre aux appels téléphoniques, à servir du café et des sandwiches et à faire la chasse aux importuns qui tentaient de s'introduire au Q. G.

L'une de mes premières tâches à Los Angeles fut de préparer une notice documentaire pour la horde de journalistes américains et étrangers qui allaient bientôt s'abattre sur la ville. Elle comportait une biographie détaillée du Sénateur, une collection de photos de lui prises au cours de ses campagnes, une documentation sur les élections primaires qu'il avait remportées, des citations de ses plus importants discours, le *curriculum vitae* de ses principaux collaborateurs, et les numéros téléphoniques permettant de communiquer de jour et de nuit avec le service de presse.

Les notices répondaient à un double propos : faciliter aux journalistes la rédaction d'articles sur JFK, et réduire le nombre de questions banales que l'on pouvait poser sur le candidat et son passé personnel et politique à ses collaborateurs surmenés.

Le sénateur Kennedy était de loin la personnalité la plus attirante pour les journalistes à la Convention. Du petit jour à l'heure la plus tardive, notre bureau de presse avait l'air d'une maison de fous. Mais en plus des reporters l'assiégeant pour obtenir des déclarations et des révélations sur les faits et gestes et intentions du candidat, un autre contingent le suivait partout où il allait.

Un certain matin JFK avait quitté une réunion de comité à l'Hôtel Statler pour s'esquiver par une porte latérale, les journalistes s'étaient rués à sa poursuite... pour découvrir qu'il était tout simplement aux toilettes...

Ron Linton fut chargé de réaliser un de nos projets les plus importants, celui de publier un bulletin quotidien relatant les débats de la Convention. On ne l'avait encore jamais fait et ce bulletin s'avéra d'une extrême valeur pour nos liaisons directes avec les délégués.

Cette gazette avait fort respectable allure. Stan Weber, journaliste de l'Orégon, y coopérait avec Ron en qualité de rédacteur en chef, ainsi que Fred Forbes ancien journaliste de Boston et de Philadelphie comme rédacteur local. Les reporters en étaient mon frère Herbert, alors directeur d'un collège à Napa, Californie, et deux étudiantes du Goucher College de Baltimore, Phyllis Wear et Jill Cowan, plus connues des journalistes sous le nom de Fiddle et Faddle (*fiddle-faddle* = bagatelles, niaiseries)! Elles étaient si emballées pour la candidature de JFK qu'elles étaient venues par avion à Los Angeles à leurs frais et avaient refusé tout salaire pour leur travail!

Bien que cette gazette fût avant tout consacrée aux faits et gestes du sénateur Kennedy, nous y parlions également, afin de donner à nos informations une apparence d'impartialité, des activités des autres candidats. Le texte partait au début de la soirée à l'impression et le journal sortait de presse peu après minuit. A ce moment-là, le directeur de la diffusion, Jack McNally, expert géomètre de Webster, Massachussetts, qui faisait partie de l'équipe Kennedy depuis les élections primaires du New Hampshire, prenait le relais; il avait recruté une équipe de volontaires qui allaient glisser un numéro sous la porte de chaque délégué et suppléant entre minuit et six heures du matin, ce qui n'était pas une petite affaire dans une ville aussi étendue que Los Angeles.

Notre tirage total s'élevait quotidiennement à 12.000 numéros, dont

3.000 étaient distribués d'un kiosque proche de l'Hôtel Biltmore. Moins de vingt-quatre heures après l'élaboration du projet, le journal fut doté d'un bureau en ville, d'un téléscripteur de l'Associated Press et d'une chambre noire installée dans un placard. Quand je fis part au Sénateur Kennedy de la création de ce journal, il éprouva quelque inquiétude au sujet de ce qu'allait pouvoir coûter cette entreprise journalistique et il fut très surpris quand je lui dis que la fabrication de sept numéros ne s'élèverait qu'à 6.000 dollars, frais d'impression compris. Cette réticence du Sénateur était toutefois symptomatique des efforts qu'il fit pendant toute la campagne pour en limiter le coût. Il ne cessait de recommander à son entourage de ne pas exagérer les frais et il resta aussi prudent en matière financière une fois à la Maison-Blanche.

Troutman imagina encore un autre dispositif précieux pendant le déroulement de la Convention : un système de « repérage » de chacun des intéressés. Les principaux assistants de Kennedy furent munis chacun d'un petit radiotéléphone portatif. Quand on avait besoin d'eux au Q. G., il suffisait de faire sur cadran un numéro convenu et le dispositif du porteur correspondant émettait une tonalité. L'intéressé savait ainsi qu'il lui fallait appeler le bureau du « repéreur » pour savoir qui le réclamait.

Tous ces dispositifs, téléphone, *walkie-talkie*, bureau de presse permanent et journal, prévus pour la Convention n'avaient que deux objectifs : garder le contrôle de nos délégués et contrer des mouvements de l'opposition qui auraient pu tourner contre nous des délégués indécis.

Mais le Sénateur prit une assurance supplémentaire contre une panique éventuelle des délégués. Nous avions compté les voix en notre faveur avec le plus grand soin et il ne faisait guère de doute que nous allions gagner dès le premier tour du scrutin. Mais nous savions aussi que nombre d'articles prévoyant une victoire de JFK au premier tour tenaient compte d'États dont nous n'étions rien moins que sûrs. Si une poignée de ces délégués se décidait pour un autre candidat, nous risquions de donner l'apparence de perdre du terrain.

La Californie en fournissait un bon exemple. Les pronostics parus dans les magazines nous donnaient jusqu'à 65 voix dans la délégation de cet État. Mais selon Larry O'Brien et également Jesse, le puissant président de l'Assemblée californienne, notre total dans cet État ne dépasserait guère 35 voix.

C'est pourquoi nous n'avions pas compté la Californie et autres États douteux dans nos pronostics de victoire au premier tour. Aussi quand leurs délégations se rangèrent en totalité ou partie de notre côté, la presse le compta comme un gain net dans notre total, et non comme un signe de perte de vitesse par le Sénateur Kennedy. L'estimation ultra-modérée que nous en avions faite devait avoir sa répercussion lorsque, le second jour de la Convention, le vote de la Californie ne donna que 37 voix à JFK. Comme nous n'avions jamais prétendu y recueillir une seule voix, notre relative défaite dans la délégation de Californie prit figure de victoire!

La Convention elle-même ne nous apporta que deux incidents. Tout d'abord ce fut lors d'une conférence de presse tenue par John B. Connally, maintenant gouverneur du Texas, et Mrs India Edwards, ancienne présidente de la Section féminine du Comité National Démocrate. Ces personnes déclarèrent à un groupe de journalistes incrédules que John F. Kennedy était atteint de la maladie d'Addison et serait physiquement inapte à supporter les fatigues du métier de Président. Ce fut là un des derniers éclats de la maladroite campagne en faveur de Lyndon B. Johnson.

Il faut dire tout de suite que la presse partagea mon opinion pour trouver que cette accusation dépassait fortement les bornes de la controverse décente, même celles des excès de langage qui sont de coutume dans l'atmosphère surchauffée des conventions politiques. Lors d'un entretien avec John et Bob Kennedy ceux-ci exprimèrent leur intention de considérer cette accusation comme indigne d'une réponse. Johnson lui-même avait publié une déclaration dans laquelle il affirmait n'avoir eu aucune connaissance préalable de l'accusation de Connally-Edwards et qu'il s'en désolidarisait de la façon la plus catégorique. Malgré cela toutefois, je me crus obligé de réagir et ce, sans retard, pour empêcher les Républicains de reprendre après la Convention cette accusation si elle était demeurée sans réponse. Je pris contact avec les médecins du Sénateur et nous publiâmes un bulletin de santé qui rappelait que JFK avait souffert d'une insuffisance des glandes surrénales, mais que celle-ci était neutralisée depuis des années et qu'aucun de ses médecins ne la tenait pour être la maladie d'Addison. Rapidement enrayée cette rumeur s'éteignit au bout d'un jour et ne ressortit plus que pendant les dernières quarante-huit heures de la campagne présidentielle. Les Républicains commirent alors Walter H. Judd, membre du Congrès et médecin de profession pour la relancer. Par un retour étrange de l'histoire, ce même Connally, co-auteur de l'accusation sur les capacités physiques de JFK se trouvait dans la même voiture que lui le jour où il fut assassiné.

Dès les premiers contacts que j'eus avec le Président Kennedy, je me rendis compte qu'il souffrait de douleurs fréquentes. Il avait été blessé dans le dos pendant la Deuxième Guerre mondiale et la très grave opération qu'il avait subie en 1954 (dont il avait bien failli ne pas revenir) n'était parvenue qu'imparfaitement à le guérir. Il était obligé de porter un corselet dorsal, haut de près de vingt centimètres pour le maintenir. Cette ceinture avait pour objet de réduire la fatigue de sa colonne vertébrale, surtout les jours où le Président avait un programme particulièrement chargé.

Les longs cortèges en voiture au cours de sa campagne électorale et ensuite lui étaient particulièrement pénibles. Le candidat ou Président à l'aimable sourire, quand il avait regagné sa chambre d'hôtel, se dépouillait de sa ceinture et se détendait dans un bain chaud en poussant un soupir de soulagement : c'était la seule manifestation qu'il laissât transparaître de la souffrance qu'il endurait.

Il en parlait rarement, même à ses amis et collaborateurs les plus intimes. Nous savions ce qu'il éprouvait et nous essayions parfois de lui exprimer notre sympathie. Il y mettait généralement un terme avec un sourire en nous assurant qu'il se sentait au mieux. Parfois, il lui arrivait de proférer un juron à l'adresse de son dos, puis il n'en parlait plus pendant des semaines.

C'est au Dr Hans Kraus de New York qu'il dut le soulagement le plus durable. Le Dr Kraus, spécialiste des maladies de la colonne vertébrale, établit pour le Président un programme méthodique de mécanothérapie qui lui consolida le dos au point de lui permettre de jouer au golf et de se livrer à d'autres exercices physiques avec un minimum de réactions douloureuses.

Le second moment critique au cours de la Convention survint quand le Sénateur vint parler devant la délégation du Texas. Les délégués lui avaient adressé l'invitation de coutume et il l'avait acceptée. Certains journalistes m'avaient confié que Lyndon Johnson avait projeté de se faire voir en même temps pour contraindre JFK à un débat télévisé. Nous n'avions rien à gagner et beaucoup à perdre à une telle confrontation et nous cherchâmes un moyen pour nous y dérober.

C'est alors que des amis dans la délégation texane nous informèrent que LBJ ne participerait pas à la réunion. Avec d'autres membres de notre équipe, j'en inférai que Johnson avait changé d'avis et se refusait au débat. Je passai une demi-heure au téléphone à en faire part à divers journalistes quand je reçus un appel de Phil Graham, le rédacteur en chef du *Washington Post.*

— Jeune homme, me dit-il, écoutez un bon conseil. Ne déchirez jamais quoi que ce soit que vous ne puissiez recoller plus tard.

Sur ces paroles, il raccrocha.

Je ne savais que penser. Je n'avais jamais rencontré Graham, mais je savais que c'était un ami personnel de LBJ et qu'il avait probablement eu vent de l'interprétation que je diffusais. Au bout d'un instant, j'eus une lueur de clarté. Graham voulait me faire savoir que si JFK emportait la nomination, il se pouvait qu'il tînt à avoir LBJ comme second. Ma « version » selon laquelle le sénateur du Texas avait peur d'un débat avec le sénateur du Massachusetts ne pouvait que susciter de l'inimitié entre eux.

Le débat eut lieu, mais antérieurement à une réunion mixte des délégations du Massachusetts et du Texas. On n'y fit pas d'étincelles d'ailleurs et la presse considéra l'affaire comme un match nul.

Je dois ajouter que c'est par cette communication téléphonique de Graham que je me rendis pour la première fois compte de l'intention qu'avait Lyndon Johnson de poser sa candidature à la Vice-Présidence si JFK emportait la Présidence à la Convention, comme ce serait certainement le cas. Un mois avant la Convention, alors que je n'en avais encore qu'une intuition vague, j'avais dit à Earl Mazo, du *New York Herald Tribune*, que Kennedy et Johnson finiraient par se présenter ensemble. Quand on en eut l'assurance, Mazo prétendit que j'avais été mis au courant de l'accord bien avant le vote de Los Angeles, et je n'arrivai jamais à le convaincre que mon pronostic était purement dû à un heureux hasard. Au moment de la Convention mes prédictions auraient penché en faveur du sénateur Stuart Symington.

La surprise du premier jour de la Convention fut la démonstration tumultueuse qui se produisit quand Adlai Stevenson prit place avec la délégation de l'Illinois, contrairement à la tradition rigoureuse qui veut qu'un aspirant à la nomination n'entre jamais dans la salle avant que tout soit terminé, à part les acclamations ou les huées.

Notre standard téléphonique était débordé d'appels de journalistes et de délégués amis qui accusaient Stevenson de jeter le désordre dans la Convention, mais nous savions que la vérité était tout autre. La démonstration n'était que le paroxysme d'une longue machination ourdie par les « supporters » de Stevenson en Californie du Sud. Ils s'étaient procuré par tous les moyens possibles, mendicité, emprunt ou contrefaçon, le plus de billets possible de manière à faire le plein de sa salle. Mais seule une poignée de ces manifestants délirants avait un mandat d'électeur, et il était peu vraisemblable qu'ils influencent beaucoup de délégués.

Nous savions également que le matin même, les leaders politiques de l'Illinois avaient informé le gouverneur Stevenson qu'il ne pouvait même pas compter sur son propre État. Il savait, en arrivant au stade, que tout était déjà terminé pour lui. Mais la manifestation, le dernier lever de rideau d'Adlai Stevenson sur la scène présidentielle, témoigne de la foi et de l'émotion intense que cet homme remarquable était capable de susciter chez ses partisans. J'avais fait partie de son équipe lors des campagnes contre Eisenhower en 1952 et 1956 et je n'avais jamais œuvré avec plus d'ardeur et plus grande conviction. Mais j'étais certain en 1960 que même s'il accédait à la nomination, il n'arriverait pas à battre Nixon. Je crois bien qu'il s'en rendait également compte et c'est pourquoi, selon moi il n'engagea jamais vraiment la bataille pour se faire désigner.

La nuit du vote fut l'une des plus passionnantes que j'aie jamais vécues. Bob Kennedy, Larry O'Brien, Ken O'Donnell, Steve Smith, le beau-frère du Sénateur et moi-même avions pris place dans la maison modèle proche du stade. (C'était la première fois que je me trouvais à moins d'un mille de la Convention elle-même. Depuis mon arrivée à Los Angeles, il y avait près d'un mois, j'avais eu tant de travail à mon bureau de presse que je m'étais trouvé séquestré au Biltmore vingt-quatre heures par jour.)

O'Brien avait placé devant lui une liste des délégués État par État et ses pronostics sur les suffrages que recueillerait JFK au premier tour. Il ne s'était trompé que d'une demi-voix, et cette remarquable aptitude à sonder l'opinion lui fut très précieuse lorsqu'il devint officier de liaison entre le Président et le Congrès.

Pendant que les délégués commençaient à voter, Bob Kennedy appela un de nos agents dans la salle de la Convention :

— Allez dire à Bob Meyner (le gouverneur du New Jersey) que nous allons emporter l'affaire au premier tour et que c'est la dernière offre que nous lui faisons. Ou il nous amène toute sa délégation ou il sera lessivé.

La réponse ne tarda pas à nous parvenir.

— Meyner décidera après le premier tour. Il ne croit pas que nous allons l'emporter au premier tour et va décompter les voix lui-même.

La faute classique des politiciens!

Comme le vote se poursuivait à travers les États classés par ordre alphabétique, il devint de plus en plus évident que la victoire de JFK allait dépendre des quinze voix du Wyoming. Bob Kennedy s'empara du téléphone pour appeler son frère Teddy qui se trouvait avec la délégation de cet État.

— Dis-leur que si nous avons les quinze voix, le Wyoming va assurer la nomination du nouveau Président.

Le Wyoming en fut avisé. Le chef de son Comité national, Tracy F. McCraken, vint au micro et, conscient de l'importance du moment, il annonça :

— Le Wyoming apporte ses quinze voix au nouveau Président des États-Unis.

Le charivari qui s'ensuivit dans la salle de la Convention n'était rien en comparaison de celui qui se déchaîna dans notre maison modèle. Bob et moi nous mîmes à sauter et à crier, à danser tout autour de la pièce, embrassant tous ceux qui s'y trouvaient. Le résultat n'avait pas été obtenu sans peine, mais il restait encore du chemin à faire.

La Convention avait ensuite à choisir son candidat à la Vice-Présidence. Les versions que l'on a données de ce qui s'est passé sont ou contradictoires ou tendancieuses. J'en ferai ici un exposé d'après les notes que j'ai rédigées au cours de la semaine qui a suivi la Convention, alors que l'affaire m'était encore toute fraîche à la mémoire.

Le jeudi soir, après la nomination de Johnson comme candidat à la Vice-Présidence, j'étais revenu à mon bureau où j'avais tout de suite reçu la visite d'un certain nombre de journalistes qui voulaient savoir ce qu'ils devaient penser d'un article de John S. Knight, directeur des Knight Newspapers, dans lequel il était dit que Johnson avait obligé Kennedy à le choisir comme candidat à la Vice-Présidence.

Le même jour, dans la matinée, j'étais entré dans la chambre de Bob Kennedy qui faisait vis-à-vis à la mienne à l'Hôtel Biltmore. Ken O'Donnell y était et je trouvai les deux hommes en train de discuter des candidatures pouvant être envisagées pour la Vice-Présidence. Bob Kennedy me demanda de faire le décompte des voix des grands électeurs de Nouvelle-Angleterre et du « bloc sudiste ». Je lui demandai s'il songeait sérieusement à Johnson. Il me répondit affirmativement. Il ajouta que le sénateur Kennedy devait avoir une entrevue avec Johnson à dix heures. Ken O'Donnell s'indigna violemment de voir le choix se porter sur Johnson, et je me joignis à lui. Nous pensions l'un et l'autre que le sénateur Stuart Symington serait un candidat bien préférable, mais Bob paraissait bien décidé en faveur de Johnson. Je me suis rappelé tout cela quand je lus dans la soirée les articles des journaux prétendant que Johnson avait imposé son choix à Kennedy.

Dans le courant de la soirée, je téléphonai à Bob Kennedy pour savoir ce qu'il fallait penser de l'article de Knight. Bob me dit qu'il n'y avait absolument rien de vrai dedans, mais je retins de notre conversation que le choix de Johnson ne s'était pas fait de la façon dont les journaux le rapportaient. J'eus nettement l'impression qu'en mettant les choses au mieux, le sénateur Kennedy s'était trouvé pris de court quand, après avoir demandé à Johnson s'il voulait se présenter à la Vice-Présidence, celui-ci avait accepté.

A la suite de l'entretien que j'avais eu avec Bob Kennedy, je rédigeai sous ma propre signature un communiqué dans lequel je détruisais les allégations de Knight, puis, j'allai me coucher. Une heure après, je fus réveillé par un coup de téléphone de Bill Moyers, un membre de l'équipe du sénateur Johnson. Il dit que le président de séance, Mr Rayburn, désirait me parler. Mr Rayburn prit l'appareil et me parut fort agité. Il désirait, tout d'abord, qu'une note sous le couvert du sénateur Kennedy infirma ce qu'avait dit Knight, puis, que j'aille réveiller JFK pour lui demander d'appeler John S. Knight et lui dire que son article était un mensonge. Rayburn ajouta que le sénateur Johnson était fort mécontent de l'article et qu'il entendait que la rumeur en fût étouffée avant qu'elle eût une diffusion plus large. George Reedy, le secrétaire de presse du sénateur Johnson était arrivé à savoir où logeait Knight et où je pourrais le joindre.

J'assurai Mr Rayburn que j'allais lui donner satisfaction et allai réveiller Bob Kennedy qui, entre-temps, était allé se coucher. Bob ne montra guère d'enthousiasme à l'idée d'appeler son frère qui avait eu une journée particulièrement épuisante. Nous élaborâmes ensemble un texte qui paraîtrait sous la signature du sénateur et il m'assura qu'il téléphonerait à Knight puisqu'une partie de l'article se rapportait à une prétendue conversation entre le sénateur Johnson et lui-même avant que le sénateur Kennedy n'ait vu Johnson. Cela, m'affirma Bob, était complètement faux.

Nous essayâmes également de découvrir quelle pouvait être la source de l'article de Knight. Celui-ci étant un respectable journaliste, il semblait que le tuyau lui fût venu de quelqu'un de haut placé dans le parti. Après avoir passé en revue les diverses personnalités éventuelles, nous arrivâmes au nom de Clark Clifford qui avait été le directeur de la campagne du sénateur Symington.

Lorsque le sénateur Kennedy avait dit à Clifford que c'était Johnson qui allait être candidat à la Vice-Présidence (cela le 14 juillet, vers 3 heures de l'après-midi), il lui avait confié qu'il s'étonnait que Johnson acceptât de poser sa candidature à la seconde place. Bob Kennedy se demandait s'il n'était pas possible que Clifford eût interprété cette remarque comme voulant dire que Johnson s'était imposé pour ce choix.

La vérité, c'est qu'après que Walter Reuther, le gouverneur G. Mennen Williams, et d'autres eurent reproché au sénateur Kennedy d'avoir pris Johnson comme second, Bob était allé voir Johnson et lui avait fait part de leurs objections. Johnson avait dit que si le sénateur Kennedy était d'accord pour que lui, Johnson, se présentât à la Vice-Présidence, il ne demandait qu'à poser sa candidature. C'est à cela que le sénateur Kennedy avait fait allusion dans son entretien avec Clark Clifford.

A la suite de sa conversation avec John Knight, Bob Kennedy me rappela et me dit que mis au courant de la façon dont les choses s'étaient passées,

Knight regrettait sa propre version, qu'il allait revoir ceux de qui il la tenait et mettre au point les choses avec eux.

(Nous devions apprendre ultérieurement que la nouvelle n'émanait pas originellement de Clifford, mais du gouverneur du Missouri, James T. Blair, à qui Clifford avait relaté son entretien avec le sénateur Kennedy.)

Je rappelai Moyers et lui fit la lecture d'une déclaration qu'il lut à son tour à Rayburn, et l'informai également que l'on avait joint Knight. Je ne lui dis pas que c'était Bob Kennedy et non le sénateur qui l'avait fait, et ils ne me demandèrent pas de précision. Nos initiatives énergiques de cette nuit-là empêchèrent la nouvelle de se répandre davantage. Je passai une bonne partie de la journée du vendredi 15 à documenter les journalistes sur les circonstances de la nomination du candidat à la Vice-Présidence telles que Bob Kennedy les avait présentées.

Le samedi matin 16 juillet parut dans le *New York Herald Tribune* l'article le plus véridique sur l'incident, œuvre d'Earl Mazo. Mazo avait rassemblé une partie de sa documentation de son côté. Par exemple, il savait que Bob Kennedy n'avait pas vu le sénateur Johnson avant son frère parce que lui, Mazo, s'était rendu dans la chambre de Bob peu après que j'en étais sorti le jeudi matin, et il lui avait été dit que le Sénateur devait rencontrer Johnson à dix heures.

Je crois qu'une bonne partie de l'imbroglio au sujet du choix de LBJ provient d'une erreur d'interprétation. Quand Bob Kennedy avait dit aux collaborateurs de Johnson que certains leaders syndicalistes et hommes politiques du Nord étaient hostiles à sa nomination comme candidat à la Vice-Présidence, c'était avant tout pour se rendre compte si LBJ avait vraiment l'intention de livrer bataille, mais ses partisans avaient interprété cela comme une tentative pour le décider à abandonner la partie, ce qui n'était pas du tout le propos de Bob. Certains récits insinuèrent qu'il avait fait cette démarche de sa propre autorité. Mais jamais il n'aurait pris pareille initiative sans l'approbation et avec l'appui de son frère.

Le sénateur Kennedy avait la plus haute estime pour Johnson. Il avait dit plus d'une fois que s'il n'obtenait pas lui-même la nomination, c'était le sénateur Johnson qui ferait le meilleur candidat à la Présidence.

Mais il demeurera toujours une pointe de mystère au sujet de ce choix : le sénateur Kennedy croyait-il vraiment que Lyndon Johnson accepterait la candidature à la seconde place, ou l'offre qu'il lui en faisait n'était-elle que pour la forme? Un jour ou deux après la Convention, je posai la question à JFK. Il me fournit une bonne partie de la documentation dont je me suis servi pour rédiger mon memorandum, mais s'arrêta soudain pour me dire :

— On ne saura jamais toute l'histoire. Et c'est tout aussi bien.

Je suis impuissant à expliquer cette énigmatique remarque et ne puis que mentionner que JFK l'a faite.

Lorsqu'on analyse le rôle joué par la presse pendant toute la campagne électorale, on ne peut s'empêcher d'avoir l'impression que, tout compte fait, le sénateur Kennedy bénéficia du traitement le plus favorable. La première raison en était sans nul doute la façon plus cordiale qu'il avait de se comporter avec les journalistes. Je crois pouvoir dire que la plupart de ceux-ci voulaient voir élire Kennedy. Cela faisait un contraste avec leurs journaux qui étaient favorables à l'élection de Nixon dans la proportion de 4 contre 1. Au cours d'un programme télévisé postérieur à l'élection, où j'apparus avec Herbert Klein, secrétaire de presse du Vice-Président, j'exprimai l'opinion de Kennedy et de ses collaborateurs en disant que la presse nous avait traités équitablement. Celle-ci a dans son ensemble, et fort heureusement, tendance à diffuser avec impartialité les campagnes électorales, ce qui, dans ce pays, n'a pas toujours été le cas, mais je crois que cela s'est manifesté plus particulièrement lors de la campagne du sénateur Kennedy que pour tout autre candidat démocrate au cours du XXe siècle. Il n'est pas moins certain que les comptes rendus de presse relatifs à la campagne de Nixon agissaient souvent à contresens de ses intérêts véritables. Les journalistes le trouvaient distant et inaccessible, et, étant humains, ne pouvaient s'empêcher de laisser percer de temps à autre dans leurs articles leur réaction devant pareille attitude. Au sénateur Kennedy doit revenir le mérite d'avoir compris l'importance capitale de la presse et traité les journalistes en égaux. Il faisait confiance, dans son ensemble à la presse, américaine en tant qu'institution et il en respectait la puissance. Cela transparaissait dans ses rapports quotidiens avec les journalistes, qui l'appréciaient vivement.

On a beaucoup écrit sur les débats à la télévision. Je sais que lorsque le sénateur Kennedy s'était vu offrir pour la première fois, par la N. B. C., de participer à un face-à-face avec le Vice-Président Nixon, il avait accepté immédiatement. A mon avis, son succès n'eût pas été possible sans ces débats télévisés, notamment sans ce premier débat. La majorité des Américains prirent position dès ce premier débat et renforcèrent encore leurs convictions en voyant les trois autres. Ce premier face-à-face fut une catastrophe pour Nixon, en raison surtout de son attitude devant l'écran. Mrs Rose Kennedy lança de façon caractéristique à la suite de ce premier débat : « J'ai beaucoup plaint la mère de Nixon ce soir-là. »

Le lendemain du premier face-à-face nous avons fait escale à Cleveland, dans l'Ohio, et avons pu sentir dans les réactions de la foule que JFK avait marqué de sérieux points la nuit précédente. A mainte reprise des voix nous criaient : « Ne le lâche pas, Jack! » « Tu l'as eu hier soir, Jack! » On percevait partout l'impression que ce débat avait faite.

Et c'est ainsi que nous sommes arrivés au soir de l'élection. Finis, les cris et les discours. L'Armurerie de Hyannis avait été transformée en un centre de presse par deux « éclaireurs » que j'y avais envoyés quinze jours avant l'élection. L'un d'eux était Cornélius Ryan, l'auteur de *Le Jour le plus long* et de *La Dernière Bataille*, avec qui j'avais collaboré au *Collier's*, l'autre, Charles W. Henderson, un vieil ami de San Francisco, adjoint administratif de John F. Shelley, alors membre du Congrès pour San Francisco et maintenant maire de cette ville.

Les résultats du Connecticut, le premier État à les communiquer, donnaient une majorité écrasante à Kennedy, et ceux des États suivants laissaient prévoir une victoire écrasante de Kennedy qui allait l'emporter d'une façon massive. Mais comme la soirée s'avançait, toutefois, l'avance s'amenuisait d'une façon alarmante. Malgré cela, le secrétaire de presse du Président Eisenhower, Jim Hagerty, m'appela par téléphone peu après minuit pour me dire que Nixon allait s'avouer vaincu et qu'un télégramme de félicitations du Président Eisenhower était en route. Mais il me rappela une demi-heure plus tard pour m'informer que Nixon avait changé d'avis et me demander de ne plus faire état du télégramme prématuré d'Eisenhower. J'assurai Jim que je ne soufflerais mot d'un message du Président tant qu'il ne m'aurait pas rappelé.

Peu avant quatre heures du matin, le Vice-Président apparut sur l'écran de la télévision. Il paraissait épuisé. Il fit une brève déclaration par laquelle il ne reconnaissait pas catégoriquement sa défaite, mais concédait que « si la tendance du moment se maintenait », ce serait Kennedy qui serait élu.

C'est le candidat qui, dans la pièce, garda le plus son calme. Il tourna placidement le bouton de la télévision. Nous étions tous furieux après Nixon de ne pas vouloir s'avouer vaincu, mais Kennedy arrêta les commentaires : « Si j'étais à sa place, j'en ferais autant. » Après quoi, il sortit de la maison de l'ambassadeur Joseph Kennedy où il avait attendu la venue des résultats, rentra chez lui, à quelques centaines de mètres de là, et alla se coucher, ne sachant toujours pas s'il était ou non Président des États-Unis.

IV

LA LONGUE ATTENTE

Le lendemain 9 novembre 1960, à huit heures trente, le téléphone de ma chambre au Yachtsman Hotel de Hyannis me réveilla brusquement. C'était un rédacteur du bureau local de l'Associated Press qui m'appelait :

— Ça y est! fit-il. Votre homme a enlevé le Minnesota et est élu. Dans combien de temps pourrez-vous avoir une déclaration de lui?

Dormant encore à moitié, je marmonnai une réponse et raccrochai. Puis soudain je me rendis compte : *nous avions gagné!* Je bondis en criant comme un fou.

Cinq minutes après, pas rasé et portant le complet tout fripé que je n'avais quitté qu'une heure auparavant, je fonçais à travers les dunes vers Hyannis Port. C'était une de ces matinées dorées fréquentes au cap Cod, le soleil était déjà chaud malgré l'heure matinale et le détroit de Nantucket aussi calme qu'un lac. A un croisement de rues proche du domaine des Kennedy, un jeune homme debout en son milieu me fit signe d'arrêter ma voiture.

— Ah bon, c'est vous, monsieur Salinger! Vous pouvez continuer.

Je ne l'avais jamais vu de ma vie, mais il me reconnut tout de suite. Urbanus E. Baughman, chef du Service de la Sûreté, avait, lui aussi, eu connaissance des résultats du Minnesota, et l'inconnu de la rue était l'un des seize inspecteurs qu'il avait désignés pour assurer la protection du nouveau Président. Seize autres agents avaient attendu les événements à Los Angeles au cas où Nixon eût été le vainqueur. Je devais plus tard apprendre que tous les inspecteurs de la Sûreté affectés à la Maison-Blanche avaient étudié les portraits, la façon de s'habiller et le *curriculum vitae* de tous les membres de l'équipe du sénateur Kennedy et savaient qui avait le droit de se voir admis sans restriction auprès de lui.

C'est Ted Sorensen qui avait le premier apporté la nouvelle à JFK. Je les trouvai tous deux dans une salle de bains au premier étage : le Président-élu était en train de se savonner dans la baignoire et Sorensen, juché sur le rebord, lui lisait le résultat des derniers scrutins proclamés.

Le sénateur me fit un geste d'amitié de sa main ruisselante.

— Pas de nouvelles de Nixon?

Je lui dis que je n'avais rien reçu encore. Il n'était que six heures du matin sur la côte du Pacifique. Nous fûmes d'accord pour dire qu'il ne fallait pas prétendre à la victoire tant que Nixon n'aurait pas formellement reconnu sa défaite à la télévision depuis Los Angeles. Alors, seulement, Kennedy se rendrait en cortège à l'Armurerie de Hyannis où près de quatre cents journalistes éreintés avaient passé la nuit à attendre le résultat. JFK sortit de sa baignoire et je lui passai une serviette. Même dans l'exultation initiale de sa victoire, il était quelque peu décontenancé par sa faible majorité.

— Je me demande encore comment nous avons pu y arriver sans la Californie, fit-il. J'y comptais pourtant. Une défaite là-bas nous laissait bien peu de marge.

Il en voulait à Carmine DeSapio et à Bill Prendergast de lui avoir fait perdre la Californie qui, après l'État de New York, était celui comptant le plus de grands électeurs.

— S'ils n'avaient pas perdu la tête et ne m'avaient fait courir inutilement un jour de plus sous la pluie à travers tout l'État de New York, j'aurais passé cette journée-là en Californie. New York m'était acquis et un jour de plus là-bas m'aurait également donné la Californie. Ça n'a pas été malin.

Les stratèges de Kennedy n'avaient jamais bien compris la Californie. Bien que l'on y comptât une proportion de 3 Démocrates sur 5 électeurs inscrits, on y votait d'ordinaire pour l'homme, et non pour le parti. Le républicain Eisenhower y avait obtenu une large majorité en 1952 et 1956, et le Démocrate Pat Brown y avait été élu gouverneur par plus d'un million de voix en 1958. Cette façon de faire déroutait complètement les politiciens démocrates des États ultra-paternalistes de l'Est, où l'on pouvait prévoir à une ou deux voix près le résultat des élections dans leurs secteurs. La réflexion de JFK était juste : malgré la prépondérance de voix démocrates, il lui aurait fallu au moins un jour de plus en Californie. Il était perdant dans l'État de Nixon — qui était le mien — avec un pourcentage de moins de 1 % !

Je repartis en voiture à Hyannis me raser et changer de vêtement. Peu avant midi, Jim Hagerty m'appela par téléphone. Il me remercia encore de ne pas avoir diffusé le télégramme prématuré du Président Eisenhower et m'assura qu'un autre serait expédié dès que Nixon aurait reconnu sa défaite. Il tenait de Herb Klein, le secrétaire de presse de Nixon, que celui-ci ferait la déclaration reconnaissant son échec à l'Hôtel Ambassador de Los Angeles à une heure de l'après-midi, heure de l'Est des États-Unis.

A la dite heure, la famille Kennedy tout entière et la plupart des collaborateurs du sénateur attendaient devant la télévision chez l'ambassadeur Kennedy. Nous fûmes surpris de voir Klein, et non Nixon, se frayer un chemin vers le micro au travers d'une foule de Républicains à l'air déconfit, et dont beaucoup pleuraient.

En voyant la mise soignée de Klein et sa taille svelte, JFK se détourna pour me lancer : « Il a autrement l'air d'un homme de la nouvelle frontière que vous ! »

Après la lecture que fit Klein du bref et glacial aveu de défaite, quelqu'un fit observer que Nixon aurait pu avoir la bonne grâce de se présenter en personne devant les caméras, n'eût-ce été que pour remercier lui-même les dizaines de milliers de partisans qui avaient fait campagne pour lui et l'observaient. JFK acquiesça.

— Il disparaît comme il était arrivé : sans classe!

Un certain temps s'écoula avant que notre défilé se mît en route pour se rendre à l'Armurerie. Jacqueline Kennedy s'était discrètement esquivée de la maison pour aller faire un tour sur la plage. JFK alla la rejoindre et ils revinrent tous deux ensemble à travers les dunes, bras dessus, bras dessous, et en riant.

A l'Armurerie, elle se tint à côté de lui devant les caméras de la télévision pendant qu'il prenait l'engagement de se consacrer de toute son énergie à la défense des multiples intérêts des États-Unis et à la cause de la liberté à travers le monde. « Et maintenant, ma femme et moi nous préparons à accueillir une nouvelle administration et un nouvel enfant », John junior allait naître trois semaines après.

Le Président-élu passa le reste de l'après-midi à se promener seul sur la plage, à faire des ricochets avec des galets sur les vagues et à jouer au *touch football* dans sa propriété avec ses frères et ses sœurs, leurs épouses et maris, et les membres les plus sportifs de son équipe. Quant à moi, j'allai discrètement me coucher.

Le travail de préparation à la Présidence commença sérieusement le lendemain matin quand JFK convoqua toute son équipe en assemblée générale chez son père. Parti de sa propre villa, je m'y rendais en sa compagnie lorsqu'il interrompit brusquement le compte rendu que j'étais en train de lui faire sur les réactions que son élection avait suscitées dans la presse.

— Pierre, voulez-vous rester avec moi comme secrétaire de presse? Ça vous va?

Si ça m'allait! C'était exactement le poste que je convoitais depuis le jour où je lui avais été présenté dans son bureau du Sénat.

— Cela me plairait, répondis-je. Cela me plairait beaucoup.

— Alors, c'est entendu. Vous choisirez vous-même votre assistant.

Je lui dis que je prendrais Andy Hatcher, qui ne nous avait pas quittés depuis la Convention de Los Angeles. C'était un homme très compétent et d'une parfaite loyauté.

— Prenez-le donc, me répliqua JFK.

Nous n'avions pas une seule fois au cours de la longue campagne, ou des mois qui l'avaient précédée, évoqué ce que je ferais après l'élection, gagnée ou perdue. Mais la décision intervint ce matin-là en moins de trente secondes, une demi-minute qui allait avoir sa répercussion sur toute ma vie à venir. Et cependant, nous ne ralentîmes même pas notre marche pendant le court trajet à travers la pelouse. Cela rappelait tout à fait la façon dont j'étais entré au service de JFK!

Parmi ceux qui nous attendaient chez l'ambassadeur Kennedy se trouvait Clark Clifford, le brillant avocat de Washington que JFK avait choisi depuis des semaines pour le guider, si besoin en était, pendant la période de transition. Il était venu armé d'exemplaires d'un volumineux traité destiné à éclairer cette phase de pénombre où un homme sait qu'il va être président sans toutefois l'être encore. Nous repartîmes tous chargés de missions rien moins que formidables!

L'investiture n'aurait lieu que dans six semaines. Pendant ces deux mois et demi, il faudrait que JFK constituât son équipe pour la Maison-Blanche, qu'il formât un nouveau gouvernement qui aurait sous ses ordres 50 directions et services distincts employant plus de 2.300.000 fonctionnaires, qu'il revisât la politique de son prédécesseur à la lumière d'une documentation ultra-confidentielle qui allait lui être accessible et qu'il mît en œuvre 16 commissions ayant pour objet d'étudier les modifications à apporter éventuellement à notre politique intérieure et étrangère. Il lui faudrait préparer le nouveau budget, en soi une entreprise gigantesque, mettre au point le programme législatif à soumettre au nouveau Congrès, et commencer la composition de son discours d'investiture et de son exposé sur l' « État de l'Union ». En plus de tout cela, il allait recevoir une montagne de lettres de félicitations et, qu'elles émanent de chefs d'État ou de simples agents électoraux locaux, il devrait y répondre.

Et pourtant, par suite d'une singulière omission de la loi, un Président-élu ne pouvait faire appel aux immenses ressources du gouvernement qu'il allait bientôt diriger pour l'aider en personnel ou financièrement au cours de ces critiques semaines de transition. Il lui fallait se débrouiller tout seul! L'un des premiers actes de JFK en tant que Président, d'ailleurs, allait être d'obtenir du Congrès qu'un crédit de 250.000 dollars fût à l'avenir attribué au Président-élu pendant cette période intérimaire.

Nous quittâmes Hyannis Port deux jours après l'élection. Désormais, jusqu'au jour de l'investiture, nous opérerions de trois centres : l'immense villa de stuc blanc que possédait l'ambassadeur Kennedy à Palm Beach, un appartement s'étendant sur deux étages à l'Hôtel Carlyle à New York, et la maison de briques rouges que le sénateur possédait lui-même dans le quartier de Georgetown, à Washington. JFK allait accomplir par avion au cours de ces deux mois et demi près de 25.000 kilomètres et tenir 18 conférences de presse. Mais, dès la fin de l'année, le nouveau cabinet était constitué, bon nombre de projets de lois étaient ébauchés et JFK commençait à connaître tous les aspects de la Présidence.

Mes rapports avec la presse allaient désormais se trouver sur une base entièrement nouvelle. Je ne parlais plus maintenant au nom d'un candidat politique, mais d'un homme qui allait bientôt devenir le leader du monde libre. A un moment où les adversaires d'Amérique et ceux de l'étranger allaient éplucher les moindres mots qu'il prononcerait pour y déceler ses intentions, il était essentiel qu'aucun malentendu n'existât. Non seulement j'agissais dans une ambiance toute nouvelle, mais j'avais affaire à un nombre bien plus considérable de journalistes dont certains m'étaient totalement inconnus. Bon nombre de correspondants qui avaient suivi avec nous la campagne électorale étaient retournés aux bureaux de leurs journaux ou de leurs stations de radio et de T. V. à travers tout le pays. Ils avaient été remplacés dès le lendemain de l'élection par les équipes normalement assignées à la Maison-Blanche, les spécialistes de la Présidence. Leur chef de file était Merriman Smith, correspondant doyen pour la Maison-Blanche de l'United Press International, et l'un des piliers de ladite Maison. C'était Smith qui concluait la plupart des conférences de presse présidentielles par un bref « Je vous remercie, monsieur le Président », et qui avait écrit un *best-seller* portant ce titre, sur ses souvenirs de Washington.

Quand JFK l'avait aperçu dans la foule des journalistes qui l'attendaient à Hyannis Port, il avait eu un sourire et lui avait tendu la main :

— Puisque je vous vois ici, Smitty, ce doit être que je suis vraiment élu!

Le Président-élu avait ensuite présenté le doyen des correspondants à sa femme avec le commentaire suivant ;

— Voici Merriman Smith. La Maison-Blanche et lui, ça va ensemble!

Après Hyannis Port, je pris un congé que je passai à Montego Bay, à la Jamaïque, mes premières vacances depuis quinze mois. Ce fut également là que je découvris qu'un secrétaire de presse ne peut s'offrir le luxe de parler à la légère!

J'avais dîné un soir avec Bill vanden Heuvel, un jeune avocat qui avait sans succès brigué le siège de député démocrate de New York. Un des principaux membres de la rédaction du magazine *Time* y assistait également. L'ambiance était détendue et je me laissai aller à raconter certains épisodes ignorés de la campagne. Le lendemain, j'appris que le représentant du *Time* avait câblé à son bureau de New York plus d'un millier de mots de ce que j'avais considéré comme une conversation entre intimes. J'allai le voir, fort mécontent, et lui demandai de ne pas publier son article. Il s'abstint effectivement de le faire paraître.

L'incident avec le journaliste du *Time* n'était qu'un avant-goût de ce qui m'attendait à Palm Beach quand je m'y rendis par avion pour retrouver le Président-élu. L'une des premières décisions que prit JFK sur mon conseil allait provoquer un orage de proportions homériques. Bon nombre de journalistes chevronnés la tiennent encore pour un désastre presque aussi grave que l'affaire de la baie des Cochons!

J'avais dit à JFK, troisième occupant de la Maison-Blanche depuis l'avènement de la télévision, qu'il devait être le premier à avoir ses conférences de presse transmises en direct à la T. V. A l'heure actuelle, personne ne s'offusque plus de voir le chef d'État le plus puissant du monde s'exposer à un interrogatoire libre et parfois agressif devant un auditoire de plusieurs millions de personnes sans qu'aucune censure puisse intervenir. Mais en 1960, ma suggestion était en conflit radical avec la tradition, et la réaction se manifesta tout de suite violemment. Je rencontrai une forte opposition chez certains des plus proches conseillers de JFK, provoquai pas mal de hochements de tête au State Department, et presque une émeute chez les correspondants de presse attachés à la Maison-Blanche!

Ces premières journées de Palm Beach furent difficiles pour nous tous. En dehors de quelques baignades et d'une partie de golf de temps à autre, JFK était à son bureau dans la villa de son père toute la journée. La plupart de son temps se passait avec des membres de son cabinet et autres personnalités gouvernementales. Son beau-frère, Sargent Shriver, qui avait été auparavant directeur général-adjoint du Chicago Merchandise Mart, une entreprise commerciale appartenant à l'ambassadeur Kennedy, avait pour mission de recruter des hommes de valeur. Outre les nominations aux échelons les plus élevés, JFK avait douze cents autres postes à pourvoir. Un jour, lors d'une réunion avec ses conseillers, il avait levé les bras au ciel :

— Mais où arriverai-je jamais à dénicher tant de compétences? Y en a-t-il même tant que cela dans tout le pays?

Il devait également recevoir un nombre considérable de visiteurs éminents. Parmi ceux-ci, vinrent Allen Dulles, directeur de la Centra Intelligence Agency, et Richard Bissell, son adjoint. Ils révélèrent le 17 novembre au Président-élu que les services d'Eisenhower faisaient donner une instruction militaire à une formation d'exilés cubains dans une plantation de café de la côte ouest du Guatemala, en vue d'une attaque éventuelle contre Castro.

J'étais descendu au Palm Beach Towers Hotel — où la presse avait son quartier général — mais je faisais deux fois par jour en voiture les quelque trois kilomètres qui me séparaient de la villa de l'ambassadeur Kennedy, pour aller examiner avec JFK les dernières nominations reçues et prendre ses instructions sur les réponses à faire aux questions qui pourraient m'être posées lors de la prochaine conférence de presse. Je lui dis un matin :

— Que diriez-vous de faire vos conférences de presse en direct devant la T. V.? Je suis sûr que vous vous en tireriez merveilleusement. Vous l'avez assez fait voir lors des débats avec Nixon.

Sans la télévision, JFK n'aurait pas pu emporter l'élection, sa cote n'ayant commencé à monter qu'à la suite des débats télévisés. La T. V. révéla sa maturité d'esprit et l'étendue de ses connaissances, alors que Nixon y témoignait autant de conviction qu'un acteur lisant une réclame de dentifrice!

— Sans cette invention, nous n'aurions pas été très loin, m'avait avoué un soir le candidat à la suite d'un des débats retransmis par la T. V.

Mais il était moins enthousiaste ce matin-là à Palm Beach. Ne risquait-on pas de lasser le public? Les chaînes de télévision nous accorderaient-elles assez de temps quand il ne s'agirait pas de communiqués sensationnels? Et quelle serait la réaction des journalistes devant la concurrence que leur ferait la T. V.?

Je répondis que si l'intérêt du public s'amoindrissait, ou que si les chaînes de T. V. renâclaient à transmettre toutes les conférences, il serait toujours temps de reviser notre politique. Quant aux journalistes, il fallait bien s'attendre à ce qu'ils fussent hostiles, mais ils apprendraient à s'y habituer. Je lui fis également remarquer que les conférences de presse présidentielles n'étaient pas relatées *in extenso* par la majorité des journaux, qu'en fait, six quotidiens seulement l'avaient fait pour les conférences d'Eisenhower :

le *New York Times*, le *Wall Street Journal*, les *Post* et *Star* de Washington, le *Denver Post* et le *Post Dispatch* de Saint-Louis.

— Étudiez cela avec les stations de T. V., finit-il par me dire. Mais ne diffusez la nouvelle que lorsque nous saurons ce qu'elles décident.

L'argument le plus valable et le plus fréquent contre la diffusion en direct de conférences de presse, c'était que le moindre lapsus de la part d'un Président des États-Unis pouvait avoir des répercussions catastrophiques dans un monde déjà passablement nerveux. Les perspectives de paix n'étaient pas tellement brillantes en cet hiver de 1960! On se battait en Afrique et dans le Sud-Est asiatique, et il s'en fallait de peu que le feu ne prît aux poudres à Cuba, Berlin-Ouest et dans la mer de Chine.

C'est devant cet arrière-plan critique qu'il fallait que John F. Kennedy décide s'il devait se hasarder dans une compétition sans ménagement avec une presse dont les membres comprenaient au moins six communistes représentant des journaux et agences du bloc soviétique.

A coup sûr, aucun chef d'État important n'a voulu s'y risquer ni à ce moment-là ni maintenant. Les conférences de presse du général de Gaulle ont toujours été soigneusement orchestrées à l'avance. Il n'a de « confrontation directe » avec la presse qu'une fois ou deux par an, quand cela convient à ses propres desseins. Ses collaborateurs étudient à l'avance les questions avec les journalistes pro-gouvernementaux, et *M. le Président* répète soigneusement les réponses qu'il fera.

Le système parlementaire britannique interdit au Premier Ministre de tenir des conférences de presse et d'annoncer les changements de politique importants avant d'en avoir informé la Chambre des Communes. C'est plutôt par le moyen des questions parlementaires que par le système américain des conférences de presse que le Premier britannique communique avec le public. La presse fait souvent appel à des membres de la minorité pour lui poser des questions.

Certains prétendent que le système des conférences de presse présidentielles est l'équivalent des questions au Parlement. Rien ne saurait être plus loin de la vérité. Un Premier britannique *est obligé* de répondre aux questions qu'on lui pose à la Chambre des Communes. Le Président des États-Unis, lui, est entièrement libre de tenir des conférences de presse ou non, et un Président qui s'y refuserait obstinément (quelque attaque que cela puisse soulever dans la presse), serait parfaitement en droit de le faire.

En Union soviétique, il n'existe même pas un semblant d'investigation libre des actes gouvernementaux. Les journaux aussi bien que les agences de presse sont la propriété du gouvernement qui les utilise à sa guise, et le citoyen soviétique ne lit que ce que le Kremlin veut bien qu'il lise. Lors de sa visite en Amérique en 1959, le Président Khrouchtchev prit part à une conférence de presse au National Press Club de Washington, mais, hormis ce cas, aucun dirigeant soviétique, à ma connaissance, ne s'est jamais soumis à un interrogatoire public par des journalistes de son propre pays, et bien moins encore, de pays étrangers, sauf lors de rares réceptions officielles.

Les présidents américains contemporains se sont montrés, assurément, bien mieux disposés à l'égard du « quatrième ordre », mais, jusqu'à Kennedy, ils s'étaient toujours protégés derrière un minimum de censure. Franklin D. Roosevelt, malgré son habileté à s'exprimer, interdisait formellement à la presse, sauf par autorisation spéciale, de citer directement ce qu'il avait dit. En fait, il insistait fréquemment pour que les journalistes attribuent la citation directe de ses propos à « un porte-paroles de la Maison-Blanche ».

Harry S. Truman consentait plus volontiers à ce qu'on publiât ce qu'il avait dit, bien que pas mal de ses commentaires fussent trop osés pour des journaux de consommation familiale. La télévision se développa sous sa présidence, mais il n'invita jamais les opérateurs de la T. V. à ses conférences de presse.

Dwight D. Eisenhower et son secrétaire de presse, Jim Hagerty, prirent une initiative notoire quand ils autorisèrent la presse à faire deux choses : tout d'abord à filmer et enregistrer sur bandes magnétiques la conférence de presse présidentielle, puis à lui permettre de faire des citations directes de certaines parties de la conférence. Mais Hagerty gardait un dernier contrôle sur les paroles présidentielles : il se réservait le droit de laisser publier la version intégrale s'il le jugeait bon ou de couper les films et bandes sonores si nécessaire. Images et sons étaient donc quelque temps soustraits à la presse, le temps de les vérifier. Hagerty ne se servit toutefois que rarement de cette faculté et, pour la première fois, le peuple américain lut et vit les conférences de presse telles qu'elles s'étaient réellement déroulées. A vrai dire, cela n'était guère heureux pour le Président Eisenhower dont la médiocre syntaxe fit pas mal de fois la risée de tout le pays.

Pour JFK, on allait supprimer le dernier stade de vérification. Il allait communiquer directement et instantanément avec des dizaines de millions d'Américains dans leurs foyers, tout aussi bien qu'avec les diplomates communistes aux aguets dans leurs ambassades. Chacune de ses paroles serait bonne pour la publication et il ne pourrait accuser personne de l'avoir inexactement cité.

Le problème de la télévision en direct revint fréquemment sur le tapis lors de nos conseils d'état-major au cours de la semaine qui suivit. McGeorge Bundy et Ted Sorensen trouvaient que c'était par trop risqué. Dean Rusk n'avait pas encore été nommé secrétaire d'État, mais, quand il le fut, il prit également parti contre la nouvelle formule. JFK, toutefois, ne s'arrêta pas à l'éventualité qu'il puisse se trouver pris de court dans une question de politique étrangère. Il avait une absolue confiance dans sa façon de se comporter devant les caméras. Au surplus, il était d'accord avec moi pour penser que s'il commettait un impair, T. V. ou non, il serait impossible de l'étouffer bien longtemps.

Un facteur plus important selon lui et selon moi, c'était l'opposition que nous allions rencontrer dans la plupart des journaux en matière de politique intérieure. Bien qu'aucun candidat démocrate à la Présidence n'eût jamais été mieux traité par une presse à prépondérance républicaine, la lune de miel ne pourrait durer. La direction de sept quotidiens sur dix s'était montrée favorable à Nixon. Nous pouvions espérer qu'ils retiendraient leurs batteries, pour quelque temps au moins, en matière de politique étrangère, mais nous devions nous attendre à voir s'élever immédiatement une opposition violente, aussi bien dans la presse qu'au Congrès, aux premières mesures du nouveau Président pour stimuler l'économie et résoudre le problème explosif des droits civiques.

Roosevelt, lorsqu'il était en butte aux critiques les plus virulentes, avait présenté sa cause directement au peuple au moyen de ses entretiens radiophoniques, les fameuses « causeries au coin du feu ». Je sentais que JFK aurait à en faire autant, par la voie d'émissions télévisées en direct cette fois-ci. Après quelques semaines de discussion, il finit par donner son accord, le 27 décembre 1960.

— C'est ce qu'il faut faire, me dit-il. Nous devrions toujours pouvoir contourner l'opposition des journaux, si besoin est. Et, de toute façon, je ne vois pas comment on pourrait exclure la T. V. si elle veut s'en mêler.

Nous savions maintenant que la télévision consentirait à perdre les millions de dollars que la publicité lui payait pour diffuser les conférences de presse présidentielles. J'avais eu un entretien de cinq heures ce même jour avec les directeurs des services d'actualités des divers réseaux : ils étaient tous enthousiastes.

Il ne me restait plus maintenant qu'à en informer la presse. JFK, quand je me levai pour partir, tirait des bouffées d'un cigare.

— Faites-moi savoir comment ça se passe, me dit-il.

Il souriait quand je refermai la porte derrière moi. Mais moi, je ne souriais guère!

La presse avait déjà eu vent de quelque chose. Elle savait que les manitous de la télévision étaient venus nous voir et, à chaque instant, un journaliste me servait sa rengaine qu'Hagerty avait assuré le meilleur service de presse présidentiel que l'on eût jamais connu, et qu'il serait judicieux de n'y rien changer. Ils n'avaient qu'à demi-raison. Assurément, Hagerty avait été excellent, mais Eisenhower et Kennedy étaient deux personnalités totalement différentes. C'est à sa propre façon que mon Président se ferait connaître, lui et sa pensée.

Je savais à l'avance quelles seraient les objections des anciens du journalisme. Cela faisait des années qu'ils les exprimaient. La télévision en direct transformerait la conférence de presse en soirée récréative, les m'as-tu-vu du reportage se pressant pour passer devant les caméras! (Cela se produisit mais pas plus souvent que ça n'avait été le cas sous le régime d'Eisenhower.) Il serait impossible d'aborder des problèmes sérieux dans une pareille ambiance. (Cela aussi était un argument spécieux. Les questions de fond n'avaient certes pas caractérisé les conférences de presse présidentielles depuis le temps d'Herbert Hoover.) Enfin, on objecterait que le Président pourrait esquiver une question délicate à laquelle il aurait répondu s'il avait eu le temps d'y réfléchir, ce dont les caméras braquées sur lui ne lui laisseraient pas le loisir. Le contraire se produisit car JFK fit preuve de la plus grande honnêteté pendant ses conférences de presse.

Mais, en fait, et bien qu'ils ne l'eurent jamais avoué, la raison primordiale de l'hostilité des journalistes aux émissions de télévision en direct, c'est qu'ils y perdraient un certain prestige. Du temps d'Eisenhower, les journaux du soir étaient mis en vente des heures avant les communiqués de fin de journée. Maintenant ce serait la T. V. qui aurait la primeur des nouvelles. Mais cette objection même ne valait pas grand-chose. La plupart des grands journaux américains ont maintenant leurs propres stations émettrices de télévision et le nouveau mode d'information ne ferait que renforcer l'ensemble de leur service d'actualités. Ce furent les journalistes affectés à la Maison-Blanche, non pas les rédacteurs en chef de leurs organes, qui allaient nous donner le plus de fil à retordre.

L'heure H venait de sonner! Je tins ma conférence de presse au Palm Beach Towers tout de suite après le déjeuner. La plupart des journalistes flânaient aux alentours en maillot de bain ou en bermudas! (J'avais porté un bermuda, moi aussi, jusqu'au jour où JFK, qui m'avait une fois vu avec à la télévision, m'avait dit : « Remettez donc un pantalon, vous n'avez pas les jambes qu'il faut pour un short! »)

Je n'oublierai jamais cette conférence de presse! J'y annonçai dès l'abord notre décision de recourir à la télévision en direct et précisai que la première conférence de presse du Président aurait lieu le 25 janvier, cinq jours après son entrée en fonction. Tandis que je donnais des détails sur les nouvelles directives, une tempête de protestations se fit entendre dans le groupe des journalistes.

Non seulement la décision de laisser téléviser les conférences de presse apparaissait-elle odieuse à beaucoup d'entre eux, mais certains des détails techniques leur étaient inadmissibles. Par exemple quand j'expliquai que les journalistes qui suivaient la conférence devraient, comme dans le passé, demeurer jusqu'à son terme, ils me demandèrent comment je pourrais les obliger à rester dans la salle alors que le gros public suivrait déjà la conférence sur ses écrans de télévision. Je leur répondis qu'il nous était impossible d'admettre que le temps réservé aux questions et réponses soit interrompu par des sorties et entrées constantes de journalistes.

Comme les détails que je donnais sur les règles de procédure se faisaient de plus en plus minutieux, j'entendis la voix rocailleuse de Bill Lawrence, alors correspondant du *New York Times* à la Maison-Blanche. Je ne me rappelle plus quelle devait être sa question, mais seules ses premières paroles me resteront toujours en mémoire.

— Mr Salinger, avant d'aller plus loin dans des questions auxquelles vous n'entendez absolument rien..., avait-il commencé d'un ton sarcastique.

Cela suffit. Je n'attendis pas le reste de la phrase. C'était moi maintenant qui hurlais ma réponse. Il s'agissait d'une conférence de presse du Président, non pas des journalistes, et il la conduirait comme il l'entendrait. Sa décision était sans appel. Ils n'avaient qu'à la prendre ou la laisser.

Je rentrai à mon bureau et appelai JFK au téléphone. Il se tordait.

— Ne me racontez rien, fit-il. Je sais déjà tout. J'ai pu l'entendre d'ici.

Nous en étions à ce stade quand nous revînmes tous à Washington, la semaine d'après le Nouvel An. Mais la presse n'en avait pas encore terminé avec moi. Un groupe de correspondants m'invita à déjeuner avec eux au Sheraton Park Hotel. M'y attendaient, entre autres, Merriman Smith, Ed Folliard, du *Washington Post*, Robert Donovan du *New York Herald Tribune* (maintenant avec le *Los Angeles Times*) et Raymond (Pete) Brandt, du *St Louis Post Dispatch*. Lawrence n'était pas venu, c'était sans doute une trêve pour moi. Je lui avais envoyé une copie de la tumultueuse conférence de presse de Palm Beach, en soulignant les mots : *...avant de vous enfoncer* *dans des questions auxquelles vous n'entendez absolument rien,* en lui prédisant qu'il reconnaîtrait un jour qu'il s'était trompé. Ce qu'il fit d'ailleurs.

Même sans Lawrence, toutefois, le déjeuner du Sheraton Park, fut à peu près aussi cordial qu'une cour martiale devant l'ennemi. Folliard, qui était à Washington depuis le temps de Woodrow Wilson, me déclara crûment que je « transformais les conférences de presse présidentielles en une pitrerie ». D'autres prétendirent que ces conférences allaient ne plus être que des instruments de propagande pour le Président et perdre toute leur valeur. Comment pourrait-il en être ainsi puisque c'était la presse elle-même qui interrogeait? Je n'en sais trop rien, et ils ne prirent pas la peine de l'expliquer au « nouveau » que j'étais.

On me dit également ce jour-là qu'il me faudrait toujours signaler aux correspondants quand le Président s'absenterait de la Maison-Blanche, où il irait et avec qui.

— Je n'en ai aucunement l'obligation, répondis-je. Il va sans dire que vous serez prévenus s'il s'absente de Washington ou s'il va assister à une cérémonie officielle. Mais il a droit à sa vie privée. Ne comptez pas sur moi pour vous dire où il passe ses soirées ou vous communiquer la liste de ses invités quand il recevra des amis.

— Dans ce cas, me renvoya vivement l'un de mes hôtes, il nous faudra établir une garde de vingt-quatre heures autour de son bureau.

— Libre à vous, lui dis-je.

Nous étions également en désaccord sur une autre façon de faire traditionnelle, remontant au temps du Président Truman, selon laquelle un journaliste devait, lors d'une conférence de presse, se nommer et dire quel journal il représentait. Cela avait été une riposte de Truman aux journalistes anonymes qui lui lançaient des questions embarrassantes du fond de la salle et ensuite s'esquivaient incognito.

Mes hôtes du déjeuner trouvaient que c'était une façon de faire judicieuse et qu'il convenait de garder. Je répondis que ce ne serait pas le cas. Il n'y avait aucune raison valable de permettre aux journalistes de se faire ainsi de la publicité par télévision.

L'identification des interpellateurs avait, au cours de la présidence d'Eisenhower, provoqué quelques abus. C'est ainsi que Sarah McClendon, correspondante à Washington d'un certain nombre d'organes du Texas, trouvait le moyen lors de chaque conférence de presse du Président de nommer chacun de ses divers journaux pour les faire mentionner dans le compte rendu officiel. Mais la télévision transmettait ses reportages à travers tout le continent et je craignais qu'une telle publicité ne fût par trop tentante pour qu'il n'en soit pas fait abus.

Nous trouvâmes un terrain d'entente pour les dispositions à prendre lors de l'investiture et la composition de la délégation de la presse qui accompagnerait le Président quand celui-ci s'absenterait de Washington. Mais ce fut tout. Je m'en allai au bout de trois heures remplies de palabres et de Bourbon...

Mais j'allais avoir encore une autre invitation à déjeuner, celle-ci de James (Scotty) Reston, du *New York Times*. Il se montra un hôte autrement sympathique, mais nous eûmes quand même un sujet de désaccord : l'attitude que le Président devait adopter envers ses amis intimes membres de la presse.

Reston trouvait qu'il lui fallait rompre toutes relations avec eux sur un plan mondain pour qu'ils ne soient pas avantagés vis-à-vis des autres journalistes. JFK s'était attendu à cette critique et m'avait déjà déclaré : « J'entends garder mes vieux amis, car la Présidence n'est pas un bon endroit pour s'en faire de nouveaux. »

Je répliquai à Reston qu'au contraire un ami serait toujours désavantagé parce qu'il lui faudrait être constamment sur ses gardes pour éviter de trahir involontairement la confiance du Président. Selon moi, les amis journalistes du Président posaient un problème pouvant être envisagé de deux manières : il était possible de demander au Président de rester en contact avec eux par mon entremise de manière à ce que je ne perde pas crédit avec le reste de la presse. Ou alors, de dire à celle-ci : « Voyez-vous, ces gens-là étaient ses amis bien avant que je le connaisse et je ne vais pas me mêler d'éplucher ses relations. »

C'est à cette dernière solution que je m'étais rallié et je crois toujours que c'était la bonne. Reston, lui, avait l'impression que les amis resteraient privilégiés par rapport aux autres journalistes, mais je dois dire qu'aucun d'eux — à l'exception d'un seul — n'abusa jamais de la situation. Par exemple, les papiers de Charles Bartlett, du *Chattanooga Times* (il écrit maintenant ses propres éditoriaux pour une chaîne de journaux), se firent particulièrement ternes au cours de la présidence de Kennedy, parce qu'il ne voulait pas donner au monde extérieur l'impression qu'il profitait indûment de son amitié avec le Président.

Scotty était également très hostile à la décision que j'avais prise, et que j'avais annoncée lors du déjeuner du Sheraton Park, de ne pas prévenir systématiquement la presse de chaque sortie de la Maison-Blanche que ferait le Président. Il soutenait qu'un Président n'a pas de vie privée, et se demandait ce qui arriverait s'il avait un accident d'auto lors d'une sortie non annoncée. Il trouvait qu'il incombait à la presse d'être à tout instant avec le Président. Ce n'était pas mon avis. Je lui dis que dans les circonstances qu'il évoquait la presse trouverait bien le moyen d'être informée assez tôt de toute façon. Je crains fort que mes arguments ne l'aient guère convaincu, mais je savais que je n'arriverais pas à changer les habitudes du Président Kennedy, et que ce n'était même pas la peine de l'essayer.

Nous quittâmes Washington le jour du Thanksgiving Day à bord du *Caroline* pour aller chercher un peu de chaleur à Palm Beach. Mrs Kennedy attendait son enfant pour la semaine suivante et ne nous accompagna pas. Mais en descendant de l'avion à Palm Beach, un messager vint m'aviser qu'un appel téléphonique urgent de Washington m'attendait sur une ligne réservée. Il émanait du Georgetown University Hospital où l'on avait emmené précipitamment Mrs Kennedy qui était en train d'accoucher.

JFK échangea quelques paroles avec le docteur, John Walsh, et ordonna à l'avion de la presse de repartir immédiatement à Washington. A mi-chemin du retour, le radio de notre appareil, affrété par American Airlines, vint apprendre au Président-élu qu'il venait d'avoir un fils. L'annonce en fut alors faite au micro à la presse, au milieu des acclamations. La compagnie d'aviation fit plus tard monter sur un socle le micro de l'intercom qu'elle offrit à JFK en souvenir de l'événement.

L'une des tâches les plus ingrates qui m'était réservée à cette époque était de lutter contre les fuites constantes qui apparaissaient dans la presse sur l'emploi du temps du Président. Il ne m'arrivait guère de faire de communiqué dont un ou plusieurs journaux n'eussent déjà la teneur.

Ces fuites étaient très désagréables au Président-élu qui s'irritait de mon impuissance à repérer les personnes de son entourage qui s'en rendaient coupables. Mais sa mauvaise humeur envers moi atteignit son paroxysme — cette première année tout au moins! — lorsque le *Washington Post* fit prématurément paraître en gros titre à la une, l'annonce de la nomination de Dean Rusk comme secrétaire d'État. C'était la vérité, mais seule une poignée de gens dans l'entourage immédiat de JFK étaient au courant.

— Toute affaire cessante, me dit-il, procurez-moi le nom du responsable, il me le faut aujourd'hui même. Il va falloir que cela cesse!

J'interrogeai Bundy, Sorensen, Shriver, O'Brien et O'Donnell. Personne n'avait le moindre soupçon. Je me décidai alors à faire une enquête personnelle. Deux heures après, j'appelai le Président au téléphone.

— Je sais qui est le coupable, lui dis-je.

— Ah, bon. Alors, qui est-ce?

— C'est vous-même.

— Qu'est-ce que vous me chantez, moi-même?

Je lui demandai s'il n'avait pas parlé de la nomination la veille au soir au téléphone avec Phil Graham, l'éditeur du *Post*.

— C'est exact, je lui en ai parlé.

— Lui avez-vous dit de ne pas diffuser la nouvelle?

Il y eut un long silence, puis je perçus un éclat de rire étouffé.

— Non, ma foi, je ne le crois pas!

Une autre fois, JFK m'avait dit d'annoncer la nomination de Boisfeuillet Jones comme attaché spécial auprès du Secrétaire de la Santé, de l'Éducation et de l'Assistance Sociale. Je n'avais jamais encore entendu parler de ce Boisfeuillet Jones et j'étais bien certain que les journaux ne le connaissaient pas non plus. Cette nouvelle-là j'étais seul à la connaître, personne ne saurait me la voler!

Je passai la moitié de la matinée à rechercher discrètement tout ce qu'il était possible de savoir sur le *curriculum vitae* de Boisfeuillet Jones, puis m'enfermai à clé dans mon bureau et composai moi-même le communiqué.

Une heure avant ma prochaine réunion de presse, je rencontrai Bill Lawrence dans le hall d'entrée.

— Je suis au courant d'une nomination que vous ne connaissez pas, lui dis-je.

— N'en faites pas le pari, me répondit-il.

Le grand moment étant enfin venu, j'allai me placer devant le micro de la salle de presse et déclarai :

— Messieurs, j'ai une annonce importante à vous faire...

Lawrence m'interrompit.

— Avant de commencer, Pierre, que pourriez-vous nous dire sur la nomination d'un certain Boisfeuillet Jones comme attaché spécial auprès du Secrétaire de la Santé, de l'Éducation et de l'Assistance sociale?...

J'étais encore une fois « refait »!

Lawrence m'avoua plus tard qu'il n'avait pu résister au défi qu'était pour lui ma boutade de l'antichambre. Il avait hâtivement parcouru la liste des dernières nominations et avait calculé que la prochaine devrait concerner le Secrétariat de la Santé. Il avait alors appelé en dehors de Washington Abraham Ribicoff, déjà désigné pour ce ministère, qui jouait alors au golf au Diplomat Country Club de Fort Laudersdale.

Lawrence l'ayant mis au courant du petit tour qu'il voulait me jouer, le Secrétaire désigné était volontiers entré dans le jeu et avait révélé à Lawrence le nom de Jones.

Mon fils, Marc, avait joué la veille du Nouvel An un premier rôle dans une comédie burlesque qui n'aurait pas été indigne des Marx Brothers. J'assistais à une soirée du Palm Beach Country Club quand la sonnerie du téléphone se fit entendre dans mon appartement, au Palm Beach Towers. Marc, qui s'y trouvait seul, sur le point d'aller au lit, décrocha l'appareil.

— Ici l'ambassade de l'URSS à Washington, lui dit-on. Je désire dicter à Mr Salinger un message de vœux du Président Nikita Khrouchtchev pour le Président-élu.

Mon gamin de douze ans à moitié endormi n'arrivait pas à se rappeler où je me trouvais.

— Gardez un instant l'appareil, dit-il et il sortit dans le couloir pour demander conseil à Tim Smith, le fils du correspondant de l'United Press, Merriman Smith. Les deux enfants décidèrent que celui-ci qui était en train de prendre quelques drinks au bar était l'homme de la situation et son fils alla le chercher.

— Je vais prendre ce message, dit Smitty à l'attaché d'ambassade soviétique.

— Êtes-vous l'un des collaborateurs de Mr Kennedy?

— Oui, répondit Smitty fort honnêtement. Je fais partie de la suite du Président.

Il griffonna alors sur un bout de papier le message qu'on lui dictait.

Smith et Marvin Arrowsmith, correspondant de l'Associated Press à la Maison-Blanche, se rendirent alors au Palm Beach Country Club et me remirent le message vers deux heures du matin.

Je décidai de ne pas déranger déjà le Président à cette heure indue et lui remis le message le lendemain matin, toujours écrit de la main de Smith.

Je dois rendre grâce à Jim Hagerty pour les souvenirs les plus chaleureux que je conserve des journées précédant l'investiture. Quand j'avais été nommé secrétaire de presse, il m'avait invité à aller le voir à la Maison-Blanche. J'avais toujours admiré l'intégrité et l'habileté d'Hagerty et nous allions dorénavant devenir de grands amis.

Quand je pénétrai dans son bureau, vers la fin de novembre, je n'étais encore jamais entré à la Maison-Blanche. Les photographes nous prirent ensemble, puis il me fit asseoir sur une chaise auprès de son bureau.

— Je veux que vous me compreniez bien tout de suite, me dit-il. Je ne vous apprendrai pas comment faire marcher votre service. Je me contenterai de vous faire voir ce avec quoi vous aurez à travailler ici, et ensuite vous ferez comme vous l'entendrez.

Cette visite fut suivie de trois autres, au cours desquelles il m'initia en détail au système de communications mondiales ultra-rapides de la Maison-Blanche, à la procédure d'organisation des voyages présidentiels et au dispositif ultra-secret permettant à la presse et au Président d'exercer leurs fonctions en cas d'attaque atomique.

Le dernier jour où je le vis dans son bureau, une semaine exactement avant l'investiture, il me dit :

— Je tiens à ce que vous sachiez que Dwight D. Eisenhower a été *mon* Président. Et bien plus, il a presque été un père pour moi. Mais John F. Kennedy sera également mon Président. Si je puis être utile, à lui ou à vous-même, vous n'avez qu'à décrocher le téléphone.

Peu après son départ de la Maison-Blanche, Jim est devenu vice-président et directeur du Service des Actualités de l'American Broadcasting Company. Mais il a tenu parole. Je suis allé mainte fois lui demander conseil et il m'a souvent appelé pour me faire des suggestions pouvant selon lui m'être utiles. Elles l'étaient toujours. Et lors de la crise cubaine de 1962, il allait tout de suite accepter de servir encore une fois son pays. Contrairement à certains membres de l'administration Eisenhower prompts à trouver des défauts chez leurs successeurs, Hagerty n'a jamais élevé de critiques sur ma façon de faire.

Les semaines intérimaires se précipitaient vers leur terme : l'investiture allait marquer le premier de mille jours d'espérance et de déception, de joie et de tristesse. Mais de ces mille jours aucun ne fut jamais monotone.

V

LES JEUNES PRENNENT LA RELÈVE

L'équipe personnelle du Président formait un singulier mélange. On y trouvait des Catholiques, des Protestants et des Juifs. Nous y étions venus de l'Est, du Centre et de l'Ouest, de milieux pauvres et de familles riches. On comptait parmi nous des intellectuels idéalistes et des politiciens roués, des historiens et des joueurs de football, des membres de l'Action Démocratique américaine * et un républicain de l'Administration d'Eisenhower!

Ce que nous avions tous en commun toutefois, c'était notre traitement, qui s'élevait à 21.000 dollars par an, et notre dévouement au Président, qui était total.

Il n'était pas un seul de nous qui n'ait pu gagner davantage dans la profession qu'il exerçait préalablement, et dans des conditions de travail autrement meilleures. Nous passions de 12 à 14 heures par jour à notre bureau, mais étions disponibles 24 heures par jour, 7 jours par semaine, 365 jours par an. A la Maison-Blanche, la somme de travail à abattre était énorme, et la date limite était toujours... la veille. Nombre d'entre nous passaient des mois en voyage, volant par tous les temps, dormant d'un hôtel à l'autre et avalant un morceau à la va-vite. Nous étions constamment sous pression, et pour un patron qui n'était jamais satisfait, ni de lui ni de nous.

Mais aucun de nous, quelque longue que soit sa vie, n'aura jamais une meilleure place. Il n'y avait pas d'heures supplémentaires, de frais de route, de pension ou d'assurance médicale à escompter. Notre prime à nous, notre stimulant, c'était JFK lui-même.

Notre foi en lui et en ce qu'il essayait d'accomplir était absolue et il parvenait à conférer à notre équipe de travail un esprit d'émulation et une saveur d'aventure, l'impression qu'il était en route, et le monde avec lui, vers des temps meilleurs. Nous acceptions sans nous plaindre son caractère emporté, son ironie glaciale et l'exigence qu'il avait d'une perfection toujours plus grande, parce que nous savions qu'il s'était toujours traité

* Organisation libérale.

lui-même plus durement encore qu'il ne nous traitait, malgré ses terribles et constantes souffrances et ses deuils familiaux.

L'équipe de la Maison-Blanche n'était pourtant pas, pour autant, une famille unie dans la béatitude. Des désaccords solides et parfois violents étaient courants entre nous et certains se haïssaient cordialement. Mais le Président ne s'en affectait pas.

— La dernière des choses que je souhaite ici, c'est un club où tout le monde s'admirerait mutuellement, me dit-il un jour à la suite d'un colloque aigre-doux entre deux de ses collaborateurs. Quand vous cesserez de discuter..., je commencerai à avoir des inquiétudes.

Il n'y avait toutefois aucune raison de penser qu'il y eût, comme le bruit en avait couru au début de sa présidence, conflit d'influence entre les « grosses têtes » et la « mafia irlandaise », appellations qui mettaient JFK hors de lui. Il avait choisi la plupart de ses collaborateurs dans deux milieux principaux : le personnel enseignant de l'Université Harvard et le secteur catholique irlandais des politiciens du Massachusetts. Mais ces deux éléments ne formèrent jamais deux camps distincts. Ted Sorensen, l'un des principaux conseillers du Président, ne provenait ni de l'un ni de l'autre, moi non plus. Et Ken O'Donnell, le plus écouté des membres de l'état-major présidentiel, était à la fois diplômé d'Harvard et homme politique catholique irlandais du Massachusetts. Ces racontars sur les prétendues dissensions à la Maison-Blanche provenaient de candidats éconduits ou d'ex-membres de l'équipe, renvoyés pour incompétence, qui faisaient croire que la raison de leurs échecs était de n'avoir pas su se concilier la faveur d'un clan ou de l'autre.

A mon avis, c'était O'Donnell qui avait les responsabilités les plus lourdes, le plus d'influence et l'accès le plus direct auprès du Président. C'est un homme, maigre et nerveux, à cheveux noirs qui avait tendance à devenir agressif, s'il avait l'impression que quelqu'un contrecarrait les desseins de JFK. Son père, Cleo O'Donnell, était devenu figure de légende comme entraîneur de l'équipe de football de l'Université Holy Cross. Mais à l'institution catholique Ken avait préféré Harvard, qui était aux antipodes pour un Irlandais de Worcester. Il s'était distingué dans l'équipe de football d'Harvard et avait obtenu une mention honorable dans celle des All Americans. L'un de ses coéquipiers de prédilection dans cette équipe était un joueur du nom de Robert F. Kennedy. En dépit de leur différence d'origine, ils s'y étaient liés d'une chaude amitié. Leurs études terminées, Ken hésita à entrer dans l'excellente équipe des Buffalo Bills. Mais Bob le décida à faire de la politique.

O'Donnell avait participé à la campagne électorale de 1952 où John

F. Kennedy avait battu Henri Cabot Lodge au Sénat. Je fis sa connaissance quand il vint à Washington en 1957 comme adjoint administratif de Bob Kennedy à la Commission d'enquête sénatoriale sur les pratiques frauduleuses des syndicats, où j'étais alors enquêteur. Il m'apparut comme l'un des hommes les plus droits et les plus sincères que j'eusse jamais connus. Il ne prononçait jamais cinq paroles quand une seule suffisait, et ce mot unique était fréquemment un « non » catégorique. On pouvait l'aduler dès le premier abord mais il fallait plus de temps pour le trouver sympathique. Il me parut évident, dès 1957, que Ken se préparait pour le « grand jeu » et, en 1959, il quitta la Commission sénatoriale pour entrer dans l'équipe présidentielle.

Une fois la campagne démarrée, on le vit constamment au côté de JFK. Il recevait ses ordres directement du candidat et veillait à ce que tous nous les exécutions à la lettre. Le sénateur avait une confiance absolue en lui et leurs rapports se resserrèrent plus encore quand nous eûmes pris possession de la Maison-Blanche. Dans ses moments de dépression aussi bien que de grande joie, c'était à lui que le Président confiait ses pensées intimes. Malgré de profondes différences, ces deux hommes avaient beaucoup de points communs. Ils étaient irlandais tous deux, mais le Président était né dans une famille fortunée, et O'Donnell de parents pauvres. Tous deux s'étaient comportés héroïquement pendant la guerre, Ken, comme bombardier-navigateur sur *B-17* en Europe. L'un et l'autre s'étaient mêlés à la jungle politique du Massachusetts, et l'avaient affrontée avec la même énergie. Pour eux la politique était une vocation honorable, quelque chose qui pouvait permettre à l'homme ou à un parti d'améliorer le monde.

Ken exerçait diverses fonctions à la Maison-Blanche. Il avait, entre autres, la haute main, comme Secrétaire des audiences, sur les réceptions du Président. Sauf pour les membres de la famille officielle et les hautes personnalités étrangères, nul ne pouvait voir le Président sans avoir au préalable obtenu l'autorisation d'O'Donnell, et il avait le droit d'opposer un refus aussi bien au président d'une grosse société voulant « pistonner » un ambassadeur, qu'à un petit politicien de campagne en quête d'un contrat gouvernemental. Ken faisait également la liaison entre la Maison-Blanche, le Service de la Sûreté et le FBI. Les rapports ultra-secrets de ces organismes passaient par son bureau avant d'atteindre celui de JFK. L'une de ses tâches les plus importantes était de préparer les voyages du Président. Qu'il s'agît de se rendre à Chicago par avion pour parler dans une réunion politique, ou d'une visite officielle en Europe pour s'entretenir avec de Gaulle, Khrouchtchev, ou Macmillan, c'était O'Donnell qui supervisait tous les préparatifs grâce à une connaissance remarquable de la politique du parti démocrate et des personnalités que le parti comptait dans chaque État, et il arbitrait nombre de différends entre factions hostiles. Quand O'Donnell avait parlé, le dernier mot était dit.

J'ai l'impression qu'O'Donnell était celui dont l'influence pesait le plus sur le Président lorsque celui-ci avait d'importantes décisions à prendre. Il était capable d'écarter tous les préjugés qu'il pouvait avoir envers les individus, de ne pas tenir compte de ses propres conceptions idéologiques (je l'aurais normalement classé parmi les Démocrates modérés) et de juger des points de vue opposés en toute objectivité. Il était impossible de ranger O'Donnell, comme les observateurs de la Maison-Blanche l'ont fait pour les autres membres du corps présidentiel, soit parmi les « faucons », soit parmi les « colombes » en matière de politique étrangère ou en matière de droits civiques, comme un Stevenson libéral ou un Truman conservateur. Ken n'avait qu'un unique critère : est-ce que cette façon d'agir va être favorable au Président, ou lui nuire. Ce qui, pour O'Donnell, était une autre manière de se dire : est-ce que cela est au profit du pays, ou à son détriment.

Mettre en valeur le rôle de Ken n'est nullement diminuer le rôle ou l'importance des autres collaborateurs de la Maison-Blanche. Je dis simplement ce que je voyais depuis mon bureau de secrétaire de presse. Immédiatement derrière lui, je rangerais Théodore C. Sorensen et McGeorge Bundy parmi les conseillers ayant laissé le plus de traces au cours de ces mille jours.

Ted, qui était un Unitarien de Lincoln, Nébraska, était le fils d'un ancien procureur général républicain de cet État, mais l'héritier de la tradition progressiste du sénateur George W. Norris (et l'organisateur du « chapitre Lincoln » de l'Action démocratique américaine). Sorensen avait été le premier de sa classe à l'École de Droit de l'Université du Nébraska, et il était venu à Washington collaborer à la Federal Security Agency. Il avait quitté ce poste en 1953 pour entrer dans l'équipe de Kennedy après l'élection de celui-ci au Sénat. Les deux s'étaient magnifiquement accordés. Non seulement Sorensen avait-il en matière sociale des opinions très arrêtées répondant à celles du jeune sénateur, mais aussi un talent remarquable pour les exprimer en un langage éloquent et persuasif. Pendant la campagne présidentielle de Kennedy, Ted avait dirigé l'équipe chargée de tracer les directives politiques et de préparer les discours que JFK devait prononcer. Je dois ajouter qu'une campagne présidentielle fait une consommation massive d'idées, le candidat prenant la parole trois ou quatre fois par jour sur des sujets allant des armements atomiques à la protection de la nature. Les électeurs entendent que non seulement le candidat soit parfaitement documenté, mais aussi, qu'il ait des solutions neuves et radicales à offrir pour tous les problèmes du moment. Ted trouvait toujours le moyen d'être à la hauteur de la situation et d'avoir l'imagination constamment en alerte.

Comme O'Donnell, Sorensen se trouvait revêtu de plusieurs casaques à la Maison-Blanche. C'était lui le coordonnateur des projets relatifs à la politique intérieure, et l'inspirateur des recommandations du Président au Congrès. Mais il n'en continuait pas moins d'être le principal rédacteur des discours présidentiels. En fait, on ne composait pas de discours *pour* le Président, mais *avec* lui, JFK savait très bien ce qu'il voulait dire, et comment le dire. La mission du rédacteur consistait à classer les idées de JFK sous forme d'un brouillon auquel le Président apportait lui-même les retouches définitives, et ses remaniements changeaient parfois radicalement l'aspect du discours.

Cela faisait huit ans que Ted, qui écrivait tout lui-même à la main sur des blocs de papier jaune, composait pour JFK, et il connaissait mieux que personne son style. Comme l'a dit un journaliste, « Sorensen avait le don des mots ». Mais il possédait aussi une vaste érudition et était toujours en mesure de trouver la citation littéraire susceptible de mettre particulièrement en valeur un point capital.

Quelque temps avant les discours importants qu'il devait faire, le Président convoquait ses principaux conseillers pour s'entretenir avec eux de ce qu'il allait dire. Si, par exemple, le discours avait trait à la politique étrangère, le Président exposait à McGeorge Bundy, premier conseiller présidentiel pour les affaires étrangères, au Secrétaire d'État Dean Rusk et aux spécialistes compétents quelles étaient ses intentions et il écoutait à son tour leurs suggestions. Ted préparait alors un premier texte que le Président, Rusk et Bundy allaient examiner et auquel ils apporteraient de nouvelles modifications; alors Sorensen harmonisait le tout en un second texte (la déclaration présidentielle télévisée pour tout le pays, sur le blocus de Cuba de 1962, fit l'objet de cinq rédactions successives avant que le Président se déclarât satisfait). Enfin, lorsque était obtenu l'accord sur le fond et la forme, JFK apportait les dernières corrections de sa propre main. Ted avait le sens du rythme de la parole présidentielle, et il évitait soigneusement les phrases sur lesquelles le Président risquât de trébucher. Mais s'il en laissait passer, JFK s'en apercevait quand il répétait le discours à haute voix, et il y substituait une autre phrase plus à sa convenance.

Parmi les autres collaborateurs participant à la composition des discours présidentiels quand le sujet était de leur compétence, se trouvaient Arthur J. Schlesinger Jr., lauréat du Prix Pulitzer d'Histoire, Ralph A. Dungan, l'un des membres de l'équipe le plus universel, le conseiller spécial adjoint Richard N. Goodwin, qui allait devenir plus tard le principal rédacteur des discours du Président Johnson, et moi-même.

Je dois faire remarquer, toutefois, que le Président avait coutume de prendre des libertés avec ses textes. Selon son humeur, sa connaissance du texte, l'heure qu'il était ou les réactions (ou le manque de réactions) de l'auditoire, il lui arrivait de ne presque plus suivre son texte écrit et d'improviser. Il n'y faisait exception que lors de déclarations d'importance capitale, de discours devant l'O. N. U. ou de séances plénières du Congrès, par exemple, lorsque chaque mot devait être choisi avec soin à cause de ses répercussions en Amérique ou à l'étranger. Mais dans des circonstances moins graves, les libertés qu'il prenait à l'égard du texte préparé ne consternaient pas seulement ceux qui l'avaient composé, mais les correspondants de presse qui avaient déjà puisé pour leurs articles des citations dans celui-ci.

Quand j'allais lui exprimer leurs doléances, il ne faisait que hausser les épaules.

— Dites-leur que je m'en tiens à chaque mot du texte, même si je ne l'ai pas lu.

Je lui expliquais le problème :

— Votre public va prendre les journaux du matin, y lire des extraits de ce que vous n'aurez pas dit, et en conclure que les journalistes étaient trop ivres pour prendre des notes, ou n'ont même pas assisté à la séance ! Si vous ne vous en tenez pas au texte, les journalistes ne composeront leur papier qu'après vous avoir entendu, et vous raterez la plupart des éditions du matin.

La seule concession qu'il voulût me faire, c'était de lire à l'avance les papiers que l'AP et l'UPI allaient diffuser, et de dire textuellement les passages dont il avait déjà été donné des citations. Je dis me contenter de cela, les deux agences de presse touchant, au surplus, 90 % des journaux des États-Unis.

McGeorge Bundy fut l'un des membres les plus compétents, mais l'un des moins compris, de l'état-major de John F. Kennedy. Il était d'apparence glaciale et austère. Mais s'il vous acceptait dans son cercle d'amis et d'intimes, vous découvriez, derrière le cerveau de « computer » et l'attitude hautaine, un homme plein de charme et d'esprit.

Il était le seul Républicain de notre groupe et le seul d'entre nous qui n'eût pas pris part à la campagne présidentielle. Après l'élection, il s'était fait mettre en congé de son poste de doyen de la Faculté des Lettres et des Sciences d'Harvard pour entrer au service de JFK comme spécialiste de politique étrangère. Il avait pendant de nombreuses années été un des membres influents de l'Est des U. S. A. qui joue un rôle si considérable dans la politique extérieure des États-Unis, aussi bien sous une présidence démocrate que républicaine. Son frère, William, a épousé la fille de l'ancien Secrétaire d'État Dean Acheson. Bundy a lui-même publié les mémoires d'Henry L. Stimson, un exposé de l'histoire de notre diplomatie de Théodore Roosevelt à Harry Truman.

C'était Bundy qui employait le plus grand nombre d'assistants à la Maison-Blanche : dix ou davantage, chacun étant chargé de l'étude approfondie d'un secteur du monde. JFK appelle son service « le petit State Department », mais il n'y a pas un mot de vrai dans la prétendue friction qui aurait existé entre le Président et le Secrétaire Rusk et aurait entraîné l'expansion du service des affaires étrangères de Bundy. Bundy estimait Rusk personnellement ainsi que son jugement, et Rusk le lui rendait bien.

Il en était de même pour le Président. Je n'ai jamais entendu JFK exprimer le moindre manque de confiance en Rusk, et bien moins encore l'intention de l'éliminer du cabinet. Il lui arrivait de dire qu'il eût souhaité que Rusk exprimât son opinion avec plus de force, mais la critique ne s'adressait qu'à la forme. Il n'était pas rare que JFK s'emportât contre l'un ou l'autre de ses collaborateurs, mais sa mauvaise humeur d'un instant ne traduisait nullement ce qu'il pensait de nous dans l'ensemble.

Grâce à la compétence personnelle de Bundy et de ses adjoints spécialisés sur les problèmes du Proche, du Moyen et d'Extrême-Orient et autres pays, JFK avait avec le State Department d'État une liaison plus efficace que ce n'avait jamais été le cas pour aucun autre Président. L'équipe était elle-même minutieusement tenue au courant de tout ce qui se passait dans le monde : Bundy faisait chaque matin un exposé à tous les chefs de services de la Maison-Blanche sur ce qui était arrivé d'important au cours des dernières vingt-quatre heures.

Il avait un certain nombre de collaborateurs particulièrement brillants. En premier lieu, le Dr Carl Kaysen, récemment nommé directeur de l'École d'Études supérieures de Princeton, New Jersey. Kayser était un spécialiste des questions de désarmement atomique et de politique européenne. Pour les affaires d'Extrême-Orient, l'adjoint de Bundy était Mike Forrestal, fils de feu le Secrétaire à la Défense, James V. Forrestal. Le spécialiste pour le Proche-Orient était Robert Komer, ancien fonctionnaire de la C. I. A. Il est maintenant premier expert du Président Johnson pour la politique dans le Sud-Est asiatique et au Viêt-nam.

Larry O'Brien, athlète aux cheveux coupés militairement, était un autre coéquipier sur lequel le Président se reposait avec la plus grande confiance. Rude, mais aimable Irlandais de Springfield, Massachusetts, Larry s'occupait de publicité et de relations publiques avant de se joindre à l'équipe de Kennedy en 1951. Ancien adjoint administratif de Foster Furcolo, membre du Congrès puis gouverneur du Massachusetts, Larry connaissait sur le bout des doigts les dessous de la politique dans cet État. Ses spécialités étaient, comme pour O'Donnell, les districts électoraux et leur organisation. La réussite de John F. Kennedy aux élections primaires de 1960 avait, en grande partie, été due au recours à la stratégie électorale qu'O'Brien avait élaborée lors de la première candidature au Sénat de JFK en 1952, revue et encore améliorée pour la victoire écrasante de 1958.

O'Brien continua après l'investiture d'être l'un des conseillers politiques les plus influents du Président, sa spécialité étant les rapports avec les gouverneurs et maires démocrates. Mais sa raison d'être essentielle à la Maison-Blanche était de faire la liaison avec le Congrès. Il était l'intermédiaire du Président auprès des leaders démocrates des deux Chambres et à tu et à toi avec presque tous les membres de l'un et l'autre parti. Il jalonnait en quelque sorte la piste pour le programme législatif du Président. Sans doute incombait-il aux porte-parole des Démocrates de soumettre les projets de lois à l'assemblée, mais c'était O'Brien qui décidait avec eux de la stratégie à adopter. C'était lui qu'il fallait voir quand on voulait savoir si le Président acceptait ou non un amendement. Si les voix boudaient, c'était Larry qui faisait le nécessaire pour que le Président pût s'entretenir directement avec les Démocrates récalcitrants. J'admire encore le talent qu'il avait pour supputer le résultat des scrutins. Avant même qu'une loi passât au Capitole, il pouvait vous dire presque à coup sûr qui voterait pour, qui serait contre, qui l'on pouvait faire changer d'avis, et qui était inébranlable.

Il avait affaire à des centaines de parlementaires allant des ultra-libéraux aux ultra-conservateurs, des hommes politiques aux combinards. Qu'ils vinssent de districts ruraux ou des principales agglomérations, que leurs intérêts idéologiques et économiques fussent souvent opposés, O'Brien et les leaders démocrates trouvaient le moyen de les rassembler dans la majorité sur la plupart des grands projets du Président. Larry a depuis été nommé directeur général des Postes par le Président Johnson.

Schlesinger, le brillant historien d'Harvard, occupait une position unique à la Maison-Blanche. Au contraire d'O'Donnell, de Sorensen ou de Bundy, il n'intervenait pas dans la gestion de la politique. Son rôle officiel était de faire la liaison entre la Maison-Blanche et Adlai Stevenson qui représentait les États-Unis à l'O. N. U. Schlesinger avait rédigé les discours de Stevenson et l'avait conseillé sur les sujets de politique aussi bien étrangère qu'intérieure au cours des campagnes électorales de 1952 et 1956, et les deux hommes étaient demeurés amis intimes. JFK n'eut jamais de rapports personnels très cordiaux avec Stevenson, et Schlesinger était un intermédiaire idéal entre eux deux.

Une grande amitié régnait également entre Schlesinger et le Président. Son esprit aussi bien que son intelligence séduisaient JFK qui l'invitait fréquemment à des dîners intimes à la Maison-Blanche. Schlesinger avait une façon à lui d'esquiver les opinions toutes faites, et il avait des idées originales sur toutes sortes de sujet, qu'il s'agît de faire échec à Castro ou d'organiser des manifestations artistiques à la Maison-Blanche. Ses suggestions parvenaient au bureau du Président en un flot ininterrompu de mémorandums. Bien que bon nombre de propositions de Schlesinger se vissent appliquées, JFK s'agaçait parfois de leur abondance et de leur fréquence, étant d'avis qu'une bonne partie de ces notes eussent dû être adressées aux spécialistes de l'équipe, et non directement à lui.

Myer (Mike) Feldman, adjoint de Sorensen en matière juridique, occupait à la Maison-Blanche l'un des postes les plus délicats. Il avait abandonné son métier d'avoué et les stations de radio qu'il possédait dans le Rhode Island, l'Oklahoma, la Californie et l'Orégon, pour servir JFK avec une loyauté et une honnêteté totales.

Mike représentait la Maison-Blanche devant toutes les grandes agences gouvernementales. Il s'occupait avec elles des tarifs douaniers et des problèmes de commerce, des routes aériennes internationales, des contingents et des licences de pétrole à importer, et de tous les problèmes industriels du textile, de la chaussure et du bois de construction. Il supervisait l'élaboration des proclamations et des décrets présidentiels. L'une de ses tâches les plus importantes consistait à conseiller le Président sur la position à prendre pour chaque projet de loi voté par le Congrès, à lui dire s'il devait y opposer son veto ou les signer pour les transformer en loi.

Il connaissait à l'avance toutes les concessions de marchés gouvernementaux et bien d'autres transactions, renseignements qu'un homme malhonnête aurait pu détourner à son profit ou à celui de ses amis. Le Président disait souvent : « Si Mike Feldman se laissait acheter, nous nous ferions tous coffrer! » Mais il était d'une honnêteté scrupuleuse et il ne commit jamais la moindre imprudence.

Ralph Dungan, l'adjoint particulier du Président, était chargé des tâches les plus diverses. JFK avait apprécié ses talents et son esprit d'entreprise quand il était devenu son assistant législatif en 1956. Il avait ensuite été conseiller auprès de la Commission sénatoriale du Travail et de l'Assistance sociale, et avait guidé JFK en matière de législation du travail et de problèmes syndicaux. Dungan avait de nombreuses relations parmi les chefs de syndicats à travers tout le pays, et il savait judicieusement composer une allocution. Ces talents avaient été excessivement utiles au candidat Kennedy lors de la campagne de 1960.

Après son installation à la Maison-Blanche, Ralph avait gardé le contact avec les milieux syndicaux, mais il était aussi devenu une autorité dans les affaires d'Amérique latine. La hiérarchie de l'Église catholique l'avait en haute estime, et JFK, résolu à ne rien faire qui pût le faire taxer de Président clérical, faisait souvent appel à Ralph pour expliquer ses décisions à l'épiscopat.

Dungan était également le principal et le meilleur champion de la théorie de la « Nouvelle Frontière ». C'était lui qui présentait les noms des candidats aux postes importants dans le gouvernement, et qui coopérait avec le FBI pour l'enquête à faire sur chaque candidature. (Cette enquête était extrêmement minutieuse : dans mon propre cas, plus de soixante-quinze de mes amis, anciens enseignants et collègues de la presse, avaient consciencieusement été interrogés. JFK ne fut pas qu'un peu troublé lorsque le FBI l'informa que j'avais un casier judiciaire en Californie, sous le pseudonyme de Peter Emil Flick [1], à propos d'une affaire qu'il m'était aisé d'expliquer, avec des coupures du *Chronicle* comme preuve à l'appui.)

Deux autres membres de l'équipe ayant directement accès auprès du Président étaient Timothy J. Reardon Jr. et Lee C. White. Reardon était devenu adjoint administratif de JFK lors de la première élection de celui-ci à la Chambre des Représentants, en 1946, charge qu'il occupait encore lorsque John F. Kennedy donna sa démission du Sénat pour entrer à la Maison-Blanche. Reardon était l'adjoint du Président pour les affaires du Cabinet, et avait mission de préparer le programme des sessions ministérielles et de coordonner les relations de la Maison-Blanche avec les nombreux services de l'exécutif.

White, condisciple de Sorensen à l'École de Droit, occupait une bonne

1. Voir chapitre II.

partie de son temps aux questions de droits civiques. Il avait également la charge des questions légales impliquées dans l'exercice du droit de grâce présidentiel, les diminutions de peines, la liaison avec la République de Porto-Rico, les problèmes du logement et de l'énergie. Une autre de ses fonctions consistait encore à faire la liaison avec le Better Business Bureau (Syndicat d'initiative économique) pour ce qui était de l'exploitation commerciale du Président Kennedy et de sa famille. Il allait plus tard devenir conseiller spécial du Président Johnson, et il préside maintenant la Commission fédérale de l'Énergie.

L'état-major militaire du Président à la Maison-Blanche comprenait : le major général de l'armée de Terre Chester V. Clifton, le capitaine de vaisseau Tazewell T. Shepard et le brigadier général de l'armée de l'Air Godfrey T. McHugh. Bien que ces trois officiers eussent été choisis par le Président et ne fussent responsables qu'envers lui, ils étaient constamment harcelés par leurs armes respectives pour faire pression sur JFK en vue d'affectations budgétaires, ou avoir son appui dans les perpétuels conflits que le Pentagone entretenait avec l'Armée de Terre, la Marine et l'Armée de l'Air.

Ted Clifton, celui des trois qui avait le plus d'influence, avait été présenté au Président par son frère Bob sur la recommandation de Charles Bartlett, un éditorialiste ami intime de JFK. Clifton faisait quotidiennement son rapport au Président, aussi bien à la Maison-Blanche que lors des déplacements. Avant d'occuper ce poste, Clifton avait été chef du Service d'information de l'Armée, antécédent qui l'amena quelque peu en conflit avec moi. Je perçus très tôt qu'il marchait sur mes brisées et lui adressai une note énergique par laquelle je le priai de ne se mêler que de ses affaires, à la suite de quoi nous établîmes des rapports excellents et j'acquis une grande estime pour lui et ses compétences.

Le capitaine Shepard, gendre du sénateur John J. Sparkman de l'Alabama, était également fort capable et d'une loyauté entière envers le Président. Mais le plus brillant des membres de l'état-major militaire du Président était Godfrey McHugh, élégant officier célibataire endurci qu'on s'arrachait dans les salons de Washington. Il n'en trouvait pas moins le temps et l'énergie d'accomplir de la façon la plus satisfaisante les tâches qui lui incombaient à la Maison-Blanche.

Le membre le plus sociable et le plus populaire de notre groupe était Dave Powers, chef du protocole de la Maison-Blanche. C'était à lui qu'il incombait d'accueillir les visiteurs de marque à leur voiture pour les conduire au bureau du Président, et il pouvait difficilement résister au désir de mettre leur sens de l'humour à l'épreuve. Lors de la visite du Shah d'Iran, Dave lui avait familièrement mis la main sur l'épaule en disant : « Je tiens à ce que vous sachiez que vous êtes un shah comme je les aime. » Il s'était montré plus audacieux encore avec Anastase Mikoyan, alors Vice-Président du Conseil des ministres de l'URSS : « Dites-moi, lui avait-il dit, vous êtes bien le vrai Mikoyan? »

Powers venait de rentrer de la campagne d'Extrême-Orient, à la frontière entre la Chine, l'Inde et la Birmanie, quand un jeune homme candidat au Congrès avait frappé à sa porte pour lui demander son concours. Powers avait donné son accord et resta le plus proche ami de John F. Kennedy jusqu'au jour de son assassinat. Il était le premier d'entre nous à voir le Président le matin et le dernier à le quitter le soir. Il l'accompagnait partout quand il se déplaçait en avion et faisait en sorte qu'il y eût toujours une chemise propre prête pour lui, et une boisson fraîche dans sa chambre d'hôtel.

Bien que Powers fût de quelques années son aîné et ne prétendît avoir d'autre compétence qu'en base-ball, JFK aimait beaucoup sa compagnie. Dave réussissait mieux que nous tous réunis pour remonter le moral du Président quand celui-ci se sentait déprimé.

Dave s'y connaissait d'une façon extraordinaire en base-ball. Je n'ai jamais rencontré personne capable de le « coller » sur ce sujet. Non seulement il pouvait vous dire de mémoire les scores des joueurs les plus obscurs depuis un demi-siècle, mais encore vous préciser s'ils lançaient la balle de la main droite ou de la main gauche et s'ils trompaient leur femme. « Quel joueur a battu le record de Babe Ruth? » vous demandait-il. Comme son interlocuteur avouait son ignorance, Dave hochait la tête d'un air dégoûté : « C'est lui-même! Tout le monde devrait savoir cela! »

Mes propres fonctions à la Maison-Blanche étaient très déterminées : j'avais la responsabilité de la diffusion des nouvelles, non seulement de la Présidence, mais aussi de l'ensemble de l'exécutif. JFK me tenait responsable de toute erreur dans un communiqué de presse sortant aussi bien du ministère de l'Agriculture ou de l'Intérieur que de mon propre bureau. Et il ne lui en échappait guère. Je me rappelle d'un entrefilet de deux paragraphes bien dissimulés dans le fatras de l'édition dominicale du *New York Times*, qui relatait l'attribution d'un médiocre crédit pour la construction d'une route fédérale. Il avait découpé l'article dans le journal et me l'avait jeté un lundi matin sur la table de son bureau.

— Le chiffre donné est inexact, me dit-il. Il n'a été alloué qu'un tiers de ce que dit le journal. Vous feriez bien d'aller voir au Commerce si c'est eux qui se sont trompés.

Je revins dix minutes après et lui dit que ce n'était qu'une erreur typographique du *Times*. Le service avait envoyé le chiffre correct.

— Ça va, alors. Mais dites au Commerce de le signaler au journal, conclut-il.

JFK tenait à ce que la « Nouvelle Frontière » ne fît entendre qu'une seule voix. Il écoutait longuement et avec patience les diverses opinions émises avant de prendre une décision, mais une fois que celle-ci était arrêtée, il entendait que ses ministres et ses autres collaborateurs la respectent à la lettre. L'une de mes fonctions consistait à veiller à ce que les différents ministres et leurs services de presse soient pleinement au courant de la politique de la Maison-Blanche et ne communiquent rien à la presse ou ne fassent de déclarations qui, involontairement ou non, soient en contradiction avec elle. Cela nous valut, naturellement, l'accusation de censurer et de manœuvrer la presse. Mais JFK avait raison. Si des fonctionnaires nommés par lui, et assermentés, étaient en désaccord avec lui, ils n'avaient qu'à donner leur démission et ne pas se servir de la situation qu'il leur avait faite pour attaquer sa politique.

Ce n'était pas là une attitude nouvelle. Tous les présidents comptent sur le loyalisme et le soutien de leur famille officielle, et Jim Hagerty s'était montré aussi rigoureux dans l'application de ce principe que je le fus moi-même. Il y avait toutefois une différence essentielle entre le rôle qu'Hagerty avait joué à la Maison-Blanche et le mien. En plus de la direction du bureau de presse, il avait été l'un des conseillers du Président Eisenhower sur les questions de politique étrangère et intérieure. Je n'avais à m'occuper que de l'information alors que Jim avait son mot à dire sur tout ce que le gouvernement devait faire; ma seule responsabilité était de rendre publiques les décisions présidentielles de telle façon et à tel moment que la nouvelle fût accueillie le mieux possible.

Par exemple, quand je suis allé en Union Soviétique et ai passé deux jours avec le Président Khrouchtchev, j'avais été nanti d'instructions formelles pour ne discuter que d'un échange d'informations plus libéral entre nos deux pays, et non de nos désaccords politiques. Lorsque Khrouchtchev, toujours prompt à prendre des initiatives inattendues, entreprit de me donner sa façon de penser sur toute une série de sujets en litige, je lui fis savoir que mon seul rôle consistait à transmettre ses vues au Président.

Une des raisons pour lesquelles Hagerty et d'autres membres de l'entourage d'Eisenhower pouvaient prendre des initiatives plus étendues que leur contrepartie de l'équipe de Kennedy est que la conception du pouvoir était différente chez les deux présidents. JFK nous confiait des missions précises de l'exécution desquelles il rendait chacun de nous responsable; le Président Eisenhower, en raison peut-être de sa formation militaire, dispersait les responsabilités entre une quantité de membres de son équipe. Dans un cas comme dans l'autre, c'était le Président qui avait le dernier mot, mais la différence résidait dans la façon dont il recevait les avis de ses collaborateurs. Je dois ajouter qu'Hagerty qui a vraisemblablement été le secrétaire de presse le plus influent que l'Histoire ait jamais connu, avait en matière d'affaires étrangères et intérieures une compétence supérieure à celle de la plupart de ses collègues de l'entourage d'Eisenhower et qu'il en avait tiré parti comme il se devait.

A part Franklin D. Roosevelt, aucun Président des temps modernes n'a été plus habile en matière de relations avec le public, que JFK. J'ai dit à maintes reprises et je suis toujours d'avis qu'il aurait très bien pu se passer de secrétaire de presse s'il avait eu le temps de s'occuper de la routine quotidienne de mon service. Ancien journaliste lui-même, il ne se laissait pas impressionner par la presse, comme il en avait été pour tant de ses prédécesseurs. Les journalistes avaient leur tâche à remplir, comme lui avait la sienne et il savait qu'il ne lui était guère possible de faire pression sur eux aussi bien que sur les tendances de leurs organes. Au début de 1962, alors qu'il n'avait guère qu'une année de Présidence, on lui avait demandé au cours d'une conférence de presse comment il réagissait devant l'opinion de la presse. Il avait répondu :

— Ma foi, plus j'en lis et moins ça me plaît (rires), mais je ne me plains pas et n'ai pas l'intention de le faire. Je lis et garde mes réflexions pour moi-même et je ne vais pas vous faire de grandes déclarations. A mon avis, les journalistes font leur métier dans cette branche délicate qu'est le quatrième État. Et moi, je m'efforce de faire le mien. Nous serons bien forcés de nous accommoder les uns des autres pendant quelque temps, et puis nous suivrons chacun notre chemin (rires).

Le Président Kennedy traitait tous les membres de son cabinet particulier de la Maison-Blanche en égaux. Pour que nous ayons le même sentiment, il avait décidé que nous recevrions tous les mêmes appointements : 21.000 dollars par an. Du temps d'Eisenhower, Hagerty et le conseiller spécial Sherman Adams en touchaient 22.500, les autres membres de la Présidence recevant un traitement moindre et proportionnel à l'importance de leurs fonctions. Il paraît que Roosevelt pensait tirer le maximum de ses collaborateurs en suscitant entre eux une certaine émulation. JFK, lui, tenait absolument à un travail d'équipe et se montrait hostile à toute compétition intestine. Il n'eût pas admis de coterie cherchant à gagner ses faveurs et des membres subalternes de la Maison-Blanche qui s'y essayèrent au début de sa Présidence se virent transférés à d'autres services ou priés de s'en aller.

Pendant tout le temps que le Président Kennedy occupa la Maison-Blanche, il ne tint jamais de réunion plénière de tous ses collaborateurs. Il avait pour doctrine que la productivité de toutes les assemblées est en raison inverse du nombre des participants. Il nous avait donné à chacun des consignes précises à exécuter et s'il y avait jamais chevauchement, il pensait que nous devrions avoir le bon sens de travailler en collaboration sans qu'il nous impose de directives. Il ne pensait pas non plus qu'il lui était nécessaire d'être présent quand deux ou plus de ses collaborateurs se rassemblaient. Si nous avions quelque chose à lui dire ou à lui demander, la porte de son bureau nous était toujours ouverte. Inutile de lui faire perdre son temps et de perdre le nôtre en réunions officielles.

Nous prêtâmes tous serment au cours d'une cérémonie collective le lendemain matin de l'investiture. Le libellé de nos actes de nomination signés par le Président était impressionnant :

JOHN F. KENNEDY, PRÉSIDENT DES ÉTATS-UNIS D'AMÉRIQUE A PIERRE E. G. SALINGER, de la Californie, salut : AYANT *tout particulièrement confiance en votre intégrité, votre prudence et vos capacités, je vous nomme secrétaire de presse du Président des États-Unis d'Amérique et vous autorise par la présente à faire et accomplir tous actes et choses relevant de la dite place ou fonction ou tout ce dont vous pourriez être dûment chargé, à occuper le dit poste et exercer les dites fonctions au gré de l'actuel Président des États-Unis d'Amérique.* EN TÉMOIGNAGE DE QUOI, *j'ai fait apposer le sceau des États-Unis sur la présente.* FAIT *en la ville de Washington, ce vingt et unième jour de janvier de l'année de Notre-Seigneur mille neuf cent soixante et un, et, de l'Indépendance des États-Unis d'Amérique, la cent quatre-vingt-cinquième.*

Nous nous empressâmes tous de faire encadrer ces parchemins et de les accrocher dans nos bureaux et, j'en suis certain, ils continueront d'être accrochés bien en vue dans tous les bureaux que nous pourrons occuper le reste de notre vie.

Contrairement à la plupart des autres fonctions dont les titulaires sont nommés par le Président, les membres de son équipe personnelle n'ont pas à voir leur choix confirmé par le Sénat. Ils ne dépendent que du Président qui peut les désigner et les remercier à son gré.

Les bureaux de la Maison-Blanche se trouvent dans l'aile ouest qui a été construite par Teddy Roosevelt quand l'édifice central s'est trouvé insuffisant pour contenir à la fois sa famille et ses collaborateurs. Une autre aile a plus tard été ajoutée à l'est et héberge maintenant les personnes au service de la Présidente. O'Donnell, qui avait été chargé de nous attribuer des locaux dans l'aile ouest, s'aperçut que la place était insuffisante et Schlesinger fut tout de suite volontaire pour s'installer dans l'autre aile dont il devait trouver le climat plus paisible et plus favorable à ses cogitations. Les trois attachés militaires en firent autant.

Le bureau ovale du Président est situé dans l'angle sud-est de l'aile ouest. Il avait une vue magnifique sur l'immense pelouse méridionale de la Maison-Blanche et le célèbre monument de Washington. La roseraie, vaste terrain dont les quelques massifs de roses ne fleurissent qu'une petite partie de l'année, s'étendait à la porte de son bureau. JFK, qui voyait dans ce jardin un endroit idéal pour recevoir des visiteurs, s'était personnellement occupé de le redessiner. D'énormes magnolias avaient été plantés aux quatre angles, reliés par des parterres fleuris du printemps à l'hiver. La partie centrale en était demeurée en pelouse, mais le gazon était lent à y pousser. Un jour que j'étais entré dans le bureau du Président, j'avais trouvé celui-ci regardant par la fenêtre d'un air consterné : « Est-ce que cette sacrée pelouse se décidera jamais à pousser? » dit-il. Quand le gazon y apparut, une maladie végétale laissa de nombreuses plaques pelées, et JFK les faisait asperger de peinture verte quand il attendait des visiteurs de marque.

Un jour que nous nous préparions à y atterrir en hélicoptère, il jeta un coup d'œil sur la bigarrure de bruns et de verts de la pelouse.

— Faites-moi penser, me dit-il, à ramener mon jardinier de Hyannis Port.

Car JFK était en lutte constante avec le jardinier officiel de la Maison-Blanche. Il était persuadé que celui-ci employait un personnel deux fois plus nombreux qu'il ne fallait et que l'on pouvait diminuer le budget du jardinage de moitié. Il finit, effectivement, par ramener de Hyannis Port son propre jardinier qui convint qu'il y avait du gaspillage. JFK transmit ce verdict au jardinier-chef, et cela fit une belle bagarre, mais personne ne fut congédié.

Le Président entra pour la première fois dans son bureau, le jour de son investiture, à la fin de l'après-midi. Ce bureau, comme tous ceux de l'aile ouest, avait été repeint en un sinistre « vert gouvernement ». Il s'empressa de le faire repeindre en « blanc cassé ». La table de travail du Président Eisenhower ne fit pas long feu non plus. Mrs Kennedy, en fourrageant dans les sous-sols de la Maison-Blanche, avait découvert un vieux bureau massif dont la reine Victoria avait fait cadeau au Président Hayes. Il avait été fait avec la coque de la fameuse frégate britannique *HMS Resolute* et servait de chevalet à scier du bois quand Mrs Kennedy le dénicha. Ce bureau avait servi pour la dernière fois lors des « causeries au coin du feu » de Roosevelt. Mrs Kennedy le fit décaper à fond au papier de verre et re-cirer, et JFK s'assit derrière lui jusqu'à la veille de sa mort.

Comme au temps de Roosevelt, le thème de la décoration était la mer. Le manteau de la cheminée était couvert d'une collection de maquettes de bateaux, y compris un modèle miniature, à l'échelle, du propre *PT-109* de JFK et un trois-mâts, don du Président Khrouchtchev. Des gravures représentant des batailles navales étaient accrochées aux murs, ainsi qu'une plaque qui lui avait été donnée par l'amiral Hyman G. Rickover, portant ces paroles : *O Seigneur, que ton Océan est donc immense, et que ma vie est courte.*

Derrière son bureau se dressaient le drapeau des États-Unis et le drapeau présidentiel, ainsi que les fanions de l'Armée, de la Marine et de l'armée de l'Air, avec leurs flammes de guerre. Le mur en face comportait une cheminée devant laquelle plusieurs canapés blancs et le rocking-chair du Président étaient disposés pour la conversation.

Sur son bureau, il y avait des photographies de Caroline et de John en bas âge, des exemplaires reliés en cuir des ouvrages qu'il avait écrits, une élégante garniture de bureau en crocodile noir, cadeau du général de Gaulle, et la noix de coco sur laquelle il avait griffonné un SOS lorsqu'il était parti à la dérive avec son équipage après que le *PT-109* eut été coulé. La noix, trouvée par un indigène des îles Salomon, qui l'avait remise à un garde-côtes australien, avait effectivement contribué à leur sauvetage.

On voyait encore sur son bureau trois dents de baleine sculptées qui avaient été offertes au Président par son ami K. Le Moyne Billings de New York, la médaille commémorative de l'investiture, don du Comité d'organisation, et un grand cendrier en cristal taillé, d'origine irlandaise, orné du blason de la famille Kennedy, cadeau d'une amie dublinoise de Mrs Ethel Kennedy, Dot Tubridy. Les presse-livres étaient des répliques des canons de douze livres de la seconde batterie, tels qu'il y en avait sur les anciens vaisseaux de ligne américains *Constitution* et *Bon-Homme-Richard.* Ils avaient été faits pour le Président par le commandant en retraite de la marine américaine Rutledge B. Barry.

La carrière militaire de JFK et la mienne offraient certains points de ressemblance. Nous avions l'un et l'autre servi sur le théâtre du Pacifique, tous deux commandants de petites unités, et avions obtenu la même décoration, la Navy and Marine Corps Medal. Il avait gagné la sienne, pour l'exploit de guerre qu'avait été son sauvetage de dix de ses hommes après que le *PT-109* eut été coupé en deux par un destroyer japonais. La guerre était finie en octobre 1945 quand je fus cité pour avoir fait passer à la nage un câble à quatorze marins réfugiés sur un banc de sable à la suite du naufrage de leur patrouilleur dans la baie Buckner d'Okinawa, au cours d'un typhon.

Le Président me plaisantait souvent à ce propos.

— Je ne suis jamais arrivé à comprendre pourquoi on vous a donné la même médaille qu'à moi. Après tout, j'étais aux prises avec l'ennemi quand il m'a fallu la gagner à la nage, tandis que vous, vous n'avez eu affaire qu'à un petit typhon du temps de paix!

J'avais une réponse toute prête à lui servir :

— Vous avez sauvé dix hommes, mais moi, j'en ai sauvé quatorze. Et puis, vous ne commandiez qu'un pauvre petit bateau de vingt mètres, tandis que moi, j'avais un vrai bateau de guerre!

A vrai dire, je n'avais reçu ce commandement qu'après le typhon, et il ne s'agissait que d'un chasseur de sous-marins de trente-cinq mètres le *SC-1368*...

Il y avait trois moyens d'accès au bureau du Président : par la porte centrale, et par les bureaux latéraux d'O'Donnell et de Mrs Evelyn Lincoln, sa secrétaire particulière. Il lui fallait passer par le bureau de celle-ci pour se rendre dans la salle du cabinet, où se tenaient les principaux conseils du gouvernement. C'est également là qu'il a reçu l'EXCOM (la Commission exécutive du Conseil national de sécurité) pour élaborer une stratégie lors de l'affaire de Cuba et autres crises graves. Cette salle était occupée par une table massive donnée à FDR par son Secrétaire au Commerce, Jesse Jones; de lourds fauteuils de cuir noir l'entouraient, un pour chaque membre du cabinet qui avait son nom gravé au dos sur une plaque de cuivre soigneusement astiquée. Si l'on quittait le cabinet, on avait toujours la possibilité d'emporter son fauteuil avec soi à condition de payer deux cent quarante dollars pour son remplacement. Le Président était assis au centre, avec le Secrétaire d'État à sa droite et le Secrétaire à la Trésorerie à sa gauche. La cloison en face du Président était garnie de rayons contenant les ouvrages de référence les plus courants, et derrière lui s'ouvraient les portes menant à la roseraie.

La multiplicité des entrées dans le bureau du Président rendait la tâche difficile à Ken O'Donnell. Beaucoup d'assistants qui ne voulaient pas passer par lui empruntaient le bureau de Mrs Lincoln. Dans la porte qui, de chez Mrs Lincoln, donnait dans le bureau du Président, se trouvait un petit voyant qui permettait au visiteur de se rendre compte si celui-ci était occupé. Bien souvent, quand le Président était seul, les membres de son équipe s'introduisaient et lui exposaient leurs problèmes. Le Président essayait de temps à autre de resserrer l'accès à son bureau et il donnait à Mrs Lincoln des consignes rigoureuses pour renvoyer tous les visiteurs à Ken O'Donnell. Mais ses instructions étaient oubliées au bout de quelques jours et le flot de visiteurs reprenait le même chemin détourné.

Mon bureau donnait sur le hall à l'opposé de la salle du cabinet. Bien que la Maison-Blanche soit le centre d'information le plus important du monde, mon équipe et moi n'avions pour diriger la diffusion du flot de nouvelles vers les dizaines de milliers de journaux et de revues, aux stations de radio et de T. V. du monde entier, qu'un local à peine plus vaste qu'un garage pour deux voitures. Au début, mon service comptait six personnes : mon adjoint Andy Hatcher et sa secrétaire, Barbara Gamarekian; Sue Mortensen Vogelsinger, ma secrétaire chargée de la correspondance; Barbara Coleman, chargée du service photographique; Helen Ganss, archiviste des conférences de presse du Président et de mes communiqués aux journaux; et enfin, Christine Camp, ma secrétaire particulière. Tous, à l'exception de Mrs Ganss, qui était déjà à la Maison-Blanche du temps de Truman, avaient fait partie de l'équipe électorale de JFK. Miss Camp partageait mon bureau, et tous les autres s'entassaient dans une petite pièce contiguë. Pour accroître l'encombrement, les téléscripteurs — qui fonctionnaient vingt-quatre heures par jour — étaient logés au milieu des tuyauteries de la salle de bains dont la porte était pratiquement dans mon dos. Nous avions démarré avec deux appareils — un AP et un UPI —, mais j'en avais fait ensuite installer deux autres pour l'Agence France-Presse, spécialisée dans les informations d'Afrique et d'Amérique latine, et Reuters, souvent la plus vite informée de ce qui se passe dans les capitales européennes. Une visite à la salle de bains, dans le crépitement des quatre téléscripteurs, était une aventure!

Deux fois par jour, à onze heures du matin et à quatre heures de l'après-midi, j'appelais les correspondants dans mon bureau pour leur donner les nouvelles que la Maison-Blanche avait à leur communiquer et pour répondre à leurs questions. Ils se tassaient jusqu'à près d'une centaine dans le peu d'espace qui restait entre les tables, les meubles classeurs et les bibliothèques. Une rame du métro de New York à l'heure de pointe est moins encombrée!

Le couloir à l'extérieur du bureau de presse servait de salle d'attente aux journalistes et aux photographes qui cherchaient à harponner les visiteurs de marque pouvant sortir du cabinet du Président, à moins de vingt mètres de là dans le hall. De l'autre côté du couloir se trouvait la salle de travail des correspondants attachés à la Maison-Blanche en service régulier. L'endroit était ignoble. Les tables étaient jonchées de vieux journaux, de jeux de cartes et de bouteilles de médicaments. Une odeur fétide s'élevait des cendriers malpropres. Et malgré l'abondance de corbeilles à papier, le parquet avait constamment l'aspect de Broadway après le passage d'un cortège.

L'un de mes premiers actes officiels fut de donner l'ordre aux menuisiers de la Maison-Blanche de diviser la vaste pièce en petits compartiments. Je m'étais imaginé que les journalistes auraient apprécié d'avoir un peu plus d'ordre et d'intimité. Je m'étais trompé! On continue encore d'appeler la salle de la presse la « Banque Salinger »! (Plus tard, George Reedy, mon successeur comme secrétaire de presse auprès du Président Johnson, fit accrocher de nouveaux tableaux dans le couloir et remplacer les vieux canapés noirs qui s'y trouvaient par des fauteuils en cuir vert tout neufs. Mais la presse est sans pitié, aussi bien pour le couloir lui-même, qu'elle appelle le Hilton Johnson, que pour le nouvel ameublement, qu'elle traite de Modern Style Dallas!)

La porte de mon bureau ouvrait sur le hall, mais je l'avais condamnée et mes visiteurs passaient toujours par la réception. Il existait toutefois un contact dissimulé dans les panneaux qui permettait d'ouvrir la porte de l'extérieur. Plus d'une fois, la porte s'ouvrit brusquement et mes visiteurs eurent la surprise de se trouver en présence du Président.

O'Brien, Feldman et Reardon avaient leurs bureaux au premier étage de l'aile ouest. Le seul de nous qui occupât le rez-de-chaussée était Bundy, qui avait besoin de beaucoup d'espace pour son « petit State Department ». L'un des avantages qu'avait Bundy à occuper le rez-de-chaussée, c'était sa proximité de la « Salle de Contrôle », le centre des renseignements et communications de la Maison-Blanche. La garde en était assurée par des militaires vingt-quatre heures par jour, et Bundy y laissait une permanence continuelle. Cette « salle » se composait en réalité de deux pièces. Les murs de la plus grande étaient couverts de tableaux donnant d'importantes informations confidentielles, y compris l'endroit précis où se trouvaient à ce moment-là nos diplomates et militaires les plus importants, ainsi que les principaux chefs d'État étrangers. S'il était par exemple nécessaire au Président de communiquer avec le Premier ministre britannique Macmillan, le tableau lui disait avec précision où il serait possible de le joindre tel jour donné. C'est sur un tableau similaire que fut indiquée heure par heure la position des cargos soviétiques lors de l'affaire des missiles cubains. Cette salle servait également à des conférences sur des sujets confidentiels, tels que la préparation des voyages présidentiels à l'étranger.

La plus petite pièce était le domaine de l'agence de communications de la Maison-Blanche. C'était là qu'étaient centralisés et répartis tous les câblogrammes diplomatiques pour le Président et ses collaborateurs. Il s'y trouvait également une batterie de téléscripteurs qui recevaient quotidiennement du service de diffusion radio étranger, le FBIS, des dizaines de milliers de mots. Ce service prend toutes les émissions radio aussi bien des pays amis que des hostiles, et transmet une traduction presque instantanée de toutes les informations importantes.

Un petit restaurant aménagé au rez-de-chaussée permettait à la plupart d'entre nous de prendre nos repas sur place. Le service en était fait par du personnel de la Marine et nous acquérions le droit d'y manger moyennant un versement préalable de 25 dollars et l'acquisition d'un rond de serviette en argent portant l'inscription « Mess du Personnel de la Maison-Blanche », avec le nom de son propriétaire. On n'y servait pas de boissons alcoolisées, mais la nourriture et le service y étaient de premier ordre, et le prix des repas y était incroyablement bon marché. Mon plat favori au déjeuner était le steak, qui, avec un potage, une salade, un dessert et le café, revenait à 1 dollar 25. D'autres menus complets, comprenant une entrée de viande, ne coûtaient pas plus de 78 *cents*. Bien que ce ne fût pas porté sur la carte, la pièce de résistance du mess de la Maison-Blanche était le défilé de *pin-ups* de Washington que le bouillant général Godfrey McHugh amenait à déjeuner. Quand j'avais trop à faire pour quitter mon bureau, un serveur m'apportait mon repas sur un plateau. Le Président prenait presque toujours ses repas dans ses appartements.

C'étaient la Salle de Contrôle et le cabinet du Président qui faisaient l'objet de la garde la plus rigoureuse. Le corridor entourant le bureau de JFK était constamment surveillé par le Service de la Sûreté et la police spéciale de la Maison-Blanche. Nul ne pouvait y pénétrer quand il en était absent, sauf avec une autorisation exceptionnelle. Bien que la porte centrale donnât sur le hall, on ne l'empruntait que lorsque la presse était admise dans son bureau pour entendre une déclaration ou prendre des photographies. Tant que cette porte demeurait ouverte, cela voulait dire que JFK n'était pas dans son bureau. Si j'avais besoin de le voir, je n'avais qu'à ouvrir la porte, jeter un coup d'œil dans le hall, et je savais tout de suite s'il était là ou sorti.

Le Président ne se servait lui-même de cette porte principale que pour traverser le hall en se rendant à la Salle des Poissons, qui avait reçu ce nom au cours de la Présidence de FDR parce que celui-ci aimait à accrocher des poissons empaillés aux murs. Le Président Kennedy avait perpétué la tradition en y apportant un grand espadon qu'il avait pêché à Acapulco lors de son voyage de noces. La Salle des Poissons avait des usages multiples, en particulier le Président l'avait choisie pour faire ses principaux communiqués à la presse. C'est là que je tins moi-même mes conférences avec la presse après l'assassinat de JFK parce qu'ils étaient trop nombreux pour que je puisse les recevoir dans mon propre bureau. C'était également là que se tenaient les conférences de presse hebdomadaires des leaders du Parti Démocrate de la Chambre des Représentants et du Sénat à la suite de leur *breakfast* du mardi matin avec le Président.

Un nombre important de spécialistes et de conseillers du Président avaient leurs bureaux dans le bâtiment rococo des services de l'Exécutif (l'EOB) qui fait pendant à l'aile ouest de l'autre côté d'une allée. Ce vieil édifice, qui avait jadis été le siège de State Department, a survécu à tous les assauts de ceux qui ont voulu le démolir pour le remplacer par un bâtiment plus moderne : une victoire du sentiment sur le pratique, parce que l'EOB est au moins en retard d'un quart de siècle pour ce qui est de sa commodité. David Bell, directeur du Budget et, après lui, Kermit Gordon, y ont eu leurs bureaux, ainsi que Walter Heller, président du Conseil économique. La Salle du Traité indien, où les Présidents Truman et Eisenhower tenaient leurs conférences de presse, se trouvait également dans l'EOB.

Dans de trop nombreux pays à travers le monde, un changement de gouvernement se fait dans l'hostilité et le ressentiment. De nouveaux gouvernements tombent fréquemment quelques semaines après avoir pris le pouvoir parce que les sortants, en sous-main quand ce n'est pas ouvertement, sabotent toute tentative d'une transition paisible. Cela n'a, fort heureusement, jamais été le cas dans notre démocratie, aussi bien que dans la plupart des autres. Bien que certains Présidents sortants, encore déconfits de leur défaite aux élections, manifestent un certain froid vis-à-vis de ceux qui leur succèdent, ils ont été capables de placer l'intérêt national au-dessus de leurs sentiments personnels. L'échange des pouvoirs entre Dwight D. Eisenhower et John F. Kennedy fut toutefois remarquable par une absence totale de rancœur. Les deux hommes avaient une profonde estime l'un pour l'autre. Cette cordialité entre les deux chefs avait donné le ton à leurs états-majors respectifs. De même que Jim Hagerty m'avait mis sans réticence au courant de tous les moyens de travail qui seraient à ma disposition au service de presse, de même tous les autres collaborateurs d'Eisenhower étaient bien décidés à ce qu'il n'y eût pas de coupure dans le fonctionnement des divers rouages gouvernementaux. Comme résultat de cette coopération, la Maison-Blanche était en parfait état de fonctionner dès la fin de la première journée de présidence de JFK. Le général Eisenhower lui-même, ainsi que de nombreux membres de son entourage, demeuraient à notre disposition pour nous conseiller et nous guider vers la « Nouvelle Frontière » quoiqu'ils eussent quitté Washington pour de nouvelles occupations. Un des principaux membres de l'état-major d'Ike, le major général Andrew J. Goodpaster, conseiller du Président sortant pour les affaires intéressant la sécurité nationale, y resta même pendant six mois.

Historiquement, le déchet est élevé dans les équipes présidentielles. Bon nombre de conseillers de Présidents passés ont quitté la Maison-Blanche, par suite de divergences politiques, de conflits d'intérêt ou même par esprit de lucre, pour occuper des postes mieux rémunérés dans des entreprises privées. Mais tous les principaux membres de l'entourage de JFK, qui avaient prononcé le serment de loyalisme le lendemain de l'Investiture, travaillaient encore avec lui le jour où il fut assassiné.

VI

LA VIE A LA MAISON-BLANCHE

Imaginez que vous habitez une maison ancienne, mais assez bien installée, au centre d'une grande ville. Elle compte trois étages, mais pendant la moitié de la journée au moins, vous ne pouvez utiliser deux de ces étages parce qu'ils sont pleins de touristes qui examinent avidement vos meubles et jettent par terre toutes sortes de détritus.

Il vous faut beaucoup y recevoir. En fait, dans le courant d'une année, il peut arriver que vous donniez jusqu'à 10 grandes réceptions de 2 000 invités, et d'innombrables « intimes » de 150. Votre employeur prend à son compte la plus grosse partie de la note pour ces dépenses somptuaires, mais si vous tenez à bien faire les choses, il vous faut aussi en mettre pas mal de votre poche.

La maison est entourée d'un grand parc, encerclé de hautes grilles infranchissables. L'accès est en outre surveillé par des gardiens aux portes, et quiconque entre ou sort de chez vous doit décliner son identité. Si vous voulez profiter de ce vaste parc pour aller prendre l'air, vous découvrirez des gens littéralement par centaines, accrochés aux grilles, qui vous regardent. Il existe à l'arrière une jolie cour de récréation pour vos deux enfants, mais chaque fois qu'ils vont y jouer, il y a des inconnus armés d'appareils photographiques à téléobjectifs qui les bombardent au travers des grilles pour essayer de prendre un cliché de leurs ébats. Si vous voulez sortir de chez vous pour aller rendre visite à quelqu'un, tout un groupe de quidams vous accompagne, certains dans votre propre voiture, d'autres dans une voiture à l'aspect bizarre qui vous suit partout où vous allez.

Si votre femme ou vos enfants veulent faire un tour, descendre jusqu'au coin de la rue acheter une glace, ou aller à la foire, des inconnus les y accompagnent également. A pas mal d'égards, la maison n'est pas désagréable à habiter. Vous y avez une piscine privée et un cinéma pour vous tout seul, où vous pouvez voir tous les films que l'on a jamais produits, même ceux qui n'ont pas encore été présentés au public. Le téléphone y marche à la perfection. Vous n'avez qu'à décrocher l'appareil pour avoir en un clin d'œil n'importe quel endroit du monde. Malheureusement, il fonctionne à double sens. Il vous est rare de faire un repas ou de passer une nuit sans être dérangé. Pas de difficulté pour vous rendre à votre travail. La circulation matinale ne vous gêne guère. Il n'y a qu'une cinquantaine de pas à faire entre votre appartement et votre bureau, mais quand vous y êtes installé, une centaine de journalistes épient systématiquement les moindres de vos gestes, et si vous commettez un impair, ils le proclament à tout le pays. Si vous voulez partir en voyage, un hélicoptère se pose sur votre pelouse pour vous emmener à l'aéroport. Si vous voulez aller passer des vacances à la campagne, les moyens de transport les meilleurs, y compris les « jets » sont à votre disposition. Mais il vous faut aussi emmener les principaux membres de votre entourage, ainsi qu'un minimum d'une cinquantaine de journalistes. Et les téléphones vous suivent aussi. Enfin, bien que vous ne payiez pas de loyer pour la maison, ceux qui l'ont mise à votre disposition peuvent vous en expulser tous les quatre ans, et alors, il vous faut trouver un autre endroit où aller vivre.

Si vous arrivez à vous représenter tout cela, vous aurez alors une petite idée de ce que c'est qu'habiter la Maison-Blanche.

Les Kennedy formaient un couple vivant et sympathique, qui avaient des idées bien arrêtées sur la façon dont ils entendaient ordonner leur vie, même sous l'œil indiscret des centaines de journalistes régulièrement assignés à « couvrir » la Maison-Blanche jour après jour. Ils tenaient absolument à établir une démarcation nette entre leur vie publique et leur vie privée, ce en quoi je partageais pleinement leur sentiment. Certains prétendent que l'on doit savoir tout ce que fait un Président. Le Président Kennedy n'était pas de cet avis. Les révélations que l'on avait faites sur la façon de vivre de certains de ses prédécesseurs le faisaient frémir : de quoi se composait le petit déjeuner du Président, à quelle heure il allait se coucher, quel genre de vêtement il portait pour dormir, etc. Je me rappelle une réflexion qu'il avait faite au début de sa Présidence, au cours d'une allocution devant un groupe de journalistes de Pittsburgh : « Si la presse consacrait aux événements importants du jour autant de temps qu'elle le fait pour découvrir ce que je considère comme des « babioles », les lecteurs y auraient tout bénéfice. » Néanmoins, les journalistes s'acharnaient la plupart du temps à dénicher ce que — s'imaginaient-ils — voulaient leurs lecteurs.

Dans mes efforts pour établir la ligne entre la vie privée et la vie publique des Kennedy, au début de 1961, je tombai dans un piège et commis une gaffe qui me valut la plus sérieuse semonce que je reçus jamais du Président.

La rumeur — totalement dénuée de fondement d'ailleurs — avait quelque temps couru que la Maison-Blanche s'efforçait de s'approprier le chef cuisinier viêtnamien de l'ambassade de France à Londres. Il était bien exact qu'à l'époque, la Maison-Blanche était à la recherche d'un nouveau chef, mais il n'y avait rien de vrai dans l'histoire selon laquelle elle voulait subtiliser le chef d'une maison étrangère.

Ce bruit était presque complètement oublié lorsque, au cours d'une de mes conférences quotidiennes, l'un des reporters demanda le nom du chef du moment à la Maison-Blanche. Je répondis que la Maison-Blanche s'était donné pour règle de ne pas faire connaître le nom des membres de son personnel domestique. Ce n'était pas là une décision nouvelle, et elle avait surtout été prise pour des raisons de sécurité. La plupart de ces personnes habitaient au-dehors, dans Washington ou alentour, et le service de la Sûreté ne tenait pas à ce qu'ils soient connus et risquent de se voir pressentir pour des fins équivoques. Le journaliste qui avait posé la question ne se contenta toutefois pas de ma réponse et insista :

— Cela ne vous servira de toutes façons à rien de taire leurs noms : ils vont tous publier leurs souvenirs dès que le Président ne sera plus en exercice!

Il était exact qu'auparavant, du temps de Roosevelt, de Truman et d'Eisenhower, des membres du personnel avaient fait paraître des « révélations » sur la vie à la Maison-Blanche. Mais je savais que les Kennedy avaient demandé à leurs employés de maison de s'engager par écrit à ne rien publier sur ce qui se passait dans la partie privée de la résidence présidentielle. L'insistance déplacée du journaliste m'avait exaspéré et je lui répliquai avec une certaine sécheresse qu' « en tout cas, cela n'arriverait pas avec ce Président-ci ».

Quand les journalistes me pressèrent pour savoir comment j'en étais si sûr, je leur révélai les engagements qu'avait pris le personnel, et c'est alors qu'une grande discussion s'engagea sur le fait de savoir si le dit engagement s'appliquait également aux collaborateurs politiques tels qu'Arthur Schlesinger, Ted Sorensen et moi-même (ce qui n'était pas le cas).

Quand le Président lut le compte rendu de ma conférence de presse, il se mit dans une violente colère. S'emparant du premier téléphone venu, il me fit appeler pour s'entendre répondre que je venais de partir déjeuner. Au bout du compte, la seule personne qu'il put atteindre fut ma secrétaire, Chris Camp.

Lorsque celle-ci fut introduite en sa présence, elle le trouva arpentant son bureau de long en large en adressant toutes les invectives possibles à Ken O'Donnell, qui n'en pouvait mais. Il se retourna alors vers elle.

— Dois-je vraiment croire que Pierre n'a parlé que de mon cuisinier et de mes domestiques à sa conférence de presse? D'où sort-il tout cela? Est-ce que Jim Hagerty aurait tenu de pareils propos? Et par-dessus le marché, personne n'a posé une seule question sur le Laos ou Berlin?...

Le Président continua ainsi pendant plusieurs minutes avant de réaliser qu'il ne s'adressait pas au vrai coupable.

Quand j'arrivai, il s'était un peu calmé. Il paraît qu'il n'avait demandé au personnel domestique en général aucun des engagements que j'avais mentionnés. Les seuls auxquels il avait été demandé un engagement écrit étaient les serviteurs personnels des Kennedy, amenés par eux à la Maison-Blanche. Et seulement certains d'entre eux, puisque Maud Shaw, la gouvernante de Caroline et de John, ne se l'était pas vu demander. (Elle est le seul des employés de la maison des Kennedy qui, jusqu'à présent, ait écrit un livre sur eux.)

Il fallut plusieurs jours au Président pour recouvrer complètement son calme, mais j'avais pu constater que, lorsqu'il se fâchait, c'était pour de bon!

Mes efforts pour sauvegarder sa vie privée provoquèrent un conflit prolongé avec la presse et, en particulier, avec les reporters-photographes.

La question s'était posée de savoir jusqu'à quel point la presse avait le droit de photographier à l'improviste les enfants du Président et leur mère. Elle prenait une acuité toute particulière du fait de la situation même de la Maison-Blanche, en plein cœur de Washington. Il n'était pas très difficile de prendre des photographies au téléobjectif au travers des grilles. Les artères entourant le parc sont du domaine public et je n'avais aucun droit d'empêcher des gens d'y passer et d'y photographier comme bon leur semblait. Je ne pouvais avoir recours qu'à la persuasion et, le moins qu'on puisse dire, est que c'était une arme de piètre valeur. Je ne saurais dire le nombre de fois que je convoquai les photographes professionnels pour leur demander de se refréner. Ils y consentaient parfois, mais toujours à condition que nous empêchions les concurrents d'opérer.

C'était plus facile à dire qu'à faire, toutefois. Tous les photographes du monde ne sont pas des professionnels : ils ne sont en fait qu'une minorité. Et les touristes suspendus aux grilles de la Maison-Blanche comptaient également d'excellents photographes amateurs, porteurs d'appareils ultra-perfectionnés, avec des téléobjectifs. Plus d'une fois, pendant la période où les professionnels assignés à la Maison-Blanche avaient consenti de s'abstenir de photographier Caroline et John, des touristes prenaient des clichés remarquables au travers des grilles et se précipitaient au bureau d'un journal ou d'une agence de presse pour les vendre; et ces photos paraissaient le lendemain dans les journaux.

Trois choses se produisaient immanquablement. Je recevais un billet de Mrs Kennedy me demandant à quoi j'employais mon temps de secrétaire de presse! Il était évident que je ne m'occupais guère de la protection de ses enfants... Les photographes de la Maison-Blanche se voyaient de leur côté convoquer par leurs directions qui leur demandaient ce qu'eux aussi faisaient de leurs heures de travail. Pas grand-chose, sans doute, puisque le premier touriste venu trouvait le moyen de prendre des clichés magnifiques là où ils s'en montraient eux-mêmes incapables. Et les dits photographes de la Maison-Blanche, sous l'effet des reproches de leurs chefs, reprenaient l'heure d'après leur faction aux grilles, et tout le cycle recommençait à nouveau. Le problème ne se limitait pas uniquement à la Maison-Blanche. Lorsque le Président et les siens se rendaient à Hyannis Port, à Newport, ou à Palm Beach, ils prenaient un plaisir tout particulier à se promener en mer à bord de l'un des speedboats présidentiels, du *Honey Fitz* en particulier. Mais dès qu'ils avaient pris le large, une armada de bateaux de la presse se mettait à leurs trousses, bondés de photographes qui, avec leurs téléobjectifs, essayaient de capter ce qu'ils pouvaient des prouesses nautiques de la famille présidentielle.

Là encore, les arguments de la presse étaient les mêmes : si ses représentants ne suivaient pas le Président, ce seraient des vacanciers qui le feraient dans leurs canots et prendraient des clichés analogues. L'affaire se fit particulièrement épineuse après l'attaque de paralysie de l'ambassadeur Joseph P. Kennedy. Le Président et Mrs Kennedy aimaient faire faire un tour en mer à l'ambassadeur quand l'après-midi était ensoleillé. Ils étaient particulièrement hostiles à ce que la presse fît paraître des photos du patriarche de la famille Kennedy, maintenant paralysé, assis dans son fauteuil à roulettes à l'arrière du bateau. Le même problème se posait également à Glen Ora, la ferme où allaient séjourner les Kennedy, en Virginie, à une cinquantaine de kilomètres de Washington. La route qui longeait le domaine attirait fréquemment des groupes de photographes armés de téléobjectifs. Pendant tout le temps que je passais à la Maison-Blanche, nous ne parvînmes jamais à trouver une solution satisfaisante au problème et nous traversâmes des phases de coopération alternant avec des phases de non-coopération de la part de la presse, des périodes où les Kennedy supportaient stoïquement leur sort et d'autres où ils se défendaient violemment contre cette intrusion dans leur vie privée.

Le seul endroit où le Président et sa famille fussent totalement à l'abri, était la retraite montagnarde le Camp David, ainsi nommé à cause du petit-fils du Président Eisenhower. Comme c'était un terrain militaire, propriété de la Marine nationale, la presse n'était pas admise à y pénétrer, et le calme n'en était jamais troublé. Vers la fin de sa Présidence, JFK, lorsqu'il était à Washington, s'y rendit de plus en plus fréquemment. Pour Franklin D. Roosevelt, Camp David avait été une sorte de Shangri La. Je fis une seule concession à la presse, lorsque JFK s'y rendait : j'autorisai l'accès du domaine aux photographes jusqu'à l'aire d'atterrissage de l'hélicoptère, de façon à leur permettre de constater que le Président était bien arrivé à bon port. Après cela, je les priais de vider les lieux. Je les y admettais de nouveau au moment du départ du Président le lundi matin, cette fois encore, afin qu'ils puissent vérifier que l'envol s'était passé sans encombre.

Le Camp David était un lieu de détente idéal pour le Président. Il y disposait d'une villa magnifique, équipée de tous les moyens de communication qui lui étaient nécessaires. Contigu à la maison se trouvait un terrain de golf d'un trou, de deux, en fait, car on pouvait y jouer dans les deux sens ! Il y avait une piscine, un jeu de boules, un court de base-ball, un tir au pigeon et assez d'espace pour les promenades à cheval. On disait la messe dans un hall aménagé pour que le Président et sa famille puissent y assister dans l'intimité. La vue que l'on avait de la villa sur la chaîne des monts Catoctin du Maryland était magnifique, particulièrement au printemps et en automne. Et surtout, il n'y avait aucun danger que des photographes y fussent grimpés dans les arbres !

Bob Kennedy tenait autant que sa belle-sœur à ce que ses enfants fussent soustraits aux feux de la publicité. Il avait, au cours de l'été de 1961, emmené sa famille dans leur propriété de Hyannis Port pour y passer de courtes vacances. Son fils, Bob Jr., venait de se casser le bras, et sa fille, Courtney, une jambe. L'un et l'autre étaient plâtrés.

Bob avait donné au service de la Sûreté des instructions formelles pour qu'aucun photographe de presse ne prît de photo des deux enfants. Mais dès le lendemain de leur arrivée, les journaux de tout le pays publièrent en première page des photos United Press de Bob et Courtney, prises *à l'intérieur* de la propriété !

Le ministre de la Justice était furieux. Il parvint à me joindre au motel de Hyannis où j'étais descendu avec ma famille et m'intima l'ordre de chercher à savoir comment Stan Tretick, le photographe de l'UPI, était parvenu à déjouer la surveillance exercée autour de la propriété. Quand je pus joindre Stan, celui-ci me regarda droit dans les yeux.

— Je vous jure, Pierre, que ce n'est pas moi qui ai pris ces photos, me dit-il.

Je transmis sa réponse à Bob.

— Bon, si vous n'êtes pas capable de découvrir qui c'est, moi, je vais m'en charger.

Il me rappela quelques minutes plus tard.

— Pierre, devinez qui a pris ces photos?

— Je n'en ai pas la moindre idée.

— Marc, votre fils!

Tretick, qui travaille maintenant à *Look*, et qui est l'un des photographes les plus entreprenants que j'aie jamais connus, donnait en secret, depuis des semaines, des leçons de photographie à mon fils avec un appareil Nikon. Marc avait ses libres entrées dans la propriété et son mentor n'avait eu qu'à lui dire d'y aller prendre une bobine de vues et de lui rapporter l'appareil sans le faire voir aux gens de la Sûreté...

Bob lui-même ne put s'empêcher d'admirer l'astuce de Tretick!

Les appartements privés, à la Maison-Blanche, n'étaient, à vrai dire, guère plus spacieux qu'un hôtel particulier de dimensions moyennes.

Ils étaient situés au second étage. L'on y accédait du grand hall d'entrée par un escalier ou un petit ascenseur. Dans l'angle sud-est se trouvaient la chambre à coucher et le boudoir de Mrs Kennedy, dont les portes donnaient à l'est sur la chambre à coucher du Président, et au nord, sur une salle de séjour spacieuse et confortable. La fenêtre de cette pièce donnait sur l'aile ouest et le bâtiment administratif. Elle était meublée de fauteuils et de canapés profonds, recouverts d'étoffes aux couleurs vives. En son centre, sur une grande table, on avait disposé des livres d'art et les derniers numéros de toutes sortes de revues. Les murs étaient garnis de bibliothèques dont l'une était pleine de disques. Au milieu du mur nord de la salle de séjour s'ouvrait la porte donnant sur une salle à manger du Président (à ne pas confondre avec la salle à manger de gala, qui se trouvait au premier étage). C'était, en réalité, la salle à manger particulière des Kennedy où ils déjeunaient parfois et donnaient leurs dîners intimes. Une petite cuisine lui était adjacente. Celle-ci, comme la salle à manger, avait été installée par les Kennedy.

Comme je l'ai déjà dit, la recherche d'un nouveau chef avait défrayé la chronique autour de la Maison-Blanche. Finalement, avec l'aide de l'ambassadeur Joseph P. Kennedy, le Président et son épouse avaient engagé René Verdon pour ce poste. Le Français Roger Verdon avait été chef au restaurant La Caravelle, à New York, où l'un des plus fidèles clients, l'ambassadeur Kennedy, l'avait remarqué et l'avait recommandé à son fils. Mais seuls des Américains ont le droit d'être employés à la Maison-Blanche, et JFK avait dû payer de sa poche les gages de Verdon, jusqu'à ce que des dispositions fussent prises pour le faire naturaliser. L'une de mes tâches officieuses à la Maison-Blanche était de remonter le moral de Verdon qui avait le mal du pays. Parmi les nombreux Franco-Américains de New York, il s'était senti moins perdu qu'à Washington. Aussi, à la demande des Kennedy, j'allais faire un tour à la cuisine deux ou trois fois par semaine pour y passer une demi-heure à bavarder en français avec lui. Le moral de Verdon « regonflait » ainsi que ma taille! Il me faisait goûter à toutes les casseroles qui mijotaient sur le fourneau, et remporter dans mon bureau un plateau de pâtisserie française!

Verdon a quitté la Maison-Blanche à la fin de 1965 à la suite d'un conflit avec le maître d'hôtel de Lady Bird Johnson et a, paraît-il, été difficile à remplacer. La carte de Noël que Nancy, ma femme, et moi, avons envoyée à nos amis un jour ou deux après le départ orageux de Verdon, était un traité de cuisine en miniature, avec la recette du filet de bœuf Rossini, de la farce aux marrons et de la bûche de Noël. Au reçu de sa carte, Liz Carpenter, secrétaire de presse de Mrs Johnson, m'avait adressé le télégramme suivant : SI ÊTES CAPABLE EXÉCUTER L'UNE OU L'AUTRE DE CES TROIS RECETTES, ÊTES ENGAGÉ.

Le chef Verdon n'était pas maître absolu de la situation alimentaire à la Maison-Blanche. Quelqu'un y jetait un coup d'œil par-dessus son épaule : le Président lui-même. Malgré sa fortune considérable et bien qu'il eût toujours versé à des œuvres charitables la totalité de ses émoluments de membre du Congrès, de Sénateur et de Président, JFK n'était pas gaspilleur. Comme l'allocation officielle qui lui était attribuée pour vivre à la Maison-Blanche, y compris les dîners de gala et les grandes réceptions, ne suffisait jamais à couvrir toutes les dépenses, le Président devait combler la différence de sa propre poche. Il éclatait parfois en furieuses colères contre le prix élevé de l'alimentation et déclarait à Mrs Kennedy ou à Verdon qu'il fallait trouver des fournisseurs moins déraisonnables. Une fois même, le Président demanda à Carmine Bellino de faire une étude méthodique des dépenses ménagères de la Maison-Blanche. Bellino, dont le génie de la comptabilité avait jeté le désarroi parmi les syndicalistes malhonnêtes d'un bout à l'autre de l'Amérique, reçu mission de découvrir pourquoi la vie à la Maison-Blanche était si onéreuse. Une autre fois, après un dîner dansant, le Président avait trouvé une quantité de bouteilles de champagne encore à demi pleines. Il convoqua immédiatement le maître d'hôtel, J. Bernard West, et lui dit qu'à l'avenir aucun des serveurs ne devrait recevoir une bouteille de champagne pleine s'il n'en rapportait une vide.

Les membres de la suite de Mrs Kennedy chargés des activités domestiques et mondaines de la Maison-Blanche avaient remarqué que plus la situation mondiale était critique, plus le Président Kennedy s'attachait aux détails ménagers de leur gestion. Il semblait trouver une détente à ergoter sur le prix de la viande plutôt que sur les bombes atomiques.

La salle de séjour donnait, par la porte est, dans un spacieux vestibule. La première pièce à droite était la chambre à coucher du Président. Le Président couchait dans un antique lit à baldaquin et sa chambre était constamment jonchée de journaux, de rapports et de revues avec lesquels il pouvait assouvir sa soif de lecture. La pièce qui suivait à l'est était le salon ovale que les Kennedy choisissaient pour y amener quelques-uns de leurs invités après les dîners d'apparat. Le Président y tenait fréquemment des conseils ministériels ou y recevait des visiteurs quand il désirait plus d'intimité que son bureau ou la salle du Conseil de cabinet ne pouvaient en offrir. De l'autre côté du couloir se trouvaient les chambres de Caroline et de John. La Salle des Traités, contiguë au salon ovale, avait jadis servi pour les conseils ministériels du Président Andrew Johnson. Mrs Kennedy, qui avait le sens de l'Histoire, avait suggéré à son mari d'y faire signer le traité avec les Soviétiques sur l'interdiction des expériences nucléaires, ce qu'il avait fait volontiers. A côté de la Salle des Traités se trouvait l'austère cabinet de Lincoln, où celui-ci avait tenu une bonne partie de ses Conseils de cabinet. Un énorme lit noir meublait cette chambre historique où les Kennedy installèrent beaucoup de leurs invités. En 1963, après l'aubade en l'honneur de son anniversaire, le Président avait invité Carol Channing (l'étoile d'*Hello, Dolly!*) et les autres artistes à la Maison-Blanche, et il leur avait lui-même fait visiter la résidence présidentielle. En ouvrant la porte de la Chambre de Lincoln il s'était exclamé : « Oh pardon, ma Mère est en train de dormir! » Le second étage était complété par la chambre rose (également appelée Chambre de la reine, parce que cinq reines y avaient dormi successivement), et le Salon de l'est. Ces deux pièces servirent souvent de chambres d'amis.

Un personnel de maison était affecté à la Maison-Blanche, mais le Président et Mrs Kennedy y avaient amené avec eux deux de leurs domestiques, et un homme à tout faire. Le premier des domestiques était le valet de chambre personnel du Président, George Thomas, un Noir à l'inaltérable bonne humeur. La femme de chambre de Mrs Kennedy, Providencia Paredes, était originaire de la République dominicaine. C'était une fille au beau type indigène et d'une grande intelligence. Elle et George se querellaient comme chien et chat, mais toujours dans la bonne humeur. Le troisième membre du petit groupe autonome était John (Muggy) O'Leary, un ancien domestique des Kennedy à Boston, qui faisait leurs courses. J'avais toujours vu Muggy dans l'entourage de JFK. Il avait servi de chauffeur au Président quand celui-ci était sénateur, ce qui faisait l'objet d'une plaisanterie traditionnelle chez les intimes, parce que le sénateur préférait conduire lui-même sa voiture et Muggy était royalement assis à sa droite, tout fier d'être ainsi conduit par un futur président des États-Unis.

Pour être admis à servir à la Maison-Blanche, Muggy avait été inscrit sur les registres du personnel de la Sûreté et il arborait fièrement son insigne du « Secret Service » bien qu'il n'accomplît aucune des tâches dévolues aux membres de cet organisme.

George avait pour mission de réveiller le Président, bien qu'il fût légendaire qu'il ne fallût guère compter sur lui. Je me rappelle un certain voyage à Duluth où le Président avait demandé à George de le réveiller à sept heures du matin. Il fut hors de lui quand il s'aperçut que George l'avait réveillé une heure trop tôt. George, on le découvrit plus tard, avait oublié de changer l'heure à sa montre pour se conformer au fuseau horaire des États du Centre. Mais la plupart du temps George parvenait à s'acquitter de sa mission et le Président se levait entre sept heures et demie et huit heures du matin. On lui remettait immédiatement les journaux du matin qu'il parcourait rapidement, s'arrêtant parfois pour appeller ses conseillers et leur demander s'ils avaient vu tel ou tel article et comment ils comptaient y réagir. Je recevais moi-même pas mal de ces appels et rarement j'étais aussi avancé que le Président dans la lecture des journaux.

Certains jours, le général Clifton ou McGeorge Bundy arrivaient de bonne heure pour remettre au Président le « bulletin d'Informations contrôlées »; ce rapport ultra-confidentiel ne devait être vu que par le Président; il était préparé par le Bureau Central des Renseignements (CIA), et relatait toutes les nouvelles importantes recueillies au cours des dernières vingt-quatre heures. Pendant sa lecture le Président donnait une suite d'instructions : se procurer un complément d'information sur tel sujet; lui faire penser à s'entretenir de tel autre avec tel ou tel fonctionnaire des Affaires Étrangères ou de la Défense. C'était à Clifton ou à Bundy qu'il incombait de veiller à l'exécution de ces consignes. Le Président prenait d'ordinaire son petit déjeuner au lit. Il s'y asseyait calé sur des oreillers, buvait un verre de jus d'orange pressée, mangeait deux œufs à la coque avec du pain grillé, puis buvait une tasse de café au lait fortement sucré. Tout en mangeant, il lisait souvent d'autres journaux ou rapports, ou encore jouait avec ses enfants qui entre-temps étaient entrés dans la chambre pour lui dire bonjour. Il se levait alors et prenait un bain très chaud que lui avait préparé George Thomas. Le Président Kennedy aimait beaucoup les bains brûlants, surtout parce qu'ils le soulageaient de ses constantes douleurs dorsales. Il aimait également beaucoup lire dans son bain, dans lequel il demeurait de vingt minutes à une demi-heure. Les rapports où il griffonnait des annotations revenaient parfois quelque peu mouillés : ils étaient tout simplement tombés dans la baignoire pendant qu'il les lisait. A neuf heures il était prêt à se rendre à son bureau. D'ordinaire il y était accompagné de Caroline et de John, tous trois engagés dans de grandes conversations tout le temps du bref trajet. Quand il passait devant le factionnaire du rez-de-chaussée, celui-ci appuyait sur un bouton qui déclenchait un timbre dans l'aile ouest afin que chacun sût que le Président allait commencer sa journée.

Le Président ressortait généralement de son bureau vers une heure, une heure un quart, pour se rendre tout d'abord à la piscine de la Maison-Blanche faire quelques brasses. Située entre son bureau et la résidence, cette piscine avait été construite du temps de Franklin D. Roosevelt à la suite d'une souscription faite par le *New York Daily News*. La natation était le remède le plus efficace pour FDR, qui avait été victime de la poliomyélite et à JFK elle était bénéfique pour son dos.

Vers le milieu de la Présidence de JFK, l'ambassadeur Kennedy avait financé l'exécution d'une vaste fresque recouvrant les quatre murs de la piscine. C'était une évocation du port de Sainte-Croix, dans les îles Vierges. Les nageurs avaient l'impression d'être dans un lagon, impression rendue plus réelle encore par un ingénieux système d'éclairage. Quand le Président allait à la piscine dans la journée, la plage et le paysage alentour étaient baignés d'un éclatant soleil. Lorsqu'il s'y rendait la nuit tombée, on voyait des lumières scintiller tout autour du port et la lune et les étoiles briller au firmament.

Cette peinture murale était l'œuvre d'un artiste français, Bernard Lamotte. Il lui avait fallu travailler sur un échafaudage disposé tout autour de la piscine, que l'on avait gardée pleine d'eau, le Président ne voulant pas interrompre ses baignades. Un jour Lamotte avait accidentellement laissé tomber un pot de peinture dans l'eau et il avait fallu vider et nettoyer la piscine avant que le Président vînt y faire sa visite habituelle. En bon Français, Lamotte ne pouvait se passer de vin et de fromage pour son déjeuner, et il se rendait tous les jours dans la serre voisine de la piscine, où, au milieu des plantes en pots, son compatriote Verdon et lui prenaient leurs repas à loisir. Parfois, Pam Turnure, secrétaire de presse de Mrs Kennedy, venait se joindre à eux. Mrs Kennedy finit par avoir vent de ces agapes et le jour où Lamotte termina sa fresque elle le convia à un somptueux repas dans la salle à manger de gala.

A l'heure du déjeuner, le Président parcourait lentement aller et retour la longueur de la piscine pendant plus d'une vingtaine de minutes, généralement en compagnie de Dave Powers qui lui racontait les dernières bonnes plaisanteries. Si une affaire urgente était en cours, toutefois, il était permis aux collaborateurs de la Maison-Blanche d'accéder à la piscine et d'en discuter avec le Président pendant sa baignade. Quand il avait terminé, il passait dans la pièce voisine, le gymnase, où il accomplissait une série d'exercices prescrits par le Dr Hans Kraus, le spécialiste new-yorkais des affections dorsales. Ces exercices s'effectuaient sous le contrôle de l'un des trois infirmiers chefs de la Marine détachés au dispensaire de la Maison-Blanche; tous trois avaient été instruits de la façon de faire suivre au Président les exercices du Dr Kraus. Ceux-ci étaient simples et visaient à renforcer la colonne vertébrale du Président. Ils comprenaient des mouvements tels que lever les jambes en l'air couché à plat sur le dos, ramener un genou, puis l'autre, en contact avec la poitrine, fléchir les genoux, et enfin, toucher, debout, le sol des doigts sans plier les jambes. Chaque exercice devait être répété un nombre de fois bien déterminé et les infirmiers veillaient à ce que le Président n'en omît aucun.

Après les exercices suivis d'une douche, le Président allait déjeuner à la Maison-Blanche. Mrs Kennedy prenait généralement son repas avec les enfants dans la salle à manger privée. Le Président faisait une apparition pendant leur repas puis repartait de son côté pour un déjeuner officiel. Très rarement il pouvait déjeuner en tête à tête avec Mrs Kennedy. Ensuite il passait dans sa chambre et faisait une sieste de quarante-cinq minutes ou d'une heure. Il avait la faculté de s'endormir immédiatement et l'on ne devait le déranger pendant cette sieste que pour des raisons d'une gravité exceptionnelle. Après la sieste, il prenait un bain rapide, s'habillait et retournait à son bureau, où il restait souvent jusqu'à huit heures du soir. Les soirées se passaient généralement dans l'intimité, des repas en petit comité étaient organisés par le Président ou Mrs Kennedy, avec des personnes susceptibles d'intéresser ou d'amuser le Président. Une séance de cinéma ou une lecture des journaux qui étaient arrivés dans la journée pouvait faire suite au dîner. Le Président ne s'intéressait guère aux longs films, à moins qu'ils ne fussent d'une qualité exceptionnelle. Assez fréquemment, il s'esquivait, la séance à peine commencée et montait dans son appartement pour se consacrer à la lecture. La salle de cinéma était pourvue d'un fauteuil particulièrement confortable pour le Président, où il pouvait presque s'allonger tout en suivant le film, pour reposer un peu son dos des fatigues de la journée.

Hors de la Maison-Blanche, l'emploi du temps était assez différent. De tous les endroits où le Président aimait le mieux aller se détendre, son préféré était Hyannis Port. C'était, de quelque façon qu'on la jugeât, une modeste résidence, simplement meublée mais avec le goût sûr de Mrs Kennedy. Le style était plutôt campagnard avec une grande quantité de meubles de rotin peints en blanc, et des canapés et fauteuils à tissus fleuris. Le rez-de-chaussée était presque entièrement occupé par une salle de séjour où pétillait un bon feu de bois pendant les mois d'hiver. Au-dehors de cette salle de séjour il y avait une véranda où Mrs Kennedy aimait peindre pendant ses heures de calme. Une petite salle à manger (ne permettant pas d'héberger plus d'une douzaine de personnes) et la cuisine complétaient le rez-de-chaussée. Au premier étage se trouvaient les chambres à coucher du Président, de Mrs Kennedy et des enfants, ainsi que celles de deux domestiques. Devant la salle de séjour dans un magnifique patio inondé de soleil presque toute la journée, le Président aimait s'asseoir pour lire ses journaux. La maison de Hyannis Port était entourée d'une haute palissade de bois (qui avait été posée après que JFK fut devenu Président) et derrière laquelle on avait installé une caravane pour loger les inspecteurs de la Sûreté affectés à la protection du Président. La villa présidentielle n'était séparée de celle de Robert F. Kennedy que par une centaine de mètres, et une autre centaine de mètres s'étendaient jusqu'à celle de l'Ambassadeur. L' « enclos », comme on appelait l'ensemble, était toujours rempli d'enfants, ceux des Kennedy et ceux de leurs amis, qui y faisaient de la bicyclette, couraient et jouaient. Le Président avait une passion, les enfants, et il allait souvent les retrouver sur la pelouse pour faire une petite partie de football avec quelques-uns des garçons ou des parties de lutte avec Caroline et John.

Lorsque le Président arrivait dans la propriété, il y était toujours accueilli par les cris de joie des enfants qui savaient que l' « oncle Jack », comme ils l'appelaient, aurait sûrement inventé quelques nouveaux jeux pour s'amuser avec eux. Il avait le chic pour imaginer des jeux d'enfants, qui se terminaient toujours par un prix ou un autre pour chacun d'eux. Quand ses propres enfants y participaient, il ne faisait montre d'aucun favoritisme à leur profit.

Lorsqu'il se trouvait à Hyannis Port (et il en était de même à Palm Beach) le Président réduisait au minimum ses rapports avec son état-major. J'allais d'ordinaire le voir vers dix heures trente chaque matin, en la compagnie de celui des attachés militaires qui était de service ce week-end-là. J'examinais avec lui les sujets qui pourraient être évoqués lors de ma conférence de presse de midi, qui avait lieu même lorsque nous étions absents de la Maison-Blanche. L'attaché militaire avait pour mission de communiquer au Président le bulletin d'information quotidien et toutes nouvelles pouvant être parvenues entre-temps de notre bureau central de renseignements. A Hyannis, ce service était installé au sous-sol du Yachtsman Hotel, à trois kilomètres environ de la résidence présidentielle, et là se trouvait également le Q. G. de la cinquantaine de journalistes qui suivaient le Président lors de tous ses déplacements. Le Président passait d'ordinaire le début de l'après-midi en bateau à bord du *Honey Fitz* ou du *Marlin* avec lesquels il allait croiser dans le détroit de Nantucket, puis il allait au Club de golf de Hyannis Port, à quelque trois cents mètres de sa demeure, pour y faire une partie de 9 trous.

Au cours de la dernière année de sa Présidence, JFK avait abandonné sa maison et avait loué une villa à Squaw Island, à deux kilomètres environ de l' « enclos ». Le nombre de touristes venant rôder autour de son logis avait tellement augmenté qu'il s'était vu forcé de chercher le calme et l'isolement dans cette demeure dont les curieux étaient tenus à l'écart, le Service de la Sûreté ayant établi un barrage au bas de la route qui y menait.

A Palm Beach, ce fut dans la villa du front de mer, appartenant à son père, que demeura le Président entre son élection et l'investiture. Mais après l'attaque dont l'ambassadeur fut victime en décembre 1961, il lui fallut trouver un autre endroit où descendre. Le colonel C. M. Paul, homme d'affaires de New York et de Palm Beach, loua aux Kennedy sa belle villa du bord de mer. Plus proche de quelque trois kilomètres du centre de l'agglomération que celle de l'ambassadeur, cette villa donnait aussi directement sur l'Océan. Le Président pouvait se baigner soit dans la mer, soit dans une vaste piscine chauffée devant la maison. Sur l'immense terrasse, il était possible d'installer un écran de cinéma en plein air pour y passer des films le soir dans l'air embaumé de la Floride. A Palm Beach, l'emploi du temps du Président était à peu près le même qu'à Hyannis Port. Nous y tenions nos conférences le matin et parfois en fin d'après-midi. Le Président passait le reste de la journée à lire, à nager, à faire des croisières sur le *Honey Fitz* ou à jouer au golf au Country Club.

Alors que le terrain de golf de Hyannis Port était très difficile, avec son abondance de *bunkers* et de nappes d'eau (pour atteindre certains trous, la balle devait franchir quelque 175 mètres de marécage d'où il était difficile de la récupérer si elle y tombait), celui du Palm Beach Country Club était relativement court et dessiné à merveille pour réaliser d'excellentes performances. Les membres y faisaient toujours un accueil chaleureux au Président et lui donnaient tout de suite la priorité quand il venait y faire une partie.

Lorsque le Président y vint pour la première fois après son élection, ce fut une révélation pour tous. On savait que le Président Eisenhower était un golfeur acharné, mais on n'avait jamais entendu dire que JFK pratiquât ce sport. Le Président Kennedy réalisa à quel point Eisenhower s'y passionnait lorsqu'il prit possession de son bureau à la Maison-Blanche et découvrit sur le tapis entre la table présidentielle et la porte donnant sur la pelouse sud les marques laissées par les chaussures de golf à crampons d'Ike. L'ancien Président enfilait ses chaussures à son bureau même avant de faire quelques balles sur le *green* de la pelouse sud, laissant ainsi la trace ineffaçable de ses pas dans le cabinet présidentiel! Mais à tous égards le Président Kennedy était meilleur joueur qu'Eisenhower (quelqu'un lança un jour l'idée de les faire se mesurer l'un contre l'autre pour en avoir le cœur net, mais le Président Kennedy s'y refusa en arguant de la puérilité de pareille suggestion!).

Kennedy n'avait guère l'occasion de jouer au golf que quinze ou vingt fois par an, mais son score variait toujours entre 70 et 80. Bien qu'il ne fût pas très précis avec ses fers longs, il rattrapait ses points aux abords et sur le *green*. La grande astuce de son jeu n'était cependant pas son *swing*, mais la façon qu'il avait de dérouter ses adversaires dès le premier *tee*. Par un système de paris compliqués, qu'il était le seul à bien comprendre, JFK gagnait la plupart de ses parties avant même que la première balle eût été jouée. Les paris portaient sur le premier à gagner le trou, mais aussi sur le *drive* le plus long, sur le premier, sur le *green*, sur le plus proche de la marque et sur le premier à tomber dans le trou. En outre, des paris réguliers étaient placés sur chaque équipe.

A suivre les innombrables paris, les adversaires n'avaient plus guère le loisir de se concentrer sur leur jeu. Mais le Président était également un maître psychologue. Chaque fois que ses adversaires allaient faire un coup, il appelait leur attention sur des marques mal placées, des mottes de terre et autres obstacles imprévus, sollicitude qui eût ôté toute assurance à un Ben Hogan lui-même!

Le montant des paris n'excédait guère quatre à cinq dollars pour chaque match mais JFK s'acharnait à gagner comme s'il s'était agi de la dette nationale!

Les partenaires les plus fréquents du Président étaient son beau-frère Stephen Smith (joueur hors ligne) et l'ambassadeur de Grande-Bretagne David Ormsby-Gore, maintenant Lord Harlech. Mais il jouait fréquemment aussi avec son frère Robert, avec l'acteur Peter Lawford, le banquier newyorkais Charles Spalding, le sous-secrétaire d'État à la Marine Paul Fay, Carol Rosenbloom, le propriétaire d'une écurie de course de Baltimore, et Chris Dunphy, ancien homme d'affaire qui était devenu conseiller en matière de terrains de golf. De temps à autre, il jouait avec des membres de la presse, ses partenaires de prédilection étant Bill Lawrence, correspondant de l'ABC à la Maison-Blanche. Tous étaient d'excellents golfeurs, mais en raison de la façon de jouer qu'avait JFK, j'en ai vu revenir du dix-huitième *green* comme s'ils avaient passé l'après-midi au milieu d'un désastre!

L'une des rares fois où le Président perdit tous ses paris, son coéquipier se trouvait être son attaché militaire, le général Chester V. Clifton. Ils en étaient arrivés au dix-huitième *green*, en retard d'un coup. Il ne restait plus à Clifton que de faire un *putt* direct d'un mètre trente pour égaliser la partie. Le général visa soigneusement pendant quelques minutes, puis envoya sa balle à 60 centimètres en deçà du trou.

JFK hocha la tête et dit :

— Un bien joli *putt*, *sergent!*

Tandis que nous étions à Palm Beach entre l'élection et l'investiture, les photographes s'acharnaient à vouloir prendre une photo de JFK sur le terrain de golf. Il n'y était guère favorable parce qu'il trouvait qu'on avait beaucoup trop parlé des performances du Président Eisenhower. Mais j'arrivai à la longue à le convaincre de se laisser photographier au moins une fois en train de viser le premier *tee* au Country Club. Lors de son *drive* de 200 mètres sur le terre-plein, sa balle, pourtant bien dirigée, alla frapper un inspecteur de la Sûreté qui examinait le terrain en avant et tournait le dos au *tee!* L'agent n'écopa que d'un petit bleu, mais ce fut la première et la dernière fois que le Président accepta de poser pour les photographes sur un terrain de golf.

JFK fut un jour témoin de l'exploit le plus piteux que l'histoire du Country Club de Hyannis Port eût jamais enregistré.

Très souvent, lorsque nous étions au cap Cod ou en Floride, je faisais équipe dans une partie à quatre à la suite de celle du Président, ce qui donnait à celui-ci tout loisir pour observer mon jeu. Je ne savais pas me servir de mes bois et il me fallait souvent plus de coups pour sortir du *tee* que pour entrer sur le *green.* L'ambition d'un joueur moyen est de descendre au-dessous de 100, mais mon meilleur score était 120!

JFK, naturellement, ne voulait pas jouer avec moi. Je ne m'en formalisais pas d'ailleurs, sachant bien que je n'étais pas de sa classe, mais je trouvais les commentaires qu'il faisait à mon sujet quelque peu superflus, et décidai de me mettre au jeu pour de bon. Tom Niblet, le professeur de golf de Hyannis Port, me donna quelques leçons et je finis par envoyer la balle assez loin et presque correctement. Niblet avait fait part de mes progrès au Président (j'étais enfin descendu au-dessous de 120!) et, une fois revenu à Washington, JFK me dit un jour :

— J'apprends que vous vous améliorez nettement. Pourquoi ne joueriez-vous pas avec moi la prochaine fois que nous irons au cap?

Nous devions revenir à Hyannis Port quinze jours plus tard et, afin de m'entraîner pour le match, j'allais jouer trois jours à Greenbriar, en Virginie occidentale, sur le terrain privé de Sam Snead. Celui-ci fut mon coéquipier le premier jour dans notre partie à quatre. Il n'eut trop rien à dire de mon jeu pendant les neuf premiers trous, hormis de fréquents témoignages de sympathie. Je fis un 58 sans éclat mais, après le neuvième trou, il se mit à me donner quelques conseils et je descendis à 47. A un trou, même, j'arrivai à battre Snead (avec un handicap d'un coup, bien sûr!) qui en fut tout éberlué.

C'est plein d'assurance que le dimanche suivant je me dirigeai vers le premier *tee* à Hyannis Port en compagnie du Président, de David Ormsby-Gore et de Charles Spalding. Les paris furent établis et Spalding, qui pouvait se le permettre, accepta d'être mon coéquipier. Le caddy du Président était mon fils Marc.

JFK lança illico son offensive psychologique :

— Pourquoi ne seriez-vous pas le premier à jouer, Pierre? Comme ça vous auriez été à l'honneur au moins une fois aujourd'hui!

Je disposai ma balle en présence d'une vaste galerie qui ne manquait jamais de s'assembler devant le premier *tee* quand jouait le Président, balançai énergiquement mon club une fois ou deux, puis frappai la balle. Celle-ci bondit à angle droit de ma pointe, manqua de peu les spectateurs et alla taper contre le clubhouse.

JFK ne dit rien. Je m'en revins à mon sac et y pris une autre balle que j'envoyai à 200 mètres. Je ratai alors trois coups successifs, après deux *bunkers* et trois *putts*, j'arrivai à marquer 10 sur le premier trou.

Je pris un bon départ pour le second. Mais mon bois sur le *fairway* fut trop bas; la balle partit en sifflant et, à 60 centimètres près, faillit toucher le Président en pleine tête. C'est alors qu'un des agents de la Sûreté, Roy Kellerman, s'approcha de moi et me dit, en ne plaisantant qu'à moitié :

— Je me demande si vous faites bien de jouer avec le Président. Je fais ce que je peux pour le protéger de la foule, mais je ne sais pas comment arriver à le protéger de vous!

Il n'en fallut pas plus! Au bout de neuf trous, l'équipe Spalding-Salinger avait perdu tous ses paris et tout le monde fut unanime pour déclarer qu'il valait mieux s'en tenir là.

Le Président ne me redemanda plus jamais de jouer au golf avec lui, et mon fils Marc ne s'offrît jamais plus à faire le caddy dans un match dont je ferais partie.

J'ai toujours l'impression de provoquer de violentes réactions quand je suis sur un terrain de golf. Après m'être fait battre aux élections sénatoriales par George Murphy, je me trouvais à l'Eldorado Country Club de Palm Springs, en Californie, lorsque l'un des membres du club, un Républicain âgé, entra au vestiaire et pointa son doigt vers ma figure :

— J'ai voté contre vous, espèce d'aventurier.

Et sur ce, il s'écroula, évanoui!

Jusqu'aux chiens qui s'en mêlent pour me faire perdre contenance sur un terrain de golf! Je jouais un jour à Palm Beach avec Bill Lawrence, de l'ABC, et Al Silverman, du *Plain Dealer* de Cleveland. Bill était remonté de quatre points en arrivant au quatorzième trou. S'il le gagnait, c'était notre fin, à Al et à moi. Lawrence réussit médiocrement son coup d'approche sans atteindre le *green*, mais Silverman amena sa balle à côté du fanion. Soudain, un petit chien sortit des fourrés et s'empara de la balle de Silverman, qu'il enfouit dans l'un des *bunkers*. Puis le roquet alla chercher la balle de Bill sur le *fairway* et la laissa tomber à côté du trou. Il ne fallait plus à Bill qu'un *putt* facile pour terminer la partie!

Mais ce que j'ai jamais vu de plus original sur un terrain de golf, c'est l'acteur Peter Lawford, le propre beau-frère du Président. Il est gaucher et joue pieds nus! Jouer avec un gaucher, qui fait tout à contresens de vous, peut suffire à ajouter dix points à votre score. Mais jouer pieds nus! C'est vraiment pousser l'originalité un peu loin.

Les anciens du Palm Beach ne voyaient guère d'un bon œil cette tenue peu orthodoxe, ou plus exactement, ce manque de tenue, et le conseil d'administration avait même convoqué une assemblée extraordinaire pour tenter de prendre une décision à ce sujet. Le Président avait pleine conscience de leurs sentiments et, lorsqu'il faisait une partie à quatre avec Peter, il insistait toujours pour que celui-ci mît des chaussures, tout au moins pour son coup de départ du premier *tee*, qui se trouvait juste en face du pavillon du club. Mais dès qu'il n'en était plus en vue, les souliers sautaient et Peter se sentait de nouveau à son aise.

Ma propre vêture, parfois un peu voyante, fit un jour un petit scandale au Casino de Newport, dans le Rhode Island. Un ami m'y avait invité à faire un match de tennis, et je m'étais présenté avec une chemise de sport bleue, un bermuda jaune canari et des chaussettes rouges. J'avais bien remarqué, en cours de jeu, que la plupart des autres joueurs étaient entièrement en blanc, mais j'attribuai ce détail à leur manque d'imagination. Il ne me fut rien dit sur-le-champ, mais je lus dans les journaux le lendemain que l'on m'avait prié de ne pas reparaître dans le même appareil!

Les membres de la presse à Washington comptaient beaucoup d'excellents golfeurs parmi eux, Lawrence, Silverman et Carleton Kent. Lorsque le Président se rendait au cap Cod ou en Floride, les journalistes ne manquaient pas d'emporter leurs clubs. Le Country Club de Palm Beach et celui de Hyannis Port étaient très libéraux et accueillaient volontiers les membres de la presse, amabilité qu'appréciait le Président tout autant que ceux-ci.

Je n'ai jamais que vu l'extérieur de Glen Ora, la retraite d'hiver qu'empruntait le Président à Middleburg, en Virginie. Nous étions convenus, lorsqu'il avait commencé d'y aller, que nous ferions tout notre possible pour dissuader la presse de l'y suivre. Comme la maison n'était qu'à une cinquantaine de kilomètres de Washington, je décidai d'annoncer les nouvelles comme émanant de la capitale pendant que le Président séjournait à Middleburg, ainsi bon nombre de journalistes reconceraient à l'y suivre. L'astuce réussit assez bien et il n'y eut jamais plus d'une douzaine de reporters dans la petite ville de Virginie. Ils se contentaient de relater l'assistance du Président à la messe dominicale et de le voir arriver et repartir en hélicoptère. Les photographes toutefois, comme je l'ai déjà noté, étaient plus entreprenants et s'efforçaient de prendre des photos des Kennedy de la route qui longeait la demeure. Je ne me rendis qu'une fois à Middleburg pour y examiner les commodités mises à la disposition des membres de la presse qui se sentaient obligés d'y accompagner le Président. Les journalistes descendaient d'ordinaire à l'auberge du Renard Rouge, en plein milieu de la localité.

La même tactique fut appliquée ensuite pour la maison que les Kennedy avaient fait construire au mont Rattlesnake à une douzaine de kilomètres de Middleburg, une fois que leur bail fût arrivé à expiration à Glen Ora. Là non plus je ne suis jamais entré parce que je n'avais pas besoin d'y aller conférer avec le Président : je pouvais traiter avec lui par téléphone toutes les affaires de mon ressort.

Pendant la construction de leur résidence du mont Rattlesnake, le Président et Mrs Kennedy n'avaient aucun endroit à eux où aller à proximité de la capitale. C'est alors qu'ils commencèrent à se rendre au Camp David, qu'ils appréciaient de plus en plus, et ils ne passèrent, au bout du compte, pas plus de quatre week-ends au mont Rattlesnake.

Lorsqu'il séjournait à New York, le Président occupait un appartement aux derniers étages de l'Hôtel Carlyle, à l'angle de la soixante-seizième rue et de Madison. De cet appartement, on avait une vue panoramique sur tout Manhattan. Il s'étalait sur deux étages, avec deux chambres à coucher et deux salles de bains à l'étage supérieur et une salle de séjour, une salle à manger, une bibliothèque-studio, une antichambre et la cuisine à l'étage inférieur.

La dominante de la décoration était le ton ivoire, avec des notes de bleu pâle, de vert et d'orange. Les meubles étaient d'époque Louis XV, avec des tableaux aux cadres blanc azur et dorés, et des sièges garnis en soie.

Les meubles de la chambre à coucher de Mrs Kennedy étaient blanc et or avec des tentures roses. Dans celle du Président, ils étaient beiges et bruns. Un fauteuil garni de velours vert, et un autre, de cuir vert, y apportaient une note de couleur. Les téléphones blancs du bureau étaient reliés directement à la Maison-Blanche. De nombreuses gravures de marines, et deux tableaux en tapisserie au petit point décoraient les murs. Au-dessus du lit était suspendue une gravure représentant le commodore Perry signant le traité de paix avec les Indiens.

Le studio de l'étage inférieur avait des murs bleus avec des boiseries blanches, et des gravures américaines anciennes y étaient accrochées.

Lors des week-ends et le soir à la Maison-Blanche, le Président aimait convier un groupe d'amis dont il appréciait particulièrement la compagnie. Pour identifier ces amis, il faut les diviser en plusieurs catégories. Tout d'abord, il y avait les amis de longues dates : les anciens condisciples d'étude du Président ou des camarades de la Marine, ou encore d'anciennes relations politiques du Massachusetts. Cette liste comprenait K. LeMoyne Billings, agent de publicité new-yorkais qui était allé à Choate avec JFK. Célibataire, il faisait souvent partie des week-ends hors de Washington, et il était l'hôte favori aussi bien du Président que des autres membres de la famille Kennedy, dont il était pour tous un vieil ami. Billings ne prétendait pas s'y connaître en matière de politique intérieure ou étrangère, ce qu'appréciait beaucoup le Président qui pouvait avoir avec lui des conversations plus légères. Il avait la « manière » pour taquiner le Président et se faire taquiner par lui. Puis, il y avait Paul B. Fay Jr., avec qui le Président s'était lié dans la Marine. Il était propriétaire d'une entreprise de travaux publics de San Francisco. JFK l'avait appelé à Washington comme sous-secrétaire d'État à la Marine. Sa femme, Anita, et lui étaient fréquemment invités pour les week-ends. Charles Spalding était également un ami de jeunesse du Président. Bel homme de haute taille, c'était un parfait sportif; fourmillant d'idées qu'il s'amusait à essayer sur le Président. Jim Reed entrait aussi dans cette catégorie. JFK l'avait connu au Massachusetts et cela faisait des années que les deux hommes étaient amis. Bien qu'il appartînt au Parti Républicain, le Président l'avait appelé à

Washington comme secrétaire-adjoint au Trésor, chargé de la Direction des Douanes, du service des garde-côtes et de plusieurs autres branches des Finances.

Dans le personnel diplomatique, les Kennedy virent beaucoup Hervé Alphand et sa femme dans les premiers temps de la Présidence. L'ambassadeur de France est un homme d'un charme considérable, plein d'esprit, unique dans l'art qu'il a d'imiter les autres. Il est capable de faire des discours parodiant les célébrités de la politique avec une telle perfection que si vous fermez les yeux, vous avez l'impression que ces personnalités sont devant vous. Nicole Alphand est une authentique beauté française, aussi intelligente et charmante que jolie. Avant le retour en France des Alphand, elle était l'une des femmes les mieux habillées de Washington, les principaux couturiers de France lui fournissant leurs toutes dernières créations. Le fait que Mrs Kennedy parlait couramment le français était pour beaucoup dans leur amitié.

Bien que les Alphand aient continué de garder l'amitié des Kennedy, ils furent en grande partie, vers la fin de 1961, supplantés dans leur intimité par l'ambassadeur de Grande-Bretagne et Mrs David Ormsby-Gore. Ormsby-Gore avait fait la connaissance de JFK quand celui-ci était allé au collège en Angleterre, et les deux garçons étaient devenus fort amis. La décision du gouvernement britannique de nommer Gore ambassadeur à Washington avait été un coup de maître. Les Ormsby-Gore dînaient fréquemment à la Maison-Blanche et étaient commensaux réguliers du Président et de Mrs Kennedy lors de leurs déplacements de week-ends. Voici une anecdote qui illustre la différence qu'il y avait dans leurs rapports avec les deux ambassadeurs. Je ne saurais en garantir l'authenticité, mais elle semble assez vraisemblable. En 1962, Alphand se serait vu remettre par le Président de Gaulle un message personnel pour le Président Kennedy, avec mission de le délivrer en main propre. Après s'être enquis de l'endroit où il pourrait joindre le Président, l'ambassadeur avait su qu'il se trouvait à Palm Beach et pris rendez-vous par téléphone avec lui pour aller lui remettre le message. On l'avait introduit dans la chambre à coucher du Président alors que celui-ci se reposait, et il lui avait remis le pli. Comme Kennedy lui disait qu'il n'y avait pas de réponse immédiate, l'ambassadeur avait pris congé et, tandis qu'il refermait précautionneusement derrière lui la porte de la chambre, celle donnant sur la chambre opposée s'ouvrit et l'ambassadeur de Grande-Bretagne, qui séjournait alors chez le Président, y apparut.

Un autre ami de longue date du Président était Torbert H. Macdonald, membre du Congrès pour le Massachusetts, qui avait été son condisciple à Harvard. Macdonald est un homme politique capable et ayant de l'allure, et la seule réserve que JFK fit à son sujet était qu'il ne parût avoir aucune ambition d'accéder à des fonctions politiques plus élevées.

Et naturellement, partout où se trouvait le Président, Dave Powers n'était pas bien loin. C'est lors de la candidature au Congrès de 1946 que l'amitié entre les deux hommes avait pris corps, et pourtant jamais il n'y eut deux êtres plus dissemblables. Powers venait d'une famille sans fortune et n'avait qu'une instruction limitée, mais il avait un charme considérable et de l'esprit, et le Président appréciait beaucoup sa compagnie. Deux *stewards* de la Marine, d'origine philippine, détachés à la Maison-Blanche, accompagnaient aussi fréquemment les Kennedy dans leurs déplacements, et Powers, dès qu'il les avait vus, les avait surnommés Quemoy et Matsu, du nom des deux îles au large de la Chine qui avaient si souvent été prononcé lors des fameuses controverses Kennedy-Nixon. Ces noms leur étaient restés et peu de gens savaient comment ces précieux auxiliaires s'appelaient véritablement.

Il y avait aussi les amis de la presse. En tête de ce groupe il fallait placer Ben Bradlee, alors chef de bureau du magazine *Newsweek* (maintenant rédacteur en chef du *Washington Post*) et Charles Bartlett, alors chroniqueur du *Chattanooga Times*. Ben et sa femme, Toni, ainsi que Charles et Martha Bartlett étaient fréquemment invités aux dîners de la Maison-Blanche, ainsi qu'aux week-ends à Hyannis Port, Palm Beach ou Glen Ora. Faisaient également partie de ce groupe les éditorialistes Joseph Alsop et Rowland Evans, avec leurs épouses, Susan Mary et Kay. Bien que la conversation lors de ces dîners et réunions du week-end dérivât fréquemment sur des sujets d'importance nationale ou internationale considérable, ces professionnels de l'information ne trahirent jamais la confiance du Président. Il arriva bien parfois que des nouvelles fussent publiées, que les Kennedy considérassent comme violant leur vie privée, mais après en avoir fait l'observation au responsable, l'amitié ne s'en trouvait pas altérée.

Parmi les autres fréquents convives et relations du Président, il fallait compter le Sous-Secrétaire d'État au Commerce, Franklin D. Roosevelt Jr. et sa femme, Sue, les Arthur Schlesinger Jr. et l'artiste Bill Walton, qui avait fait une brillante carrière d'écrivain pour les journaux et magazines. En Floride, Mrs Kennedy voyait assez fréquemment Jane Wrightsman, femme du « pétrolier » texan Charles B. Wrightsman, qui possédait une villa sur le front de mer pas très éloignée de celle des Paul, où descendaient les Kennedy. Mrs Wrightsman faisait partie du comité fondé par Jacqueline Kennedy pour la rénovation de la Maison-Blanche. Il était de tradition que les Kennedy assistent la veille du Nouvel An à un dîner de gala et un grand bal chez les Wrightsman. Un autre invité occasionnel de la Maison-Blanche était Nan McEvoy, qui travaillait alors au Peace Corps à Washington; il était l'héritier de la fortune accumulée par les fondateurs du *San Francisco Chronicle.*

Il arrivait également que des journalistes étrangers fussent invités à dîner à la Maison-Blanche. Parmi eux, se trouvait Adalbert de Segonzac, héros de la Résistance en France et correspondant à Washington de *France-Soir*, et Henry Brandon, correspondant à Washington du *Sunday Times* de Londres.

Mrs Kennedy se donnait beaucoup de peine pour faire en sorte que la Maison-Blanche et les diverses villégiatures fussent des endroits où une intimité pût se développer entre leurs relations. Plusieurs de ses amies épousèrent des amis du Président, comme ce fut le cas pour Toni Bradlee, Sue Roosevelt et Martha Bartlett. La meilleure et la plus intime de ses compagnes était sa sœur, Lee, qui avait épousé le prince Stanislas Radziwill. C'est à Lee que Jacqueline faisait appel dans chaque circonstance grave, et c'est elle qui fut sa plus grande consolatrice aux heures tragiques de la mort de son enfant ou de l'assassinat de son mari.

Les rapports entre Jacqueline et Lee bénéficiaient grandement du fait que le Président aimait beaucoup le prince Radziwill. Celui-ci, descendant d'une famille de la vieille noblesse polonaise, est dans les affaires à Londres et y réussit brillamment. Il ne parlait pas beaucoup, mais, quand il le faisait, il était très amusant. C'était l'antithèse du genre Kennedy : moins qu'athlétique, Stach, comme on l'appelait, faisait avec beaucoup de conscience tout ce qu'il entreprenait, et le Président l'admira beaucoup lorsque au plus fort de la fureur des longues randonnées pédestres de quatre-vingts kilomètres, le prince prit part à l'une d'elles, la termina, mais resta dans l'impossibilité de mettre un pied devant l'autre pendant plusieurs jours ensuite! Bien que Lee eut une terreur effroyable de l'avion, elle venait fréquemment aux États-Unis voir sa sœur, et c'est quand elle était auprès de Mrs Kennedy que celle-ci se trouvait la plus heureuse.

Quant au Président, son ami le plus intime et son confident était son frère Robert. On a beaucoup écrit sur les rapports entre JFK et Bob, mais on ne saurait vraiment assez dire combien les deux hommes étaient proches l'un de l'autre : leur entente était totale et réciproque. Bob avait la plus grande admiration et l'affection la plus vive pour son frère, et il n'était rien qu'il n'eût fait pour lui. Il était un conseiller précieux pour JFK, d'un jugement sûr, et le Président savait que lorsqu'il lui demandait son avis, il l'aurait sans détour, que la réponse lui plût ou non. C'était également vers Bob que JFK se tournait aux heures critiques. Il est symptomatique que lors du plus grand désastre de la présidence de Kennedy, l'épisode de la baie des Cochons, c'est à Bob que le Président demanda de diriger l'enquête pour rétablir toute la vérité sur l'affaire.

Il y eut deux moments particulièrement douloureux pendant la présidence de Kennedy, et les deux fois la présence de Bob apporta au Président le surcroît de force dont il avait tant besoin.

Le premier fut l'attaque de paralysie dont fut victime leur père, Joseph P. Kennedy, en décembre 1961. Elle avait frappé l'ambassadeur pendant qu'il jouait au golf au Palm Beach Country Club. On l'avait transporté d'urgence au St Mary's Hospital de West Palm Beach. Le jour même, le Président avait fait escale à Palm Beach à son retour d'un voyage au Venezuela, en Colombie et à Porto-Rico. Il avait alors trouvé son père en bonne santé, et ce n'était qu'une heure après être rentré à Washington qu'il avait appris l'attaque qui l'avait terrassé. A l'hôpital, l'ambassadeur fut pendant deux jours entre la vie et la mort. Je me rappelle y être allé vers quatre heures, le matin du troisième jour, sans en faire mention à la presse. Il avait reçu l'extrême-onction et la fin paraissait imminente. Puis, alors que tout espoir semblait perdu, un mieux s'était produit. Cette maladie de son père fut un coup terrible pour le Président. Il l'aimait beaucoup et avait pour lui un grand respect, bien qu'il y eût parfois entre eux des conflits aigus en matière politique. Voir un homme qui avait été si actif, si ardent, incapable de communiquer avec vous, vous déchirait le cœur.

Le second drame fut encore pire. Un matin d'août 1963, j'étais dans mon bureau quand le Président m'appela pour me dire de me préparer à partir de la Maison-Blanche dans quelques minutes : on venait d'emmener d'urgence Mrs Kennedy à l'hôpital de la base aérienne d'Otis, son enfant pouvant venir au monde d'un moment à l'autre. Quand notre avion atterrit au cap Cod, nous avions appris que non seulement l'enfant était né, mais qu'il se trouvait dans un état grave, étant atteint d'une affection de la membrane hyaline. Cette maladie s'attaque aux enfants en bas-âge, en les empêchant de respirer et de s'oxygéner. L'enfant, qui avait reçu les prénoms de Patrick Bouvier, avait été emmené dans une ambulance à l'hôpital de Boston où l'on faisait tout le possible pour le sauver. Le Président, inquiet pour sa femme autant que pour son fils, faisait la navette entre Hyannis et Boston, mais, malgré tout l'acharnement des docteurs, l'état de l'enfant ne faisait qu'empirer. A la fin, dans un effort désespéré pour le sauver, on l'avait mis dans un grand réservoir d'air comprimé, en acier, et c'est dans cet appareil que le petit Patrick Bouvier Kennedy rendit le dernier soupir. Bob Kennedy, Dave Powers et moi nous trouvions avec le Président quand il l'apprit. Il nous quitta et entra par la première porte venue dans la salle de chauffe de l'hôpital, où il sanglota pendant dix minutes, puis il vint nous retrouver et Bob le prit par l'épaule. Nous retournâmes au cap Cod pour que le Président pût être auprès de sa femme quand on lui annoncerait la mort de leur enfant.

Cette mort fut l'un des épisodes les plus tragiques dans la vie du Président et de Mrs Kennedy. La Maison-Blanche avait encore resserré les liens entre eux et amené une compréhension réciproque profonde. La mort de leur enfant n'allait faire que les rapprocher encore.

Mais il y avait également des moments de franche gaieté à la Maison-Blanche. Ce fut le cas lors de la dernière célébration de l'anniversaire du Président Kennedy, le 29 mai 1963. Ses collaborateurs avaient décidé d'organiser à son intention une petite fête au restaurant du personnel, et le Président et Mrs Kennedy y avaient pris part. Tous les cadeaux témoignaient d'une aimable fantaisie comme, par exemple, de petits gants de boxe (pour donner des armes au Président dans ses bagarres continuelles avec George Wallace, le gouverneur de l'Alabama).

Un autre incident, plus amusant encore, se produisit lors de l'invasion massive du parc de la Maison-Blanche, en 1962, par une armée effrontée d'étourneaux. Cet oiseau, qui avec la mouette et le pigeon témoigne d'un total manque de respect pour les monuments historiques et leurs habitants, laissait des souvenirs outrageants sur les murs de la demeure présidentielle et les vêtements de ses occupants. Il nous avait tous fallu faire l'acquisition de chapeaux!

Un homme de génie, fonctionnaire du Service des Parcs nationaux, était venu à notre secours. Il avait découvert (où? je ne l'ai jamais su!) un enregistrement de cris poussés par un étourneau en détresse, et nous avions passé ce disque, nuit et jour, avec l'aide de hauts-parleurs accrochés aux arbres tout autour du parc. Des extraits de mon compte rendu pour la presse vous donneront la suite de l'histoire.

Question : Est-il exact qu'on joue sur la pelouse de la Maison-Blanche un disque reproduisant le cri de détresse d'un étourneau, et le résultat en a-t-il été effectif?

Réponse : Cela fait en effet quelque temps que la Maison-Blanche éprouve des difficultés avec des étourneaux qui ont commis quelques dégâts sur la façade de l'immeuble. Voilà deux jours que l'on joue un disque reproduisant les cris d'un étourneau en détresse, pour dissuader ses compagnons de venir le rejoindre.

Question : Est-ce que cela a donné des résultats?

Réponse : Oui, jusqu'à nouvel ordre.

Question : Comment est-ce que cela fait, Pierre, un étourneau en détresse?

Réponse : J'ai ici le disque que je vais vous passer. Mais je dois tout d'abord vous dire qu'il nous a fallu nous procurer l'appel de détresse d'un étourneau de Washington, district de Colombie, parce que celui d'un autre étourneau ne ferait aucun effet.

Question : Qu'est-ce qui vous permet de distinguer un étourneau du district de Colombie de tout autre étourneau? Sont-ils carrés? Se perchent-ils autrement que les autres?

Réponse : On arrive toujours à reconnaître les provinciaux. Je vais vous passer le disque d'un étourneau en détresse.

(Les cris perçants d'un étourneau affolé vont s'entendre pendant tout le reste de ce dialogue.)

Question : Est-ce que ce problème s'est déjà posé sous d'autres Présidents?

Réponse : C'est un problème qui a tracassé toutes les présidences, aussi bien républicaines que démocrates. Je me garde de lui donner un aspect partisan.

Question : Et pourquoi cet étourneau est-il tellement en détresse?

Réponse : Je n'en ai aucune idée.

Question : Ne les chassez-vous pas vers d'autres immeubles... où l'on passera d'autres disques d'autres étourneaux également en détresse?

Réponse : Puis-je arrêter l'étourneau, si cela ne vous fait rien? Je commence à me sentir moi-même fort désemparé...

Un Président, avec toutes les responsabilités qui lui incombent, est parfois appelé à s'occuper de choses singulières. Robert Donovan, le chef du bureau de Washington du *Los Angeles Times*, avait écrit un livre intitulé *PT-109*, qui était un compte rendu authentique et grouillant d'action, des exploits du lieutenant John F. Kennedy dans le Pacifique, y compris le naufrage de son bateau, le *PT-109*, coulé par le destroyer japonais *Amigiri*. Ce livre formait un scénario idéal et Donovan ne désespérait pas d'en pouvoir tirer parti de cette façon. Il avait plu au Président qui avait tout particulièrement apprécié le sérieux avec lequel Donovan avait recherché sa documentation, au point de faire un voyage de trois mois dans le Pacifique sud pour pouvoir retrouver les indigènes qui avaient sauvé Kennedy et son équipage, ainsi que le garde-côte australien qui avait joué un rôle capital dans cette affaire. Pour venir en aide à Donovan, l'ambassadeur Joseph P. Kennedy, qui s'était jadis occupé lui-même de cinéma, avait parlé à Jack Warner, président de Warner Brothers, du livre de Donovan. Par téléphone Warner en avait acheté les droits de reproduction cinématographique. Le prix comprenait une belle somme pour Donovan, ainsi qu'un versement à tous les survivants de l'équipage du *PT-109*, détail sur lequel le Président Kennedy avait insisté en personne. Deux autres clauses étaient incluses dans le contrat qui, avec le recul du temps, se révélèrent avoir été catastrophiques : elles consistaient à donner à la Maison-Blanche le dernier regard sur le scénario, et à approuver le choix de l'acteur nommé pour jouer le rôle du lieutenant Kennedy.

La Maison-Blanche, malheureusement, n'a ni la compétence ni le penchant pour intervenir dans la production d'un film. Le Président Kennedy me chargea, avec George Stevens Jr., chef de la section cinématographique de l'USIA (Service d'information du gouvernement américain), de faire la liaison avec Warner Brothers pour cette production.

Le Président avait des idées assez arrêtées sur l'acteur qui devait jouer son rôle dans le film. Il avait porté son choix sur Warren Beatty, jeune acteur qui n'avait encore joué que dans un film, *Splendor in the Grass* (« La Fièvre dans le sang »), et qui avait été très favorablement accueilli par la critique. Mais des complications n'allaient pas tarder à surgir.

Jack Warner avait désigné Bryan Foy comme « directeur » de production, Warner lui-même devant être le « producteur général ». Warner et Foy vinrent à Washington voir le Président, mais avant de se rendre à la Maison-Blanche, ils avaient déjeuné avec Stevens et moi. Il apparut très vite que Stevens était antipathique à Foy. Stevens, fils du grand metteur en scène d'Hollywood, George Stevens *(Giant, The Greatest Story Ever Told)* [1] avait vécu dans le monde du cinéma, et il avait fait d'excellent travail pour l'USIA. (En fait, l'USIA avait produit sous sa direction un film qui avait eu l'Oscar du meilleur documentaire en 1963.) Ce qui n'empêchait pas Foy de le tenir pour un jeune prétentieux dont on ne devait pas tenir compte des avis sur la façon de faire un film. Nous passions en revue des noms de metteurs en scène possibles quand Stevens lança celui de Zimmermann, qui avait remporté de nombreux Oscars.

— Voyez-vous, mon petit, grogna Foy, je n'ai pas besoin qu'on m'apprenne comment faire un film qui rapporte!

Car le défaut du point de vue de Foy, c'est qu'il ne voyait le film *PT-109* que sous l'angle du « rapport ». En ce qui me concerne, je ne gênais pas Foy. Il savait que je n'entendais rien au cinéma, aussi n'avait-il pas à prendre

1. Passés en France sous les titres : *Géant, La plus grande histoire jamais contée.*

ombrage à mon sujet. Le déjeuner nous révéla aussi que Foy avait une opinion assez simpliste d'Hollywood. Tout le monde, selon lui, y était communiste (ou sympathisant), ou anticommuniste, pédéraste ou Américain pleine peau. Au cours du repas, Foy déclara que Beatty n'était pas qualifié pour jouer le rôle du lieutenant Kennedy. Beatty, selon lui, était un acteur assez équivoque et, s'il incarnait Kennedy, le Président y apparaîtrait également comme une personnalité équivoque.

Foy avait sur lui une première version du scénario qui, à ce que je compris, avait été composée par le spécialiste d'actualités Vincent X. Flaherty de Los Angeles, et le scénariste Richard Breen. Il laissait beaucoup à désirer.

Même après que j'eus relaté notre entretien au Président, celui-ci me conseilla d'aller voir à Los Angeles si Beatty voulait bien jouer le rôle. Comme, de toute façon, j'avais à faire sur la côte du Pacifique, je pris l'avion pour Los Angeles où je rencontrai Beatty chez Peter Lawford. Il se trouva être un jeune homme intelligent et délicat. Il me dit qu'il aurait beaucoup aimé jouer le rôle du Président Kennedy, qu'il admirait beaucoup, mais qu'il ne voyait aucun avenir pour le film s'il était entre les mains de Bryan Foy.

Foy riposta au refus de Beatty par une attaque virulente dans le *Reporter*, un quotidien professionnel du cinéma à Hollywood, dans lequel il disait : « Sans doute aimeriez-vous mieux jouer un Président objecteur de conscience, ou que l'on vous représente en train de vous faire expulser de la Marine? » « Estimez-vous heureux de ne pas être en Russie soviétique! » prétendait-il avoir dit à l'acteur.

Après le refus de Beatty nous nous demandions quelle décision il allait falloir prendre pour le film. Jack Warner y avait investi une grosse somme, et Donovan avait beaucoup travaillé sur son livre. Le Président se rendait compte que tout arrêter serait injuste pour l'un et l'autre. Je lui avais fait part de l'impression fâcheuse que Foy m'avait faite, mais il m'avait répondu que si Jack Warner arrivait à trouver un bon metteur en scène, la présence de Foy n'était pas elle-même irrémédiable.

Pour le choix d'un metteur en scène, Warner suggéra en premier lieu Raoul Walsh. Le Président nous souffla, à Stevens et à moi, de nous documenter sur ce que Walsh avait dirigé. Je demandai à la cinémathèque de me procurer le dernier film de Walsh, et j'en fus récompensé par la projection, longue de près de deux heures de *Marines, Let's Go!* [1]. Le Président vint jeter un coup d'œil dans la salle de cinéma au cours de la séance et conclut que ce n'était pas là son genre de film. J'eus plusieurs entretiens avec War-

1. *Marines, allons-y*. Inédit en France.

ner sur le sujet et il accepta en fin de compte de confier le travail à Lewis Milestone, metteur en scène d'excellente réputation.

Mais le problème de l'acteur n'était toujours pas résolu. Warner et Foy décrétèrent que la solution consistait à faire l'essai d'un grand nombre de postulants, connus et inconnus, et d'envoyer discrètement les bandes à la Maison-Blanche pour qu'elle s'en fasse une opinion. Pendant des heures d'affilée, un certain après-midi, je visionnai ces bandes d'essai et me décidai enfin. Je demandai au Président de venir également les voir. Il tomba d'accord avec moi pour s'arrêter sur Cliff Robertson, qui obtint donc le rôle.

Il y eut encore un accrochage avant l'achèvement du film. Les prises de vue se faisaient quelque part en Floride. Un matin, sur le coup de deux heures, je reçus chez moi un coup de téléphone urgent de Cliff Robertson. Milestone, me dit-il, bien que progressant sensiblement avec le film, venait la veille d'être limogé par Foy qui l'avait remplacé par Lee Martinson, un metteur en scène qui avait fait quelques productions honorables à la T. V. mais n'avait jamais encore produit de longs métrages pour le cinéma!

J'appelai Warner au téléphone dans la matinée, mais il me répondit que la décision une fois prise, était irréversible. Milestone, m'expliqua-t-il, n'avançait pas assez vite. Le film était un film d'action, précisait-il, et avait besoin d'un directeur dynamique.

Quelques mois après, à l'invitation de Warner, je pris l'avion pour Hollywood pour aller visionner le premier découpage du film. Il durait près de quatre heures à ce stade, et était d'une lenteur désespérante. Il fut, en fin de compte, ramené à une durée d'un peu plus de deux heures. Je dois franchement avouer qu'il me plut, mais la critique n'en dit pas autant, le public non plus, et il se révéla être l'un des plus beaux « fours » de toutes les productions des Warner Brothers! Avec tous les changements qui étaient intervenus, le coût s'en était élevé à cinq millions de dollars et les Warner y firent une perte appréciable. Finalement, il fut retiré de la circulation.

L'affaire nous enseigna une leçon précieuse et, lorsqu'un an après JFK vendit les droits de son livre, *Profiles in Courage* [1], il ne voulut rien avoir à faire avec la production, se réservant seulement le droit de faire paraître des souvenirs historiques pouvant s'ajouter à ceux contenus dans son livre.

En tout cas, qu'il s'agît de cinéma, de cuisiniers ou d'étourneaux, le séjour à la Maison-Blanche avait ses bons et ses mauvais moments, mais on s'y sentait toujours vivre intensément. Certains présidents ont considéré la Maison-Blanche comme une prison. Du temps de Kennedy, c'était une demeure humaine.

1. Publié, en français 1964, Éd. Sequana, sous le titre : *Le Courage dans la politique.*

VII

LA PRESSE ET LA MAISON-BLANCHE

On a bien raison de dire qu'il n'existe aucune formation, pratique ou théorique, qui prépare vraiment un homme à la Présidence d'une grande nation. C'est seulement à partir du moment où il est installé dans ses fonctions, que le nouveau Président commence à se faire une idée exacte de tout ce que signifie et lui impose sa charge.

Cette remarque s'applique également, toutes proportions gardées, à quiconque travaille à la Maison-Blanche.

Pendant les quinze mois de la campagne électorale, j'avais été en relation avec les journalistes; je m'étais appliqué à analyser les méthodes de travail de Jim Hagerty et des attachés de presse qui l'avaient précédé; j'avais lu les études détaillées concernant les rapports des différents présidents avec la presse. Mais rien de tout cela ne m'avait préparé à la tâche que j'allais assumer le 20 janvier 1961.

Environ deux heures après que John F. Kennedy eut prêté serment, je m'assis pour la première fois à mon bureau de la Maison-Blanche. Sitôt le discours terminé, nous devions descendre en cortège Pennsylvania Avenue. Placé à quelques rangées de sièges derrière le Président, j'avais assisté à la cérémonie, puis je m'étais hâté vers la voiture que le protocole m'avait désignée pour prendre part au défilé; malgré ma hâte, j'arrivai trop tard — la voiture était déjà entièrement occupée. Comme le cortège s'ébranlait, je sautai dans la Cadillac découverte, modèle 1956, qui transportait des agents des services secrets et suivait immédiatement la voiture du Président. Cet après-midi de janvier, il faisait très froid, et quand j'arrivai devant la Maison-Blanche j'avais les joues vivement colorées, pour m'être ainsi exposé au vent glacial. Je me précipitai hors de la voiture, passai devant le poste de garde de l'entrée nord-ouest, et je pénétrai dans l'aile ouest de la Maison-Blanche.

Au moment où je franchis le seuil de mon bureau je commençais à me réchauffer lentement.

Cette fois-ci, Jim Hagerty n'était plus là pour m'accueillir à la Maison-Blanche — à vrai dire, il ne restait plus grand-chose dans mon nouveau fief. La tradition autorise le Président sortant et ses collaborateurs à vider les bureaux, non seulement de tous biens personnels, mais aussi de tous documents et dossiers, archives privées ou officielles. Mon petit bureau, à côté du vestibule ouest, ne contenait plus que les meubles, deux vieux exemplaires du budget, un exposé réquisitorial, intitulé *The Truman Scandals* (« Les Scandales Truman »), et un gourdin indien, accompagné d'un mot de Hagerty, qui me conseillait d'essayer cette arme sur le crâne des journalistes agressifs.

Je m'assis donc pour la première fois à mon bureau. Je me sentais un peu ridicule avec ma jaquette de location, mon pantalon rayé et mon chapeau haut de forme. Par-delà le silence environnant, je n'entendais que le chant aigre des cornemuses du défilé et, plus proche, le cliquetis des téléscripteurs dans une pièce voisine. Mon nouveau domaine m'intimidait. Passant en voiture, ou survolant Washington en avion, j'avais bien souvent vu la Maison-Blanche. Mieux encore, je connaissais déjà ce bureau, où Hagerty m'avait reçu. Pendant plus d'une année, tous nos efforts, à nous autres Démocrates, avaient tendu à nous faire pénétrer dans ces lieux. Rien, cependant, ne peut vous préparer à cette minute où vous prenez conscience que vous n'êtes pas simplement « dans » la Maison-Blanche, mais que vous faites réellement partie de la Maison-Blanche.

Personne ne vint me déranger; et jamais plus, par la suite, semblable instant de répit ne me fut accordé à cette même table de travail.

En fin d'après-midi, la veille de ce jour d'investiture, la neige s'était mise à tomber; dans la soirée, un tapis blanc, épais de vingt centimètres, recouvrait les rues de la capitale, provoquant des embouteillages inextricables. J'avais consacré la plus grande partie de la journée à fermer mes bureaux du Comité National Démocrate, nos quartiers généraux durant la campagne présidentielle, et je devais retrouver ma femme à un cocktail chez Philip Graham, directeur du *Washington Post*. Nous devions ensuite assister au gala Frank Sinatra-Peter Lawford, à l'Arsenal de la Garde nationale. Mais la tempête de neige contraria nos projets; ma femme m'attendit en vain chez Philip Graham, et j'attendis en vain ma femme au gala de l'Arsenal. Nous nous retrouvâmes, enfin, à deux heures du matin, à l'Hôtel Mayflower, où j'habitais depuis une semaine — pendant cette dernière semaine d'agitation fiévreuse où je ne pouvais pas me permettre de retourner tous les soirs chez moi, à Falls Church, en Virginie. Je ne revis le futur Président qu'un peu plus tard, cette même nuit, à l'occasion d'un souper offert par son père dans un restaurant du centre de la ville. Aucun de ceux qui participaient à ce souper ne put aller se coucher avant quatre heures du matin.

Je revis JFK quatre heures plus tard, dans sa maison de style colonial de Georgetown. L'étroite « N » Street était encombrée de caméras de télévision et de câbles enchevêtrés. Une foule de journalistes et de photographes attendaient devant le perron — plusieurs d'entre eux portaient des vestes de fourrure et des cache-oreilles, car la température était descendue à dix degrés au-dessous de zéro. Le dernier élu des sénateurs du Massachusetts était à table, prenant son petit déjeuner habituel : un grand verre de jus d'orange, deux œufs pochés, trois tranches de bacon grillé et du café au lait sucré. JFK était d'excellente humeur. Il avait attendu ce jour, il avait orienté ses facultés et ses efforts vers ce jour précis, depuis le moment où il s'était jeté dans la politique — depuis 1946. Il avait sur la table son discours inaugural, qu'il lisait et relisait encore, soucieux d'apporter à son texte, même en ces derniers instants, d'éventuelles améliorations.

Au gala de l'Arsenal, la regrettée Marguerite Higgins — journaliste lauréate du Prix Pulitzer — avait demandé au futur Président s'il était content du discours inaugural qu'il allait prononcer le lendemain.

— Extraordinaire, avait-il répondu avec un grand sourire.

Il me demanda si je l'avais lu. Je lui répondis par l'affirmative et j'ajoutai que c'était un fameux discours. Le discours inaugural lui appartenait en propre. JFK avait demandé l'avis et les critiques d'autrui, mais c'était lui-même qui l'avait entièrement écrit. Bien qu'il eût travaillé plusieurs semaines à le préparer, il rédigea le texte définitif dans l'avion qui l'amenait de Palm Beach à Washington, c'est-à-dire trois jours seulement avant de prononcer le discours. JFK — lui aussi lauréat du Prix Pulitzer, pour son œuvre d'historien — regretta constamment de disposer de trop peu de temps pour préparer ses discours les plus importants. Il demeura pourtant fermement résolu à ne jamais prononcer, en qualité de Président des États-Unis, aucun message, destiné à ses adversaires autant qu'à ses amis, qu'il n'eût pas lui-même, et lui seul, pensé et formulé.

Peu avant neuf heures, JFK partit pour l'église de la Sainte-Trinité de Georgetown, la plus ancienne paroisse catholique de la capitale. Une longue file de limousines attendait à la sortie de l'église, et nous nous dirigeâmes en cortège vers la Maison-Blanche. Accompagnant les principaux correspondants des agences de presse, j'avais pris place dans la deuxième voiture après celle du Président et de Mrs Kennedy. Ma femme et mes trois enfants étaient déjà installés dans la tribune dressée devant la façade est du Capitole.

Dwight D. Eisenhower, le plus vieux Président en charge dans l'histoire des États-Unis, attendait sur l'escalier conduisant à la Maison-Blanche. Après avoir salué celui qui, quatre-vingt-dix minutes plus tard, allait devenir le plus jeune des Présidents de l'histoire des États-Unis, Dwight D. Eisenhower invita John F. Kennedy et Mrs Kennedy à entrer, et Mrs Eisenhower fit servir le café. Une demi-heure plus tard, le cortège de voitures partit pour le Capitole; le Président Eisenhower et le sénateur Kennedy avaient pris place côte à côte dans la voiture à toit transparent. Un correspondant du *New York Times* observa, à l'intention des amateurs d'anecdotes historiques, que le Président sortant et le futur Président étaient tous deux extrêmement gênés de porter un chapeau haut de forme. Eisenhower avait porté un feutre souple le jour de sa propre investiture; JFK ne mettait un chapeau que pour les grandes occasions ou pour s'abriter d'une pluie battante. Durant le bref trajet jusqu'au Capitole, JFK ne cessa d'enlever et de remettre son haut-de-forme.

La passation des pouvoirs présidentiels eut lieu à douze heures cinquante et une; malgré le vent glacial, une foule de plusieurs milliers de personnes se pressait devant le Capitole; et, d'un bout à l'autre du pays, face à leur récepteur de télévision, quatre-vingts millions d'Américains furent également témoins de l'événement : John F. Kennedy prêta le serment qui passait le flambeau à « une nouvelle génération d'Américains ».

Il n'existe pas, aux États-Unis, d'autres institutions qui entretiennent entre elles des rapports plus importants que le gouvernement et la presse. L'une et l'autre de ces institutions est puissante; l'une et l'autre dispose de ressources presque inépuisables.

Il ressort, en dernière analyse, et malgré des périodes de calme relatif, que le gouvernement et la presse ne peuvent pas vivre en bonne intelligence. Aucun Président, dans l'histoire des États-Unis, n'est parvenu à remplir son mandat, ou ses mandats successifs, sans éviter quelque dissentiment grave avec la presse. Et aucun Président, dans l'histoire des États-Unis, n'a échappé aux attaques périodiques d'une presse outragée.

Georges Washington, attaqué par un journaliste du nom de Philip Freneau, ne dissimula pas sa colère devant le Conseil de cabinet, et Thomas Jefferson, à cette occasion, a tracé un portrait saisissant du premier Président : « Le Président, fort enflammé, ne se dominait plus et donnait libre cours à son ressentiment, se plaignant longuement des insultes personnelles dont il était victime, défiant aucun homme sur terre de relever parmi tous ses actes, depuis qu'il était au gouvernement, une seule décision qui n'eût pas été commandée par les motifs les plus purs... et jurant par Dieu qu'il eût préféré se trouver dans sa tombe que dans sa présente situation. »

Jefferson, quand lui-même devint Président, commença par considérer la presse d'un œil très favorable. Son attitude devait bientôt se transformer; il en vint à traiter la presse avec mépris et dégoût, ainsi qu'en témoigne cette lettre à un ami, qui envisageait de devenir journaliste et demandait l'avis de Jefferson :

« A votre question sur la manière de diriger un journal afin que celui-ci se révélât pleinement utile, je devrais répondre : « Il suffit de s'en tenir à « la vérité des faits et aux justes principes. » Cependant, je crains qu'un journal ainsi conçu ne trouve que peu de lecteurs. C'est là une vérité attristante, mais la suppression de la presse ne saurait plus radicalement priver la nation des avantages de l'information que le maintien d'une presse volontairement dégradée et s'abandonnant au mensonge. Aujourd'hui, on ne peut rien croire de ce qu'imprime un journal.

« ... Je songe avec commisération à la foule nombreuse de mes concitoyens qui, lisant les journaux, vivent et meurent avec la certitude d'avoir eu connaissance de ce qui s'est passé dans le monde à leur époque... Il est certes possible de trouver dans la presse des informations d'ordre général; d'apprendre, par exemple, que la guerre sévit actuellement en Europe ou que Bonaparte a commandé des campagnes victorieuses... mais on ne peut se fier à aucun détail. J'ajouterai que celui qui n'ouvre jamais un journal est mieux informé que celui qui lit les journaux — dans la mesure où celui qui ne sait rien est plus près de la vérité que celui dont l'esprit est bourré de mensonges et d'erreurs...

« A tout hasard, voici un premier projet de réforme qu'on pourrait suggérer à un directeur de journal : diviser la publication en quatre chapitres, le premier étant intitulé « Vérités », le deuxième « Probabilités », le troisième « Possibilités », le quatrième « Mensonges ». Le premier chapitre serait très bref, car il ne contiendrait que des nouvelles dignes de foi et ferait état d'informations puisées à des sources sûres, dont le directeur garantirait personnellement l'authenticité, risquant ainsi sa réputation. Le deuxième chapitre contiendrait des informations que le directeur, après considération réfléchie de chaque détail, jugerait vraies selon toute probabilité. Le troisième et le quatrième chapitre seraient ouvertement destinés aux lecteurs qui veulent en avoir pour leur argent, même si ce sont des pages couvertes de mensonges qu'ils achètent.

« Notre directeur de journal devrait également s'élever contre la pratique funeste qui consiste à nourrir l'esprit public de calomnies, et combattre la dégradation du jugement qu'engendre ce mal odieux. La diffamation est en train de devenir une des nécessités de la vie; à tel point, qu'on ne peut plus digérer le petit déjeuner ou la collation du soir sans ce stimulant. Ceux-là mêmes qui ne croient pas ces abominations les lisent avec complaisance à leur entourage et, loin d'éprouver l'horreur et l'indignation qui devraient soulever un esprit vertueux, ils trouvent un secret plaisir à imaginer que d'autres croient peut-être ces affirmations mensongères, alors qu'eux-mêmes ne les croient pas. Ils ne semblent pas se rendre compte que le véritable propagateur de la calomnie n'est pas celui qui l'imprime, mais celui qui paie pour qu'elle soit imprimée. »

La raison fondamentale des dissensions entre la presse et le Président tient au fait que les objectifs de l'une et l'autre institution sont difficilement conciliables. La presse, solidement enracinée dans l'histoire américaine et une longue tradition de liberté, s'efforce de découvrir et de révéler la moindre information. Le gouvernement, cela va de soi, s'efforce de présenter ses programmes et ses prises de position sous le jour le plus favorable. Aussi le gouvernement résiste-t-il — tantôt à tort, tantôt avec raison — aux pressions des journalistes. La lutte entre le gouvernement et la presse prend un caractère particulièrement aigu dans le domaine de la sécurité nationale. Deux exemples frappants de ces problèmes — la crise occasionnée par l'installation de rampes de lancement de fusées à Cuba, en 1962, et la guerre du Viêt-nam — seront étudiés par la suite dans le présent ouvrage.

La Maison-Blanche, centre du gouvernement des États-Unis, reflète cette lutte à son maximum d'intensité.

Cependant, avant d'essayer de comprendre la nature du conflit, il faut comprendre la nature des forces opposées.

Durant ma première semaine à la Maison-Blanche, je pris conscience d'un changement subtil dans mes relations avec la presse. Je n'étais plus l'agent de relations publiques d'un candidat, mais le porte-parole d'un Président. Mes déclarations impromptues, à l'occasion d'une conférence de presse, pouvaient s'étaler deux heures plus tard à la première page de centaines de journaux. Même un simple « pas de commentaires » pouvait prendre une signification considérable. Mais la nécessité d'une discrétion accrue et d'une plus grande exactitude ne représentait que l'un des aspects de mes nouveaux rapports avec les correspondants attachés à la Maison-Blanche — quand bien même je m'étais familiarisé avec certains d'entre eux durant la campagne électorale.

La campagne électorale de JFK avait été beaucoup mieux menée que celle de Richard Nixon. Mais, malgré tous nos efforts d'organisation, nous n'avions pas toujours pu éviter les caprices du hasard. Des bagages avaient été égarés. Nous avions dû improviser des conférences de presse à toute heure du jour et de la nuit. Mainte entorse à l'horaire avait empêché les journalistes de livrer leur article à temps pour l'édition prévue. Une averse soudaine, ou la brusque décision du candidat de quitter sa voiture pour aller serrer des mains par milliers, voilà qui suffisait à rompre l'équilibre de toute une journée. Les reporters acceptaient en général avec bonne humeur tous ces contretemps. On ne se souciait pas trop du protocole — ni du délai-limite de l'imprimerie — alors que le candidat lui-même n'était pas à l'abri des incidents imprévisibles.

Mais, à présent, la situation était différente. Les journalistes se considéraient maîtres du terrain; ils entendaient imposer leurs méthodes pour rendre compte des activités du Président — un système de règles et de prérogatives progressivement établi et vieux d'un quart de siècle ou davantage. D'autre part, ils appliquaient, entre eux, un code tribal qui aurait confondu un sociologue anthropologiste lauréat du Prix Nobel. Bien qu'il y eût plus de mille deux cents reporters accrédités auprès de la Maison-Blanche, la classe « régnante » ne comptait pas plus de cinquante ou soixante membres. Pour compliquer encore la structure, ce « directoire » se divisait lui-même en nombreuses factions — chacune d'entre elles méprisant les autres et manœuvrant pour améliorer sa position dans la hiérarchie de la presse.

Les sachems de la tribu, c'étaient les grands correspondants des agences de presse — Associated Press et United Press International. Ces agences de presse ont l'une et l'autre des milliers de clients — journaux, stations de radio et de télévision — et peuvent diffuser les informations quelques minutes après que les correspondants en ont eu connaissance. Voilà un pouvoir qu'aucun Président ou aucun attaché de presse ne saurait ignorer. Un reporter isolé peut vous faire du tort dans la seule ville où son journal est mis en circulation, mais un article défavorable de l'AP ou de l'UPI peut avoir des répercussions dans le monde entier. En raison de leur influence considérable, les agences télégraphiques demandent à la Maison-Blanche et obtiennent des privilèges qui sont refusés à d'autres informateurs. Ainsi, par exemple, l'AP et l'UPI font toujours partie du *pool* — groupe de quatre ou cinq reporters, désignés par l'attaché de presse, et représentant l'ensemble de leurs confrères, quand il est impossible, faute de place, d'inviter la totalité de la presse à assister à un événement. Les représentants de l'AP et de l'UPI prennent l'avion en compagnie du Président, le suivent en voiture quand il voyage par la route et sont toujours présents dans son bureau quand il accorde sans cérémonie une conférence de presse devant certains chefs d'État ou des diplomates étrangers importants.

Les agences de presse jouissaient encore de bien d'autres prérogatives. Le jour d'une conférence de presse, selon la coutume établie par mes prédécesseurs, j'invitais dès le matin les grands correspondants des agences de presse afin de les informer si le Président allait ou non faire une communication importante. En retour, ils m'indiquaient l'orientation probable des questions auxquelles le Président devait s'attendre. Ces rites, en définitive, ne présentaient guère d'avantages, ni pour le Président ni pour les agences, mais je les maintenais par respect de la coutume. D'autre part, lors de la conférence de presse proprement dite, la tradition veut que le Président se tourne vers les représentants de l'AP et de l'UPI, attendant d'eux les deux premières questions. Et le doyen des correspondants des agences de presse est autorisé à mettre fin à la conférence en disant simplement : « Merci, monsieur le Président. »

Mais c'est la qualité même des personnalités que ces agences envoient à la Maison-Blanche, et pas seulement l'immensité du public qu'elles atteignent, qui leur permet de préserver et d'étendre leurs privilèges. Merriman Smith, de l'United Press International, est à la fois aimable et tenace. Il a un sens de l'humour extrêmement développé, une connaissance approfondie de la Maison-Blanche — qu'il fréquente depuis plus de vingt ans — et un doux mépris à l'égard des attachés de presse qui se sont succédé dans la place, avec pour mission, assurément, de lui compliquer le travail.

Marvin Arrowsmith, doyen des correspondants de l'AP au moment où je devins l'attaché de presse de la Maison-Blanche, était beaucoup plus patient et conciliant que Smith. Mais, de même que ses successeurs à l'AP — Whitney Shœmaker et Frank Cormier — il défendait âprement ses prérogatives.

Les réseaux de radio et de télévision jouissent également d'une situation prépondérante au sein du « directoire » de la presse. Ils ont acquis leur position à l'époque de l'administration Eisenhower, quand la radio et la télévision commencèrent à programmer aux heures de grande écoute des bulletins d'information de plus en plus importants et engagèrent des commentateurs qui étaient des journalistes très compétents, et non plus de simples comédiens lisant un texte. Quand JFK décida que ses conférences de presse seraient retransmises en direct par la radio et la télévision, ces deux moyens d'information gagnèrent encore en influence. Du fait indiscutable qu'ils atteignent un auditoire innombrable, les réseaux de radio et de télévision demandent — mais n'ont pas encore obtenu entière satisfaction — d'être traités sur pied d'égalité avec les agences de presse.

Je me fis une règle de toujours inviter un reporter des stations radio-télévision à faire partie du *pool*, et j'appliquai à cet effet un système de rotation parmi les principaux commentateurs : Sander Vanocur, de la NBC (National Broadcasting System), George Herman, de la CBS (Columbia Broadcasting System), Bill Costello, de la Mutual Broadcasting System, et John Edwards (remplacé ultérieurement par Bill Lawrence) de l'ABC (American Broadcasting System).

Les chefs des bureaux des stations radio-télévision à Washington forment un comité chargé de maintenir la liaison avec la Maison-Blanche. Quand le Président des États-Unis désire adresser à la nation un message sur un sujet important (la crise de Berlin, en 1961; la crise d'Oxford (Mississippi), en 1962, etc.), ce comité en est le premier informé. Me conformant à cet accord, j'appelais le président du comité — désigné à tour de rôle et pour une durée de trois mois — et je lui annonçais que le Président des États-Unis, devant faire une déclaration importante, désirait occuper l'antenne tel soir précis pendant un certain temps. Le président du comité, après consultation auprès des différents bureaux, me proposait plusieurs horaires et je faisais mon choix.

Les membres du comité s'étaient engagés vis-à-vis de moi à ne pas révéler, même à leurs propres correspondants, qu'une communication d'intérêt national et de caractère urgent allait avoir lieu. Mais, à différentes reprises, l'engagement ne fut pas tenu, et certains reporters eurent largement le temps de dévoiler le secret.

Par les moyens conjugués des agences de presse et des réseaux radio-télévision, les paroles du Président atteignent la nation, et le monde entier, avec une rapidité incroyable. Dix minutes après que j'eus fait part d'une importante déclaration présidentielle, elle était retransmise par les ondes et par les téléscripteurs des journaux américains et étrangers. Il y eut des moments dramatiques, à l'époque de la crise de Cuba, quand les messages échangés entre JFK et Khrouchtchev parvenaient à leur destinataire avec des heures de retard, en raison de l'extrême lenteur des voies diplomatiques. Nous décidâmes, alors, de communiquer directement les déclarations de JFK aux réseaux radio-télévision et aux agences de presse, car nous savions que Moscou interceptait nos émissions radiophoniques et nos informations télégraphiques, et que par conséquent nos messages parviendraient beaucoup plus rapidement au chef du gouvernement russe. Khrouchtchev agit de même, par l'intermédiaire de Radio-Moscou et de l'Agence Tass. Il se peut fort bien que cette accélération du dialogue ait aidé de façon déterminante à résoudre la crise. De toute façon, après la crise de Cuba, la nécessité de maintenir un dialogue immédiat parut s'imposer avec évidence, et l'accord pour l'installation de la ligne « rouge » (système de téléscripteur) entre Washington et Moscou fut rapidement conclu.

En plus des conférences de presse télévisées, JFK décida d'accorder aux réseaux de télévision d'autres avantages très importants.

Deux fois, au moins, les caméras de télévision furent autorisées à surprendre JFK dans l'accomplissement de ses tâches quotidiennes, et grâce à cette innovation le peuple américain put se faire une idée de la façon dont travaillait le Président. Ainsi, par exemple, l'émission intitulée *Crise*, retransmise par la chaîne de télévision ABC, montrait le Président et le ministre de la Justice Robert F. Kennedy, discutant librement dans leurs bureaux des décisions pressantes qu'il convenait de prendre en vue de l'intégration de l'Université de l'Alabama. Le fait que le gouverneur de l'Alabama, George C. Wallace, avait autorisé les caméras à enregistrer, pour cette même émission, ses réunions de consultation, eut pour conséquence de permettre à la télévision de présenter un document incomparablement vivant sur les activités du Président.

Le Président accordait également des interviews exclusives à des reporters de télévision. Pour être agréée, il suffisait que la demande d'interview suggérât une base de discussion de quelque intérêt. Prenons un exemple remarquable, l'interview du Président avec David Schœnbrun, de la CBS, reporter fort érudit, mais de caractère difficile. Schœnbrun était le grand expert de la presse américaine pour tout ce qui concernait le Marché commun européen. Au début de l'année 1962, le Président avait envoyé au Congrès un projet législatif extrêmement complexe, destiné à faciliter les relations commerciales des États-Unis avec leurs alliés — en particulier avec le Marché commun. A l'époque où ce projet de loi fut envoyé au Congrès, seule une petite fraction des Américains connaissait l'existence même du Marché commun, et un plus petit nombre encore connaissaient l'importance du Marché commun européen pour le commerce américain des exportations et des importations. Le Président se servit de l'interview avec Schœnbrun pour donner une analyse claire et pénétrante du système commercial américain et pour expliquer la nécessité de traiter avec le Marché commun. Ce ne fut là qu'une phase d'une vaste campagne d'information entreprise par le gouvernement sur ce sujet d'un intérêt incontestable.

Walter Cronkite, de la CBS, eut également une interview exclusive avec JFK, et cet entretien devait inaugurer le nouvel horaire des programmes de la soirée — les actualités télévisées avaient droit, désormais, non plus à quinze minutes, mais à trente minutes d'antenne. L'interview en question connut, hélas, un sort malheureux. Pendant une demi-heure, la CBS enregistra questions et réponses, essentiellement sur le Viêt-nam; mais des coupures furent pratiquées en studio et, au moment de l'émission, l'interview se trouva réduite à douze minutes seulement. Il s'ensuivit une déformation partielle de l'opinion de JFK sur le Président Ngo Dinh Diem.

Dans l'interview originale, c'est-à-dire dans le film de trente minutes qui avait été tourné, le Président Kennedy parlait de son respect et de sa sympathie à l'égard des problèmes du Président Diem. Dans le film tronqué qui fut montré au public, seules demeuraient les remarques défavorables du Président, les éloges concernant Diem ayant été supprimés.

L'interview ainsi mutilée donnait l'impression que JFK n'avait aucune confiance en Diem. Par la suite, Diem et son frère Ngo Dinh Nhu ayant été tués lors d'un coup de force militaire, Mme Nhu ainsi que d'autres personnes s'acharnèrent à proclamer que les déclarations du Président des États-Unis avaient apporté aide et réconfort aux ennemis de Diem. JFK ressentit profondément ces accusations.

Le Président accorda également une interview exclusive à la NBC, quand l'émission Huntley-Brinkley fut programmée sur trente minutes. Les monteurs de la NBC, eux aussi, se trouvèrent contraints de couper l'enregistrement, afin de respecter les horaires; mais, cette fois-ci, JFK avait exigé le droit de regard de la Maison-Blanche sur le film qui allait effectivement être diffusé, et la NBC avait accepté les conditions du Président.

Conversation avec le Président, la plus impressionnante des émissions consacrées à JFK, fut retransmise par l'ensemble des réseaux de télévision et de radio, le soir du 17 décembre 1962. Accueillant sans cérémonie les journalistes dans son bureau personnel, JFK s'entretint une heure durant avec Lawrence, de l'ABC, Herman, de la CBS, et Vanocur, de la NBC. Des dizaines de millions d'Américains entendirent le Président parler en toute sincérité de ses joies et de ses déceptions au cours des deux premières années passées à la Maison-Blanche. Jamais auparavant le public américain n'avait eu de contact aussi familier avec aucun Président; jamais auparavant le public n'avait eu un aperçu aussi direct de la personnalité du Président, du fonctionnement de son esprit, de son sens de l'histoire — et de son sens de l'humour.

La réponse la plus significative concernant l'attitude et les sentiments du Président à l'égard de son travail fut provoquée par une question de Bill Lawrence, qui avait demandé :

— Quand vous revoyez en pensée vos deux premières années à la Maison-Blanche, monsieur le Président, estimez-vous que la réalité correspond à vos prévisions? Vous vous étiez appliqué à étudier le pouvoir présidentiel et son fonctionnement. Dans quelle mesure les connaissances précédemment acquises se sont-elles trouvées confirmées?

La réponse du Président fut particulièrement révélatrice :

— Eh bien, en premier lieu, je considère que les problèmes sont plus difficiles que je ne les avais imaginés. Deuxièmement, quand il s'agit de résoudre ces problèmes, les possibilités des États-Unis ne sont pas illimitées. Au Congo, actuellement, nous nous trouvons dans une situation extrêmement difficile. Nous n'avons pas été capables d'assurer la mise en œuvre de la politique que nous avons appuyée. Nous avons également des responsabilités dans bien d'autres secteurs. Nous nous efforçons d'apporter une solution au conflit qui oppose l'Inde et le Pakistan, tout en étant désireux de maintenir des relations amicales avec l'un et l'autre pays. L'Inde et le Pakistant, cependant, ne parviennent pas à conclure un accord. Comme je l'ai dit, quand il s'agit de fournir une solution, le pouvoir des États-Unis est limité.

« Je crois que le peuple américain s'impatiente, éprouve peut-être même de la lassitude et de la fatigue et commence à se dire : « Nous portons ce « fardeau depuis dix-sept ans, ne pouvons-nous pas nous en décharger? » Nous ne pouvons pas nous en décharger, et je ne vois pas comment nous pourrions nous en décharger au cours du siècle présent.

« Voilà pourquoi je dis que les problèmes sont plus difficiles que je ne les avais imaginés. Les responsabilités incombant aux États-Unis sont plus considérables que je ne l'avais imaginé, et notre aptitude à fournir des solutions heureuses est plus limitée que je ne l'avais imaginé. Et je suppose que n'importe qui, à ma place, aurait fait la même expérience, car il y a une différence de situation entre ceux qui donnent des conseils, qui prononcent des discours ou qui préparent des lois, et l'homme qui doit opérer un choix entre les différentes lignes de conduite proposées et décider ce que sera la ligne de conduite précise des États-Unis. Il est beaucoup plus facile de faire des discours que de prendre une décision finale; car, malheureusement, les avis de vos conseillers sont fréquemment très divers. Quand on s'engage dans une mauvaise direction, et cela m'est arrivé, c'est le Président qui, fort justement, assume tout le poids de la responsabilité. Les conseillers, quant à eux, peuvent se contenter de changer d'avis. »

J'essayai, au début de l'année suivante, d'organiser une rencontre semblable avec des correspondants de France, de Grande-Bretagne et d'Allemagne occidentale, l'entretien devant être retransmis simultanément par la télévision de chacun de ces pays. En raison de ses difficultés croissantes avec le général de Gaulle au sujet du Marché commun et de la détermination de la France à se pourvoir d'une force de frappe nucléaire indépendante, le Président était particulièrement désireux d'atteindre le public français.

Londres et Bonn acceptèrent promptement ma proposition, mais les Français refusèrent de prendre part à l'entretien. L'une des conditions que j'avais posées, c'était que l'entretien serait retransmis en entier, sans coupures. Les Français refusèrent de se soumettre à cette condition. Ils insistaient sur le droit de monter les déclarations du Président pour les présenter à la télévision française, organisme dépendant du gouvernement. Le représentant américain de la télévision française me dit qu' « au niveau le plus élevé » (je suppose qu'il parlait du général de Gaulle en personne) on avait décidé de ne pas accorder au Président Kennedy une heure d'antenne sans aucune possibilité de procéder à un montage éventuel. Le Président, étant principalement soucieux de s'adresser aux Français, me pria de ne pas poursuivre ma tentative.

Le 14 février 1962, événement particulièrement marquant pour la télévision américaine parmi tous les événements des Mille Jours, Mrs Kennedy guida pendant une heure des millions de téléspectateurs à l'intérieur de la Maison-Blanche. On avait beaucoup parlé des travaux de restauration que Mrs Kennedy avait effectués à la Maison-Blanche, et quand les directeurs de la CBS lui proposèrent de montrer à la nation et de commenter personnellement les nouveaux aménagements, Mrs Kennedy fut très heureuse d'accepter. Mais, ayant entendu parler du projet CBS, les dirigeants de la NBC et de l'ABC poussèrent de hauts cris. Nous n'avions pas le droit, assuraient-ils, d'accorder à un unique réseau de télévision une émission qui intéressait la nation tout entière. Ils prétendaient qu'à ma requête la CBS devait leur fournir des copies du film, qui serait retransmis simultanément par les trois réseaux de télévision.

Je considérais que ces exigences étaient ridicules. J'estimais qu'un réseau de télévision avait autant de droits à un reportage exclusif qu'un journal ou un périodique. « L'idée appartient à la CBS, dis-je aux compagnies rivales, et vous n'avez aucun droit à vous faire remorquer par un concurrent. Soumettez-moi des propositions de reportage exclusif qui vous appartiennent en propre! Si vos propositions sont intéressantes, elles seront acceptées. » Mes interlocuteurs ne se laissèrent pas dissuader par ces arguments. La NBC et l'ABC refusèrent de transiger et continuèrent à me harceler. Finalement, je dus me résoudre à demander l'arbitrage du Président. Il passa outre à mes objections — non pas en raison de la pression exercée par les autres réseaux de télévision, mais parce qu'il avait le sentiment que la maison du Président appartenait au domaine public — et la CBS, à qui revenait le mérite d'avoir conçu un reportage télévisé exceptionnel, dut le communiquer à des concurrents qui n'avaient participé en rien à l'élaboration de ce projet. La NBC et l'ABC ont dû cependant éprouver une certaine humiliation de programmer, sans équivoque possible, une émission de la CBS.

Les « spéciaux », c'est-à-dire les quotidiens des grandes villes ayant des correspondants permanents à la Maison-Blanche, représentent la troisième force au sein du « directoire de la presse ». La plupart de leurs reporters sont profondément irrités des avantages particuliers accordés aux agences télégraphiques et aux réseaux radio-télévision, et ils ne cessent de revendiquer de nouveaux privilèges. Leurs arguments ne manquent pas de poids, car actuellement un grand nombre de ces journaux retransmettent des informations à d'autres journaux d'un bout à l'autre du pays, grâce à un système télégraphique spécial. Les articles des reporters des journaux les plus importants — le *New York Times*, par exemple, le *Washington Post*, le *Los Angeles Times*, le *New York Herald Tribune*, le *Chicago Tribune*, le *New York Daily News* ou le *Chicago Daily News* — sont simultanément publiés par beaucoup d'autres journaux des États-Unis.

Ce sont le *New York Times* et le *Washington Post* qui jouissent de la plus forte influence dans la capitale.

On admet, depuis longtemps, que le *New York Times* est le journal le plus important des États-Unis. A Washington, le bureau du *New York Times* est plus grand que celui d'aucun autre journal et occupe plusieurs douzaines d'experts, spécialisés dans les différentes branches des activités gouvernementales. Il n'est pas de personnalité politique éminente à Washington qui commence sa journée sans lire le *New York Times;* il s'ensuit nécessairement que les façons de penser, à Washington, sont plus fortement influencées par le *New York Times* que par aucun autre journal de New York. Le *New York Times* doit cette position avantageuse à la très haute qualité de ses articles. Un correspondant du *New York Times* communique beaucoup plus facilement avec les personnalités politiques que les reporters des autres journaux — quand bien même cela peut sembler injuste. Les autres journalistes en poste à Washington sont très conscients des avantages accordés au *New York Times* et, naturellement, se sentent frustrés.

Cependant, au sein de l'administration, la déférence du gouvernement à l'égard du *New York Times* a mainte fois été l'objet de discussions animées. Bien que le journal ait un chiffre de vente très élevé à New York, et sans compter un certain nombre de lecteurs en dehors de New York, plusieurs collaborateurs de la Maison-Blanche nous ont accusés, le Président et moi-même, d'accorder trop d'attention au *New York Times*.

Le lendemain d'un éditorial du *New York Times* qui avait assombri le jour de repos du Président, Ken O'Donnell me dit :

— Personne dans l'Iowa ou en Californie ne lit le *New York Times*, ni ne se soucie même de l'opinion de ce journal. Le Président et vous-même surestimez son importance.

Je plaidai coupable. Pourtant, je parie que, tant qu'il y aura un Président des États-Unis, celui-ci consultera le *New York Times* chaque matin, avant tout autre journal, et que les reporters du *New York Times* continueront d'avoir droit à un traitement de faveur à la Maison-Blanche.

Le *Washington Post* doit également son importance au fait qu'il est lu chaque matin, à Washington, par tous ceux qui constituent l'appareil politique — à commencer par le Président.

Le *Washington Post*, dans son ensemble, présente avec éclat et avec une compétence érudite un point de vue politique libéral. Qu'ils vous fassent grincer des dents ou vous remplissent d'allégresse, les dessins quotidiens d'Herbert Block (Herblock) ont autant d'efficacité à Washington que tous les articles du *Washington Post* réunis.

JFK était un grand lecteur — et un grand chapardeur — de journaux et de périodiques. S'il lui arrivait, entrant dans mon bureau, d'apercevoir sur ma table de travail un journal qu'il n'avait pas lu, il repartait toujours en emportant celui-ci. Personne, parmi les collaborateurs de la Maison-Blanche, n'était à l'abri des larcins du Président. Il parcourait régulièrement le *New York Times*, le *New York Herald Tribune*, le *New York Post* et le *New York Daily News;* le *Washington Post*, le *Washington Star* et le *Washington Daily News;* le *Baltimore Sun;* l'*Atlanta Constitution;* le *Chicago Tribune* et le *Chicago Sun-Times;* le *St Louis Post Dispatch* et le *Wall Street Journal*. Un jour, rédigeant la liste des abonnements souscrits auprès des journaux par la Maison-Blanche, j'avais oublié le *Washington Daily News*. Je reçus du journal une lettre exprimant de violents reproches : « Vous, Monsieur, mieux que quiconque, devriez savoir que le Président est un vieil abonné du *Washington Daily News*. Durant les six mois précédant l'Investiture du Président, le journal a été régulièrement déposé à son domicile, 3307 N Street, Georgetown, par un porteur du nom de Marc Salinger. » (Marc Salinger est mon fils et, après les heures d'école, il distribuait le journal; JFK, en effet, avait été sur sa liste d'abonnés.)

Le Président lisait aussi *Time*, *Newsweek*, *U. S. News & World Report*, *Look*, *Life*, *Harpers*, *The Reporter*, *New Republic*, *The Economist*, la *Saturday Review*, le *Manchester Guardian Weekly* et le *London Sunday Times*.

Le Président ne lisait aucun des journaux de la côte ouest, constatation qui ne discrédite nullement ces journaux, mais révèle un certain esprit de clocher, caractéristique de la plupart des présidents nés dans l'Est. JFK se sentait plus à l'aise parmi les journaux qu'il lisait depuis son enfance, et il avait une plus haute considération à l'égard de leurs directeurs et de leurs éditorialistes pour la simple raison qu'eux aussi étaient des gens de l'Est. Il lisait l'*Atlanta Constitution* et le *St Louis Post Dispatch*, car ils exprimaient la voix libérale de deux secteurs géopolitiques très distincts et également puissants. Autre exception, les journaux de Chicago, que JFK lisait en raison de l'importance économique de cette ville, et parce qu'il éprouvait un intérêt irrésistible pour la politique du comté de Cook.

Au cours de ces dernières années, le *Los Angeles Times* a progressivement gagné l'attention qu'il méritait de la part de la Maison-Blanche. Le *Los Angeles Times* n'est pas seulement le plus grand journal de l'État le plus peuplé, mais il a aussi considérablement développé son bureau de Washington, dirigé par Robert Donovan, ancien collaborateur du *New York Herald Tribune*. Je ne comprends pas toujours les prises de position du *Los Angeles Times* (George Murphy au Sénat!), mais je suis persuadé qu'il n'est pas loin d'atteindre le rang du *New York Times*, tant par la qualité de ses articles que par l'ampleur de son système d'information qui s'étend à la totalité du territoire national.

L'une des mésaventures les plus graves qui affecta l'administration Kennedy dans ses rapports avec la presse fut provoquée par des articles du *New York Herald Tribune*. Le Président était de plus en plus mécontent des comptes rendus du *New York Herald Tribune* — ce mécontentement s'étant aggravé notamment à l'occasion de l'affaire Billie Sol Estes. Le Président, en effet, considérait que le *New York Herald Tribune* était injuste à l'égard du secrétaire à l'Agriculture, Orville Freeman. A la même époque, une autre affaire concernant Washington commençait également à se répandre dans la presse — le scandale dit « des stocks ». Cette affaire reposait essentiellement sur les faveurs dont auraient profité, prétendait-on, un certain nombre de Républicains puissants, dont George M. Humphrey, secrétaire au Trésor dans l'administration Eisenhower, pour l'achat de biens provenant des stocks gouvernementaux. Le *New York Herald Tribune*, selon le Président, reléguait à l'arrière-plan le scandale des stocks, qui mettait en cause une administration Républicaine, et accordait une grande place à l'affaire Billie Sol Estes, qui mettait en cause quelques Démocrates. John Hay Whitney, directeur du *New York Herald Tribune*, étant également propriétaire de l'une des sociétés citées dans l'affaire des stocks, JFK s'estimait d'autant plus justifié dans ses soupçons concernant les mobiles du *New York Herald Tribune*. A plusieurs reprises, le Président me pria d'annuler notre abonnement au *New York Herald Tribune*. Je n'en fis rien, car j'étais certain que sa colère allait s'apaiser. Mais, un jour, dans le vestibule, JFK rencontra Jac McNally, qui avait la responsabilité du service des abonnements de la Maison-Blanche, et il lui ordonna d'annuler l'abonnement au *New York Herald Tribune*. Malgré ma certitude que JFK avait simplement cédé à un mouvement de mauvaise humeur, McNally exécuta immédiatement les ordres présidentiels. Et le Président, en tout cas, fut bien consterné quand les journaux firent part de cette annulation d'abonnement. Pendant plusieurs mois, en attendant qu'il fût possible de réintroduire ouvertement le *New York Herald Tribune* à la Maison-Blanche, nous dûmes fournir quotidiennement au Président un exemplaire de contrebande.

Les périodiques d'information — *Times*, *Newsweek* et, dans une certaine mesure, *U. S. News & World Report* — occupent à peu près le même rang que les grands quotidiens. Ces trois périodiques comptent un grand nombre de lecteurs parmi les classes à revenus moyen et à revenu élevé, c'est-à-dire parmi les leaders intellectuels et ceux qui exercent une influence politique à l'échelle d'un groupe plus ou moins étendu. Ces périodiques, du fait qu'ils sont tenus par leurs horaires hebdomadaires d'imprimerie, ont également droit à certains privilèges. Si, par exemple, le Président devait prononcer un discours important le lundi — le jour même où les hebdomadaires d'information sont distribués dans les kiosques — le vendredi déjà, ou le samedi, je faisais connaître les principaux éléments du message présidentiel aux correspondants de ces périodiques. Je les informais également à l'avance, quand un projet législatif particulièrement intéressant allait être soumis le lundi au Capitole, ou quand une nomination ou une démission retentissante allait être annoncée en début de semaine. Jamais aucun correspondant d'hebdomadaire n'a trahi notre confiance et communiqué ces informations anticipées à un confrère de la presse quotidienne, qui aurait ainsi pu profiter d'un avantage marqué par rapport à ses rivaux.

En raison du tirage énorme de périodiques tels que *Life*, *Look*, *McCall's*, *The Saturday Evening Post*, *Ladies' Home Journal*, *Good Housekeeping*, *Redbood*, etc., leurs correspondants avaient assez facilement accès auprès des membres de la famille Kennedy. « Le Président et son fils », reportage de *Look*, illustré d'admirables photographies de JFK jouant avec John dans son bureau, restera sans doute comme le témoignage le plus remarquable qu'ait publié la presse hebdomadaire sur la famille Kennedy. Quand la journaliste Laura Bergquist et le photographe Stanley Tretick me demandèrent la permission de réaliser ce reportage, Mrs Kennedy opposa un refus catégorique. Elle estimait que cela représentait une intrusion inadmissible dans l'intimité de la vie de famille. Lorsque je lui fis part des objections de sa femme, le Président se contenta de sourire :

— Eh bien, laissons tomber pour le moment, dit-il, nous reconsidérerons cette affaire quand ma femme sera en voyage.

Une dizaine de jours plus tard, Mrs Kennedy partit pour l'Italie ; Miss Bergquist et Stanley Tretick furent alors autorisés à passer deux heures dans le bureau du Président. Il en résulta une série de photographies qui bouleversèrent l'Amérique tout entière, quand le reportage parut dans *Look*, la semaine même où le Président fut assassiné.

A son retour d'Italie, apprenant ce que nous avions fait, Mrs Kennedy se montra très mécontente de moi.

Je lui dis :

— Attendez d'avoir vu les photographies, je suis sûr que vous les aimerez beaucoup!

— Oui, c'est ce que vous dites toujours, répliqua-t-elle sèchement.

Me voici amené à parler des femmes — les femmes-reporters chargées de rendre compte des activités de Mrs Kennedy, de la vie sociale et de la vie de famille à la Maison-Blanche. Mrs Kennedy avait son propre attaché de presse — un attaché de presse fort efficace — en la personne de Pamela Turnure. A l'origine il avait été entendu que, lors de mes conférences de presse, je ferais part des informations concernant aussi bien Mrs Kennedy que le Président. Le système se révéla désastreux. Il m'était pratiquement impossible de passer, sans transition, de l'annonce d'un essai nucléaire à la description détaillée du dernier chapeau de Mrs Kennedy, et je ne pouvais simultanément démentir quelque information calomnieuse se rapportant à un membre du cabinet et commenter les amours de l'un des hamsters de Caroline Kennedy. Je renonçai finalement à ces exercices périlleux; pour toutes les questions concernant la vie sociale, la zoologie et la mode, les reporters furent priés de passer dans l'aile est de la Maison-Blanche, où se trouvaient les quartiers généraux de Mrs Kennedy, et de s'adresser directement à Pamela Turnure.

Les femmes-reporters attachées à la Maison-Blanche n'en représentaient pas moins une force formidable. Si l'on excepte les pages consacrées aux nouvelles de première importance, ce sont les rubriques mondaines du *Washington Post* et du *Washington Star* qui sont lues avec le plus d'assiduité dans la capitale. Pour une raison que je ne comprendrai jamais, l'un et l'autre de ces journaux ont l'habitude de publier dans les rubriques féminines des nouvelles d'un intérêt beaucoup plus général, quelle que soit l'importance de ces nouvelles. Si la femme d'un sénateur annonçait, à l'occasion d'un thé mondain, qu'elle demandait le divorce parce que son mari vendait des secrets militaires à l'Union soviétique afin de pouvoir entretenir somptueusement une actrice célèbre, la nouvelle serait rapportée — je n'en doute pas — tout de suite après la recette d'un gâteau au chocolat.

Parallèlement au « directoire de la presse » établi à la Maison-Blanche, il existait une autre faction puissante — les chroniqueurs influents, dont les propos étaient lus quotidiennement d'un bout à l'autre des États-Unis.

Les membres éminents de cette confrérie étaient James (Scotty) Reston, du *New York Times*, Walter Lippmann, Joseph et Stewart Alsop, Marquis Childs, Doris Fleeson, William S. White, Rowland Evans et Robert Novak, Joseph Kraft et Drew Pearson.

En raison de leur influence dans tout le pays, la plupart de ces chroniqueurs avaient droit à un traitement de faveur. Si l'un d'entre eux demandait à rencontrer personnellement le Président, il obtenait généralement satisfaction, et les conseillers de la Maison-Blanche, Ted Sorensen, par exemple, ou McGeorge Bundy, prenaient soin de tenir ces chroniqueurs au courant des points de vue de l'administration sur les problèmes du jour.

Quand une crise survenait, on prenait automatiquement contact avec ces chroniqueurs, afin de les informer des considérations qui dictaient l'attitude du gouvernement. Le Président, souvent, se chargeait de les éclairer lui-même. Il lui arrivait, par exemple, de téléphoner à Lippmann ou de l'inviter à venir à la Maison-Blanche.

Je m'étais fait une règle de déjeuner de temps en temps avec ces chroniqueurs, afin de connaître leurs problèmes et de les tenir parfaitement au courant de la pensée de l'administration.

Puisqu'il a été fait mention du « directoire de presse » de la Maison-Blanche, il faut dire également qu'il existe à Washington d'autres « directoires de presse ». Parmi les journalistes les plus puissants, nous citerons les reporters attachés au Département d'État et au Département de la Défense — spécialistes de la politique étrangère et de la défense nationale qui jouissent eux aussi de prérogatives spéciales et ont établi parmi eux une structure interne.

Le gouvernement, il va de soi, dispose d'une équipe chargée des rapports avec la presse.

Il est intéressant de constater que la Maison-Blanche, qui joue un rôle central dans la diffusion des informations concernant le gouvernement, dispose d'un bureau de presse plus modeste que celui d'aucun des ministères. Le budget de mon bureau à la Maison-Blanche se montait à environ 150.000 dollars (750.000 NF) par an, chiffre qu'il convient de comparer avec le budget de presse du Département d'État — plus d'un million de dollars — et le budget d'information du Département de la Défense — plus de 30 millions de dollars. Le bureau de presse de la Maison-Blanche ne s'est guère développé, en effet, depuis la nomination du premier attaché de presse dit « moderne », Steve Early, désigné à ce poste par Franklin D. Roosevelt.

Mon bureau de presse à la Maison-Blanche se composait d'un attaché de presse, d'un adjoint, d'un assistant et de cinq secrétaires; l'assistant, que j'avais demandé, représentait l'unique adjonction apportée depuis l'époque de Steve Early.

Il apparaît donc qu'au cours des trente dernières années le bureau de presse de la Maison-Blanche n'a pas été pourvu des moyens nécessaires pour faire face à l'accroissement fantastique de ses obligations. Ainsi, par exemple, quand Steve Early était attaché de presse, la radio ne jouait encore qu'un rôle secondaire et la télévision ne jouait aucun rôle du tout. Early n'avait à s'occuper que d'un effectif d'environ 75 correspondants accrédités, alors que j'avais affaire à 1.200 journalistes. Les déplacements en avion ont également beaucoup compliqué la tâche du bureau de presse. A l'époque de Steve Early, quand le Président se déplaçait en chemin de fer, il était accompagné d'une douzaine de reporters seulement (leur nombre augmentait, évidemment, pendant les campagnes électorales), alors que 50 ou 60 journalistes accompagnaient le Président Kennedy dans ses déplacements à travers les États-Unis, et plus d'une centaine lors de ses voyages à l'étranger.

En raison de la spécialisation croissante du journalisme à Washington, chaque ministère — et jusqu'à des services aussi particuliers que la Commission de l'Aéronautique civile et la Commission fédérale des Communications — a son propre bureau de presse.

Je passais en moyenne six jours par semaine à la Maison-Blanche, et mon horaire quotidien débordait largement les heures habituelles. Un sergent du service des transports venait me prendre à ma maison de Falls Church à huit heures et demie chaque matin. Il m'apportait l'édition du matin des six principaux quotidiens de l'Est, que je parcourais durant les vingt minutes du trajet jusqu'à Washington. Ma première tâche, au bureau, consistait à faire les appels téléphoniques urgents et à prendre connaissance de l'amoncellement des communiqués télégraphiques que les quatre télétypes avaient accumulés pendant la nuit.

Aux environs de neuf heures et demie, je me rendais dans le bureau du Président pour discuter avec celui-ci les dernières nouvelles mondiales et la manière de présenter à la presse, au cours de mon exposé de onze heures, les réactions du Président. Celui-ci aussi avait déjà parcouru les principaux journaux de l'Est, et parfois il était d'humeur sombre — quand il considérait qu'un commentateur avait été injuste à son égard.

— Vous allez appeler ce M. ***, m'ordonnait JFK, et vous lui direz exactement ce que je pense! Puis, une seconde plus tard : « Ne vous en occupez pas, je lui téléphonerai moi-même! »

Mais il le faisait rarement.

Après avoir quitté JFK, je continuais à me préparer à ma conférence de presse de onze heures : je consultais les conseillers de la Maison-Blanche et des différents départements de l'exécutif, pour connaître leur opinion sur les événements des dernières vingt-quatre heures. Après la conférence de presse, je me plongeais dans la lecture de mon courrier, qui s'élevait fréquemment à un millier de lettres par semaine. Je transmettais, bien sûr, un grand nombre de ces lettres aux départements qu'elles concernaient plus précisément, et je pouvais répondre par lettre-type aux deux tiers des autres. Mais il fallait, néanmoins, que je m'arrange à trouver deux ou trois heures par jour, entre mes rendez-vous, pour dicter les réponses exigeant quelque développement.

J'étais certain de recevoir au moins une lettre chaque jour, invariablement écrite par une femme, et demandant pourquo le Président précédait toujours sa femme de deux ou trois pas sur les photographies qui les montraient marchant ensemble. Quand je parlai de cette question à JFK, il me dit :

— La réponse est simple : Jackie devrait marcher un petit peu plus vite.

En général, je prenais le déjeuner — toujours un repas rapide — en compagnie d'un correspondant ou d'un chroniqueur important, et je retrouvais le Président en début d'après-midi, afin de préparer ma conférence de presse de quatre heures. Ensuite, il y avait de nouveau le courrier, des appels téléphoniques et des rendez-vous. Ni moi ni aucun des correspondants accrédités ne partions avant que le Président eût quitté son bureau — d'habitude après sept heures. Si je ne devais pas prononcer une conférence, assister à une réunion officielle ou faire une partie de poker avec des amis, le sergent me ramenait chez moi entre huit heures et demie et neuf heures. La plupart du temps, mes enfants étaient déjà couchés et je dînais seul avec ma femme.

Mais, de toute façon, la plus grande partie de ma soirée « familiale » se passait au téléphone. Plus de deux cents reporters avaient l'autorisation de m'appeler à n'importe quelle heure, par l'intermédiaire du standard téléphonique de la Maison-Blanche. Quatre téléphones — il y avait huit appareils dans ma maison — étaient directement reliés à la Maison-Blanche, et j'avais même une prise téléphonique à cinquante mètres de la maison, sur la rive du lac Barcroft.

J'avais aussi, dans mon bureau, un téléphone rouge — un « petit » téléphone rouge — qui me reliait à soixante correspondants de presse. Si, après les heures de bureau, je devais convoquer ces journalistes pour une importante conférence de presse ou une déclaration du Président, il suffisait à ma secrétaire de presser un bouton : un système de bandes magnétiques composait automatiquement le numéro privé de chacun des reporters. Le 10 février 1962, grâce à ce système, il me fut possible de rassembler en moins de quarante minutes les journalistes régulièrement accrédités à la Maison-Blanche; à trois heures seize du matin, ils assistèrent à la conférence de presse au cours de laquelle j'annonçai l'échange de l'espion soviétique Rudolf Abel contre le pilote d'*U-2* Francis Gary Powers. Je dois ajouter qu'il était huit heures seize du matin à Berlin, où l'on avait procédé à l'échange sur le pont Glienicker, pont reliant les zones occidentale et communiste.

Cependant, il ne fut pas toujours facile de tirer les reporters de leur lit cette nuit-là. Le reporter de la Voix de l'Amérique (c'est-à-dire un journaliste travaillant pour le compte du gouvernement) exigea l'assurance préalable que le Président n'avait pas déclaré la guerre. Ailleurs, ce fut l'épouse du reporter qui répondit. Chris Camp ayant précisé qu'elle était ma secrétaire, demanda :

— Pourrais-je parler à M. ***, je vous prie.

— Oh, non! s'écria l'épouse d'une voix féroce. Il dort. Qui êtes-vous au juste?

Chris répéta qu'elle était ma secrétaire et informa l'épouse du reporter que je convoquais les journalistes à une importante conférence de presse.

— Peu importe qui vous êtes!... vous ne manquez pas de culot pour oser appeler mon mari à cette heure de la nuit, je ne lui ferai aucun message!

Et l'épouse raccrocha.

Le reporter en question ne parut pas à la conférence de presse et ses huit cent quarante mille lecteurs du centre des États-Unis (il était correspondant de quatre grands quotidiens) ne trouvèrent pas son nom, le lendemain, en tête de l'article consacré à l'affaire Powers-Abel.

Quand une information importante me parvenait après les heures du bureau, je me servais du téléphone pour diffuser un premier communiqué. D'habitude, je commençais par organiser une conférence de presse au téléphone avec les représentants de l'AP, de l'UPI, de l'Agence Reuter et de l'Agence France Presse. J'avais ensuite une conférence de presse au téléphone avec les représentants de la NBC, de la CBS, de l'ABC et du Mutual.

De cette façon, en moins de dix minutes, l'information se répandait autour du monde.

En période de crise, évidemment, mes méthodes de travail étaient modifiées; il m'arrivait alors de vivre à l'hôtel, à proximité immédiate de la Maison-Blanche, pendant huit ou dix jours. D'autre part, j'accompagnais presque toujours le Président quand il s'absentait de Washington (le voyage à Dallas fut l'un des rares déplacements auquel je ne participai pas), et un incroyable monceau de paperasses s'accumulaient en mon absence.

Je ne m'occupais, d'ailleurs, pas uniquement des rapports avec la presse. Chaque semaine, un grand nombre de personnes venaient me voir, qui avaient des difficultés avec l'administration et pensaient que je pourrais les aider, ou du moins leur indiquer quelqu'un qui pourrait le faire. La démarche la plus singulière fut celle de Juan Lechin, vice-Président gauchisant de Bolivie, déposé par la suite, et qui vint me trouver en 1961.

Un jour, ma secrétaire m'informa que Lechin avait téléphoné pour demander un rendez-vous. Je fus interloqué par cette requête, mais je fixai une heure pour l'après-midi même.

Lechin se présenta dans mon bureau muni d'une lettre d'introduction rédigée par un artiste bolivien vivant à San Francisco, Antonio Sotomayor, que j'avais bien connu quand il était un jeune garçon. Le vice-Président entra sans préambule au cœur du sujet :

— M. Salinger, si mon gouvernement n'a pas un million de dollars demain avant l'heure de fermeture des bureaux, nous ne pourrons pas payer nos fonctionnaires.

Je fus sidéré de cette déclaration, et je demandai à Lechin pourquoi il ne s'était pas adressé à des personnalités du gouvernement chargées des rapports avec l'Amérique latine. Il m'affirma qu'il avait vu les gens du Département d'État et de l'Agence pour le développement international.

— Ils se refusent à prendre aucune initiative, ajouta-t-il, c'est en désespoir de cause que je suis venu vous voir.

Je lui dis de m'appeler le lendemain matin, et j'allai exposer l'affaire au Président Kennedy. Celui-ci n'avait pas entendu parler de la visite du vice-Président bolivien, mais éprouvait de grandes inquiétudes au sujet de la Bolivie, qui semblait s'orienter vers un régime communiste inspiré du régime cubain. En l'espace de quelques heures, le Président organisa à la Maison-Blanche une réunion des dirigeants du Département d'État et de l'Agence pour le développement international, et il fut décidé qu'une mission spéciale serait envoyée en Bolivie. A la suite de l'enquête effectuée par cette mission, la Bolivie obtint des États-Unis, de l'Allemagne occidentale et de la France un prêt extraordinaire d'un montant total de 20 millions de dollars, qui lui permit de surmonter une grave crise financière.

Une année plus tard, quand des membres du syndicat des mines d'étain de Bolivie — syndicat dont Lechin, en plus de ses fonctions gouvernementales, était président — eurent enlevé, pour les garder en otage, trois délégués de l'Agence pour le développement international, j'envoyai un message à Lechin et je lui rappelai que je l'avais aidé lorsqu'il était venu m'exposer ses difficultés. J'ignore si ce fut là un effet de ma lettre, mais on libéra les trois otages quelques jours plus tard.

Jamais, durant les années que je passai à la Maison-Blanche, je n'eus le temps de m'ennuyer; et, malgré quelques altercations ici et là, je réussis à maintenir avec la presse des rapports marqués par la bonne humeur et le respect mutuel des parties. Cela ne fut pas toujours facile, en raison, notamment, d'un certain nombre de changements que nous avions institués dans le fonctionnement de la Maison-Blanche, car ces changements ne furent pas tous accueillis avec enthousiasme.

Dès mon premier et jusqu'à mon dernier jour à la Maison-Blanche, je dus faire face quotidiennement à quelque problème épineux.

Mes débuts, le samedi 21 janvier 1961, furent pour le moins fracassants : à l'occasion de mon premier exposé à la presse, où j'annonçais une première décision importante du Président, je me rendis complice d'une erreur de 27 millions de dollars.

Au cours de sa campagne électorale en Virginie occidentale et dans d'autres régions frappées par le chômage, JFK avait été épouvanté du niveau de vie de centaines de milliers de familles et il avait promis d'augmenter les attributions des surplus alimentaires fédéraux. Sa première décision, en qualité de Président, fut de signer un décret-loi doublant les rations et étendant cet avantage à de nouveaux secteurs victimes du chômage. Lors de ma première conférence de presse, j'avais à mon côté un spécialiste du Département de l'Agriculture, chargé de répondre aux questions techniques.

Et l'une des premières questions fut :

— Combien tout cela va-t-il coûter exactement?

Le spécialiste, dont je tairai le nom, multiplia 4 millions — le nombre des bénéficiaires du décret-loi — par une somme mensuelle approximative de 9 dollars, et déclara que la dépense serait de 36 millions de dollars par mois — chiffre qui fut aussitôt diffusé. Mais, deux heures après la conférence de presse, il arriva en courant dans mon bureau. Il avait commis une légère erreur dans ses calculs! Il ne s'agissait pas de 9 dollars par personne, mais de 9 dollars par famille de quatre personnes. La dépense était de 9 millions et non pas de 36 millions de dollars. Je convoquai immédiatement les reporters et leur communiquai le chiffre exact.

— Vous pouvez dormir tranquille, Pierre, me dit l'un des journalistes, ne vous tracassez pas, ce n'est qu'un détail insignifiant!

Cette première semaine, j'eus deux autres mésaventures. La plupart des photographies de presse et des films de télévision tournés le jour de l'Investiture ne montraient pas la main de JFK posée sur la Bible au moment du serment. D'un bout à l'autre du pays, les standards téléphoniques des journaux et des postes de télévision durent répondre à d'innombrables appels demandant si cette omission avait une signification religieuse, et je fus assailli de questions au cours de l'une de mes conférences de presse. J'avais vu JFK poser la main sur la Bible, mais les journalistes ne se contentèrent pas de ma parole. Il leur fallut celle du Président. Il avait posé la main sur la Bible en prononçant les premiers mots du serment, puis il avait laissé retomber son bras.

Mon vieil adversaire de Palm Beach, Bill Lawrence, du *New York Times*, fut le premier à me donner du fil à retordre quand je devins attaché de presse de la Maison-Blanche. Selon la tradition, les personnalités qui rendent visite au Président et qui, ensuite, acceptent de rencontrer les représentants de la presse, quittent la Maison-Blanche en passant par le hall de la presse, contigu au vestibule ouest. Cette première semaine, JFK rencontra des leaders démocrates du Congrès, qui, de leur propre initiative, quittèrent la Maison-Blanche par une autre sortie. Lawrence fut convaincu qu'il s'agissait là d'un geste délibéré des visiteurs, et que c'était une nouvelle ligne de conduite adoptée par la Maison-Blanche; il refusa de me croire quand je lui déclarai formellement que ni le Président ni moi-même n'avions demandé à ces membres du corps législatif d'éviter la presse.

Je perdis patience :

— Vous semblez suggérer que je vous empêche d'exercer votre métier, M. Lawrence! Vous m'offensez... je suis ici précisément pour vous faciliter la tâche!

Je l'avais appelé « M. Lawrence » uniquement parce que j'étais irrité; en temps ordinaire, les journalistes et moi-même nous interpellions par nos prénoms.

A la suite de ma querelle avec Lawrence, je me fis une règle de toujours demander aux visiteurs — quand les motifs de leur visite n'étaient pas strictement confidentiels — de sortir par le vestibule ouest.

A propos de cette première semaine, je rapporterai une anecdote assez amusante. Le Président devait encore nommer un certain nombre d'ambassadeurs à des postes de première importance, et les représentants de la presse ne cessaient de me harceler pour obtenir les noms des personnalités qui avaient des chances d'être désignées. Je ne pouvais communiquer aucun nom, cela va de soi, avant que JFK fût en mesure d'envoyer sa liste de nominations au Sénat.

Un journaliste me fit des reproches :

— Vous ne nous donnez jamais aucune information de poids, seulement des bagatelles! dit-il.

Je répliquai que l'accusation était mal venue, car j'avais précisément une information de première importance ce jour-là. Je pris un temps, pour ménager convenablement mon effet, puis je déclarai :

— Le chat est là.

— Quel chat?

— Le chat de Caroline.

Avec des mines faussement graves, le crayon à la main, les journalistes se pressèrent autour de ma table de travail.

— Comment s'appelle ce chat?

— Tom Kitten.

Le reporter impatient, celui qui m'avait accusé de ne livrer à la presse que des bagatelles, se penchait maintenant sur moi comme pour m'avaler :

— De quelle couleur est le chat? Je veux des renseignements et je ne repartirai pas d'ici sans avoir obtenu quelque chose!

J'ignorais de quelle couleur était Tom Kitten, mais les journalistes se précipitèrent néanmoins au téléphone munis de quelques renseignements : le chat dormirait dans une caisse, posée sur le linoléum de la chambre de jeux — quant à savoir s'il aurait le droit de rôder pendant la nuit, la décision dépendait du Conseil de cabinet. Hélas, Tom Kitten prit froid cette première nuit et, jusqu'à son complet rétablissement, je fus obligé de diffuser un bulletin de santé quotidien.

Le jour où s'achevèrent mes fonctions, c'est-à-dire le 19 mars 1964, Merriman Smith arriva à quatre heures de l'après-midi dans mon bureau à la tête d'une délégation, pour protester contre ce que lui-même et d'autres journalistes considéraient comme une violation des droits des correspondants accrédités à la Maison-Blanche.

— Accordez-moi deux heures, répondis-je, et le problème sera réglé.

Je quittai mon poste à six heures de l'après-midi et je m'envolai vers la Californie, où lors des prochaines élections j'allais poser ma candidature au Sénat des États-Unis. Mais je ne doute pas que, le lendemain matin, la délégation attendait mon successeur, George Reedy, et que les successeurs de celui-ci, Bill Moyers et Bob Fleming, ont constamment dû faire face à des protestations analogues de la part des journalistes.

VIII

PREMIÈRES ESCARMOUCHES

Au cours de mes premiers mois à la Maison-Blanche, je m'appliquai résolument à apporter un certain nombre de modifications radicales dans les rapports avec la presse. Toutes ces modifications, à l'exception d'une seule, furent jugées acceptables par les principaux correspondants, mais l'exception donna lieu à des manchettes indignées et à des articles de première page criant à la censure et à la dictature de l'information.

J'étais convaincu que le Président aussi bien que ses collaborateurs devaient se rendre beaucoup plus accessibles aux reporters. Jusqu'alors, un conseiller du Président n'accordait jamais une interview sans s'être au préalable entendu avec le Secrétaire de presse. Jim Hagerty, par exemple, même quand il avait donné son accord, assistait souvent à l'interview, pour s'assurer que l'entretien n'allait pas s'écarter de la ligne fixée.

J'éprouvais le sentiment que c'était là une entrave superflue et que le flot des informations devait s'écouler plus librement de la Maison-Blanche. JFK avait une confiance absolue dans tous ses collaborateurs. Et, cela va sans dire, chacun des collaborateurs du Président avait dans sa spécialité des connaissances avec lesquelles j'étais incapable de rivaliser. Je fis savoir que désormais la Maison-Blanche ouvrait largement ses portes. N'importe quel reporter pouvait interviewer n'importe quel collaborateur du Président sur n'importe quel sujet, sans aucune autorisation préalable de ma part.

Durant les trois années qui suivirent, ce nouveau système devait se révéler très satisfaisant, bien qu'il ne fût pas apprécié de tous. Quelques reporters, en effet, estimaient qu'il leur suffisait de se prélasser toute la journée dans le vestibule, en attendant que je leur fournisse un joli paquet de nouvelles à l'occasion de mes conférences de presse. Avec le nouveau système, qui laissait champ libre à l'esprit de compétition, il n'y avait que deux possibilités : se mettre au travail ou se laisser devancer par des confrères plus dynamiques.

Pour le reporter entreprenant, le nouveau système ouvrait à la Maison-Blanche des portes qui étaient demeurées closes pendant des années. James Reston, du *New York Times,* reporter à Washington pendant plus de vingt ans, a déclaré récemment que les « contacts avec les conseillers du Président » avaient été plus aisés durant l'administration Kennedy qu'à aucun autre moment.

Tout le temps que je conservai ma charge, au cours des discussions fréquentes sur une juste politique de l'information, je demeurai convaincu — et je demeure convaincu aujourd'hui — que la meilleure tactique dans les rapports du gouvernement et de la Maison-Blanche avec la presse consiste à faciliter l'accès aux sources d'information et les contacts avec les responsables de la politique du pays. Les journalistes n'ont aucune occasion légitime de se plaindre de l'attitude du gouvernement à l'égard de la presse, si les hommes qui contribuent à élaborer la politique gouvernementale se mettent à la disposition de la presse et s'adressent en toute bonne foi aux journalistes.

Je ne me souviens d'aucun collaborateur éminent de la Maison-Blanche qui ne se soit pas adressé à la presse avec la plus entière franchise — en fait, de l'avis du Président, ses collaborateurs s'exprimaient parfois avec trop de franchise.

Comme on s'en doute, cette politique des « portes ouvertes » n'était pas entièrement sans danger. Les collaborateurs de la Maison-Blanche, certes, secondaient le Président quand il s'agissait de déterminer une ligne de conduite ou de mettre au point un projet; cependant, dans la plupart des cas, ils avaient une personnalité marquée et leur propre conception des besoins du monde et de la nation américaine. Ces conceptions particulières ne correspondaient pas toujours à celles du Président. Mais, le simple fait d'avoir pour interlocuteur un collaborateur important du Président — au cours d'une interview ou d'un déjeuner sans cérémonie — semblait autoriser un journaliste à attribuer au Président les vues d'un de ses conseillers.

Ainsi, par exemple, l'un des collaborateurs de la Maison-Blanche était impatient de voir rétablir en Angleterre la suprématie du Parti Travailliste; et, chaque fois qu'il parlait de politique européenne, il ne manquait pas d'insister sur ce point précis. Certains reporters attribuèrent cette attitude au Président Kennedy, quand bien même, à l'époque, le Président se réjouissait d'avoir d'excellents « rapports de travail » avec le premier ministre Harold Macmillan, membre du Parti Conservateur.

Je me rappelle également un article, paru dans un grand quotidien européen, qui attribuait à JFK une série d'opinions fort peu orthodoxes sur la politique ouest allemande et Berlin. Le Président m'appela dans son bureau :

— Vous avez vu cet article?

— Oui.

— Exprime-t-il, de près ou de loin, mon opinion sur Berlin?

— Non.

— Eh bien, arrangez-vous pour découvrir comment il se fait que de pareilles histoires s'étalent à la première page de ce journal!

Après quelques sondages, je trouvai le nom du coupable — Fred Holborn. Fred était un jeune homme extrêmement intelligent, qui avait étudié avec zèle la question allemande et qui comptait déjà au nombre des collaborateurs de JFK quand celui-ci était Sénateur. Au cours d'une conversation officieuse avec un correspondant étranger, Fred avait fait allusion aux diverses possibilités diplomatiques concernant Berlin, sans jamais suggérer que le Président envisageait de modifier sa politique du moment. Le reporter, quant à lui, décida que les possibilités étaient des probabilités, et il estima avoir recueilli l'opinion du Président, alors que la tâche de Holborn à la Maison-Blanche consistait principalement à rédiger les messages de bons vœux adressés par le Président aux congrès des hommes d'affaires.

Le système des « portes ouvertes », d'autre part, risquait de révéler que les collaborateurs de la Maison-Blanche n'étaient pas toujours d'accord entre eux sur les décisions qu'il convenait d'adopter. Un reporter diligent, après avoir interviewé deux ou trois personnalités, aurait aisément pu rédiger un article intitulé, par exemple, « Graves divergences, aujourd'hui, parmi les principaux conseillers du Président Kennedy, au sujet de la reconnaissance officielle du nouveau gouvernement d'... ». JFK n'aimait pas que les discussions de ses conseillers sur les affaires en cours fussent rendues publiques, mais il tenait à garantir la liberté d'accès à toute source d'information et préférait ne pas museler ses collaborateurs. En revanche, il ne tolérait pas qu'on fît étalage des querelles de famille *après* qu'une décision eut été arrêtée.

Je considérais, en outre, que la presse devait pouvoir communiquer plus facilement avec le Président lui-même. Il ne fait pas de doute que depuis Franklin D. Roosevelt nous n'avions pas eu à la tête de l'exécutif un homme aussi éloquent et aussi persuasif. JFK avait, sur le développement du pays, des idées audacieuses et offrant matière à discussion, des idées qu'il s'agissait de faire admettre par le Congrès et par le peuple américain, et nul ne pouvait les défendre avec plus d'efficacité que le Président lui-même. Il accueillit de façon tout à fait positive ma suggestion de supprimer nombre des obstacles que la tradition avait dressés entre le Président et la presse. En autorisant la télévision à retransmettre en direct les conférences de presse présidentielles, nous renversâmes une première barrière. Nous continuâmes dans cette voie en accordant très largement des interviews exclusives aux journalistes de la presse parlée (radio et télévision) ainsi qu'aux journalistes de la presse imprimée. Il surpassa tous les autres Présidents par le nombre des conférences de presse qu'il tint dans son bureau, en présence d'une foule de reporters aussi bien étrangers qu'américains. Certaines de ses appréciations exprimées, bien que n'étant pas destinées à la publication, éclairaient parfaitement la presse sur la position et les objectifs du Président. Grâce à de telles conférences de presse, JFK réussit à réduire considérablement la diffusion de nouvelles fausses, ou simplement inexactes, susceptibles de provoquer des réactions défavorables aux États-Unis ou à l'étranger.

Le Président eut l'idée d'inviter les directeurs des principaux journaux du pays à une série de déjeuners, État par État. Mon bureau prépara la liste des invités pour les vingt-cinq déjeuners de presse qui eurent lieu. En général, nous invitions les directeurs des vingt journaux les plus importants de chaque État. (Certains États étant très petits, des journaux qui avaient un tirage de dix mille exemplaires se trouvèrent représentés.) Puis, pour compléter la table, nous invitions également les dirigeants de l'association de la presse hebdomadaire de cet État. Le Président pouvait ainsi avoir une vue d'ensemble de la presse de chaque État.

Un bref apéritif précédait le déjeuner. Le Président arrivait quelques instants avant le moment de se mettre à table; il faisait le tour de ses hôtes et serrait la main de chacun. Pendant le déjeuner, qui avait lieu dans la salle à manger d'apparat, le Président s'entretenait avec ses voisins de table immédiats; au dessert, il faisait un exposé rapide de ses vues sur les affaires intérieures et internationales du moment. Ensuite, il ouvrait une discussion générale.

La discussion touchait aux sujets les plus variés, mais il n'y était pratiquement jamais question des rapports de la presse avec la Maison-Blanche. En 1961, les principaux sujets furent Cuba et Berlin. En 1962, il fut surtout question d'impôts et de commerce extérieur.

Il était particulièrement frappant de constater qu'un même directeur de journal, qui venait d'attaquer le Président sur les dépenses de l'administration, ne se privait pas de demander quelques minutes plus tard pourquoi le Président ne construisait pas tel barrage, ou tel édifice public, dans l'État que représentait cet interpellateur. Le Président faisait immédiatement ressortir la contradiction entre les deux interventions.

— D'une part, dit-il à un directeur de journal, vous me demandez de réduire les dépenses intérieures du gouvernement, et d'autre part vous me demandez des faveurs particulières pour votre État. Il m'est difficile de vous donner satisfaction sur les deux points. Et votre attitude contradictoire ne fait que souligner les difficultés auxquelles se heurte le Président. Tout le monde demande une réduction des dépenses gouvernementales et des impôts. Et chacun a son projet de prédilection en faveur duquel il faudrait faire une exception. Voilà qui rend la vie intéressante à la Maison-Blanche!

L'aide aux pays étrangers comptait parmi les autres sujets de conversation. La plupart des directeurs de journaux invités à ces déjeuners étaient opposés au programme d'aide à l'étranger du Président; mais quelques-uns changèrent d'avis quand il leur eut expliqué qu'environ 80 % des marchandises destinées à l'aide aux pays étrangers provenaient d'entreprises américaines, et que tout le programme d'aide militaire consistait en achats par le gouvernement américain d'armes fabriquées dans ses propres usines.

Les directeurs des journaux appréciaient en général la franchise du Président et l'honneur d'être invités à déjeuner à la Maison-Blanche. J'ai, dans mes dossiers, une grande quantité de lettres écrites par des directeurs de journaux au lendemain de ces réceptions; ils me disent tous qu'ils comprennent désormais beaucoup mieux les problèmes du Président et sa façon de les aborder. Le directeur d'un journal m'a écrit un jour : « Je garderai le souvenir de ce déjeuner à la Maison-Blanche, et jamais plus je ne pourrai me lancer dans un éditorial attaquant le Président sans prendre en considération le lourd fardeau qui pèse sur les épaules du Président des États-Unis. »

Ces déjeuners ne manquaient pas d'aspects plus ou moins humoristiques. Un directeur de journal (je le soupçonne d'avoir absorbé un certain nombre de cocktails) voulait absolument emporter une des cuillères en or du service de la Maison-Blanche — « un souvenir pour ma fille ». Il était assis à côté de moi, et je tentai en vain de le persuader que c'était une mauvaise idée. Le Président, assis en face, entendit la conversation et dut intervenir personnellement pour protéger le service de table.

Toutes ces réceptions se déroulèrent dans une atmosphère cordiale — toutes, sauf une. L'exception, ce fut le déjeuner texan, où E. M. Dealey, directeur du quotidien du matin, le *Dallas Morning News*, s'adressa d'un ton dédaigneux au Président :

— Ce qu'il nous faut, pour diriger le pays, c'est un cavalier, et bien des gens, au Texas et dans le Sud-Ouest, ont l'impression qu'en fait de cheval c'est plutôt la bicyclette de Caroline que vous enfourchez!

Les autres convives gardèrent un silence embarrassé; par la suite, l'un d'eux, directeur du *Dallas Times Herald*, journal de l'après-midi, écrivit un mot à JFK, l'assurant que les propos de Dealey n'engageaient que celui-ci.

« Je ne doute pas que les habitants de Dallas sont impatients de voir venir l'après-midi », répondit le Président. Plus tard, dans un discours, il lança un trait contre ceux qui « se méfient de leurs voisins et de leurs chefs. Ils exigent un « cavalier », parce qu'ils n'ont pas confiance dans les gens ». Le jour même où le Président fut assassiné, le *Dallas Morning News* publia, sur une page entière, un placard payé par des « Citoyens de Dallas, défenseurs de la Tradition américaine », et accusant le Président d'être un sympathisant communiste. La veille, un commentateur du *Dallas Morning News* avait conseillé au Président de ne parler, à Dallas, que de navigation de plaisance : « Si votre discours a trait aux voiliers, vous aurez affaire à une foule d'admirateurs. Mais si vous parlez de Cuba, des droits civiques, des impôts ou du Viêt-nam, vous pouvez être sûr et certain qu'il se trouvera quelqu'un pour arrêter la croisière et tirer une bordée de mitraille dans les voiles du bateau présidentiel. »

Je décidai également — encore un bouleversement dans les habitudes de la Maison-Blanche — de traiter sur pied d'égalité la presse étrangère et la presse américaine. Aucun des cinq cents reporters représentant la presse étrangère — journaux, périodiques, stations de radio et de télévision — n'avait jamais appartenu au « directoire ». Le Président ne sous-estimait nullement l'importance de l'image qu'on se faisait de lui à l'étranger. On prétendait, par le passé, qu'un bon article à Paris ou à Bonn ne vous apportait pas un seul électeur de plus à Omaha, mais l'argument est bel et bien périmé. L'impression produite à l'étranger par le Président a des répercussions inévitables en territoire américain.

De plus, l'opinion qu'on se fait à l'étranger du Président des États-Unis est essentiellement fondée sur ce que disent les correspondants des journaux étrangers résidant aux États-Unis. Si ce correspondant, parce qu'il ne comprend pas les formes établies ou qu'il est gêné par son ignorance de la langue, ne peut se faire une idée juste de la politique et des intentions des États-Unis, il est probable que ses lecteurs, eux aussi, seront privés d'une juste information!

Il fallut considérer le problème des correspondants étrangers sous un double aspect : les correspondants établis à Washington et les correspondants établis à New York. Ces derniers représentent plus de la moitié de tous les correspondants étrangers résidant aux États-Unis.

Pour m'aider à résoudre le problème des correspondants étrangers en permanence à Washington, je fis appel à un jeune diplomate de carrière, Jay Gildner, alors attaché de presse de l'agence d'information des États-Unis à Toronto. Il vint compléter mon équipe en qualité de spécialiste chargé d'établir un contact étroit avec la presse étrangère.

Bien des reporters étrangers sont nouveaux venus à Washington, et il arrive fréquemment que l'entière responsabilité d'un bureau de presse étranger repose sur un seul homme. Un grand nombre de reporters étrangers se trouvent désorientés par cette organisation gigantesque qu'est le gouvernement des États-Unis. Évidemment, parmi les correspondants étrangers, il y a quelques vieux professionnels — Adalbert de Segonzac, de *France-Soir*, Henry Brandon, du *London Sunday Times*, Werner Imhoof, de la *Neue Zürcher Zeitung*, et Nicolas Châtelain, du *Figaro* — qui savent trouver leur chemin dans les coulisses du gouvernement et les couloirs de la Maison-Blanche sans avoir besoin d'aucune assistance spéciale.

Pour mettre en route le nouveau programme de collaboration avec la presse étrangère, j'organisai une série de déjeuners, chacun de ces repas réunissant les reporters d'un seul pays. Au cours de ces déjeuners, j'informai les correspondants que je mettais Jay Gildner à leur disposition et que j'étais déterminé à les placer à la Maison-Blanche sur pied d'égalité avec la presse américaine. Le déjeuner en l'honneur de la presse japonaise réunit le plus grand nombre de convives, car le Japon envoie à Washington plus de correspondants qu'aucun autre pays. J'accueillis également à déjeuner les correspondants anglais, français, hollandais, suédois, canadiens et allemands. Malheureusement, la presse d'Afrique et d'Amérique du Sud n'a qu'un très petit nombre de représentants à Washington.

Je me rappelle, notamment, le déjeuner auquel j'avais convié sept correspondants soviétiques, et qui eut lieu au « Bistro », l'un des meilleurs restaurants de Washington. A la consternation horrifiée du maître d'hôtel [1], chacun de mes invités arriva avec sa bouteille de vodka sous le bras, et les murs retentirent des toasts tonitruants qu'ils portèrent à la paix et à la liberté. Je demandai un cigare, et le garçon m'apporta un cigare de qualité plutôt moyenne.

— Nous avons beaucoup de peine à nous procurer de bons cigares cubains, dis-je à Mike Sagateylan, directeur du bureau de l'Agence Tass à Washington.

— Oui, et plus c'est difficile pour vous, plus cela nous est facile, me répondit-il en riant.

Gildner organisa, pour les correspondants étrangers, des conférences de presse spéciales avec de hautes personnalités de l'administration — Walter Heller, du Conseil économique; McGeorge Bundy, conseiller spécial du Président pour les affaires de sécurité nationale, et le conseiller particulier du Président, Ted Sorensen. Des conférences de presse furent également

1. En français dans le texte.

organisées au Département d'État et au Département de la Défense. En outre, avec l'aide d'Arthur Sylvester, du Département de la Défense, et de Roger Tubby et Bob Manning, du Département d'État, nous organisâmes des voyages à travers les États-Unis pour quelques-uns des correspondants étrangers, afin que l'idée qu'ils se faisaient des États-Unis ne se limitât pas à Washington et New York, aussi indiscutable que fût l'intérêt de l'une et l'autre de ces deux villes.

En récompense de ses bons offices auprès de la Maison-Blanche, Gildner fut promu à un poste directeur de l'USIA (office de liaison entre la Maison-Blanche et le Département d'État) et il fut remplacé par Malcolm Kilduff que je réussis à soustraire au Département d'État. Kilduff m'avait aidé en 1961, à l'occasion du voyage du Président en Europe, et j'avais été impressionné par son travail. Quand approcha le moment où Gildner devait nous quitter, je demandai Kilduff pour le remplacer. Le travail accompli par Gildner, puis par Kilduff, se révéla très efficace; non seulement les journaux étrangers consacrèrent davantage de place à la Maison-Blanche, mais leurs articles devinrent plus précis et plus objectifs. En développant les rapports avec la presse étrangère, nous avions établi, en outre, un système d'information qui ne demeura pas unilatéral. Très fréquemment, en effet, et avant aucun communiqué officiel, c'est par le correspondant de tel ou tel pays que nous eûmes vent de quelque important fait nouveau survenu, ou à survenir, dans ce pays. Même les reporters d'Europe orientale, en particulier les journalistes polonais et yougoslaves, discutaient très franchement des intentions de leur gouvernement avec le personnel de la Maison-Blanche. Dans la plupart des cas, leurs « tuyaux » se révélèrent exacts.

Le sort désigna Kilduff pour accompagner à Dallas le Président Kennedy le jour où celui-ci devait être assassiné. Et ce jour, difficile entre tous, Kilduff s'acquitta admirablement de sa tâche.

Dans notre désir d'aider la presse étrangère, il nous arriva, de temps en temps, de soumettre spontanément des propositions aux journalistes. La plus réussie de nos initiatives fut l'interview que le Président et Mrs Kennedy accordèrent à la Télévision française, peu de temps avant leur visite à Paris, en 1961. Par une étrange coïncidence, le jour même où le Président m'avait fait venir dans son bureau pour me proposer d'organiser une interview à l'intention de la télévision française, je reçus un appel téléphonique de Pierre Crenesse, représentant de la RTF à New York, qui me demandait si je pouvais arranger une telle interview. Pierre Crenesse fut assez éberlué de la rapidité avec laquelle je lui accordai satisfaction! L'interview donna un aperçu très vivant, très sympathique du comportement et de la personnalité du Président et de Mrs Kennedy. Mrs Kennedy, qui s'exprime fort aisément en français, s'entretint dans cette langue avec le reporter durant un quart d'heure. L'interview, diffusée dans toute la France la veille de l'arrivée des Kennedy, ne fut pas sans rapport avec l'accueil extraordinairement chaleureux que la population réserva aux deux visiteurs. Les échos de cet accueil enthousiaste eurent un retentissement exceptionnel aux États-Unis — ainsi se trouvèrent confirmées les répercussions intérieures de l'information judicieuse des pays étrangers.

Le Président accorda également une interview exclusive à l'ATV — chaîne britannique de télévision commerciale — et au cours de l'entretien il aborda des sujets aussi graves que l'unité européenne et la nécessité pour la Grande-Bretagne d'entrer dans le Marché commun.

La question des correspondants étrangers de New York posait un problème particulièrement difficile. Ces journalistes, en effet, s'efforçaient de rendre compte simultanément des activités de Washington et des activités des Nations Unies. Limités par le temps, et se trouvant empêchés, évidemment, d'entretenir des rapports étroits avec le gouvernement, ils se contentaient fréquemment de réécrire à leur façon l'édition du matin du *New York Times*. Malgré toute mon admiration pour le *New York Times*, je n'estimais pas que ce fût là une manière satisfaisante d'informer le monde de ce qui se passait à Washington.

J'eus de nombreux entretiens avec Edward R. Murrow et Don Wilson, de l'USIA, et Bob Manning, du Département d'État; finalement, en 1962, l'USIA ouvrit le Centre des correspondants étrangers à New York, dans un bâtiment proche des Nations Unies. Ce Centre devait s'acquitter de plusieurs tâches. La première consistait à informer les correspondants étrangers à New York, d'une façon aussi directe que possible, de ce qui se passait à Washington. Nous installâmes donc une liaison téléphonique avec Washington, pour transmettre les nouvelles importantes concernant le gouvernement, et nous assurâmes la diffusion des communiqués de presse quotidiens du Département d'État. De plus, le Centre fut doté d'une excellente bibliothèque d'ouvrages de références.

Cependant, pour fonctionner efficacement, le Centre devait trouver une incarnation dans la personne de son directeur, et nous n'allions pas désigner celui-ci à la légère. Un jour, j'appelai Wilson et je lui dis que j'avais un candidat à proposer pour la direction du Centre. Wilson me répondit qu'il en avait aussi un. Il se révéla que nous avions tous les deux pensé au même homme — Ernest Wiener, attaché de presse de l'ambassade des États-Unis à Vienne. Wiener m'avait aidé à organiser les entrevues avec la presse, à Vienne, à l'occasion de la rencontre du Président Kennedy et du Président Khrouchtchev, et j'avais alors apprécié ses nombreuses qualités. Il avait une façon remarquable de présenter les objectifs de la politique étrangère américaine et il parlait quelque cinq langues, dont le russe, l'allemand et le français. Le Centre prit un départ assez lent, mais les correspondants commencèrent à affluer, toujours plus nombreux, quand ils comprirent que nous avions au Centre un homme conscient de leurs difficultés, un homme qui était prêt à les aider et à leur fournir une documentation authentique et précise sur les États-Unis. Je considère la création de ce Centre comme l'une des réalisations les plus importantes de l'administration Kennedy dans le domaine des relations avec la presse.

J'avais le sentiment qu'il devrait exister des contacts entre les secrétaires de presse des différents gouvernements. A mon arrivée à la Maison-Blanche, j'avais découvert que de tels contacts s'établissaient occasionnellement entre les États-Unis et l'Allemagne occidentale, et entre les États-Unis et la Grande-Bretagne, sur des problèmes d'information communs aux uns et aux autres. Mais je décidai d'étendre ces contacts à d'autres pays. Je me fis une règle d'organiser des rencontres avec les attachés de presse des chefs d'État visitant le Président Kennedy. Ainsi, en peu de temps, je me liai avec vingt-cinq ou trente des principaux secrétaires de presse du monde entier. Quelques-uns de ces nouveaux contacts me furent utiles en période de crise. Par exemple, les relations personnelles que j'avais établies avec Fabian Velarde, attaché de presse du Président de la République de Panama, se révélèrent extrêmement précieuses au cours des émeutes qui éclatèrent dans la zone du canal de Panama, en 1964 — je parlerai de cette affaire dans un autre chapitre. Autre exemple : en 1962, M. Amintore Fanfani, alors Premier Ministre du chef du gouvernement italien, eut un entretien capital avec le Président Khrouchtchev. Cette rencontre se situait à un moment difficile des rapports États-Unis-URSS, quand les Russes venaient de recommencer leurs essais nucléaires. Humberto Bianchi, attaché de presse du Premier Ministre italien, prit l'avion pour Londres, où je faisais un bref séjour; il tenait à me communiquer personnellement les résultats de l'entrevue — afin que j'en informe le Président Kennedy — plutôt que de suivre la voie plus longue du courrier diplomatique.

L'un de mes objectifs, pourtant, ne fut que partiellement atteint. En raison des difficultés propres à l'hémisphère occidental, et notamment celles soulevées par les relations entre les États-Unis et l'Amérique latine, je désirais organiser une rencontre des secrétaires de presse de tout le continent américain, afin d'essayer d'améliorer la compréhension mutuelle. Car il faut reconnaître, hélas, que la presse des États-Unis, à l'exception des « grands » journaux, fournit à ses lecteurs une information très insuffisante sur l'Amérique latine. Inversement, il n'y a pour ainsi dire pas de journalistes d'Amérique latine aux États-Unis. Il s'ensuit, évidemment, une série de malentendus.

J'exposai mon projet à Ali Caccavalle, attaché de presse de M. Romulo Betancourt, alors Président de la République du Venezuela. Caccavalle réagit avec enthousiasme et se déclara prêt à m'aider dans toute la mesure du possible.

Une première occasion se présenta, quand le Président Kennedy annonça son intention de rencontrer les Présidents des Républiques d'Amérique centrale au cours du printemps 1963.

Au début du mois de mars, je partis pour San José, capitale de la République de Costa Rica, afin de commencer à préparer le voyage du Président. A la même époque, Caccavalle arriva de Caracas, et nous rencontrâmes les attachés de presse des autres Présidents des Républiques d'Amérique centrale. Au cours de ces entretiens préliminaires, nous décidâmes que les attachés de presse des Républiques d'Amérique centrale se réuniraient en session officielle à la fin du mois, au moment de la visite du Président Kennedy.

Cette dernière assemblée vota une résolution, qui attirait l'attention sur la nécessité d'éclairer l'opinion, « en vue d'une adhésion populaire à l'Alliance pour le progrès », ainsi que sur la « propagande et les activités subversives du communisme international, à partir de Cuba ». La résolution proposait également une conférence plus étendue des spécialistes de l'information de la Colombie, de la République dominicaine et du Mexique. Cette conférence devait se tenir à Oaxaca, au Mexique, au cours de l'été 1963. Deux fois, la conférence dut être renvoyée à une date ultérieure, en raison de l'indisponibilité de l'un ou l'autre des attachés de presse; finalement, je quittai la Maison-Blanche sans avoir mené à bien mon entreprise, c'est-à-dire sans avoir pu pousser plus avant la discussion sur les rapports entre les deux Amériques et m'attaquer sérieusement au mur de la méfiance et des malentendus.

Nos efforts pour éclairer le public furent étendus à divers secteurs. Le Département d'État, sous la responsabilité de Roger Tubby, puis de Bob Manning, organisa des conférences de presse pour des journalistes de la radio, de la télévision et de la presse écrite de toutes les régions des États-Unis; au cours de ces conférences, des exposés sur les problèmes de politique étrangère furent présentés par différents conseillers du gouvernement et même par le Président des États-Unis.

Tubby et Manning envoyèrent également des personnalités du Département d'État en mission spéciale à travers le pays, pour entretenir la presse et le public des questions de politique étrangère. Certaines de ces conférences, dans telle ou telle ville, furent patronnées par un important journal local — par le *Star*, à Kansas, et par le *Post*, à Denver. Ces conférences se révélèrent très efficaces; elles éclairaient notablement l'opinion sur la politique étrangère des États-Unis et apportaient une plus grande adhésion populaire.

Enfin, la coordination de toutes les nouvelles importantes émanant de l'Exécutif fut le changement le plus controversé que j'apportai dans nos rapports avec la presse. En effet, une importante fraction de la presse estima que nous introduisions un système d'information dirigée.

En étudiant les rapports des administrations précédentes avec la presse, j'avais été frappé par nos premières réactions lors de l'incident de l'*U-2*, en 1960, et je considérais que l'attitude des attachés de presse américains avait été catastrophique. Dans les heures qui suivirent le communiqué annonçant que Francis Gary Powers avait été abattu au-dessus de l'Arménie soviétique, quatre attachés de presse de Washington diffusèrent quatre interprétations différentes de l'affaire. Pour parler brutalement, nous donnions l'impression de mentir. La réaction internationale fut déplorable, cela va de soi. J'étais décidé à prendre toutes les précautions pour que l'administration Kennedy ne pût être victime de semblable erreur, et il n'y avait qu'une seule façon de procéder. Les attachés de presse des différents départements de l'Exécutif devaient soumettre à la Maison-Blanche toutes les déclarations et tous les discours traitant de questions nationales et internationales importantes. D'ailleurs, pourquoi ne l'auraient-ils pas fait? JFK était parfaitement justifié de vouloir que l'ensemble de l'administration tînt un même langage, et un langage destiné à appuyer la politique du Président! En fait, cette coordination, ou cette concordance de l'information au niveau supérieur ne signifiait nullement une nouveauté. Hagerty et tous les secrétaires de presse à la Présidence, quand même ils le faisaient de façon imperceptible, avaient imposé une stricte discipline aux attachés de presse de l'Exécutif. Mon crime, c'était de donner un caractère officiel au système, d'annoncer publiquement la formation d'un comité de coordination qui se réunirait chaque semaine dans mon bureau.

JFK m'appuyait de toute son autorité. La première instruction qu'il me communiqua, quand je devins sous-secrétaire de presse, fut de prendre sous mon entière responsabilité l'ensemble des informations émanant de l'Exécutif. Bien entendu, je fus l'objet d'attaques violentes, sinon toujours fondées, de la part de la presse, qui considérait le comité de coordination comme une censure déguisée de la part de la Maison-Blanche. La première accusation contre la prétendue censure — ou dictature de l'information — s'éleva exactement trois jours après l'Investiture. Un aide de l'amiral Arleigh A. Burke vint me présenter un discours que le chef des opérations navales avait l'intention de prononcer cette même semaine. Le texte était extrêmement hostile à l'Union soviétique. Ce que l'amiral ignorait, c'était que Khrouchtchev s'apprêtait à libérer les quatre aviateurs du *RB-47* abattu le 1er juillet 1960 par un *MIG* soviétique au-dessus des eaux internationales, près de Mourmansk. La bordée de Burke contre le Kremlin présentait de toute évidence une menace pour la liberté des quatre hommes. Je montrai le texte à Sorensen et à Bundy, qui furent également d'avis qu'il fallait demander à l'amiral d'atténuer la vigueur de ses propos. L'affaire ne fut pas même soumise à l'appréciation personnelle de JFK.

Burke adoucit son langage, mais l'état-major de l'amiral fut à l'origine de l'inévitable fuite qui informa la presse que la Maison-Blanche muselait les militaires, accusation qui donna lieu à une enquête très poussée. Or, en la circonstance, notre façon d'agir ne différait aucunement de la façon d'agir des collaborateurs des Présidents précédents. L'aide de Burke était venu de lui-même me présenter le discours — que je n'avais pas demandé à voir — et cette démarche révélait clairement qu'il avait l'habitude de procéder ainsi avant l'entrée en fonctions de JFK. (Des témoignages, apportés antérieurement à un comité du Congrès enquêtant sur la liberté de l'information au sein du gouvernement, révélaient que l'administration Eisenhower avait également eu des difficultés avec l'amiral Burke. Durant la seule année 1956, il avait été prié de modifier quatorze discours ou articles.)

Je réunissais le comité de coordination tous les mardis après-midi. Nos séances avaient, en fait, deux objectifs. D'une part, nous passions en revue les dernières dispositions arrêtées par l'Exécutif et les faits nouveaux qui s'étaient produits à l'intérieur des différents services; d'autre part, nous décidions de la façon dont il convenait de diffuser ces informations et l'importance qu'il fallait leur accorder auprès des reporters couvrant l'activité des principaux départements.

Nos séances du mardi informaient donc tous les principaux attachés de presse du gouvernement de ce qui se passait dans les différents départements. Et elles étaient pour moi-même une excellente préparation; grâce à ce que j'apprenais au cours de chaque séance, je pouvais affronter les questions des journalistes lors de mes conférences de presse quotidiennes — à onze heures et seize heures.

Entre les réunions du comité, les informations continuaient à circuler. Grâce à cette transmission régulière des nouvelles, le Président et moi-même avons souvent appris les projets d'un département du gouvernement qui n'avaient pas été soumis à l'appréciation de la Maison-Blanche — un grand nombre de ces projets étant d'ailleurs contraires aux désirs et aux intérêts du Président.

De tous les attachés de presse qui collaboraient avec nous, l'un des plus remarquables était Arthur Sylvester. Le Département de la Défense est un véritable labyrinthe, et il est à peu près impossible à aucun Président ou aucun Secrétaire à la Défense de savoir constamment tout ce qui s'y passe. J'eus plus d'une fois l'occasion d'apprécier la valeur inestimable des informations que Sylvester me transmettait sur les projets du Département de la Défense. Par exemple, Sylvester m'apprit un jour que le Département de la Défense étudiait la possibilité d'établir des bases d'essais nucléaires en Alaska. Quand il me transmit cette information, je pensai immédiatement à la réaction probable de l'URSS, si les États-Unis procédaient à des essais nucléaires aussi près de la frontière soviétique. Je consultai le Président, qui n'avait jamais entendu parler de ce projet. A la suite d'une conversation téléphonique entre le Président et M. McNamara, secrétaire à la Défense (qui n'avait pas non plus entendu parler de ce projet), toute l'affaire fut immédiatement annulée.

Nos séances hebdomadaires avaient également pour objet de rassembler la documentation qui préparerait le Président à ses conférences de presse.

Parmi les membres réguliers du comité, il y avait Bob Manning, du Département d'État; Arthur Sylvester, du Département de la Défense; Don Wilson, de l'USIA; Dixon Donnelley, du Trésor (il est actuellement au Département d'État); Bill Lloyd, de la NASA (National Aeronautics and Space Agency); le regretté Duncan Clark, de la Commission pour l'énergie atomique; Stanley Grogan, du CIA, et George Reedy, représentant le vice-Président Johnson. J'élargissais le comité quand une question particulièrement brûlante intéressait tel service précis du gouvernement. Par exemple, Ed Guthman, du Département de la Justice, se joignait à nous si l'actualité exigeait une mise au point sur des problèmes de droits civiques; et Rodney Leonard, du Département de l'Agriculture, si quelque décision législative concernant l'agriculture était sujette à polémique.

Notre façon de procéder — très semblable à la méthode d'Hagerty — consistait à nous mettre d'accord sur les vingt ou trente questions que les correspondants allaient très probablement poser lors de la conférence de presse du lendemain. Nos hommes avaient une intuition très aiguë de ce que pensait la presse, et ils prévoyaient infailliblement toutes les questions importantes qu'allaient aborder les journalistes. Quand il s'agissait d'un domaine délicat, nous préparions le texte de la réponse ainsi qu'une documentation complémentaire de dernière heure.

En fin d'après-midi, je remettais le résultat de notre travail au Président, et il étudiait cette documentation avant de se coucher. Le lendemain matin, pendant le petit déjeuner, le Président se soumettait à une répétition, en présence de ses principaux collaborateurs. Il y avait toujours là le vice-Président Johnson, MM. Rusk et McNamara, Walter Heller, Président du Comité des conseillers économiques, ainsi que Sorensen, O'Brien, Bundy et Myer Feldman. J'étais assis en face de JFK et, pendant qu'il mangeait ses œufs au jambon, je le mitraillais de questions formulées dans le style qu'à l'avance, j'attribuais aux journalistes. Parfois, le Président répliquait : « Là, je saurais me débrouiller, continuons! » Mais, le plus souvent, il répondait à la question, puis il demandait les commentaires d'un membre du cabinet ou d'un de ses collaborateurs immédiats.

Il y avait en général six ou huit questions pour lesquelles il demandait davantage de documentation, et immédiatement après le petit déjeuner je commençais à rassembler le matériel nécessaire. Après le déjeuner, le Président faisait presque toujours la sieste, afin de se trouver frais et dispos au moment de la conférence de presse, qui le plus souvent avait lieu à 16 heures. Bundy, Sorensen et moi-même venions le réveiller aux environs de 15 heures et nous lui communiquions la documentation supplémentaire pendant qu'il s'habillait. Je partais ensuite avec le Président; nous arrivions au Département d'État à 15 h 50. M. Rusk, M. George Ball, sous-secrétaire d'État, et Manning, attaché de presse du Département d'État, nous attendaient dans une petite pièce attenante à la salle de conférence; ils nous faisaient connaître les dernières nouvelles transmises par le téléscripteur du Département d'État. En outre, cette salle d'attente était directement reliée par téléphone à la Maison-Blanche, qui pouvait nous transmettre toute information importante qui serait parvenue à la dernière minute aux services de la Présidence.

A 16 heures précises, le Président montait sur l'estrade. Je m'asseyais à sa gauche, en retrait, et je ne cessais de surveiller les coulisses, pour recueillir éventuellement une nouvelle supplémentaire transmise par télétype ou par téléphone et qui devait être annoncée immédiatement. Je prenais également des notes relatives à des questions d'intérêt strictement local que le Président ne pouvait avoir prévues — l'adjudication d'un modeste contrat d'armements ou une subvention accordée pour aider la remise en valeur d'un secteur restreint — et, de retour dans mon bureau, je préparais la réponse pour le reporter.

La première conférence de presse de John F. Kennedy — et la première conférence de presse d'un Président des États-Unis retransmise en direct par la télévision — eut lieu le 25 janvier 1961, dans la salle de conférences du nouveau bâtiment du Département d'État. Ce ne fut nullement l'échec que mes querelleurs de Palm Beach avaient prédit.

Cette conférence de presse, ainsi que les soixante et une qui suivirent, fut remarquable par sa dignité et donna au peuple américain un brillant aperçu de l'intelligence et de l'esprit de l'une des personnalités politiques les plus éclatantes de notre histoire. Ce fut d'ailleurs à l'occasion des conférences de presse du Président que le public apprit un grand nombre de nouvelles retentissantes. La principale nouvelle révélée lors de la première conférence de presse de JFK concernait la libération par l'Union soviétique des aviateurs du *RB-47* — le capitaine Freeman B. Olmstead et le capitaine John R. McKone, seuls survivants des six hommes qui formaient l'équipage de l'avion de reconnaissance. Le geste des autorités soviétiques traduisait de toute évidence des intentions amicales à l'égard du nouveau Président et promettait, ne fût-ce que pour une brève durée, un climat plus cordial dans nos relations avec le Kremlin.

— J'ai l'impression que ça s'est très bien passé, me dit le Président dès que nous fûmes dans la voiture qui nous ramenait à la Maison-Blanche. Combien de personnes, croyez-vous, ont regardé l'émission à la télévision?

Je commençai par répondre évasivement. Nous devions attendre les estimations des spécialistes. Puis j'ajoutai que le Président avait certainement eu un auditoire de plus de cinquante millions de personnes. (Le chiffre définitif, en fait, fut de soixante millions.)

Pour un homme qui avait consacré la majeure partie de sa vie à la politique et aux campagnes électorales, c'est-à-dire un homme qui attribuait une importance prépondérante à l'ampleur de son auditoire, le chiffre était proprement renversant. Mais JFK se contentait de hocher la tête. Je savais qu'il était impatient de connaître les réactions de sa femme. Elle avait regardé la télévision à la Maison-Blanche. Je n'ai jamais su ce que Mrs Kennedy avait dit à son mari, mais le lendemain matin il planait au septième ciel.

Les préparatifs pour la première conférence de presse avaient commencé à la fin du mois de décembre. Je savais qu'il nous faudrait trouver un nouveau local, car la Salle du Traité indien, du bâtiment des services administratifs, où Truman et Eisenhower réunissaient la presse, serait beaucoup trop petite.

Avec les années, les conférences de presse du Président des États-Unis ont pris une importance croissante, et le caractère même de la conférence de presse présidentielle a radicalement changé depuis Woodrow Wilson. Wilson était profondément convaincu que l'ensemble de la population jouait un rôle dans les affaires de l'État, et il avait pris l'habitude de tenir une conférence de presse dans son bureau deux fois par semaine. Ses conférences étaient en général fort paisibles, mais il lui arrivait de se mettre en colère contre un interlocuteur trop pressant. « Sacré nom, mon bonhomme, prenez-moi comme je suis et n'insistez pas! » s'écria-t-il un jour, mais quelques instants plus tard, il ajouta : « Excusez-moi d'avoir explosé! » Dans les derniers temps de son mandat, Wilson renonça aux conférences de presse. Son successeur, Warren G. Harding, les rétablit, mais imposa un règlement qui devait subsister longtemps par la suite — aucun propos tenu lors d'une conférence de presse du Président ne pouvait être cité littéralement. A mi-terme de son mandat, il imposa un autre règlement : les questions qui seraient posées au cours de la conférence de presse devaient être soumises d'avance au Président. Le règlement fut prorogé par Calvin Coolidge; celui-ci, debout derrière une table, tenait une épaisse liasse de feuillets à la main; pendant la conférence, il lui arrivait d'éparpiller plusieurs feuillets sur le sol — les feuillets portant des questions auxquelles il refusait de répondre. Il répondait aux autres questions, mais souvent d'une manière très laconique. Étant donné certaines controverses actuelles, il est intéressant de noter que l'Institut des affaires publiques, lors d'une séance tenue à Charlottesville (Virginie), en 1928, condamna vigoureusement Coolidge, l'accusant de se servir de la presse à des « fins de propagande ». Les conférences de presse du Président Hoover, également tenues dans son bureau, et toujours soumises aux règlements Harding-Coolidge, devinrent de moins en moins fréquentes. La première année de son séjour à la Maison-Blanche, le Président Hoover accorda en moyenne une conférence de presse toutes les deux semaines. La dernière année, il n'y en eut plus qu'une par mois.

Ce fut Franklin Roosevelt qui amorça l'évolution « moderne » de la conférence de presse présidentielle. Deux fois par semaine, avec une régularité sans faille, il tint une conférence de presse dans son bureau. D'autre part, avec ses « conversations au coin du feu », il fut le premier à se servir de la radio. 30 ou 40 reporters seulement assistaient à ses conférences de presse — leur nombre augmenta jusqu'à 150 pendant la Présidence Truman. Un certain temps, le Président Truman lui aussi tint les conférences de presse dans son bureau. Mais, finalement, il décida d'accueillir les journalistes dans le bâtiment des services administratifs. Il annonça officiellement que son bureau était devenu trop petit pour contenir la foule des journalistes. Mais de vieux routiers de la presse affirment qu'il faut chercher ailleurs la véritable raison de ce déplacement. Comme le raconte Merriman Smith, « les reporters secouaient leur stylo quand celui-ci se bouchait et ils tachaient d'encre le joli tapis vert du bureau présidentiel; alors, évidemment, ça l'ennuyait beaucoup ».

Le Président Eisenhower opta lui aussi pour la Salle du Traité indien, car ses conférences de presse attiraient désormais 250 journalistes ou davantage, beaucoup plus que n'en pouvait recevoir son bureau. JFK n'eut jamais moins de 400 reporters et photographes à chacune de ses 62 conférences de presse à Washington. Ce chiffre traduit clairement l'importance croissante du bureau du Président en tant que source d'informations. A l'époque de Steve Early, premier attaché de presse de Franklin D. Roosevelt, il n'y avait qu'une centaine de reporters accrédités à la Maison-Blanche. Je devais, quant à moi, m'occuper de plus de 1.200 journalistes.

La salle de conférences du nouveau bâtiment du Département d'État s'adaptait parfaitement à nos besoins. Elle était suffisamment grande pour contenir l'auditoire le plus vaste que nous pouvions espérer. Mais, grâce à des parois mobiles disposées dans le fond, nous pouvions réduire les dimensions de la salle les jours de moindre affluence. De cette façon, le Président faisait toujours « salle comble » — et c'est là l'unique concession aux lois du spectacle télévisé dont je m'avoue coupable.

Le Président, obligé de se tenir sur le qui-vive pendant une demi-heure, se montrait toujours en pleine possession de ses moyens, faisant preuve d'un esprit vif et bien informé; après la conférence, il était impatient de connaître les jugements que son entourage portait sur l'exploit. Une chaîne de télévision de Washington enregistrait la conférence de presse et la diffusait dans le courant de la soirée. Le Président, chaque fois que cela lui était possible, regardait l'émission et exprimait fréquemment un avis critique aussi bien sur lui-même que sur la qualité technique de l'émission.

« Là, j'aurais pu m'en tirer beaucoup mieux... », « Quel éclairage déplorable... » ou « Cet angle de prise de vue me tue! » étaient quelques-uns de ses commentaires caractéristiques.

Après la première conférence de presse, nous fûmes accusés d'avoir intentionnellement retardé l'annonce de la libération des deux aviateurs par les Russes, afin que le Président eût une nouvelle sensationnelle à communiquer.

La veille au soir, David Wise, du *New York Herald Tribune*, m'avait téléphoné pour me dire qu'il savait catégoriquement que l'Union soviétique allait libérer le capitaine Olmstead et le capitaine McKone. Wise, l'un des plus entreprenants reporters de Washington, tenait là une exclusivité d'un intérêt capital. La Maison-Blanche venait d'apprendre, ce même jour, à quel moment exactement Olmstead et McKone seraient libérés. Mais notre ambassade à Moscou nous avait également avisés que les Russes souhaitaient l'annonce simultanée de la nouvelle dans l'un et l'autre pays.

Je parlai à Wise avec une entière franchise. Je lui dis qu'il tenait une information exacte, mais qu'une publication prématurée de cette nouvelle risquait de faire échouer toute l'affaire.

— Il faut que je consulte New York, répondit-il. Je vous rappellerai.

J'eus tout loisir de me tourmenter pendant une heure; enfin, Wise rappela. Il avait parlé avec Jock Whitney, directeur du *New York Herald Tribune*. L'article ne paraîtrait pas dans l'édition du lendemain matin. Si le *New York Herald Tribune* n'avait pas, dans l'intérêt national, fait preuve de bonne volonté et s'était obstiné à publier la nouvelle, Olmstead et McKone seraient peut-être aujourd'hui encore enfermés dans la prison de la Lioubianka. Le lendemain matin, nous apprîmes que les aviateurs *auraient pu* se trouver déjà hors du territoire soviétique avant la première édition du *New York Herald Tribune*. Mais, de fait, ils avaient été retenus douze heures à l'aéroport de Moscou, en raison d'un incident technique survenu à bord du courrier commercial qui devait les emporter.

Quand le Président annonça la libération des deux hommes, ceux-ci ne se trouvaient effectivement libres que depuis cinq heures.

Je ne cherche pas à nier que ce fut là l'information la plus retentissante de la première conférence de presse, mais nous n'avions pas retardé la diffusion de la nouvelle afin de réserver ce privilège au Président, accusation que certains journalistes — Wise n'était pas du nombre — répandirent par la suite.

Plus tard, on nous a accusés de régulièrement « mettre de côté » les nouvelles les plus importantes, pour que le Président pût les annoncer de façon spectaculaire au cours de ses conférences de presse — cela n'est pas vrai non plus. Les dossiers révèlent que le discours par lequel le Président ouvrait la conférence de presse — dans le cas où ce discours contenait la grande nouvelle du jour — traitait presque toujours d'événements de dernière heure. En réalité, le plus souvent, ce fut par le libre jeu des questions et des réponses, et non par l'exposé d'introduction du Président, que les correspondants apprirent les nouvelles les plus sensationnelles. Je reconnais avoir de temps en temps suggéré moi-même des questions qui pouvaient fournir aux journalistes la matière d'un article de première page ou d'un communiqué spécial à la radio et à la télévision. Je me contentais, dans ces cas-là, de faire venir un journaliste dans mon bureau et de lui dire que s'il posait certaine question ce jour-là, il recevrait une réponse très intéressante. Il suivait toujours mon conseil. J'avais deux raisons pour procéder ainsi. En premier lieu, d'un point de vue de technique journalistique, une déclaration présidentielle revêt souvent plus d'intérêt quand elle a été provoquée par la presse plutôt que spontanément présentée par le Président. Deuxièmement, les reporters ne se préparent pas à la conférence de presse avec la même application que le Président. Souvent, alors que celui-ci s'était longuement préparé à répondre à une question du plus haut intérêt, personne ne lui posait cette question. Or, nous considérons que non seulement le Président devait avoir l'occasion d'exprimer son opinion sur certaines questions, mais aussi que la question devait être formulée de manière à amener la réponse exacte que le Président avait préparée.

Ed Folliard se présentait souvent chez moi de sa propre initiative et me tendait une feuille de papier :

— Voilà une question que je vais poser aujourd'hui à votre patron. Il n'a plus qu'à préparer la réponse!

Ed Folliard était un de ces vieux routiers qui prenaient la conférence de presse pour ce qu'elle était — l'occasion de transmettre à ses lecteurs, de façon aussi directe que possible, la pensée du Président. Folliard n'essayait pas de faire tomber le Président par surprise dans un traquenard, ou d'engager avec lui une discussion en public. Folliard était là pour obtenir des réponses précises à ses questions. Le meilleur moyen d'obtenir satisfaction, c'était d'avertir le Président de ce qui allait venir et de lui donner ainsi la possibilité de préparer une réponse détaillée.

D'autres reporters, en revanche, venaient uniquement pour poser les questions fournies par la direction de leur journal républicain — la plupart de ces questions n'exprimant guère que de l'hostilité.

Ces questions-là, facilement reconnaissables, étaient toujours du style « Continuez-vous à battre votre femme? » En voici deux exemples :

Le 15 janvier 1962 : « Il y a maintenant plus de quatre mois, les Soviets ont commencé une série d'essais nucléaires dans l'atmosphère et vous conviendrez, j'en suis certain, qu'il serait imprudent de croire que les Russes ne préparent pas de nouveaux essais. Pouvez-vous nous dire en raison de quelles considérations capitales nous accordons à un ennemi possible une avance de temps aussi considérable, et pouvez-vous nous dire également quand il nous sera permis d'espérer une décision de votre part en cette affaire? »

Le Président répondit point par point à cette question :

« Eh bien, comme vous le savez, nous avons nous-même fait des essais souterrains, et je suppose que cela doit être pris en considération quand vous parlez d'une avance de temps que nous aurions consentie. Deuxièmement, bien sûr, nous étions en train de négocier à Genève quand l'Union soviétique, après plusieurs mois de préparatifs, commença ses essais.

« Ainsi que je l'ai déjà annoncé, nous préparons des essais atmosphériques et, si cela est dans l'intérêt public, nous effectuerons ces essais quand les préparatifs seront terminés. Mais, les États-Unis étant un pays libre, où la presse est libre, il nous est absolument impossible de préparer... d'entreprendre les préparatifs de grande envergure qui seraient nécessaires, alors que justement nous menons des négociations d'une importance vitale sur l'arrêt des expériences nucléaires. L'Union soviétique a donc un avantage par rapport à nous. Dans cette guerre froide, l'Union soviétique a l'avantage de la dictature. Mais cet avantage même signifie également de très graves inconvénients, et je pense qu'il nous faut tenir compte de ce double aspect de la situation. »

Le 11 avril 1962 : « Monsieur le Président, des soldats américains se font tuer au Viêt-nam, qu'allez-vous décider à ce sujet? »

A cette question, le Président donna la seule réponse réellement possible dans la circonstance :

« Je me tourmente beaucoup pour les soldats américains qui se trouvent en danger dans différents secteurs. Nous essayons d'aider le Viêt-nam à maintenir son indépendance, à échapper à la domination communiste. Le gouvernement estime que, pour préserver son indépendance, le Viêt-nam a besoin de notre assistance. C'est très... il s'agit là d'une opération très périlleuse, de même que furent périlleuses nos interventions au cours de la Deuxième Guerre mondiale, de la Première Guerre mondiale, de la guerre de Corée, où sont morts des milliers et des centaines de milliers d'Américains. Mais nous ne pouvons pas abandonner le Viêt-nam. »

D'autres reporters encore, simplement désireux de se mettre en vedette, cherchaient à provoquer une discussion afin d'attirer à tout prix l'attention sur leur personne.

Avec le recul du temps, il m'apparaît très sage d'avoir autorisé la télévision à retransmettre les conférences de presse en direct. Le Président Johnson, certes, se présente moins souvent « en direct » que le Président Kennedy, mais pour des raisons qui n'ont rien à voir avec l'efficacité du procédé. En fait, il se sent plus à l'aise — et plus expansif — dans un climat moins tendu.

La plupart des reporters de la presse écrite reconnaissent aujourd'hui qu'ils se sont trompés, et que la télévision en direct n'a entraîné aucune des conséquences néfastes qu'ils redoutaient. Et l'on constate, non sans quelque ironie, que de nombreux reporters, parmi ceux qui s'opposaient avec le plus de vigueur à la télévision en direct en 1960, insistent actuellement avec autant de vigueur pour que LBJ autorise plus souvent les retransmissions en direct.

Il ne fait pas le moindre doute que la télévision en direct convenait parfaitement à JFK. Les idées et la philosophie du Président étaient révélées on ne peut plus clairement pendant ces moments de vérité, quand il se trouvait seul devant des millions de concitoyens pour répondre à des questions de la plus haute importance concernant leur vie et leur survivance. A défaut des mémoires que JFK aurait certainement écrits, le texte enregistré de ses conférences de presse présente un héritage éminemment révélateur. Car ce texte révèle l'homme aussi bien que ses idées. Sa maîtrise dans l'art de gouverner et le soin de ne rien négliger de ce qui avait trait à sa charge, son refus médité de ne considérer aucun problème en termes simplistes, sa vivacité d'esprit, ses justes colères et un sens de l'humour particulièrement aigu, tout cela apparaît avec évidence.

On ne saura jamais avec certitude, bien sûr, si la télévision en direct a rempli l'une des principales fonctions que je lui assignais — si elle a été un instrument de propagande puissant dont le Président se serait servi pour faire accepter sa politique intérieure par les membres d'une opposition formidable, dans la presse aussi bien qu'au Congrès. Certes, dans le domaine de la politique intérieure, il a perdu autant de batailles qu'il en a gagné. Mais, au plus profond de moi-même, je reste convaincu que le nombre de ses victoires aurait été très inférieur s'il ne s'était pas servi de la télévision en direct.

Je crois également que le Président Johnson doit au travail d'information accompli par JFK d'avoir pu imposer au Congrès une part aussi considérable des projets législatifs de la « Nouvelle Frontière ».

L'une des conférences de presse du Président entrouvrit des perspectives nouvelles particulièrement stimulantes : l'unique conférence retransmise en direct vers l'Europe par le satellite Telstar.

S'il est encore des gens pour douter des bouleversements que signifiera, à l'échelle de l'information universelle, l'installation d'un réseau complet de satellites de communication, je leur propose de considérer attentivement ce qui s'est produit en cette circonstance précise.

Durant les premiers mois de l'administration Kennedy, on avait demandé à plusieurs reprises au Président s'il allait dévaluer le dollar américain ou hausser le prix de l'or. Il avait catégoriquement démenti l'une et l'autre rumeur, sans aucun effet pourtant sur les marchés de l'or à l'étranger.

Au cours de la conférence de presse transmise par Telstar, la même question fut de nouveau posée au Président. Il répondit comme précédemment — pas de dévaluation, pas de hausses du prix de l'or. Cette fois-ci, la déclaration eut un effet foudroyant sur le marché de l'or à Londres : les cours de l'or s'effondrèrent aussitôt après que les acheteurs en quête de placements et les spéculateurs eurent entendu le Président des États-Unis s'exprimer en direct à la télévision.

La même déclaration, indéfiniment répétée par les journaux, était demeurée sans effet, alors que la simple apparition du Président sur le petit écran avait suffi à convaincre l'opinion.

Le Président Kennedy fut stupéfait de la réaction que ses propos avaient provoquée en Angleterre. Mais le fait même lui révélait que le Président des États-Unis, à condition de s'exprimer sans intermédiaire, pouvait obtenir un soutien massif de sa politique. JFK devint dès lors un partisan ardent du système de communication par satellite, système qui est en train de s'imposer rapidement.

Triste ironie du sort, le Président devait s'adresser en direct aux Japonais, par la voie du satellite Syncom, le 23 novembre 1963 — le lendemain du jour où il fut assassiné.

Je ne résisterai pas à la tentation de terminer ce chapitre en parlant de Bill Lawrence, qui m'avait donné tant de fil à retordre lors de ma désastreuse conférence de presse à Palm Beach, quand j'avais annoncé que le Président passerait en direct à la télévision. Par la suite, correspondant du *New York Times* à Washington, Lawrence continua à me harceler pendant des semaines, prétendant que nous commettions une erreur qui allait prendre des proportions historiques.

Mais un jour, à la fin du mois de mai 1961, Bill vint me voir dans mon bureau de la Maison-Blanche. (Le lendemain, ou le surlendemain, JFK partait pour son premier voyage présidentiel en Europe.)

Bill était fou de rage :

— Je ne pars pas avec vous. Le journal a décidé que nos correspondants en Europe suffiraient à faire la besogne. — La colère l'étouffait. — Si on me proposait, là, tout de suite, un travail intéressant, je leur flanquerais ma démission !

Après que Bill eût quitté le bureau, je me souvins que Jim Hagerty, maintenant directeur des services d'actualités de l'ABC, l'estimait beaucoup et m'avait dit qu'il essayerait de l'enlever au *Times*. J'appelai New York, et quand j'obtins Hagerty à l'appareil, je dis simplement :

— Si vous voulez Lawrence, je crois que c'est aujourd'hui le jour !

Hagerty s'empressa de contacter Bill Lawrence, et ce même jour Bill signa le contrat qui le nommait correspondant et commentateur politique de l'ABC auprès de la Maison-Blanche. Le renversement de la situation me causa un plaisir diabolique. Comment Lawrence, désormais reporter de télévision, allait-il légitimer sa conduite antérieure, lui qui prétendait jusqu'alors que les caméras de télévision n'avaient pas leur place à une conférence de presse présidentielle ?

Évidemment, Bill n'avait plus d'arguments; aussi n'essaya-t-il pas de se justifier, et au bout de peu de temps il en arriva même à plaisanter avec moi à ce sujet.

IX

DÉSASTRE A CUBA

Ce fut un appel téléphonique du Président qui m'apprit, de manière relativement peu dramatique, la première grande crise de l'administration Kennedy.

JFK parlait d'une voix grave :

— Je vous demande de ne pas bouger de la maison, ce soir, Pierre. Il se peut que des journalistes vous demandent des renseignements sur un incident militaire dans la mer des Antilles. Répondez que vous savez seulement ce que vous avez lu dans les journaux.

Le téléphone sonna de nouveau à trois heures et demie du matin. Cette fois-ci, c'était l'officier de service de la salle des communications de la Maison-Blanche. Les premières unités d'une brigade d'exilés étaient en train de débarquer à Cuba. Cependant, afin de ne rien révéler d'une activité extraordinaire à la Maison-Blanche, je ne devais pas me rendre à mon bureau plus tôt que d'habitude.

L'appel voilé du Président fut la première information de source officielle que j'eus sur l'affaire de la baie des Cochons. Je n'avais assisté à aucune des conférences au sommet qui devaient aboutir à la décision de laisser faire les forces rebelles, ni le Président ni aucune des personnalités de l'administration qui participaient à ces conférences ne m'avait mis dans la confidence. En plus du fait évident que je n'étais pas conseiller militaire, il y avait d'excellentes raisons pour me tenir à l'écart de la discussion. J'avais des rapports quotidiens avec quelques centaines de reporters parmi les plus perspicaces du monde. Ignorant des entretiens secrets, je ne courais pas le risque, à l'occasion de mes conférences de presse, de me laisser entraîner dans un dialogue qui aurait pu confirmer les soupçons des correspondants. D'autre part, je ne serais jamais obligé de mentir à la presse afin de préserver le secret de l'opération. Je découvris par la suite qu'aucun attaché de presse du gouvernement — pas même les attachés de presse du Département d'État, du CIA ou du Pentagone — n'était au courant du débarquement qui se préparait. A Washington du moins, le secret fut on ne peut mieux gardé.

N'ayant participé en rien à la décision de débarquement dans la baie des Cochons, je ne tenterai pas d'analyser après coup les motifs et la compétence de ceux qui conseillèrent le Président. S'il faut, en passant, admettre l'évidence — à savoir, que l'opération fut de bout en bout un échec total — je laisse cependant aux responsables le soin d'écrire la navrante histoire de leurs délibérations. Je ne parlerai que des événements dans lesquels j'ai joué un rôle — événements qui allaient susciter dans l'avenir une détérioration des rapports de JFK avec la presse américaine.

Le seul fait de déclarer, à mi-avril 1961, que je ne connaissais d'une prochaine expédition militaire contre Cuba que ce que j'avais lu dans les journaux ou entendu à la radio revenait à admettre que je savais déjà beaucoup de choses.

Dès octobre 1960 — trois mois avant que JFK devînt Président — le bruit avait commencé à circuler que les États-Unis entraînaient une brigade en vue d'une expédition militaire contre Castro. Le premier article avait paru dans un journal du Guatemala, *La Hora;* bientôt, des articles sur le même sujet avaient suivi dans *The Nation*, *Time*, le *New York Times*, ainsi que dans d'autres journaux des États-Unis.

Au cours des semaines précédant le débarquement, il ne s'était guère passé de jour sans qu'un article parût dans un journal, ou qu'un écho fût rapporté par un poste de radio ou de télévision. Il est juste de préciser qu'une partie de la presse suivait l'affaire comme s'il s'était agi d'un « scandale à l'hôtel de ville » ou d'un kidnapping — et non pas d'une opération militaire, dont l'entière réussite pouvait dépendre de la surprise, c'est-à-dire du secret bien gardé. Dans les cafés et les hôtels de Miami, les journalistes traquaient les réfugiés cubains avec l'espoir de leur soutirer les dernières nouvelles reçues d'un parent servant dans la brigade. Grâce à leur esprit entreprenant, les journalistes se trouvaient en mesure de publier de nombreuses informations d'ordre stratégique, et jusqu'à l'estimation exacte des forces dont disposait la brigade.

Sans réfléchir aux conséquences de leurs indiscrétions, les chefs du Conseil révolutionnaire cubain en exil — tête politique de la brigade — se souciaient, eux aussi, fort peu de garder le secret. Neuf jours avant le débarquement, le Dr José Miro Cardona, président du Conseil, informa la presse, à Miami, qu'un soulèvement contre Castro était imminent. Et le lendemain même, il appela les Cubains demeurés au pays à prendre les armes contre le dictateur ! Il ne manquait plus alors à Castro que de connaître le jour et le lieu exacts du débarquement.

JFK était blême de colère. Une semaine avant le débarquement, il me dit :

— Quand j'ouvre un journal, je n'en crois pas mes yeux! Castro n'a même pas besoin d'envoyer des agents chez nous. Il lui suffit de lire nos journaux — tout lui est expliqué en long et en large!

Lorsque je quittai JFK, j'ignorais encore que le jour « J » avait déjà été fixé.

Le samedi 15 avril 1961, je fus pour la première fois directement mêlé à l'affaire. Ce matin-là, huit *B-26*, partis de Puerto Cabezas (Nicaragua), effectuèrent une série de bombardements manqués sur des bases aériennes cubaines. Les pilotes, bien sûr, étaient des rebelles, mais les appareils portaient l'insigne de l'aviation castriste. A notre consternation, l'un de ces appareils fit un atterrissage forcé à la base aéronavale de Key West et un autre à l'aéroport international de Miami. L'un des pilotes dit qu'il était déserteur de l'aviation cubaine et avait bombardé sa propre base en prenant la fuite. Le raid, évidemment, était la première et l'unique attaque aérienne devant préparer le débarquement et avait été commandé au su du Président et avec son entier assentiment. Mais je l'ignorais et, lors de ma conférence de presse, j'annonçai aux reporters que nos renseignements en cette affaire se limitaient aux communiqués des agences de presse. « Nous n'entretenons pas de rapports directs avec Cuba et, par conséquent, aucune nouvelle ne nous est directement parvenue. Nous essayons de prendre une mesure exacte de la situation. »

Adlai Stevenson n'était pas plus informé que moi-même. Le chef de notre délégation déclara aux Nations Unies, à New York, que ces pilotes et d'autres membres de l'équipage avaient apparemment décidé de fuir la tyrannie castriste. Castro défia aussitôt le Président Kennedy de faire comparaître les pilotes devant l'assemblée des Nations Unies. Et Miro informa l'univers que « des événements spectaculaires s'annonçaient ».

Le gouverneur Stevenson me confia par la suite qu'il avait vécu, en cette affaire, l'expérience la plus humiliante de toutes ses années au service du gouvernement. Son ressentiment faiblit, mais ne disparut pas complètement, après que le Président Kennedy lui eût expliqué que, s'il n'avait pas été informé de la nature exacte de la responsabilité des États-Unis dans le débarquement de la baie des Cochons, la faute en revenait à une « défaillance du système des communications ». Stevenson éprouvait le sentiment qu'on s'était moqué de lui, et que sa réputation d'honnêteté avait été gravement atteinte. Par une ironie du sort, il se trouve que Clayton Fritchey, l'excellent agent de relations publiques de Stevenson, suivait les articles du *New York Times* concernant une attaque imminente contre Cuba. Convaincu que ces échos reposaient sur des bases authentiques, il demanda un soir à Stevenson, entre deux verres, si celui-ci lui cachait quelque chose. Stevenson répliqua qu'il ne savait rien et demanda à Fritchey s'il avait des informations sûres. Fritchey répondit qu'il n'en savait pas plus que ce qu'il avait lu dans le *New York Times.* Stevenson et Fritchey contactèrent alors Arthur Schlesinger Jr., qui assurait la liaison entre la Maison-Blanche et les Nations Unies. Une semaine exactement avant le débarquement, Schlesinger et l'un des chefs du CIA vinrent à New York pour donner à Stevenson quelques informations. Stevenson me dit par la suite qu'on ne lui avait, cependant, jamais donné de renseignements complets sur ce projet.

Le rideau s'était levé sur l'opération militaire la moins secrète de toute l'Histoire.

En trois jours, Castro écrasa les rebelles, et ce furent les trois jours les plus sinistres que je vécus à la Maison-Blanche. Certes, l'année suivante, la crise des rampes de lancement de Cuba devait signifier un danger de guerre mondiale beaucoup plus grave, mais l'atmosphère était à l'initiative et au sens de la décision. Alors que dans l'affaire du débarquement nous ne pouvions pas influer sur le cours des événements, à moins de nous résoudre à une intervention militaire. Nous ne pouvions qu'observer et attendre — et l'air était lourd d'une odeur de désastre.

Le lundi 17 avril, je vis le Président cinq minutes après mon arrivée à la Maison-Blanche.

— Nous n'avons pas de commentaires à faire sur ce qui se passe là-bas, me dit-il. Nous observons le déroulement des événements. C'est *tout.*

Durant les soixante-douze heures qui suivirent, je passai une grande partie de mon temps en allées et venues, car j'apportais personnellement au Président les derniers bulletins des agences de presse. Le premier jour, il fut impatient de connaître le détail des informations. Mais, les nouvelles de la tête de pont ne cessant d'empirer, bientôt il ne jeta plus qu'un simple coup d'œil sur les résumés en début d'article; il se contentait de secouer la tête et me rendait les papiers. JFK, qui avait risqué sa vie pour sauver un homme quand le *PT-901* avait été coupé en deux par un torpilleur japonais au large des îles Salomon, se sentait personnellement responsable de la vie de chacun des quatorze cents exilés cubains qui affrontaient les avions à réaction de Castro et ses chars d'assaut russes. Et s'il redoutait les conséquences désastreuses de la défaite, il ne se tourmentait pas moins pour la vie et la liberté des envahisseurs. Cette sympathie humaine s'exprima dès le printemps suivant : JFK mena des pourparlers discrets et obtint la libération de la plupart des rebelles, en échange d'envois de nourriture et de médicaments à Castro.

L'après-midi du troisième jour, le Président me fit appeler dans son bureau. Les rebelles étaient à court de nourriture et de munitions; on voyait approcher la fin. Castro, triomphant, criait déjà victoire. Le Président avait projeté de passer le week-end suivant sur le porte-avion *Independence*, afin d'observer des manœuvres navales au large de la Floride. Quarante des correspondants attachés à la Maison-Blanche devaient accompagner le Président.

— Annoncez à la presse que le voyage est annulé, me dit JFK. Le moment est particulièrement mal choisi pour partir en croisière dans la mer des Antilles. — Il avait les traits tirés et le teint gris. — Rien ne va plus. Comment tous ces gens du CIA et du Pentagone ont-ils pu pareillement se tromper?

(Cependant que le Président faisait cette déclaration à ses proches collaborateurs, il demeurait résolu à assumer tout seul la responsabilité de l'échec face à l'opinion publique. Quand M. Stewart Udall, secrétaire à l'Intérieur, essaya plus tard de rejeter la faute sur d'autres personnes, le Président le réprimanda avec vigueur.)

JFK esquissa un pâle sourire :

— Je suppose que les journalistes vous ont donné pas mal de fil à retordre.

Je lui répondis que je n'avais pas eu trop de difficultés. Au cours des trois derniers jours, on ne m'avait guère posé de questions sur Cuba. Les journalistes se rendaient bien compte que, si la Maison-Blanche avait des déclarations à faire sur le débarquement, ces déclarations seraient communiquées sous une forme officielle, et non pas à l'occasion de mes entretiens quotidiens avec la presse.

— Jusqu'à présent, ils vous ont laissé tranquille, répliqua-t-il. Attendez un peu, et vous verrez, ils vont nous tomber dessus à bras raccourcis.

Ce soir-là, JFK ne put se dérober à la grande réception en habit donnée chaque année à la Maison-Blanche en l'honneur du Congrès. Il quitta ses invités à minuit, pour assister dans la salle du cabinet à une conférence avec MM. Rusk et McNamara, M. Allen W. Dulles, chef du CIA, ainsi que l'adjoint de celui-ci, Richard M. Bissell Jr., et le général Lyman L. Lemnitzer, chef d'état-major général. Les représentants du CIA et du Pentagone affirmèrent que la cause des rebelles était perdue, si JFK ne faisait pas intervenir nos propres forces. Cela n'avait jamais été prévu dans le projet qu'il avait approuvé et il refusa cette éventualité. La conférence dura jusqu'à quatre heures du matin; puis, accompagné seulement de Ken O'Donnell et de moi-même, le Président se retira dans son bureau. Brusquement, il coupa court à la conversation et se dirigea vers le jardin. Il faisait sombre et l'air était piquant. Debout à la fenêtre, Ken et moi regardions le Président, qui marchait lentement autour des pelouses; trois quarts d'heure s'écoulèrent ainsi.

Le lendemain matin, les hommes de la brigade rebelle commencèrent à rendre les armes.

L'affaire de la baie des Cochons fut le premier échec important de JFK en sa qualité de Président et le plus grand désastre de tout le temps de son administration. Il était méprisé des exilés cubains autant que du monde communiste. Nos propres alliés commençaient à douter de ses qualités de chef. Les pays neutres accueillaient plus favorablement les avances du Kremlin. Castro était plus fort que jamais et Khrouchtchev allait écouter d'une oreille plus attentive le projet castriste concernant des bases de lancement de fusées pour « défendre » Cuba. Mais la crise que ce projet devait entraîner ne se déclarerait que dix-huit mois plus tard. L'affaire de la baie des Cochons allait provoquer un autre conflit à beaucoup plus brève échéance.

Ce conflit opposait le Président et la presse et portait sur la liberté d'information. Il ne s'agissait nullement d'un combat nouveau, simplement de la reprise des hostilités entre le Président et la presse, et le début des hostilités remontait à George Washington. Cent jours de calme relatif s'étaient écoulés — le cessez-le-feu traditionnellement observé par la presse pour permettre au nouveau Président d'étudier le terrain et de déployer ses forces. La trêve prit fin brutalement dix jours après la baie des Cochons.

Attaché de presse de deux présidents, j'ai travaillé à la Maison-Blanche trois ans et deux mois : aucun problème n'a jamais exigé autant de mon temps ni pareille dépense d'énergie que la question de la liberté d'information. Mes dossiers concernant cette affaire occupaient pour le moins deux fois plus de place que les dossiers d'aucune autre affaire importante. J'écrivis des centaines de lettres aux journalistes et aux directeurs de journaux qui accusaient la Maison-Blanche de censurer les nouvelles et de pratiquer un système d'information dirigée; je parcourus des dizaines de milliers de kilomètres pour aller entendre les griefs exprimés dans les clubs de presse et les congrès de journalistes; à Washington même, j'accueillis des délégations de la presse — souvent en présence du Président. Mais tout cela n'aboutit à rien. Le Président et la presse sont des adversaires irréconciliables et demeureront tels, tant que nous vivrons dans une société libre où la politique se fait au grand jour.

La presse insiste sur son droit de savoir et d'imprimer ce qui se passe au gouvernement. Le Président insiste sur son droit de taire ou de retarder une nouvelle dont la publication pourrait menacer la sécurité nationale. En général, chacun respecte les droits de l'autre. Aucun journaliste ayant le sens de ses responsabilités ne désire révéler des secrets militaires à l'ennemi. Aucun Président ayant le sens de ses responsabilités ne désire priver la population des renseignements indispensables pour que les gens puissent s'associer en connaissance de cause aux décisions du gouvernement.

Mais à qui appartient-il de décider en la matière ? Voilà le point fondamental du conflit. Qui jugera le mieux de ce qui est contraire, ou non, aux intérêts de la nation — la presse ou le Président? En temps de guerre uniquement, la presse accepte sans trop discuter le jugement du Président. Et voilà qui soulève une autre question : *Le Président doit-il formellement déclarer l'état de guerre ou l'état d'urgence pour pouvoir imposer un contrôle exceptionnel de l'information ?*

La presse répond « Oui » — en temps de paix, le secret du gouvernement ne peut se justifier. Le Président répond « Non » — si elle veut survivre dans le monde d'aujourd'hui, une société démocratique doit pouvoir prendre des mesures secrètes contre ses ennemis.

JFK, se plaçant à un point de vue tout à fait réaliste, considérait que la guerre froide menaçait de dégénérer d'un instant à l'autre en guerre tout court. Cela étant admis — et quel journaliste ou directeur de journal voudrait le nier? — notre survivance même dépendait de notre possibilité de manœuvrer secrètement.

L'affaire de la baie des Cochons révéla, mieux qu'aucun autre événement survenu durant l'administration Kennedy, qu'il était extrêmement difficile, sinon impossible, pour une société libre et démocratique, où la politique se fait au grand jour, de préparer une opération secrète contre un ennemi qui généralement opère en secret.

En se fondant sur l'affaire de la baie des Cochons, il est possible de conclure qu'une société telle que les États-Unis d'Amérique n'est pas équipée pour agir en secret. Si l'on accepte cette conclusion, cependant, on admet également que notre pays ne pourra jamais combattre ses ennemis qu'avec une main liée dans le dos.

Au plus fort du conflit presse-gouvernement qui suivit l'affaire de la baie des Cochons, il fut aisé de prétendre — comme certains journaux ne manquèrent pas de le faire — que le Président cherchait à rejeter sur la presse la responsabilité de l'échec des opérations. Mais de telles accusations ne correspondaient pas à l'attitude réelle du Président — j'ai eu avec lui de nombreuses discussions à ce sujet et je sais qu'il ne se déchargeait pas sur la presse de la responsabilité de l'échec. Il était consterné — et quel Président, engagé dans une pareille opération, ne l'aurait pas été? — de la quantité d'informations publiées avant le débarquement. Il estimait que certains de ces articles étaient irréfléchis et avaient aidé l'ennemi.

Cependant, à l'époque de la baie des Cochons, la discussion tournait essentiellement autour du désaccord sur l'autodiscipline que la presse d'une société démocratique devrait s'imposer dans l'intérêt de la sécurité nationale.

Une foule de facteurs d'ordre constitutionnel et politique interviennent plus ou moins nettement dans le désaccord fondamental. Alors que le Premier Amendement garantit clairement la liberté de la presse, il n'en est pas moins clair que le Premier Amendement n'oblige pas le gouvernement de tout révéler à la presse. Le Président a le pouvoir de se réclamer du privilège de l'Exécutif, qui lui permet de cacher des informations non seulement à la presse, mais aussi au Congrès.

Finalement, la question revient à se demander ce qu'est devenu, faute d'une meilleure expression, le « droit de savoir » du peuple américain.

Nous avons là, et c'est le moins qu'on puisse dire, une doctrine difficile à manier. Il y a ceux qui affirment que le peuple a le « droit de savoir » tout ce que sait le gouvernement. Il est évident, pourtant, que cette philosophie, poussée à l'extrême, priverait le gouvernement de l'une de ses principales armes défensives, le « droit de *ne pas informer* l'ennemi ». Je ne pense pas que le peuple américain, dans la plupart des cas, désire connaître des faits dont la publication serait contraire à l'intérêt de la nation. En 1962, la crise des bases de lancement de Cuba a révélé de manière frappante (et j'en parle d'une façon plus détaillée dans un chapitre ultérieur) que les opérations gouvernementales, quand elles sont assurées du secret pendant un temps limite, peuvent produire un effet de surprise décisif sur l'ennemi et se traduire par une victoire importante pour le pays.

Je ne prétends pas qu'un conflit entre la presse et le gouvernement soit nécessairement mauvais pour notre pays, car j'estime qu'au bout du compte, par le jeu des effets réciproques, s'établit un système de compensation entre deux institutions puissantes.

En comparant les deux institutions, je constate que la presse est moins portée à l'introspection que le gouvernement. Le gouvernement national, qu'il soit démocrate ou républicain, est toujours en train de pratiquer une sorte d'autoanalyse continuelle. La presse, en tant qu'institution, ne s'encombre guère d'un semblable souci. Il n'existe que deux publications régulières consacrées à l'étude des méthodes journalistiques : la *Journalism*

Review, de l'Université Columbia, et les rapports de la Fondation Niemann, de l'Université Harvard, aucune de ces deux publications n'ayant beaucoup de lecteurs en dehors des milieux spécialisés.

Mais, s'il s'agit de critiquer l'autre institution, la presse a toujours une avance considérable. Le gouvernement, retenu par le Premier Amendement à la Constitution, n'a jamais tenté de surveiller la presse des États-Unis. Le gouvernement, en fait, s'est gardé de jamais laisser entendre qu'une telle analyse pouvait être envisagée et s'est toujours comporté comme la souris qui évite d'affronter un éléphant. La presse, au contraire, a mis sur pied un nombre formidable de comités et d'associations de vigilance, chargés de pousser les journalistes à passer au crible le système d'information du gouvernement. Nous avons l'American Society of Newspaper Editors (journalistes), l'American Newspaper Publishers Association (directeurs de journaux), l'AP Editors Association, l'UPI Editors Association, et l'amicale nationale des journalistes, Sigma Delta Khi. En outre, l'ASNE, l'ANPA, Sigma Delta Khi et la National Association of Broadcasters (radio-télévision) ont des comités pour la liberté de l'information, qui ne cessent d'accuser la Maison-Blanche d'exercer une censure. De semblables accusations, soit dit en passant, paraissent en première page dans un grand nombre de journaux qui jugent inutile de renseigner leurs lecteurs sur les rapports de Columbia et de Harvard critiquant l'éthique de la presse.

V. M. (Red) Newton Jr., rédacteur en chef du *Tampa Tribune* (Floride) et président du comité pour la liberté de l'information de Sigma Delta Khi, fut l'un des critiques les plus acharnés et les plus violents du système d'information de la « Nouvelle Frontière ». Newton voyait un censeur derrière chaque arbre à Washington et il écrivit quelques douzaines de lettres de protestation — adressées à moi-même, à d'autres attachés de presse et au sous-comité pour la liberté de l'information de la Chambre des Représentants. De notre point de vue, la plupart de ses protestations manquaient de fondement, et quand même nous lui prouvions de la façon la plus convaincante qu'il avait tort, il refusait d'admettre son erreur. Pendant deux ans, je répondis à chacune de ses lettres; finalement, je décidai de couper court à ce vain dialogue.

J'écrivis à Newton : « Étant donné la situation actuelle dans le monde, j'estime que nous devrions réserver nos forces pour des activités qui ont quelque chance de produire des résultats. L'examen de la correspondance que nous avons échangée au cours de ces deux dernières années m'induit à conclure qu'il serait stérile de la poursuivre. Dans aucune de vos lettres je ne trouve rien qui indique que vous puissiez jamais comprendre le point de vue d'autrui. C'est là une constatation vraiment déconcertante, quand il s'agit d'un homme qui prétend se soucier de la liberté de l'information. »

Cependant, je n'ai jamais douté de la sincérité de Newton. Il croyait honnêtement, comme il me l'a écrit dans sa dernière lettre, que « la liberté de la presse n'existe plus » si les journalistes américains acceptent, sans protester, l' « information dirigée » du gouvernement.

De plus, le pouvoir exécutif doit également se défendre contre un comité de vigilance du pouvoir législatif. L'un des comités les plus influents du Congrès est le sous-comité spécial pour l'information du gouvernement, dépendant de la Commission de la Chambre des Représentants pour les activités du gouvernement. Le président de ce sous-comité, John E. Moss, démocrate de Californie, est un champion de la liberté de l'information autrement plus redoutable que la plupart des combattants de la profession. Moss, pourtant, ne nous attaquait que s'il avait un reproche réel à formuler, et il était prêt à écouter le plaidoyer de la défense.

Il est remarquable de constater que l'Association des correspondants à la Maison-Blanche est l'une des organisations qui *n'a pas* de comité pour la liberté de l'information, or il s'agit des reporters que touche directement la politique d'information du Président. Ils ont rarement pris part à la mêlée. Les attaques les plus violentes contre notre système d'information sont venues, dans la plupart des cas, de journalistes et de directeurs de journaux qui n'ont jamais mis les pieds à la Maison-Blanche pendant les trente-huit mois où j'ai été attaché de presse à la Présidence.

Voilà donc indiqués les effectifs de l'adversaire dans la bataille qui allait opposer JFK à un grand nombre de journaux, de périodiques, de chaînes de radio et de télévision, parmi les plus influents d'Amérique. A vrai dire, au cours de ma première semaine à la Maison-Blanche, j'eus l'occasion de me douter que le cessez-le-feu ne durerait pas longtemps. Des plaintes s'étaient élevées immédiatement, nous accusant d'exercer une censure et de pratiquer un système d'information dirigée, parce que nous avions demandé à l'amiral Burke de mettre une sourdine à ses attaques contre l'Union soviétique, et parce que nous avions prié le *New York Herald Tribune* de sacrifier son article exclusif sur la libération des aviateurs du *RB-47*. Dans les deux cas, nous avions agi par souci de protéger les aviateurs, mais ce détail n'avait pas frappé les commentateurs. Je ne tardai pas à recevoir une lettre d'E. S. Pulliam Jr., directeur de l'*Indianapolis News* et président du comité pour la liberté de l'information de l'American Society of Newspaper Editors. Il avait neuf motifs de plainte distincts, dont l'affaire de l'amiral Burke (« Cela signifie-t-il un changement de politique? »), l'affaire du *New York*

Herald Tribune (« S'agissait-il uniquement d'une question d'intérêt national ou d'une manœuvre en vue d'assurer une diffusion plus spectaculaire de la nouvelle? ») et ma conférence hebdomadaire avec les spécialistes de l'information attachés au gouvernement (« S'il s'agit de « coordination », cela ne signifie-t-il pas une censure de leurs activités? »).

« J'espère que vous me croirez, écrivait E. S. Pulliam, quand j'affirme que ces questions ne reflètent pas un esprit chicanier ou médisant. Depuis des années, le comité dont je suis actuellement président lutte pour que le public américain soit plus amplement informé. Quelle que fût l'administration, démocrate ou républicaine, nous n'avons cessé de mener notre lutte. Nous avons l'impression, en toute bonne foi, qu'un grand nombre d'événements demeurent secrets, non pas pour des raisons de sécurité, mais pour cacher des erreurs individuelles, et nous sommes convaincus qu'il est erroné de croire que « les gens ne sauraient souffrir de ce qu'ils ignorent ».

Mon premier discours en tant que secrétaire de presse du Président déclencha la première escarmouche entre le Président et la presse sur le sujet de la liberté de l'information. Le 25 janvier — exactement cinq jours après que JFK fut devenu Président — au cours d'une allocution prononcée devant les membres du National Press Club, à Washington, je déclarai que nous avions « l'intention d'appliquer une politique de libre information, *dans les limites de la sécurité nationale* ». Ma phrase comptait sept mots de trop! Plusieurs correspondants l'interprétèrent comme un avertissement et crurent comprendre que nous allions exercer une censure accrue, alors que j'avais précisément voulu dire le contraire. Or, la fin de ma phrase — « dans les limites de la sécurité nationale » — m'avait été inspirée par une affaire très précise. La même semaine, on m'avait montré un rapport des services secrets (Central Intelligence Agency) rédigé sous l'administration Eisenhower, et qui m'avait pour le moins choqué. Le CIA avait chargé deux professeurs d'université d'estimer la totalité de la puissance défensive et de la puissance de représailles dont disposaient les États-Unis. Ces professeurs ne devaient avoir accès qu'aux documents publics, c'est-à-dire tous les documents qui sont en général mis à la disposition du public. Mais leur rapport décrivit avec tant d'exactitude notre potentiel militaire, qu'il fut immédiatement classé « ultra-secret »!

Cinq heures après mon discours, JFK donnait sa première conférence de presse, et la question suivante lui fut posée :

— M. Salinger a dit aujourd'hui qu'il serait peut-être nécessaire de contrôler l'information pour des raisons de sécurité nationale. La politique de dissuasion n'exige-t-elle pas que l'ennemi ait connaissance de notre force... et, en restreignant l'information, ne prend-on pas le risque d'un faux calcul?

Le Président répliqua que l'ennemi disposait déjà d'informations très étendues, à partir desquelles il pouvait déterminer notre force.

— Je souhaite accroître au maximum le champ de l'information, ajouta le Président. Mais, de toute évidence, certaines questions intéressent directement la sécurité des États-Unis, et pour ces questions, la presse et l'Exécutif devraient tenter de trouver une solution qui tienne compte des responsabilités de chacun.

Cela étant précisé, JFK fut toujours prêt à entendre les requêtes de la presse et essaya constamment de concilier les devoirs des journalistes avec ceux de sa fonction.

JFK fut contrarié de l'attaque précoce contre notre politique d'information. Tout comme moi, il considérait que les reporters étaient beaucoup plus librement informés qu'au temps de ses prédécesseurs. Lui-même et ses collaborateurs se prêtaient très facilement à des interviews et à des conférences de presse. En outre, à l'occasion de ses conférences de presse le Président acceptait de se présenter devant un auditoire de plusieurs, millions de personnes et de répondre aux questions les plus délicates concernant la politique étrangère ou intérieure. D'autre part, le nouveau statut de la presse étrangère à la Maison-Blanche avait pour effet de répandre plus abondamment les nouvelles de Washington dans les autres capitales du monde et assurait une information plus exacte.

Prévoyant que mes conférences hebdomadaires de « coordination » allaient être accueillies avec méfiance, j'avais envoyé une invitation « pour la date qui vous conviendra » à M. Moss, président du sous-comité spécial à l'information de la Chambre des Représentants. Il assista à la première séance et convint que des rapports de travail étroits entre les principaux attachés de presse du gouvernement pouvaient développer, plutôt que restreindre, le champ de l'information. Je dois ajouter qu'au début de cette première année, M. Moss m'envoya une liste, divisée en seize catégories, d'informations concernant l'Exécutif que les administrations précédentes ne communiquaient pas à la presse. Par exemple, on ne faisait pas connaître l'avis des hommes d'affaires consultés sur les projets de lois fiscales; certains services du gouvernement refusaient de révéler le salaire des employés ou de discuter des contrats passés dans des conditions pas très avantageuses pour le gouvernement; certaines commissions consultatives insistaient sur le secret de leurs délibérations et, en général, on attribuait à de nombreux dossiers un indice d'importance trop élevé, qui empêchait la publication de ces dossiers pendant plusieurs années après le départ du Président en fonction.

M. Moss nous conseillait vivement de reconsidérer ces restrictions. Nous suivîmes son avis et le secret fut levé dans douze catégories sur les seize qu'il avait citées. M. Moss estima que l'administration Kennedy venait de faire un grand pas en avant et il nous décerna des compliments — bien exceptionnels de sa part! — dans un rapport de son sous-comité.

Mais tout cela n'était qu'escarmouches. Le grand combat commença une semaine après l'affaire de la baie des Cochons. Avant de poursuivre, je dois répéter que jamais JFK n'essaya de rejeter sur autrui la responsabilité de l'échec. Il était fautif et il reconnaissait sa faute. (« La victoire a cent pères, mais la défaite est orpheline. »)

L'attitude de la presse, immédiatement après le désastre, ne fit rien pour améliorer l'humeur du Président. Il tint une conférence de presse le 21 avril, deux jours après la reddition des rebelles. A Washington les maîtres du gouvernement redoutaient encore de possibles mesures de représailles de la part de l'Union soviétique, ainsi qu'une brusque détérioration de nos rapports avec des alliés importants; et JFK n'avait pas l'intention de se laisser entraîner dans des conjectures qui risquaient de prolonger la crise.

Le Président ouvrit la conférence de presse en déclarant :

— Je sais que beaucoup d'entre vous désirent me poser des questions sur Cuba. Je ne crois pas qu'il soit d'aucune façon dans l'intérêt de la nation que j'aborde la question cubaine ce matin...

La plupart des reporters se le tinrent pour dit, mais l'un d'eux voulut absolument savoir si M. Rusk et M. Chester Bowles, sous-secrétaire du Département d'État, s'étaient opposés au débarquement. Le Président répliqua seulement que « les faits seraient connus en temps voulu ».

De retour dans son bureau, le Président réagit beaucoup plus violemment :

— Qu'est-ce qu'ils attendent de moi! Que je leur indique ce que chaque membre du cabinet a voté? Cela revient à compromettre toutes les personnes intéressées, et les journalistes devraient bien le savoir! Si j'avais envie de me débarrasser de quelqu'un, maintenant serait le dernier moment où je le ferais, avec le monde qui épluche chacun de nos gestes avec mépris.

Les journaux du matin critiquaient son refus d'aborder la question cubaine au cours de sa conférence de presse, et quand je le vis, aux environs de dix heures, il était encore bouillant de colère.

— Qu'est-ce que je pouvais dire pour arranger la situation? Que nous avons ramassé une fameuse raclée? Que les gens du CIA et du Pentagone sont des idiots? A quoi s'imaginent-ils que ça nous avancerait de faire de pareilles déclarations? Il hocha la tête : « Il va falloir mettre au point la question, et sans tarder. Les directeurs de journaux doivent comprendre que nous ne sommes jamais qu'à un cheveu — une petite faute de calcul — de la guerre et qu'il y a certaines choses dont nous ne pouvons simplement pas parler. »

Je fis alors au Président une suggestion que j'allais regretter par la suite. Six jours plus tard, le 27 avril, au Waldorf Astoria de New York, le Président devait prendre la parole devant le bureau de publicité de l'American Newspaper Publishers Association.

— Pourquoi ne pas profiter de l'occasion pour leur exposer votre point de vue? lui dis-je. C'est une importante table ronde et, si vous abordez la question en ce moment, les gens seront frappés de l'intérêt que vous lui attribuez. Votre discours aura pour effet d'ouvrir un débat approfondi sur l'ensemble du sujet.

JFK acquiesça et me pria de communiquer mes idées à Ted Sorensen, qui écrirait le discours. Je donnai à Ted un long mémorandum résumant les différends qui avaient de tout temps opposé le Président et la presse sur le sujet de la liberté de l'information, et soulignant les mesures que l'administration actuelle avait prises pour étendre le champ de l'information. Ted rédigea une défense brillante de l'attitude du Président, plaidoirie fondée sur une argumentation qui sera aussi solide en l'an 2061 qu'elle l'était en 1961. Le texte commençait par une exhortation à la presse, qui devait reconnaître « nos responsabilités communes en face d'un danger commun : la menace que présente le communisme pour notre survivance et notre sécurité... »

« Cette menace terrible impose à notre société deux obligations qui concernent directement et la presse et le Président — deux obligations qui peuvent sembler contradictoires, mais dont il faut tenir compte pour être à même de préserver la nation d'un péril mortel. Il s'agit, en premier lieu, de la nécessité d'informer plus amplement le public; et, d'autre part, de la nécessité d'observer le secret sur un certain nombre d'activités gouvernementales.

« Le mot « secret » est considéré avec répugnance dans une société libre, où la politique se fait au grand jour; nous autres Américains, par nature et en accord avec les traditions de notre histoire, nous sommes opposés aux sociétés secrètes, aux serments secrets, aux entreprises secrètes... Aucun de mes collaborateurs, quel que soit son rang dans la hiérarchie, et qu'il soit civil ou militaire, ne doit se servir de ce que je viens de dire comme d'une justification pour censurer les nouvelles, pour étouffer les désaccords, pour masquer nos erreurs ou pour cacher à la presse et au public les faits qu'ils sont en droit de connaître.

« Mais je demande à chaque directeur de journal, à chaque commentateur, à chaque journaliste de notre pays de reconsidérer ses positions et de reconnaître la nature du péril qui menace la nation. En temps de guerre, appliquant essentiellement un système d'autodiscipline, la presse s'est fait une règle de soutenir l'effort du gouvernement et a évité les révélations indiscrètes qui pouvaient être utiles à l'ennemi. Les juges ont estimé qu'en temps de danger évident et immédiat, même les droits privilégiés reconnus par le Premier Amendement devaient céder devant les exigences de la sécurité nationale.

« Si la presse attend une déclaration de guerre pour s'imposer l'autodiscipline du temps des hostilités, sachez qu'une guerre menace notre sécurité actuellement plus qu'à aucun autre moment du passé. Si vous attendez une déclaration de « danger évident et immédiat », sachez que le danger n'a jamais été plus évident et plus imminent.

« Cela signifie un changement de perspective, un changement d'attitude, un changement des devoirs — pour le gouvernement, pour le peuple, pour chaque patron, pour chaque chef de syndicat, et pour chaque journal. Car, tout autour de la Terre, nous sommes guettés par une conspiration monolithique et impitoyable, qui compte principalement sur des moyens dissimulés pour étendre son influence — l'infiltration plutôt que l'invasion, la subversion plutôt que les élections, l'intimidation plutôt que la liberté de choisir, la guerilla de nuit plutôt que l'armée en plein jour. Il s'agit d'un système qui a engagé d'énormes ressources humaines et matérielles pour l'édification d'une machine parfaitement mise au point, extrêmement efficace, qui accomplit des opérations militaires, diplomatiques, économiques, scientifiques, politiques, et qui est renseignée par un réseau d'agents secrets.

« Les préparatifs sont menés en secret — et non pas exposés au public. Les erreurs sont enterrées — et non pas imprimées en première page. Les opposants sont réduits au silence — et non pas couverts d'éloges. Aucune dépense n'est discutée, aucune rumeur ne paraît dans la presse, aucun secret n'est révélé. En bref, la guerre froide s'accompagne d'une discipline de temps de guerre, qu'aucune démocratie ne pourrait et ne voudrait établir.

« Néanmoins, toute démocratie reconnaît que la sécurité nationale exige des contraintes — la question demeure de savoir s'il faut observer des contraintes plus strictes, face à une attaque de cette sorte, ainsi que nous le ferions face à une invasion déclarée. Car il se trouve que les ennemis de notre pays se sont ouvertement vantés d'avoir acquis par nos journaux des informations précieuses et l'adversaire s'est épargné la peine d'envoyer des agents pour essayer d'obtenir ces renseignements par le vol, la corruption ou l'espionnage. Le lecteur, ami ou ennemi, a trouvé dans les journaux le détail des préparatifs que nous menions en secret pour contrecarrer les opérations secrètes de l'ennemi. L'ampleur, la puissance, la situation et la nature de nos forces et de notre armement, nos intentions stratégiques, tout cela a été minutieusement divulgué par la presse et les autres moyens d'information, et avec une telle précision que n'importe quelle puissance étrangère a pu en tirer profit. Et, dans un cas du moins, il a été fait état de détails concernant un mécanisme secret qui nous permettait de repérer et de surveiller les satellites, en sorte qu'il nous a fallu procéder à des modifications entraînant une dépense considérable de temps et d'argent.

« Les journaux qui ont publié ces articles ne sont pas dirigés par des traîtres, mais par des patriotes, des hommes bien intentionnés et qui ont le sens de leurs responsabilités. Si nous nous étions trouvés engagés dans une guerre déclarée, ces journaux n'auraient certainement pas publié de tels articles. Mais, en l'absence d'une guerre déclarée, ils se sont soumis uniquement aux critères du journalisme, et non pas aux critères de la sécurité nationale. Et ce soir j'en vins à me demander s'il ne conviendrait pas d'adopter de nouveaux critères.

« Actuellement, avant de transmettre une information, le journaliste se demande : « Est-ce une nouvelle intéressante? » Je propose que vous vous demandiez aussi : « Est-ce dans l'intérêt de la sécurité nationale?... » Et si la presse des États-Unis désire et recommande l'adoption volontaire d'un nouveau système et de nouvelles pratiques en la matière, je puis vous assurer que nous coopérerons de tout notre cœur à l'étude et éventuellement à l'application de ces vœux... »

La réaction fut violente. La presse ignora le contenu et, considérant uniquement la date — onze jours après la baie des Cochons — interpréta le discours comme une réprimande présidentielle pour les informations sur l'entraînement de la brigade rebelle et l'imminence du débarquement. JFK fut accusé, en effet, de rendre la presse responsable de l'échec de l'opération. D'un bout à l'autre du pays, des commentateurs furieux voyaient dans le discours présidentiel l'annonce d'une censure officielle ou, pour le moins, un appel pressant à l'autocensure. D'autres journalistes reprochaient au Président de ne pas avoir révélé à la nation la situation exacte de nos relations avec Cuba. S'il l'avait fait, prétendaient ces journalistes, il aurait gagné l'appui du peuple américain pour une intervention active des États-Unis dans l'affaire de la baie des Cochons, assurant ainsi le succès de l'invasion.

Jonathan Daniels, éditorialiste du *Raleigh News and Observer* (Caroline du Nord), me signala dans une lettre que son journal avait publié un article réfléchi et modéré sur les questions soulevées par JFK.

« Je ne crois pas qu'aucun commentateur, aux États-Unis, ait appuyé avec plus d'enthousiasme le Président Kennedy et son programme, ajoutait Daniels. Je désire ardemment aider le Président dans les entreprises qui me semblent salutaires pour les États-Unis et pour le reste du monde. Mais, à vous parler très franchement, j'ai été fort déconcerté par les propos qu'il a tenus devant les directeurs de journaux, à New York... »

L'éditorial de Jonathan Daniels commençait ainsi :

« ... Le Président Kennedy n'aurait pas pu choisir un plus mauvais moment pour reprocher à la presse son manque d' « autodiscipline ». Ses critiques suivaient de trop près la révélation que notre pays, à l'insu de la presse et du public, s'était trouvé engagé dans une aventure militaire qui non seulement a coûté la vie à un grand nombre de nos amis, mais nous a aussi fait paraître hypocrites et inefficaces aux yeux du monde entier.

« Oui, sans doute, dès lors qu'un pays libre a une presse libre, il devient possible que les informations publiées dans la presse renseignent un pays ennemi, où une presse sévèrement censurée n'informe guère ni la nation ni le reste du monde. La liberté implique des dangers que le totalitarisme peut éviter. Et, même dans un pays libre, le danger justifie parfois la suppression ou la censure de certaines informations. Quand le cas s'est présenté, la presse américaine a prouvé sa bonne volonté. Cependant, à aucun échelon, aucun des responsables d'un véhicule de l'information n'a le droit — pour ne pas parler de « devoir » — de juger de ce que le peuple devrait savoir... Le Président Kennedy devrait se demander dans quelle mesure le peuple américain, libre et informé, peut apporter sa contribution à la lutte, et non pas dans quelle mesure le gouvernement peut étendre le secret sur ses activités, avec la complicité des reporters... »

Daniels est l'un des grands éditorialistes des États-Unis; pourtant, même Daniels refusait le dialogue avec le Président sur la façon dont une société libre pouvait se protéger de l'ennemi et, simultanément, assurer le droit de la population à connaître les activités du gouvernement.

J'avais donné un piètre avis à JFK. Le moment, comme l'écrivait Daniels, n'aurait pas pu être plus mal choisi. Mais JFK demeurait convaincu que la question intéressait au plus haut degré la sécurité nationale, et qu'il devait tenter une nouvelle fois d'amorcer le dialogue. Sur l'invitation du Président, le 9 mai — dix jours après le discours de New York — sept parmi les principaux responsables de la presse américaine se réunirent à la Maison-Blanche. Il y avait là Mark Ferree, président de l'American Newspaper Publishers Association et sous-directeur général de la chaîne Scripps-Howard; Felix McNight, président de l'American Society of Newspaper Editors et rédacteur en chef du *Dallas Times-Herald;* Lee Hills, lauréat du Prix Pulitzer, nouveau président de l'ASNE et rédacteur en chef de la chaîne Knight; Turner Catledge, de la direction du *New York Times;* Ben McKelway, président de l'AP et chroniqueur au *Washington Star;* Irwin Maier, rédacteur en chef du *Milwaukee Journal;* D. Tennant Bryan, directeur du *Richmond Times Dispatch* et du *Richmond News Leader* (Virginie).

La conférence, qui eut lieu dans le bureau du Président, fut un échec total. JFK fit état de nombreuses dépêches de presse récentes qui constituaient clairement une menace pour la sécurité nationale; mais les personnalités présentes déclarèrent brutalement que la presse n'admettrait aucune restriction — volontaire ou commandée — tant que l'état d'urgence n'était pas proclamé. Le Président répondit que la guerre froide était, en fait, un état d'urgence constant et que la nécessité d'un filtrage s'imposait avec évidence.

L'un des exemples cités par le Président Kennedy était particulièrement révélateur. Un article, paru dans un grand journal, renseignait en détail le lecteur américain (et, vraisemblablement, les services ennemis) sur la façon dont les États-Unis se procuraient des informations concernant les expériences spatiales soviétiques, informations qui permettaient au gouvernement des États-Unis de savoir à l'avance quand les Soviétiques allaient procéder à un lancement de fusée.

Avec le recul du temps, je suis persuadé que l'échec de la conférence tint à un malentendu. Ou bien le Président ne s'est pas expliqué assez nettement, ou bien les représentants de la presse se sont fait une idée erronée de l'objectif qu'il cherchait à atteindre. De toute façon, l'exposé du Président ne fut pas accueilli favorablement.

A l'occasion de cette réunion, le Président fit une proposition précise. Les directeurs des journaux pourraient envoyer à Washington un représentant, qui leur servirait de conseiller pour les questions touchant à la sécurité nationale. Quand les journalistes auraient des doutes et se demanderaient si telle ou telle information ne menaçait pas de révéler à l'ennemi un secret intéressant la défense nationale, ils s'adresseraient à leur propre représentant. Celui-ci obtiendrait toutes les précisions sur le sujet, de la bouche même des spécialistes de la Maison-Blanche, du CIA, du Département d'État ou du Pentagone. Ensuite, il ferait savoir au directeur du journal s'il estimait que la nouvelle pouvait être publiée. Mais le directeur du journal ne serait jamais contraint d'accepter l'avis de ce conseiller.

Là encore, la délégation ne trouva aucune valeur à la proposition du Président. En fait, un ou deux directeurs nièrent par la suite qu'il eût même fait une proposition précise.

McKelway devait déclarer à des reporters :

— Pour autant que je m'en souvienne, le Président a vaguement mentionné la possibilité d'établir une sorte d'autorité — des gens qualifiés pour dire aux journaux si telle ou telle information risquait de porter préjudice à la sécurité nationale. Il n'a cependant pas proposé plus précisément d'établir un tel système, et nous n'avons pas fait de commentaires. Si le Président avait formulé une semblable proposition, j'ai l'impression qu'il se serait trouvé quelques-uns parmi nous pour commenter ce projet et faire allusion aux enseignements de la Deuxième Guerre mondiale; à savoir, qu'aucune forme de censure volontaire n'est efficace, si l'on ne soumet pas aussi à la censure le courrier et les dépêches de presse destinés à l'étranger.

En d'autres termes, même si JFK s'était acharné sur la question, il n'aurait guère eu de chances d'amener un dialogue, puisque les dirigeants de la presse n'étaient pas d'humeur à l'écouter. Il n'avait pas le droit, apparemment, de suggérer même que la presse n'était pas pleinement consciente de ses responsabilités — et omnisciente — quand elle publiait des informations de nature extrêmement délicate. (Je pourrais citer de nombreux cas où la presse se révéla entièrement irresponsable. Ainsi, par exemple, au début de la même année, les journaux avaient révélé à l'avance la position exacte que nous allions adopter aux conférences de Genève, au sujet d'un traité d'interdiction des essais nucléaires. Avant même le début de la discussion, les négociateurs soviétiques avaient un net avantage sur nous.)

Si la presse avait accepté la proposition du Président Kennedy, nous n'aurions pas pour autant évité un certain nombre de graves difficultés. Il me suffira de citer un cas intéressant l'administration Kennedy. Nous avions secondé un reporter, qui écrivait un article sur un sujet très délicat. L'article me fut soumis pour approbation, et fut également soumis au Département de la Défense. Je reçus du Département de la Défense un mémorandum révélant que l'article comportait un grand nombre d'inexactitudes. « Cependant, pour corriger ces erreurs, nous serions obligés de divulguer quelques secrets de la plus haute importance intéressant la défense nationale », m'écrivait un collaborateur du Département de la Défense. Finalement, nous fûmes contraints de laisser paraître un article fondé sur des faits erronés, plutôt que de compromettre la sécurité du pays.

Ayant été journaliste moi-même, je respecte et je comprends la résistance de la presse à toute forme de censure — volontaire ou imposée. Priver un journal américain du droit de connaître librement les activités du gouvernement, c'est refuser à ses lecteurs l'information nécessaire pour obtenir l'unanimité de l'opinion sans quoi nul gouvernement ne peut heureusement progresser vers les buts qu'il s'est assignés. Mais je ne me range pas du côté de ceux qui critiquaient JFK en affirmant que l'autocensure est l'équivalent de la censure imposée. Dès le début, notre politique d'information eut pour effet d'accroître la quantité des renseignements fournis à la presse. L'avertissement du Président signifiait uniquement que l'extension du champ de l'information impliquait une prudence accrue dans le maniement de l'information, particulièrement en période de péril national.

La question qu'il avait posée aux directeurs des journaux revenait, en effet, à ceci : Voulez-vous discuter paisiblement avec moi de la façon dont une société libre peut se défendre contre les opérations dissimulées d'une société secrète, sans que le peuple ait à souffrir aucune restriction superflue du droit à l'information?

La réponse fut négative. Après la conférence du 9 mai, le Président comprit qu'il était vain de sa part de tenter d'autres ouvertures auprès des directeurs de journaux, et la question demeura en suspens — pour donner lieu à une explosion beaucoup plus violente, l'année suivante, à l'occasion de la crise des rampes de lancement à Cuba.

X

LA MAISON-BLANCHE PART POUR L'ÉTRANGER

Lorsque l'Américain moyen s'en va en voyage, il fait arrêter la livraison du lait et la distribution des journaux, entasse famille et bagages dans sa voiture et le voilà parti. Mais lorsque le Président des États-Unis voyage, c'est toute la Maison-Blanche qui l'accompagne. Il doit pouvoir poursuivre à Paris, à Caracas ou à Vienne toutes les activités qui sont les siennes au 1600 Pennsylvania Avenue. Il lui faut donc emmener plus de deux cents compagnons de voyage, c'est-à-dire les membres de son cabinet et de son équipe personnelle, des traducteurs, des agents du Service Secret, des secrétaires, des conseillers militaires, des préposés au courrier et la foule de photographes et de journalistes qui assurent régulièrement les reportages de la Maison-Blanche.

Une visite officielle du Président à l'étranger présente les caractéristiques d'une opération militaire : reconnaissance terrestre et aérienne, rapports des services secrets, logistique, consultations avec les alliés, communications et sécurité. Mais, même pour un court déplacement à San Francisco, des centaines de fonctionnaires passent des milliers d'heures à tout organiser.

Ceux qui préparent à l'avance un voyage présidentiel portent le nom d'éclaireurs; c'est un art qui exige du dynamisme, une constitution solide, un flair de diplomate et l'amour du voyage dans les conditions les plus chaotiques. Au cours de la campagne électorale de 1960 (bon entraînement pour les futurs voyages présidentiels), les tournées de JFK furent préparées par une équipe de jeunes juristes et d'autres experts. C'étaient, pour la majorité, des volontaires qui abandonnèrent des situations très rémunératrices pour ce travail bénévole qui se révéla passionnant et plein de possibilités. Le meilleur de tous était Jerry Bruno, une vraie pile électrique trapue et solide; il s'était formé dans les tourbillons de la politique du Wisconsin. Nous le rencontrâmes pendant les élections primaires du Wisconsin et c'est après la convention de Los Angeles qu'il se joignit à nous en qualité d'éclaireur à temps complet. Tout de suite après la victoire de JFK sur Richard Nixon, il entra au Comité National Démocrate à Washington afin d'organiser les principales tournées du Président à l'intérieur du pays. Il y a une certaine ironie dans le fait que Bruno, l'éclaireur de bien des voyages réussis de JFK, fut aussi celui du séjour à Dallas.

Au cours d'une campagne électorale, les éclaireurs se rendent dans une ville trois ou quatre jours avant l'arrivée du candidat. Ils ont pour première tâche de veiller à ce que le comité d'accueil fasse tout son possible pour attirer les gens en masse. Ils doivent aussi mesurer l'attention que le candidat doit porter aux questions politiques locales et son attitude vis-à-vis des autres candidats de la liste locale. Par exemple, vaut-il mieux partir avant la fin d'un rassemblement de masse sur un campus universitaire afin d'assister à une petite cérémonie dans un faubourg et poser le bras sur les épaules de quelque vague candidat au Congrès ? Il y a dans beaucoup de villes des factions démocrates rivales qui se disputent l'avant de la scène. Chacune menace de tout abandonner si on ne lui accorde pas de petites satisfactions : savoir, par exemple, qui sera en tête du comité d'accueil à l'aéroport ou qui montera dans la voiture du candidat dans le cortège. L'une des « cliques » peut s'entêter à donner une réception (à 1.000 dollars par personne) en l'honneur du candidat au moment précis où celui-ci est supposé avoir des entretiens confidentiels avec les leaders de la faction rivale. C'est aux éclaireurs de trancher (souvent en faveur du collecteur de fonds qui gagnera). Bruno avait un véritable génie pour se frayer un chemin à travers les champs de mines de la politique locale. Mais, toutes ces réceptions n'étaient qu'une petite partie de son travail. Il lui fallait examiner lui-même les itinéraires prévus pour le cortège afin d'arriver à une estimation exacte du temps des déplacements et s'assurer que le candidat aurait suffisamment de publicité tout le long du chemin. Rien n'est plus déprimant, pour un candidat, que de voir le visage plein d'assurance de son adversaire lui faire des sourires du haut de tous les bâtiments de la ville (pendant le voyage de Lyndon B. Johnson à Los Angeles, un peu avant les élections de 1964, son principal éclaireur, James P. Keene, avait eu l'astuce d'acheter douze emplacements pour des affiches Johnson-Humphrey tout le long du parcours suivi par le Président. Pas un seul panneau Goldwater-Miller en vue. LBJ était dans l'extase, mais il ignorait que les panneaux n'avaient été loués que pour un jour. On les enleva le soir même). Souvent JFK allait d'un point de la ville à un autre par hélicoptère. Il décollait ou atterrissait n'importe où : parc, campus ou même domaine privé. Bruno devait alors obtenir qu'on abaisse les lignes à haute tension et qu'on interdise tous les vols à basse altitude dans le secteur. Il passait presque tout son temps avec les fonctionnaires de la police, passant des accords pour contenir la foule, obtenir la protection permanente de la police, faire nommer une escorte de motocyclistes. Il s'occupait aussi des locations de chambres d'hôtel, des bagages, des transports et même de faire laver le linge du candidat et d'une centaine de journalistes. Pour couronner le tout, il lui fallait vérifier l'installation de lignes téléphoniques spéciales, dans l'hôtel qui servait de quartier général, le long de l'itinéraire emprunté par le cortège et dans les stades et les auditoriums où le candidat devait prendre la parole. C'était lui, également, qui devait veiller à l'installation des bureaux de la presse, y compris les machines à écrire et le papier, faire distribuer des résumés de la situation locale aux journalistes itinérants et délivrer des cartes de presse à la horde des journalistes et des photographes de l'endroit. De plus, il y avait toujours une armée de candidats mineurs qui exigeaient de se faire photographier avec JFK, et autant de participants à la campagne qui réclamaient « un entretien particulier » avec le candidat pour lui serrer la main.

Un assistant-rédacteur, au moins, accompagnait les éclaireurs afin de préparer « des phrases sur la politique locale » que l'on glisserait dans les discours du candidat. Il réunissait une documentation sur le marasme de l'économie sous le gouvernement républicain, sur les politiques de tarifs douaniers qui causaient de grands torts aux exportations des récoltes locales ou sur le système d'approvisionnement des services gouvernementaux qui avaient privé une industrie d'armement de la région d'un contrat important. Il dépouillait encore les journaux régionaux, y cherchant des articles que le sénateur pourrait commenter et qui lui fourniraient une introduction humoristique pleine de signification pour les électeurs et les politiciens du cru.

J'eus à jouer ce rôle en Californie, en 1952, pour Adlai Stevenson; je travaillais sous les ordres de John Bartlow Martin (c'est sa décision de travailler une seconde fois pour Adlai Stevenson, en 1956, au lieu d'écrire un article pour *Collier's*, démasquant le Syndicat des Transporteurs, qui m'amena indirectement à me joindre aux Kennedy). Martin fut aussi le principal assistant-rédacteur de JFK, et ses allusions à la politique locale dans les discours du candidat étaient souvent plus remarquées par les journaux que le thème central du discours.

Vingt-quatre heures avant l'arrivée de JFK, Bruno mettait au point un programme des activités qui occupait chaque minute et qui était presque aussi compliqué que la préparation d'une invasion à grande échelle. En arrivant, le candidat et son équipe prenaient la barre. Larry O'Brien prenait en main tout ce qui touchait à la politique, tandis que je me chargeais de la presse. A ce moment-là, Bruno était déjà en train de voler vers un autre État pour y renouveler ses exploits.

Mais il y avait toujours des anicroches imprévisibles. L'éclaireur du dernier voyage de JFK à Los Angeles en 1960, Vincent Gaughan, un jeune et brillant avocat de Buffalo, était un maniaque des confetti. Pour lui il n'y avait pas de cortège digne de ce nom sans une constante averse de confetti, depuis le commencement du défilé jusqu'à la fin. Mais, à Los Angeles, il fit un peu trop bien les choses. Le jour du défilé, on distribua littéralement des tonnes de confetti à tous les employés de bureau du centre de la ville; la visibilité était réduite à zéro ou presque, tandis qu'une avalanche de papier se déversait des fenêtres sur les voitures de tête du cortège. JFK avait des bouts d'annuaires téléphoniques déchirés jusqu'à la taille.

Soudain ce fut la catastrophe. Une étincelle provenant de la motocyclette d'un policier de l'escorte mit le feu à l'épaisse couche de papier et l'incendie se propagea jusqu'à l'autobus des journalistes. Ceux-ci se ruèrent au-dehors par les portes de secours tandis que l'escorte de police, sirènes hurlantes, séparait la voiture de JFK du reste du cortège et la dirigeait à toute allure vers une rue transversale. La police, qui ignorait la cause de l'incendie, avait pris cette précaution de crainte que cet incident ne fût une diversion favorisant un attentat contre le candidat. Mais cette raison ne suffit pas à calmer les journalistes qui ne purent rattraper le cortège qu'au bout d'une heure. La foule qui bordait les trottoirs ce jour-là était la plus dense qu'on ait vue à Los Angeles. Mais la nouvelle que le cortège avait pris feu relégua dans l'ombre ce fait important.

Bruno et Gaughan prenaient ces ennuis du bon côté; ils partaient toujours avec la certitude absolue que le prochain programme marcherait comme sur des roulettes. Pas une fois cela n'arriva.

JFK n'oubliait jamais les catastrophes de sa campagne, ou les éclaireurs qui en étaient responsables. En 1959, avant même d'avoir annoncé sa candidature à la Présidence, il alla prononcer un discours à Oakland, en Californie. C'était Don L. Bradley, un des plus astucieux cerveaux politiques d'Amérique et l'un de mes meilleurs amis, qui organisait cette journée. Nous comptions sur une audience de cinq cents personnes, mais trente-cinq seulement attendaient le jeune Sénateur du Massachusetts. Plus tard, cette année-là, Bradley avait réussi à rassembler des foules énormes et enthousiastes dans toute la Californie; de temps à autre JFK se tournait vers lui et disait : « Voilà qui est un peu mieux qu'à Oakland, Don. »

Le Président Kennedy était le premier à reconnaître le rôle que Bruno, Gaughan et bien d'autres éclaireurs avaient joué dans sa victoire. Mais il prenait un malin plaisir à leur faire remarquer que si sa campagne en Alaska s'était soldée par un échec, à Hawaii où il n'était pas allé, il avait été élu. « Imaginez le résultat si je n'avais pas bougé de chez moi! »

Évidemment, le travail d'éclaireur se compliqua encore après l'élection de JFK à la Présidence. Le Service Secret prenait une part active à l'organisation de ses voyages, dans le pays comme à l'étranger. L'avion présidentiel ne pouvait atterrir sur aucun aéroport tant que le ciel n'était pas débarrassé de tout avion à bien des kilomètres à la ronde. La limousine qui l'attendait à l'aéroport pour le transporter en ville subissait toujours une révision de dernière minute, jusqu'au dernier boulon. Maintenant on ne choisissait plus l'itinéraire jusqu'à la ville pour son potentiel de foule, mais pour sa sécurité. Pour les banquets, on surveillait dans les cuisines les aliments que le Président allait manger et les serveurs étaient d'avance passés au crible. On inspectait toujours les systèmes de haut-parleurs dissimulés sous l'estrade afin de s'assurer qu'ils ne contenaient pas de bombes.

Mais la sécurité et tous les éléments de l'organisation étaient beaucoup plus vastes et difficiles à assurer lorsque le Président devait aller à l'étranger. Ken O'Donnell, secrétaire spécial chargé des rendez-vous, était le grand responsable de l'organisation. C'était lui qui décidait, sous réserve de l'approbation finale du Président, des cérémonies, des horaires et des itinéraires. J'étais chargé de la presse. Le colonel George McNally, de l'agence des communications de la Maison-Blanche, dirigeait les communications et le chef du Service Secret, James Rowley, était le grand patron de la sécurité. Le groupe des éclaireurs, qui ne comptait jamais moins de vingt-cinq personnes, comprenait également des experts du Département d'État spécialistes du pays où nous allions, des traducteurs et des agents du protocole.

Nous voyagions à bord du *Boeing-707* présidentiel baptisé *Air Force One*. Le pilote, le colonel James Swindal, devait, d'après le règlement, faire atterrir son avion au moins une fois sur chacun des aéroports nationaux ou étrangers du trajet. L'équipage radio devait revoir les communications en plusieurs langues avec les tours de contrôle de l'aéroport de destination. Tandis qu'ils répétaient atterrissages et décollages, le reste d'entre nous se rendait à l'ambassade des États-Unis pour s'attaquer à la montagne de travail qui nous attendait. Vu de l'extérieur, *Air Force One* n'était qu'un *707* normal; mais c'était en fait un centre de communications et un poste de commandement aéroporté. Son équipement de réception et de transmission était du dernier modèle, il comportait des téléphones radio qui permettaient au Président de communiquer presque instantanément non seulement avec la Maison-Blanche, mais aussi bien avec les ambassades du monde entier qu'avec le commandant d'un poste au Viêt-nam. J'eus la preuve des capacités stupéfiantes de cet équipement au cours du voyage de préparation des visites officielles que le Président rendit en Europe à Charles de Gaulle, Nikita Khrouchtchev et Harold Macmillan en mai 1961. *Air Force One* tournait au-dessus de l'aéroport de Paris-Orly lorsque mon téléphone sonna. Ted Sorensen était à l'autre bout du fil à la Maison-Blanche.

— Pierre, j'ai un problème à résoudre, vous pourriez m'aider. Pouvez-vous venir dans mon bureau, un instant?

— Est-ce que vous savez où je suis, Ted?

— Non, répliqua-t-il. J'ai simplement demandé à ma secrétaire de vous appeler.

— Eh bien, elle a réussi. Je suis à bord d'*Air Force One* et je regarde Paris.

La section des communications de l'avion était située derrière la cabine du pilote. Le compartiment suivant vers l'arrière constituait l'appartement du Président : petite chambre et toilettes privées. Puis venait un compartiment plus vaste, meublé de deux grandes tables de conférence où JFK réunissait son personnel. On y trouvait également un électrophone haute fidélité et des postes de télévision. La réception de la télévision était excellente, même à 10.000 mètres d'attitude. Mais il fallait souvent changer de chaîne. A la vitesse de 960 kilomètres-heure, nous étions vite hors de portée des ondes courtes de la télévision et nous en captions de nouvelles aussi vite. Plus à l'arrière se trouvait un bureau pour le personnel. Enfin, à la queue, les installations du Service Secret et une cuisine parfaitement équipée. C'étaient des stewards de l'aviation qui faisaient cuire nos repas à bord de l'avion.

Des précautions extraordinaires étaient prises pour protéger la vie du Président au cours de ces vols transocéaniques. Un vaisseau de la marine stationnait tous les 400 kilomètres le long de l'itinéraire d'*Air Force One* pour parer à l'éventualité d'un amerrissage forcé, des vingtaines d'avions se tenaient en état d'alerte dans toutes les bases côtières pour se joindre aux recherches éventuelles et les navires météorologiques des garde-côtes, en plein milieu de l'Océan, communiquaient en permanence au colonel Swindal les dernières informations sur l'évolution du temps.

L'organisation de la visite en France est un modèle de celles qui suivirent. Nous ne passâmes que deux jours à Paris, mais, pendant tout ce temps, nous occupâmes notre temps en réunions de travail, à raison de dix-huit heures par jour. Il y avait littéralement des milliers de décisions à prendre en collaboration avec nos hôtes. Qui ferait partie du comité d'accueil à l'aéroport avec le général de Gaulle et quelles seraient les préséances à observer? Le chef du protocole des États-Unis, Angier Biddle Duke, devrait mettre les choses au point avec son homologue français. A quel endroit les journalistes américains et étrangers auraient-ils la possibilité de parler directement aux deux chefs d'État? Combien seraient-ils? Qui préparerait la déclaration commune? Qui la publierait? Pierre Baraduc, attaché de presse au ministère des Affaires Étrangères français et moi-même devions tirer tout cela au clair, chacun essayant de favoriser les journalistes de son pays. Quelles réceptions officielles y aurait-il? Cela, c'était la mission d'O'Donnell et des conseillers de de Gaulle. Où et quand les deux chefs d'État discuteraient-ils des questions internationales, et quel serait le programme? Les experts politiques du Département d'État et le ministère des Affaires Étrangères français s'en occuperaient. Où résideraient le Président et Mrs Kennedy? Les Français étaient en train de refaire les appartements du quai d'Orsay, siège du ministère des Affaires Étrangères pour les recevoir, mais notre Service Secret devait donner son accord. Ken et moi accompagnâmes Rowley pour examiner les lieux (je garde l'inoubliable souvenir d'une baignoire en or massif dans la salle de bains du Président). Il nous fallut aussi vérifier les dispositions prises au Palais de l'Élysée, ainsi qu'à Versailles où auraient lieu des dîners officiels, et à l'Arc de Triomphe où le Président et le général de Gaulle ranimeraient la flamme sur la tombe du Soldat Inconnu.

Le programme de Mrs Kennedy n'était pas moins chargé. Ses deux secrétaires, Letitia (Tish) Baldrige et Pam Turnure, étaient parties avec les éclaireurs afin de tout organiser pour elle jusques et y compris le choix d'un coiffeur et d'une manucure.

Le quartier général de la presse serait à l'Hôtel Crillon, juste à côté de l'ambassade des États-Unis. J'avais dû réserver des chambres pour plus d'une centaine de correspondants et photographes de la Maison-Blanche qui devaient nous accompagner; de plus, il m'avait fallu prévoir un bureau de presse qui donnait sur le hall principal de l'hôtel et veiller à l'installation d'une série de télétypes et de téléphones; ainsi les nouvelles de la conférence seraient transmises aux États-Unis sans retard. A Paris comme dans toutes les capitales, les reportages des cortèges officiels étaient mon plus gros souci. Bien sûr, c'est la coutume que le Président et le chef d'État qui le reçoit montent dans la première voiture, immédiatement suivie d'une voiture des services de sécurité. Mais il n'y a pas de règle fixe sur l'ordre des voitures qui suivent. Aux États-Unis, j'avais pour habitude de placer une voiture de presse en troisième position. Mais en Europe, les ministres étrangers et les dignitaires ne supportaient pas que de simples journalistes fussent devant eux dans le cortège. Baraduc et moi marquâmes un point cependant et il fut décidé que le *pool* des journalistes de l'AP et de l'UPI (les plus importantes agences de presse des États-Unis), ainsi que l'Agence France-Presse, la plus grande agence française, seraient avec nous dans la troisième voiture. Il fut encore plus épineux de décider du sort des autocars de presse où prenaient place des centaines de journalistes et de photographes. En général, les comités d'organisation étrangers voulaient les placer tout au bout du cortège, là où ils ne verraient rien, seraient pris dans la foule en train de se disperser et seraient sûrs de manquer la suite des événements. A Paris, nous parvînmes à placer un autocar pas trop loin dans le cortège, mais dans d'autres capitales il m'arriva fréquemment de ne pas obtenir gain de cause. Naturellement les correspondants américains, furieux, m'accusaient d'avoir défendu leurs droits trop mollement.

Mais leur fureur dépassait tout ce que l'on peut imaginer lorsque ceux d'entre eux qui étaient choisis pour monter dans la voiture du pool ne remplissaient pas le devoir qu'ils avaient de faire un rapport complet à leurs collègues des autobus. Il existait un accord selon lequel les envoyés spéciaux qui faisaient partie du pool devaient écrire, aussi rapidement que possible, un résumé qu'ils devaient fixer sur le tableau d'affichage du bureau de presse. Lorsque ces rapports tardaient à venir, les journalistes obsédés par le temps partaient à la chasse de leurs « représentants » perdus — ils les trouvaient souvent dans leurs chambres, en train d'écrire tranquillement leurs papiers pour leurs journaux respectifs. Je dois ajouter que les correspondants de l'AP et de l'UPI ne se rendirent jamais coupables de ce genre de choses. Mais les coupables obtinrent rarement de moi de faire partie d'un autre pool. Les photographes avaient la même obligation à l'égard de leurs confrères. S'ils n'y satisfaisaient pas, c'est contre moi que les autres récriminaient amèrement et ils usaient de violence envers le coupable. Pendant la visite officielle, à Vienne, Paul Schutzer, photographe à *Life* envoya un coup de poing à Jacques Lowe de *Newsweek* qui, prétendait-il, n'avait pas respecté cet engagement.

Tandis que Ken et moi discutions des divers arrangements concernant le président et les journalistes, Rowley était en conférence avec la police et l'armée pour assurer la sécurité des deux chefs d'État. Je me rappelle d'une fois où il y eut trop de sécurité si l'on peut dire. Lors de la visite du Président à Caracas en 1961, le chef de la sécurité du Venezuela, le Dr Carlos Andres Perez, était décidé à ne pas voir se répéter les scènes de violence et les jets de pierres qui avaient accueilli Richard Nixon en 1958. Perez nous regarda, Ken et moi, de ses yeux gris et froids et nous dit : « Je puis vous affirmer, Señor O'Donnell que votre Président sera en sûreté au Venezuela. J'ai pris les dispositions nécessaires. » C'est bien ce qu'il avait fait. Plus de quatre mille suspects politiques furent jetés en prison pendant toute la durée du séjour de JFK, et vingt mille soldats, baïonnette au canon, faisaient face à la foule tout le long de la route que suivit le cortège depuis l'aéroport. Perez n'était pas le seul à être inquiet d'ailleurs. O'Donnell et Dave Powers, du personnel de la Maison-Blanche, avaient chacun un pistolet et ne quittèrent pas le Président d'une semelle. Les exigences de Rowley à Paris n'étaient pas aussi extraordinaires, mais il approuva les dispositions prises et le déploiement de milliers d'agents de police français et de soldats, à l'aéroport, le long du chemin emprunté par le cortège, au Quai d'Orsay et dans tous les bâtiments publics où apparaîtrait JFK.

En même temps, le colonel McNally, de l'agence des communications de la Maison-Blanche, mettait au point un circuit de téléphones complexe qui servirait au Président et à sa suite. Chacun d'entre nous avait, dans sa chambre, un téléphone spécial qui était relié non seulement à tous les postes des autres membres de la suite mais aussi, et directement, au standard de la Maison-Blanche à Washington. Nous avions aussi nos standards au Crillon et au Quai d'Orsay, chacun d'eux affecté d'un numéro. Lorsqu'on appelait ce numéro le standardiste — membre de l'agence des communications — répondait : « Maison-Blanche, Paris. »

Pendant les visites du Président à l'étranger, les réseaux de communications des pays visités devaient pouvoir absorber un encombrement accru des lignes téléphoniques et télégraphiques allant jusqu'à des dizaines de milliers de messages par jour. A Paris ce fut facile, mais la situation se révéla bien différente à Caracas. La capitale du Venezuela n'avait pas assez de lignes téléphoniques et télégraphiques pour satisfaire les exigences de la presse et de la suite présidentielle. Mais cela n'embarrassa pas l'agence des communications de la Maison-Blanche. On envoya un S. O. S. à la Marine et un navire des transmissions jeta l'ancre à six milles de la côte. Les communications officielles du gouvernement étaient relayées jusqu'à Washington grâce à un relais de communications de la Marine dans le Maryland, en dehors du district de Columbia; il n'y eut pratiquement aucune perte de temps. On transporta par hélicoptère jusqu'au navire le flot des dépêches des journalistes que l'on retransmit ensuite par radio. Mais c'est pendant le voyage du Président Eisenhower à Brasilia en 1960 que l'agence des communications eut à tenir la plus dure gageure. La nouvelle capitale du Brésil n'avait pour ainsi dire pas de réseau téléphonique. L'agence dut y installer des poteaux et des fils et envoyer des standards par avion. Le réseau fonctionne toujours à Brasilia et forme le noyau du système de communications de la ville. Le commandant Jack Rubley, qui en eut la responsabilité, reçut la plus haute décoration civile du Brésil.

Cependant, le travail des éclaireurs ne représente que la partie visible d'un iceberg. Au moment où nous nous trouvions dans la capitale étrangère, des centaines d'experts, aux États-Unis, passaient de longues heures à préparer eux aussi le voyage. Pour la visite de Paris, notre ambassadeur James M. Gavin passa de longues heures de travail avec les spécialistes des questions françaises au Département d'État à mettre au point des exposés destinés au Président, à sa suite et aux journalistes qui l'accompagneraient. Des milliers de pages portant sur les caractéristiques sociales, économiques, politiques et militaires du pays d'accueil — ainsi qu'un jugement sur ses chefs — envahissaient le bureau de JFK plusieurs semaines avant le voyage. Au moment de son départ, il saurait comment se présentaient les vendanges dans la vallée du Rhône, où en étaient les progrès nucléaires de la France, comment se portait le général de Gaulle, si ses conseillers étaient pour ou contre les Américains; il saurait même comment s'appelaient le valet et le chef qui seraient à son service au Quai d'Orsay. Le personnel qui devait être du voyage avait connaissance de presque tous ces faits, excepté des rapports ultra-secrets sur la puissance militaire de la France ou ceux qui traitaient des efforts de détente avec la Chine entrepris par de Gaulle.

Il était également de la plus haute importance que les journalistes eussent les informations les plus complètes possibles sur le pays invitant et sur les résultats diplomatiques que JFK espérait retirer de sa visite. S'ils étaient au courant, les reportages sur les résultats des entrevues entre chefs d'État ne seraient ni trop optimistes ni trop pessimistes. Pour donner un exemple, le Président n'avait que peu d'espoir d'arriver à un accord positif avec Khrouchtchev à Vienne. Nos correspondants en furent avertis avant leur départ, au cours d'un exposé au Département d'État; ils n'interprétèrent donc pas les mauvais résultats de la rencontre de Vienne comme un échec ou une surprise pour le Président. On donna aux journalistes qui étaient du voyage un dossier d'informations considérable sur la visite à venir. Tout cela était bourré de faits et de renseignements pratiques : les numéros de téléphone des médecins de l'ambassade, au cas où quelqu'un tomberait malade; le taux du change; les plans des capitales étrangères et des bâtiments où se rendrait le Président; les indications de voltages pour les journalistes qui utiliseraient des caméras et des magnétophones; un bref historique du pays visité; les principaux restaurants; les attractions; et même, pour les photographes, des conseils sur les laboratoires où ils pourraient traiter leurs films.

Le jour du départ, les journalistes trouvaient dans l'avion un autre dossier. Il s'agissait cette fois des discours que prononcerait le Président, et du programme précis du voyage, précis au point de leur indiquer à quelle heure leurs bagages devraient être prêts pour le voyage de retour.

En même temps, on envoyait aux journalistes étrangers des dossiers contenant non seulement les discours du Président, mais également un court résumé de sa carrière et de celle des principaux membres de sa suite.

Un jour, le récit de ma vie écrit par l'agence d'information des États-Unis me causa pas mal d'embarras après notre visite au Canada, à Ottawa, en 1961. On m'y décrivait comme « une pile électrique, l'incarnation infatigable de la compétence, toujours en mouvement — une grande carcasse joviale dont les manières aimables dissimulent un esprit d'acier. Précoce depuis le berceau, Salinger a l'habitude de laisser ses contemporains bien loin derrière lui ».

Battle Line, l'organe de propagande du Comité National Républicain, m'accusa de l'avoir écrit moi-même. Le *New York Herald Tribune* versa de l'huile sur le feu dans un éditorial très sévère. Mais il dut se rétracter un ou deux jours plus tard : nous avions découvert que le bouillant rédacteur de l'USIA avait extrait son portrait, mot pour mot, d'un article paru dans l'*Herald Tribune*.

Peu de temps avant une visite présidentielle à l'étranger, les choses allaient un train d'enfer dans la section de presse de la Maison-Blanche. On envoyait tous les discours du Président sans exception au Département d'État, pour les faire traduire en vingt langues au moins; ensuite, on les distribuerait dans la capitale étrangère aux journalistes venus du monde entier. Il y avait des centaines de demandes pour une entrevue avec le Président ou avec Mrs Kennedy; nous dûmes en refuser la plus grande partie, car le programme était trop chargé. Il y avait toujours le câble de dernière minute que je devais m'attendre à recevoir de mon homologue dans la capitale étrangère; il demandait instamment que le Président Kennedy sorte de l'avion par la porte arrière, car l'aile le cacherait aux photographes s'il sortait par celle de devant. C'est pour cette même raison que JFK sortait toujours d'*Air Force One* par la porte arrière. Mais cela me stupéfie toujours de penser que ce point, insignifiant en apparence, fût toujours soulevé par les attachés de presse et toujours à la onzième heure.

Organiser les voyages du Président a toujours été un travail épuisant. Ken et moi, nous avions rarement plus de trois ou quatre heures de sommeil par nuit et prenions presque tous nos repas à toute allure — supplice cruel et inhumain lorsque cela arrivait dans des villes comme Paris ou Vienne dont la cuisine est réputée dans le monde entier. Mais malgré les inconvénients et les difficultés que nous avions avec nos hôtes, ces voyages étaient toujours passionnants, peut-être parce qu'O'Donnell était un compagnon de voyage peu ordinaire.

Lors de notre voyage à Vienne, en 1961, Ken et moi eûmes ce luxe si rare — une soirée où nous avions quartier libre. L'Opéra de Vienne donnait *La Flûte enchantée* de Mozart et je m'étais arrangé, par l'intermédiaire de l'ambassade, pour que nous puissions y aller. Nous eûmes droit à tous les égards : la loge présidentielle, la limousine et le chauffeur de l'ambassadeur H. Freeman Matthew et, pour escorte, le chef du protocole du gouvernement autrichien.

Mais une heure avant de partir, on nous fit savoir que l'on aurait besoin de nous pour une rencontre secrète dans un hôtel du centre. Nous ne voulions pas offenser nos hôtes en n'allant pas à l'Opéra, aussi nous décidâmes de faire une apparition au premier acte.

La rumeur s'était répandue dans la salle que deux assistants du Président Kennedy se trouvaient dans la loge présidentielle et on nous regarda beaucoup avant le lever du rideau. A la fin de la première scène, nous nous levâmes pour partir et notre hôte autrichien devint blême : « Où allez-vous ? »

Nous essayâmes de lui expliquer que nous avions rendez-vous à l'hôtel.

— Mais vous ne pouvez pas partir, supplia-t-il. La représentation vient de commencer. Ce serait insulter les chanteurs.

Nous affirmâmes que l'insulte aurait été beaucoup plus grave si nous n'avions pas fait une apparition.

Sur ces paroles, le fonctionnaire du protocole, qui n'avait guère plus de 1,50 m, s'adossa à la porte et leva les bras, sur la défensive, comme pour nous empêcher de marquer un point : « Je regrette, mais il faut que vous restiez. »

Ken le dévisagea pendant un long moment avec cet air méchant qu'il devait avoir pour la ligne d'avants quand il faisait partie de l'équipe de football d'Harvard. L'Autrichien comprit que rien ne l'arrêterait; il s'effondra sur une chaise tremblant et couvert de sueur et nous laissa passer.

La réunion terminée, nous allâmes dîner aux Trois Hussards, un des meilleurs restaurants de Vienne. Nous prenions un verre au bar en attendant qu'on nous donne une table lorsque le patron se précipita vers nous en criant : « Bienvenue, M. Salinger », d'une voix qui fit trembler les lustres. On nous donna rapidement la meilleure table et je qualifierais le dîner d'historique. En revenant à l'ambassade, nous nous arrêtâmes dans un bar à la mode pour boire un dernier verre. Là encore, le patron se rua sur nous en criant : « Soyez le bienvenu, M. Salinger ! » J'avais l'impression d'être une célébrité internationale; plus tard seulement je découvris qu'après nous avoir déposés, notre chauffeur avait téléphoné au propriétaire du restaurant et à celui du bar pour leur dire que l'attaché de presse du Président Kennedy se trouvait chez eux.

La publicité autour de ma personne était assez extraordinaire pendant ces voyages, ce qui était une cause de frustration pour O'Donnell et d'amusement pour la Maison-Blanche. On me citait et on me photographiait souvent quand j'étais à l'étranger, pour la raison évidente que je traitais directement avec les journalistes tandis que Ken s'enfermait derrière des portes bien closes pour s'entretenir avec les fonctionnaires. Mais le Président Kennedy taquinait O'Donnell parce qu'on parlait bien peu de lui dans la presse. Quand, à notre retour, nous lui faisions un rapport, il demandait toujours à Ken : « Combien de fois la photo de Pierre a-t-elle paru dans les journaux cette fois ? »

En 1963, en route vers Dublin pour préparer le voyage du Président en Irlande, je dis à Ken : « Une blague est une blague. Mais l'Irlande est votre pays — la patrie de vos ancêtres — et c'est vous qui devriez être le porte-parole du Président cette fois. Pour être sûr de ne pas vous gêner, je ne quitterai l'avion qu'après le départ des journalistes. »

Le grand moment était venu pour Ken. La visite imminente du Président était le plus grand événement qui se soit produit depuis l'arrivée de saint Patrick; journalistes et photographes attendaient par vingtaines; Ken descendit tout seul la rampe d'accès. Mais la première question du premier journaliste fut :

— Où est Salinger ?

— Encore dans l'avion, répondit O'Donnell qui dut s'enfuir car les journalistes se ruaient vers l'échelle. Je n'avais pas dit à Ken que, dans les lettres échangées avec le gouvernement irlandais, j'avais été désigné pour assurer les relations avec la presse. Il n'avait jamais eu l'ombre d'une chance.

L'individu le plus étonnant que j'aie rencontré au cours d'un de ces voyages, était bien sûr un Irlandais; c'était Andrew Minihan, le président du conseil municipal de New Ross dans le comté de Wexford. JFK devait visiter le petit port parce que son arrière-grand-père Patrick Kennedy s'y était embarqué pour le Nouveau Monde, plus d'un siècle auparavant.

Minihan, un grand monsieur à barbe blanche, avait décidé que New Ross prendrait la visite présidentielle tout naturellement.

— Nous n'allons pas faire de fantaisie pour ce jeune homme, me dit-il. Il nous verra exactement comme nous sommes.

Je n'avais pas d'objection. Le Président Kennedy ne voudrait pas que ses hôtes abîment cette ville ancienne avec des banderoles et de la peinture. Mais je pensais que Minihan devait faire quelque chose pour cacher un énorme tas de fumier qui se trouvait à une dizaine de mètres du quai où JFK remercierait New Ross de son hospitalité.

Mais Minihan refusa : « C'est du bon fumier irlandais et il restera où il est. » Et le tas resta.

Un des moments dont je me souviendrai toujours, pendant un de ces voyages d'éclaireur, fut lorsqu'on m'emmena à la porte de Brandebourg et au poste de contrôle Charlie, d'où je contemplai Berlin-Est au-delà du mur; JFK serait à ces mêmes endroits le 26 juin 1961. J'étais impressionné par les gardes communistes armés jusqu'aux dents qui me regardaient d'un œil hostile. Lorsque le Président alla à la porte de Brandebourg les gens de l'Est avaient dressé d'énormes banderoles qui lui cachaient la ville. Mais il put tout voir depuis le poste de contrôle Charlie.

L'attaché de presse étranger qui me donna le plus de fils à retordre fut Pierre Baraduc. Ma première rencontre avec lui eut lieu au cours des conversations que le Président eut avec le général de Gaulle, avant de se rendre à Vienne. Quelques correspondants américains m'avaient averti que Baraduc était connu pour son chauvinisme et qu'il ferait tout son possible pour donner à l'Agence France-Presse la primeur des nouvelles importantes. Évidemment c'était la déclaration commune des deux chefs d'État, résumant le résultat de leurs discussions, qui était visée. J'en avais ce que je croyais être le seul exemplaire et je devais le remettre juste avant de quitter Paris. Mais pour contrer Baraduc, j'en avais fait tirer un certain nombre d'exemplaires que je distribuai aux correspondants de l'AP et de l'UPI.

— Attendez que je vous donne le mot, leur dis-je. Je vous garantis au moins cinq minutes d'avance sur l'Agence France-Presse.

Exactement cinq minutes avant que je me prépare à lire le communiqué à un rassemblement de journalistes, je donnai le signal à l'AP et à l'UPI. Ils sortirent du bureau de presse quelques instants plus tard, secouant la tête d'un air écœuré. L'Agence France-Presse avait publié la chose plusieurs minutes avant. Je ne sais toujours pas où Baraduc a bien pu trouver son exemplaire de la déclaration.

A Paris également, je fus victime d'un autre incident qui eut de bien plus graves conséquences. Le soir où le général de Gaulle devait recevoir le Président et Mrs Kennedy à dîner à l'Élysée, j'étais en train de me battre avec mon col d'habit et ma cravate blanche lorsque j'eus un appel d'O'Donnell qui se trouvait au Quai d'Orsay avec le Président.

— Je vous préviens, me dit-il, que Dean Rusk ne viendra pas demain à cause de ce qui se passe en République dominicaine.

— Quoi donc?

— Le général Trujillo a été assassiné.

Ken me raconta cela de façon si naturelle que je crus que la nouvelle était déjà officielle. En fait, le Département d'État avait reçu la nouvelle mais n'en avait pas eu confirmation. En me rendant à l'Élysée, je m'arrêtai au bureau de presse, au rez-de-chaussée du Crillon.

— Est-ce que Rusk doit toujours venir demain? me demanda l'un des correspondants.

— Non, il ne sera pas là, répondis-je.

— Pourquoi?

— A cause de la situation en République dominicaine.

— Quelle situation?

Là, j'aurais dû m'arrêter, mais je ne fis pas attention.

— L'assassinat du général Trujillo, dis-je.

En moins d'une seconde, plus de cent journalistes se ruaient sur leurs téléphones. En moins d'une heure, de gros titres se répandaient dans le monde entier : SALINGER ANNONCE L'ASSASSINAT DE TRUJILLO. La radio de La Havane diffusa des communiqués prétendant que le meurtre du dictateur dominicain avait été comploté par Washington. Autrement, comment aurais-je pu le savoir?

Le Président ne pouvait en croire ses oreilles quand je le rejoignis au Quai d'Orsay et lui racontai ce que j'avais fait. Jamais il ne fut aussi furieux contre moi qu'à ce moment-là.

— D'après les derniers renseignements, dit-il, il se peut que Trujillo ne soit pas mort.

— Monsieur le Président, répliquai-je, si ce n'est pas lui, c'est moi.

Au milieu du dîner, un serveur me fit savoir qu'on m'appelait au téléphone. C'était Rusk, de Washington, mais je n'avais pas besoin de l'écouter pour l'entendre.

— Est-ce que vous êtes complètement fou? hurlait-il. Nous n'avons pas la moindre confirmation, ni du gouvernement dominicain ni d'aucune autre source sûre. Cela peut être très grave. Débrouillez-vous pour arranger la situation, et tout de suite.

Je retournai à ma place. Un autre serveur m'y attendait, porteur d'un autre message — il venait du bureau de presse du Crillon, cette fois. Quelques minutes auparavant, le gouvernement dominicain avait annoncé officiellement l'assassinat du général Trujillo.

Je n'ai pas besoin de rapporter le reste de mes activités cette nuit-là, qu'il me suffise de dire que je n'allai pas me coucher avant six heures du matin.

XI

LES RUSSES A VIENNE

John F. Kennedy et Nikita S. Khrouchtchev se rencontrèrent à Vienne les 3 et 4 juin 1961 — ce fut le seul tête-à-tête qu'ils devaient jamais avoir en qualité de chefs d'État. Ces deux jours furent chargés de menaces. L'épisode de la baie des Cochons, six semaines auparavant, avait fait baisser le prestige des Américains aussi bas qu'à l'époque de l'incident de l'*U*-2 piloté par Francis Gary Powers en mai 1960. Khrouchtchev sentait que le moment était venu d'arracher aux Américains d'importantes concessions sur la question allemande; il arriva à Vienne non pour négocier, mais pour dicter sa volonté au jeune Président américain. Ce ne fut pas sa meilleure manœuvre. Deux mois plus tard, c'était lui et non JFK qui reculait à propos de Berlin, l'enjeu le plus délicat de la conférence de Vienne.

En allant à Vienne, le Président Kennedy savait que l'ambiance ne serait pas favorable aux concessions mutuelles qui, seules, pouvaient mener à des accords. Il était surtout venu pour jauger Khrouchtchev et pour établir avec lui des relations personnelles qui, plus tard, se révéleraient peut-être utiles.

— J'aurais préféré que notre première rencontre se passât au sommet, et non au bord de l'abîme, dit-il.

La personnalité de Khrouchtchev fascina le Président. Pour préparer son voyage à Vienne, il avait lu quantité de rapports sur le Russe ainsi que les moindres mots qu'il avait jamais prononcés ou écrits pour le public.

A ce moment comme après, JFK ne se laissa jamais impressionner par les trépignements furieux du Premier russe. Il voyait en lui le représentant intraitable et vigoureux d'un système politique, certain de sa supériorité dans la compétition pacifique avec le capitalisme et ne refusant pas de faire le premier pas pour s'éloigner de la catastrophe. Mais il était également convaincu que Khrouchtchev n'hésiterait pas à presser sur le bouton nucléaire s'il était acculé. Toute la stratégie américaine dans la crise des missiles de Cuba, l'année suivante, était fondée sur cette analyse qui se révéla exacte.

Comme on lui avait laissé le loisir de manœuvrer, Khrouchtchev ne répliqua pas à notre démonstration de force contre les navires soviétiques et contre Castro, son allié communiste.

La préoccupation majeure du Président était que les conversations de Vienne créent à nouveau un « esprit de Camp David » non justifié. Les relations américano-soviétiques avaient brutalement empiré après la rencontre entre Eisenhover et Khrouchtchev dans la maison du Maryland en 1959; en apparence, cette rencontre avait pourtant été un succès. JFK n'avait pas l'intention de subir une pareille déception. Les instructions qu'il m'avait données, longtemps avant notre départ pour Vienne, étaient claires :

— Gardons-nous d'accorder à cette rencontre une importance qu'elle n'a pas. Je ne crois pas que nous ferons grand-chose là-bas; il serait dangereux de susciter de faux espoirs dans le pays.

Son jugement était juste. C'étaient les Soviétiques qui avaient engagé les premiers pourparlers, mais Khrouchtchev et son principal conseiller, le ministre des Affaires Étrangères Andrei Gromyko, n'avaient rien de nouveau à proposer. Ils soumirent à JFK et à son Secrétaire d'État Dean Rusk un choix de propositions que les puissances occidentales avaient toujours jugées inacceptables. Il y eut un accord pour accélérer les démarches en vue d'un cessez-le-feu au Laos. Mais, en se séparant, les vues des deux chefs d'État sur la question la plus grave — l'Allemagne — étaient plus éloignées que jamais.

Au moment où *Air Force One* transportant à son bord le Président et sa suite, atterrissait sur l'aéroport de Vienne-Schwechat noyé de pluie, je ne pensais qu'au régiment de journalistes qui nous attendaient pour assurer le reportage de la visite. Pendant deux jours je serais le porte-parole officiel du Président. J'avais un autre travail moins en vue, essayer de contrer les efforts que feraient peut-être les Russes pour déformer le sens de la rencontre.

Avant de quitter Vienne cependant, je m'étais trouvé dans une série d'événements imprévus qui devaient plus tard avoir un effet spectaculaire sur les relations américano-soviétiques. J'allais rencontrer le gendre de Khrouchtchev au cours d'une discussion télévisée, devenir l'intermédiaire secret entre le Président et le Premier soviétique, arranger la première interview d'un Président des États-Unis par un journaliste russe et passer quatorze heures avec Khrouchtchev lui-même, tout cela se succédant à une vitesse étonnante.

Tout commença à cause d'une femme qui ignorait le sens du mot impossible. Mrs Lucy Jarvis, co-productrice d'une émission télévisée de la N. B. C. intitulée *The Nation's Future* (L'Avenir de la nation) vint me voir à Washington, un mois avant la conférence de Vienne; elle avait une proposition à me soumettre. Serais-je volontaire pour faire partie de cette émission en compagnie d'un autre Américain et discuter avec deux grands journalistes soviétiques de la liberté de la presse? Si j'étais d'accord, elle entrerait en contact avec Alexis Adjoubeï, gendre de Khrouchtchev et rédacteur en chef des *Izvestia*, et Mikhail Kharlamov attaché de presse au ministère des Affaires Étrangères de l'URSS. Mon partenaire pourrait être Clifton Daniel du *New York Times*. Daniel est le gendre de l'ancien Président Truman, et avoir ensemble Daniel et le gendre de Khrouchtchev présentait un côté piquant auquel Lucy ne pouvait résister.

J'acceptai avec empressement ce projet de discussion. Mais, en mon for intérieur, je pensais que Lucy n'arriverait pas à le mener à bien. Jamais les Russes n'accepteraient, me semblait-il, une discussion pour la télévision américaine, discussion qui devrait se dérouler selon les règles américaines avec toutes les conditions de réciprocité que cela comporterait. En ce matin humide de notre arrivée à Vienne, j'avais d'ailleurs presque oublié tout cela.

Mais Lucy, qui parle russe couramment, menait son idée tambour battant. Elle était déjà à Vienne pour convaincre les deux Russes; elle avait déjà parlé à Kharlamov qui se trouvait là en qualité de porte-parole officiel de Khrouchtchev. Je le vis le matin de mon arrivée et nous décidâmes, par l'intermédiaire de nos interprètes, des méthodes à suivre pour rédiger les déclarations communes américano-soviétiques sur la conférence.

— J'ai vu Mrs Jarvis, me dit-il. Que pensez-vous de son idée de discussion à la télévision américaine?

— Je suis tout à fait pour, répondis-je. Mais ce n'est pas pour la télévision américaine seulement. Nous aimerions que vous fassiez passer l'émission en Union soviétique. Qu'en pensez-vous? Et Adjoubeï?

— Je lui en parlerai à mon retour à Moscou, dit-il, je crois que cela peut s'arranger.

Personnellement j'en doutais.

La première rencontre du Président Kennedy et de M. Khrouchtchev eut lieu ce matin-là dans le salon de musique de l'ambassade des États-Unis. Ils s'étaient vus une seule fois dans le passé, au cours de la visite que le leader soviétique fit aux États-Unis en 1959, à l'occasion d'une brève discussion avec la Commission des affaires Étrangères du Sénat. Khrouchtchev se rappelait que JFK était arrivé en retard à la réunion de Washington; Kennedy se souvenait que la seule parole que lui avait adressée Khrouchtchev avait été une remarque sur sa jeunesse.

Cette première conversation fut alternativement amicale et méfiante.

D'après Khrouchtchev, il fallait que les États-Unis reconnaissent au communisme son droit d'existence, non seulement en Union soviétique mais dans tous les pays qui préféraient le marxisme au capitalisme. Il était inutile de discuter des avantages relatifs des deux systèmes ou de reprocher à l'Union soviétique d'exporter le communisme dans d'autres parties du monde. Si les États-Unis voyaient un Russe caché derrière tous les arbres des pays qui devenaient communistes, ils ne voyaient pas clair. C'était le sens de l'Histoire et non la subversion soviétique qui était le moteur de ces « guerres de libération » pro-communistes, et les États-Unis devraient renoncer à intervenir directement dans ces conflits. Il n'avait pas l'intention, ajouta-t-il, de faire adopter le communisme aux autres nations sous la menace du fusil. Lui voulait laisser l'Histoire suivre son cours, c'étaient les Américains qui ne voulaient pas.

Le Président Kennedy lui rappela les paroles de Mao Tsé-toung selon lesquelles le pouvoir se conquiert sous la menace du fusil; Khrouchtchev, furieux, répliqua que Mao n'avait jamais dit cela. Le leader de la Chine communiste était marxiste et tous les marxistes savaient que leur doctrine triompherait sans qu'il fût besoin de recourir à la guerre.

Le Président ne pouvait admettre ce que prétendait Khrouchtchev : que les marxistes acceptaient de se soumettre au cours de la nécessité historique. Il cita de nombreux exemples de minorités communistes qui, grâce à la subversion intérieure et à une intervention militaire extérieure, tentaient de renverser des régimes démocratiques qui jouissaient pourtant du soutien populaire. Le capitalisme, affirma Kennedy, n'attaquait pas le communisme. C'était le contraire qui était vrai. Nous n'avions rien contre les régimes communistes que des mouvements populaires avaient amenés au pouvoir et nous ne nous mêlions pas de leurs affaires intérieures. Mais les marxistes, eux, essayaient de saboter les régimes démocratiques et c'est ce fait qui avait amené les relations américano-soviétiques à un point de tension dangereux.

Les deux chefs d'État étaient cependant d'avis qu'il fallait résoudre ce problème sans avoir recours à l'affrontement direct entre les deux principaux tenants de ces systèmes opposés. Khrouchtchev affirma que la volonté de négociation des Soviets pour un désarmement général était bien la preuve de leur conviction qu'il existait une solution non-militaire. Le Président Kennedy répliqua que sa « seule ambition était d'assurer la paix »; il espérait bien que ces conversations feraient franchir un pas important dans cette direction.

Cette conversation d'une heure n'avait pas été très cordiale, mais tous deux étaient souriants lorsqu'ils pénétrèrent dans la salle à manger de l'ambassade pour déjeuner. M. Khrouchtchev portait sur sa veste une décoration que JFK ne connaissait pas.

— Qu'est-ce que c'est?

Khrouchtchev lui répondit fièrement que c'était la médaille Lénine de la Paix.

— J'espère que vous ne ferez rien qui les force à vous la reprendre, dit le Président. Khrouchtchev se mit à rire.

La conversation aborda le sujet de l'exploration de l'espace et JFK proposa de faire des recherches en commun et « d'aller dans la lune ensemble ». Khrouchtchev rit de nouveau, mais après un silence pensif il ajouta : « Eh bien, oui, pourquoi pas? » (Mais le lendemain il disait au Président que la chose ne serait pas « pratique » puisque les deux pays utilisaient les mêmes fusées pour leurs programmes scientifiques et pour leurs programmes militaires.)

La marotte de M. Khrouchtchev était l'agriculture, peut-être à cause de l'échec permanent des Russes qui n'arrivaient pas à hausser leur production au niveau américain. Il écouta avec beaucoup d'intérêt Dean Rusk lui parler d'une nouvelle espèce américaine de maïs hâtif qui produisait deux ou trois récoltes par an.

— Remarquable, dit Khrouchtchev. Mais savez-vous que nous avons trouvé le moyen de fabriquer de la vodka à partir du gaz naturel? Il se tourna vers le Président : « Qu'en pensez-vous? »

— C'est de la même farine que les histoires de Dean Rusk, répondit JFK.

Mais si la conversation était légère, le menu ne l'était pas : coquilles de foie gras en gelée; cœur de filet de bœuf Wellington; légumes divers; salade mimosa; biscuit glacé à la crème de menthe et fruits. Les vins : Gumpoldskirchner (spâtlese rotgipfler) 1957, Château Mouton-Rotschild 1953 et Perrière-Jouët brut 1953.

La réunion de l'après-midi dura trois heures et Khrouchtchev reprit l'argument selon lequel les États-Unis faisaient tous leurs efforts pour renverser les gouvernements communistes, comme à Cuba, et que de là venaient les points de friction les plus dangereux entre l'Est et l'Ouest. Mais il amena un nouvel élément : c'était l'Amérique et non l'Union soviétique qui était responsable de la prolifération du communisme. C'était contraint et forcé que Fidel Castro avait rejoint le camp marxiste car les sanctions économiques prises contre lui par les Américains ne lui laissaient pas d'autre issue. En Corée, en Iran, les Américains soutenaient des régimes réactionnaires qui ne laissaient au peuple d'autre recours que de se tourner vers le communisme.

Lui-même n'était pas né communiste. C'était l'étude du capitalisme et de ses méthodes qui l'avait forcé à adhérer à la doctrine communiste.

Le Président Kennedy n'était pas de cet avis. Si son gouvernement avait pris des sanctions économiques contre Castro ce n'était pas parce qu'il avait contrecarré les intérêts commerciaux américains, mais parce qu'il faisait de l'île une base communiste qui menaçait directement les gouvernements démocratiques de l'Amérique du Sud. Khrouchtchev ne réagirait-il pas si un gouvernement pro-américain prenait le pouvoir en Pologne et convertissait, par la subversion, ses voisins du bloc communiste au capitalisme? Bien sûr que si. De même, l'Amérique ne pouvait tolérer les efforts manifestes que faisait Castro pour exporter la révolution communiste dans les pays d'Amérique latine contre la volonté populaire.

L'important, continua JFK, c'est que nos deux pays évitent les erreurs de calcul qui pourraient conduire à une guerre nucléaire. Naturellement, il continuerait d'y avoir des conflits d'intérêt national. Il faudrait accepter les changements politiques inévitables qui se produiraient dans le monde. Mais il fallait savoir reconnaître le point où de tels changements bouleverseraient dangereusement l'équilibre des forces et mettraient en danger la sécurité même des États-Unis ou celle de l'Union soviétique. Il fallait se décider à ne pas se trouver en présence d'une telle éventualité si l'on voulait laisser à la compétition pacifique la possibilité de montrer lequel des deux systèmes était le plus durable.

Khrouchtchev dit encore qu'on ne pourrait arriver à une telle entente si les États-Unis continuaient à considérer les mouvements communistes nationaux comme faisant partie d'un complot à l'échelle mondiale ourdi par Moscou.

Agacé par les réponses dogmatiques de Khrouchtchev, JFK fit porter l'entretien sur le Laos, sujet sur lequel on pouvait avoir des échanges de vue précis. A son étonnement, M. Khrouchtchev se rangea à l'idée que les deux pays devraient offrir leurs bons offices pour garantir le cessez-le-feu bien relatif qui existait entre les forces neutralistes et les forces communistes.

Les conversations prirent fin à dix-huit heures quarante-cinq. Kharlamov et moi attendions les deux chefs d'État dans le hall de l'ambassade afin de préparer la déclaration commune pour la presse. Les intéressés s'accordèrent pour que l'on n'entre pas dans les détails et que l'on décrive les conversations de ce premier jour comme « franches, courtoises et d'une grande largeur de vues ».

J'allai avec Kharlamov dans un petit bureau et nous réduisîmes le communiqué à deux paragraphes. Puis nous allâmes le lire aux journalistes au Hofburg.

L'endroit ressemblait à un véritable asile de fous. Plus de douze cents journalistes et photographes représentant au moins trente pays s'entassaient dans la salle. Des centaines de fils de télévision couraient sur le plancher. Les correspondants se battaient avec leurs écouteurs pour entendre la traduction instantanée en six langues. Les photographes et les gens de la télévision se précipitaient pour prendre position vers l'estrade sur laquelle Kharlamov et moi devions apparaître. Pour garder un semblant d'ordre, nous avions décidé d'adopter les règles qui ont cours à la Maison-Blanche pour les conférences de presse. Personne ne pouvait entrer dans la salle et personne ne pouvait en sortir avant que tout soit terminé. Je lus la déclaration commune en insistant sur la phrase « franches, courtoises et d'une grande largeur de vues ». Mais Kharlamov, toujours prêt à faire de la propagande, mit son grain de sel. En prenant le micro, il déclara qu'il n'avait « rien à ajouter » à mon exposé. « On avait décidé de ne pas en publier plus aujourd'hui pour que la rencontre du lendemain soit aussi *fructueuse.* »

Ce « fructueuse » allait beaucoup plus loin que le communiqué sur lequel nous nous étions mis d'accord et Chalmers Roberts du *Washington Post* le releva le premier.

— M. Salinger, êtes-vous de l'avis de M. Kharlamov et pensez-vous que cette rencontre avec Khrouchtchev a été fructueuse?

— Je n'ai rien à ajouter au communiqué que j'ai lu, répondis-je. C'était l'indication très nette, destinée aux journalistes occidentaux, que tout n'était pas aussi rose que Kharlamov voulait bien le faire croire. J'allais passer beaucoup de temps les jours suivants à empêcher des « fuites » russes affirmant que Khrouchtchev était en train d'amener JFK à adopter son point de vue.

A part la petite astuce sur les mots de Kharlamov, un héroïque éclat de combativité churchillienne fut l'événement marquant de ce communiqué à la presse. Randolph, le fils aîné de Sir Winston Churchill, assurait le reportage de la conférence pour l'*Evening Standard* de Londres et d'autres journaux de la presse Beaverbrook. A un instant critique, au moment où les journalistes posaient des questions, il décida de partir, enfreignant ainsi tous les règlements. Les gardes lui ayant dit que c'était impossible, il les écarta d'un coup d'épaule puissant et fonça vers la porte. Plus tard à Londres il m'avoua : « Je suis désolé, mon cher vieux, mais j'en avais simplement assez de toutes ces questions idiotes. »

Ce fut certainement une des journées les plus chargées de mon existence et je suis certain qu'il en était de même pour Kharlamov; pourtant, la redoutable Mrs Jarvis arriva à nous convaincre de lui fixer rendez-vous pour le lendemain matin à l'ambassade soviétique où les conversations devaient reprendre. Tandis que les chefs des deux plus puissantes nations de la terre discutaient au-dessus de nous de questions capitales pouvant amener la guerre ou la paix, Lucy, Kharlamov et moi-même, installés dans une antichambre, nous parlions d'une émission de télévision.

Le Russe donna son accord de principe; il était persuadé qu'Adjoubeï en ferait autant. Nous fixâmes provisoirement la date du 24 juin à New York. A la demande même de Daniel, Mrs Jarvis n'envisageait plus de l'engager. Il semblait à Daniel que mon partenaire devrait être un journaliste qui aurait résidé en Union soviétique. Que pensais-je d'un autre membre du *New York Times*, Harrison Salisbury, qui avait passé plus de cinq ans à Moscou? J'affirmai à Mrs Jarvis que je serais enchanté de faire équipe avec lui.

Si notre projet réussissait, dis-je à Kharlamov ce matin-là, le Président désirerait qu'Adjoubeï et lui se rendent à Washington. Là, le Président aurait avec eux un entretien sur la liberté des communications, entretien qui serait suivi de conversations plus générales avec moi.

J'avais pensé à faire une proposition importante : une série d'échanges télévisés en direct entre JFK et Khrouchtchev sur les principaux motifs de désaccord entre les États-Unis et l'Union soviétique. Il ne s'agirait pas de discussions à proprement parler puisque les deux partenaires ne seraient jamais face à face. Mais on filmerait chacun d'eux tandis qu'il commenterait un sujet fixé à l'avance, par exemple Berlin, les essais nucléaires ou le Laos.

Ensuite, nous échangerions les films et nous les passerions ensemble, non seulement sur les réseaux américains et soviétiques, mais dans tous les pays qui avaient la télévision. La série serait certainement une de celles qui attirerait le plus de téléspectateurs et aurait l'avantage de faire mieux comprendre des questions en suspens depuis longtemps. L'idée ne déplaisait pas à Kharlamov; il en discuterait avec Khrouchtchev et me ferait connaître le résultat. Je n'avais pourtant pas beaucoup d'espoir.

Bien que je n'en aie pas parlé à Kharlamov à Vienne, j'étais en train d'étudier un autre projet. Nous voulions persuader un de nos journalistes d'aller en Russie et d'écrire, sur la vie en Amérique, une chronique quotidienne qui paraîtrait dans la *Pravda* ou dans les *Izvestia*. En retour, les Soviets enverraient aux États-Unis un de leurs correspondants qui jouerait le même rôle que le nôtre. Il serait absolument libre d'écrire ce qu'il lui plairait. On pourrait même élargir le projet en faisant des échanges de commentateurs, américains et russes, qui parleraient à la radio chaque jour pendant cinq minutes. J'avais alors l'impression — et je l'ai toujours — que ces projets auraient amené une amélioration importante dans les relations avec le peuple russe. Mais des événements imminents allaient tout arrêter.

La seconde journée de conversations entre le Président Kennedy et le Premier Khrouchtchev ne produisit aucun résultat; elle comportait même des présages fâcheux pour l'avenir. Cependant, les deux chefs d'État confirmèrent leur accord de la veille pour un cessez-le-feu effectif au Laos et pour le soutien du gouvernement neutre du prince Souvanna Phouma.

Pendant la séance du matin à l'ambassade soviétique, le dirigeant russe se montra inébranlable dans sa manière d'aborder la question du traité d'interdiction des essais nucléaires. Il ne voulait l'envisager que dans le cadre d'un désarmement général. JFK pensait que le désarmement général était bien loin dans l'avenir, mais qu'un arrêt des essais nucléaires n'était pas seulement une possibilité proche mais un pas vers l'allégement des tensions dans le monde. Cet argument ne produisit aucun effet sur Khrouchtchev.

Malgré ses façons obstinées à la table de conférence, Khrouchtchev était un agréable hôte à déjeuner. On porta quantité de toasts; les deux chefs d'État prononcèrent des allocutions où ils exprimèrent le respect qu'ils avaient l'un pour l'autre et l'espoir qu'ils nourrissaient de nouer de meilleures relations. Je dois avouer que le cuisinier russe surclassa le cuisinier américain. On nous servit du caviar, des tourtes de poisson, de la sandre farcie, du gibier en salade, des asperges, des concombres, des choux-fleurs, des tomates, du bortch, du crabe en sauce, du poulet tabaca, de la glace, des amandes et des fruits. En plus de la vodka, quatre sortes de vins et des liqueurs.

Ce repas somptueux ne contribua pas à améliorer l'humeur de Khrouchtchev pendant la courte conversation de l'après-midi, qui devait être la dernière. Il ne voulait plus repousser le règlement de l'affaire de Berlin et il avait l'intention de signer en décembre un traité de paix avec l'Allemagne de l'Est. Cela fait, il ne reconnaîtrait plus la légitimité de la présence américaine à Berlin-Ouest. Si les États-Unis prenaient ce prétexte pour entrer en guerre, « c'était leur affaire ». Le Président répondit : « C'est vous qui voulez tout changer, pas moi. » Khrouchtchev haussa les épaules. Sa décision était prise.

— L'hiver sera froid. Tels furent les derniers mots que lui adressa JFK.

Malgré l'échec de leurs pourparlers en vue de résoudre les principaux antagonismes entre l'Est et l'Ouest, les deux chefs d'État s'estimaient mutuellement lorsqu'ils quittèrent Vienne. Plus tard Khrouchtchev me dit : « J'aime bien votre jeune Président. Il sait de quoi il parle. » JFK jugea le Russe « dur mais plein de bon sens. Il parle sec, mais agit avec précautions ». Ce respect réciproque allait porter ses fruits plus tard, dans un échange de correspondance étonnant pour lequel je devais servir de courrier.

Je retournai à l'ambassade des États-Unis avec le Président. Il continuait à penser que les comptes rendus de presse étaient trop optimistes. La position intransigeante de Khrouchtchev à l'égard de l'Allemagne de l'Est ne pouvait qu'aggraver une crise déjà profonde. Le Président et sa suite devaient partir dès le lendemain pour une séance de travail avec le premier ministre britannique Harold Macmillan, mais JFK m'ordonna de rester à Vienne afin de réagir contre le sentiment d'euphorie qui prévalait chez certains journalistes américains. J'expliquai la situation à autant de correspondants que je pus joindre tandis qu'ils rédigeaient leurs articles, et tous nous partîmes pour l'aéroport de bonne heure, le 5 juin, afin de rejoindre le Président à Londres. Mais le train d'atterrissage de notre avion spécial de la Pan Am perdit une de ses roues en rejoignant la piste d'envol. Il fallut cinq heures pour le réparer, mais l'abondante réserve d'alcool de la Pan Am nous aida beaucoup à prendre notre mal en patience.

Lucy Jarvis me téléphona six jours après mon retour à Washington. Adjoubeï avait donné son accord. La discussion impossible allait avoir lieu. Presque au même moment, on me fit savoir à l'ambassade soviétique qu'Adjoubeï et Kharlamov seraient heureux de se rendre à l'invitation du Président à Washington après la discussion.

Mon travail était tout préparé. Je lus, avec l'aide d'un interprète, tout ce que je pus trouver sur les méthodes journalistiques des Soviets. Je dépouillai une pile des derniers numéros de la *Pravda* et des *Izvestia.* Je reçus au Département d'État et à l'agence d'information une série d'instructions concernant les points sur lesquels je devrais insister et la stratégie que les Russes utiliseraient probablement. Il fallait que je connaisse bien le caractère et les antécédents de mes adversaires.

Adjoubeï et Kharlamov avaient une qualité qui leur était commune : tous deux étaient d'excellents journalistes. Kharlamov, qui avait alors quarante-huit ans, était très petit mais en imposait. Attaché de presse depuis trois ans au ministère des Affaires Étrangères, il avait été successivement rédacteur adjoint de certaines publications du Parti Communiste, commissaire politique de l'Armée Rouge pendant la Seconde Guerre mondiale, envoyé spécial de la *Pravda* en Chine et l'un des dirigeants des services étrangers de la police secrète. Khrouchtchev avait toute confiance en lui. Pendant ses tournées à l'étranger, Kharlamov se tenait sans cesse à ses côtés. Il avait même écrit pour lui un gros ouvrage sur les relations des Soviets avec l'Inde.

Dès notre première rencontre à Vienne, je sympathisai avec Kharlamov. Une blessure de guerre le faisait boiter. Il avait des yeux gris très vifs sous une mèche de cheveux bruns, et un sens de l'humour déconcertant. Beaucoup de journalistes occidentaux ont gardé de leur premier contact avec Kharlamov un souvenir un peu gêné. Un soir, pendant un cocktail à Moscou, quelque temps après la nomination de Kharlamov au poste d'attaché de presse auprès du ministère des Affaires Étrangères, un groupe de journalistes se plaignait amèrement des mesures de censure que prenait son prédécesseur, Léonide F. Ilitchev.

— Je sais bien ce qu'il faut faire, dit l'un d'eux, il faut qu'on attrape ce nouveau et qu'on lui explique ce qu'on veut sans prendre de gants.

Un inconnu l'entendit; tout le monde croyait que c'était un nouveau correspondant polonais. Tout à coup l'homme éleva la voix : « J'aimerais beaucoup vous voir tous et vous voir souvent pour que nous parlions de cette question. Je m'appelle Mikhail Averkievitch Kharlamov. Je suis le nouveau. »

Adjoubeï était loin de posséder la subtilité de Kharlamov. Il était presque toujours arrogant et, quand la vodka coulait, il devenait vantard. Son personnel aux *Izvestia* ne l'aimait guère, le public non plus. Son mariage avec Rada, la fille de Khrouchtchev, inspira deux vers de mirlitons que l'on entendait souvent à Moscou :

A quoi bon avoir des amis par milliers,
Faites donc comme Adjoubeï; il s'est marié.

Il ne faisait pas de doute que le succès d'Adjoubeï venait en grande partie de ses liens familiaux. Mais même sans cela, je crois qu'il se serait taillé une bonne place tout seul. Grand, blond, dur pour ses subordonnés, c'était un des hommes les plus énergiques que j'aie jamais rencontrés. Il devint rédacteur en chef des *Izvestia* à trente-cinq ans, en 1959, un an après que son beau-père fut devenu premier ministre. A cette époque, les *Izvestia* étaient un des journaux les plus ternes du monde. Adjoubeï lui insuffla rapidement une vie nouvelle grâce à une mise en pages plus élégante, des gros titres percutants, beaucoup de photos et des récits vécus. En deux ans, le tirage du journal était passé d'un peu plus de deux millions à cinq millions d'exemplaires.

Adjoubeï rencontra la fille de Khrouchtchev et l'épousa au début des années 50, alors que tous deux étaient étudiants à l'Université de Moscou. Comme Kharlamov, il avait fait la guerre et avait occupé plusieurs postes peu importants dans la hiérarchie du Parti.

Après son mariage, il devint rédacteur de la *Komsomolskaia Pravda*, organe officiel du mouvement de jeunesse soviétique. Mais son beau-père visait plus haut pour lui. En 1958, il fut député au Soviet Suprême et fit partie du Bureau du Comité central pour le *Komsomol* de toute l'Union, c'est-à-dire l'office gouvernemental pour toutes les activités de jeunesse. En 1959, il abandonna cette charge pour devenir rédacteur en chef des *Izvestia.*

Au contraire de Kharlamov qui était l'affabilité même, Adjoubeï était de caractère violent. Au festival de la jeunesse en Autriche, en 1959, il eut une violente discussion avec un Américain.

— Vous êtes finis et vous ne le savez pas, hurlait-il. Nous sommes tellement forts que nous pourrions vous écraser comme ça. Et il cassa le goulot d'une bouteille de vin. Pendant cette même conférence, on l'entendit clamer partout que les Soviets pouvaient envahir Berlin-Ouest en vingt minutes et la France en deux heures.

C'étaient donc deux formidables adversaires que nous allions affronter, Salisbury et moi. Je pris l'avion pour New York la veille du jour où la discussion devait se tenir, pour nous mettre d'accord sur la tactique à utiliser.

Je vis Adjoubeï pour la première fois le lendemain; Mrs Jarvis avait organisé un déjeuner à l'Hôtel Carlyle. C'est ce jour-là aussi que je fis la connaissance d'un personnage étonnant : Georgi N. Bolchakov. C'était le rédacteur de la revue URSS, principal organe de propagande soviétique aux États-Unis. Je devais apprendre plus tard que c'était là la moindre de toutes ses missions.

Nous déjeunâmes avant la discussion et tout se passa bien. Les Russes affirmaient que nous pouvions compter sur une diffusion de la discussion en Union soviétique, engagement que je n'avais alors aucune raison de suspecter. Ils étaient impatients d'aller à Washington. L'émission devait être enregistrée ce même après-midi, mais « L'Avenir de la nation » ne passerait sur l'antenne que tard dans la soirée. La première invitation sur l'agenda des Russes était un barbecue chez moi, à Falls Church, en Virginie, après quoi nous assisterions à notre représentation.

La discussion, que les téléspectateurs furent extrêmement nombreux à suivre, mit en lumière les différences essentielles entre la presse américaine et la presse soviétique. Salisbury insista sur le fait que les journalistes russes n'étaient pas libres de critiquer leur gouvernement ou de publier des articles qui risquaient de gêner le Kremlin. En revanche, pour la presse américaine, la saison était toujours ouverte et elle pouvait toujours aller à la chasse au gouvernement. J'étais bien placé pour reconnaître que c'était vrai.

Adjoubeï prétendait que les journalistes n'étaient pas plus libres en Amérique qu'en Russie, « parce que les propriétaires de vos journaux vous dictent ce qu'ils veulent que vous écriviez ». Je lui fis remarquer que j'avais travaillé pendant treize ans pour un journal pro-républicain (le *San Francisco Chronicle*) et que, presque tous les deux ans, je demandais un congé pour aller soutenir des candidats démocrates que mon journal combattait. « Ils ne s'y opposaient pas. Je revenais, chaque fois, travailler pour eux. Jamais ils ne m'ont dit dans quel sens je devais écrire. »

Adjoubeï et Kharlamov employèrent presque tout leur temps à rejeter sur les États-Unis la responsabilité du mauvais état des affaires mondiales et à critiquer la presse américaine pour sa recherche du sensationnel. (« Si le *New York Times* nous engageait Kharlamov et moi pour quinze jours, dit Adjoubeï, il deviendrait le meilleur journal du monde. Son tirage monterait, il serait multiplié disons par cinq et sans aucun article à sensation; et les Américains, du plus jeune au plus vieux, ne liraient plus que le *New York Times.* »)

Ce fut la plus spectaculaire manifestation de vanité de la part d'Adjoubeï, mais le journaliste du *Times*, Salisbury, le fit redescendre bien vite de ses hauteurs. A force d'être questionné, Adjoudeï finit par reconnaître que même les *Izvestia* tâtaient, de temps à autre, du sensationnel.

— Oui, c'est vrai, nous avons raconté le grand malheur qu'a été le divorce de Marylin Monroe et d'Arthur Miller. Il se trouve que j'aime bien Miller et j'ai dit : « Faisons passer ça. » J'ai reçu des lettres de lecteurs qui se plaignaient : « Finissez d'imprimer des bêtises et ne gâchez pas nos relations avec le peuple américain. »

— J'ai lu l'histoire dans le journal de M. Adjoubeï, à l'époque, et je crois que ses lecteurs avaient raison, dit Salisbury.

— Je ne recommencerai pas, promit Adjoubeï.

Mon grand point de désaccord avec nos adversaires portait sur le secret qui entoure presque tous les événements importants qui se passent en Union soviétique. Par exemple, le vol historique de Youri Gagarine, premier homme de l'espace, que l'on avait réussi à placer sur orbite au début de l'année.

— Aucun journaliste soviétique n'a assisté au lancement, dis-je. Mais le vol du capitaine de frégate Alan Shepard s'est déroulé sous les yeux de cinquante journalistes et de millions de gens dans le monde entier qui ont tout suivi à la télévision. Il y avait énormément de journalistes étrangers à Cap Canaveral. Si des envoyés soviétiques avaient demandé l'autorisation de venir à Cap Canaveral pour assister à ce vol, on la leur aurait accordée.

La réponse d'Adjoubeï fut bien piètre : « Notre peuple est modeste. Nous volons d'abord et c'est après que nous écrivons. Si nous racontons l'histoire en premier, les choses peuvent mal tourner. »

Auparavant, Adjoubeï avait critiqué les « articles faux et inexacts » publiés par la presse américaine sur la Russie. Sa réponse à propos de Gagarine m'offrit l'occasion de repousser son accusation. Si la presse soviétique elle-même n'était pas au courant des événements importants pour le pays, comment pouvait-il espérer que les journalistes étrangers fassent des reportages objectifs?

Malgré de nombreux désaccords, le ton de cette discussion qui dura une heure, demeura positif dans l'ensemble, et Kharlamov la résuma admirablement.

— Je pense que nous avons eu une conversation intéressante. Laissons de côté notre désaccord sur les points de détail, désaccord dû en partie à l'ignorance ou à l'incompréhension, mieux vaut chercher un terrain d'entente que chercher la guerre. Mieux vaut chercher la collaboration en vue d'éviter la guerre qu'insister sur les différends qui nous séparent.

Tous nous reconnaissions qu'une amélioration des relations journalistiques entre les deux pays ne pouvait qu'aider à relâcher les tensions nées d'incompréhensions involontaires, et nous étions tous disposés à étudier la question plus à fond à Washington.

Ce soir-là, il y eut chez moi à Falls Church une réunion mémorable. Edward Murrow, directeur de l'USIA, Merriman Smith, doyen des journalistes accrédités à la Maison-Blanche (UPI), Mikhail Sagatelyan, correspondant à Washington pour l'Agence Tass et Roger Tubby, adjoint au Secrétaire d'État pour l'Information nous y attendaient quand nous arrivâmes de New York. Il faisait une chaleur humide; Kharlamov, Bolchakov et Sagatelyan mouraient d'envie d'aller nager un peu dans le lac Barcroft qui se trouvait à trois pas en bas de la colline. Les slips de bain trop larges que je leur prêtai et leurs exclamations en russe étaient un spectacle que mes voisins de Falls Church n'oublieront probablement jamais. Il ne faisait pas un temps à porter une veste et une cravate; je prêtai donc à chacun des Russes une chemise de sports. Celle que choisit Kharlamov était d'un modèle « elle et lui » et je lui donnai la seconde pour qu'il la rapporte à sa femme, à Moscou.

Le tableau était joyeux, une vraie scène de comédie — l'électrophone au maximum, les invités se servant eux-mêmes au bar installé dans le jardin, et l'hôte, la taille ceinte d'un tablier, s'occupant majestueusement du *barbecue*. Je fis d'ailleurs une légère erreur de calcul et le poulet arriva sur la table au stade intermédiaire entre cru et saignant. Mais les Russes ragaillardis par la vodka étaient affamés et avalèrent jusqu'au dernier pilon.

Enfin l'heure arriva de regarder *notre* émission à la télévision. Il faisait sombre et j'installai un poste portatif dans le jardin. Adjoubeï ne quitta pas l'écran du regard pendant une heure entière. Il secouait la tête d'impatience lorsque Salisbury ou moi avions l'avantage, mais affichait un large sourire quand c'était lui ou Kharlamov qui prenaient l'offensive.

Cinq minutes après la fin, le Président Kennedy, qui avait regardé l'émission, m'appela de la Maison-Blanche.

— Vous avez été excellents, Salisbury et vous, dit-il. A mon avis, vous avez gagné haut la main. Dites-le de ma part à Salisbury.

Le lendemain qui était un dimanche, j'emmenai les Russes faire une promenade sur le Potomac à bord du yacht présidentiel, le *Patrick J.* Kharlamov, qui n'abandonnait jamais la politique, m'avertit qu'on « s'inquiétait beaucoup » en Union soviétique de voir traîner en longueur les négociations sur le désarmement. « Nos deux pays dépensent beaucoup trop pour leurs missiles. Il est grand temps de dépenser cet argent pour des choses qui seraient utiles au peuple. Mais il est encore plus difficile d'amener votre nouveau Président à une table de conférence que ce ne l'était avec Eisenhower. Nous sommes patients mais notre patience a des limites. »

Je lui assurai qu'il se trompait. Le Président Kennedy souhaitait ardemment sortir de l'impasse et John McCloy, son négociateur, avait pour instructions d'examiner à fond toutes les possibilités d'accord.

Kharlamov secoua la tête.

— Je ne sais pas, mais il me semble par moments que vous cherchez seulement à assurer à vos petits-enfants des postes dans le bureau chargé d'étudier le désarmement.

Bolchakov finit par se lasser de faire de grands signes à tous les bateaux qui passaient et vint s'asseoir avec nous. Nous abordâmes la question de nos alliés et Bolchakov prit la parole : « Vous en avez beaucoup trop, d'ailleurs ils passent leur temps à se chamailler. Vous devriez choisir une bonne fois ceux auxquels vous tenez et vous débarrasser des autres. Mais non. Vous êtes comme le type qui s'est fiancé à une quinzaine de filles quand il était jeune et qui, à trente-cinq ans, est incapable d'en choisir une. »

Le *Patrick J.* étant une unité de la marine, les traditions veulent que tout son équipage se mette au garde-à-vous lorsqu'il arrive à la hauteur de Mount Vernon, ancienne résidence de George Washington située sur la rive virginienne du Potomac. Mais cet après-midi-là, mon fils Stephen, alors âgé de dix ans, décida d'égayer un peu la cérémonie. Il courut à la poupe et nous gratifia d'une interprétation un peu grinçante de *La Bannière étoilée*, qu'il joua sur son violon.

Pour les Russes — tous patriotes et mélomanes — ce fut le grand moment de cette promenade.

Le lendemain matin, dernier jour de leur visite à Washington, Adjoubeï et Kharlamov se rendirent à la Maison-Blanche où ils passèrent plus d'une heure en compagnie du Président. Bolchakov et moi assistions à l'entretien. La veille de ce jour, Khrouchtchev avait prononcé un discours dans lequel il comparait les États-Unis à un « coureur épuisé » et prédisait que le produit national brut de l'Union soviétique dépasserait le nôtre en 1978.

— Je ne vois pas comment vous y arriverez si j'en juge par votre taux de croissance actuel, dit le Président à Adjoubeï. C'est comme pour le saut en hauteur. On peut hausser la barre de 30 centimètres à la fois jusqu'à une certaine hauteur, disons 1,80 m. Mais pour franchir les 30 centimètres suivants il faudra la lever de quelques centimètres seulement, puis centimètre par centimètre.

— Si vous vous servez de certaines unités pour mesurer notre croissance économique, nous en utilisons d'autres, dit Adjoubeï.

— Je n'essaie pas de minimiser vos efforts, répondit le Président. Vos progrès sont remarquables. Voilà le genre de compétition pacifique que nous devrions disputer. Mais il faut en faire plus que vous ne faites pour sauver la paix. Si vous le faites, nous serons tous là en 1978 et nous verrons bien si les prévisions de M. Khrouchtchev étaient exactes.

Adjoubeï attaqua encore le Président sur la question des troupes américaines à Berlin-Ouest.

— A cause de leur présence, il nous est difficile de croire que vous vouliez vraiment une solution pacifique.

— Nos forces se montent à 10.000 hommes, dit JFK. Elles sont le symbole des engagements que nous avons pris à l'égard de Berlin-Ouest et ces engagements nous entendons bien les tenir.

— Laissez-nous donc envoyer des forces symboliques à Berlin-Ouest, dit Adjoubeï. Nous pourrions commencer par 17 jolies infirmières.

Le Président se mit à rire. « Peut-être pourrions-nous arranger cela. »

Le moment de partir était venu pour les Russes. JFK les amena dans la Salle des Poissons pour leur montrer une maquette de bateau en ivoire que Khrouchtchev lui avait envoyée.

— Voilà exactement le genre de bateaux que nous devrions échanger, s'exclama Adjoubeï. Des bateaux-jouets comme celui-ci.

Je reconduisis les Russes jusqu'à leur voiture qui attendait au-dehors. Il y eut de nombreuses poignées de mains, des tapes dans le dos et ils me firent leurs adieux. Une fois rentrés chez eux ils « oublièrent » la promesse formelle qu'ils avaient faite de passer l'émission sur les ondes de la télévision soviétique. Mais leur visite aux États-Unis n'était que le prélude à une curieuse série d'événements qui allaient laisser leur ineffaçable empreinte sur les relations américano-soviétiques.

XII

MESSAGER SECRET

Je revis Mikhail Kharlamov le soir du 23 septembre 1961. Pendant les trois mois qui séparèrent cette rencontre de notre discussion télévisée et de sa visite à Washington, le monde s'était approché bien près du bord de l'abîme. Les derniers mots adressés par John Kennedy à Nikita Khrouchtchev, à Vienne, « l'hiver sera froid », devinrent réalité.

Le Premier ministre russe menaçait toujours de reconnaître l'Allemagne de l'Est avant la fin de l'année, décision qui provoquerait presque certainement un affrontement militaire entre l'Est ou l'Ouest pour défendre nos droits d'accès à Berlin-Ouest.

Dans un discours à la nation prononcé à la télévision le 25 juillet, le Président Kennedy affirma la détermination des États-Unis de défendre la liberté de Berlin. Il fit appeler trois fois plus de conscrits et mobiliser deux cent cinquante mille réservistes. La force de bombardiers à armes nucléaires à longue portée pouvait prendre l'air dans les quinze minutes suivant l'alerte.

L'avertissement donné à Khrouchtchev n'aurait pu être plus net : « ...s'il y a une guerre c'est à Moscou qu'elle commencera, pas à Berlin. Le choix entre la guerre et la paix appartient *surtout* aux Russes, pas à nous. Les Soviets ont provoqué cette crise... Ils ont repoussé le traité de paix avec les deux Allemagnes et méprisé les règles du droit international. Les Américains le savent depuis les temps des pionniers, ce ne sont pas les officiers de paix qui provoquent les fusillades, ce sont les hors-la-loi. »

Le Président espérait que cette mobilisation empêcherait le Kremlin de commettre un acte imprudent en Allemagne.

« Nous voulons la paix mais nous ne capitulerons pas... Berlin-Ouest est devenu la pierre de touche du courage et de la détermination des Occidentaux... Nous ne pouvons pas et nous ne voulons pas laisser les communistes nous chasser de Berlin que ce soit *peu à peu* ou par la force... Au cours de mon existence, les États-Unis et l'Europe se sont trouvés engagés dans la guerre à trois reprises. Chaque fois les deux parties se sont lourdement trompées sur les intentions de leurs adversaires et ces erreurs ont provoqué de terribles désastres. A l'âge nucléaire, la moindre erreur sur les intentions de l'adversaire peut provoquer en quelques heures plus de désastres que n'en ont apportés toutes les guerres de l'Histoire... »

Khrouchtchev était en conversation avec John McCloy dans une maison de vacances de Crimée lorsqu'il apprit la teneur de ce discours. Tout avait bien marché jusque-là, mais McCloy raconta plus tard que le Premier ministre était entré dans une rage folle, hurlant et tapant du pied, ce qui rendait toute négociation inutile.

Ce qui aurait pu être la première erreur se produisit le 17 août; les troupes d'Allemagne de l'Est après avoir occupé tous les postes de contrôle de Berlin commencèrent la construction du Mur de la honte. Allait-il servir de digue pour arrêter le flot des réfugiés vers l'Ouest? Ou de bouclier derrière lequel les communistes s'abriteraient pour attaquer les forces alliées qui se trouvaient dans le secteur libre de la ville? Personne ne pouvait le savoir. Le Président Kennedy refusa de faire démolir le mur au bulldozer comme l'exigeaient certains excités; le gouvernement Ulbricht avait certainement le droit de fermer ses frontières et on n'imagine pas, ajouta le Président, « que nous allons entrer en guerre sous ce prétexte ». Mais pour rassurer les Allemands de l'Ouest sur nos intentions au cas où le Mur aurait été construit dans un but plus sinistre encore, JFK envoya le Vice-Président Johnson à Berlin afin de promettre « sur notre vie, sur notre fortune et sur notre honneur le plus sacré » que nous défendrions la ville. Il renforça la garnison de Berlin avec une unité de quinze cents hommes. Cette fin de semaine fut lourde d'inquiétude; les troupes en voitures blindées se mirent en route sur l'*Autobahn*, passèrent les points de contrôle communistes et furent enfin accueillies à Berlin par le Vice-Président. Il n'y eut aucun incident. A part lui, JFK pensait qu'il y avait une chance sur cinq que notre réaction en face de la construction du Mur provoque la Troisième Guerre mondiale.

Les événements étaient déjà chargés de menaces; à ce moment l'Union soviétique rompit son engagement de trois ans sur les essais nucléaires, le 1er septembre. Les Soviets avaient fait exploser un engin de plusieurs mégatonnes dans l'atmosphère. C'était une violation absolue de la promesse qu'avait faite Khrouchtchev au Président Kennedy :

— Nous ne serons jamais les premiers à rompre cet engagement. C'est vous qui le ferez et qui nous forcerez à reprendre nos essais.

Cette décision affecta beaucoup JFK. Déjà, à cette époque, un de ses principaux objectifs était la signature d'un traité d'interdiction des armes nucléaires avec le Kremlin. L'idée en était repoussée bien loin dans l'avenir. Khrouchtchev offrit d'annuler le reste de la série d'essais si l'Ouest adoptait son point de vue sur l'Allemagne; la réponse du Président fut : « Chantage nucléaire. » Les États-Unis reprirent leurs essais souterrains le 12 septembre.

J'accompagnai le Président à New York le 22 septembre pour assister à une session de l'Assemblée générale des Nations Unies qui devait être historique. L'organisation internationale était encore sous le coup de la disparition de son Secrétaire général, Dag Hammarskjöld, qui avait trouvé la mort quatre jours auparavant, en Rhodésie, dans un accident d'avion. JFK n'avait pas eu de relations très étroites avec Hammarskjöld, mais il le considérait comme un martyr de la cause des Nations Unies (lorsque son avion s'était écrasé le Secrétaire général était en route vers le Congo pour y accomplir sa mission de paix). Le Président se rendait également compte que la mort d'Hammarskjöld privait l'O. N. U. d'une force de stabilité à un moment où sa mission de sauvegarde de la paix était d'une importance vitale et où son avenir même se trouvait en jeu. Sa prédiction selon laquelle les Soviets essaieraient d'imposer une direction soumise à leurs intérêts se trouva vérifiée, car ils proposèrent très vite l'établissement d'un directoire ou *troika*, pour remplacer Hammarskjöld.

C'est dans cette atmosphère de crise que JFK prit la parole à l'O. N. U. pour la première fois. Le monde entier attendait ce discours avec inquiétude. Le discours du Président sur la politique américaine indiquerait si l'on s'éloignait ou si l'on se rapprochait de la catastrophe nucléaire.

Le soir de notre arrivée à Manhattan, j'eus un appel de Georgi Bolchakov, — une vraie *troika* à lui tout seul. Interprète, rédacteur et espion, le Russe me fit savoir qu'il était de la plus haute importance que j'aille dîner avec Kharlamov qui se trouvait à New York en qualité de porte-parole d'Andrei Gromyko, chef de la délégation soviétique à l'O. N. U. Ce n'était guère le moment pour un membre du personnel de la Maison-Blanche de se faire voir en public en compagnie d'un personnage aussi important que Kharlamov. Je répondis simplement que je n'étais pas libre pour le dîner, mais que je pourrais voir Kharlamov à sept heures et quart le lendemain soir — samedi — dans ma chambre du Carlyle. Pour éviter la foule des journalistes qui montaient la garde dans l'hôtel chaque fois que le Président s'y trouvait, je recommandai à Bolchakov de faire entrer Kharlamov par une porte de derrière. Un agent du Service Secret les attendrait et les conduirait à mon étage par un ascenseur de service.

Lorsque je les accueillis, les deux Russes étaient tout sourire ce qui contrastait avec l'atmosphère d'appréhension qui régnait à New York.

Kharlamov attaqua le premier : « L'orage de Berlin est passé. »

Passé? A mon avis la situation ne pouvait être pire. « Un peu de patience, mon ami », fut sa mystérieuse réponse. Il alla droit au but de sa visite. Au début du mois, à Moscou, Khrouchtchev avait accordé une interview à Cyrus L. Sulzberger, correspondant parisien du *New York Times*. Mais il lui avait également confié un message urgent pour JFK. Sulzberger l'avait-il délivré? Je répondis que je n'en savais rien.

— Alors je vais vous le répéter, dit Kharlamov, et vous le transmettrez à votre Président.

Il prononçait les mots plus vite que Bolchakov ne pouvait les traduire. Je lui dis de s'asseoir et de prendre son temps. Le Président était allé au théâtre, à Broadway, il soupait avec des amis et ne serait pas de retour à l'hôtel avant minuit.

Le message était urgent. Pour Khrouchtchev le renforcement de nos troupes en Allemagne représentait un danger pour la paix. Pour la première fois il était prêt à prendre en considération les propositions américaines de *rapprochement* à propos de Berlin. Il était impatient de voir se réunir une conférence au sommet mais laisserait Kennedy en fixer la date à cause des « difficultés politiques évidentes » qu'il avait à régler.

Ces mots devaient revenir souvent dans les notes secrètes de Khrouchtchev à Kennedy. « Il voulait dire que moi, Khrouchtchev, j'ai une totale liberté d'action pour négocier avec vous M. le Président. Je n'ai pas à m'occuper d'opposition politique ou d'opinion publique. Mais il n'en est pas de même pour vous. Il faut que vous prépariez votre pays à accepter les compromis qu'exigera le règlement de la question de Berlin et je veux vous en laisser le temps. »

— Mais pas trop, ajouta Kharlamov. Khrouchtchev subissait des pressions à l'intérieur du bloc communiste; on voulait qu'il reconnaisse l'Allemagne de l'Est. Mais, ceci mis à part, le risque d'un grave incident militaire à Berlin était trop grand pour que l'on retarde le règlement trop longtemps.

Le Russe avait encore une dernière phrase à dire de la part de Khrouchtchev. « Il espère que le discours du président à l'O. N. U. ne sera pas un nouvel ultimatum belliqueux comme l'appel du 25 juillet qu'il n'a pas du tout apprécié. »

Il était maintenant facile de comprendre pourquoi les Russes transmettaient le message de Khrouchtchev par l'intermédiaire de Sulzberger et par le mien. Il était indispensable que JFK fût au courant de cette offre de conférence au sommet et de l'attitude plus conciliante du Premier soviétique *avant* de prononcer son discours à l'O. N. U. Peut-être que cela l'inciterait à renoncer à un nouvel « ultimatum ».

Le Président ne retournerait pas à son appartement au dernier étage de l'hôtel avant trois bonnes heures; Bolchakov et Kharlamov n'étaient pas pressés de partir. Je fis apporter des boissons. Comme beaucoup de Russes que je connaissais, mes hôtes buvaient respectueusement de la vodka en public mais, en privé, ils ne méprisaient pas le scotch à l'eau.

J'étais encore furieux de la rupture de promesse de Kharlamov qui n'avait pas fait retransmettre notre discussion télévisée sur la liberté de la presse. « Adjoubeï et vous avez sûrement pensé que vous aviez perdu la partie, dis-je. Sinon pourquoi auriez-vous eu si peur de faire passer notre discussion sur vos antennes? »

Kharlamov affirma que ce n'était pas sa faute. La N. B. C. lui avait envoyé une bande qui n'était pas adaptée à l'équipement de télévision des Russes. Je savais à quoi m'en tenir. La N. B. C. lui avait envoyé des films de 16 millimètres qui convenaient parfaitement. De plus, Kharlamov avait été récemment nommé président de la Commission d'État pour la Radio et la Télévision; il lui était donc possible d'agir personnellement pour honorer ses engagements.

— Ne discutons pas du passé, dit-il. Quand vous viendrez en Union soviétique avec votre famille l'été prochain pour aller voir Adjoubeï, je vous ferai passer à la télévision en direct et vous pourrez dire tout ce que vous voudrez.

J'avais presque oublié l'invitation qu'Adjoubeï m'avait faite en passant, trois mois auparavant à Falls Church. En fait je n'y avais pas prêté attention.

— Non, il était tout à fait sérieux, dit Kharlamov. Vos enfants lui ont beaucoup plu, il aimerait beaucoup qu'ils voient les siens.

Je répondis à Kharlamov que je devrais obtenir l'autorisation de mes supérieurs et que je tiendrais Adjoubeï au courant.

Kharlamov n'avait aucune réponse à la proposition que je lui avais faite à Vienne de montrer le Président Kennedy et le Premier Khrouchtchev discutant « à distance » à la télévision. Mais il m'affirma qu'on s'intéressait beaucoup au projet à Moscou et qu'il me donnerait bientôt une réponse.

L'interview de Khrouchtchev par Sulzberger me donna l'occasion de provoquer Kharlamov sur une autre question. Tout ce que le Premier russe avait à faire pour s'assurer des millions de lecteurs aux États-Unis était de convoquer un journaliste américain dans son bureau. Il avait accordé une interview à Sulzberger mais aussi à Walter Lippmann et à Drew Pearson et la presse américaine les avait largement diffusées.

Mais jusqu'à présent le Kremlin n'avait jamais permis à un journaliste soviétique d'interviewer le président Kennedy. J'estimais que le moment était venu d'appliquer un peu de réciprocité. JFK ne demandait pas mieux que de recevoir un journaliste russe célèbre. Quand en verrions-nous un?

Kharlamov hocha la tête. « Ce serait très difficile. Le moment est très mal choisi pour demander une chose pareille. » Il faisait allusion à la situation de quinze journalistes soviétiques qui devaient venir à New York pour assister à la session de l'O. N. U. et à qui le Département d'État avait refusé le visa pour une question de détail.

— J'essaierai d'arranger cela, lui dis-je, si de votre côté vous faites un effort pour préparer cette interview. Il y consentit et j'enchaînai en disant qu'Adjoubeï serait l'homme idéal. Kharlamov lança un autre nom — celui de Pavel Soutoukov, un très bon rédacteur à la *Pravda*. A ce moment-là, Adjoubeï était à Rome où le pape Jean XXIII devait lui accorder une audience, la première jamais accordée à un communiste de haut rang. Kharlamov lui parlerait de tout cela dès son retour.

Au bout de deux heures, les Russes se préparèrent à partir. Ils devaient revenir me voir le lendemain à onze heures et demie si la réponse du Président était prête. Kharlamov avait très bien compris pourquoi je l'avais fait escorter ainsi que Bolchakov par un homme du Service Secret, mais il lui fallait faire sa petite plaisanterie.

— Pas de garde du corps? Vous croyez que nous saurons trouver la porte de derrière tout seuls?

J'avais laissé un message pour le Président qui m'envoya chercher à une heure du matin. Je le trouvai assis dans son lit en train de lire tout en mâchonnant un cigare éteint. Il n'avait rien reçu de Sulzberger. C'était la première fois qu'il entendait parler du message de Khrouchtchev et je dus lui répéter plusieurs fois les points importants. Il se leva et, dans son pyjama blanc, resta un long moment devant la fenêtre à contempler l'extraordinaire panorama de Manhattan.

— Il n'y a qu'une façon d'interpréter la chose, dit-il enfin. Si Khrouchtchev veut vraiment écouter ce que nous avons à dire sur l'Allemagne, il ne va pas reconnaître le gouvernement d'Ulbricht — pas cette année en tout cas — et ça, c'est une bonne nouvelle.

Un peu avant une heure trente, il appela Rusk et lui demanda conseil sur la réponse à envoyer à Khrouchtchev. Leur conversation dura plus d'une demi-heure. Comme le message de Khrouchtchev était oral, il fut décidé que Kennedy lui répondrait de la même manière.

Je m'assis au bord du lit, un bloc du papier à lettres de l'hôtel sur les genoux, tandis que le Président dictait un texte que je lirais à Kharlamov dans quelques heures. Les diplomates de carrière du Département d'État n'auraient pas fermé l'œil s'ils avaient su les étranges manœuvres diplomatiques qui se déroulaient cette nuit-là.

Le Président accueillait avec une certaine prudence la proposition de Khrouchtchev pour une conférence au sommet à Berlin. Il faudrait d'abord, disait-il, que les Soviets fassent preuve de leur bonne foi au Laos (le Pathet Lao communiste menaçait le faible gouvernement neutraliste de Souvanna Phouma et il était possible que le cessez-le-feu entre les forces rebelles et les troupes royalistes ne résiste pas longtemps aux pressions du Pathet Lao. La neutralité du Laos continua d'être un motif de désaccord entre les deux chefs d'État. JFK ne cessa de reprocher à Khrouchtchev de manquer à l'engagement qu'il avait pris à Vienne en 1961 et à l'accord signé à Genève l'année suivante. Lorsque Anastase Mikoyan se rendit à Washington en novembre 1962 — un mois après la crise de Cuba — le Président lui recommanda de dire à Khrouchtchev que la rupture de l'engagement que celui-ci avait pris de faire cesser les infiltrations nord-vietnamiennes par la piste de Ho Chi Minh aurait « les plus graves conséquences » — avertissement qui est aussi valable aujourd'hui qu'alors).

Dans le texte qu'il me dictait, le Président Kennedy disait à Khrouchtchev que si le Kremlin était prêt à honorer ses engagements au Laos, une réunion au sommet portant sur l'épineuse question de l'Allemagne aurait beaucoup plus de chances de porter ses fruits. Nous attendrions le moment favorable.

Le message était cependant empreint de cordialité. Pour le Président, la volonté qu'avait Khrouchtchev de réviser son point de vue sur l'Allemagne était très encourageante. Il espérait que tout cela amènerait une détente.

Juste avant mon départ à trois heures du matin, JFK relut longuement le texte du discours qu'il devait prononcer à l'O. N. U. Il n'y changea pas un mot. Le ton en était assez modéré — il ne présentait aucun caractère d' « ultimatum » comme Khrouchtchev le craignait. Naturellement, les États-Unis ne sauraient accepter la *troika* que proposaient les Russes pour remplacer Hammarskjöld. Un directoire partagé entre trois nations représentant respectivement le bloc soviétique, l'Ouest et un pays neutre « introduirait la guerre froide au sein du quartier de la paix... Une *troïka* ne pouvait être dirigée par trois cochers regardant dans des directions opposées ».

Il abordait ensuite le point essentiel — le désarmement. « Aujourd'hui tous les habitants de la terre doivent envisager le jour où leur planète ne sera plus habitable. Chaque individu, homme, femme ou enfant, vit sous la menace d'une épée de Damoclès (le danger nucléaire), suspendue à un fil extrêmement mince que le hasard, une erreur de calcul ou la folie peut rompre à tout moment. Il faut supprimer les armes de la guerre, sinon elles nous supprimeront. » Les États-Unis proposaient « la reprise rapide des négociations sur le désarmement et leur prolongation sans interruption jusqu'à ce qu'on ait pu établir un plan de désarmement général et complet. On doit commencer logiquement par un traité garantissant l'arrêt des essais nucléaires de toutes sortes... » Il voulait continuer à participer aux discussions sur l'arrêt des essais nucléaires bien que « d'autres fussent en train de préparer en secret de nouvelles expériences de destruction », alors que les États-Unis négociaient de bonne foi à Genève.

Il était de son devoir, ajoutait le Président, « de signaler à cette assemblée deux menaces pour la paix... le Sud Viêt-nam est attaqué — parfois par un seul assassin, parfois par des bandes de guerilleros, plus récemment par des régiments entiers. Les frontières paisibles de la Birmanie, du Cambodge et de l'Inde ont été violées à plusieurs reprises. Et le peuple du Laos est en grand danger de perdre son indépendance si récemment acquise. Personne ne saurait donner à ces attaques le nom de « guerres de libération ». Car tous ces pays sont des pays libres vivant sous les gouvernements qu'ils se sont choisis ». Il ajoutait que si l'on ne prenait pas de mesures « pour protéger les petits et les faibles » la liberté de toutes les nations des deux hémisphères serait menacée.

La seconde menace pour la paix était « la crise de Berlin et de l'Allemagne... Il est absurde de prétendre que nous voulons entrer en guerre uniquement pour empêcher l'Union soviétique et l'Allemagne de l'Est de signer un prétendu traité de paix. Les alliés occidentaux ne s'intéressent à aucun arrangement que les Soviets souhaiteraient mettre au point avec un régime qu'ils ont créé de toutes pièces, sur un territoire occupé par leurs armées et gouverné par leurs agents... S'il existe une crise dangereuse à Berlin — et il y en a une — c'est parce que les intérêts vitaux et les engagements sacrés qu'ont pris les puissances occidentales, ainsi que la liberté de Berlin, sont menacés. Nous ne pouvons nous soustraire à ces engagements... mais nous croyons que l'on peut aboutir à un règlement... Nous examinons les possibilités de négociations et si ceux qui ont provoqué cette crise désirent la paix, la paix et la liberté régneront à Berlin. »

Le Président était persuadé que les différends entre l'Ouest et l'Est pouvaient se résoudre autour d'une table de conférence; nous étions prêts à nous y asseoir. « Ensemble nous sauverons notre planète ou nous périrons ensemble dans les flammes... L'humanité doit mettre fin à la guerre, sinon la guerre mettra fin à l'humanité. »

Le ton était beaucoup plus conciliant que celui du discours prononcé à la télévision le 25 juillet, bien que le Président y exposât fermement l'attitude des États-Unis sur les points les plus délicats qui séparaient Moscou de Washington; il ne contenait rien qui pût heurter les sentiments de Khrouchtchev.

Dans la soirée j'avais pris contact avec Roger Tubby, adjoint au secrétaire d'État pour l'information, et lui avais parlé des visas des quinze journalistes soviétiques. Les avait-on refusés pour des raisons de sécurité légitimes ou n'était-ce qu'une mesure de représailles pour se venger de la manière dont les Russes avaient traité certains journalistes américains? Tubby ne savait pas mais il allait chercher. Il me rappela dans l'heure, me dit qu'il n'y avait aucune raison de sécurité pour refuser les visas et qu'on allait les accorder immédiatement. Je le fis savoir à Kharlamov; j'espérais, ajoutai-je, qu'il continuerait à s'occuper de l'interview du Président Kennedy par Adjoubeï. Il répondit affirmativement mais ne put s'empêcher d'envoyer un coup de patte au Département d'État; c'était vraiment trop « idiot » de n'avoir pas accordé les visas tout de suite.

XIII

LA CORRESPONDANCE ENTRE KENNEDY ET KHROUCHTCHEV

A Newport, dans le Rhode Island, le vendredi 29 septembre 1961 fut une journée d'automne paisible. Le Président passait quelques jours de repos avec sa famille chez la mère et le beau-père de Mrs Kennedy, M. et Mrs Hugh D. Auchincloss dans leur maison sur la baie de Narragansett.

J'eus une brève réunion avec les journalistes ce matin-là à la base navale de Newport. La nouvelle du jour était la décision qu'avait prise Richard Nixon de se porter candidat au poste de gouverneur de la Californie contre Pat Brown le gouverneur actuel, erreur de calcul qui allait lui couper toutes ses chances pour l'élection à la Présidence en 1964. Les journalistes cherchaient à connaître le point de vue de la Maison-Blanche.

— Quelle a été la réaction du Président lorsqu'il a su les intentions de M. Nixon?

— Aucune, répondis-je.

— Et vous en qualité de Californien?

— Rien.

— Et en qualité de bon Américain?

— Rien.

(Plus tard on devait poser la question au Président lui-même au cours d'une conférence de presse à Washington. Qu'aurait-il conseillé à Nixon? « J'aurais aimé lui donner mon avis, répondit JFK, mais il ne me l'a pas demandé. » Évidemment, Nixon n'était pas homme à écouter des conseils, encore moins à les demander. Mais s'il l'avait fait, le Président lui aurait répondu que c'était de la folie. « Il se présente uniquement pour qu'on ne l'oublie pas dans les milieux de la politique, m'avait-il dit lorsqu'il apprit la décision de Nixon. Il n'a pas la moindre chance de gagner; mais même s'il gagne, les risques qu'il prend sont beaucoup trop grands comparés aux avantages qu'il pourrait retirer. »)

Après le communiqué à la presse, je m'en allai faire une petite partie de golf pendant l'après-midi. A mon retour dans l'appartement qui m'avait été attribué à la base navale, j'eus un appel de Georgi Bolchakov qui me téléphonait de New York. Il était urgent que nous nous voyions immédiatement, me dit-il, et il était prêt à affréter un avion pour me voir le soir même.

Je lui conseillai de s'en garder. Je le rappellerais d'ici une heure. Il y avait à Newport vingt ou trente journalistes et je savais que l'apparition soudaine du reporter russe causerait sensation auprès d'eux car la journée avait été pauvre en nouvelles. J'appelai le Président puis Dean Rusk qui était en conférence, à New York, avec le ministre des Affaires Étrangères soviétique Andrei Gromyko sur les questions de Berlin et du Laos. D'après le Président et Dean Rusk, Bolchakov avait dû recevoir la réponse au message de JFK sur la crise du Laos. Mais ils étaient de mon avis : il ne fallait pas que Bolchakov soit vu à Newport. Je le rappelai à New York. Il fut très désappointé d'apprendre que je ne pourrais pas le voir avant le lendemain, à trois heures et demie à l'Hôtel Carlyle à Manhattan.

— Si vous saviez l'importance de ce que j'ai, vous ne me feriez pas attendre si longtemps, dit-il.

Bolchakov adorait tout ce qui avait un parfum de conspiration — et pourquoi pas? Ses charges de rédacteur de la revue *USSR* et d'interprète pour les personnalités russes de passage n'étaient que deux aspects de ses activités à Washington. Selon la CIA il était également un des meilleurs agents du KGB, le réseau international d'espionnage des Soviets.

Je me rendis à New York le lendemain; j'allai voir Dean Rusk dont les entretiens avec Gromyko se terminaient. Notre rencontre eut lieu dans son appartement du Waldorf Astoria. Il était impatient de savoir ce que Bolchakov avait dans sa manche. S'il s'agissait de la réponse du Kremlin sur le Laos pourquoi tout ce mystère? Gromyko aurait pu la lui communiquer au cours de leur entretien de la journée. Je partis pour le Carlyle en promettant à Rusk de l'appeler aussitôt terminée mon entrevue avec l'espion russe. A trois heures et demie pile, Bolchakov était à ma porte. Il tenait deux journaux sous le bras. Cachée dans les plis de l'un d'eux se trouvait une épaisse enveloppe de papier bulle. Il prit tout son temps pour l'ouvrir.

— Voilà, dit-il enfin. Vous pouvez lire. Mais après, c'est pour le Président seulement.

C'était une lettre personnelle de vingt-six pages adressée par Nikita S. Khrouchtchev à John F. Kennedy — le commencement d'une correspondance secrète qui n'a pas son égale dans l'histoire de la diplomatie moderne. (Actuellement ces lettres font partie des archives de la Bibliothèque Kennedy. Leur publication dépendra de bien des facteurs — l'état des relations entre l'Union soviétique et les États-Unis, le préjudice possible que subiraient certains hommes d'État s'ils sont toujours en vie à ce moment-là et le risque qu'une telle publication rende impossibles, à l'avenir, des échanges aussi personnels et aussi confidentiels entre chefs d'État.)

La réponse sur le Laos représentait la plus grande partie de la lettre de Khrouchtchev, mais certains passages traitaient de l'état de choses très dangereux qui régnait à Berlin. Khrouchtchev se montrait prêt à modifier la position intransigeante qu'il avait adoptée à Vienne. Il ne voyait pas pourquoi, si l'on négociait loyalement, on n'arriverait pas à des accords et dans le Sud-Est asiatique et en Allemagne. Il ne demandait pas mieux, si JFK était dans les mêmes dispositions, que de reconsidérer les positions que quinze ans de guerre froide n'avaient fait que cristalliser davantage.

C'était l'initiative la plus encourageante que prenait Khrouchtchev depuis que, huit mois auparavant, il avait fait libérer les pilotes du *RB-47.* Je lus la lettre deux fois tandis que Bolchakov assis sur le lit savourait ma surprise d'un air satisfait. La première des nombreuses lettres personnelles que le Premier soviétique devait adresser au Président était remarquable non seulement par son contenu mais par sa sincérité. Par contraste avec le charabia aseptisé qui passe généralement pour être de la correspondance diplomatique au plus haut niveau, Khrouchtchev écrivait avec une franchise et une simplicité presque paysannes. Cela revenait à dire que, « vous et moi, monsieur le Président, nous sommes les chefs de deux nations dont l'affrontement semble inévitable. Mais nous sommes deux hommes raisonnables et nous savons qu'une guerre entre nous est impensable. Nous n'avons pas le choix, nous ne pouvons que réfléchir ensemble sur les moyens de vivre en paix ».

Bolchakov avait passé toute une nuit à traduire la lettre en anglais. Mais il me donna également l'original en russe afin que nos traducteurs puissent comparer les deux textes. J'étais chargé de remettre la lettre au Président en mains propres et je devais la considérer comme strictement confidentielle. Gromyko et Bolchakov étaient, d'après celui-ci, les deux seuls Russes des États-Unis à connaître l'existence de cette lettre. Même Mikhail Menchikov, l'ambassadeur, l'ignorait. Du côté américain, il n'y aurait que le Président, le Secrétaire d'État et moi-même a en avoir connaissance.

Bolchakov me réservait encore une autre surprise. On avait fait connaître au Premier Khrouchtchev la demande que j'avais soumise à Kharlamov : qu'un journaliste russe connu ait une entrevue avec le Président Kennedy. Khrouchtchev approuvait entièrement. D'ici deux mois, Alexis Adjoubeï ou Pavel Soutoukov de la *Pravda* viendrait aux États-Unis dans ce but.

C'étaient d'excellentes nouvelles. Mais j'avertis Bolchakov : nous voulions que l'interview soit reproduite intégralement en Union soviétique après que nous ayons donné notre accord sur l'exactitude de la traduction russe. Cela ne présentait aucune difficulté, dit-il.

Deux minutes après le départ de Bolchakov, j'étais en communication avec le Président, à Newport. « Faites porter cette lettre à Dean Rusk aussi vite que possible, dit-il, et apportez-la-moi. »

Le Secrétaire d'État n'était pas au Waldorf Astoria, mais il devait rentrer à sept heures et demie. Je l'attendis. Lui aussi lut la lettre deux fois, mais il ne voulait pas donner à JFK sa première impression. Il fut décidé qu'il porterait la lettre à Washington dès le soir même et qu'un messager du Département d'État me la rapporterait à sept heures et demie le lendemain matin au terminus des *Northeast Airlines* de La Guardia où j'attendrais l'avion pour Providence. Deux heures après, je donnai la lettre au Président chez les Auchincloss, à son retour de la messe. Tout de suite après l'avoir lue, JFK appela Rusk à Washington. Tous deux voulaient que j'entre en contact avec Bolchakov pour lui dire que le Président répondrait rapidement, probablement dans la semaine. Ainsi furent attribués les rôles de messagers que Bolchakov et moi aurions à jouer bien souvent dans l'avenir.

J'eus une nouvelle rencontre avec les journalistes le même jour, à la base navale. Je ne savais pas que l'un d'eux nous avait vus ensemble à New York, le Secrétaire d'État et moi, et la première question me surprit.

— Pouvez-vous nous dire quelque chose de votre entrevue d'hier avec M. Rusk? Je répondis par le plus rapide « non » de ma carrière; ils n'insistèrent pas.

Pendant ce week-end d'automne fut mis au point le système de correspondance personnelle et directe entre les deux chefs d'État, correspondance qui devait se poursuivre jusqu'à l'assassinat du Président, deux années plus tard. Cet échange devait se révéler très utile au maintien de la paix. Mais il imposa aussi à JFK une des décisions les plus critiques qu'il eut jamais à prendre, lors de la crise de Cuba un an plus tard.

C'était toujours Khrouchtchev qui écrivait le premier. Si j'étais à Washington, Bolchakov me téléphonait et me disait simplement : « Il y a quelque chose d'urgent. » Nous nous donnions rendez-vous, à un coin de rue ou dans un bar. Si je n'étais pas libre, Bolchakov prenait contact avec Robert Kennedy ou Ted Sorensen ou un autre membre du personnel de la Maison-Blanche. Si j'étais le messager et si la réponse de JFK était prête, j'appelais Bolchakov et prenais mes dispositions pour lui donner la lettre. Un soir sous la pluie, au coin d'une rue, il me déconcerta complètement. Après m'avoir glissé furtivement dans la poche l'enveloppe qu'il avait sortie de la sienne, il me tapa fraternellement sur l'épaule.

— Chaque homme a son Russe, dit-il, moi je suis le vôtre.

Au début de novembre, Bolchakov me fit savoir qu'on avait choisi Adjoubeï pour interviewer le Président et que nous devions tout mettre au point ensemble. Nous décidâmes rapidement de la date — le 25 novembre — et de l'endroit — Hyannis Port.

Le rédacteur en chef des *Izvestia* arriva à Washington le 20 novembre; je donnai un dîner en son honneur. Il apportait des cadeaux de la part de son beau-père : pour ma femme une blouse ukrainienne, pour moi un panier de vodka et de cognac d'Arménie. Youri Barsoukov, correspondant des *Izvestia* à Washington et l'inévitable Bolchakov l'accompagnaient. Parmi les invités américains se trouvaient John Guthrie, chef de la section soviétique au Département d'État, et sa femme.

Après une série de toasts à l'amitié américano-soviétique et à tous les héros — vivants ou morts — des deux pays, nous passâmes à table. Ma femme avait passé tout son après-midi à préparer un bœuf strogonoff — un de ses triomphes culinaires. Mais Adjoubeï, qui se méfiait de la cuisine des Salinger car il n'avait pas oublié mon poulet saignant à son dernier passage, déclara qu'il n'avait pas faim. J'ouvris donc pour lui une bouteille du cognac de son beau-père et il participa brillamment à la conversation tandis que nous dînions.

Pour un communiste, Adjoubeï était unique. Son hostilité envers l'Ouest était toujours teintée d'un respect pour la technique et la culture occidentales qu'il n'essayait jamais de dissimuler. Il achetait ses costumes à Londres et s'y connaissait assez bien en vins français et en voitures américaines.

— Je suis un Russe de la « Nouvelle Frontière », me disait-il souvent, ce qui impliquait un certain mépris pour la vieille garde de la Russie qui, engoncée dans ses dogmes, ne voyait rien dans le monde non-communiste qui pût racheter les erreurs qu'il commettait.

Mon fils Stephen avait beaucoup plu à Adjoubeï lorsque celui-ci était venu à Falls Church pour la première fois — peut-être à cause de son récital de violon improvisé sur le Potomac — et nous avions caressé l'idée d'échanger nos enfants pendant l'été. Stephen passerait ses vacances à Moscou avec les Adjoubeï, tandis que le fils aîné de celui-ci, Nikita, séjournerait avec nous en Virginie.

Mais ce projet n'avait pas abouti. Adjoubeï n'avait pas pu le faire accepter à ses supérieurs. Quant à moi, le FBI et le Service Secret m'avaient fait savoir qu'assurer la garde du petit-fils de Khrouchtchev vingt-quatre heures sur vingt-quatre coûterait des sommes fabuleuses.

Après son second ou son troisième cognac de la soirée, Adjoubeï se mit à critiquer assez sévèrement son beau-père. Khrouchtchev, disait-il, n'avait pas offert de cadeau de mariage à sa fille et à son gendre, en fait, en quinze ans, il ne leur avait jamais rien donné.

— Une fois, je suis allé à la chasse avec lui dans les bois aux environs de Moscou, raconta-t-il. J'avais très mal au côté droit, mais je ne dis rien jusqu'à ce que la douleur devienne intolérable. Quand on s'aperçut que je souffrais d'appendicite aiguë et qu'il fallait m'amener d'urgence à l'hôpital, il me dit qu'il espérait que tout se passerait bien. C'est la seule fois qu'il a manifesté un peu d'intérêt à mon égard.

Ce soir-là le thème politique développé par Adjoubeï était que l'Union soviétique et les États-Unis étant les deux seules puissances mondiales d'importance, les deux pays devraient résoudre leurs différends sans trop se préoccuper de leurs alliés respectifs. Ni les Français, ni les Anglais, ni les Allemands de l'Ouest n'étaient des amis sûrs et nous ne devrions pas les laisser se mêler de nos relations avec le Kremlin. Mais il abandonna très vite le sujet lorsque Guthrie lui demanda si les Soviets accepteraient d'éliminer ceux de leurs alliés qui nous avaient causé bien des ennuis — l'Allemagne de l'Est et la Chine par exemple.

On parla de l'intérêt que la famille Kennedy portait aux arts; Adjoubeï interrompit la conversation en disant que l'Amérique n'avait pas le monopole de la culture. Il parla en termes éloquents de Rachmaninoff, de Chaliapine et de Tolstoï. On lui fit remarquer que tous trois avaient vécu avant la révolution; il reprit l'offensive avec Chostakovitch, tout en reconnaissant que personnellement il n'aimait pas ses œuvres.

Après dîner, nous eûmes une petite soirée musicale de notre cru. Barsoukov, excellent pianiste, accompagna Bolchakov qui chanta admirablement. Je jouai un peu de Bach — non sans interruptions.

Ma fille Suzanne qui avait alors dix ans avait pris Adjoubeï en affection. Chaque fois qu'il l'apercevait en train de le regarder, cachée derrière le piano ou à l'angle d'un mur, il bondissait de sa chaise et la poursuivait comme un fou jusque dans les pièces du bas. C'est sur cette note de gaieté que nous nous séparâmes ce soir-là.

Deux jours avant l'interview, je partis pour Hyannis Port en compagnie d'Adjoubeï; nous logions au Yachtsman Hôtel. Bolchakov était là aussi, il servirait d'interprète à Adjoubeï; Alexander Akalovsky, du Département d'État, serait celui du Président; Jack Romagna, sténotypiste de la Maison-Blanche, mettrait au point la traduction anglaise de ses notes sténographiques. Akalovsky avait déjà été l'interprète des conversations entre Khrouchtchev et Eisenhower à Camp David, celui de Nixon lors de sa visite officielle en Union soviétique, celui enfin de la rencontre au « sommet » entre Kennedy et Khrouchtchev à Vienne. C'était le meilleur que nous ayons.

Adjoubeï et moi nous étions mis d'accord sur les règles à observer. Nous devions tous deux donner notre approbation au texte; l'interview devrait être publiée intégralement — ce qui fut réalisé à une exception près. Je fus déçu lorsqu'il m'apprit que l'interview ne serait publiée que dans l'édition de Moscou des *Izvestia*, mais il m'était impossible de discuter.

Je ne peux mieux décrire Adjoubeï qu'en le qualifiant suffisant. Il attendait impatiemment cette entrevue avec JFK, il me proposa même de me montrer les questions qu'il avait préparées afin que le Président ne soit pas pris au dépourvu. Mais je refusai; il me dit alors qu'il poserait les questions que je pourrais suggérer, pour être sûr que JFK parle de tous les points susceptibles d'intéresser des lecteurs russes. Je refusai également, sur quoi il haussa les épaules, comme pour dire :

— Bon! Si ça ne marche pas à votre idée, tant pis pour vous.

La veille de l'interview nous dînâmes ensemble au Captain's Table à Hyannis. Je m'en souviens à cause d'un incident qui mit en cause Al Spivak, correspondant de l'UPI à la Maison-Blanche. Spivak qui dînait à une table à l'autre bout de la salle, se leva et vint me dire bonjour. Je ne le vis pas tout de suite, mais Adjoubeï sentit sa présence. Soudain il se tourna sur sa chaise en hurlant : « Un espion! » C'était là son genre de plaisanterie préféré; encore maintenant les collègues journalistes de Spivak à la Maison-Blanche parlent de lui en l'appelant « l'espion ».

Le lendemain matin le Président et Mrs Kennedy nous accueillirent à la porte de leur maison d'Hyannis Port. Mrs Kennedy présenta Adjoubeï et Bolchakov à Caroline et à John, puis elle nous laissa. L'interview commença à dix heures vingt dans le salon ensoleillé. Le Président s'assit dans un fauteuil à bascule, les deux Russes sur un divan en face de lui. Akalovsky et moi nous nous installâmes un peu de côté. Il y eut en guise de préliminaire un échange de considérations sur l'espoir que cette interview créerait une ambiance favorable à une meilleure entente entre les deux pays. Puis Adjoubeï se lança dans ses questions; elles étaient écrites sur de grandes fiches blanches. Il les posait d'abord en russe, attendait la traduction, et jetait un coup d'œil sur la question suivante pendant que le Président répondait.

Les deux heures suivantes furent remarquables à plusieurs titres. D'abord l'interview ne ressemblait à aucune de celles que JFK avait données à des journalistes américains. Adjoubeï qui était d'un égocentrisme stupéfiant faisait précéder chacune de ses questions d'une apologie du point de vue soviétique qui était lourd de propagande; ensuite seulement il demandait à JFK de donner son avis sur ce même point. Enfin il commentait les réponses du Président d'un ton tranchant.

Nous nous attendions à ce genre de choses mais nous avions la certitude que le Président était plus que capable de lui donner la réplique. Adjoubeï n'était pas seulement présent en qualité de journaliste, c'était aussi une personnalité communiste de premier plan. Cela, ainsi que son lien de parenté avec Khrouchtchev, ne lui laissait guère les mains libres. Il lui fallait ramener une interview où le Président des États-Unis ferait moins brillante figure que le rédacteur en chef des *Izvestia.*

JFK agacé par la dose de propagande qui précédait chaque question l'accusa, au début de l'interview, d'être « un journaliste et un politicien ». Adjoubeï ne s'en émut guère. « Chez nous tous les citoyens font de la politique parce que nous aimons notre pays. Les jeunes comme les vieux sont attachés au système socialiste et nous sommes tous prêts à nous battre jusqu'à la victoire finale. »

Le Président saisit l'occasion de dire qu'il n'y aurait pas tellement besoin de se battre si les Russes voulaient bien prouver qu'ils désiraient sincèrement l'arrêt des essais nucléaires et le règlement de la question de Berlin. Adjoubeï répondit que « les braises qui restaient de la dernière guerre « brûlaient encore » dans le cœur de chaque citoyen soviétique... » Aussi une solution de la question du traité de paix [avec l'Allemagne] est-elle un grand espoir dans le cœur de chaque Soviétique. Après tout, nous en sommes encore à pleurer ceux qui ne sont pas revenus de la guerre. Je sais que vous avez fait la guerre, que vous avez été un héros et c'est pour cela que j'emploie ces mots en m'adressant à vous. »

JFK savait bien que « l'Union soviétique avait plus souffert de la Seconde Guerre mondiale qu'aucun autre pays... [mais] les États-Unis ont souffert eux aussi ». « Mon frère a été tué en Europe. Mon beau-frère a été tué en Europe. Ce qui compte maintenant, c'est que la guerre est finie. Nous voulons empêcher une autre guerre à cause de l'Allemagne. Ce qui est important c'est que les États-Unis et l'Union soviétique s'efforcent de ne pas créer le genre de tension et de pressions qui, sous prétexte de liquider les séquelles de la Seconde Guerre mondiale, ne font qu'augmenter les risques de conflit entre l'Union soviétique et ses alliés d'une part et les États-Unis et leurs alliés d'autre part. »

Adjoubeï ne put trouver de faille à cette réponse. « Je communiquerai ces paroles à mes lecteurs avec une grande satisfaction. Nous avons toujours pensé que les Américains étaient réalistes. » Mais nous n'étions pas réalistes si nous croyions « que les changements sociaux qui se déroulaient aujourd'hui dans le monde étaient le résultat d'actes auxquels Moscou avait participé ».

Le Président n'était pas du tout certain que les pays qui avaient embrassé le communisme depuis la Seconde Guerre mondiale l'aient tous fait volontairement. « Nous pensions que les accords de Yalta et ceux de Postdam devaient laisser aux peuples de l'Europe de l'Est la liberté de choisir leur sort. A notre avis, ils n'ont pas cette liberté de choix. Vous pouvez toujours dire qu'ils préfèrent vivre sous un régime communiste, mais à supposer qu'ils n'en aient pas envie il leur est impossible de changer. Nous croyons que, si l'Union soviétique... laisse les peuples du monde vivre comme ils l'entendent, alors les relations entre l'Union soviétique et les États-Unis seront satisfaisantes... »

Vers la fin de l'interview, Adjoubeï tendit un piège dans lequel lui-même se précipita. Si le Président était un marin soviétique ancien combattant de la Seconde Guerre mondiale, ne verrait-il pas avec inquiétude le réarmement de l'Allemagne de l'Ouest?

La réponde de JFK fut dévastatrice : « Si j'étais ancien combattant soviétique, je verrais que l'Allemagne de l'Ouest n'a que neuf divisions, ce qui représente une toute petite portion des forces soviétiques. Neuf divisions. Elle ne possède pas d'armes nucléaires. Son aviation est négligeable, elle n'a presque pas de flotte, peut-être deux ou trois sous-marins, je crois. Ses neuf divisions sont placées sous le commandement international de l'OTAN... je ne vois pas en quoi l'Allemagne de l'Ouest représente une menace militaire [pour l'Union soviétique]... Ensuite j'examinerais la puissance des États-Unis, puis celle de l'Union soviétique et je dirais que ce qui compte c'est pour l'Union soviétique et les États-Unis de ne pas s'engager dans une guerre qui détruirait les deux pays. »

Le Président ajouta : « Ni M. Khrouchtchev ni moi ne sommes responsables des accords de 1945 sur Berlin (dont il avait dit quelques instants avant que là se trouvait la plus grande menace pour la paix). Étant donné la situation, qui est compliquée, notre responsabilité consiste à apporter la paix et je crois qu'on peut y arriver. En bref, si j'étais officier de la marine soviétique je penserais que l'important est d'arriver enfin à un accord avec les États-Unis qui ont été nos alliés pendant cette seconde guerre. »

Adjoubeï répliqua faiblement : « Vous n'avez pas répondu à cette question comme l'aurait fait un ancien combattant des forces armées soviétiques, mais en qualité de Président des États-Unis. C'est tout à fait naturel. »

Lorsque je me rendis en Union soviétique l'année suivante, la plupart des commentaires que j'entendis sur cette interview portaient sur cette réponse-là. C'était la déclaration la plus positive que le nouveau Président ait faite sur les possibilités de paix et sur la volonté de travailler à l'établir. Mais la façon dont Adjoubeï avait présenté sa question avait donné encore plus de force à la réponse. Le citoyen russe moyen savait que JFK était non seulement un ancien marin mais aussi un héros de la Seconde Guerre mondiale, ce qui rendait sa réponse aussi émouvante que convaincante.

L'entrevue fut cordiale du début à la fin, du moins en apparence; mais il était évident que les deux interlocuteurs ne sympathisaient pas. Il n'y avait ni chaleur ni gaieté, rien qu'une froideur polie. A la fin, le Président était persuadé qu'il s'en était mal tiré. Il me fit signe de rester tandis qu'Adjoubeï lui faisait des adieux de pure forme et repartait pour l'hôtel avec les interprètes.

— Peut-être que tout cela a été une erreur, dit le Président. Votre ami russe est bien arrogant, il a fait mouche aussi souvent que moi.

Je lui suggérai de réserver son jugement jusqu'à ce qu'il ait vu le texte de l'interview. A ce moment-là il fut de mon avis et pensa que la polémique maladroite dans laquelle Adjoubeï s'était lancé n'avait fait que donner plus de force à ses propres commentaires.

Environ cinq heures après l'interview, je mis Adjoubeï, Bolchakov et Akalovsky dans un avion militaire qui les amena à New York, avec la transcription des notes de Romagna. Une fois arrivé, Bolchakov traduisit ce texte en russe et Akalovsky retraduisit la version russe en anglais pour en vérifier l'exactitude. Trente-six heures plus tard, Adjoubeï avait entre les mains le texte définitif.

Le 28 novembre — trois jours après l'interview — je reçus d'Adjoubeï un télégramme de deux mots :

INTERVIOU OPOUBLIKOVANO (interview publiée).

Elle était sortie ce même jour dans l'édition de Moscou des *Izvestia*. Aussitôt j'en donnai le texte à l'AP et à l'UPI ainsi qu'à toutes les agences étrangères; le lendemain il paraissait dans les principaux pays du monde. Partout, l'interview fit sensation. En quelques heures, tous les exemplaires des *Izvestia* étaient épuisés. Des mois plus tard on trouvait encore en Russie des numéros des *Izvestia* de ce jour-là, tout jaunis, qui passaient de main en main. Le point essentiel que les Russes avaient parfaitement compris était que John F. Kennedy était un homme mûr et plein de raison. Il avait personnellement souffert de la guerre. Il était décidé à en éviter une autre. C'était là le message que les Russes qui, au cours de cette guerre, avaient subi plus de pertes en hommes que tous les autres pays, attendaient avec le plus d'impatience de la part du jeune dirigeant américain.

Le *Daily Mail* de Londres qualifia l'interview « d'événement de son espèce le plus remarquable qui se soit produit depuis des années ». Un journal norvégien lui décerna l'adjectif « sensationnel ». Le *Manchester Guardian* estimait que c'était une « tentative remarquable de la part des dirigeants occidentaux dans le but de faire comprendre la cause de l'Ouest au peuple soviétique ». « Commencement d'un nouveau dégel dans les relations entre l'Est et l'Ouest », telle était la réaction d'un éditorialiste suédois. En France on accueillit favorablement ce premier pas vers « une conférence au sommet ».

Il y eut bien sûr des fausses notes. En Allemagne de l'Est comme en Allemagne de l'Ouest, la presse jugea qu'il n'y avait pas eu de propositions concrètes. Les *Izvestia* ne publièrent aucun commentaire mais l'Agence Tass reprocha elle aussi au président de n'avoir suggéré aucune nouvelle proposition concernant Berlin. Elle louait cependant son « désir de pourparlers sérieux ». La Chine communiste, elle, feignait de tout ignorer, ce qui correspondait tout à fait avec l'opposition systématique de Pékin à la politique de Khrouchtchev. La radio de La Havane traita JFK d'hypocrite parce qu'il décrivait « les fauteurs de guerre yankees comme de petits anges ». Un grand journal de l'Inde estimait que la reconnaissance par l'Amérique de régimes anticommunistes « mais antidémocratiques » contredisait l'engagement pris par le Président de garantir l'autodétermination des peuples.

Cependant, les réactions dans le monde étaient favorables à dix contre un. On avait enfin une preuve positive et qui permettait bien des espoirs, de l'intention qu'avaient les deux géants nucléaires de se montrer un peu plus disposés à parler.

Comme toujours JFK était réaliste. « Il était de la plus haute importance que je m'adresse directement au peuple russe, ne serait-ce que pour essayer de le persuader que nous ne sommes pas aussi assoiffés de sang qu'il le croit. Mais cela a bien servi le prestige de Khrouchtchev car, simplement en laissant paraître cette interview, il a effacé l'argument selon lequel le Kremlin aurait peur que le peuple russe entende la vérité.

« Tout compte fait, peut-être que le meilleur résultat est que Khrouchtchev se soit tenu tranquille. Croyez-vous qu'il soit en train de s'amollir? »

Adjoubeï avait tenu la promesse qu'il avait faite de publier l'interview dans son intégralité; sauf pour une petite exception pour laquelle il ne valait pas la peine de se chamailler. D'après la version anglaise, Adjoubeï aurait dit que la visite de Khrouchtchev en Amérique en 1959 n'avait pas été « vraiment satisfaisante ». Dans les *Izvestia* ce passage devenait : « Les résultats positifs acquis au cours de ce voyage furent détruits et annihilés par les actions de l'administration américaine d'alors. » Les raisons qu'il avait de changer ce passage étaient évidentes. Car ces paroles ne laissaient pas entendre clairement qui de Khrouchtchev ou de son hôte était responsable de l'échec de cette rencontre. Je n'ai jamais attaqué Adjoubeï sur ce point. J'aurais probablement agi comme lui si j'avais eu pour beau-père l'irascible Khrouchtchev.

Enfin, aux derniers échelons du Département d'État, on avait beaucoup grogné parce que l'interview avait été préparée par mon intermédiaire et non par les voies diplomatiques. Mais deux jours après que les *Izvestia* l'eurent publiée, je reçus une lettre de Llewellyn E. Thompson, ambassadeur des États-Unis en URSS. A l'époque, je ne le connaissais pas; nous devions sympathiser au cours de mon voyage en Union soviétique et plus tard devenir amis autour de tables de poker.

Voici un passage de sa lettre : « Quelques lignes pour vous dire à quel point je suis content de l'interview que le Président a accordée à Adjoubeï. Je dois avouer que j'avais des doutes, car je ne pensais pas qu'ils publieraient un exposé aussi énergique de notre position et une version édulcorée aurait induit le peuple russe en erreur. Bien que les *Izvestia* ne l'aient publiée que dans leur édition de Moscou, cela fait déjà pas mal de gens qui l'auront lue. Ce que j'ai surtout apprécié, c'est le ton des commentaires du Président; je sais que cela a fait grande impression sur les Russes et en même temps cela leur a fait comprendre notre point de vue sur des problèmes bien définis. »

« Faire comprendre notre point de vue », tel avait été le but essentiel de JFK en accordant cette interview et il avait réussi. La phase suivante des négociations faillit nous amener à un débat télévisé entre le Président Kennedy et M. Khrouchtchev.

XIV

ÉCHEC DES NÉGOCIATIONS SUR LA TÉLÉVISION

Le 18 janvier 1962 fut une journée exceptionnelle à la Maison-Blanche. Ce soir-là, le Président et Mrs Kennedy devaient recevoir Igor Stravinsky à un dîner en l'honneur du quatre-vingtième anniversaire du pianiste-compositeur. Les noms des musiciens américains les plus célèbres étaient réunis sur la liste des invités et je me réjouissais d'avance à l'idée d'assister à cette réception.

Stravinsky était mon idole depuis l'âge de cinq ans, au temps où j'apprenais le piano au conservatoire de Toronto. Mais c'était la première fois que je le verrais et que je pourrais lui exprimer l'admiration que je nourrissais pour lui et pour sa musique.

Dès l'âge de quatre ans et jusqu'à ce que j'atteigne mes onze ans, l'ambition de mes parents avait été de me voir embrasser une carrière musicale. Au conservatoire de Toronto, j'avais pour professeur l'extraordinaire Clement Hambourg et c'est autant grâce à la discipline de fer qu'il m'imposait qu'à mes propres dons que je dus de donner mon premier concert à l'exposition nationale du Canada en 1931; j'avais six ans.

Ingénieur des mines, mon père avait été envoyé à Toronto en 1929, mais nous retournâmes à San Francisco en 1932; là, je continuai l'étude du piano avec le virtuose Lev Shorr, ainsi que la composition et la direction d'orchestre avec Ray Green.

A la maison, nous vivions dans la musique. Mon père avait été autrefois impresario à Salt Lake City. Il avait organisé des concerts avec Mme Schumann-Heink et le pianiste Harold Bauer. Nos invités portaient des noms célèbres : Pierre Monteux, Ernest Bloch, Isaac Stern, Yehudi Menuhin, Edgard Varèse.

Mais à onze ans je me révoltai. A ce moment-là j'apprenais non seulement le piano, la composition et la direction d'orchestre, mais aussi le violon. Je n'avais pas de camarades de mon âge. J'avais rarement touché une batte de base-ball ou tapé dans un ballon.

Mes parents décidèrent sagement qu'il fallait insister un peu moins sur la musique pendant quelque temps et ils m'envoyèrent dans une école privée. Mais une fois libéré des strictes disciplines qu'elle impose, je ne revins jamais à la musique, sauf pour distraire mes amis et jouer un peu avec mes enfants — Suzanne à la guitare, Stephen au violon et Marc au piano avec moi. Le fait que j'aie abandonné une carrière de pianiste de concert ne diminua pas mon amour de la musique et c'est pourquoi j'attendais la venue de Stravinsky avec impatience.

Ce jour-là, je déjeunai avec Scotty Reston au Metropolitan Club. Le correspondant du *New York Times* trouvait que le personnel de la Maison-Blanche manquait à son devoir en négligeant de laisser des documents à l'Histoire.

— Eisenhower a conservé beaucoup de documents à son usage et à celui des historiens à venir, disait-il. Mais Kennedy a une façon beaucoup trop irrégulière de faire les choses.

Reston aurait voulu que j'écrive un journal de la Maison-Blanche notant les noms des visiteurs de JFK, ses conversations privées, ainsi que les discussions qui aboutissaient aux décisions de premier plan. J'avais toujours noté mes entretiens avec les personnalités afin d'en rendre compte plus tard au Président. Mais j'expliquai à Reston que ma position à la Maison-Blanche deviendrait intenable si JFK et mes collègues me savaient à l'affût de leurs moindres remarques. Je promis cependant de garder trace des principales allées et venues qui se produiraient à la Maison-Blanche (si l'on considère l'avalanche de livres sur JFK qui ont paru pendant son mandat et après sa mort, il semble bien que les craintes de Reston aient été mal fondées).

En arrivant à mon bureau, je reçus un appel de *mon* Russe — Georgi Bolchakov. Comme toujours, il y avait urgence. Nous nous retrouvâmes le soir même au bar de l'Hôtel Hay Adams de l'autre côté du square La Fayette par rapport à la Maison-Blanche.

Bolchakov avait trois messages pour moi et le premier était le plus important. M. Khrouchtchev avait accepté la proposition que je lui avais faite pour une série de discussions télévisées entre lui-même et le président Kennedy. Il était prêt à commencer les négociations qui devaient se dérouler au moment et à l'endroit que nous fixerions ensemble.

C'était une grande nouvelle. L'interview de JFK par Adjoubeï, deux mois auparavant, lui avait donné une chance de parler sans intermédiaire au peuple russe, mais c'était quelque chose qui ne pouvait se reproduire. Une série de débats télévisés avec Khrouchtchev lui donnerait l'occasion renouvelée de soulever un peu le Rideau de Fer. De plus, il « passait » très bien à la télévision qui faisait ressortir sa personnalité.

Le second message de Bolchakov m'était destiné. L'invitation d'Adjoubeï à venir à Moscou avec ma famille était devenue officielle. Il aurait voulu que nous venions en avril. De plus, l'Union soviétique serait heureuse d'accueillir la visite du frère du Président, le ministre de la Justice, Robert Kennedy, qui envisageait de partir pour l'Europe pendant l'été. Le Kremlin aimerait recevoir le plus rapidement possible une réponse à cette invitation.

En quittant le bar, Bolchakov m'apprit qu'Adjoubeï et sa femme Rada se trouvaient à La Havane, dernière étape de leur voyage en Amérique du Sud, et qu'ils passeraient par Washington en rentrant. Je n'en parlai pas à Bolchakov, mais il me sembla que ce serait le moment idéal pour un nouvel entretien entre le Président et Adjoubeï qui était toujours le meilleur intermédiaire pour communiquer avec son beau-père.

Je me rendis tout droit à la Maison-Blanche pour le dîner en l'honneur de Stravinsky. De nombreux musiciens du monde entier étaient présents afin de rendre hommage au compositeur né en Russie. Quand presque tout le monde fut parti, JFK me fit signe de m'approcher; il était avec Stravinsky.

— M. Salinger est également pianiste, dit le Président.

— Alors, il faut que je l'écoute jouer, répondit Stravinsky.

J'en étais à la moitié d'une de mes compositions — une suite légère à la Gershwin — lorsque Stravinsky s'en alla. Le chef d'orchestre Leonard Bernstein resta jusqu'à la dernière note, lui.

— Intéressant, très intéressant, dit-il. Mais jamais il ne me pria de venir jouer en soliste avec l'Orchestre Philharmonique de New York.

Je vis le Président dans son bureau peu avant minuit et lui racontai mon entretien avec Bolchakov. Il me dit de commencer immédiatement les négociations pour la télévision. Il était tout à fait en faveur de mon voyage en Union soviétique, mais me demanda de ne pas donner une réponse tout de suite. Enfin, l'invitation adressée à son frère Bob ne lui plaisait pas beaucoup.

— Je ne crois pas qu'il ait un rôle à jouer là-bas. La presse grossirait la chose au point d'en faire ce qu'elle n'est pas et il est certain que beaucoup de gens seraient assez mécontents, chez nous. Je pense que nous refuserons, mais faisons-le en douceur et avant que les Russes ne l'annoncent.

Quant à Adjoubeï, le Président serait heureux de le recevoir à déjeuner à la Maison-Blanche ainsi que la fille de Khrouchtchev.

JFK parla à Bob le lendemain; celui-ci fut de l'avis de son frère, il était préférable qu'il n'aille pas en Russie. Mais le 21 janvier, la veille du jour où je devais faire part à Bolchakov de la décision prise, le *New York Times* publia en première page un article de Max Frankel annonçant que les Soviets avaient invité le ministre de la Justice.

Bob fit rapidement dire que des engagements antérieurs dans d'autres capitales de l'Europe ne lui laisseraient pas le loisir de se rendre à Moscou. Mais le mal était fait. Le *Daily News* de New York fit paraître un communiqué de Bolchakov : le refus était « une insulte à l'Union soviétique ». A Moscou, il y eut de violentes réactions.

Rien de tout cela n'aurait pu se produire à un pire moment. La situation s'était améliorée à Berlin grâce à Khrouchtchev qui n'avait pas reconnu l'Allemagne de l'Est, mais la conférence de Genève sur le désarmement nucléaire frisait la rupture à cause du refus des Russes d'accepter des inspections; enfin la situation dans le Sud-Est asiatique ne faisait que s'aggraver.

Qui était responsable de cette fuite? Les seuls à être au courant de ma conversation avec Bolchakov — outre le Président et le ministre de la Justice — étaient le ministre Rusk, l'expert des questions soviétiques au Département d'État Charles E. (Chip) Bohlen et Foy D. Kohler qui était alors adjoint au Secrétaire d'État pour l'Information. Nous avions un seul indice. La veille au soir, Scotty Reston avait prévenu Bob que l'affaire allait être rendue publique et que l'informateur était un Russe. Mais JFK n'y croyait pas. Il avait l'impression que Scotty avait accusé les Russes pour couvrir quelqu'un du Département d'État, peut-être un vieux de la carrière qui ne voulait pas voir le frère du Président se mêler des affaires diplomatiques.

Que ce fut vrai ou pas dans le cas qui nous occupe, les fonctionnaires du Département d'État accueillaient avec beaucoup de réticences le fait que JFK utilisait souvent les services de non-diplomates, y compris moi-même, pour communiquer avec les Russes. Pour être juste, il faut dire que Rusk, Bohlen et Kohler ne partageaient pas cette manière de voir.

Le soir du 23 janvier, je vis Bolchakov pour mettre au point avec lui les négociations sur la télévision. Il était toujours mécontent de l'incident Bob Kennedy et niait que la fuite ait pu venir d'un Russe. Mais il écouta attentivement mes explications sur le point de vue du Président et me dit qu'il les transmettrait à Moscou. Une fois de plus il s'irrita lorsque je lui dis qu'aucune décision n'avait été prise à propos de mon voyage en Russie. En moi-même, il me semblait que le Président n'avait pas le choix et qu'il devait m'envoyer là-bas s'il ne voulait pas courir le risque « d'insulter » à nouveau le Kremlin. L'humeur de Bolchakov s'améliora un peu lorsque je lui dis que le Président aimerait recevoir les Adjoubeï à déjeuner le 30 janvier.

Puis nous nous attaquâmes à la question de la télévision. J'appris que Kharlamov négocierait pour Khrouchtchev et je dis à Bolchakov qu'Edward R. Murrow, directeur de l'USIA et moi-même ferions face à Kharlamov. Enfin, nous décidâmes rapidement que nous nous verrions à Paris le 28 et le 29 janvier, dans cinq jours exactement.

Comme il n'y avait pas la moindre certitude que nous pourrions conclure un accord avec Kharlamov, on décida à la Maison-Blanche que nous n'annoncerions les échanges télévisés qu'au moment où ils seraient devenus un *fait accompli*[1]. J'aurais donc un prétexte pour mon voyage à Paris. (Il est intéressant de noter que Kharlamov avait les mêmes sentiments. Il partit pour la capitale de la France comme un « touriste » qui devait ensuite se rendre au Danemark.)

Ed Murrow se trouvait à ce moment-là en Afrique, il avait fait ses plans afin de se trouver à Paris le 29 janvier et l'on décida que le prétexte officiel de mon voyage serait un entretien avec lui et plusieurs hauts fonctionnaires américains de l'Information venant de Paris, de Bonn, de Londres et de Rome. Je pus atteindre Ed au Nigeria, à Lagos, et il me prévint qu'il pourrait se rendre à Paris un jour plus tôt que prévu. J'appelai ensuite notre ambassadeur en France, James M. Gavin, et l'avertis de mon arrivée.

Le prétexte que nous avions trouvé ne fit pas longue durée. Je reçus de Gavin un télégramme : le ministère des Affaires Étrangères français avait renseigné les journalistes, leur avait dit que Kharlamov et moi serions à Paris au même moment et qu'il y avait probablement un rapport important entre ces deux visites. Ce qui provoqua rapidement de nombreuses hypothèses sur les possibilités d'une conférence au sommet; je dus démentir vigoureusement. Je m'en tins au fait que j'allais à Paris tout simplement pour m'entretenir avec Murrow et ses spécialistes.

Je n'avais pas le moindre doute sur l'identité de l'informateur : c'était Pierre Baraduc l'attaché de presse du ministère des Affaires Étrangères. Déjà, lors de la visite du Président Kennedy au général de Gaulle, en 1961, je l'avais trouvé peu coopératif. Et maintenant, probablement furieux de ce

1. En français dans le texte.

que Kharlamov et moi ne l'avions pas mis dans le secret, il faisait tout son possible pour provoquer une polémique.

Une foule de journalistes m'attendait lorsque mon appareil se posa sur l'aéroport d'Orly. Pourquoi étais-je à Paris ? Je leur donnai la version officielle. Savais-je que Kharlamov était là ? Oui. Avais-je l'intention de le voir ? Oui, si c'était possible.

L'avion de Kharlamov arriva une heure plus tard; on lui fit subir le même sort.

Notre première entrevue en public se passa le soir même au cours d'un cocktail chez Cecil Lyon, agent diplomatique de l'ambassade des États-Unis. Baraduc s'y trouvait, il passa son temps à essayer de surprendre ce que Kharlamov et moi pouvions dire. Mais nous tenant sur nos gardes, Kharlamov et moi avions décidé par téléphone de ne pas souffler mot des échanges télévisés.

La presse avait soulevé l'éventualité de remaniements au Kremlin et mentionné le statut de l'ancien ministre des Affaires Étrangères V. M. Molotov. Kharlamov ne fit qu'en rire. Khrouchtchev serait-il en vacances au bord de la mer Noire et Mikoyan en Afrique s'il y avait crise à Moscou? Quant à Molotov, Kharlamov l'expédia d'un haussement d'épaules; il n'était plus qu'un « cadavre politique. Personne ne s'occupe plus de lui ». (En 1965, je me rendis en voyage d'affaires en Union soviétique; on me parla aussi de Kharlamov comme d'un cadavre politique. Après la chute de Khrouchtchev en 1964, Adjoubeï et lui avaient été limogés. Adjoubeï était devenu rédacteur-adjoint de la revue *Soviet Union* et Kharlamov dirigeait l'imprimerie du gouvernement.) Plus tard dans la soirée, une discussion éclata entre Baraduc et Kharlamov. Le Français avait attaqué le Russe à cause de l'expulsion par le Kremlin du correspondant du *Figaro*, Sacha Simon. Kharlamov lui répliqua que le gouvernement français avait récemment expulsé un journaliste de la NBC, John Rich. Baraduc poussa un grognement et sortit.

Les négociations proprement dites commencèrent le lendemain matin à l'ambassade soviétique. Outre Murrow, Kharlamov et moi, les seuls présents étaient les interprètes. J'étais content de la présence de Murrow. C'était un homme très cordial et d'une intelligence pénétrante. Il avait renoncé à une situation de commentateur à la télévision qui lui rapportait 125.000 dollars par an pour devenir directeur de l'USIA à 21.000 dollars. Bien sûr, les hommes de la « Nouvelle Frontière » étaient nombreux à avoir abandonné l'entreprise privée pour ne plus gagner au service du gouvernement qu'une petite partie de leurs anciens traitements, mais c'étaient pour la plupart des hommes jeunes qui pouvaient se permettre d'interrompre leur carrière pour un temps. Murrow, lui, avait fait ce sacrifice à l'âge mûr; de plus, il ne se portait pas bien à ce moment-là. Malgré cela, il était prêt, à tout moment, à se rendre là où le Président l'envoyait et à entreprendre des tâches qui auraient épuisé un homme bien plus jeune. Sa mort, en avril 1964, représenta une perte inestimable non seulement pour la nation qu'il avait courageusement servie, mais pour tous ceux d'entre nous qui avaient eu le privilège de le connaître et de travailler avec lui.

Kharlamov était venu à Paris avec pleine liberté d'action pour négocier un accord, cela changeait agréablement de l'habituelle réponse des Russes : « Je dois demander d'autres instructions à mon gouvernement. » Ma première proposition consistait en une série d'émissions de quinze minutes chacune, les deux adversaires se partageant le temps de manière équitable. Mais Murrow et moi-même nous nous rangeâmes à la suggestion de Kharlamov qui proposait une durée de trente minutes. L'ordre selon lequel JFK et Khrouchtchev apparaîtraient sur le petit écran serait laissé à l'appréciation de leurs conseillers. Si les Soviets préféraient que, dans son pays, Khrouchtchev ait le dernier mot, nous n'y voyions aucun inconvénient. Nous serions libres de décider si les téléspectateurs américains verraient le Président en premier ou en dernier.

Murrow était d'avis que la première discussion porte sur un thème d'ordre général, par exemple « Quelle serait pour moi la société idéale? ». Après cela, les discussions porteraient sur des sujets bien définis — Berlin, l'Asie du Sud-Est, les essais nucléaires ou les alliances militaires. Kharlamov approuva mais à condition que les adversaires aient toute latitude de s'écarter un peu du sujet s'ils le désiraient. Le but de cette série d'émissions étant d'améliorer les relations entre les deux pays, il n'était pas question de recourir à la diatribe ou à la polémique.

Ensuite, nous fixâmes la date du 18 mars 1962 pour la première émission. Elle serait diffusée simultanément à midi, heure de Washington et à dix-neuf heures, heure de Moscou. On filmerait chacun des participants le 9 ou le 10 mars en 35 millimètres, et l'échange des négatifs se ferait immédiatement pour que l'on puisse réaliser le montage du film. De plus, il fut décidé que chacun d'entre nous tenterait d'encourager le plus possible la distribution de ces films dans les pays étrangers du monde libre et dans ceux du monde communiste.

Kharlamov jubilait à la fin de ces quatre heures de négociations. « Qui a dit que les Américains et les Russes n'étaient pas capables de mener quelque chose à bien ensemble? »

Il me sembla que le moment était venu d'aborder les Russes sur la question d'une « ligne d'urgence » entre Moscou et Washington. Nos deux pays avaient le pouvoir d'engager une guerre nucléaire intercontinentale par le simple geste de presser sur un bouton. Il était évident qu'il nous fallait un moyen de communication instantané afin de réduire les possibilités de malentendu ou d'erreur de calcul qui pourrait inciter quelqu'un à presser sur ce bouton par erreur. La presse avait abondamment parlé de la nécessité d'installer une ligne directe entre les deux capitales mais on n'avait rien fait dans ce sens.

De source soviétique, j'avais appris qu'en général, Khrouchtchev approuvait cette idée. L'Union soviétique souhaiterait-elle des négociations directes ? Kharlamov répondit qu'il en parlerait à son retour à Moscou et qu'il me tiendrait au courant. Le fait est historique, mais il donne le frisson : les Russes ne donnèrent leur accord aux négociations sur la « ligne d'urgence » qu'*après* la crise de Cuba en octobre 1962. Ce retard aurait pu être fatal.

Les négociations de Paris se terminèrent sur un déjeuner à l'ambassade soviétique. Entre la vodka et le caviar, Kharlamov se mit à traiter Murrow de « maître propagandiste » et prit la mouche à propos du contenu des émissions de la Voix de l'Amérique.

Ce fut Murrow qui eut le dernier mot : « Venez donc chez nous témoigner devant les commissions du Congrès qui font passer les attributions de fonds de l'USIA. Grâce à votre témoignage, j'espère qu'ils nous donneront deux fois plus d'argent. »

Je dus faire vite pour attraper un avion pour Washington afin d'assister au déjeuner qui était donné en l'honneur des Adjoubeï le lendemain. Sur le pas de la porte, Kharlamov me dit que notre accord était définitif et que tout ce qui lui restait à faire était d'obtenir de Khrouchtchev confirmation de la date de la première émission. D'ici dix jours, il le saurait.

Le déjeuner avec les Adjoubeï se passa au mieux. Mrs Kennedy et la fille de Khrouchtchev sympathisèrent immédiatement. Rada avait peut-être un peu d'embonpoint, mais pas selon les critères russes. Elle avait un sens de l'humour débordant et parlait anglais et français couramment. Elle portait un manteau de vison neuf qu'elle avait acheté à Paris. Adjoubeï avait amené Bolchakov, comme traducteur, comme chaque fois qu'il était en Amérique. Il prétendait ne pas comprendre l'anglais, mais si j'en juge par ses réactions quand il n'était pas sur ses gardes, je crois encore maintenant qu'il comprenait passablement ce qui se disait autour de lui.

Le point culminant de ce déjeuner — pour moi du moins — se produisit lorsque le Président prévint Adjoubeï que j'accepterais l'invitation qu'il m'avait faite de me rendre en Union soviétique au mois d'avril. On avait déjà décidé à la Maison-Blanche que je partirais et le but officiel de mon voyage serait une conférence avec les dirigeants de l'industrie des communications soviétique. Les Adjoubeï se montrèrent désolés lorsqu'ils apprirent que ma famille ne m'accompagnerait pas.

— Alexis rentre toujours d'Amérique en racontant des histoires étonnantes sur vos enfants, dit Rada. Je recevais les Adjoubeï chez moi à Falls Church ce soir-là et je lui répliquai qu'après avoir vu ma nichée de sauvages, elle serait probablement contente de ne pas les recevoir chez elle.

Après le déjeuner, JFK emmena Adjoubeï et Bolchakov dans le Salon Ovale au premier étage. Il avait un certain nombre de commentaires à faire sur la politique des États-Unis et il savait qu'Adjoubeï en ferait directement part à son beau-père.

D'abord, le Kremlin ne devait pas se tromper sur les intentions américaines à propos de Berlin. Nous y étions pour y rester en dépit de l'atmosphère plus détendue qu'avait créée la décision de Khrouchtchev d'ajourner *sine die* la reconnaissance du gouvernement de l'Allemagne de l'Est par les Soviets. Il fallait aussi que Khrouchtchev sache bien que les États-Unis interviendraient vigoureusement dans le Sud-Est asiatique si les forces communistes du Pathet Lao continuaient à donner asile aux troupes qui attaquaient le gouvernement du Sud Viêt-nam. (Deux mois plus tard, tandis que j'avais une entrevue avec Khrouchtchev dans sa *datcha* des environs de Moscou, JFK envoyait des troupes américaines en renfort en Thaïlande afin d'avertir le Pathet Lao que l'Amérique se battrait pour défendre les gouvernements libres du Laos et du Sud Viêt-nam.)

Le Président avait encore un mot pour Khrouchtchev. Les experts étaient en train d'étudier les avantages militaires que retiraient les Soviets de la violation de leur promesse sur les essais nucléaires. L'Amérique poursuivait ses essais nucléaires sous terre seulement, bien que la plupart des quarante essais russes eussent été menés dans l'atmosphère, jusques et y compris une énorme explosion de cinquante-huit mégatonnes. Le Kremlin ne devrait donc pas s'étonner si notre estimation des essais soviétiques devait nous conduire à reprendre nos essais atmosphériques.

Après le départ des Adjoubeï, je lus un communiqué à la presse où je décrivais les conversations comme « amicales et très générales. Mais lorsqu'il parle à M. Adjoubeï, le Président n'oublie pas que celui-ci a la facilité de transmettre directement à son beau-père les échanges de vues exprimés ».

J'annonçai ensuite que j'irais en Union soviétique d'ici deux mois afin d'obtenir une liberté accrue des informations entre Moscou et Washington.

Mes amis journalistes ne m'avaient jamais imaginé jouant les émissaires à l'étranger. Ne m'accuserait-on pas de marcher sur des plates-bandes réservées à l'une des organisations officielles déjà chargées de négocier les accords culturels? Je ne le pensais pas. Avais-je l'approbation du Département d'État? Oui. Irais-je rendre visite à Khrouchtchev? Ce n'était pas dans mes projets. (En fait, au cours de nos conversations sur mon voyage, Adjoubeï n'avait jamais évoqué cette éventualité.)

Ce soir-là, la réception que je donnai en l'honneur d'Adjoubeï fut une répétition de ses deux premières visites à Falls Church. Il y eut une interminable série de toasts — un vrai récital de chansons autour du piano, mené par Bolchakov et sa basse retentissante — et un long moment passé en compagnie des enfants; les deux Adjoubeï s'amusèrent beaucoup avec Marc, Suzanne et Stephen. Le lendemain, Bob Kennedy les recevait à déjeuner et le soir même ils prenaient l'avion pour Moscou.

Quinze jours après, le 13 février, Bolchakov me fit savoir que Khrouchtchev avait approuvé toutes les décisions, sauf une, en ce qui concernait les émissions télévisées. Il préférait que la première soit diffusée le 25 mai au lieu du 18 mars. J'acceptai immédiatement cet ajournement de cinq semaines.

Le 28 février, à New York, j'eus une réunion privée avec les directeurs des trois principales chaînes de télévision américaines. Parmi ceux qui assistaient à cette conférence à l'Hôtel Carlyle se trouvaient Robert Kintner, président de la NBC (il est maintenant conseiller spécial du Président Johnson); Julian Goodman, chef du service des informations du même réseau; le Dr Frank Stanton, président de la CBS, et l'ancien attaché de presse de la Maison-Blanche, Jim Hagerty, qui représentait l'ABC. Au début ils se montrèrent mécontents de n'avoir pas été tenus au courant de l'affaire. Mais ils finirent par accepter l'argument selon lequel je ne pouvais discuter de rien avec eux tant que je n'étais pas certain que l'émission aurait lieu. Évidemment, les trois réseaux de télévision auraient pu apporter aux négociations de Paris une substantielle contribution, mais il était difficile de penser que Kharlamov aurait accepté cette participation... Les trois compagnies acceptèrent de transmettre la première série d'émissions le 25 mai. Avant de quitter le Carlyle, je reçus un appel de McGeorge Bundy à la Maison-Blanche.

Le Président avait pris, bien à contrecœur, une décision difficile. Grâce à leurs essais nucléaires dans l'atmosphère, les Soviets avaient acquis une puissance renforcée susceptible de les encourager dans leurs projets belliqueux. Nous n'avions d'autre choix que de recommencer nous aussi les essais dans l'atmosphère. Le Président annoncerait sa décision le 2 mars au cours d'une allocution télévisée, diffusée dans tout le pays si les directeurs des trois réseaux avec qui je me trouvais en conférence lui attribuaient le temps nécessaire. Tous donnèrent leur accord.

Je ne le savais pas encore, mais au moment même où je croyais que cette série d'échanges télévisés était devenue une certitude toute l'affaire était en train de s'effondrer.

Trois jours après, le Président annonçait au pays son intention de reprendre les essais nucléaires dans le Pacifique à la fin avril. Mais il ne demandait pas mieux que d'annuler sa décision si les Soviets acceptaient, dans l'intervalle, de signer un traité « interdisant de façon permanente les essais de toutes armes nucléaires dans quelque élément que ce soit : dans l'eau, dans l'espace, sous terre et sous l'eau ». Si le Kremlin refusait de signer ce traité, « alors nous n'aurons d'autre choix que de maintenir notre arsenal de défense à un niveau suffisant pour assurer la sécurité du monde libre ».

Cette décision fut accueillie favorablement par la plupart des éditorialistes du pays, mais il y eut quelques critiques acerbes — surtout de la part de journalistes républicains — de l'intention qu'avait JFK de discuter avec Khrouchtchev à la télévision. Le *Daily News* de New York prétendait que c'était un marché de dupes étant donné que l'Union soviétique possédait cinq millions de postes de télévision seulement, alors qu'il y en avait cinquante millions aux États-Unis. En réalité, il y avait dix millions de récepteurs en Russie mais, de toutes façons, l'argument du *Daily News* était sans rapport avec la question. Khrouchtchev pouvait se faire voir à la télévision américaine chaque fois que l'envie lui en prenait; il n'avait qu'à convoquer un correspondant de l'un des réseaux. Mais cet échange fournirait au Président Kennedy une audience qu'il n'avait aucun autre moyen d'atteindre de l'autre côté du Rideau de Fer.

Le 5 avril, dans le bureau du Président, eut lieu une entrevue entre JFK, McGeorge Bundy et moi; nous devions discuter du texte de la première discussion. McGeorge Bundy et JFK étaient d'avis que cette première émission serait plus attrayante si Mrs Kennedy et Mme Khrouchtchev y faisaient de brèves apparitions. J'appelai chez lui Bolchakov qui était alité; il transmettrait cette suggestion à Kharlamov à Moscou. Moins d'une demi-heure plus tard, il me rappelait.

— J'ai de mauvaises nouvelles pour vous. Il faut que je vous voie tout de suite. Nous prîmes rendez-vous pour six heures et demie au bar du Hay Adams.

Ce n'était pas un Russe bien gai que je trouvai assis à une table du fond.

Pour la première fois depuis que je le connaissais, Bolchakov était mal à son aise. Il avait les mains tremblantes, mais je mis cela sur le compte de sa maladie car il sortait de son lit.

Enfin il raconta tout.

— Mon gouvernement a l'intention d'annuler toute l'affaire Kennedy-Khrouchtchev.

Je demandais pourquoi.

— C'est la faute de votre Président qui a décidé de reprendre les essais nucléaires. Le peuple soviétique ne comprendrait pas que son chef consente à se faire voir en compagnie de M. Kennedy à un moment comme celui-ci.

Le bar était bourré de journalistes et j'essayai de ne pas élever la voix. Ce n'était pas JFK qui avait rompu l'engagement mais bien Khrouchtchev. Les Russes étaient-ils naïfs au point de croire que nous pouvions rester sans réagir ?

Bolchakov tenta de me calmer.

— Tout cela ne touche en rien votre voyage en Union soviétique. Nous vous attendons toujours.

Je frappai la table du poing.

— Évidemment que cela va nuire à mon voyage, et sacrément. A quoi cela sert-il d'essayer de communiquer avec vous, si vous passez votre temps à vous conduire si stupidement ? Bolchakov savait que les Soviets avaient tort, aussi n'essaya-t-il pas de discuter.

Je sortis tandis que je me sentais encore capable de maîtriser ma fureur et me rendis tout droit dans le bureau du Président. Il se mit presque aussi en colère que moi et envoya chercher Sorensen qui travaillait déjà au brouillon du premier discours télévisé.

La première réaction de JFK fut de m'envoyer voir Bolchakov et d'annuler mon voyage en Russie en guise de représailles.

— Et vous pouvez leur dire que c'est un nouvel exemple qui prouve à quel point il est difficile de se mettre d'accord sur quoi que ce soit avec les Russes.

Mais il se calma et fit appeler Chip Bohlen l'expert des questions soviétiques du Département d'État. Bohlen pensait qu'il ne serait pas sage de réagir trop violemment; que le mieux serait que j'aille voir Bolchakov et que j'insiste auprès de lui pour que nos deux gouvernements annoncent l'annulation comme étant le fruit d'une décision commune sans en préciser les raisons. Le Président se rangea à son avis.

— Mais dites-lui aussi que nous sommes extrêmement mécontents. Faites-lui remarquer que nos propres journalistes nous ont critiqué et que nous avons fait d'énormes efforts pour mener cet accord à bien, et cela en toute bonne foi. Et insistez bien sur la *bonne foi.*

Bolchakov, tout heureux de sortir de ce guêpier, donna sans difficulté son accord à l'idée de la décision prise en commun. Mais ce n'était pas la dernière fois que j'abordais ce sujet avec un Russe. J'essayai de reprendre le projet avec Khrouchtchev lui-même lorsque je le vis deux mois plus tard à Moscou.

XV

EN COMPAGNIE DE KHROUCHTCHEV

Une vague de critiques s'éleva contre la décision du Président Kennedy de m'envoyer en Union soviétique pour essayer d'obtenir une plus grande liberté dans les échanges d'informations. Dans tout le pays, les journaux donnèrent une grande place aux accusations de « diplomatie secrète » lancées par le Parti Républicain. Je fus la cible de commentaires acides au Congrès. Des fonctionnaires de carrière du Département d'État qui manœuvraient en coulisse en profitèrent pour placer quelques flèches. Et à la Maison-Blanche les critiques étaient aussi acerbes, bien qu'on ne les publiât jamais à la une.

Bruce Alger, sénateur républicain d'extrême droite du Texas, fut le plus acharné dans cette attaque contre ma mission à Moscou. D'après lui j'étais un « jeune agent de publicité de la Maison-Blanche sans aucune expérience ». JFK ne devrait pas me laisser m'éloigner hors de sa surveillance et encore moins quitter le pays. Des millions de téléspectateurs entendirent le Président me défendre au cours d'une conférence de presse :

— Il y a toujours des gens pour penser que les Américains sont jeunes et sans expérience et que les étrangers sont capables, difficiles à manier et qu'ils savent discuter. Mais je ne pense pas que les États-Unis auraient atteint la position de *leadership* mondial qui est aujourd'hui la leur si cette opinion était juste. Il a dit également [le sénateur Alger] que le rôle principal de M. Salinger était de travailler à améliorer ma popularité dans les sondages d'opinion. Maintenant qu'il y a réussi, il se prépare à améliorer nos communications.

Tous les journalistes éclatèrent de rire.

En revenant à la Maison-Blanche après la conférence de presse, je reçus un télégramme d'un ami de Californie, Don L. Bradley :

NE VOUS LAISSEZ PAS FAIRE S'ILS VEULENT VOUS VENDRE LE KREMLIN.

Le conseiller du Président, Ken O'Donnell, m'avertit : « Peu importe que vous puissiez réussir ou non dans cette mission, bien qu'à mon avis vous soyez capable de la mener à bien. La simple annonce de votre départ est déjà inscrite au passif politique du Président. »

L'opposition de la part des fonctionnaires du Département d'État était plus sournoise — et toujours anonyme. Il y eut les fuites habituelles qui révélaient aux journalistes que des diplomates haut placés « voyaient avec inquiétude » et le Président « regrettait sa décision »... Tout cela n'avait rien de surprenant. Les anciens du Département d'État grommelaient encore en pensant à la discussion télévisée que j'avais eue avec Adjoubeï et Mikhail Kharlamov et au rôle que j'avais joué dans l'organisation de l'interview accordée par JFK à Adjoubeï pour les *Izvestia.* Ils considéraient que le personnel de la Maison-Blanche — et souvent le Président lui-même — n'avaient pas le droit de se mêler des affaires internationales. Je me souviens comme si c'était hier d'une conversation avec un important fonctionnaire du Département d'État, un mois après l'accession au pouvoir de JFK. Le Président m'avait ordonné de lui transmettre un ordre de peu d'importance.

— Je ne sais pas s'il faut que je l'exécute, me dit-il.

— Mais c'est la politique du Président, répliquai-je.

— Il se peut que ce soit la politique du Président, répliqua-t-il, mais est-ce bien celle du Département d'État?

JFK lui aussi commença à se laisser gagner par l'appréhension, mais les choses étaient trop avancées, lui semblait-il, pour qu'on annulât mon voyage sans que les Russes en prissent ombrage. Cependant, il m'ordonna de ne pas emmener ma famille.

— Comme cela, au moins, ils ne pourront pas dire que c'est une visite privée aux frais de l'État.

Mon itinéraire était définitivement établi. Je devais partir pour l'Europe le 5 mai, faire halte à Bonn et à Amsterdam pour arriver le 11 à Moscou où je devais passer cinq jours. Mes compagnons de voyage seraient Tom Sorensen, directeur des programmes de l'USIA (et frère de Ted Sorensen, conseiller spécial du Président), et Alexander Akalovsky, le meilleur interprète de russe du Département d'État. Je suivis des cours accélérés de russe et les experts des questions soviétiques du Département d'État et de l'USIA me donnèrent une volumineuse documentation.

Quatre jours avant mon départ, je déjeunai à l'ambassade de l'U. R. S. S. avec Anatole Dobrynine, le nouvel ambassadeur, afin de mettre au point les derniers détails. Grand et élégant, Dobrynine avait toujours l'air à son aise, ce qui contrastait avec l'attitude de la plupart des diplomates soviétiques qui semblaient toujours se tenir sur leurs gardes en présence des Américains.

— Appelez-moi Anatole, furent ses premiers mots.

A l'inverse de son prédécesseur Mikhail Menchikov, Dobrynine était l'un des intimes de Khrouchtchev qui avait toute confiance en lui. Le nouvel ambassadeur connaissait parfaitement l'existence de la correspondance secrète entre Khrouchtchev et le Président Kennedy et le rôle de messagers que Georgi Bolchakov et moi avions joué.

— Tout cela va prendre fin, me dit-il. A l'avenir toutes les communications entre le Président et le Premier ministre passeront par moi.

Dobrynine était partisan de la diplomatie sans formalisme et approuvait ma visite en Russie. « Nous autres diplomates nous parlons depuis des années, dit-il, et cela ne donne pas beaucoup de résultats. Le seul moyen qu'ont les Américains de comprendre la Russie est d'y aller et de parler aux gens afin de découvrir ce qu'ils pensent. C'est ce que j'ai l'intention de faire dans votre pays. Je veux connaître autant d'Américains que je pourrai, qu'ils appartiennent ou non au gouvernement. Je n'ai pas l'intention de transmettre des notes courroucées. Je veux échanger des propos sincères. »

Peu avant de quitter Moscou, Dobrynine et sa femme avaient suivi à la télévision la visite de la Maison-Blanche guidée par Mrs Kennedy. « C'est une femme tout à fait charmante, dit l'ambassadeur. Je suis sûr que ma femme et elle s'entendront parfaitement. »

Il me dit également que Khrouchtchev « avait trouvé Mrs Kennedy très séduisante lorsqu'il l'avait vue à Vienne, et d'ailleurs vous connaissez le rôle qu'a joué notre Chef dans l'élection de votre Président. »

Je lui avouai que non.

Dobrynine me raconta alors que, pendant la campagne présidentielle de 1960, un membre de l'ambassade des États-Unis à Moscou avait critiqué la presse soviétique qui attaquait Richard Nixon mais épargnait John F. Kennedy. Le diplomate américain trouvait que cela laissait entendre que le Kremlin soutenait JFK.

— Lorsque l'on mit Khrouchtchev au courant de cette déclaration, il s'empressa de prononcer un discours dans lequel il comparait les deux candidats à « deux bottes pour le même pied », donnant ainsi l'impression qu'il n'aimait ni l'un ni l'autre. Dobrynine sourit : « Si cela peut vous rendre service, M. Salinger, je peux m'arranger pour que la *Pravda* et les *Izvestia* impriment des attaques sur votre compte, quand vous serez revenu aux États-Unis. »

Je lui rappelai que les *Izvestia* avaient déjà mis mon adjoint Andy Hatcher en accusation dans un de ses éditoriaux. En août 1961, un jour que j'étais absent de Washington, Andy avait annoncé la réaction officielle des États-Unis à la reprise des essais nucléaires par l'Union soviétique. Cette reprise avait provoqué, dit-il, « un malaise indigné ». Les *Izvestia* le traitèrent de « pleurnicheur hypocrite » et d'incarnation moderne de Job Trotter le cocher rusé des *Pickwick Papers* de Dickens « qui feint la colère et la stupéfaction afin de dissimuler les agissements de son maître ».

Je dis à Dobrynine que j'avais déjà toutes les critiques que je pouvais supporter et que la charge dont Andy avait été la victime me suffisait.

Sorensen et moi partîmes d'abord pour Bonn afin d'assister à une conférence entre spécialistes de l'Information allemands et américains. Akalovsky devait nous rejoindre à Amsterdam. Il y avait eu récemment quelques désaccords entre Washington et la capitale de l'Allemagne fédérale à propos de déclarations contradictoires sur Berlin. Notre but était d'établir des moyens de communication plus directs afin d'éviter à l'avenir de tels malentendus.

Mais alors même que nous nous trouvions à Bonn, deux conférences de presse du chancelier Conrad Adenauer déclenchèrent un nouvel incident. Le sens de ses remarques, tel qu'il avait été interprété par la presse, était que les États-Unis ne devaient plus tenter de discuter avec l'Union soviétique au sujet de la commission de treize nations qui devait arbitrer les droits d'accès à Berlin. Cela impliquait que l'Allemagne de l'Ouest traiterait dorénavant avec l'Allemagne de l'Est à sa manière; ce qui ne laissait pas d'être inquiétant et avait suscité une grande émotion à Washington.

Je fus convoqué à la chancellerie par le ministre allemand des Affaires Étrangères, Gerhard Schrœder. Il était très ennuyé. Consentirais-je à faire savoir au Président qu'on avait mal compris le Dr Adenauer? Celui-ci n'avait pas dit qu'il était opposé à toute discussion entre Américains et Russes mais, simplement, que la position intransigeante des Russes offrait peu d'espoir d'aboutir à un accord. A mon avis, l'interprétation qu'avaient donnée les journaux était bonne, mais je télégraphiai à JFK les explications de Schrœder.

L'escale suivante était Amsterdam pour un discours adressé à la société des relations publiques des Pays-Bas à La Haye. Sorensen, Akalovsky et moi nous embarquâmes pour Moscou à bord d'un avion commercial soviétique. Le *Tupolev-104* de l'Aeroflot ne mit que deux heures et demie à couvrir les deux mille cinq cent soixante kilomètres; le service était parfait. La caractéristique la plus surprenante de cet avion était des toilettes de marbre qui n'auraient pas été déplacées à bord d'un transatlantique.

Une foule considérable attendait à l'aéroport de Cheremetyevo. J'aperçus l'ambassadeur Llewellyn (Tommy) Thompson qui me faisait de grands signes tandis que je soutenais l'assaut des journalistes américains et soviétiques. Ensuite apparurent Adjoubeï et Kharlamov accompagnés d'un groupe de personnalités. Enfin Tommy me prit à part. Il m'avertit que le jeu avait été complètement changé et que mes hôtes tiraient les ficelles.

— Adjoubeï veut absolument vous emmener tout de suite à la datcha du gouvernement aux environs de Moscou. Vous passerez presque toute la journée de demain avec Khrouchtchev.

Durant les semaines de préparatifs qui avaient précédé mon voyage, les Russes n'avaient jamais fait allusion à une entrevue possible avec Khrouchtchev, encore moins à une journée entière passée en sa compagnie. En fait, notre argument essentiel, en réponse aux récriminations des républicains qui dénonçaient la « diplomatie secrète », avait été que je n'engagerais pas de discussions avec les dirigeants soviétiques. Je ne m'entretiendrais qu'avec mes homologues dans le domaine de l'Information. Sans aucun doute, Khrouchtchev lui-même était responsable de ce changement inattendu et il était non moins évident que je ne pouvais refuser l'invitation sans l'offenser.

L'on m'avait bien sûr mis au courant de nos relations passées et présentes avec l'Union soviétique, mais il est certain que j'éprouvais une certaine réticence à me trouver en tête à tête avec Khrouchtchev lui-même sans que Thompson ne m'ait donné quelques renseignements de dernière minute. Mes hôtes s'impatientaient du retard, mais ils acceptèrent de me conduire d'abord à *Spaso House*, l'ambassade des États-Unis, où Tommy s'empressa de me mettre au courant des derniers événements. Je télégraphiai au Président; sa réponse contenait des instructions claires. Sous aucun prétexte je ne devais parler à Khrouchtchev d'autre chose que de communications. S'il abordait des questions de politique étrangère, je devais me contenter de l'écouter et de lui répondre que je transmettrais ses paroles à Washington. (Afin de prévenir une nouvelle vague de critiques, la Maison-Blanche prépara un communiqué expliquant que je m'étais rendu à l'invitation de Khrouchtchev, que nos entretiens n'auraient rien d'officiel et qu'aucun changement n'avait été apporté à la mission que je devais remplir. Mais il n'y eut pas de nouvel assaut et il ne fut pas nécessaire de publier ce communiqué.)

La datcha Ogoryevo, résidence d'été des hautes personnalités soviétiques, était située dans une forêt de pins et de bouleaux, à trente-cinq kilomètres de la capitale. Un haut mur de briques entourait le domaine et les grilles étaient gardées par les services de sécurité. C'était une demeure d'un étage en briques et en bois, avec des tourelles d'où l'on avait une vue magnifique sur la Moskova. Il est curieux de noter que cette datcha qui n'avait que deux chambres à coucher contenait cinq salles à manger. Richard Nixon y résida en 1909 — il raconta plus tard son séjour dans son livre *Six Crises.*

Peu après notre arrivée trois personnes vinrent nous rejoindre : Leonide Zamyatine, sous-directeur de la section des pays d'Amérique au ministère des Affaires Étrangères; Victor Soukhodrev, l'interprète de Khrouchtchev, enfin Mme Soukhodrev, une ravissante blonde qui était avant son mariage une des meilleures actrices soviétiques.

Nous prîmes place pour le premier d'une série de repas qui devaient chacun durer trois heures... Pour commencer, il y avait d'immenses plats de saumon fumé, de caviar, de salade de concombres, de viandes froides et de pain noir, le tout généreusement arrosé de toasts à la vodka — on ne pouvait se contenter d'en avaler une gorgée chaque fois. On devait avaler tout le contenu du verre d'un seul coup. Mais grâce à la quantité de nourriture ingurgitée, je n'en ressentis pas les effets. Après les hors-d'œuvre vinrent les entrées chaudes, poisson et bœuf, accompagnés de vins de Géorgie. Le dessert était composé de cinq variétés de fromages et d'énormes corbeilles de fruits. Enfin ce fut le tour des cafetières brûlantes et des carafes de cognac d'Arménie. (Je pense que c'est à ma sobriété naturelle que je dois de n'avoir grossi que de trois kilos pendant les cinq jours que je passai en Russie.)

Après le dîner nous descendîmes au sous-sol où se trouvait une petite salle de cinéma, pour voir un film russe de science-fiction, *L'Homme amphibie*. Le héros était à moitié poisson et ne pouvait respirer que sous l'eau — inconvénient qui n'avait aucun effet fâcheux sur sa vie amoureuse.

Nous avions eu une bien longue journée, aussi nos hôtes nous laissèrent-ils nous coucher de bonne heure. J'étais tout seul dans la datcha. Sorensen Akalovsky et les Russes passèrent la nuit dans des maisons près de la route.

Lorsque la femme de chambre entra dans ma chambre le lendemain matin, elle jeta un coup d'œil au gigantesque lit à baldaquin, me regarda d'un air bizarre et sortit en marmonnant. Je découvris ensuite qu'ayant pris Mme Soukhodrev pour ma femme, elle ne comprenait pas pourquoi j'étais tout seul.

Je me remettais à peine du dîner de la veille et prévins Adjoubeï que je me contenterais d'un petit déjeuner léger. On m'apporta douze crêpes et une énorme part de saucisse. C'était ce que les Russes appellent léger. Les autres mangeaient des œufs, des crêpes, du jambon, des saucisses, des rôties, du café — et du cognac.

Après le petit déjeuner nous vîmes arriver Rada Adjoubeï et ses deux fils Nikita et Alexis, ainsi que Youri Joukov ancien président du Comité d'État pour les relations culturelles avec les pays étrangers. Il venait de démissionner pour revenir à ses premières amours, le journalisme; il était rédacteur de l'éditorial l' « Observateur » dans la *Pravda* — « bible » officielle et quotidienne de la politique du Kremlin.

Mme Adjoubeï se montra déçue de ce que je sois venu à Moscou seul. « C'est terrible la façon dont vous traitez vos femmes, vous autres Américains », dit-elle.

On attendait Khrouchtchev vers midi. Pour passer le temps Adjoubeï et Kharlamov me proposèrent une promenade dans les bois — un vrai safari, le premier des trois de ce week-end. Il faisait froid, le ciel était bas et nous portions tous des manteaux. Non loin de la datcha se trouvait un stand de tir à peu près semblable à ceux que l'on voit dans les parcs d'attractions des États-Unis. Adjoubeï me proposa un concours pour voir qui était le meilleur tireur et nous fîmes feu sur les pigeons d'argile pendant une demi-heure; les résultats n'étaient pas probants et nous décidâmes que nous étions à égalité.

Le souvenir le plus net que je conserve de l'arrivée de Khrouchtchev est que l'organisation de la sécurité était presque la même que celle de notre Service Secret pour la protection du Président. Un agent bondit de la voiture avant l'arrêt et examina rapidement le petit groupe qui attendait sur la pelouse. Mais il n'ouvrit pas la portière avant que cinq autres agents qui se trouvaient dans la seconde voiture aient pris position.

Khrouchtchev était tout sourires. Il souleva son chapeau pour saluer les femmes et le renfonça solidement sur sa tête d'où il ne bougea pas de toute la journée — même pendant le déjeuner. Il s'avança vers moi, la main tendue.

— Je suis reconnaissant à votre Président d'avoir reçu ma fille à déjeuner à la Maison-Blanche. Aucun autre Président américain n'a eu le courage d'en faire autant. Ce furent ses premières paroles.

Pendant les deux jours qui suivirent, cette invitation adressée par JFK aux Adjoubeï fut la raison des nombreuses politesses que me fit le Premier ministre. Il y faisait souvent allusion et parlait chaque fois du « courage » du Président.

Khrouchtchev ne parlait pas l'anglais, et mon cours de russe accéléré ne suffisait pas pour entretenir une conversation avec le chef d'État. Pendant toutes nos discussions, Soukhodrev son interprète ou Akalovsky était toujours avec nous.

Nous passâmes une heure à monter et descendre la Moskova à bord d'une petite flottille de vedettes. Parfois, de la rive, un paysan reconnaissait son Premier et agitait la main. Chaque fois, Khrouchtchev sautait sur ses pieds, criait et faisait de grands signes — souvent même il agitait les deux bras. Pour un homme politique qui ne dépendait pas du vote populaire, il soignait sa popularité comme l'aurait fait un magistrat de petit bourg. Cette même vedette à bord de laquelle nous nous trouvions s'était échouée sur un banc de sable, trois ans auparavant, alors que Richard Nixon était l'invité de Khrouchtchev; mais notre croisière fut sans histoires, mises à part les manifestations politiques du Premier.

Une fois à terre, Khrouchtchev se dirigea vers la forêt. L'estomac chargé d'un énorme petit déjeuner, j'avais du mal à suivre son allure. Bien qu'il eût soixante-huit ans, il avait encore le corps rude et vigoureux de l'ouvrier et du mineur qu'il avait été dans sa jeunesse. Les femmes n'essayèrent même pas de nous suivre tandis que nous nous enfoncions dans la forêt brumeuse.

Enfin nous arrivâmes à destination — un tir aux pigeons. Deux ball-traps jumeaux projetaient des pigeons d'argile en zigzag. Pour les abattre tous les deux, il fallait viser et tirer deux coups de carabine en moins d'une seconde. Khrouchtchev était un champion. Il touchait ses cibles huit fois sur dix et réussissait souvent des doublés. Ce fut mon tour. Je n'avais pas tenu de ces carabines entre les mains depuis quinze ans et touchai un seul pigeon en six essais.

— Cela ne fait rien, dit Khrouchtchev. J'ai des généraux qui ne peuvent jamais rien toucher non plus. Puis avec un grand geste de marchand forain, il me tendit ma récompense : une poupée de porcelaine.

Je n'avais qu'une envie : m'asseoir au coin d'un bon feu, mais mon hôte avait une autre idée. Enfonçant son chapeau plus bas encore pour protéger ses oreilles du froid, il emprunta un sentier qui *s'éloignait* de la datcha. Pendant deux heures nous marchâmes et nous fîmes au moins huit kilomètres. Les propos de Khrouchtchev n'abordèrent pas la politique, à l'exception d'une réflexion mordante sur le chancelier Adenauer. Faisant allusion au malentendu provoqué par la conférence de presse du chancelier à Bonn, il parla de lui comme d'un « vieil homme sénile et dangereux. Le seul moyen qu'il a de réunifier l'Allemagne est la guerre, et il n'a pas le courage de la faire ».

Le Président Kennedy, ajouta Khrouchtchev, « est beaucoup plus raisonnable. Il a dit quelque chose de très juste sur l'importance de la bonne foi dans les négociations sur Berlin ». (Au cours d'une conférence de presse, JFK avait dit que nous continuerions à négocier à propos de Berlin et il avait cité Winston Churchill : « Il vaut mieux jacasser que de se taper dessus. Nous continuerons à jacasser. »)

Le Premier avait deux obsessions : Berlin et l'agriculture soviétique

Après un long monologue sur les succès qu'avaient obtenus récemment les Russes en employant des engrais chimiques, il s'arrêta soudain et, immobile, me regardant d'un air impatient, il dit :

— Je ne sais pas pourquoi je perds mon temps à vous expliquer tout cela. Vous ne connaissez rien à l'agriculture.

Je dus le reconnaître. Il sourit. « Ça ne fait rien. Staline non plus n'y connaissait rien. »

De tous les Russes qui faisaient partie de cette promenade (les femmes avaient abandonné depuis longtemps, elles étaient retournées à la datcha), c'est pour Joukov l'éditorialiste de la *Pravda* que Khrouchtchev semblait avoir le plus d'affection. Très bavard d'habitude, Adjoubeï se montrait silencieux, presque taciturne en présence de son beau-père.

Khrouchtchev reprocha à Joukov d'avoir abandonné son portefeuille ministériel pour revenir au journalisme. « Il m'a semblé qu'il était temps de dételer et de laisser la place à un jeune », répondit Joukov qui avait cinquante ans.

Khrouchtchev m'adressa un clin d'œil. « Joukov ose parler d'hommes jeunes. Il veut que je m'en aille aussi. C'est cela qu'il veut. » Il eut un sourire un peu triste. « Il a raison, naturellement. Je suis beaucoup trop vieux. » Pendant ces deux jours, le Premier allait souvent parler de son âge et évoquer le transfert du pouvoir à un homme jeune qu'il choisirait. Il ne se doutait pas que deux ans plus tard il quitterait le pouvoir sans l'avoir voulu et qu'il ne donnerait pas son avis sur le choix de son successeur.

Enfin, vers trois heures de l'après-midi, nous étions de retour à la datcha — à part Khrouchtchev, nous étions tous à bout de souffle. Les femmes nous attendaient près d'une table installée sur la terrasse qui dominait la rivière. Le soleil se montrait, il faisait tiède.

Khrouchtchev regarda la table abondamment servie d'un air rayonnant et me frappa sur l'épaule.

— Asseyez-vous, Gospodine Salinger. Vous avez bien mérité votre déjeuner, on va vous le donner. (Gospodine signifie Monsieur par opposition à Tovarichtch, camarade, appellation réservée aux membres du parti.)

Il inclina son chapeau sur les yeux pour les protéger du soleil et tendit la main vers la vodka. « J'ai échappé à mes médecins aujourd'hui, dit-il, et j'ai bien l'intention d'en profiter. »

Chacun à son tour, Khrouchtchev, Kharlamov, Adjoubeï et Joukov proposèrent des toasts et le Premier but avec nous. Malgré son âge, l'alcool ne semblait lui faire aucun effet. Il aimait beaucoup raconter des histoires et c'était le système soviétique qui faisait le plus souvent les frais de ses plaisanteries.

Il raconta l'histoire d'un professeur d'université, homme craintif, qui habitait le même immeuble qu'un impitoyable agent de la police secrète. Un soir, les deux hommes se rencontrèrent dans l'entrée.

— C'est effrayant de voir ce qui se passe dans ce malheureux pays, dit le professeur. Je fais un cours de littérature russe. J'ai un étudiant très brillant à qui j'ai demandé aujourd'hui qui avait écrit *Eugène Onéguine*. Il m'a répondu que ce n'était pas lui. N'est-ce pas effrayant?

Le lendemain soir, l'homme de la police secrète frappait à la porte du professeur.

— J'ai de bonnes nouvelles pour vous, mon ami. Vous savez, votre étudiant, celui qui disait que ce n'était pas lui qui avait écrit *Eugène Onéguine*.

— Oui.

— Eh bien, j'ai eu une petite conversation avec lui et maintenant il dit que c'est lui.

Khrouchtchev applaudit à sa plaisanterie et en raconta une autre. Le corps de Staline avait été transféré d'une crypte du Kremlin dans un cimetière lointain et enterré tout près du corps d'un ancien président de l'URSS, Mikhail Kalinine.

— Comment ça va, mon vieux Joseph? demande Kalinine à son nouveau voisin.

— Pas très bien, répond Staline. Je n'aime pas qu'on me déménage comme ça.

— Tu vas rester longtemps avec nous?

— Je ne sais pas.

— Où iras-tu?

— Là où le parti m'enverra, répond Staline en haussant les épaules.

Nous avions mangé trois plats (poisson, volaille et porc) lorsque Khrouchtchev m'apprit que j'occupais la datcha de « Gospodine Averell Harriman ».

— J'aime beaucoup cet homme-là, dit-il. J'ai essayé de le prendre à mon service. Je lui ai dit que, s'il acceptait de venir au Kremlin pour devenir mon conseiller, je lui donnerais cette datcha. Mais il n'a pas voulu.

— Il était bien obligé de refuser, répondis-je. Il est déjà conseiller du Président.

Khrouchtchev n'y voyait aucun inconvénient. « Pourquoi ne nous conseillerait-il pas tous les deux? Ce serait le meilleur moyen d'obtenir la paix. Dites-lui que je le veux toujours près de moi. »

Après trois heures passées à table, j'avais l'impression de ne plus pouvoir avaler une bouchée. Mais les serveurs revinrent encore, cette fois avec du chachlyk, plat d'agneau accompagné de riz, que l'on connaît plutôt aux

États-Unis sous le nom de chich kebab. Le Premier ministre prit une assiette qu'il posa entre nous deux.

— Gospodine Salinger et moi allons manger ensemble, dit-il. Je refusai, mais il me tendit une fourchette. « Nous allons croire que vous n'aimez pas notre cuisine. » Nous finîmes par avaler le contenu de l'assiette en piquant chacun à notre tour. Mais Khrouchtchev n'était pas encore vaincu. Il se servit abondamment de dessert et but au moins cinq verres de cognac.

Soudain, son attitude changea brutalement.

— Votre Président a commis une erreur énorme que vous devrez payer, dit-il en me regardant d'un air féroce de sous le rebord de son chapeau. Les rires et les conversations cessèrent net. « Il a dit que vous seriez les premiers à utiliser la bombe. »

Il faisait allusion à un article de Stewart Alsop paru dans le *Saturday Evening Post*; JFK y précisait les conditions qui pourraient le forcer à utiliser les armes nucléaires en Europe.

Le Président lui-même, George McBundy et moi avions lu l'article avant sa publication mais nous n'y avions pas trouvé, comme Khrouchtchev semblait l'avoir fait, un avertissement de guerre préventive. JFK disait bien que « Khrouchtchev ne doit pas être sûr que, là où leurs intérêts vitaux sont menacés, les États-Unis ne frapperont pas les premiers » [en utilisant des armes nucléaires]. Mais cette phrase était dite dans un contexte qui évoquait l'éventualité d'une attaque contre l'Europe occidentale avec des armes classiques.

Khrouchtchev me regardait toujours d'un air furieux. « Cet Alsop, ce provocateur, c'est lui votre Secrétaire d'État, maintenant? Même Eisenhower, même Dulles n'auraient jamais employé les termes qu'a utilisés votre Président. Il nous force à revoir complètement notre position. » (En effet, le Kremlin ordonna une alerte militaire exceptionnelle, tout de suite après la publication de cet article.)

Je fis remarquer au Premier ministre que le Président avait fait publier un communiqué qui éclaircissait le sens de ses remarques. La politique des États-Unis restait inchangée. Nous ne serions pas les premiers à utiliser les armes nucléaires à moins que nous-mêmes, ou nos alliés, soyons la cible d'une agression communiste.

— J'ai vu ce communiqué, dit Khrouchtchev, mais je prends les mots du Président dans leur sens littéral, tels qu'ils sont cités dans cet article. Il s'agit bien d'une nouvelle doctrine.

Il dit ensuite qu'il appliquerait exactement la même politique à la défense de l'Allemagne de l'Est. Si les troupes occidentales en franchissaient les frontières, il riposterait immédiatement avec des armes nucléaires. Il me menaçait du doigt : « et il s'agit là de faits, mon ami, pas de théorie ».

Sa colère disparut aussi vite qu'elle était venue. Il claqua des mains et sourit. « Et maintenant, je vais vous révéler un vrai secret d'État. »

Il parlait de la crise provoquée par la construction du mur de Berlin en 1961, à l'époque où chars américains et soviétiques se faisaient face à portée de canon, porte de Brandebourg. Il attribuait la responsabilité de l'incident au général Lucius B. Clay, représentant personnel du Président Kennedy à Berlin. « Clay est fait pour être général comme moi pour être cordonnier. »

Khrouchtchev raconta donc qu'il avait tenu une réunion urgente avec le maréchal Rodion Malinovsky, ministre de la Défense.

— Même les écoliers savent maintenant qu'un char peut avancer ou reculer. Un char n'aime pas rester au même endroit. Si les chars avançaient, c'était la guerre. S'ils reculaient, c'était la paix.

« Berlin-Ouest ne signifie rien pour nous. Aussi, ai-je ordonné à Malinovsky de faire reculer un peu nos chars et de les cacher derrière des bâtiments, là où les Américains ne les verraient pas. Si nous faisons cela, ai-je dit à Malinovsky, en moins de vingt minutes les chars américains reculeront eux aussi, et il n'y aura plus de crise. »

Khrouchtchev eut un sourire de triomphe au-dessus de son verre de cognac.

— Cela s'est passé comme je l'avais prévu. Nous avons reculé. Vous avez reculé. Ça c'est de la stratégie!

Il avait encore un mot à dire sur Berlin.

— C'est moi, personnellement, qui ai ordonné la construction du mur. Un État est un État, il doit surveiller ses frontières.

Il était près de six heures. Le soleil était bas et le froid mordant. Khrouchtchev se leva. Il ne souriait plus.

— Venez, Gospodine Salinger. Il est temps que nous nous parlions seuls.

XVI

CONVERSATION AU BORD DE LA MOSKOVA

Je passai une heure et demie avec Nikita Khrouchtchev sous une tonnelle qui dominait la Moskova. Si l'on excepte Victor Soukhodrev son interprète et le détachement d'agents de la sécurité qui avaient pris position dans les bois environnants, nous étions seuls.

Dès le début de cet entretien, j'avertis le Premier ministre que, n'étant pas diplomate, je n'étais pas autorisé à tenir une véritable discussion avec lui. Je pouvais cependant transmettre son point de vue au Président Kennedy et je lui serais très reconnaissant si je pouvais obtenir la transcription intégrale de notre conversation afin d'éviter toute erreur d'interprétation. Il accepta sans se faire prier. (Cette transcription que j'eus en main deux jours après était exacte dans l'ensemble, sauf qu'on y avait ajouté deux phrases de Khrouchtchev expliquant qu'il ne pouvait tarder plus longtemps à reconnaître l'Allemagne de l'Est. Il ne m'avait jamais dit cela et le passage avait évidemment été ajouté après coup pour donner plus de force à la ligne de conduite d'alors des Soviets.)

Khrouchtchev commença en disant que depuis que Kennedy était devenu Président, l'atmosphère en Amérique — et même en Allemagne de l'Ouest — était plus favorable à la conclusion d'un accord sur la question de Berlin. Pour Khrouchtchev comme pour la plupart des personnalités soviétiques que j'avais rencontrées, la question de Berlin était toujours l'enjeu le plus important — la clé de la coexistence pacifique. Si l'on pouvait trouver là une occasion de *rapprochement*, ils étaient tous convaincus qu'un accord sur le désarmement nucléaire ainsi que sur les autres différends ne tarderait pas à suivre. Le Premier ministre répéta que les paroles de JFK sur la politique nucléaire l'avaient fortement ému. Mais, dans l'ensemble, « votre Président a fait beaucoup de choses et a montré des qualités d'hommes d'État, dit le Premier ministre. Faites-lui savoir je vous prie que je désire devenir son ami... Bien sûr, Kennedy et moi n'appartenons pas à la même famille. C'est un capitaliste et moi, en qualité de communiste, j'ai mes idées sur les capitalistes. »

Son attitude envers Richard Nixon, cependant, était beaucoup plus dure. « C'est un homme intellectuellement borné; non seulement il n'inspire aucun respect, mais surtout il donne l'impression d'être un petit boutiquier peu honnête, capable de vendre des harengs pas frais ou de présenter du sucre imbibé de pétrole comme une marchandise parfaitement saine, toutes choses qu'un marchand honnête ne ferait naturellement jamais. Nixon n'est pas un homme politique sérieux et, je le répète, il est borné. »

Je fus étonné de l'impression que lui avait produite Richard Nixon qui s'était révélé un adversaire de taille au cours de leur discussion et de bien d'autres rencontres en 1959. Khrouchtchev continua sur sa lancée; il me raconta que l'ancien Vice-Président, par l'intermédiaire d'une haute personnalité républicaine, avait fait des ouvertures à l'Union soviétique afin qu'elle influence les résultats des élections présidentielles de 1960.

— Il est exact, continua Khrouchtchev, qu'avant les élections, cet intermédiaire avec lequel j'avais noué d'assez bonnes relations, lors de mon voyage aux États-Unis, nous avait appris par le truchement de nos représentants aux États-Unis que, si Nixon devait occuper la Maison-Blanche, la politique d'Eisenhower subirait quelques révisions. Juste avant les élections, il nous a soumis une requête demandant que les aviateurs américains du *RB-47* qui avait été abattu au-dessus du territoire de l'Union soviétique soient relâchés. Naturellement, nous avons compris que Nixon espérait retirer de cette libération un capital politique qui lui aurait servi pour les élections.

Je répondis qu'en effet la libération de l'équipage du *RB-47* avant les élections aurait bien pu signifier la victoire de Nixon.

— Bien sûr, dit Khrouchtchev. C'est pour cela que lorsque notre gouvernement a examiné la question, j'ai dit que ce n'était pas le moment. Car voyez-vous, Nixon voulait faire croire qu'il avait déjà établi des contacts avec le gouvernement soviétique. Et ce fait aurait joué un rôle décisif dans les élections, bien entendu. C'est pourquoi nous décidâmes d'attendre, et ce n'est qu'après que Kennedy soit devenu Président, que nous avons relâché l'équipage américain du *RB-47*. Il est certain que nous avons agi comme il fallait.

Puis Khrouchtchev reprit le sujet de l'Allemagne; il était évident qu'il était très inquiet de la situation.

— Si nous arrivons à nous mettre d'accord avec le Président des États-Unis sur une normalisation de la situation de Berlin-Ouest, ce serait un immense progrès... Si nous ne réussissons pas, alors nous serons à la veille d'une grande épreuve de force... Nous n'avons pas empiété sur les libertés de Berlin-Ouest et nous n'avons pas l'intention de le faire. Pour nous comme pour vous, Berlin-Ouest est inutile. Il convient de dire que, si nous voulions occuper la ville, il ne nous faudrait pas une heure...

Il s'inquiétait des renforts de troupes qu'on avait envoyés à la garnison de Berlin. « Il n'est pas sage de nous menacer, c'est de la folie que de vouloir nous empêcher de signer un traité de paix (avec l'Allemagne de l'Est) en nous menaçant de la guerre... Je répète que nous ne reconnaissons pas, que nous ne pouvons pas admettre le droit des puissances occidentales à entretenir des troupes à Berlin-Ouest. Ainsi donc, vous ferez la guerre à cause de Berlin-Ouest et de ses deux millions et demi d'habitants. Adenauer lui-même reconnaît que personne ne serait assez fou pour se battre pour Berlin-Ouest. Mais si les Allemands le disent, il est certain que les États-Unis, à plus forte raison, ne se battront pas pour une ville qui leur est aussi nécessaire qu'une cinquième roue à un carrosse. »

Il admit que la reconnaissance de l'Allemagne de l'Est et la signature d'un traité de paix avec le gouvernement Ulbricht entraîneraient une sérieuse aggravation dans nos relations. « Que cette aggravation provoque ou non la guerre, je ne puis le savoir car cela dépend de la position que vous adopterez. Mais, dans tous les cas, si le gouvernement soviétique signe ce traité de paix, il ne reconnaîtra plus les droits des puissances occidentales à garder des troupes à Berlin-Ouest.

« Nous ne pouvons prévoir les démarches qu'entreprendra le gouvernement des États-Unis mais nous sommes prêts à toute éventualité. Nous souhaitons être bien compris par les États-Unis. Il serait stupide de notre part d'essayer de vous effrayer comme il serait stupide de la vôtre de nous rendre la pareille.

« Nous nous sommes battus plus d'une fois, nous savons ce que signifie la guerre et nous n'en voulons pas. Nos deux pays possèdent tous deux des moyens de destruction très complets, il faut donc que nous mesurions nos forces non pas d'après la quantité d'armes que nous détenons, mais d'après la quantité et la qualité de raisonnement dont nous sommes capables. C'est cela l'essentiel. »

Cependant Khrouchtchev n'avait à me transmettre qu'une seule proposition nouvelle à propos de Berlin — proposition que je devais soumettre au Président; il s'agissait de remplacer les troupes américaines, britanniques et françaises par des contingents symboliques provenant des pays de l'OTAN et de ceux du Pacte de Varsovie. « Cette solution de compromis, ajouta-t-il, mettrait fin au régime d'occupation sans qu'aucun des adversaires perde de son prestige moral. »

Plus tard, je fis allusion à l'annulation de ses dialogues télévisés avec le Président Kennedy, annulation qui avait été prétextée par la reprise des essais nucléaires américains.

— Nous sommes prêts à reprendre cette proposition à tout moment et nous pensons que cela apporterait de grands avantages à nos deux pays, lui dis-je.

— Moi aussi, je pense que ce serait utile, répondit Khrouchtchev. Nous avons préféré ajourner ces échanges d'opinions à la télévision parce que les événements récents les rendaient inopportuns. Dans les circonstances présentes, nous ne pourrions éviter de tomber dans la polémique et le résultat serait à l'opposé de ce que nous désirons obtenir. Cela ne ferait que gâcher encore plus nos relations et cela nous n'en voulons pas. Nous reprendrons l'étude de votre proposition lorsque les circonstances seront redevenues favorables.

Il ne fit aucune objection lorsque je suggérai que je pourrais peut-être continuer à discuter de la question avec Kharlamov. Mais il lui semblait que si le Président Kennedy venait en visite officielle en Union soviétique, ce voyage « éclaircirait les nuages qui obscurcissaient les relations entre les Soviets et les Américains. Un tel geste permettrait au Président de connaître le peuple soviétique et de se faire une idée personnelle de la situation de notre pays. Mais, vraiment, comment pourrions-nous inviter votre Président à venir chez nous si, à chacune de nos rencontres, nous devons le mettre en accusation à cause des essais d'armes nucléaires que continuent les États-Unis?

« Non, nous ne voulons pas inviter Kennedy en Union soviétique pour l'insulter, nous voulons l'inviter pour que cette visite contribue à améliorer les relations entre nos deux pays. »

Il semblait à Khrouchtchev que JFK ne négociait pas avec autant de bonne foi que ses prédécesseurs pour obtenir un autre résultat important — un traité de désarmement nucléaire.

— Je me souviens de mes conversations avec le Président Eisenhower à Camp David. J'ai bien senti qu'il voulait vraiment, sincèrement, arriver à un accord. Il disait qu'il serait bon que nos deux signatures figurent au bas d'un tel document. Dans l'ensemble, je crois qu'Eisenhower, qui pourtant obéissait aux vœux des monopoles américains, avait plutôt tendance à accomplir de nobles actions. Sa conduite pendant la Seconde Guerre mondiale me confirme dans cette opinion.

Mais le Premier ministre n'était pas du tout certain que le gouvernement de Kennedy « voulait vraiment le désarmement; il participait (aux négociations de Genève) simplement pour endormir l'opinion mondiale ».

Je lui rappelai que le Président Kennedy avait proposé d'annuler la nouvelle série d'essais nucléaires, si les négociations de Genève avaient abouti à un plan général de désarmement, mais que l'Union soviétique avait refusé d'accorder la moindre concession.

— Il y a à peu près deux mois, ajoutai-je, le Président a déclaré qu'au cours des premiers mois de son mandat sa plus grande déception avait été de ne pouvoir aboutir à un accord sur l'interdiction des essais nucléaires. Je peux vous affirmer que le Président est tout à fait sincère dans son désir d'obtenir un accord.

Khrouchtchev défendit la position adoptée par les Soviétiques contre une inspection internationale du désarmement nucléaire, ce qui avait été le principal obstacle aux négociations de Genève.

— Si, à l'avenir, les États-Unis continuent à insister sur cette question de contrôle, nous continuerons à ne pas être du même avis. Nous n'accepterons jamais les conditions proposées par les États-Unis en ce qui concerne le contrôle. Nous ne tolérerons sur notre territoire aucune espèce de postes d'inspection avant d'avoir pu mener à bien un désarmement général et complet. Alors, évidemment, vous allez continuer à faire des essais nucléaires, nous aussi et cela jusqu'à ce qu'on arrive à un accord général sur la nécessité d'un désarmement universel et complet.

Ceci le ramena à l'article d'Alsop dans le *Saturday Evening Post.* Il ne pouvait faire coïncider l'assurance que je lui donnais de la sincérité du Président Kennedy avec « sa déclaration affirmant que vous seriez les premiers à utiliser la bombe ».

Il haussa les épaules d'un mouvement fataliste.

— Je ne sais ce qu'il adviendra de nos relations avec les États-Unis pendant la Présidence de Kennedy. Cela dépend de lui. Berlin-Ouest aussi est une pierre de touche — c'est un Rubicon. Si nous arrivons à le traverser sans faire la guerre, tout ira bien. Sinon, tant pis.

La clé de tout cela est dans les mains du Président Kennedy, car c'est lui qui devra tirer le premier. Voyez-vous, c'est lui qui a dit qu'il pourrait se produire un événement qui obligerait les États-Unis à frapper les premiers avec des armes nucléaires.

Il repoussa d'un geste l'explication que je tentais de fournir : on avait mal compris le Président.

— Et puis après, nous sommes prêts à encaisser ce premier coup. Mais je dois vous prévenir, il ne nous faudra pas longtemps pour riposter.

La discussion s'achevait; Khrouchtchev était déçu que je ne lui eus pas apporté un message personnel de la part du Président. Mais, comme nous reprenions le chemin de la datcha, son humeur devint joyeuse.

— Je vous prie de transmettre au Président et à sa femme les meilleurs vœux de Nina Petrovna et les miens. Et n'oubliez pas. Dites-lui quel grand honneur ce fut pour Nina Petrovna et moi que notre fille ait été invitée à la Maison-Blanche.

La limousine de Khrouchtchev l'attendait devant la datcha. Il s'avança. Puis, impulsivement, semble-t-il, il se tourna vers Adjoubeï.

— Que fait Gospodine Salinger demain, pour déjeuner?

Son gendre lui répondit qu'il avait l'intention de m'emmener à l'Aragvi, restaurant géorgien connu, au centre de Moscou.

— Non, dit Khrouchtchev. J'ai passé une si bonne journée que j'ai l'intention de recommencer demain. Vous amènerez Gospodine Salinger ici pour le déjeuner. Sur ces mots, il souleva son chapeau à l'intention des femmes présentes et grimpa à l'arrière; il nous faisait encore des signes de la main lorsque la voiture disparut dans la forêt derrière un tournant.

Sorensen, Akalovsky et moi partîmes aussitôt pour l'ambassade des États-Unis. L'ambassadeur Thompson avait passé sa journée dans la fièvre, rassurant tour à tour Bonn, Paris et Londres, leur affirmant que le secrétaire de presse de trente-six ans de John Kennedy n'avait pas passé un après-midi entier à négocier l'avenir de l'Europe avec Khrouchtchev. (Pendant mon séjour en Union soviétique, on dut envoyer un télégramme quotidien à Bonn pour calmer les soupçons du chancelier Adenauer et lui affirmer qu'on ne tramait pas de noirs complots.) Une meute de journalistes m'attendait devant l'ambassade; je leur donnai un résumé très vague de mes activités de la journée. Il me fallut aussi répondre à une accusation dénuée de tout fondement qu'avait portée contre moi Homer E. Capehart, sénateur républicain de l'Indiana; il prétendait que j'avais insulté à dessein l'ambassadeur Thompson en ne passant pas la nuit à l'ambassade. Tommy avait passé la journée dans une situation intenable car il lui avait été impossible de donner aux correspondants de presse un compte rendu précis de mes faits et gestes tant que j'étais à la datcha. Mais c'était complètement ridicule d'essayer, comme l'avait tenté Capehart, d'en faire un incident de portée internationale.

L'ambassade elle-même était le théâtre d'une intense activité. L'ambassadeur et sa femme Janet étaient en train de faire leurs malles pour quitter Moscou et les couloirs étaient encombrés de caisses et de dossiers. (Tommy venait d'être nommé conseiller spécial auprès du Secrétaire d'État pour les Affaires soviétiques, poste dans lequel sa connaissance de la personnalité de Khrouchtchev allait se révéler vitale au cours de la crise de Cuba qui allait se produire avant la fin de l'année. Tommy, qui est parmi les meilleurs fonctionnaires des Affaires Étrangères des États-Unis, est diplomate de carrière depuis 1929. Il se trouvait à Moscou en 1941 au moment où les troupes allemandes poursuivaient leur offensive en Russie; il resta à son poste même lorsque la capitale était menacée de tomber entre les mains des nazis. Le Président Eisenhower le nomma ambassadeur à Moscou en 1957 et JFK le maintint pour la simple raison qu'il était le meilleur.)

Je ne me couchai que longtemps après minuit. Je dus dicter à des secrétaires qui se relayaient un compte rendu complet de mes conversations officielles et officieuses avec le Premier ministre russe. Ces milliers de mots furent immédiatement télégraphiés à la Maison-Blanche. En même temps, Tommy transmettait au Département d'État son analyse des propos que m'avait tenus Khrouchtchev sur Berlin et sur les relations américano-soviétiques. Un appel d'Adjoubeï interrompit brièvement son travail; il l'invitait, ainsi que sa famille, à se joindre à nous le lendemain à la datcha.

De bonne heure ce dimanche-là, Adjoubeï nous emmena visiter le Kremlin; il nous fit également voir le bureau et les appartements de Lénine. Ensuite, nous nous dirigeâmes vers la datcha où nous arrivâmes un peu avant midi. Khrouchtchev, sa femme Nina Petrovna et un de leurs fils, Serge — spécialiste des fusées — arrivèrent quelques minutes après nous.

Nina Petrovna parlait très bien anglais. Elle avait un certain embonpoint et se conduisait en grand-mère parfaite; elle prit aussitôt en charge les deux fils d'Adjoubeï, Nikita et Alexis. Le Premier ministre se joignait souvent à elle pour jouer avec les enfants sur la pelouse. Khrouchtchev et sa femme nourrissaient une affection profonde l'un pour l'autre. Elle le quittait rarement des yeux. Il la regardait souvent avec un petit haussement d'épaules qui semblait vouloir dire : « Je regrette mais ce sont les affaires. » Elle lui répondait d'un sourire et d'un signe de tête. Comme le premier jour, Adjoubeï se tenait à distance respectueuse de son beau-père; il n'avait rien à dire, ou du moins pas grand-chose.

J'avais vécu toute la matinée dans la crainte que Khrouchtchev ne nous entraînât dans une autre marche forcée à travers la forêt; c'est exactement ce qu'il fit. Il y avait un peu de crachin, l'air était très froid, mais il me frappa sur l'épaule en disant :

— Nous marchons deux fois plus qu'hier, hein?

Il avait parcouru bien plus d'un kilomètre lorsqu'il s'arrêta pour laisser aux femmes le temps de nous rattraper. Il profita de cette pause pour me chercher noise à propos des éditoriaux parus dans la presse américaine critiquant le Kremlin.

— De tels commentaires créent une atmosphère néfaste, me dit-il. Vous devriez leur interdire de publier des choses pareilles.

Je lui répondis que je n'avais aucun droit de regard sur ce qu'imprimaient les journaux.

— Adjoubeï en a un, répliqua-t-il.

Je lui expliquai que nos situations n'étaient pas comparables. En qualité de rédacteur en chef d'un journal gouvernemental, Adjoubeï avait pouvoir absolu de censurer le contenu de son journal en ce qui concernait les nouvelles et les éditoriaux. En tant que secrétaire de presse, la seule chose que je pouvais faire était de présenter la politique du Président de façon à la faire accepter le mieux possible. Mais il n'y avait rien que je puisse faire si les journaux préféraient attaquer cette politique.

— Vous êtes trop modeste, vous avez plus de pouvoir que cela, dit-il.

Il me sembla curieux que Khrouchtchev, qui connaissait si bien les puissantes coteries de la politique et du gouvernement des États-Unis, pût avoir une idée aussi naïve des rapports qui existaient entre la Maison-Blanche et la presse.

— Je ne peux pas croire que vous êtes sérieux quand vous me dites que je pourrais empêcher les journaux américains de vous critiquer, lui dis-je.

— Je suis tout à fait sérieux, grogna-t-il. Vous pourriez les faire cesser si le Président vous l'ordonnait.

Les réactions vigoureuses des éditorialistes américains à la violation de la promesse soviétique sur les essais nucléaires avaient particulièrement agacé le Premier ministre.

— Pourquoi faire tant d'histoires? dit-il. Même avant les essais, nous aurions pu effacer de la carte l'Europe, l'Afrique et l'Asie. En une seule fois.

La raison pour laquelle l'Union soviétique avait repris les essais était qu'elle possédait maintenant des têtes nucléaires de l'ordre de cinquante mégatonnes et « qu'il fallait bien les adapter à nos fusées ».

Khrouchtchev ajouta que l'Amérique ne gagnerait rien à reprendre des essais dans l'atmosphère. « Chaque fois que vous ferez exploser une bombe nous en ferons exploser une plus grosse. Je ne vous cache pas que nos ingénieurs et nos savants se préparent à entreprendre de nouveaux essais. »

Le Premier ministre était l'homme le plus capricieux que j'aie jamais connu. Son humeur sautait en un instant de la colère violente à la douceur.

L'étape suivante fut une ferme collective adjacente au parc de la datcha.

— Quand je suis venu ici, il y a quinze ans, dit Khrouchtchev, cette ferme était dans un état épouvantable. J'allai voir Staline et lui dis que je voulais y faire quelque chose. Mais il n'a pas voulu me laisser faire. C'était terrible, non?

Un clin d'œil.

— Mais maintenant c'est moi qui commande et j'ai fait beaucoup pour améliorer cette exploitation. J'ai même planté des arbres de mes mains.

— Il y a une minute, vous me parliez de bombes semeuses de mort, et maintenant vous parlez avec encore plus de passion de plantations d'arbres.

— Évidemment. Les arbres sont la vie, les bombes, la mort.

Il revint à Staline.

— Il ne comprenait que le marxisme-léninisme. Mais il ne savait comment l'appliquer à l'agriculture et à l'industrie. Il n'était pas doué pour les choses pratiques. Je voudrais qu'il voie cette ferme, maintenant; il comprendrait que j'avais raison, que même un homme qui a de hautes responsabilités dans le gouvernement devrait prendre du temps pour aider les agriculteurs — même s'il doit mettre la main à la pâte comme je l'ai fait.

Comme nous nous enfoncions dans les bois, nous aperçûmes une longue pente parsemée de pins. Là, Khrouchtchev et son prédécesseur à la charge de Premier ministre, Nikolaï Boulganine, avaient passé de nombreuses journées à faire du ski.

— Lorsque nous revenions à la datcha, dit-il, la femme de Boulganine avait toujours du vin chaud tout prêt.

Il avait une affection visible pour Boulganine malgré sa participation à l'exil de ce dernier dans des provinces lointaines en qualité de directeur d'une centrale électrique.

Heureusement pour moi, le crachin se changea en une pluie battante et Khrouchtchev ne put que ramener sa petite armée à la datcha. Le ministre des Affaires Étrangères et Mme Andrei Gromyko nous attendaient sur le perron; souriant, le Premier ministre les accusa d'être arrivés en retard exprès pour échapper à la promenade. Gromyko ne nia pas.

Nous déjeunâmes à l'intérieur à cause du temps. Une fois de plus, on nous servit huit ou dix plats généreusement arrosés de vodka, de cognac et de plaisanteries « khrouchtcheviennes ». Mrs Thompson avait apporté un cadeau au Premier ministre — un verre à liqueur truqué qui ne contenait pas plus d'une cuillerée à café de liquide. Il s'en servit pour porter les toasts et souligna avec force qu'il était le seul à boire sobrement.

Il nous raconta une autre de ses histoires de Staline; cette fois il s'agissait d'une discussion entre un Américain et un Russe chacun tentant de prouver à l'autre que c'était son pays le plus démocratique.

— Je peux entrer dans le bureau du Président, dit l'Américain, critiquer tout ce qu'il fait et le Président me serrera quand même la main quand je le quitterai et continuera à me recevoir.

— C'est la même chose en Union soviétique, répond le Russe. Je peux entrer dans le bureau de Staline, critiquer tout ce que fait le Président des États-Unis et Staline me serrera quand même la main quand je le quitterai et continuera à me recevoir.

Gromyko, lui aussi, avait une histoire de Staline à me raconter :

Roosevelt, Churchill et Staline tiennent une conférence au sommet.

— J'ai rêvé la nuit dernière que j'étais président du monde, annonce Roosevelt.

— Tiens, c'est curieux, dit Churchill. J'ai rêvé la nuit dernière que j'étais premier ministre du monde.

— Impossible, dit Staline. Je ne me souviens pas avoir nommé aucun d'entre vous.

Vers la fin du déjeuner, Joukov rapporta qu'il avait entendu dire que l'ambassadeur Thompson quittait Moscou pour une nouvelle mission.

Dans un accès de colère feinte, Khrouchtchev abattit son poing sur la table. « Je n'ai pas donné mon accord. » C'est Thompson qui rit le plus fort.

Nous lançâmes la conversation sur son travail quotidien au bureau. Il se plaignit de passer presque tout son temps à lire « les rapports assommants qu'envoyaient les ambassadeurs ».

Mme Khrouchtchev jeta un coup d'œil inquiet à Tommy.

— Vous voulez dire nos ambassadeurs?

— Bien sûr, répondit son mari.

Khrouchtchev nous expliqua qu'il avait un moyen très simple de tenir sa paperasse à jour.

— Mes secrétaires ont l'ordre de faire deux piles des rapports : celle que je dois lire et celle que je ne devrais pas perdre mon temps à parcourir. Alors je lis la pile sans importance la première. Elle est toujours plus intéressante que l'autre.

Après le déjeuner, l'ambassadeur Thompson passa quinze minutes seul avec Khrouchtchev pour lui faire part de la grande inquiétude que ressentait le Président Kennedy à l'annonce de nouvelles activités communistes au Laos. (La nuit précédente, JFK avait envoyé des renforts aux troupes postées en Thaïlande afin qu'il ne subsiste aucun doute sur l'intention que nous avions de nous battre s'il le fallait pour protéger le gouvernement neutraliste de Souvanna Phouma.)

La journée s'achevait; Khrouchtchev m'accompagna jusqu'à la voiture de l'ambassade.

— Nous avons passé de bons moments, n'est-ce pas?

Je lui répondis que ces deux jours avaient été merveilleux.

— Il faut que vous reveniez, me dit-il, nous recommencerons.

Je regrettais d'avoir à faire mes adieux. J'en étais venu à beaucoup apprécier Khrouchtchev. Malgré ses caprices en public et ses menaces c'était un homme plein de chaleur, de bonne humeur et de courtoisie. En retournant à l'ambassade, il me vint à l'esprit que pendant les quatorze heures que j'avais passées avec lui il n'avait pas reçu un seul appel téléphonique et n'avait pas quitté ses invités une minute.

Je ne devais jamais le revoir. Deux ans après, il fut renvoyé et avec lui Adjoubeï et Kharlamov. Bolchakov est le seul de *mes* Russes qui occupe encore une situation d'importance en Union soviétique. Je l'ai vu à Moscou l'année dernière à l'occasion d'un voyage d'affaires.

J'étais dans son bureau de l'agence *Novosty* et lui demandai des nouvelles de Khrouchtchev. Il me répondit que l'ancien Premier ministre vivait dans une datcha des environs de Moscou et qu'il se portait bien.

— Il est dommage que votre système gaspille ainsi les talents d'un homme comme Khrouchtchev, même après qu'il ait quitté le pouvoir, lui dis-je.

Bolchakov eut un sourire un peu triste, mais il ne répondit pas.

Au printemps de 1965, Nikita Khrouchtchev après avoir été l'un des plus puissants chefs d'État du monde était devenu une « non-personne ».

XVII

LA MARCHE DE 80 KILOMÈTRES

Comme tous les véritables sportifs, John F. Kennedy aimait par-dessus tout que les autres soient en excellente forme physique; et ce fut, ou presque, la perte de son secrétaire de presse un peu trop replet. Je me souviendrai toujours en tremblant de cette marche de 80 kilomètres qui marqua ma vie et dont parlent encore les correspondants à la Maison-Blanche sous le nom des Folies Salinger.

Tout commença pendant la première semaine de février 1963. John F. Kennedy était tombé sur une lettre que le Président Théodore Roosevelt avait écrite en 1908 au commandant du Corps des Marines. Il y suggérait que ses officiers fassent de temps en temps une marche de 80 kilomètres afin de mettre leur vigueur à l'épreuve. Et, de son côté, il inviterait quelques-uns de ses propres collaborateurs à une démonstration équivalente d'endurance.

Ceci dit, je me suis toujours défendu de manipuler les nouvelles pendant l'administration de Kennedy. Mais en la circonstance, disons-le, le Président était nettement coupable. Il envoya au commandant du Corps des Marines, le général David M. Shoup, une copie de la lettre de Théodore Roosevelt, augmentée de la note suivante :

« Pourquoi ne pas me renvoyer cette lettre comme si vous veniez de la trouver dans vos archives? Vous pourriez peut-être y ajouter que les officiers du Corps des Marines sont aujourd'hui en aussi bonne forme que ceux de 1908, et qu'ils sont prêts à le prouver? Quant à moi, je demanderai un rapport à M. Salinger sur la forme physique du personnel de la Maison-Blanche. »

Le général Shoup n'était pas homme à passer outre aux ordres de son commandant en chef. Il répondit au Président qu'un détachement des « Cous de cuir » du Camp Lejeune (Caroline du Nord) allait partir la semaine suivante pour une marche de 80 kilomètres.

John F. Kennedy me donna la lettre du commandant pour que je la communique à la presse. « J'espère que vous comprendrez, dit-il, que quelqu'un de la Maison-Blanche doit y aller aussi et accompagner les Marines. » Et tout en parlant, il regardait ma *bedaine*.

— Et pourquoi pas Ken O'Donnell? Il est toujours en grande forme.

— Non, répliqua le Président. Je penserais plutôt à quelqu'un qui aurait besoin d'exercice et qui donnerait l'exemple aux millions d'Américains qui ont besoin de faire du sport.

J'essayai une autre tactique. « Je me demande, Monsieur, s'il faut vraiment prendre Teddy Roosevelt à la lettre. Après tout, Théodore Roosevelt était à cheval et non à pied quand il a conduit les *Rough Riders* sur la colline San Juan. Et j'ai l'impression que c'est cette image que nous devons garder de lui. »

John F. Kennedy regardait toujours la boucle de ma ceinture. « Il n'y a pas d'échappatoire, Pierre, et j'ai bien l'intention de suivre à la lettre la lettre de Teddy. »

Je retournai à mon bureau tout en songeant avec angoisse à mes capacités physiques. Peu avant la Deuxième Guerre mondiale, j'avais fait partie de l'équipe des coureurs de fonds du collège de l'État de San Francisco. J'avais obtenu deux fois la dixième place. Mais le onzième coureur, sur un total de onze concurrents d'ailleurs, n'avait pas pu terminer la course parce qu'il avait des ampoules aux pieds.

Après la guerre, j'étais entré dans l'équipe de boxe de l'Université de San Francisco. L'un de mes premiers adversaires y fut un étudiant autrichien. Moi, j'étais lourd et massif; mais lui, il était gras. Je lui envoyai un magistral direct au ventre, mais malheureusement le coup rebondit et revint me frapper en plein menton. L'arbitre, enfin, me releva et nous fûmes d'accord pour penser que de tomber K. O. du premier coup sous mon propre punch suffisait pour que j'abandonne définitivement le ring dans la gloire.

Depuis cette époque, mes activités sportives se sont bornées à peu de chose : un parcours de golf, mais peu souvent et de préférence dans la voiturette électrique; une partie de tennis, mais moins souvent encore et j'abandonne alors de bon cœur à mon partenaire tout l'avant-court et les deux couloirs; un duel avec le bouchon obstiné d'une bouteille de vin; d'épuisants arpèges de Bach sur le piano; enfin, chaque semaine, des exercices de poids et haltères avec la volumineuse édition dominicale du *New York Times*.

Je mesurais 1 m 75, j'avais 37 ans et près de 90 kilos, 10 de trop. J'avais toujours une envie de fumer, de boire ou de manger. De toute évidence, je ne représentais *absolument pas* le style de la « Nouvelle Frontière. » Et pourtant, je n'avais pas le choix. Si le Président m'envoyait réellement au Camp Lejeune, il fallait que je m'entraîne sans tarder. J'avais rendez-vous, ce jour-là, pour déjeuner, à l'Hôtel Hay Adams qui se trouvait à un pâté de maisons environ de la Maison-Blanche. Je décidai de faire à pied l'aller-retour.

Quand je revins, j'avais les pieds endoloris, et j'allais immédiatement faire mon rapport au Président.

— Essayez encore demain, dit-il, et tenez-moi au courant.

— Si vous le permettez, monsieur le Président, répliquai-je, je désirerais qu'on raye mon nom de la liste des volontaires.

— Vous êtes le seul ici, répondit-il, qui ayez montré un peu d'intérêt pour la marche en plein air. Persévérez, et vous aurez des chances d'y arriver.

Je revins chez moi ce soir-là les jambes et le cœur lourds. Mais le salut me vint — du moins je le crus un instant — le matin suivant, du général d'aviation Godfrey T. McHugh, qui était membre de l'État-Major particulier du Président. La veille, au cours d'une soirée, il avait déclaré devant un journaliste du *Washington Post* que ce serait « formidablement amusant de faire une marche de 80 kilomètres tous les jours ».

J'étais convaincu sans le moindre doute que McHugh était en excellente forme physique. C'était un beau célibataire, très répandu dans le monde et, pas plus tard que l'année dernière, à l'âge de 51 ans, il avait obtenu le diplôme de l'École de parachutistes de Fort Benning en même temps que les jeunes recrues.

J'entrai littéralement en courant dans le bureau du Président pour lui raconter l'histoire du *Washington Post.* « S'il existe un volontaire quelque part, dis-je, alors, c'est McHugh!

— D'accord, dit John F. Kennedy. Vous voilà tiré d'affaire. Vous pouvez dire à la presse que McHugh est notre homme. Mais avant, prévenez-le. »

McHugh n'était heureusement pas dans son bureau. Je ne perdis guère de temps à le chercher et, trois minutes après ma conversation avec le Président, je rédigeai pour la presse le communiqué suivant :

« Le Président a pris note avec intérêt ce matin de l'article du *Washington Post.* Le service du général McHugh a été informé de ce que le Président le trouvait tout désigné pour aller au Camp Lejeune s'il le désirait afin de participer à la marche. »

McHugh ne tarda pas à se manifester. « Le *Washington Post* a mal interprété mes paroles, déclara-t-il. Je ne suis pas volontaire et je soupçonne M. Salinger de n'obéir qu'à son propre intérêt personnel en annonçant que je le suis. J'ai parlé au Président qui a accepté mes explications. Je n'irai pas au Camp Lejeune. »

Je me trouvais de nouveau devant un péril imminent et il ne me restait plus qu'à reprendre l'offensive. J'impliquai McHugh dans une controverse inventée de toutes pièces avec le général de l'armée de terre et conseiller militaire du Président, Chester T. Clifton. Celui-ci était, par une chance inespérée, hors de la ville ce jour-là. Je déclarai à un journaliste de l'UPI, en lui demandant de ne pas me citer, que Clifton était outré de ce que McHugh, qui était aviateur, se soit porté volontaire pour la marche, usurpant ainsi les attributions de fantassin. J'ajoutai que Clifton était sûr et certain de battre McHugh sept jours sur sept à la marche.

J'étais allé trop loin. Maintenant que l'honneur de l'aviation était en jeu, McHugh, à son tour, lança un communiqué. Il acceptait le défi de Clifton et proposait d'organiser une marche de 80 kilomètres, à laquelle ne pourraient prendre part que les membres du personnel de la Maison-Blanche. Les marcheurs, outre Clifton et lui-même, seraient « le capitaine de marine Tazewell T. Shepard, membre de l'État-Major particulier du Président, et le secrétaire de presse Pierre Salinger. Je laisse à M. Salinger le plaisir de choisir l'itinéraire — et de nous suivre s'il en est capable ».

Je passai le reste de la journée à essayer de me remettre de la sauvagerie de cette contre-attaque. Et, le lendemain matin, j'allais, frais et dispos, voir le Président dans l'espoir d'en obtenir la grâce. Mais John F. Kennedy ne ressentait pour moi aucune sympathie.

— J'aurais dû vous dire, déclara-t-il, qu'un civil qui se mêle d'affaires militaires n'a aucune chance de s'en sortir. Vous avez été débordé par l'ennemi. Il faut en prendre votre parti.

— Monsieur le Président, si je prenais le train et si je marchais de long en large dans le couloir pendant qu'il parcourt 80 kilomètres, ne pourrais-je pas dire que j'ai fait 80 kilomètres?

— Impossible, répondit-il. Et franchement, je ne comprends pas ce qui vous tracasse. McHugh a 50 ans passés, alors que vous n'en avez même pas 40. Vous devriez être capable de faire au moins aussi bien que lui.

— Mais lui, il est mince, tandis que moi j'ai 20 livres de trop.

— Vous les aurez perdues au retour.

J'avais donc reçu ma feuille de route. Je fis savoir aux journalistes que « le moment était venu pour le secrétaire de presse de montrer sa forme physique ». Le départ de la marche aurait lieu le vendredi 15 février, à sept heures du matin. Elle suivrait le chemin de halage du canal de l'Ohio au Chesapeake, qui longe le Potomac. (C'est parce qu'il était aisément accessible aux ambulances et autres équipements de secours que je jetai mon dévolu sur le chemin de halage du canal, et parce que je comptais fort sur le repos de la fin de semaine pour me remettre de mes efforts, que je choisis le vendredi.)

Aussitôt, ou presque, McHugh déclencha la guerre des nerfs. Il se mit à arpenter hardiment l'allée sous les fenêtres de mon bureau à la Maison-Blanche, répétant devant les caméras de la télévision l'allure impitoyable qu'il entendait bien imposer. Le seul fait de jeter des coups d'œils sur cette scène m'épuisait.

Les journalistes de la Maison-Blanche, que je croyais mes amis, adoptèrent à mon égard une attitude tout aussi cruelle... Pendant toute la journée, ils défilèrent dans mon bureau, porteurs de cadeaux (et de malice) : une paire de béquilles, un compas, des emplâtres pour les cors aux pieds, des bouteilles de liniment, de l'alcool pour les frictions, un compte-pas et des attelles.

Je revins à la charge lors de ma conférence de presse de l'après-midi. Je déclarai qu'aucun reportage ne saurait être valable s'il ne couvrait pas la marche sur toute sa longueur. J'attendais donc de tous les journalistes de la Maison-Blanche qu'ils nous accompagnent du début jusqu'à la fin. « Quand je marche, tout le monde marche. »

Certains journalistes, qui étaient pourtant d'anciens combattants, qui avaient connu les épreuves de la guerre pâlirent devant cette perspective.

— Pierre, ne croyez-vous pas que cette escalade de surenchères pourrait nous conduire vers un réel danger?

— Je pense que tout est possible.

— Monsieur le secrétaire de presse, puis-je vous poser une question personnelle? Quelle distance avez-vous parcourue pour aller déjeuner aujourd'hui?

— Je suis allé au Jockey-Club — en voiture.

— Je suis fatigué, rien qu'à vous entendre, dit un des journalistes.

— Pierre, pendant la guerre civile, vous auriez pu acheter un volontaire pour vous remplacer.

— Je ne peux permettre cela. Nous sommes tous engagés jusqu'au cou.

— Pourrez-vous vous procurer quelques-uns de ces chiens Saint-Bernard qui portent des gourdes d'alcool autour de leur cou?

— Austérité, telle sera notre devise.

— A votre avis, combien de temps durera la marche?

— Au moins trois jours.

Mais cette dernière réponse ne pouvait être livrée au public.

C'est sur la marine que je remportais ma deuxième victoire de la journée. Le capitaine Shepard avait déclaré qu'un marin ne pouvait, en aucun cas, se permettre de parcourir à pied 80 kilomètres alors qu'une voie parallèle était navigable. « J'ai l'intention, avait-il dit, de me laisser dériver sur le canal pendant 80 kilomètres dans une barque. » J'eus alors le plaisir de lui apprendre que le canal était, pour ainsi dire, à sec depuis des années et qu'il lui faudrait donc marcher à pied comme tout le monde.

Plus de cinquante journalistes se déclarèrent prêts à suivre la marche — la plupart d'entre eux, sur l'ordre de leur directeur. Et les seuls véritables volontaires furent douze sténographes de la Maison-Blanche. Je leur fis observer que cette affaire était une affaire d'hommes, mais qu'on pouvait les employer comme chauffeurs d'ambulance ou comme infirmières dans les postes de secours de première urgence, le long de la route.

Je rentrai chez moi ce soir-là un peu plus rassuré. Nombre de journalistes qui devaient marcher de concert avec moi avaient la cinquantaine, sinon la soixantaine; de l'effort physique, ils ne connaissaient guère plus que celui qui consiste à battre les cartes au gin-rumming. Je ne pouvais certes pas me mesurer à McHugh, mais avec de tels concurrents, je n'arriverais certainement pas bon dernier.

C'était même avec un certain entrain que je considérais, ce samedi-là, cinq jours avant le considérable événement, la trotte que je projetais pour le lendemain.

Et le lendemain, je me levai à l'aube et pris un copieux petit déjeuner auquel j'ajoutai trois cognacs pour mieux lutter contre le froid de l'hiver. Puis j'entraînai une petite troupe jusqu'aux bords du lac Barcroft, aux pieds de la colline. Mon commandant en second était un ancien Marine, le colonel en retraite Freeman Wikkiams, mon voisin, qui devait m'apprendre le pas cadencé militaire. Ma femme et trois enfants constituaient le reste de la troupe. L'unique observateur était Jack Perkins, correspondant de la N. B. C. (Je regrette encore que Jack Perkins ait jugé nécessaire de signaler que ce fut ma femme que j'envoyai en éclaireur — alors que nous devions traverser la surface gelée du lac — éprouver la solidité de la glace.)

Le pourtour du lac mesurait entre 8 et 10 kilomètres que nous couvrîmes en un peu moins de deux heures. Comme bien l'on pense, j'étais plus qu'un peu fier de moi sur le chemin du retour. Mais de mauvaises nouvelles nous attendaient en chemin.

Ce même dimanche, le ministre de la Justice Bob Kennedy était parti de

Washington pour une marche de 80 kilomètres en direction du Camp David, la résidence du Président dans le Maryland. Le vigoureux Ed Guthman, son assistant chargé de l'Information et David Hackett, directeur exécutif de la Commission présidentielle de la délinquance juvénile et de la jeunesse, étaient ses compagnons de route. Dans sa jeunesse, Hacket avait participé aux championnats olympiques de hockey sur glace.

Quand j'appris le soir en écoutant les informations que seul Bob Kennedy avait pu couvrir la distance, je n'en crus pas mes oreilles. Guthman et Hackett qui étaient, et de loin, en meilleure forme que moi, avaient abandonné au bout de 27 kilomètres.

Mon moral fut encore plus ébranlé par Art Buchwald, le chroniqueur du *New York Herald Tribune*, que par une sinistre dépêche de l'UPI.

Buchwald, dont le tour de taille était encore plus important que le mien, prédisait platement que je ne survivrais pas à la marche et que je passerais à la postérité comme le martyr de tous les hommes gros. Il désirait partager mon sort et parcourir avec moi les 80 kilomètres, mais dans une voiture à cheval et avec du poulet froid et du champagne dans son panier à provisions.

L'UPI, quant à elle, me rappelait l'aventure de Pheidippides, ce gentleman d'Athènes qui inaugura le marathon en courant chercher l'aide des Spartiates pour lutter contre l'invasion de la Grèce par les Perses, en 490 avant Jésus-Christ. « Après la victoire, continuait l'UPI, Pheidippides, portant la nouvelle, parcourut d'une traite les 42 kilomètres qui le séparaient d'Athènes. « Réjouissons-nous, nous avons gagné! » s'écria-t-il, avant de tomber raide mort. »

J'essayai de faire bonne contenance à ma première conférence de presse de la journée. Merriman Smith, de l'UPI, me posa la première question.

— Maintenant que Bob Kennedy et d'autres volontaires font officiellement partie de la marche, pensez-vous que votre présence soit encore nécessaire?

— Posez-vous la question d'un point de vue personnel?

— Oui.

— Avez-vous été chargé du reportage?

— Pas encore. Mais si cette marche est obligatoire, ne seriez-vous pas amené à dire qu'au-delà d'un certain âge, disons cinquante ans, personne ne pourrait participer à la marche?

— Et que penseriez-vous d'une limite d'âge de trente-cinq ans? répliquai-je.

— Nous serions tous d'accord.

Je parlai alors aux journalistes de ma promenade autour du lac Barcroft.

— Quelle distance avez-vous parcourue?

— Dix kilomètres.

— Aviez-vous une unité de soutien?

— Non.

— Avez-vous fait le tour du lac ou le tour de vos amis qui habitaient par là?

— Je rejette cette insinuation offensante.

Les journalistes quittèrent mon bureau et je pris bientôt l'une des décisions les plus avisées de ma vie. Le temps pressait. La marche des Marines du Camp Lejeune devait prendre le départ le lendemain matin. Si une retraite stratégique était encore possible, je devais le faire maintenant ou jamais.

J'entrai dans le bureau du Président.

— Monsieur le Président, hier, j'ai fait le tour du lac Barcroft. Le soir, je me sentais très bien, mais ce matin, je suis fiévreux et courbatu. Si vous avez besoin de moi aujourd'hui, je serai sûrement au dispensaire de la Maison-Blanche.

John F. Kennedy plissa les yeux.

— Qu'essayez-vous de me dire là?

— J'essaie de vous dire, monsieur le Président, que je ne peux pas marcher pendant 80 kilomètres. Vous misez sur un cheval qui part perdant.

— Vous en êtes sûr?

— J'en suis sûr.

Il sourit d'un air narquois. « Bon. Si vous ne pouvez pas marcher, vous ne pouvez pas marcher. Mais alors, il faut que vous ayez une bonne raison pour cela.

— J'en chercherai une, monsieur le Président.

— J'en suis persuadé. Mais il faudra qu'elle soit convaincante. Sinon, vous marcherez.

Je passai le reste de la journée à imaginer une histoire qui me tirerait d'affaire et me permettrait de sauver la face : la nouvelle d'une crise de l'OTAN requérant ma présence immédiate à Paris; des conditions atmosphériques très menaçantes; une invitation, que j'avais oubliée, à prendre la parole devant le Manila Press Club.

— Désolé, dit le Président, il faut trouver mieux que cela.

Une idée de génie me vint alors à l'esprit le lendemain matin. C'était simple, logique et presque honnête.

J'appelai au téléphone Dick Snider, administrateur du Conseil présidentiel de la Santé.

— Nous pensons à la Maison-Blanche, dis-je, que cette histoire de marche commence à nous dépasser. Ne croyez-vous pas que des gens, qui ont le cœur malade ou qui souffrent d'autres infirmités risquent de mettre en péril leur état de santé en marchant pendant des kilomètres au-delà de leurs possibilités?

— Il y a du vrai dans ce que vous dites, répliqua-t-il.

— Dans ce cas, continuai-je, ne serait-il pas de l'intérêt national que le Conseil présidentiel de la Santé publie un communiqué qui mette les gens inaptes en garde contre de telles marches?

Il y eut au bout du fil un long silence.

— Pierre, parlez-vous en votre nom personnel ou au nom du Président?

— Je parle en mon propre nom, mais je peux vous assurer que le Président est on ne peut mieux au courant de l'intérêt que je porte à cette affaire.

— Très bien, répondit Snider. Nous y réfléchirons et nous sortirons une déclaration en temps voulu.

— Le temps voulu, c'est immédiatement, dis-je. J'ai justement sous les yeux une déclaration à propos de ce communiqué. Je peux vous la dicter au téléphone.

— Non, répliqua-t-il. Nous sommes tout à fait capables d'écrire nos propres communiqués. Quand le voulez-vous?

— Dans une heure, si c'est possible.

— Comptez sur nous.

Le Conseil publia son communiqué à onze heures et je suivis ses recommandations à midi.

Je rédigeai à mon tour, avec l'aide de Ted Sorensen, un communiqué annulant la marche et j'allai, l'esprit en repos pour la première fois de la semaine, à ma conférence de presse de midi. La première question qu'on me posa me donna l'occasion que je cherchais.

— Monsieur le secrétaire, toute la publicité autour de la marche que le *Baltimore Sun* n'a pas hésité à appeler la Folie Salinger, s'est terminée ce matin par un communiqué du Conseil présidentiel de la Santé. Il déclare que si les marches de 80 kilomètres sont fort indiquées pour les Marines, il n'en est pas de même pour les citoyens ordinaires dont les activités physiques doivent correspondre aux possibilités physiques. Nous vous soupçonnons d'avoir écrit vous-même ce communiqué.

R. : Je rejette cette accusation.

Q. : D'après le Conseil, ceux qui n'ont pas l'habitude de marcher et de s'entraîner régulièrement doivent le faire graduellement et avec modération.

Nous connaissons tous l'ardeur que vous mettez à prouver votre résistance physique. Pourtant, certains parmi nous se demandent si la générosité que vous montrez à notre égard, en nous évitant d'user le peu de résistance physique dont nous disposons le long du canal de l'Ohio, ne serait pas plutôt l'expression d'un exercice moins ambitieux et mieux approprié aux circonstances — tel celui qui consisterait à sortir du pétrin où tout cela vous a mis.

R. : Voilà une longue question qui mérite une réponse.

Q. : Avez-vous également écrit cette question?

R. : Puis-je faire ma déclaration, je vous prie? Dans le communiqué qu'il a publié ce matin, le Conseil présidentiel, tout en approuvant ceux qui, dans le pays, veulent marcher pendant 80 kilomètres et en ont les capacités, met en garde contre ce genre d'exploit ceux qui ne sont pas en bonne forme physique. Ma forme n'est pas bonne.

Q. : Parlez-vous de votre forme physique ou de vos proportions?

R. : Puis-je en terminer avec ma déclaration? Quoique certains aient pu à première vue interpréter différemment le communiqué du Conseil présidentiel, je l'ai quant à moi parfaitement compris...

Q. : Cela veut-il dire que vous renonciez?

R. : ...c'est ainsi que, samedi dernier, j'ai parcouru 10 kilomètres...

Q. : Vous avez baissé d'un demi-kilomètre.

R. : ... Depuis ce temps, j'ai peu marché, sauf pour aller au dispensaire de la Maison-Blanche, bien que ce genre d'excursion nécessite l'usage d'un ascenseur. Il me semble d'autre part que le ministre de la Justice a largement prouvé la bonne forme physique des membres de l'administration.

Q. : Quand il marche, il marche pour tout le monde.

R. : En faire autant serait inutile et pourrait être désastreux. Par conséquent, j'ai annulé la marche projetée. Je ne manque pas de cran, mais je ne suis pas stupide.

Q. : Très bien! Très bien!

R. : Je n'ai pas seulement suivi les avis autorisés de nombreux médecins, mais aussi la compassion que j'éprouve pour les membres de la presse qui auraient dû s'engager dans cette entreprise. Et tandis que certains d'entre eux ont juré de me suivre jusqu'au dernier kilomètre, je ne suis pas sûr que tous auraient pu faire le premier kilomètre. J'espère que ma décision ne découragera pas ceux qui désireraient prouver qu'ils sont en meilleure forme que moi. Car ils le sont. Je remercie les nombreux citoyens qui ont pris le temps de me télégraphier ou de m'écrire pour m'assurer de leur soutien. Je remercie M. Art Buchwald du *New York Herald Tribune* d'avoir parlé avec tant d'éloquence et de façon tellement émouvante du rôle de l'homme gros dans notre société. La signification profonde du message du Conseil présidentiel aux hommes corpulents est la suivante : la modération devrait être la règle en toute chose, y compris en ce qui concerne l'exercice physique. J'ai entendu ce message. J'ai l'intention de le prendre au sérieux et d'améliorer graduellement le rythme de mes pas et, qui sait, dans un an peut-être...? Voici la fin de ma déclaration, je suis hors d'haleine.

Q. : Le Président a-t-il approuvé cette déclaration?

R. : Eh bien il n'en a pas pris connaissance sous cette forme. Mais je lui ai dit que j'allais en faire une.

Q. : Le Président est-il satisfait de votre décision et vous gardera-t-il comme secrétaire de presse?

R. : Il n'en a pas parlé.

Q. : Votre déclaration engage-t-elle également les militaires?

R. : Ma déclaration n'engage que moi.

Q. : Ce que vous avez dit implique-t-il que le *New York Herald Tribune* est lu maintenant à la Maison-Blanche?

R. : Nous avons toujours lu ici les articles de M. Art Buchwald.

Merriman Smith, parlant au nom de ses collègues, trouva le mot de la fin.

— Merci, monsieur le secrétaire, et à tous les points de vue.

Pendant la semaine suivante, je reçus des milliers de lettres et de télégrammes signés d'hommes gros me félicitant de ma décision. Je reçus également de Jersey City une invitation à défiler, pendant la fête de saint Patrick, au milieu de la fanfare. Je refusai pour des raisons d'origine familiale [1], mais je fis savoir que j'étais libre pour le 14 juillet.

Le commandant Shoup de la marine m'envoya une copie du calendrier que le Président Kennedy avait offert aux membres du gouvernement après la crise des fusées à Cuba. Mais celui-là était du mois de février 1963 et, d'après la dédicace, les jours à marquer d'une croix étaient « ces jours mémorables pendant lesquels M. Salinger s'entraîna à la marche, et le noir jeudi de sa capitulation... On peut trouver de meilleurs marcheurs que vous, mais votre jeu de jambes a été superbe ».

Le Président ne formula qu'une seule critique : « Vous avez laissé à McHugh l'occasion de s'en sortir, alors que d'après moi il aurait pu marcher pendant 80 kilomètres. »

Mais c'est Carleton Kent, du *Chicago Sun-Times* qui plaça l'événement dans sa véritable perspective historique :

— Dieu merci, le secrétaire de presse est un lâche.

1. Saint Patrick est la fête des Irlandais et l'auteur est d'origine française. *(N. d. T.)*

XVIII

ŒIL POUR ŒIL

Le Président était d'humeur morose ce mardi matin, 16 octobre 1962.

Quand j'entrai dans son bureau pour mettre au point avec lui les communiqués de routine à la presse, je ne fus accueilli par aucun sourire, pas même par la question rituelle : « Quoi de neuf? » Je pensai que la décision que son hôte de la veille, le Premier ministre algérien Ben Bella, avait prise de partir directement à La Havane après son séjour aux États-Unis, était la cause de son mécontentement : John F. Kennedy jugeait que Ben Bella n'avait pas le droit d'accepter une invitation officielle de Washington, puis d'en profiter pour faire une visite au chef d'un État hostile. Qui plus est, le Premier ministre algérien et Fidel Castro avaient signé ensemble un communiqué demandant l'évacuation de nos forces de Guantanamo.

Le Président était assis à son bureau et se tapotait impatiemment les dents du bout de ses doigts, tandis que je feuilletai le programme de la matinée : le discours qu'il devait faire pour la Semaine du Centre national de la Culture; le rendez-vous qu'il avait pris avec la Commission du Tricentenaire de la Caroline du Nord; le dîner, enfin, que donnait la Maison-Blanche en l'honneur du prince héritier de Libye, Hassan al-Rida al-Senussi, et la liste des invités.

Il m'interrompit tout à coup.

— Je n'ai pas le temps d'écouter le reste. Mais vous pouvez ajouter sur la liste que je verrai Gromyko demain jeudi.

Le ministre soviétique des Affaires Étrangères était à New York pour assister à une réunion du Conseil de Sécurité de l'O. N. U. et on s'était demandé s'il viendrait faire une visite au Président avant son retour à Moscou.

Je fis valoir que les journalistes désireraient sûrement connaître les motifs de sa visite.

— Je ne sais pas ce qu'il veut, répliqua John F. Kennedy. C'est lui qui a demandé à me voir. » Il se leva. « Autre chose encore, j'attends beaucoup de gens cette semaine : Rush, McNamara, Stevenson, les chefs d'état-major. Si la presse veut tirer de tout cela une signification quelconque, vous répondrez qu'il ne se passe rien de spécial. »

Je n'insistai pas. Quand le Président jugerait bon de m'expliquer, il le ferait.

Le jour suivant, mercredi, je pris l'avion avec lui pour le Connecticut. Il devait, à l'approche des élections, parler à Waterbury, Stratford et New Haven en faveur des candidats démocrates. Parmi eux se trouvait Abraham Ribicoff, ancien secrétaire à la Santé, à l'Éducation et aux Affaires sociales, qui avait démissionné de son poste pour se faire élire au Sénat. Quand le Président parla à New Haven, il fut la cible des huées et des railleries de l'assistance, composée en majorité d'étudiants républicains de Yale. Il le prit avec bonne humeur.

Nous fûmes de retour à Washington à minuit. Les deux jours suivants, les plus hautes personnalités du gouvernement vinrent voir le Président : le Vice-Président Johnson, le Secrétaire d'État Rusk, l'ambassadeur à l'O. N. U. Stevenson, le Secrétaire à la Défense McNamara, le ministre de la Justice Robert Kennedy, le Secrétaire au Trésor Dillon, le directeur de la CIA McCone, l'ancien ambassadeur à Moscou Llewellyn Thompson, l'expert soviétique du Département d'État Chip Bohlen et le général Maxwell Taylor, le nouveau président du Comité des chefs d'états-majors.

Un certain nombre de sous-secrétaires, de secrétaires adjoints et de délégués des Départements d'État et de la Défense assistaient également à ces conférences secrètes, de même que McGeorge Bundy, Ken O'Donnell et Ted Sorensen, conseillers particuliers du Président. (Ces réunions de hautes personnalités et des conseillers du Président devaient plus tard être connues sous le nom d'EXCOM — ou Commission du Conseil exécutif de la Sécurité nationale — et encore, en termes plus directs, de « réservoir à penser » ou de « conseil de guerre. »)

Depuis la baie des Cochons, dix-huit mois plus tôt, il n'y avait pas eu une telle assemblée de gros bonnets à la Maison-Blanche. Malgré la crise internationale qui, indiscutablement, se préparait, le Président n'annula aucun de ses déplacements politiques de fin de semaine, de l'Ohio à l'Illinois, du Missouri au Nouveau-Mexique, du Nevada à la Californie, et même, sans raison politique toutefois, à la Foire internationale de Seattle.

Nous partîmes vendredi matin. L'hélicoptère, qui devait nous déposer à la base Andrews de l'*Air Force* où nous attendait le jet du Président, dut attendre quarante-cinq minutes sur la pelouse de la Maison-Blanche, tandis que John F. Kennedy en terminait rapidement, dans son bureau, avec une réunion de l'EXCOM. Sur la place de Cleveland, à Springfiels, où il parla sur le champ de foire et où il déposa une couronne sur la tombe de Lincoln, il fut accueilli par une foule énorme.

Il faisait nuit et une pluie fine tombait sur la ville quand *Air Force One* atterrit sur l'aéroport international d'O'Hare, à Chicago. Malgré les succès de la journée — et il était vital que les prochaines élections lui fournissent, au Congrès, une majorité plus importante — John F. Kennedy montra un visage morose pendant le voyage de l'aéroport à notre hôtel, le Sheraton-Blackstone. Un piquet de manifestants anticastristes, portant des pancartes : MOINS DE PORTRAITS — PLUS DE COURAGE [1], ne fit rien pour améliorer son humeur.

J'étais à peine depuis une minute dans ma chambre, que je reçus un coup de téléphone de Washington. Richard Phillips, adjoint de Bob Manning, le Secrétaire d'État adjoint pour les Affaires publiques, m'appelait. Il me dit que les journalistes Robert S. Allen et Paul Scott étaient prêts à publier que nous étions sur le point d'envahir Cuba, et qu'il fallait en avertir le Président. Je venais de raccrocher, quand le téléphone sonna à nouveau et j'eus, au bout du fil, Carleton V. Kent, du *Chicago Sun-Times*.

— Pierre, nous savons de bonne source que le 18e régiment de parachutistes est paré pour sauter au-dessus de Cuba. Je voudrais un commentaire de la Maison-Blanche.

Je répondis que j'examinerais la question et je raccrochai. Deux appels en si peu de temps, de deux points opposés du pays, portant tous deux sur l'imminence d'une attaque contre Cuba, c'était trop pour être une coïncidence.

Je montai chez le Président. Quand les agents du Service Secret me firent entrer dans son appartement, je le vis debout, en robe de chambre, qui téléphonait à Washington. O'Donnell se trouvait près de lui. Quand il raccrocha, son visage était tendu. Je lui rapportai les coups de fils de Phillips et de Kent.

— Rappelez Kent tout de suite, dit-il, et dites-lui qu'il se trompe. Nous n'avons pas l'intention d'envahir Cuba. Puis, s'adressant à O'Donnell : « Appelez McNamara et dites-lui d'envoyer promener Allen et Scott. »

Kent accepta le démenti sans faire de commentaires, mais il était manifestement sceptique. J'appelai ensuite Art Sylvester au Pentagone pour le mettre au courant de la réponse officielle du Président aux bruits qui couraient.

1. Allusion au livre écrit par John F. Kennedy : *Portraits d'hommes courageux*. (*N. d. T.*)

— Peut-être ne sommes-nous pas sur le point d'envahir Cuba, dit-il, mais quelque chose de gros se prépare.

Je décidai de faire un saut pour voir O'Donnell qui, je le savais, avait assisté pendant toute la semaine aux conférences secrètes de la Maison-Blanche. Le Président venait de partir pour assister à un dîner, place McCormick, à cinq cents francs le couvert, au profit du parti démocrate, et Ken était seul dans l'appartement présidentiel.

— Il faut me mettre dans le jeu en vitesse, lui dis-je, je vais à l'aventure avec la presse.

— Tout ce que je peux vous dire, déclara-t-il, c'est que le Président pourrait fort bien prendre froid demain, au cours de ses déplacements. Et si cela arrivait, nous annulerions le reste du voyage et nous retournerions à Washington.

Il me regarda d'un air à la fois impassible et rébarbatif.

— A votre place, ajouta-t-il, j'éviterais de voir les journalistes ce soir. A condition, évidemment, que vous sachiez où vous cacher.

Cela ne m'était guère possible. Je devais dîner au Pump Room, avec des amis du *Sun-Times* et, Carleton Kent, je l'ai déjà dit, était à proprement parler sur mes talons. Si je n'y allais pas, je ne ferais qu'éveiller les soupçons; O'Donnell fut de mon avis.

Malgré l'atmosphère de plus en plus tendue, je passais une excellente soirée en compagnie de Larry Fanning, directeur du *Sun-Times*, de Dick Trezevant, rédacteur de l'édition du dimanche du *Sunday*, du caricaturiste Bill Mauldin et du journaliste Irv Kupcinet. Le bifteck et le vin me parurent du meilleur goût. Mais Kupcinet, au digestif, me ramena à la réalité.

— Que devient votre approvisionnement en cigares de La Havane, Pierre?

— Je n'ai pas pu en trouver un seul depuis plusieurs mois.

— Telles que les choses se présentent, dit-il, vous feriez mieux de vous servir des produits nationaux.

Le matin suivant, un samedi, je retrouvai la presse à neuf heures quinze, pour exposer l'emploi du temps du Président pour la journée : une série de discours en plein air à Chicago et à Saint-Louis, avant de prendre l'avion pour Albuquerque dans le Nouveau-Mexique. Au milieu de ma conférence de presse, Carroll Linkins, qui nous représentait auprès de la Compagnie des télégrammes Western Union, vint vers moi et me chuchota à l'oreille que le Président désirait me voir immédiatement.

Je trouvai John F. Kennedy dans son appartement, en pyjama, non rasé. Il était en compagnie d'O'Donnell, de Dave Powers et du contre-amiral

George G. Burkley, le médecin de la Maison-Blanche. Le Président joua parfaitement son rôle.

— J'ai de la fièvre, je suis malade, me dit-il. Vous feriez bien de redescendre et de dire aux journalistes que je retourne à Washington sur l'avis du Dr Burkley. Et comme j'atteignais déjà la porte : « Attendez un peu. Mettons-nous tous d'accord pour dire la même chose. »

Il arracha alors une feuille du papier à lettre du Sheraton-Balckstone et écrivit : « 38°4 de température. Infection des voies respiratoires supérieures. Le médecin dit qu'il doit retourner à Washington. »

Il me tendit la feuille. « Dites-leur cela. »

Je dus rappeler les journalistes qui avaient déjà repris place dans les autobus de presse. Je leur lus le « bulletin de santé ». Ils ne posèrent aucune question, mais plus d'un dut penser qu'il y avait derrière ce retour à Washington une raison bigrement plus lourde de conséquences qu'une simple indisposition.

A onze heures ce même matin, nous étions dans l'avion. Pendant le vol, je me trouvai seul un instant avec le Président dans son compartiment privé.

— Monsieur le Président, vous n'êtes pas malade, n'est-ce pas?

— C'est pis que cela.

— Alors, il y a autre chose?

Sa réponse, que je ne voudrais pas reproduire, me fit frissonner.

A treize heures trente, nous étions à la Maison-Blanche. Nous venions de descendre de l'hélicoptère et John F. Kennedy me prit par le bras.

— Resterez-vous par ici? Je hochai la tête affirmativement.

Après une autre conférence de presse sur l'état de santé du Président, je renvoyais mes assistants chez eux afin de donner l'impression d'un samedi comme les autres. Mais mon emploi du temps ce 20 octobre rend compte de l'allure frénétique que prirent les rumeurs et les événements ce jour-là.

14 h 15 : Un appel du *Virginia News Pilot* faisant état d'une intense activité à la base navale de Norfolk. Pouvait-on mettre ce fait en relation avec le retour du Président à Washington? Je répondis : « Non. »

14 h 30 : Bob Kennedy, McNamara, McCone, le général Taylor et Edward McDermott, du Bureau du Plan d'urgence, se glissèrent dans la Maison-Blanche, par une porte latérale, pour conférer avec le Président. (D'autres vinrent encore, du Département d'État, du Département de la Défense, de la Maison-Blanche elle-même; mais cela, je ne le sus que plus tard.)

14 h 35 : Un appel de l'AP, faisant état d'un large mouvement des Marines,

de la Californie à la Floride. « Ce mouvement de troupes fait peut-être partie des manœuvres de Vieques », répliquai-je. (La semaine suivante, des unités amphibies de Marines devaient effectuer des opérations de débarquement sur l'île de Vieques, à l'est des côtes de Porto Rico. Il ne s'agissait nullement d'une opération de digression. Et des correspondants militaires du Pentagone devaient y assister.)

14 h 45 : Un appel de David Wise, du *New York Herald Tribune*. Le Secrétaire d'État Rusk annule tous les engagements politiques qu'il avait pris pour la semaine prochaine. Qu'est-ce que cela voulait dire? Je répondis honnêtement : « Je ne sais pas. »

15 heures : Mac Kilduff, qui était à l'affût des nouvelles dans la Salle des Communications, m'apprend que le deuxième bureau a relevé la présence d'une concentration d'avions militaires russes à Cuba, parmi lesquels des bombardiers *Ilyouchine-28* pouvant déclencher une attaque nucléaire.

15 h 10 : Un appel du *Washington Post :* le Vice-Président Johnson abrège une tournée de banquets politiques aux îles Hawaii pour des raisons de santé et revient à Washington. Épidémie de grippe ou coïncidence? « Sans commentaires. »

15 h 45 : Un appel de Charles von Fremd, de la CBS, convaincu qu'une crise grave se prépare. Devait-il annuler ses engagements de la soirée? Je répondis : « Non. »

16 heures : Un appel de Sylvester, de la Défense; le Pentagone annule les manœuvres de Vieques, mais désire que la presse l'ignore le plus longtemps possible.

17 h 30 : La réunion de l'EXCOM se termine. O'Donnell me dit que le Président me renvoie chez moi, mais qu'il me demande de rester près du téléphone.

21 h 38 : Le Président m'appelle chez moi. Je lui rapporte toutes les questions qu'on m'a posées sur Cuba, et lui rappelle que je suis toujours dans l'ignorance de tout. « Vous avez de la chance », répond-il. Et il me demanda de lui téléphoner si je recevais d'autres appels des journalistes.

22 h 08 : Un appel d'Eddie Folliard, du *Washington Post;* il me rapporte que Walter Lippmann vient de dire au directeur du *Post*, Al Friendly, à une soirée chez des amis, que nous étions à deux doigts de la guerre. J'appelle le Président. « Cette ville est une vraie passoire. » Puis, après une pause : « Pierre, d'après vous, combien de temps pouvons-nous tenir encore sans rien dire?

— Quelle que soit la chose dont il s'agit, répliquai-je, il y a trop de bons journalistes sur cette affaire pour que cela dure encore longtemps. D'après moi, cette nuit encore; et peut-être, demain.

— D'accord, Pierre. Bundy vous mettra au courant de toute l'affaire dans la matinée. »

Je trouvai Bundy le lendemain matin, à neuf heures, dans la Salle des Communications. Des gardes étaient postés devant la porte; d'énormes cartes de Cuba, au milieu de la mer des Caraïbes, recouvraient les murs, et on entendait le tacatac continuel des télétypes.

Mac ne mâcha pas ses mots. Il me dit que nous étions, à proprement parler, au bord de la guerre nucléaire, que nous avions la preuve irréfutable de la présence de fusées offensives russes à Cuba — fusées qui pouvaient détruire Washington, New York et d'autres villes importantes du Sud et de l'Est des États-Unis.

— Ces missiles ne sont pas encore opérationnels, déclara Bundy, mais c'est une question de jours. Nous ferons tout ce que nous devons faire pour les obliger à retirer les fusées avant qu'une telle chose arrive — et probablement établirons-nous le blocus de Cuba. Le Président prendra sa décision aujourd'hui, et, demain, il l'annoncera à la télévision nationale.

Bundy ajouta que ce serait alors à Khrouchtchev à pousser le pion suivant. « Et franchement, nous ne savons pas ce qu'il peut faire. »

Bundy m'apprit ensuite que les preuves consistaient en des photographies aériennes où l'on pouvait clairement voir les rampes de lancement et les fusées. Il me donna aussi la chronologie des événements qui poussèrent le Président à brusquer son retour à Washington.

Au début du mois de septembre, sur l'ordre personnel de John F. Kennedy, nos avions *U-2* avaient photographié le sol cubain centimètre par centimètre [1]. On ne trouvait, sur ces photographies, absolument aucun signe d'activité inhabituelle et cela, en dépit des affirmations du sénateur républicain de New York, Kenneth B. Keating que les Russes avaient dès à présent installé des fusées à Cuba. Il ne pouvait évidemment fournir de preuves justifiant sa « conviction » aux yeux de son propre gouvernement. (Keating, certes, se trompait. Aucune de ces armes ne se trouvait sur l'île à l'époque. Mais quel que fût le bien-fondé de sa conviction — qui lui venait, probablement, de renseignements sujets à caution recueillis auprès des exilés cubains, du moins croyait-il de bonne foi avoir raison. On ne peut en dire autant des sénateurs républicains Barry Goldwater, Homer Capehart et Strom Thurmond qui n'apportèrent aucun renseignement sur

1. *Inch* = 2 cm[t] 54.

ce sujet, mais essayèrent d'en tirer un avantage électoral. D'après eux, John F. Kennedy était trop « tendre pour Castro » pour accepter d'envahir Cuba ou de prendre contre ce pays toute autre décision qui aurait pu écarter le danger des missiles qui, pour le moment, ne s'y trouvaient même pas!)

Ce fut seulement le 14 octobre, après qu'une tempête eut nettoyé le ciel au-dessus de Cuba, que les *U-2* trouvèrent ce qu'ils cherchaient — une série de bases de fusées de courte et moyenne portée, à différents stades de montage. Bundy apporta les photographies au Président, le lendemain matin dans sa chambre à coucher. John F. Kennedy dit à Mac de convoquer la première réunion de l'EXCOM à onze heures quarante-cinq. Ensuite, il prit son petit déjeuner et alla dans son bureau pour y recevoir le cosmonaute Walter M. Schirra et sa famille.

La semaine suivante, la Maison-Blanche devait être le siège des réunions quasiment ininterrompues de l'EXCOM, présidées ou non par John F. Kennedy. Le Président préféra ne pas décommander, dans la mesure du possible, ses engagements politiques, afin de ne pas laisser croire à Moscou ou à Cuba que nous étions au courant de cette nouvelle menace à notre sécurité et que nous travaillions à la détourner. Il fit, comme il était prévu, une tournée sur la côte ouest et ne revint à Washington qu'au moment de prendre sa décision.

Plusieurs choix se présentaient : une invasion de Cuba, une attaque aérienne contre les rampes de lancement, un blocus, des contacts diplomatiques secrets avec Khrouchtchev; nous pouvions également ne rien faire de tout cela et nous contenter de présenter une plainte à l'O. N. U. La riposte des communistes pouvait, elle aussi, prendre plusieurs formes : une invasion de l'Allemagne de l'Ouest, le bombardement de nos rampes de lancement de fusées en Turquie et en Italie, une intervention directe en Asie du Sud-Est, une attaque de Guantanamo, ou encore, l'exécution des survivants de la baie des Cochons qui se trouvaient dans les prisons cubaines.

L'accord sur le blocus fut décidé comme le moyen le plus propre à obtenir l'évacuation des missiles, tout en évitant l'escalade de la crise jusqu'à la guerre nucléaire, mais cette décision n'avait pas été prise à l'unanimité. Il est sans intérêt, maintenant, de spéculer sur les événements et de se demander si Adlaï Stevenson était une « colombe » et si tel ou tel autre membre du cabinet était un « faucon ». Cela ne servirait qu'à jeter le discrédit sur certaines personnalités et nuire à l'efficacité de ceux qui, aujourd'hui encore, luttent contre la menace communiste aussi réelle aujourd'hui qu'elle l'était à la fin de l'année 1962.

Bien que je n'aie pas participé aux séances de l'EXCOM jusqu'à ce que la décision devienne un fait accompli, nombre de ceux qui y assistèrent, y compris le Président, me firent leurs confidences. Je n'ai pas l'intention de trahir leur confiance.

Après ma conversation avec Bundy, l'humeur du Président et les événements de la semaine passée perdirent tout leur mystère. Mardi matin, pendant que je lui faisais perdre son temps avec la liste des invités au dîner du prince Hassan, il était en train de peser les termes de cette alternative si lourde de conséquences : la guerre ou la paix. Une des grandes peurs de John F. Kennedy était d'être le Président qui aurait eu à déclencher une guerre nucléaire. Il savait que des événements qu'il ne pourrait contrôler l'obligeraient peut-être à prendre cette décision effroyable, et il était fermement décidé à ce qu'aucune de ses initiatives — ni aucune de ses abstentions — ne précipite le monde dans le gouffre. Il insistait pour que les négociations sur le désarmement continuent à Genève, même si, selon toute apparence, la moindre chance d'un accord n'existait pas. Il parla plus tard du traité sur l'arrêt des essais nucléaires comme de sa réalisation la plus significative. Son premier souci, lors des crises entre les États-Unis et l'Union soviétique, fut toujours d'éviter d'acculer Khrouchtchev dans une impasse d'où il n'aurait pu sortir qu'en ordonnant une attaque nucléaire. Il comprit que le choix qu'il avait fait — ordonner le blocus de Cuba plutôt qu'intervenir militairement — avait laissé à Khrouchtchev une porte de sortie. Et il avait raison.

A la lumière de ce que Bundy m'avait dit, je compris enfin le sombre pressentiment qui l'animait jeudi, à l'annonce de la visite de Gromyko. Un mois plus tôt, l'ambassadeur de l'Union soviétique, Dobrynin, avait assuré au Président que Khrouchtchev ne ferait rien qui puisse compliquer les relations soviéto-américaines pendant les élections au Congrès! Dobrynin assura également que les armes que l'Union soviétique envoyait à Cuba étaient des armes strictement défensives et nullement menaçantes pour la sécurité des États-Unis.

Mercredi, alors que le Président s'attardait à travers le Connecticut, un nouveau vol de *U-2* apporta la preuve définitive que les Russes non seulement accéléraient le montage des rampes de lancement de missiles que nous connaissions déjà, mais commençaient la construction de nouvelles rampes. Le Président en fut informé quelques heures avant la visite de Gromyko.

Le ministre des Affaires Étrangères mentit de façon effrontée. Il dit à John F. Kennedy qu'il lui parlerait « franchement », mais les premiers mots qui sortirent de sa bouche furent pour démentir que Fidel Castro recevait des armes offensives. Le Président put difficilement retenir sa colère. Mais s'il avait laissé, ne serait-ce qu'entrevoir, au ministre soviétique des Affaires Étrangères qu'il connaissait la vérité, les communistes auraient été prêts à parer à notre propre riposte. Et, quoique l'annonce des mesures que nous allions prendre n'était éloignée que de quatre jours, le Président ne savait pas encore quelle forme il leur donnerait.

Les membres de l'EXCOM s'interrogeaient toujours sur les termes de l'alternative quand, vendredi, nous partîmes pour la tournée politique du Midwest. Le coup de téléphone auquel répondait le Président, ce soir-là, à l'Hôtel Sheraton-Blackstone, quand j'entrai dans son appartement pour lui parler des questions que me posait sans cesse la presse, venait de son frère Bob. Le ministre de la Justice lui disait qu'aux réunions de l'EXCOM, le champ des solutions se resserrait, qu'ils s'étaient arrêtés à celle du blocus et que le Département de la Justice préparait dès à présent la déclaration du Président.

Un autre appel de Bob Kennedy, le matin suivant, apprenait au Président que l'EXCOM pouvait maintenant présenter ses avis et que la situation commençait à devenir dangereuse. Telle fut la raison de notre retour précipité à Washington. Samedi après-midi, John F. Kennedy donna à l'EXCOM une acceptation de principe au blocus, mais une autre réunion était prévue pour le matin suivant. Bundy s'y occupait quand je quittai la Salle des Communications et montai dans mon bureau.

Tous ceux qui, à Washington, savaient ce que pouvaient apporter de redoutable les deux jours qui allaient suivre ont eu, j'en suis persuadé, les mêmes pensées que moi, ce samedi matin. Washington était à portée des missiles russes basés à Cuba et serait, indiscutablement, leur première cible.

Des raisons de sécurité nationale m'empêchent de parler à fond de ce sujet, mais il est évident que le Président doit quitter la capitale dans le cas d'une guerre nucléaire et emmener avec lui assez de personnel pour assurer la continuité du gouvernement. Je comptais parmi ceux qui devraient le suivre. Mais aucun de nous ne pourrait emmener sa famille, pas même le Président. (En cette fin de semaine, John F. Kennedy avait dit à sa femme qu'il lui fallait envisager de quitter Washington avec les enfants, comme les épouses des fonctionnaires et des membres du cabinet, afin de n'être pas éloignée de l'abri antiaérien qui lui était désigné. Mais elle préféra rester près de lui à la Maison-Blanche.)

Deux ans plus tôt environ, Jim Hagerty, m'entretenant de la procédure à suivre en une telle circonstance, m'avait déclaré simplement et sans émotion :

— Si vous recevez un jour l'ordre d'évacuer Washington avec le Président, vous devrez prendre une des décisions les plus dures de votre vie. Vous irez voir votre famille et vous lui direz : « Au revoir et débrouillez-vous tous seuls. »

Ce samedi matin, un commissionnaire vint m'apporter une enveloppe dans mon bureau. Elle portait l'ordre d'évacuation des membres de ma famille si une attaque devenait imminente. Ils devraient faire leurs bagages, préparer la voiture et attendre un mot de moi. Si ce mot arrivait, ils devraient partir en voiture pour un lieu qui se trouverait en dehors de l'aire de l'explosion atomique de Washington et rejoindre les épouses et les enfants des autres fonctionnaires de la Maison-Blanche.

Je n'avais pas le choix, évidemment. Il fallait que je place le devoir avant la famille, mais c'était en même temps une cruelle décision. Dieu merci, je n'eus pas à la prendre pendant tous ces jours effrayants.

Il existe un plan secret et compliqué pour convertir notre gouvernement, des innombrables activités du temps de paix, en un instrument orienté uniquement vers la guerre. Selon ce plan, mon rôle et mes activités consistent à maintenir un lien entre le peuple et le Président, où qu'il se trouve, et d'enrayer le cours de toute information qui pourrait profiter à l'ennemi.

Samedi, peu avant midi, le colonel Chambers, directeur adjoint du Bureau du Plan d'urgence, vint dans mon bureau. Le colonel, qui était décoré de la médaille d'honneur du Congrès, et moi, nous nous étions souvent rencontrés ces vingt-deux derniers mois pour mettre à jour nos informations sur la procédure du plan d'urgence. Et ce matin, nous devions mettre ce plan en action.

Le colonel devait tout d'abord disposer de tout un réseau de communications à travers le pays — réseau en bonne partie souterrain. Ce système de communication ne pourrait être utilisé, en cas de guerre, que par les membres du gouvernement, les hauts fonctionnaires et les services d'informations. Nous devions ensuite nous occuper des correspondants de presse à la Maison-Blanche et des photographes accrédités qui accompagneraient le Président, au cas où il quitterait Washington, et resteraient près de lui pendant la durée du conflit. Le colonel Chambers et moi passâmes en revue les instructions de pré-évacuation aux correspondants de presse, que nous avions déjà préparées, et que je devais leur communiquer en temps utile.

Enfin, nous devions faire venir à Washington certains des conseillers à la Commission de Censure — groupe de quinze personnalités éminentes de la presse — chargé de renforcer la censure exercée par le gouvernement en cas de guerre. Cette Commission existait depuis la Deuxième Guerre mondiale et, à cette époque, le directeur en était Byron Price. De toute façon, à l'ère atomique, ce plan était quelque peu anachronique et la probable brièveté de tout conflit nucléaire risquait de faire de la censure un pur exercice académique. Nous continuâmes, cependant, à avancer la mise en place de la Commission car, même si la guerre n'éclatait pas, le Président pouvait, malgré tout, déclarer l'état d'urgence et, dans ce cas, la censure officielle deviendrait nécessaire.

Après le départ du colonel, j'arrangeai pour l'après-midi un rendez-vous, chez moi, avec Art Sylvester du Département de la Défense et Bob Manning, du Département d'État, afin de mettre au point une politique générale de coordination des nouvelles, loin du regard inquisiteur de la presse.

Le téléphone sonna sans cesse ce matin-là. Les spéculations de la presse allaient bon train. En l'absence de toute censure officielle, il n'y avait aucun moyen de dissimuler les mouvements de bateaux, d'avions et de troupes vers les Caraïbes. Et le retour précipité du Président, les allées et venues incessantes de personnalités politiques à la Maison-Blanche, l'activité nocturne qui régnait au Pentagone et au Département d'État, étaient autant de signes indiscutables de l'état d'urgence où nous nous trouvions.

Après mon entretien avec Bundy, je ne pouvais plus longtemps opposer un plat démenti aux informations selon lesquelles d'importants événements se préparaient. A toutes les questions dont on me mitraillait, ma seule réplique était : « Pas de commentaires. »

On me demandait, en particulier avec persistance, pourquoi le Président ne partait pas pour le Massachusetts. Aussi, en désespoir de cause, je montai lui poser la question dans son bureau.

— Vous y allez tous les samedis, lui dis-je. Si vous n'y allez pas aujourd'hui, les journalistes en tireront leurs propres conclusions.

— Ne vous en faites pas, répondit-il. J'irai. Puis il sourit. « N'étiez-vous pas plus heureux, avant, quand vous ignoriez tout de cette histoire? »

Il m'apprit qu'une autre réunion de l'EXCOM était prévue dans une heure et que je devais y assister ainsi qu'à toutes les autres conférences ultérieures sur la stratégie.

— Je compte sur vous pour que vous sachiez ce qui arrive à chaque instant, dit-il, et pour que vous soyez au fait de chaque mot qui sortira d'ici, du Pentagone ou du Département d'État.

De sombres visages accueillirent le Président quand il entra dans la Salle des Communications. Il s'assit au centre de la longue table de noyer, le dos à la fenêtre qui donnait sur le jardin et les parterres de fleurs. A l'opposé de son humeur morose et anxieuse de la semaine, maintenant qu'il avait pris sa décision il se montrait parfaitement calme. Deux ans plus tôt, j'avais pu le voir dans la même disposition d'esprit, à Hyannis Port, quand nous étions en train de suer sur les résultats des élections présidentielles. Richard Nixon entamait de plus en plus la courte avance qu'il avait prise sur lui. Pourtant, il alla tranquillement se coucher et dormit profondément — sans savoir s'il serait au réveil Président des États-Unis ou simple citoyen. Maintenant aussi, la décision était prise et les événements n'avaient plus qu'à suivre leur cours. C'était peut-être le fatalisme d'un homme qui avait frôlé trois fois la mort, deux fois lors d'interventions chirurgicales, une fois aux îles Salomon. Quoi qu'il en soit, ce samedi matin-là, il était le plus calme de tous ceux qui se trouvaient dans la Salle des Communications.

On prit un certain nombre de décisions importantes, la première étant, après une discussion serrée, de supprimer, dans le discours que le Président devait prononcer le lendemain soir, une proposition de rencontre immédiate au sommet entre Nikita Khrouchtchev et John F. Kennedy. Nous pensions qu'une telle proposition émousserait la pointe de notre riposte : le blocus de Cuba et les raisons que nous avions de l'imposer. Moscou, même, pourrait la prendre comme un signe de faiblesse, ce qui pouvait conduire à une dangereuse erreur de calcul. Nous décidâmes d'utiliser cette offre de rencontre au sommet une fois que nos navires auraient pris position et que notre décision d'appliquer le blocus deviendrait pour chacun indiscutable. (John F. Kennedy n'eut pas besoin de proposer cette conférence au sommet, vu la rapidité avec laquelle S. N. Khrouchtchev accepta de « rapatrier » ses missiles.)

L'autre problème était de savoir s'il fallait donner à cette opération le nom de blocus ou de quarantaine. La question avait à la fois un côté légal et un côté sémantique. Le blocus est un acte de guerre et notre intention n'était pas de donner à notre réponse et à notre action contre Cuba cette signification. Nous choisîmes le mot quarantaine parce qu'il ne contenait aucune implication belliqueuse et qu'il sonnerait plus agréablement aux oreilles de certains de nos réticents alliés. Le jour suivant devaient avoir lieu des consultations au sein de l'Organisation des États Américains. Et quoique notre intention était d'agir avec ou sans leur appui, le Président pensait que nous devions au moins tenter de réunir l'unanimité de l'hémisphère derrière notre activité.

John F. Kennedy annonça à l'EXCOM, ce matin, qu'il allait envoyer l'ancien Secrétaire d'État Dean Acheson entretenir de cette affaire le Président de Gaulle et l'Organisation du Traité de l'Atlantique Nord. L'ambassadeur David Bruce informerait de son côté le Premier ministre Macmillan, et l'ambassadeur Walter C. Dowling, qui en ce moment se trouvait en Georgie, serait rappelé et avertirait le chancelier Adenauer. Des copies des photographies prises par les *U-2* et d'autres faits justifiant les mesures de quarantaine seraient envoyés le jour suivant à toutes les ambassades étrangères à Washington, afin qu'elles les transmettent immédiatement à leur gouvernement respectif.

Une autre manœuvre de notre stratégie consistait à présenter une plainte au Conseil de Sécurité de l'O. N. U., ce qu'Adlaï Steveson, qui assistait aux séances de l'EXCOM, devait faire avec tant de brio deux jours plus tard.

L'EXCOM approuva également un projet hardi élaboré par Don Wilson, directeur-adjoint de l'Agence d'Information des États-Unis. Il s'agissait de faire parvenir le discours du Président directement au peuple cubain. La Voix de l'Amérique, notre seul moyen de propagande radiophonique à Cuba, utilisait les ondes courtes et ne recueillait que très peu d'auditeurs. Mais il y avait sur la côte Atlantique dix stations de radio commerciales, émettant sur ondes moyennes, qu'on entendait fort bien à Cuba, pendant les heures creuses de la nuit. Wilson avait envisagé que le Président demanderait aux dites stations de donner au gouvernement le droit d'utiliser leurs émetteurs du coucher au lever du soleil pour qu'il transmette des explications en espagnol de nos actions. Je devais demander, en temps utile, aux stations de radio de transmettre l'allocution du Président. Et en attendant, sans en prévenir les stations, les techniciens de la Voix de l'Amérique installeraient des câbles spéciaux reliant Washington aux portes des stations.

Après la réunion, le Président me donna ses instructions. Tout d'abord, je devais demander aux chaînes de radio et de télévision une demi-heure de leur programme, le lendemain à dix-neuf heures. « Mais faites-le le plus tard possible. Il y a déjà eu trop de fuites. » Je devais ensuite organiser, immédiatement après le discours, des conférences de presse simultanées pour les journalistes accrédités auprès de la Maison-Blanche, du Département d'État et du Pentagone. Enfin, en collaboration avec Larry O'Brien, je devais appeler à Washington les chefs du Congrès afin qu'ils puissent prendre part à une réunion, le lendemain à dix-sept heures, dans le bureau du Président.

Je quittai alors la Maison-Blanche pour retrouver chez moi Sylvester et Manning. Je fis en passant, aux journalistes, de grands gestes d'adieu comme si, ce samedi qui en apparence devait ressembler à tous les autres, je m'en retournais à la maison, tranquillement et sans soucis. Mais quand je tendis à ma femme l'enveloppe qui contenait les instructions en cas d'évacuation, je ne m'en tirai pas si bien que cela. Je lui dis qu'il y avait peu de chances qu'elle eût à s'en servir, mais mon propre souci n'était que trop évident. Et je fus soulagé quand Sylvester et Manning arrivèrent à la maison quelques minutes plus tard.

La lumière du soleil entrant par la fenêtre, et sur l'électrophone un disque de Bach composaient pour notre discussion une atmosphère incongrue. Nous convînmes que Sylvester s'occuperait des communiqués à la presse pendant la phase militaire de l'opération, tandis que Manning serait responsable du front diplomatique. Mais pas un mot ne devait sortir du Pentagone ou du Département d'État sans la permission de la Maison-Blanche, ce qui nécessitait entre nous trois un moyen de communication instantané.

Je téléphonai, de chez moi, au Bureau des Communications de la Maison-Blanche et leur demandai d'installer des lignes directes reliant nos trois bureaux, mes propres « lignes chaudes ». L'après-midi même, un téléphone spécial se trouvait sur chacun de nos trois bureaux et, pour appeler, il n'était plus nécessaire que nous passions par le standard. Ainsi, il me suffisait de presser le bouton d'appel téléphonique de mon correspondant pour avoir, au bout de la ligne, Sylvester ou Manning, ou les deux à la fois. Ce système nous servit quasiment sans arrêt tout le long de la semaine suivante.

Nous partîmes bientôt pour le bureau de Manning, afin de jeter un coup d'œil sur les dépêches d'agence, sans oublier celles de l'Agence Tass. Mais rien, dans les dépêches, ne laissait supposer qu'on pouvait craindre une confrontation directe entre Moscou et Washington. Alors que nous étions encore dans le bureau de Manning, un correspondant de l'UIP nous y surprit. Nous lui affirmâmes qu'il ne se passait pas grand-chose ici, mais je suis sûr qu'il n'en crut pas un mot.

Je retournai alors à la Maison-Blanche, en entrant par une porte latérale pour éviter la presse. Je devais aider O'Brien à faire revenir à Washington les chefs du Congrès dispersés dans tout le pays. Je devais organiser, en collaboration avec le général Godfrey McHugh, le voyage de retour en avion des sénateurs et des représentants.

Les élections devaient avoir lieu dans moins de deux semaines et, dans l'ignorance où ils étaient de la nature exacte de la crise, plus d'un abandonna à contrecœur sa tournée électorale. Il faut noter, malgré tout, que ce retour dramatique à Washington présenta, pour les candidats, un certain avantage d'ordre politique. Une photographie, montrant le sénateur républicain de Californie Thomas H. Kuchel attachant sa ceinture dans un avion à réaction de l'*Air Force*, lui apporta certainement sur son rival démocrate Richard Richards quelque profit d'ordre électoral. Le représentant démocrate de la Louisiane, Hale Boggs, qui pêchait ce jour-là dans les eaux du golfe du Mexique, fut sans conteste le plus difficile à atteindre. On lui lança tout d'abord, d'un avion de l'*Air Force*, une bouteille contenant l'ordre du retour à Washington. Ensuite, un hélicoptère vint le chercher et le mena jusqu'à l'aéroport de la Nouvelle-Orléans, où un jet l'attendait qui devait le conduire à la capitale.

A quatre heures de l'après-midi, j'étais de retour chez moi. Le téléphone sonna pendant toute la soirée et une bonne partie de la nuit... Et tous ces appels venaient de journalistes inquiets, impatients et intrigués. Je téléphonai quatre fois au Président pour lui dire que le secret s'effritait et que le verrou de sécurité sautait. Certains journalistes connaissaient toute l'histoire; ils ignoraient seulement quand, exactement, commencerait la quarantaine. (Sans que j'eus rien à faire pour cela, le Président intervint personnellement auprès du New York et du *Washington Post* pour qu'ils retardent, dans l'intérêt de la sécurité nationale, la publication de la nouvelle — ce qu'ils acceptèrent. S'ils avaient livré cette histoire au public et si, donc, Khrouchtchev avait été averti un jour plus tôt qu'il ne le devait, nous aurions perdu l'initiative et, par là, un énorme avantage, comme le prouvèrent les événements ultérieurs.)

Mais ce ne fut pas seulement le téléphone qui me tint éveillé cette nuit-là. Je savais, depuis ce matin, que je ne reviendrais plus chez moi pendant un temps indéterminé. Je devais rester à la disposition du Président vingt-quatre heures sur vingt-quatre et pour cela j'irais dormir à la Maison-Blanche ou à l'hôtel le plus proche. Et ma femme et mes enfants, si le pire arrivait, se passeraient de moi.

Je me levai à quatre heures et demie du matin, sans réveiller personne, jetai dans un sac de voyage quelques affaires et, à six heures, j'étais à mon bureau.

La Maison-Blanche était prête à affronter la crise qui approchait. On avait pris des dispositions pour que les fonctionnaires et leurs secrétaires dorment dans les abris du sous-sol. Le restaurant de la Maison-Blanche resterait ouvert jour et nuit pour que chacun puisse se sustenter. Nous avions tous reçu des instructions particulières pour le cas d'une attaque imminente. Et, pour la première fois depuis mon service dans la marine, dans le Pacifique, j'eus à organiser des tours de garde de jour et de nuit. Mac Kilduff, Andy Hatcher et moi devions être, tous les trois, sur la brèche pendant la journée et prendre nos quarts respectifs pendant la nuit. Une secrétaire au moins devait être à notre disposition pendant la nuit et dormir dans l'abri. Je pris une chambre dans un hôtel, à quelques mètres de la Maison-Blanche, mais fis également installer un lit de camp dans mon bureau.

Ce matin-là, le Président appela au téléphone les anciens Présidents Eisenhower, Truman et Hoover. Il les mit au courant de la crise et leur fit part de la manière dont il entendait la résoudre. Nos ambassades en Amérique latine et autres lieux furent également informées et mises en garde contre des manifestations antiaméricaines toujours possibles; les responsables reçurent des instructions pour protéger les ambassades et prendre à ce propos toutes les précautions utiles. L'EXCOM tint une autre réunion encore afin de revoir une dernière fois les ordres qui seraient envoyés aux commandements militaires américains dans le monde.

L'un des premiers appels que je reçus ce jour-là venait de Newton Minow, président de la Commission fédérale des Communications. Don Wilson et moi pensions que Minow était le mieux qualifié, pour entrer, en mon nom, en relations avec les dix stations de radio dont nous voulions nous servir et conclure avec elles un accord. Minow, qui se trouvait à New York, revint à Washington par avion, puis téléphona aux directeurs des stations et leur demanda d'être prêts à recevoir un appel urgent de la Maison-Blanche, à dix-huit heures.

Suivant les instructions du Président, je tardai le plus longtemps possible avant de demander aux chaînes de télévision et de radio un temps d'antenne pour ce soir. A midi pile, je parlai à Bob Fleming, le directeur du bureau de l'ABC, et président de la Commission consultative des stations de T. V. qui était chargée de telles négociations avec la Maison-Blanche.

Quand je lui annonçai que le Président parlerait sur un sujet « de la plus haute importance nationale », c'était la première fois que j'usai d'une telle formule avec la Commission, je ne doutai pas un seul instant de sa réponse.

— Quelle est l'heure que vous préférez? demanda Fleming.

— Dix-neuf heures. Et de la côte est au Pacifique. J'entendais par là sur tous les fuseaux horaires.

— Je vous rappellerai, dit Fleming.

Les journalistes, cependant, entraient dans mon bureau pour assister à la conférence de presse de la matinée et je leur annonçais enfin officiellement que nous étions à la veille d'une crise grave.

— Nous venons de demander à la radio et à la télévision une demi-heure d'antenne à dix-neuf heures. Le Président adressera au pays un discours sur un sujet intéressant au plus haut point la sécurité nationale. Nous attendons une réponse dans une vingtaine de minutes au plus tard.

Un journaliste, qui ne manquait pas d'humour, posa la première question :

— Et croyez-vous qu'ils vous l'accorderont?

— On ne sait jamais, répliquai-je. Je leur annonçai alors une réunion du Conseil national de Sécurité à treize heures quinze; une réunion des membres du cabinet à seize heures; et, à dix-sept heures, une consultation des chefs du Congrès.

Fleming me donna sa réponse au moment où les journalistes quittaient mon bureau.

— Vous aurez votre temps d'antenne, sur tous les réseaux et à l'heure qui vous convient.

L'après-midi passa comme un ouragan. Le Président m'exposa longuement selon quel schéma je devrais répondre aux questions qu'on me poserait après son discours. Je le cite ici directement, sur les sujets-clé.

1. « Nous avons préféré la quarantaine à une attaque aérienne parce que nous ne pouvons avoir la certitude de frapper tous les objectifs à la fois. Nous ne savons pas non plus combien de bases sont opérationnelles. Pendant que l'une serait atteinte, une autre pourrait lancer ses fusées contre nous. En appliquant la quarantaine, nous diminuons considérablement les risques d'une riposte nucléaire.

2. « L'argument selon lequel nous pouvions nous contenter de déposer une plainte devant l'O. N. U. aurait donné aux Russes un délai que nous ne pouvions leur laisser. Ils auraient pu alors accélérer l'installation des bases qui ne sont pas encore opérationnelles et notre sécurité aurait été d'autant plus menacée. Tout cela a été fait. Nous avons agi dans le plus grand secret, alors que les Russes démentaient leurs activités à Cuba. Il nous faut bien comprendre qu'ils auraient pu se servir de ces fusées n'importe quand. Ne rien faire comportait d'autres risques. Cela aurait pu conduire les Russes à faire de fausses hypothèses sur la valeur exacte de nos engagements dans d'autres contrées du monde, en particulier à Berlin. Cela aurait créé de graves problèmes en Amérique latine, où on aurait pu croire que le rapport des forces dans cet hémisphère penchait en faveur des Russes et que ceux-ci pouvaient venir rompre cet équilibre sur notre propre seuil.

3. « Nous n'avons pas réagi plus tôt parce que nous n'avons pas eu avant mardi dernier la preuve formelle que ces armes étaient des armes offensives. Si nous avions agi sans de telles preuves, il nous aurait été impossible de justifier quelque action que ce soit envers Cuba. Avant mardi, nous ne disposions que de rapports imprécis de réfugiés cubains, et ces rapports étaient souvent inexacts.

4. « Il faut souligner sans équivoque qu'il y a une grande différence entre les armes nucléaires offensives russes et nos propres armes en Turquie et ailleurs. Nos bases à l'étranger sont une tentative de redresser l'équilibre des forces en Europe, tout comme le rôle de l'OTAN est de répondre au Pacte de Varsovie. Nous ne nions pas que nos bases sont là. Les Russes

connaissent sûrement leur emplacement et leurs possibilités. Mais ce qui se passe à Cuba est une tentative de provocation pour rompre le *statu quo* fragile de cet hémisphère. Ce *statu quo* n'implique aucune menace pour l'Union soviétique. Le mois dernier, les Russes assurèrent qu'ils n'avaient nul besoin d'installer des fusées offensives à Cuba et, plus tard, ils ont nié qu'ils les installaient. La très grande discrétion de cette opération et le désir de Khrouchtchev lui-même de protéger ce secret, tout cela signifiait pour nous un danger évident que nous ne pouvions ignorer. »

John F. Kennedy me dit alors que « la quarantaine est notre premier coup, et nous espérons ne pas avoir à frapper une fois encore. Maintenant, c'est aux Russes de jouer. Si leurs bateaux font demi-tour, cela nous laissera le temps de discuter. Mais s'ils n'en font rien, nous prendrons toutes les initiatives qui nous paraîtront nécessaires ».

Je retrouvai la presse à seize heures dix, et une nuée de questions s'abattit sur moi. Je les esquivais en disant que le Président y répondrait lui-même dans le discours qu'il ferait au pays dans moins de trois heures maintenant.

Pour la première fois, on me mit sur la sellette à propos de ma déclaration de Chicago, déclaration selon laquelle le Président s'en retournait à Washington parce qu'il avait pris froid.

Q. : Monsieur le secrétaire, on a suggéré que le rhume du Président était une maladie diplomatique. Autrement dit, une fausse nouvelle.

R. : ...

Q. : J'aimerais que vous répondiez à ma question.

R. : A Chicago, le Président avait, d'une manière précise, de la fièvre.

Q. : Est-il encore enrhumé?

R. : Non. Il est en parfaite santé.

La transcription de ma conférence de presse ne rapporte pas les regards incrédules qui accueillirent mes commentaires.

Cet après-midi-là, le Président devait recevoir le Premier ministre de l'Ouganda, Milton Obote, et il ne pouvait annuler cette visite prévue de longue date sans offenser le ministre africain. Le cabinet donc attendit pendant que le Président et le Premier ministre passaient quarante-cinq minutes à parcourir divers sujets allant des échanges commerciaux à l'assistance américaine en matière d'éducation. John F. Kennedy fit preuve de courtoisie et de sang-froid sous le feu, en n'écourtant l'entretien que de cinq minutes. Il reconduisit son visiteur jusqu'à la porte de la Maison-Blanche à travers une cohue de journalistes. Et, à toutes les questions, il répondit :

— Ce fut une journée très intéressante.

A dix-sept heures, les chefs du Congrès entraient dans son bureau. Ils prirent connaissance des photos aériennes et discutèrent de la quarantaine dont l'annonce maintenant ne devait plus tarder. Le sénateur Richard B. Russell, président de la Commission des Services Armés, se porta en faveur d'une invasion, soutenu en cela par le sénateur J. William Fulbright. Le Président les écouta puis déclara qu'il ne changerait pas de tactique.

Sur le coup de dix-huit heures, l'ambassadeur de l'Union soviétique Dobrynin fut prié de venir au Département d'État. Rusk lui fit part de la décision du Président d'appliquer une quarantaine et lui remit le texte de l'allocution télévisée afin qu'il la transmette immédiatement à Khrouchtchev. Quelques minutes plus tard, l'ambassadeur Foy Kohler fit parvenir le même message au Kremlin. (Quand je composai le groupe de journalistes qui devaient se trouver dans le bureau du Président quand il lirait son discours, j'y mis délibérément Mike Sagatelyan, de l'Agence Tass. « Pourquoi moi? me demanda-t-il surpris. — C'est que je veux être sûr que vous entendiez bien », lui répondis-je.)

A dix-huit heures, je devais me mettre en rapport avec les dix stations de radio. La forme de la requête avait été soigneusement étudiée par Minow et les avocats de la FCC. Il ne fallait qu'en aucun cas le gouvernement, qui pouvait régulièrement exercer un contrôle sur les stations de radio, eût l'air d'exiger le droit d'utiliser leurs équipements. Leur collaboration devait être entièrement volontaire. Nous devions également souligner que notre désir était de payer pour le manque à gagner que supposait leur aide et pour les frais supplémentaires qu'occasionnerait le fait de se servir de leurs émetteurs pendant la nuit.

J'appelai tout d'abord à New York Ralf Brent, président de la WRUL à New York. Il accepta aussitôt que nous nous servions de sa station, mais il pensait que nous n'avions pas le temps d'installer les câbles assez rapidement pour capter le discours du Président une heure plus tard.

— Les câbles sont déjà à votre porte, lui dis-je. Vous n'avez plus qu'à les brancher.

Les appels que je fis aux autres stations se passèrent de la même manière. Et il faut dire à leur avantage qu'aucune d'elles ne profita du service extraordinaire qu'elle nous rendait pour nous faire payer plus cher que nous le désirions. Le soir même, d'ailleurs, le Président trouva le temps d'envoyer, à chacun des propriétaires des stations, un télégramme de remerciement.

L'imprimerie de la Maison-Blanche imprima les exemplaires du discours du Président à distribuer aux journalistes, au moment d'ailleurs où il passerait sur les ondes.

(La distribution du texte des déclarations importantes du Président était toujours le prétexte à une bousculade sans pitié que je préférais épargner aux jeunes filles du bureau. Des journalistes frénétiques et prêts à tout s'écrasaient à la porte de mon bureau, en essayant de saisir une copie de la pile que Hatcher ou Kilduff étaient en train d'apporter.)

Quand les Sénateurs et les chefs du Congrès quittèrent le bureau du Président, les techniciens de la télévision et de la radio s'y engouffrèrent à leur tour, dans un certain brouhaha. Il n'y avait, dans la pièce, de la place que pour les caméras d'une seule chaîne qui devait fournir en direct aux autres stations le son et l'image. Ce soir-là, c'était à la CBS que revenait cette tâche.

L'installation n'était pas peu de chose. On étendait par terre une grosse toile destinée à protéger la moquette. On retirait de la table de travail du Président tous les objets à l'exception d'un petit pupitre d'où il lirait le discours. On déménageait quelques meubles pour faire de la place aux trois caméras, aux appareils enregistreurs et à une batterie de projecteurs. On disposait enfin des chaises pour les journalistes.

Mais tous ces préparatifs ne concernaient que la télévision. Mis à part les micros qu'on posait sur le pupitre, tout l'équipement de la radio se trouvait dans un bureau mitoyen, celui de Mrs Evelyn Lincoln, la secrétaire particulière du Président. Chaque station avait un commentateur qui inaugurerait le discours par le rituel « Mesdames et Messieurs, le Président des États-Unis », puis se livrerait, une fois qu'il serait terminé, à une libre analyse des propos du chef de l'Exécutif.

John F. Kennedy entra dans son bureau à dix-huit heures quarante. Régler les éclairages (John F. Kennedy ne se maquillait pas), mettre au point les caméras une fois pour toutes ne prit que dix minutes. A dix-huit heures cinquante, il alla dans la Salle du Conseil pour relire une dernière fois son discours — sans aucun doute, l'un des plus importants de sa vie. A dix-huit heures cinquante-neuf, il s'assit derrière son bureau, l'œil sur le chef opérateur qui devait lui indiquer à quel moment il prendrait l'antenne.

Des dizaines de millions d'Américains attendaient l'apparition, sur leur écran, de son visage, avec cette impatience mêlée de nervosité qui, chaque fois qu'il parlait, à dix-neuf heures, accueillait les déclarations importantes du Président.

Il parla en termes nets et concis :

« Bonsoir, mes chers citoyens. Mon gouvernement, selon ses promesses, a surveillé de très près l'installation à Cuba des forces militaires soviétiques.

Pendant la semaine dernière, nous avons eu la preuve indiscutable qu'une série de rampes de lancement de fusées offensives étaient aménagées sur cette île opprimée. L'objet de ces bases ne peut être que de fournir les moyens d'une attaque nucléaire contre l'hémisphère occidental. »

Le nouvel armement de Cuba, dit-il, comprend « des fusées balistiques de portée moyenne, armées de tête nucléaire, pouvant atteindre une cible à plus de seize mille kilomètres. En résumé, chacun de ces missiles peut atteindre Washington (D. C.), le canal de Panama, Cap Canaveral, Mexico City ou n'importe quelle autre ville du Sud-Est des États-Unis, de l'Amérique centrale ou des Caraïbes...

« La transformation accélérée de Cuba en une importante base stratégique... constitue une menace indiscutable pour la paix et la sécurité de tout le continent américain... L'installation, extraordinairement rapide et secrète, des missiles communistes... constitue un changement délibérément provocateur et injustifié du *statu quo*, et notre pays ne peut l'accepter, si nous voulons que nos amis pas plus que nos ennemis ne mettent jamais en doute notre détermination et la valeur de nos engagements. »

Il annonça alors « une sévère quarantaine sur tous les équipements militaires offensifs envoyés par mer à Cuba » et une surveillance aérienne accrue de Cuba. « Si cette préparation militaire offensive continuait, aggravant la menace qui pèse sur notre hémisphère, toute action future de notre part serait justifiée. J'ai ordonné aux forces armées d'être prêtes à toute éventualité... »

Il continua par le passage le plus dur de son discours.

« Si une fusée nucléaire était lancée de Cuba sur n'importe quel pays de l'hémisphère occidental, nous considérerions cela comme une attaque de l'Union soviétique contre les États-Unis, ce qui déclencherait automatiquement de notre part des mesures de représailles contre l'Union soviétique. »

Il y avait davantage : renforcement de notre base de Guantanamo et évacuation du personnel civil de la base; convocation immédiate du Conseil de Sécurité de l'O. N. U., sur la demande des États-Unis, et de l'O. E. A. (Organisation des États Américains) afin qu'ils « prennent les mesures nécessaires contre cette dernière menace que fait peser l'Union soviétique sur la paix mondiale »; un appel au Président Khrouchtchev, afin que cesse « la course à la domination du monde » et qu'il collabore « à l'effort historique qui mettrait fin à la dangereuse course aux armements et à transformer l'évolution de l'humanité ».

Et enfin, « la manière que nous avons choisie pour redresser la situation aujourd'hui est sujette aux hasards, comme le sont toutes les manières d'agir.

C'est en tout cas la seule qui soit compatible avec notre dignité nationale et nos engagements dans le monde. Le coût de la liberté est toujours élevé, mais les Américains en ont toujours payé le prix. Et la capitulation et la soumission sont des chemins que nous ne suivrons jamais.

« Notre but n'est pas la victoire du plus fort, mais la défense du bon droit; non pas la paix aux dépens de la liberté, mais à la fois la paix *et* la liberté, chez nous, dans cet hémisphère et, nous l'espérons, dans le monde entier. Si Dieu le veut, ce but sera atteint. »

L'attente était terminée, et la crise officiellement ouverte.

Je franchis tant bien que mal l'enchevêtrement des câbles qui s'étalaient sur le sol, et allait dans mon propre bureau pour recevoir la presse.

Je ne vis jamais, dans toute ma carrière de secrétaire de presse du Président Kennedy, autant de journalistes dans mon bureau que ce soir-là, sauf le jour de son assassinat et celui de son enterrement. Je dus répondre en quinze minutes à quelque cent questions.

Le Président quittera-t-il Washington?

— Il a l'intention de rester ici, du moins en ce qui concerne le proche avenir.

Convoquera-t-il le Congrès?

— A ma connaissance, on n'en a pas discuté encore.

Le Président assistera-t-il personnellement à la cession de l'O. N. U.?

— Je n'ai rien entendu de tel.

Le Président a-t-il traité Gromyko de menteur, jeudi, quand il l'a vu?

— Non, il ne l'a pas fait.

Le Président et le Vice-Président ont-ils annulé leurs déplacements politiques pour la durée de la crise?

— Oui.

Avez-vous une idée de notre prochaine intervention dans le cas où la quarantaine serait sans effets?

— Mon rôle n'est pas de spéculer sur les événements. C'est à vous de le faire.

Après la conférence de presse, je fis venir un à un les journalistes de la Maison-Blanche qui devaient accompagner le Président dans le cas où il quitterait Washington. Je leur dis qu'ils ne devaient jamais se trouver à plus de quinze minutes de la Maison-Blanche et qu'il leur fallait m'indiquer l'endroit où les toucher à quelque moment que ce soit du jour et de la nuit.

J'appelai ensuite au téléphone Bill Steven, le remarquable directeur du *Houston Chronicle*, que nous avions désigné comme le chef de la Commission de Censure. Pouvait-il prendre l'avion immédiatement pour Washington? Oui, il le ferait.

Il était plus de deux heures du matin quand, enfin, je quittai la Maison-Blanche et me dirigeai vers mon hôtel, non sans avoir auparavant réveillé Hatcher qui dormait profondément sur mon lit de camp, pour lui dire de prendre son tour de garde.

Les six jours qui suivirent furent les plus angoissants et les plus actifs de ma vie, les plus sinistres en tout cas des mille jours de la Présidence de John F. Kennedy. Mais jamais je n'ai vu le Président plus maître de lui et des événements. Et je n'oublierai jamais son courage, son sourire et l'espoir optimiste qu'il gardait en pensant que cette crise, comme les autres, passerait.

XIX

KHROUCHTCHEV RECULE

Pendant cinq jours, le monde attendit plein d'espoir.

Mais à la Maison-Blanche, nous n'avions guère le loisir d'attendre et les premières réponses qui nous vinrent de l'Union soviétique nous apportèrent peu d'espoir.

Le Kremlin informa les pays du Pacte de Varsovie — l'Allemagne de l'Est, la Tchécoslovaquie, la Pologne, la Hongrie et la Roumanie — de mettre sur pied de guerre l'armée et la marine. Le Président Khrouchtchev envoya à John F. Kennedy, par l'intermédiaire de l'ambassadeur Kohler, un message courroucé dans lequel il qualifiait la quarantaine d' « acte de piraterie » et le Président de provocateur avide de guerre. Notre préparation militaire, de son côté, ne laissait planer aucun doute sur notre intention d'aller beaucoup plus loin que la quarantaine si l'attitude des Russes et des Cubains nous en faisait l'obligation. Depuis la Deuxième Guerre mondiale, nous n'avions jamais eu autant d'hommes sous les drapeaux — plus de cent mille soldats rassemblés en Floride et dans les autres États du Sud-Est, prêts à envahir Cuba s'il le fallait. Une flotte de quatre-vingt-dix bateaux, dont huit porte-avions avec leurs soixante-huit escadrilles, étaient prêts à faire appliquer le blocus dès qu'ils en recevraient l'ordre. Le Strategic Air Command et les sous-marins *Polaris* se trouvaient en état d'alerte. Comme le fit remarquer le Secrétaire d'État Rusk, deux nations, possédant chacune les moyens de détruire l'autre, plus puissantes qu'aucune nation ne le fut dans l'histoire du monde, en étaient à pratiquer cette philosophie : « Œil pour œil, dent pour dent. »

Notre vie à la Maison-Blanche prit bientôt sa vitesse de croisière. Nous passions seize heures chaque jour à étudier les réactions de l'Union soviétique, mettre au point notre contre-offensive et rédiger des notes au Kremlin; quatre ou cinq heures nous restaient pour dormir.

Et pendant notre sommeil, le Kremlin étudiait nos messages, mettait au point sa stratégie et nous envoyait ses propres notes.

Deux aspects du problème prirent très vite une importance particulière. Premièrement, chaque mot qui sortait de la Maison-Blanche avait sur le cours des événements une influence décisive. Deuxièmement, les techniques de communications entre le Kremlin et la Maison-Blanche avaient un côté dangereusement périmé à l'âge nucléaire. Si le Président Kennedy envoyait, par l'intermédiaire de notre ambassadeur à Moscou, un message à Khrouchtchev, ce message, transmis par la voie diplomatique normale, mettait plus de quatre heures pour parvenir au Président de l'Union soviétique. Bien que cette voie diplomatique directe existât entre les deux capitales, le temps de coder les messages, les transmettre, les décoder et les traduire était d'une lenteur insupportable. N. S. Khrouchtchev endurait les mêmes délais lorsqu'il communiquait avec la Maison-Blanche.

Les deux gouvernements en arrivèrent ainsi, simultanément ou presque, à la même décision : éviter la voie diplomatique normale et communiquer toute proposition et toute réponse directement par radio et par les agences de presse.

Cette manière de faire diminuait considérablement l'attente et pouvait être, pour résoudre la crise, un facteur essentiel de rapidité. (C'est de là que vint la décision d'installer un téléphone rouge reliant les deux capitales.)

Évidemment, les correspondants des pays de l'Est suivaient fidèlement mes conférences de presse. Je savais pertinemment que les déclarations que j'y faisais, soit au nom du Président, soit en répondant personnellement aux questions qu'on me posait, parvenaient au Kremlin dans l'heure suivante.

On a écrit des volumes sur les événements de cette semaine décisive, et je n'irai pas établir une autre liste de toutes les mesures que nous avons prises alors et des réactions soviétiques. Mais en relisant mes notes, prises lors des réunions du Comité exécutif, je relève les moments cruciaux qui marquèrent ce premier et, heureusement, dernier affrontement entre deux puissances dotées d'armes nucléaires.

Mardi matin, 23 octobre : Le Président approuve le projet d'une proclamation selon laquelle il est interdit de livrer des armes offensives à Cuba (en ce qui concerne la quarantaine, nous avions, pour appuyer notre action, un support juridique, en l'espèce le vote émis — à l'unanimité de ses dix-neuf membres, par l'Organisation des États Américains). *Le Président accepte que Cuba soit bombardé par représailles si un de nos avions est abattu.*

Mardi après-midi, 23 octobre : L'EXCOM approuve les termes de la décla-

ration de ce matin, décide de la publier ce soir et dit qu'elle prendra effet demain matin à dix heures. Selon cette déclaration, nous n'intercepterons que les navires transportant des fusées et des bombes. McNamara nous apprend qu'en ce moment trente-cinq navires russes font route sur Cuba.

Sur ce dernier point, et d'après ce que nous savions, Khrouchtchev et Fidel Castro pouvaient répondre par les armes à la quarantaine. Les vols de reconnaissances des *U-2* nous avaient apporté la preuve que les techniciens russes et cubains s'affairaient sur les bases de lancement des fusées vingt-quatre heures sur vingt-quatre et que le nombre des bombardiers *IL-28* avait augmenté sur les terrains d'atterrissage. Certains rapports faisaient état de sous-marins russes (probablement armés de torpilles nucléaires) escortant les bateaux se dirigeant vers Cuba. Le Président prit ces nouvelles sans s'émouvoir d'une manière impassible. « J'ai l'impression que cette semaine, je gagne honnêtement mon salaire. »

Mercredi, 24 octobre : Premiers rapports selon lesquels la plupart des bateaux russes ou bien changent de cap ou bien se dirigent vers Cuba à vitesse réduite. Mais le Président ordonne que nous nous préoccupions immédiatement de nos moyens d'actions dans le cas où les Russes interviendraient à Berlin-Ouest, et que nous soyons prêts dans le cas d'une attaque aérienne de nos états du Sud-Est de la part de Cuba.

Les rumeurs, selon lesquelles les bateaux soviétiques s'en retournaient afin d'éviter notre flotte et que d'autres retardaient la confrontation, ne provoquèrent qu'un soulagement circonspect. C'était là, évidemment, un signe encourageant. Mais il était également possible que les commandants russes aient reçu l'ordre de faire traîner les choses, en attendant que le Kremlin décide de ce qu'il allait faire. Le bateau-citerne *Bucarest*, par exemple, continuait sa route à bonne vitesse et atteindrait le front du blocus le lendemain matin. Nous ne pouvions qu'attendre la suite des événements. D'après le Président, les Russes voulaient peut-être éprouver la fermeté du blocus avec des bateaux qui, tel le *Bucarest*, ne transportaient aucune cargaison militaire, tandis qu'ils dérouteraient ceux qui transportaient des fusées ou des bombes. D'une part, les Russes tireraient un avantage de propagande de toute intervention — si nous intervenions — contre de « pacifiques » navires marchands; d'autre part, ils ne risquaient pas de voir tomber entre nos mains leur quincaillerie militaire secrète.

Jeudi, 25 octobre : Le Président donne l'ordre de laisser le Bucarest *franchir le blocus sans y perquisitionner. Il ordonne également des vols de nuit de reconnaissance au-dessus de Cuba et approuve l'adjonction sur la liste des produits de contrebande du carburant pour fusée.*

John F. Kennedy laissa le *Bucarest* poursuivre sa route vers Cuba sans lui faire subir de perquisition pour deux raisons. Un pétrolier, qui n'avait pas les énormes écoutilles conduisant aux cales d'ICBM [1], aurait dû transporter ceux-ci sur le pont supérieur. Or, on n'en voyait aucun sur le *Bucarest*. Ensuite, c'était le premier bateau qui atteignait le front du blocus, et son commandant n'avait peut-être pas encore reçu ses instructions de Moscou.

Mercredi, 26 octobre : Le Département de la Défense annonce le premier accostage, et la première perquisition à bord d'un cargo affrété par les Soviétiques et battant pavillon panaméen — le Marucla. Il n'y a pas eu de résistance.

Le navire de la marine américaine qui avait abordé le *Marucla* était le destroyer *Joseph P. Kennedy*, ainsi nommé en souvenir du frère aîné du Président. C'était une coïncidence, mais John F. Kennedy me fit observer que « la presse ne voudra jamais croire que nous n'avons pas fait exprès de lancer le *Kennedy* sur le *Marucla*, pour nous faire une petite publicité à la famille ».

A midi, ce jour-là, l'Union soviétique manifesta pour la première fois sa volonté de régler la crise d'une manière pacifique, mais non en s'adressant directement au gouvernement des États-Unis, mais par l'intermédiaire de John Scali, le correspondant diplomatique de la chaîne de télévision ABC. Alexandre Fomin, conseiller à l'ambassade soviétique à Washington, lui annonça au cours d'un déjeuner que l'Union soviétique retirerait ses missiles offensifs et démantèlerait immédiatement ses bases si, de leur côté, les États-Unis s'engageaient à ne jamais envahir Cuba.

Vendredi soir, le Président reçut de Khrouchtchev une longue lettre dont le ton était alternativement agressif et conciliateur. Elle contenait la même proposition que Fomin avait faite à Scali un peu plus tôt dans la journée. Pour la première fois, on pouvait espérer que notre stratégie portait ses fruits et que la Russie reculait. Le Président convoqua l'EXCOM pour le matin suivant, afin de discuter de la réponse à faire à la lettre de Khrouchtchev.

Samedi matin, 27 octobre : Nous avons pris la décision d'accepter la proposition de Khrouchtchev, sous réserve qu'une commission de l'O. N. U. contrôle l'évacuation des missiles et des rampes de lancement. Une autre lettre de Khrouchtchev nous parvient, nous imposant d'autres conditions, parmi lesquelles l'évacuation de Turquie de nos fusées Jupiter.

1. Intercontinental Balistic Missile ou « Missile balistique intercontinental » est un missile sol-sol à grande portée allant jusqu'à 14.000 kilomètres. *(N. d. T.)*

Notre espoir de la veille était en miettes. Cette dernière proposition était inacceptable, et deux faits nouveaux, survenus ce jour-là, portèrent la crise à un point critique. L'un des *U-2* qui survolaient Cuba était porté manquant et on supposait qu'il avait été abattu par une fusée cubaine sol-air. Le Président avait déjà annoncé qu'il répondrait à ce genre d'incident par un bombardement de Cuba. Mais, avant de donner cet ordre, il voulait être certain que l'*U-2* manquant avait vraiment été abattu par l'ennemi.

Samedi soir, 27 octobre : Le Secrétaire d'État Rusk annonce qu'un U-2, *basé en Alaska, avait survolé, à la suite d'une erreur de navigation, la péninsule de Chukotski en Sibérie. Des chasseurs soviétiques avaient décolé pour l'intercepter, mais il n'y avait pas eu d'échange de coups de feu. Je ne devais rien dire à la presse de ces deux incidents, sauf si la Russie ou Cuba en faisaient état. Sur la suggestion de Bob Kennedy, le Président décide d'ignorer la deuxième lettre de Khrouchtchev et de ne répondre qu'à sa première missive. L'EXCOM se réunira demain soir à dix heures (dimanche) pour envisager une attaque contre Cuba si des renseignements ultérieurs nous apprenaient que l'*U-2 *avait été* abattu.

Dans sa réponse à la première lettre du Président Khrouchtchev — qui fut communiquée à la presse dès vingt heures — afin d'accélérer sa réception à Moscou, le Président Kennedy écrivait : « Les parties-clé de vos propositions... semblent, d'une façon générale, acceptables... Ainsi, vous consentiriez à retirer de Cuba cet ensemble d'armes, sous le contrôle d'une commission *ad hoc* de l'O. N. U., et de prendre toute mesure, assortie de garanties suffisantes, pour ne pas introduire, plus tard, de tels systèmes d'armement à Cuba. Quant à nous, nous consentirions, selon des aménagements décidés par l'O. N. U., qui garantirait l'application et la continuation de nos engagements *a)* à lever rapidement les mesures de quarantaine appliquées maintenant, et *b)* à donner l'assurance que nous n'envahirons pas Cuba... »

Nous quittâmes la Maison-Blanche fort tard ce samedi-là et j'avais la nette impression que les événements se précipitaient. Rien ne disait que le Président Khrouchtchev prendrait comme une sérieuse proposition de paix la réponse du Président — proposition qui, selon toutes apparences, ne lui convenait pas. Nous nous attendions à ce que les Russes tirent du survol de la Sibérie par un *U-2* un effet de propagande fracassant, et la disparition de l'*U-2* au-dessus de Cuba allait nous contraindre, le matin suivant, à envisager des mesures de représailles.

Dans ce cas, les États-Unis, au moins, bombarderaient les bases de fusées SAM russes à Cuba; au plus, ils envahiraient Cuba. Cette dernière éventualité nous coûterait un grand nombre de vies américaines, quoique, de leur côté, les militaires fussent persuadés que nous pouvions conquérir Cuba en sept ou dix jours.

Que l'Union soviétique eût ou non répondu à l'invasion de Cuba par un bombardement nucléaire, c'est ce que nous ne saurons jamais. Je doute cependant que l'Union soviétique se fût contentée de regarder son seul satellite de l'hémisphère occidental quitter son orbite sans intervenir énergiquement, et ceci d'autant plus qu'une telle attaque aurait à coup sûr provoqué des pertes importantes parmi les milliers de soldats et de techniciens russes qui se trouvaient alors à Cuba.

(J'ai, dans mon dossier, une note que j'avais glissée à Ken O'Donnell samedi, pendant la réunion de l'EXCOM : « N'est-il pas stupéfiant que les initiatives du Président qui, la plupart du temps, doivent être prises à tâtons, finissent toujours par apporter une solution à la crise? » Bill Foster, directeur de l'Agence américaine de Contrôle des Armements et du Désarmement, fit de son côté cette remarque : « Ce n'est sûrement pas ce soir qu'il faut désarmer. » Le Président, lui, déclara l'air troublé : « Malgré toute la peine que nous nous donnons, chaque fois que nous sortons de cette salle, ce peut être le début de la catastrophe. »

Le dimanche matin, 28 octobre, je retournais en voiture à la Maison-Blanche, quand j'entendis à la radio, aux dernières nouvelles, que Khrouchtchev avait répondu à la lettre que le Président lui avait envoyée la veille. Il acceptait de retirer ses fusées et de démanteler ses rampes de lancement à condition que les États-Unis s'engagent à ne pas envahir Cuba.

La crise était terminée, mais je n'osais pas y croire. Parmi les conseillers du Président, seuls quelques-uns pensaient que Khrouchtchev renoncerait aussi vite à ses dernières exigences. Quoi qu'il en soit, il l'avait fait, et pour des raisons que le monde probablement ne connaîtra jamais. Aussi, ce matin, au lieu d'envisager une attaque aérienne sur Cuba — et peut-être une invasion de l'île — l'EXCOM n'avait plus qu'à rédiger la réponse à Khrouchtchev, en le félicitant de cette « décision d'homme d'État », et de cette « contribution bienvenue et positive à la paix ».

Mais le Président ne partagea pas l'impression de triomphe qui régna dans la salle pendant cette dernière réunion. Il garda l'attitude d'un homme à l'esprit avant tout pratique. La crise était passée, mais il y en aurait d'autres qu'il faudrait résoudre, le mois prochain ou l'année prochaine. Un des conseillers du Président dit qu'il « sortait grandi » de cette crise et qu'il aurait maintenant infiniment plus d'autorité pour régler les futurs conflits internationaux. « Non, répondit le Président. Tout cela sera oublié en moins d'une semaine et chacun retournera à ses petits problèmes. »

Pour la première fois de la semaine, je dormis tout mon content cette nuit-là. On pouvait difficilement croire que, quelques heures plus tôt, nous étions au seuil d'une guerre nucléaire parce que deux *U-2* avaient provoqué des incidents à des endroits fort différents de la terre et parce que régnait à Cuba une activité fiévreuse sur les rampes de lancement de fusées. Khrouchtchev, plus tard, écrivit que l'*U-2* qui avait survolé la péninsule de Chukotski «aurait pu être pris pour un bombardier nucléaire...» alors que les forces russes «étaient prêtes à riposter...» Ce dimanche matin, d'autre part, nous apprîmes de façon certaine que l'*U-2* perdu au-dessus de Cuba avait été abattu par les forces cubaines. Le pilote de l'avion, le commandant Rudolf Anderson, avait été tué. C'était lui qui, le 14 octobre, avait pris les photographies aériennes ayant définitivement établi la présence de fusées offensives sur le sol cubain.

Le rôle du correspondant de l'ABC, John Scali, mérite une place à part dans l'histoire de cette crise. Il signala à la fois la nature dangereusement périmée du mode de communication entre l'Union soviétique et les États-Unis — bien avant que ne soit installé le téléphone rouge — et le caractère byzantin de la diplomatie soviétique.

Les Russes choisirent Scali comme intermédiaire entre eux et nous pour plusieurs raisons qui, toutes, rendaient justice à son esprit entreprenant et à son honnêteté de journaliste. L'ambassade soviétique savait que nous le tenions en grande estime au Département d'État, où il avait ses entrées et pouvait rapidement atteindre le Secrétaire d'État Rusk, ce dernier point présentant pour les Russes un vif intérêt. Mais surtout, ils faisaient confiance à Scali. A l'inverse de nombreux correspondants diplomatiques qui ne s'informaient qu'auprès de nous, Scali entretenait à Washington des relations étroites avec les ambassades étrangères importantes, y compris celle de l'Union soviétique et de ses satellites.

Nous avions demandé à Scali de garder le silence sur ces négociations secrètes dont il était l'un des rouages, et j'eus ma part dans cette décision. Mais depuis, l'histoire s'est ébruitée à partir d'autres sources; aussi, avec sa permission, je reproduirais ici les passages les plus significatifs de ses rapports au Président Kennedy et au Secrétaire d'État Rusk.

Le vendredi matin, 26 octobre, Scali reçut un coup de fil de Fomin, qui portait officiellement, à l'ambassade soviétique, le titre de conseiller, mais dont on savait qu'il était, en réalité, le principal agent de renseignements russe à Washington.

On trouvera ci-dessous le premier rapport que Scali fit parvenir à Roger Hilsman, directeur du Bureau de Renseignements et de Recherches du Département d'État.

« Alexandre S. Fomin, à un déjeuner auquel il me pria instamment, demande si un règlement de la crise de Cuba, selon les propositions suivantes, intéresserait le Département d'État : les bases seraient démantelées, sous le contrôle de l'O. N. U. et Fidel Castro s'engagerait à ne jamais accepter d'armes offensives de quelque nature que ce soit, en échange de l'engagement des États-Unis de ne pas envahir Cuba.

« Je répondis que je n'en savais rien, mais que c'était là des propositions qu'on pouvait discuter. Il me dit que si Stevenson prêtait attention à cette proposition, Zorine (Valérian Zorine, ambassadeur soviétique au Conseil de Sécurité de l'O. N. U.) s'y intéresserait. Il me demanda de m'en informer au Département d'État et de le tenir au courant. Il me donna son numéro de téléphone personnel, afin que je puisse lui téléphoner ce soir si c'était nécessaire.

« Fomin prétendit que le délégué cubain à l'O. N. U., lors d'un débat au Conseil de Sécurité, avait déjà demandé cette garantie à savoir que Cuba ne serait pas envahie en échange du démantèlement des bases. Mais il n'avait pas obtenu de réponse. Je lui répondis que j'avais suivi très attentivement ce débat, mais que je ne me souvenais pas d'une telle offre de la part de Cuba... »

Dès qu'il eût quitté le fonctionnaire soviétique, Scali fit parvenir, par l'intermédiaire de Hilsman, son rapport à Rusk. Le Secrétaire d'État fit immédiatement venir le journaliste à la Maison-Blanche pour qu'il y attende la réponse du Président. Quand je le vis dans le couloir derrière la Salle du Conseil, dans ce domaine interdit aux journalistes, je me précipitai sur lui avec quelque émotion.

— Que diable faites-vous ici? lui demandai-je.

Avant qu'il ait eu le temps de répondre, Rusk arrivait et s'approcha de nous.

— Tout va bien, Pierre, c'est moi qui lui ai dit de venir.

La proposition que Scali avait transmise de la part de Fomin était une base de discussion acceptable pour un règlement de la crise, et le Président pria Scali d'en faire part au diplomate soviétique, sans mentionner toutefois que cet avis venait de lui.

Ci-dessous, voici le deuxième rapport de Scali :

« A dix-neuf heures trente-cinq (le 26 octobre), je rencontre Fomin dans le vestibule de l'Hôtel Statler, comme il me l'avait demandé, (et) nous allons au café de l'hôtel pour y parler. Je lui dis : « J'ai de bonnes raisons de croire « que le gouvernement des États-Unis voit dans cette proposition une réelle « possibilité de règlement et pense que les représentants de l'Union sovié-

« tique et des États-Unis à New York pourraient l'étudier et la développer « avec U-Thant d'une part et dans des conversations bilatérales d'autre part. « J'ajoutai que, d'après moi, le temps pressait véritablement... »

« Il m'écouta attentivement, puis me demanda si je tenais mes informations de sources sûres, à un haut niveau. Je lui répondis que je tenais mes informations du niveau le plus élevé dans le gouvernement des États-Unis. Il me demanda encore si j'étais bien sûr qu'elles me venaient de hautes sources. Je répondis une fois de plus par l'affirmative. Il me dit alors que s'il déclarait que ces informations venaient de hautes sources, alors qu'il n'en était rien, il passerait pour dupe et se rendrait ridicule, à un moment fort critique. Je répliquai que je serais moi-même complètement irresponsable si je mentais à propos de choses aussi sérieuses et à un moment aussi critique.

« Il me parut enfin persuadé que je disais la vérité. Il me dit alors qu'il voulait être sûr que nous savions l'un et l'autre de quels arrangements nous parlions. Je lui fis part de ma manière de comprendre les choses, savoir :

« Que les bases offensives cubaines seraient démantelées sous le contrôle des Nations Unies, que Fidel Castro s'engagerait publiquement à ne plus jamais recevoir d'armes offensives, que l'Union soviétique promettrait elle aussi de ne jamais plus envoyer ces armes-là à Cuba et que les États-Unis, en contrepartie, s'engageraient publiquement à ne pas envahir Cuba.

« Il déclara que c'était de cela même dont il était question à ses yeux. A ce point de son discours, Fomin me demanda si d'après moi il serait possible qu'une commission de contrôle de l'O. N. U. inspecte également les bases militaires américaines en Floride, afin qu'on puisse avoir la certitude que Cuba ne serait pas envahie. Il demanda également s'il serait possible d'inspecter les pays environnants des Caraïbes. Je lui répondis que je ne savais pas, car c'était là un sujet absolument nouveau dont il parlait vraiment pour la première fois. Il convint qu'il n'en avait jamais parlé encore, mais, ajouta-t-il, « je suis un profane et je fais partie du menu fretin, et je ne faisais que « me renseigner ».

« Je répliquai que je ne pouvais répondre qu'en ma qualité de journaliste, puisque je n'avais sur le sujet aucune information officielle. J'ai l'impression, dis-je, que cela soulèverait de terribles complications, car il n'y a pas de fusées offensives américaines pointées sur Cuba, comme il y en avait à Cuba (pointées sur les États-Unis), ce qui rendait la situation très différente. En outre, je signalai qu'une fois que seraient démantelées les rampes de fusées à Cuba, et que Cuba se serait engagée à ne plus recevoir de fusées, la raison de la présence des forces américaines en Floride disparaîtrait d'elle-même, ce qui leur permettrait vraisemblablement de regagner leurs cantonnements et la situation en Floride redeviendrait normale.

« Mais, dis-je, demander au Président d'accepter la présence d'inspecteurs étrangers en Floride, en ce moment, le mettrait dans une situation très difficile aux États-Unis même, car il y a dans le pays beaucoup d'irréductibles d'extrême droite qui désirent qu'on envahisse Cuba à tout prix et qui interpréteraient une telle décision comme un signe de mollesse.

« Fomin me demanda alors comment les Soviétiques pouvaient être certains que les côtes de la Floride et les pays voisins des Caraïbes ne serviraient pas de point de départ à une invasion future de Cuba. Je répondis qu'il ne pouvait que se fier à la parole du gouvernement des États-Unis quand il affirmait qu'il n'avait l'intention ni d'envahir Cuba ni de permettre aux réfugiés cubains de se servir du sol américain pour une telle agression.

« Je répétai que demander une inspection des troupes américaines en Floride ou dans le pays des Caraïbes provoquerait une grande complication à un moment où le temps était un facteur décisif dans le règlement de la crise.

« Il me dit alors qu'il pouvait m'assurer que cette information serait immédiatement transmise aux plus hautes sphères soviétiques et à M. Zorine. Et il le répéta. Il me dit qu'il désirait retourner directement à l'ambassade, et me quitta si vite qu'il n'attendit même pas qu'on lui rendît la monnaie à la caisse. Comme nous nous disions au revoir dans le vestibule de l'hôtel, il me dit qu'il reprendrait contact avec moi et qu'il avait mon numéro de téléphone personnel et celui de mon bureau. Je répondis que je serais heureux de causer avec lui à n'importe quel moment.

« D'après moi, en exposant sa nouvelle proposition, Fomin avait lancé un ballon d'essai. Il n'éleva aucune objection quand je lui parlai des répercussions intérieures et autres qui rendaient toute acceptation très peu probable. Notre conversation, de bout en bout, dura vingt minutes. »

Il était hors de doute que Fomin agissait sur les ordres de l'ambassadeur Dobrynin et parlait au nom de Khrouchtchev. Pour définir l'accord éventuel, il avait emprunté les mêmes termes, à peu de chose près, que lors de sa première entrevue avec Scali. D'autre part, l'affirmation de Scali selon laquelle il transmettait une acceptation de principe de la part des « plus hautes sphères » de notre gouvernement laissait entendre clairement qu'il parlait au nom du Président. Il faut savoir, cependant, que d'autres contacts — diplomatiques ou officieux — existaient entre Moscou et Washington en même temps que ceux de Fomin et de Scali. Les raisons pour lesquelles les deux gouvernements recouraient à ce genre de contacts privés, selon toutes apparences, étaient évidentes. S'ils échouaient, le Kremlin pouvait désavouer Fomin, simple fonctionnaire qui n'avait nulle autorité pour entreprendre de telles négociations; de notre côté, nous pouvions dire de Scali qu'il n'était qu'un simple citoyen consciencieux qui avait transmis des informations qu'il avait reçues.

Quand nous reçûmes la deuxième lettre de Khrouchtchev, qui nous demandait de retirer nos fusées de Turquie, Scali, à juste titre, eut l'impression que les Russes s'étaient servis de lui pour gagner du temps et avancer ainsi le degré de préparation au combat des bases de fusées à Cuba. En réalité, le mystère de cette deuxième proposition russe, absolument discordante, n'a jamais été éclairci. Khrouchtchev avait-il subi des pressions? Ou bien ce deuxième message n'était-il jamais passé sous ses yeux? Nous ne le saurons jamais. Quoi qu'il en soit, Scali avait de bonnes raisons de penser que Fomin n'avait pas agi de bonne foi avec lui.

Il lui téléphona samedi après-midi à quatre heures et lui donna rendez-vous à l'Hôtel Statler où il le retrouva quinze minutes plus tard. Le Russe lui dit qu'il était complètement dérouté par ce deuxième message du Kremlin et que l'ambassadeur Dobrynin et lui-même « attendaient anxieusement » un mot de Moscou sur la proposition originale.

Je tire du rapport que Scali fit parvenir à Rusk, ce jour-là, les passages suivants :

« Je lui répondis qu'il était extrêmement difficile de croire une telle chose; qu'en ma qualité de journaliste, je pensais qu'il m'avait dupé d'une manière infecte. Il affirma qu'il était lui-même stupéfait. Je lui fis remarquer que la formule employée par Radio-Moscou n'avait aucun rapport, en aucun point, avec ce dont nous avions discuté hier soir. Il en convint. Il répéta que, d'après lui, Moscou n'avait pas reçu à temps le message à cause de l'encombrement du réseau à New York, Londres et ailleurs. Je lui dis une autre fois qu'il était vraiment difficile de le croire. » (Scali ne pouvait avoir une autre opinion car la *première* communication de Khrouchtchev la veille au soir énonçant les termes d'un accord était à peu de choses près identique à la proposition de Fomin.)

« A ce moment de la discussion, Fomin déclara : « Bon, la (deuxième) « formule employée par Moscou n'est pas nouvelle. Après tout, Walter « Lippmann en a parlé, lui aussi, ainsi que d'autres Américains en vue. » Je répliquai que je me fichais pas mal de ce que Walter Lippmann ou Cléopâtre en aient ou non parlé, et que c'était une proposition complètement, totalement, entièrement et pour toujours inacceptable. Elle était inacceptable dans le passé, dis-je, elle est inacceptable aujourd'hui, elle le sera encore demain et après-demain et ainsi de suite, et que le gouvernement américain, tout simplement, n'en tiendrait pas compte. Si l'Union soviétique désirait parler des bases américaines d'outre-mer et de leur nombre, elle devait le faire lors des conférences sur le désarmement et ne pas s'en servir comme monnaie d'échange. Il prétendit que les Russes en avaient parlé lors des conférences sur le désarmement et que leurs propositions avaient été rejetées.

« J'insistai sur le fait que je parlais en qualité de journaliste, mais que, plus que probablement, un membre ou un autre du gouvernement demanderait ce qui était advenu de cette idée dont j'avais parlé, particulièrement en ce qui concernait ce que je lui avais dit la veille au soir, qui pourrait être discuté. Il répondit que l'ambassadeur et lui n'étaient que du « menu fretin », que, dans une situation comme celle-ci, le Président Khrouchtchev recevait des avis de plusieurs côtés. Mais il répéta avec insistance qu'il attendait une réponse et qu'il prendrait contact avec moi dès qu'il la recevrait...

« Je ne sais dire si cet individu disait ou non la vérité. Il semblait véritablement ne pas croire à une note précédente et répéta une demi-douzaine de fois que l'ambassadeur et lui attendaient une réponse. Il paraissait bouleversé. Mais tout cela pouvait n'être qu'une comédie. »

La réponse, naturellement, vint le matin suivant, apportant avec elle un énorme soulagement à Washington, dans le pays et dans le monde. Scali rencontra Fomin une autre fois encore à midi cinquante-cinq, et le Russe lui déclara : « Je puis vous dire que les informations que vous m'avez fournies hier ont été fort utiles au Président Khrouchtchev et lui ont permis de prendre rapidement une décision. »

Les États-Unis et le monde entier ont envers Scali une dette de gratitude. De lui-même, il relégua ses objectifs de journaliste au bénéfice de l'intérêt national, à un moment fort crucial de notre histoire. Il fit ainsi une croix sur ses propres possibilités, et laissa aux autres journalistes le bénéfice de ce qui aurait pu être le plus grand reportage de sa vie. Je connais Scali depuis longtemps et je crois qu'il est le plus piètre joueur de poker que je connaisse. Mais dans nos efforts pour prévenir une catastrophe nucléaire, son rôle a été d'une importance considérable. Et je le tiens non seulement pour un grand journaliste, mais encore pour un grand Américain.

Sur la demande du Président, Scali rencontra encore Fomin le 29 octobre et le 3 novembre. Ses rapports à Rusk nous furent extrêmement précieux pour évaluer la position de l'Union soviétique après la crise. Voici, ci-dessous, un extrait du rapport de Scali du 29 octobre :

« ... Les sujets importants qu'il (Fomin) aborda dans une longue conversation à bâtons rompus (furent les suivants) : Fidel Castro est un homme très difficile à manœuvrer. Les Soviétiques lui ont souvent répété de concentrer son attention sur Cuba plutôt que de fomenter des troubles ailleurs, mais Castro ne nous écoute pas... Trois ou quatre fois, Fomin demanda si le moment était favorable à une conférence au sommet. Je lui répondis, en ma qualité de journaliste, que je ne pensais pas que Kennedy y serait très favorable pour le moment, tant qu'un doute, si léger soit-il, planerait sur l'intention des Russes de tenir leurs promesses...

« Fomin dit que le Secrétaire d'État Rusk devrait conférer avec l'ambassadeur Dobrynin trois fois par jour et chaque fois pendant une heure au moins. « Ainsi, chacun comprendrait mieux l'autre. » Je répondis que cela laisserait à Rusk bien peu de temps pour faire autre chose. Il répliqua que rien n'était plus important, en ce bas monde, qu'une meilleure compréhension entre les Russes et les Américains...

« La seule chose que je signalai, avec insistance, fut que les terribles dangers que nous avions courus ces jours derniers montraient comme il était indispensable, pour les uns et les autres, de parvenir ensemble à un accord raisonnable sur le désarmement nucléaire. Je dis que le Président était plus que jamais décidé à ne ménager aucun effort pour y parvenir, que les Soviétiques devraient penser qu'une inspection de Cuba était une chose raisonnable et non, comme ils le disaient, un moyen qui nous permettrait de les espionner et que peut-être, de cela même, sortirait un accord entre les uns et les autres sur une inspection mutuelle qui, comme il le savait, était indispensable à tout désarmement. L'intention de l'administration, dis-je, n'était pas d'embarrasser ou d'humilier M. Khrouchtchev en ce moment. Il répliqua qu'un tel jugement de la situation était le fait, de la part du Président, d'un « très grand sens du pouvoir » et que l'ambassadeur et lui le comprenaient fort bien. Le gouvernement soviétique, dit-il, en dépit de tout, se rend compte qu'il est plus positif, profitable et plus facile de discuter avec l'administration Kennedy qu'avec l'administration précédente, bien que certaines déclarations agressives du Pentagone soient vraiment difficiles à comprendre. Il était également difficile, bien entendu, de comprendre comment Walter Lippmann, un ami proche du Président, pouvait se tromper et comment je pouvais moi-même, qui travaillais pour le Républicain James Hagerty (qui était alors le chef des informations à l'ABC), prendre la défense de l'administration. « Vous devriez être renvoyé « par M. Hagerty », dit-il en souriant. Je répondis que tout ce qu'écrivait Walter Lippmann ne venait pas directement de la Maison-Blanche, qu'il se trompait souvent et que si les Soviétiques jugeaient les intentions de l'administration sur la foi de ce qu'écrivaient les journalistes, ils devaient relire ou tenir compte de ce qu'écrivaient d'autres journalistes que ceux dont ils suivaient les articles... »

D'après le rapport de Scali du 3 novembre :

« Les sujets importants dont parla Fomin sont les suivants : les États-Unis doivent se montrer « patients » avec les Soviétiques qui font des efforts pour convaincre Fidel Castro de se bien conduire... Ce serait la même chose que de vouloir convaincre une femme réticente d'avoir des relations avec vous. Si on le force, on n'a aucune chance d'atteindre son but, mais si on use de persuasion, on peut temporairement triompher de ses objections. Il souligna et répéta que les Russes demandaient aux États-Unis des « concessions réciproques » et qu'ils en avaient besoin en ce moment. « Vous ne « devez pas, dit-il, continuer à appliquer le blocus, mais le relâcher graduel- « lement, afin de créer un meilleur climat... »

« Il prétendit que Castro se montrait intransigeant quant à une inspection du territoire cubain. Le meilleur moyen, dans ces conditions, de résoudre le problème est de laisser Castro de côté et de conclure un accord entre soi (l'Union soviétique et les États-Unis). Fidel Castro ne tolérera jamais une inspection de ses eaux territoriales, aussi, pourquoi ne pas se contenter d'une inspection à bord (des bateaux), « disons à vingt kilomètres au large ». Fomin souligna que, si les États-Unis « forçaient le dénouement », rien de bon n'en sortirait car « nous devons vivre avec Castro ». L'hypothèse était que les Russes retireraient les emplacements de fusées SAM, en même temps que les équipements offensifs. « Et puis quoi ? Faut-il laisser le roi (Fidel « Castro) nu ? » demanda-t-il. Et comme j'insistai sur ce dernier point : « L'Union sovié- « tique a l'intention de laisser à Cuba quelques techniciens d'armes défen- « sives, dit-il, qui encadreront les forces cubaines strictement défensives... »

« Fomin semblait encore troublé par la marge étroite qui avait permis à l'Union soviétique et aux États-Unis d'éviter la guerre. Il fit porter le blâme de l'esprit agressif de l'administration sur « Bobby » Kennedy, disant : « Il est le pire de tous et nous le savons. Il était le seul qui poussait à une « action irréfléchie. » Je fis remarquer que Rusk et McNamara étaient entièrement d'accord pour appuyer les décisions de l'administration et que ce serait une erreur de croire que cela fût le résultat de la seule influence de Robert Kennedy... »

Les rapports de Scali étaient régulièrement communiqués à l'EXCOM. Les informations qu'ils apportaient reflétaient si bien ce que les Russes étaient en train de dire à l'ambassadeur Stevenson et à McCloy à l'O. N. U. que le Président Kennedy observa, en faisant la grimace : « Pourquoi ne pas inviter John aux séances de l'EXCOM. »

Mes relations avec les Russes, depuis nos premiers contacts à Vienne et mon voyage en Union soviétique, ont toujours eu selon eux un côté mystérieux. Elles prenaient place dans le monde nébuleux de la diplomatie secrète, mais elles étaient entretenues par des contacts continuels.

Il n'était donc pas étonnant que Khrouchtchev envoyât à Washington, le 31 octobre, Youri Zoukov — un de ses proches conseillers — pour qu'il y rencontre ceux qu'il y connaissait dans l'administration. Son but : savoir comment se répartissaient les points entre Moscou et Washington à la suite de la crise des missiles. J'avais fait sa connaissance lors de ma visite en Union soviétique, au début de l'année, alors qu'il tenait, dans la *Pravda*, la rubrique de « l'Observateur ». Il était maintenant le rédacteur en chef des informations étrangères.

A la réunion de l'EXCOM du 29 octobre, John F. Kennedy avait demandé à l'ambassadeur Thompson si Zoukov était un personnage important.

— Certainement, répondit Thompson, je dois le voir vendredi.

Le Secrétaire d'État Rusk sourit. « Je suppose qu'aux yeux de Zoukov, je ne fais pas partie du cercle des dirigeants. Il n'a pas demandé à me voir. »

Le Président plaisanta à son tour. « Pierre vous dépasse tous les deux. Zoukov doit le voir mercredi à l'heure du déjeuner. »

Les rires qui suivirent la remarque du Président détendirent l'atmosphère. C'est que nous venions d'écouter un nouveau rapport : le jour même qui avait suivi l'engagement pris par Khrouchtchev d'évacuer les fusées, un avion américain avait été pris sous le feu de la D. C. A., au-dessus d'une base cubaine alors qu'il photographiait une nouvelle concentration de bombardiers *Il-28* soviétiques.

Pendant la semaine de la crise des fusées, Zoukov avait assisté à une conférence de la Fondation Ford sur les communications, à Andover (Maine), mais, apparemment, il était resté en étroit contact avec Moscou. Vendredi — le jour où Fomin faisait connaître à Scali les conditions soviétiques — Zoukov demanda à Norman Cousins qui assistait lui aussi à la conférence sur les communications si, le Kremlin retirant ses fusées, le Président Kennedy allait se vanter de cette victoire ou prendre, encore, d'autres mesures agressives.

Le directeur du *Saturday Review*, parlant en sa qualité de simple citoyen, répondit que le Président ne désirait prendre aucune mesure qui humilierait le Président Khrouchtchev ou provoquerait une nouvelle crise.

Les conversations de Fomin et de Scali d'une part, de Zoukov et de Cousins d'autre part prennent toute leur signification lorsqu'on se rappelle qu'elles eurent lieu, l'une et l'autre, au même moment. De ce point de vue, Cousins glana, auprès d'autres délégués russes à la conférence d'Andover, d'autres informations intéressantes. En rapportant à Khrouchtchev sa conversation du 18 octobre avec le Président Kennedy, le ministre des Affaires Étrangères, Gromyko, omit de lui parler de l'assurance qu'il lui avait donnée, à propos de l'absence de fusées offensives à Cuba. A cette époque, n'ayant sans doute pas reçu de Khrouchtchev la consigne de mentir délibérément au Président, il avait préféré oublier qu'il l'avait fait.

Je rencontrai Zoukov au restaurant « Rive Gauche, » dans le quartier de Georgetown, à Washington, mercredi 31 octobre. L'un des convives était Georgi Bolchakov, agent secret et directeur de *l'URSS Magazine*. Lui et moi avions servi d'intermédiaire dans l'échange de correspondance secrète entre John F. Kennedy et N. S. Khrouchtchev. Soit dit en passant, nous n'avons pas usé de cette forme de correspondance pendant la crise des fusées à cause vraisemblablement du temps nécessaire à la transmission, à la traduction et au décodage.

Zoukov était mortellement sérieux quand je le vis au restaurant « Rive Gauche ». Il n'avait plus rien de son air amical et ironique, de son sens de l'humour que j'avais remarqués pendant ma visite de deux jours en URSS un an plus tôt. Il m'interrogea d'abord sur les conséquences à long terme de la crise des missiles sur les relations soviéto-américaines. Qu'en pensais-je? Il me posait là une question dont nous avions déjà longuement préparé la réponse.

Je répondis qu'il y avait eu d'heureux signes de *rapprochement* ces deux dernières années : la libération des pilotes des *RB-47* immédiatement après l'Investiture, l'accord sur le cessez-le-feu au Laos, la décision des Soviétiques d'ajourner la reconnaissance de l'Allemagne de l'Est. Quoique les négociations continuelles sur Berlin et les essais nucléaires n'eussent jusqu'à présent pas donné de résultats satisfaisants, une atmosphère de bonne foi caractérisait au moins nos relations, particulièrement en ce qui concernait l'échange de correspondance entre les deux chefs d'État.

Mais, dis-je, advint la décision russe d'équiper clandestinement Cuba en fusées offensives. Et ce fut là un rude coup qui entama notre confiance et nous empêcha de continuer de croire que l'Union soviétique désirait régler pacifiquement les différends qui nous séparaient. Je rappelai à Zoukov que de hautes personnalités russes avaient délibérément menti au Président Kennedy en niant que de telles fusées se trouvassent à Cuba.

La situation, dis-je, était très claire maintenant. Khrouchtchev devait faire la preuve de sa bonne foi en retirant et en démantelant, effectivement, comme il en avait pris l'engagement, les missiles et les rampes de lancement. Sinon, une autre crise serait inévitable.

Zoukov, qui avait écouté en silence, hocha la tête vigoureusement, en signe d'assentiment. « C'est vrai, évidemment. Chacun de nous doit exactement tenir ses engagements. Et aucun de nous ne doit montrer la moindre faiblesse. Si le Président Kennedy devait revenir sur ses décisions, il mettrait le Président Khrouchtchev dans une position très difficile vis-à-vis de Fidel Castro. »

Zoukov me sonda alors sur les réactions américaines dans le cas où les Russes proposeraient une réunion au sommet, « afin de parfaire l'accord actuel ». Cela, dit-il, « ouvrirait la voie au règlement d'autres problèmes de grande importance ». Il me dit encore qu'il avait, la veille, parlé de cette possibilité d'une conférence au sommet avec Scotty Reston. Mais le correspondant du *New York Times* ne pensait pas que le moment était favorable. Je répliquai que je ne pouvais parler qu'en qualité de simple citoyen et non, évidemment, en qualité de membre du gouvernement et que, ceci dit, je pensais qu'une conférence au sommet en ce moment placerait les deux gouvernements dans une position embarrassante au cas où elle n'aboutirait à aucun accord important.

Zoukov en revint alors à la question cubaine. « Le Département d'État, dit-il, fait courir le bruit que Fidel Castro a donné l'ordre aux communistes d'Amérique latine d'entreprendre des actions terroristes. Ceci est très dangereux et nous concerne de très près; d'abord, Castro n'a envoyé aucun message de ce genre; ensuite, il n'est en rien le patron des communistes d'Amérique latine. De tels bruits pourraient pousser les pays sud-américains à prendre des mesures contre Cuba, ce qui serait très regrettable. Le sort du monde est ici en cause. Laissez U-Thant régler ces problèmes. »

Zoukov avait une autre doléance, cette fois-ci, à propos d'un film intitulé *We'll Bury You* [1], réalisé par la Columbia. Il déclara que ce film était une falsification de la récente *Histoire de Russie* et une « insulte » envers Lénine et Khrouchtchev. « Si nous faisions un tel film sur le Président Kennedy, vous rappelleriez immédiatement votre ambassadeur à Moscou. »

Je lui fis observer qu'aux États-Unis, contrairement à ce qui se passait en Union soviétique, le gouvernement ne contrôlait pas la production cinématographique. Il répondit qu'il était au courant de ces habitudes mais « nous désirons, ajouta-t-il, que vous sachiez que nous n'aimons pas de tels films ».

1. *On les enterrera.*

Le déjeuner prit fin sur une note plus agréable. On avait craint que Khrouchtchev ne signât avec l'Allemagne de l'Est un traité de paix séparé immédiatement après les élections américaines. Zoukov répondit que Khrouchtchev n'avait nullement cette intention. « Nous ne voulons pas résoudre ce problème sans que vous participiez à sa solution. »

Je devais revoir Zoukov une fois encore. Ce fut à Tokio, en août 1964, après que j'eus démissionné de la Maison-Blanche, pour me présenter aux élections sénatoriales. Zoukov participait, en qualité de délégué russe, à une conférence commémorant le bombardement d'Hiroshima. Il exprima ses regrets profonds de l'assassinat du Président Kennedy et me dit que Khrouchtchev espérait avoir avec le Président Johnson des relations aussi profitables que celles qu'il avait eues avec le Président Kennedy. Je l'assurai que c'était également le vœu du nouveau Président. Mais Khrouchtchev fut déposé six semaines plus tard et Zoukov disparut avec lui. Quand j'allai en Union soviétique en 1965, on m'apprit que je ne pouvais le voir.

Bolchakov fut rappelé à Moscou peu après le déjeuner qui nous avait réunis à Washington. Le samedi 20 octobre — deux jours avant que le Président nous annonçât la perfidie des Soviétiques — Bolchakov avait sottement déclaré aux journalistes Stewart Alsop et Charles Bartlett qu'il n'y avait pas de missiles offensifs à Cuba. Son nom fut cité dans les colonnes du journal et, après un mensonge aussi énorme, le Kremlin, comme on pouvait s'y attendre, décida que sa présence n'était plus utile à Washington. Pourtant, en 1965, Bolchakov occupait encore à Moscou un poste important. Je le vis dans son spacieux bureau de Novosty (une agence d'actualités filmées soviétiques), où il était le chef du département de la radio et de la télévision. Des journalistes américains me dirent qu'il s'occupait des transactions commerciales. En fait, il venait de vendre pour vingt-cinq mille dollars, à une importante chaîne de télévision américaine, des films en couleur du dernier vol soviétique dans l'espace.

Pendant la semaine qui suivit la crise des missiles, j'eus à affronter personnellement une nouvelle épreuve. Elle était directement liée à la crise, mais cette fois-ci, les adversaires n'étaient pas les Russes; c'étaient mes amis, les journalistes de Washington.

XX

L'INFORMATION EST-ELLE UNE ARME ?

La tempête que souleva le problème de la diffusion des nouvelles pendant la crise des fusées, certes, est peu de chose à côté des événements dramatiques de cette période décisive.

Cependant, elle constitua le conflit le plus sérieux qui m'opposa à la presse et illustra une fois de plus le fossé infranchissable qui sépare, lors d'une crise, les intérêts immédiats de la presse et du gouvernement. Le nœud du problème se trouva être le même que lors de l'attaque manquée de la baie des Cochons, à savoir la manière dont un gouvernement traite et retient les nouvelles dans une situation qui intéresse la sécurité nationale, mais qu'on ne peut, pour des raisons diverses, appeler une situation de guerre.

Le conflit éclata le lendemain du jour où le Président Khrouchtchev annonça le retrait des missiles de Cuba. Déjà, pendant la semaine de la crise, il y avait eu quelques récriminations à propos de notre manière de traiter l'information mais, d'après moi, tout se serait passé sans trop de problèmes si Arthur Sylvester, adjoint au Secrétaire à la Défense, n'avait accordé une interview au chroniqueur militaire du *Washington Star's*, Richard Fryklund.

Dans cette entrevue, Sylvester admit que les journalistes avaient eu plus de difficultés à se tenir au courant des événements pendant le blocus de Cuba que pendant la Deuxième Guerre mondiale. Il avait ajouté : « Je ne voudrais pas comparer ces deux situations. Mais, vu le monde dans lequel nous vivons, la diffusion des nouvelles par un gouvernement devient, dans une situation tendue, une arme comme une autre. D'après moi, la fin justifie les moyens. »

S'il est vrai qu'une telle affirmation peut se justifier à tête reposée, il n'empêche que ce genre de déclaration fut, pour les journalistes déjà mécontents, la goutte d'eau qui fit déborder le vase.

Mais, pour remettre les propos de Sylvester dans leur contexte, il est important de rappeler ce qui était arrivé pendant la semaine de la crise, en ce qui concerne la diffusion des nouvelles.

J'ai déjà raconté l'activité de cette semaine critique, entre le 22 et le 28 octobre. J'ai dit aussi que le Président — lorsqu'il apprit pour la première fois la présence des missiles à Cuba grâce aux photographies prises par les *U-2* — avait décidé de garder le secret le plus absolu sur cette information, afin que le gouvernement bénéficie d'un délai qui lui permettrait de prendre les décisions qui contreraient l'action russe.

Il ordonna donc, pour préserver le secret, que seule une douzaine de membres du gouvernement seraient mis au courant de l'affaire, ce qui diminuerait d'autant les risques de fuites vers la presse. (Je ne faisais pas partie de ces douze-là.)

Le Président pensait que si le gouvernement pouvait disposer, pour se décider sur les mesures à prendre, de cinq ou six jours, sans que les Russes soupçonnent quoi que ce soit, il garderait l'initiative dans ce qui devait être le premier affrontement de l'âge nucléaire. Le Président savait que les Russes, nombre de fois, avaient pu garder l'initiative simplement parce que nous avions prématurément communiqué les informations qui étaient en notre possession. Mais, pendant la crise des fusées, l'enjeu était la vie de centaines de millions de personnes, et le Président avait décidé qu'aucune fuite n'empêcherait les États-Unis de prendre leur décision et de l'appliquer, et que ni les Russes ni les Cubains ne le sauraient trop tôt. Cette politique permit aux États-Unis d'avoir ses bateaux en place, et au blocus d'être effectif au moment où le Président Kennedy parut sur les écrans de la télévision, le 22 octobre 1962.

Et pourtant, les journalistes nous firent grief, en particulier, de leur avoir délibérément menti dans les jours qui avaient précédé le discours du Président.

Le sous-comité sur la liberté de l'information, présidé par le congressiste John Moss, prépara un long mémoire fondé sur les plaintes des journalistes qui prétendaient que les porte-parole de l'administration leur avaient « délibérément » menti. A preuve, cet exemple qu'ils citaient :

« Un porte-parole du Pentagone a nié ce soir (19 octobre) que l'état d'alerte a été ordonné ou que quelque mesure d'urgence ait été prise contre le gouvernement communiste de Cuba. »

En fait, le 19 octobre, seuls trois membres du Département de la Défense, dont le Secrétaire McNamara, étaient au courant de la crise des missiles, et l'un des membres de ce même Département à ignorer ce qui se passait alors était le Secrétaire adjoint Sylvester qui était le « porte-parole du Pentagone ». Mais il faut honnêtement ajouter maintenant que, si un porte-parole avait parlé, il aurait brisé la consigne de silence donnée par le Président Kennedy et fourni ainsi à l'ennemi des informations dont il ne pouvait à ce moment avoir connaissance. Le rapport du sous-comité mentionnait également que j'avais « menti » à la presse quand j'avais annoncé, le 20 octobre à Chicago, que le Président avait pris froid. Comme je l'ai déjà signalé, le matin du 20 octobre, je ne savais rien de la crise des fusées cubaines. Et, je le répète, un examen rétrospectif de la situation me fait dire que si j'avais su ce qui se passait il m'aurait été impossible, du point de vue de l'intérêt national, de dévoiler que le Président retournait à Washington parce qu'on avait découvert la présence de missiles à Cuba — et cela avant même que le gouvernement ait pris une décision à ce sujet et, surtout, avant même que Russes et Cubains sachent que nous avions tout découvert.

D'après moi, le succès de la politique du Président Kennedy dans cette affaire repose en grande partie sur le fait que nous avons pu prendre les Russes par surprise dans la soirée du 22 octobre. Ils ignoraient tout de notre intention d'établir le blocus et, devant le déploiement des forces américaines au large des côtes cubaines, ils durent affronter une situation à laquelle ils n'étaient pas préparés.

Naturellement, une déclaration attribuée à Sylvester, à Syracuse (État de New York), ne fut pas l'un des moindres péchés dont nous chargea la presse. Il avait dit : « Mentir est un des droits de notre gouvernement quand cela est nécessaire à sa sécurité et qu'une guerre nucléaire se prépare. Cela me paraît fondamental. » Sylvester nia qu'il avait tenu de tels propos; mais ses paroles avaient été largement citées et reproduites et elles eurent leur responsabilité dans la crise entre la presse et le gouvernement. Sylvester dut, en conséquence, témoigner devant le Comité sur l'information :

— Le gouvernement n'a pas le droit de mentir au peuple, mais il doit avoir le droit de faire face à un ennemi, si une information est inexacte et si elle est destinée à tromper l'ennemi; je pense que n'importe quel peuple accepterait que son gouvernement retienne par devers soi toute information qui aiderait l'ennemi. Et, si cela était nécessaire, qu'il le trompe.

Cependant, après le discours du Président, il fallait absolument que la politique d'information du gouvernement soit définie d'une manière stricte et rigide. Le plan d'une politique gouvernementale de diffusion de l'information fut remis entre les mains du Comité exécutif du Conseil de la Sécurité nationale (EXCOM). La coordination des décisions de l'EXCOM fut remise entre mes mains, Sylvester s'occupant des nouvelles d'ordre militaire et Manning des nouvelles d'ordre diplomatique. Nous décidâmes que toute information qui pourrait, éventuellement, servir l'ennemi serait coupée à sa source même, c'est-à-dire au Département d'État. Comme il était délicat de concilier les deux impératifs contradictoires de donner à la presse toutes les informations qu'il était possible de lui donner dans une situation de crise et de retenir les nouvelles qui pourraient être profitables à l'ennemi, je jugeai bon de réunir quelques-uns des principaux chefs de la presse et de leur exposer nos projets et les raisons qui les motivaient.

Le 23 octobre, à dix-huit heures, un jour après le discours du Président, je rencontrai les chefs de l'industrie, de la radio, de la télévision et de l'information écrite. Étaient présents à cette réunion : Benjamin McKelway, directeur du Washington *Star* et président de l'Associated Press; Wes Gallagher, directeur de l'AP; Bill Beal, chef du bureau de l'AP à Washington; Whitney Shœmaker, correspondant de l'AP à la Maison-Blanche; Mims Thomason, directeur de l'United Press International; Lyle Wilson, le chef du bureau de l'UPI à Washington; Merriman Smith, correspondant de l'UPI à la Maison-Blanche. Les chaînes de télévision et de radio étaient représentées par Jim Hagerty, de l'ABC, Blair Clark, de la CBS, et William McAndrew, de la NBC, chacun d'eux étant le directeur des informations de leur organisation respective. Enfin, Sylvester et Manning participaient également à cette conférence.

En premier lieu, leur dis-je, bien que nous ne nous trouvions pas dans une situation de guerre clairement définie, nous étions enfermés dans une crise qui pouvait déboucher sur une guerre nucléaire. Je leur dis que nous ne désirions pas entraver le flot naturel des nouvelles, mais que nous ne voulions pas davantage laisser libre cours à des informations qui pourraient aider l'ennemi. J'étais persuadé que les représentants ici présents des organisations étaient aussi patriotes que le gouvernement et que leur intention n'était sûrement pas d'aider l'ennemi, pas plus aujourd'hui qu'hier. On me demanda alors comment je pensais pouvoir appliquer cette politique générale. A ce moment, je sortis de mes dossiers un plan en douze points de la Maison-Blanche, qui définissait les informations présentant quelque intérêt pour l'ennemi, et que je les priai de lire... Je leur dis que cette liste en douze rubriques allait être publiée le lendemain par la Maison-Blanche et tiendrait lieu de guide aux journalistes en leur indiquant quelles étaient, d'après le gouvernement, les informations qui pouvaient profiter à l'ennemi. J'ajoutai que le Département de la Défense mettait au point une version de ces douze points en ce qui concernait tous ses services, et qu'il était interdit par le gouvernement de publier ces informations. Je pensais que nous pourrions, autant qu'il était possible, à l'aide des directives du Département de la Défense et le guide en douze points, éviter les fuites. Et, afin que toutes les chances soient de notre côté, Sylvester créerait une permanence, ouverte vingt-quatre heures sur vingt-quatre, au Pentagone, où les journalistes pourraient aller se renseigner s'il leur arrivait d'avoir entre les mains une information dont ils ne seraient pas sûrs que la publication aille ou non dans le sens de l'intérêt national. Je signalai à mes interlocuteurs que le guide en douze points, édité par la Maison-Blanche, l'était à un titre indicatif et qu'il ne devait pas être considéré comme une censure officielle que nous n'envisagions pas d'instaurer pour le moment. Je demandai leur collaboration dans cette période très difficile.

Je n'étais pas entièrement satisfait du résultat de cette réunion. Je sentais une certaine hostilité de la part de quelques représentants de la presse, tels en particulier Gallagher et McAndrew. Ils se rebiffaient contre la simple allusion à la censure — quel que soit l'appel à leur bonne volonté — et ils me questionnèrent sur un sujet qui leur semblait de la plus haute importance.

Il s'agissait du refus de l'administration de laisser les journalistes s'embarquer, à Norfolk, sur les bateaux qui devaient assurer le blocus. Pendant la Deuxième Guerre mondiale, disaient-ils, et pendant la guerre de Corée, le gouvernement avait accepté la présence des journalistes sur les bateaux de guerre engagés dans l'action. Ils ne comprenaient donc pas pourquoi nous refusions de laisser les journalistes embarquer sur les bateaux pendant la crise.

C'était le Comité exécutif du Conseil de la Sécurité nationale qui avait décidé cette interdiction. Ses raisons étaient simples : permettre aux journalistes de raconter à leurs lecteurs ce que faisaient les bateaux du blocus priverait les États-Unis d'une certaine souplesse de décision en ce qui concerne le passage ou l'arrêt des bateaux soviétiques. Cela apprendrait également aux Russes comment le blocus opérait et leur apporterait de précieux renseignements qu'ils pourraient transmettre à leurs propres bateaux. Et même si les bateaux du blocus étaient sur place, le Président préférait ne pas étaler son jeu devant les Russes tant que le Président Khrouchtchev n'aurait pas clairement compris la gravité de la situation qu'il avait créée en installant des missiles à Cuba et tant qu'il n'aurait pas pris des décisions qui pourraient réduire la tension entre les deux pays.

Mes interlocuteurs parlèrent également du refus de l'administration de laisser les journalistes aller à notre base navale de Guantanamo. Je répliquai que les journalistes auraient le droit d'y aller en temps voulu, mais que, pour le moment, le Comité exécutif avait — non sans raisons encore — refusé de donner cette permission car toute information sur le renforcement de nos troupes serait profitable à l'ennemi. Aucune de ces décisions ne parut plaire aux membres de la réunion. Et, les jours qui suivirent, je fus bombardé de coups de téléphone me demandant de revenir sur ces décisions.

Les représentants de la presse promirent malgré tout de distribuer notre guide en douze points à toutes leurs filiales et à tous leurs bureaux. Mais, comme le fit remarquer Jim Hagerty, une chaîne de radio ou de télévision constitue, au mieux, une « confédération relâchée » et ils ne pouvaient réellement s'engager que pour les stations de radio ou de télévision qui appartenaient entièrement à leurs réseaux. Parmi toutes les personnes qui se trouvaient à la réunion, Jim Hagerty fut le seul qui comprit véritablement nos problèmes. Il apporta à la réunion le fruit de son expérience; il avait été pendant huit ans le secrétaire de presse du Président Eisenhower, il avait travaillé à l'intérieur du gouvernement et, de ce fait, il avait une idée assez claire des problèmes monumentaux que nous affrontions pendant cette crise. Quand nous nous séparâmes, je demandai à Hagerty de rester un moment encore, pour une conversation privée.

Je le mis au courant des dispositions que nous avions prises pour instaurer la censure, ce qui probablement allait mettre le feu aux poudres. Je lui fis remarquer que le grand problème des commissions de censure était de trouver — pour les présider — quelqu'un qui eût la confiance de la presse. Tel fut le cas pendant la Deuxième Guerre mondiale, quand la Commission de Censure avait à sa tête le fameux journaliste Byron Price. Je n'avais pas trouvé, depuis que je travaillais à la Maison-Blanche, un seul journaliste qui ne pensât que Price avait présidé la Commission avec impartialité et loyauté. Il aurait été logique, dans cette circonstance critique, de se tourner à nouveau vers lui. Mais il se faisait vieux et d'après ceux qui le connaissaient, il refuserait de prendre à nouveau une telle responsabilité. J'avais amené Bill Steven, l'éminent directeur du *Houston Chronicle*, à jouer un rôle dans la Commission de Censure. Steven était prêt à nous aider, mais il ne désirait pas diriger la Commission. Il préférait être le numéro deux. Je dis à Hagerty que j'avais besoin, pour diriger la Commission, d'un homme dont l'intégrité et l'honnêteté étaient indiscutables. J'en avais discuté avec le Président et notre avis partagé était que Hagerty lui-même était le mieux qualifié pour la situation. Il me répondit calmement qu'il était flatté de la confiance que nous avions en lui et que, du fait même de son expérience passée, il ne refuserait jamais de servir son pays, alors que le Président des États-Unis le lui demandait, et cela, indépendamment de son travail et de son appartenance politique. Mais, dit-il, il ne pensait pas qu'il était l'homme de la situation. Nous en discutâmes un certain temps et, bien qu'il n'en démordît pas et continuât à dire que le travail ne lui convenait pas, j'avais comme l'impression que ce n'était pas tout à fait vrai. Je comprenais sa réticence et, finalement, en arrivai à une proposition de compromis : nous pourrions adjoindre une commission consultative à la Commission de Censure proprement dite et Hagerty la présiderait. Il accepta et se demanda ensuite si je ne jugeais pas Price trop sévèrement et s'il n'était pas la solution au problème qui se posait à court terme au moins.

Quand notre conversation fut terminée, j'accompagnai Hagerty dans le bureau du Président, à qui il répéta ce qu'il pensait de l'affaire. Le Président le remercia de vouloir bien présider la Commission consultative et nous décidâmes d'appeler Price immédiatement et de le garder en réserve. Price accepta de se mettre à notre disposition si la censure devenait nécessaire.

Le 24 octobre, je remis à la presse le guide en douze points. Rétrospectivement, ce guide semble plus raisonnable que la presse voûlut bien le reconnaître à cette époque :

MÉMORANDUM AUX DIRECTEURS ET AUX CHEFS DES INFORMATIONS DE LA RADIO DE LA TÉLÉVISION ET DE LA PRESSE

Les informations suivantes sont considérées comme étant de la plus haute importance pour notre sécurité nationale. Par conséquent, le Département de la Défense ne les transmettra pas. Néanmoins, il se pourrait que ceux qui disposent des moyens d'information en prennent connaissance. Pendant que durera la présente tension internationale, la Maison-Blanche pense que la publication de telles informations est contraire à l'intérêt national. Nous demandons à tous ceux disposant des moyens d'informations publiques, de quelque type que ce soit, de faire preuve de prudence et de discrétion dans la publication de ces informations!

1° toute discussion des plans concernant l'emploi des forces stratégiques ou tactiques des États-Unis, y compris les types d'équipement, les nouveaux ou possibles emplacements des commandements ou des centres de contrôle ou des systèmes de détection;

2° toute évaluation sur les possibilités des États-Unis de détruire des cibles, y compris le nombre d'armes nécessaires, l'importance et les caractéristiques des forces nécessaires, les possibilités de ces forces de percer les défenses ennemies et la précision ou la sécurité de fonctionnement de nos forces ou de notre système militaire;

3° toute estimation sur les cibles ou le système des cibles, tels le nombre, le type et l'emplacement des points à atteindre dans le système des cibles, missiles ennemis, bombardiers, etc.;

4° toute déduction sur les plans de l'ennemi ou ses possibilités, ou toute information qui pourrait révéler dans quelle mesure la recherche de renseignements ou les opérations à Cuba ou dans le bloc communiste ont été couronnées de succès;

5° des détails sur le nombre ou les mouvements des forces armées des États-Unis, y compris unités navales et bateaux, avions, missiles, armée de terre, munitions, équipement, etc. La communication de tels mouvements d'unités est permise après que ces mouvements ont été accomplis;

6° degré d'alerte des forces militaires;

7° emplacement des unités aériennes ou des équipements de soutien. La présence d'avions visibles par le public peut être confirmée;

8° les plans d'urgence de dispersion des avions ou des unités aériennes, y compris les possibilités de dispersion, le temps nécessaire à les effectuer, les plans d'exécution et les supports logistiques;

9° toute évaluation officielle de la vulnérabilité aux diverses formes d'action ennemie, y compris le sabotage des forces armées des États-Unis et de leurs installations.

10° nouvelles données concernant la répartition des fusées opérationnelles, leur nombre, leur rapidité de mise en action. Évaluation de la force de frappe effective des fusées.

11° détails sur les systèmes de contrôle et de commandement, y compris les postes nouveaux ou en préparation, et sur leurs capacités d'action. Toute évalutation sur nos possibilités de survivre aux attaques ennemies, sur les mesures de sécurité, etc., y compris les postes de commandement sur mer ou aériens;

12° détails sur les capacités des ponts aériens ou des ponts maritimes, y compris l'importance et la nature des forces qui doivent être aéroportées ou amenées par mer, les temps limites pour de tels transports et les possibilités de ravitaillement, en relation avec les aires d'opération spécifiques.

Les rédacteurs ayant des doutes sur la valeur de leurs informations et voulant savoir si elles entrent ou non dans les limites de ce mémorandum, peuvent contacter le Bureau des Informations, Département de la Défense, Oxford 5-3201, Washington, D. C. Les avis ci-dessus ne lient pas formellement les rédacteurs et sont donnés à titre consultatif.

En donnant le mémorandum, je déclarai : « Comme le mémorandum l'indique clairement, il ne s'agit pas de museler les rédacteurs. En d'autres termes, ils peuvent, selon ce qui paraît convenable, soit accepter nos avis, soit les rejeter; mais il nous semble que, si les journalistes ont en leur possession un mémorandum sur les catégories d'informations qu'il ne serait pas selon nous dans l'intérêt national de publier en ce moment, ils nous aideraient en portant sur ces informations le jugement que nous attendons d'eux. »

On me demanda s'il y avait eu déjà pendant la semaine précédente des atteintes à la sécurité nationale et je répondis qu'il y en avait eu, en effet. Je citai, comme exemple, le cas d'une chaîne de radio importante qui avait diffusé le récit d'une femme qui venait d'être évacuée de Guantanamo à la base navale de Norfolk (Virginie). On ne lui posa que des questions se rapportant au nombre de bateaux qui mouillaient dans le port, à l'importance des troupes qui avaient débarqué à Guantanamo pendant les quarante-huit heures précédentes et à d'autres sujets militaires.

Une autre question concernait la manière grâce à laquelle nous appliquerions ces restrictions aux journalistes étrangers. Il faut reconnaître qu'il n'y avait aucun moyen de faire observer les douze points du guide aux journalistes étrangers, à moins d'imposer la censure à toute dépêche quittant le territoire des États-Unis, ce que je n'étais pas près de faire à ce stade de la crise. On me demanda encore de quelle manière je m'y prendrais pour obtenir la collaboration des correspondants russes.

— Eh bien, j'aime à penser que nous trouverons chez les journalistes américains, et cela pour le plus grand bien de la sécurité nationale, le désir de nous aider à appliquer ce programme. Évidemment, les journalistes russes impriment tout ce qu'ils peuvent attraper. Mais c'est dans les journaux américains qu'ils trouvent la majeure partie de ce qu'ils savent, et s'ils n'ont plus l'occasion de tirer leurs informations des journaux américains, cela deviendra un peu plus difficile pour eux de se renseigner.

Au cours de la tumultueuse conférence de presse qui suivit, je me cramponnai à cette idée, que je développais devant les journalistes, que le guide n'était même pas une forme d'autocensure puisque la presse en dernier ressort était juge des nouvelles qu'elle pouvait publier. Mais à la fin de la conférence, j'avais l'impression que la presse n'était guère convaincue.

Ce fut le lendemain, 25 octobre, qu'eut lieu le prochain incident. Le matin, à huit heures, la marine avait intercepté le bateau-citerne soviétique *Bucarest*, et le gouvernement, convaincu à la suite des renseignements qu'on lui avait fournis, qu'il ne transportait aucun matériel de contrebande, donna ordre de le laisser passer.

Le Comité exécutif entendit le rapport lors de sa réunion du matin et décida que le Département de la Défense pouvait publier la nouvelle à la fin de la matinée. Au même moment se tenait à New York une des réunions quotidiennes que le Président, sur la suggestion du Secrétaire Rusk, avait organisées parmi les membres importants du Congrès pour discuter des développements de la crise des missiles. L'un de ces délégués du Congrès, le Républicain James E. Van Zandt de Pensylvanie, montra, ce matin-là, qu'il connaissait le moyen de faire imprimer son nom dans les journaux. Dès la fin de la séance, il quitta la salle l'un des premiers, tint une conférence de presse et, à la consternation générale, raconta l'histoire du *Bucarest*. A onze heures du matin, la nouvelle passait sur les ondes, quelque quarante-cinq minutes avant que le Département de la Défense l'annonçât lui-même. Le Président était indigné, d'autant plus que Van Zandt avait été l'un de ceux auxquels on avait fait connaître la nouvelle par priorité. La presse était indignée (et à juste titre) d'avoir appris la nouvelle du premier incident de quelque importance du blocus, mettant en cause un bateau russe, d'un homme du Congrès, représentant la Pensylvanie et tenant une conférence de presse à New York.

C'est dans une atmosphère chargée d'électricité que je m'expliquai lors de ma conférence de presse. Avoir pris connaissance d'une information de cette importance d'un homme du Congrès déplaisait fort à la presse qui voulait savoir ce qu'allait faire la Maison-Blanche pour prévenir ce genre de choses. Un autre soupçon encore les tracassait : si Van Zandt n'avait pas rendu public l'affrontement entre la marine américaine et le *Bucarest*, le gouvernement aurait-il dévoilé à la presse cet incident? Sous cet aspect, le reproche n'était pas fondé. Le Comité exécutif m'avait explicitement autorisé à charger Arthur Sylvester de rendre publique cette nouvelle, mais pas seulement celle-là. A cette même réunion du Département de la Défense, Sylvester nous avait appris qu'une douzaine de bateaux soviétiques se dirigeant vers la ligne du blocus avaient rebroussé chemin. En ce qui concerne la première nouvelle, j'avais l'ordre de ne pas engager de polémique avec Van Zandt, quoique à la réunion du Département d'État de la matinée, on fît entendre clairement que Van Zandt avait violé les règles élémentaires qui régissaient les réunions auxquelles il assistait.

Un troisième conflit opposa le gouvernement aux journalistes, à propos de la distribution des photographies des rampes de lancement soviétique à Cuba. Dans ce cas précis, je partageais entièrement le point de vue de la presse.

A la suite du discours du Président, le 22 octobre, une réunion d'information avait eu lieu au Département de la Défense, pendant laquelle on montra aux journalistes des photographies des fusées basées à Cuba. Le jour suivant, l'ambassadeur Stevenson les présenta aux membres des Nations Unies, pendant qu'il exposait dramatiquement le cas des États-Unis. Malgré la demande obstinée des journalistes à la porte de mon bureau, je ne pus obtenir de l'EXCOM la permission de publier ces photographies. L'indignation fut donc à son comble lorsque ces photographies furent communiquées à Londres, à la télévision anglaise par l'ambassadeur David Bruce et le fonctionnaire de l'ambassade chargé des relations publiques, William Clark. L'ambassadeur Bruce avait expliqué à quelqu'un de la Maison-Blanche avant de les communiquer que ces photographies étaient indispensables pour justifier l'attitude américaine auprès du public anglais. Une vague de scepticisme existait en Europe pour tout ce qui concernait les relations entre Cuba et les États-Unis, particulièrement depuis la baie des Cochons. Et si grande était cette méfiance chez les Anglais que même *après* la publication des photos en Grande-Bretagne, le chroniqueur militaire du prestigieux *Times* écrivit en bonne place que les photos étaient une pure fabrication ou le fruit d'une illusion des États-Unis. La publication des photos en Angleterre, finalement, m'apporta un argument supplémentaire. Je signalai au Président qu'il nous était difficile d'accepter que les photos soient reproduites dans les journaux anglais, alors qu'elles étaient considérées aux États-Unis comme documents stratégiques secrets. Je fus enfin autorisé à les laisser publier, ce que je fis le 24 octobre peu avant treize heures. Je ne sais toujours pas pourquoi certains se sont opposés à la publication de ces photographies. Elles étaient la meilleure preuve évidente de la duplicité soviétique.

Un dernier fait doit être encore signalé à propos de la fureur que suscitèrent les déclarations de Sylvester. On put lire, vers la fin de la semaine du 22 au 29 octobre, dans certains journaux importants, des récits, tirés de sources non identifiées du Département de la Défense et du Département d'État contenant des informations en contravention, de l'avis même du Président avec les douze points du guide que nous avions donné à la presse.

— Comment pouvons-nous demander à la presse de collaborer avec nous, dit-il, quand des gens de la Défense et du Département d'État donnent aux journalistes des informations que nous avions demandées à la presse de ne pas publier? C'était là un problème crucial — qui s'est posé non seulement pendant la crise des fusées, mais en d'autres circonstances. Il met en cause les fonctionnaires qui veulent faire figure de héros auprès des journalistes en leur communiquant des informations. Souvent, le fonctionnaire en question ne connaît qu'une partie de la politique ou de la décision dont il parle, dénaturant ainsi la vérité ou n'en livrant qu'un fragment (quand il ne se trompe pas entièrement). Pendant la crise des missiles, le Président n'était pas disposé à prendre l'affaire à la légère. Il me demanda de dire immédiatement à Sylvester d'instaurer au Département de la Défense une règle selon laquelle tout fonctionnaire devait faire un rapport sur ses contacts avec la presse, les questions qu'on lui avait posées et les réponses qu'il avait données. Cette règle entra en vigueur le 27 octobre. La même règle fut imposée au Département d'État quatre jours plus tard.

Malgré nos affirmations réitérées que le Secrétaire à la Défense et le Secrétaire d'État avaient le droit de savoir ce que leurs subordonnés disaient à la presse sur des sujets politiques, la presse protesta vigoureusement et activement, en affirmant que cette nouvelle règle ressemblait fort à la censure. Il était inutile de leur faire remarquer que les fonctionnaires du Département d'État ou de la Défense gardaient le droit de les voir et de leur parler. La presse faisait valoir — non sans justification — qu'un fonctionnaire du Département d'État et du Département de la Défense, qui devait faire un rapport au Secrétaire sur ce qu'il avait dit à *tel* ou tel autre journaliste, serait plus réticent à parler librement. Mais, sur ce sujet, je partageais le point de vue du Président. Appliquer cette règle au Pentagone, cet antre où les rivalités de services et la lutte sournoise pour une meilleure place étaient constantes, me paraissait amplement justifié. Je pense, cependant, que l'appliquer au Département d'État était une erreur, et je le dis au Président. Bob Manning, adjoint au Secrétaire d'État pour les Affaires publiques, partageait totalement mon avis. Mais, quand un télégramme envoyé par l'ambassadeur Stevenson au Secrétaire Rusk fut diffusé par l'une des deux grandes agences de presse avant que le Secrétaire Rusk eût l'occasion de le lire lui-même, il faut bien le dire, la position du Président en fut considérablement renforcée.

Le télégramme qui comportait le texte de l'entretien de l'ambassadeur avec U-Thant, secrétaire général de l'O. N. U. après l'entrevue que celui-ci avait eue avec Fidel Castro, parvint au service du télégraphe diplomatique du State Department à une heure trente-cinq du matin. A huit heures, cent cinq copies en avaient été distribuées aux principaux chefs de services du ministère. A dix heures trente-deux, sa substance, avec quelques extraits intégraux, se trouvait entre les mains de John Hightower, l'habile correspondant de l'Associated Press au State Department. Le Secrétaire d'État Rusk n'avait pas encore eu le temps de le lire!

Cette politique du State Department fut cependant maintenue pendant moins d'un mois. En annonçant que l'interdiction était levée, Manning adressa une lettre, en termes pesés, aux chefs de services du State Department, dans laquelle il formulait les deux principes qui avaient inspiré la mesure, et que la presse avait, dans la discussion qu'elle en avait faite, en grande partie sinon totalement affecté d'ignorer.

« Tout d'abord, qu'il est essentiel, aussi bien pour le public que pour le gouvernement, qu'il y ait des échanges de vue aussi complets que possible entre les responsables de la politique et la presse, et qu'il est de l'intention du Service de presse du State Department de faciliter ce dialogue et non d'y faire opposition.

« Ensuite, que certaines mesures n'avaient pas été voulues par la procédure, notamment l'obligation de solliciter à l'avance l'autorisation de donner une interview, celle de la présence d'un membre du Service de Presse du ministère d'un autre tiers lors de ces interviews. »

Manning continuait en exposant les arguments essentiels qu'avait inspirés la mesure en question.

« Un principe capital s'y trouve en cause. Pour le bon fonctionnement de l'administration dont il est responsable, le Secrétaire d'État a naturellement le droit de savoir ce que ses subordonnés font en matière d'information si, par exemple, ils tiennent un compte suffisant de cet important aspect des affaires étrangères. Il est également nécessaire que le Secrétaire adjoint à l'Information à qui le Secrétaire d'État a donné la responsabilité d'informer le public ait le droit de connaître l'importance et la nature des rapports entre le State Department et les agents de la presse. Il est évident que tout effort pour améliorer la politique d'information, la rendre plus rapide et plus dynamique implique au moins un rudiment de connaissance des liens que le State Department entretient avec la presse. »

Néanmoins, l'affaire des missiles de Cuba serait, selon moi, passée sans éclat dans l'oubli de l'Histoire et sans qu'il s'ensuivît de conflit sérieux entre la presse et le gouvernement s'il n'y avait eu cette interview de Sylvester du 29 octobre, au cours de laquelle il avait dit que « la distribution des nouvelles... devient une arme dans une situation critique ».

Les déclarations de Sylvester, venant immédiatement à la suite des difficultés que nous avions eues avec les journaux au cours de la semaine de la crise, avaient été montées en épingle par la presse américaine. Celle-ci ne mit pas plus de vingt-quatre heures à réagir, et, au cours des mois qui suivirent, la politique de l'administration à l'égard de la presse fit l'objet de constantes attaques à travers l'Amérique.

Des associations de presse telles que la Société Américaine des rédacteurs de journaux, l'Association Américaine des directeurs de journaux et la Sigma Delta Chi passèrent les résolutions condamnant en termes énergiques la politique gouvernementale, et la « diffusion des nouvelles » de Sylvester se transforma bientôt en « orientation des nouvelles ». En fait, on présenta la chose de telle façon qu'il semble que l' « orientation des nouvelles » était une nouveauté, une invention de l'administration Kennedy, alors que l'expression avait en réalité été employée pour la première fois par James Reston dans le *New York Times* pour décrire les méthodes de James Hagerty au cours de la Présidence d'Eisenhower.

L'éditorial du *Star* de Washington était caractéristique de ce que l'on voyait paraître par tout le pays. M. Sylvester, disait le *Star*, « a laissé percer le bout de l'oreille ». Après avoir cité ses paroles, le journal continuait : « Pesez-les bien : elles ont une signification vraiment tragique. Dans un gouvernement qui fait des efforts manifestes pour essayer de mettre la haute main sur l'information, M. Sylvester n'a peut-être pas songé à une conséquence possible des méthodes employées. C'est que lui et ses supérieurs nous sont devenus suspects. Ils ont, à notre avis, brutalement et stupidement trahi une confiance qui, dans ce pays, est une règle traditionnelle. Ce qu'ils diront désormais, en tant que source d'information arbitrairement établie, sera peut-être vrai, mais cette vérité, nous ne l'accepterons jamais qu'avec une pointe de méfiance. Le « monde dans lequel nous vivons » nous semble bien être maintenant un monde dans lequel la version donnée au peuple américain sur ce qui s'est passé est l'aspect de la vérité qu'aura sélectionnée notre bureaucratie comme conforme à une image qui lui convient. Et cette image sera peut-être fausse, résultat inévitable d'avoir voulu asservir la presse et ses moyens d'information aux besoins d'une politique gouvernementale ».

Un éditorial d'un avis opposé parut dans les *News* de Detroit du 26 novembre. «.... Le Président a fort bien fait de fermer tous les canaux d'information officielle jusqu'à ce qu'il soit complètement en mesure de faire connaître au peuple américain ce qu'il a fait et ce qu'il a l'intention de faire dans l'avenir immédiat. La presse n'a nullement le droit d'exiger cette information sous prétexte d'un droit constitutionnel de sa liberté, ce droit s'effaçant devant celui, *supérieur et fondamental, qu'a un pays de sauver sa propre vie menacée par un ennemi* (les italiques sont de l'auteur). Le Premier Amendement, avec sa garantie de la liberté de la presse, ne veut pas dire qu'une nation doit se suicider plutôt que de garder un secret. Aucun rédacteur en chef prudent ne met en doute le droit qu'avait le Président Kennedy d'agir comme il l'a fait lors de la crise cubaine pour la diffusion des nouvelles. Ceux qui le font sont une minorité tapageuse qui a élevé le « droit de savoir » à la hauteur d'un impératif constitutionnel insoutenable en droit. »

La première conférence de presse du Président après la crise de Cuba se tint le 20 novembre dans l'auditorium du State Department, elle fut marquée par d'innombrables questions sur la politique gouvernementale en matière d'information.

Un des interrogateurs déclara que l'administration du Président « était, comme d'autres auparavant, critiquable pour sa façon de se comporter en matière d'information. La preuve a été faite que des journalistes se sont vu brimer dans l'exercice de leur fonction de trait d'union entre le gouvernement et le peuple américain, et que si nous ne tenons pas mieux celui-ci au courant de ce qui se passe, la faute en est imputable au gouvernement ».

Le Président, dans sa réponse, retraça le déroulement de la crise. Il convint que le fait que les États-Unis avaient découvert l'existence de fusées à Cuba avait été « gardé confidentiellement dans les hautes sphères gouvernementales et qu'il n'en avait pas été fait mention au public ».

Mais il ajouta :

— ... Nous ne voulions pas que l'Union soviétique, les Cubains ou tout autre adversaire pût se rendre compte à quel point nous étions bien informés tant que nous n'aurions pas décidé de l'attitude à adopter et que nous n'aurions pas consulté nos alliés et autres membres de l'Organisation des États Américains et de l'OTAN. C'est pour ces excellentes raisons, croyez-le bien, que le gouvernement a gardé le silence jusqu'au lundi soir.

« Je n'ai pas à m'en excuser. Je ne crois pas qu'il y ait le moindre doute que la faute eût été grave, catastrophique peut-être, si ces nouvelles avaient filtré au-dehors tant que nous ne savions pas encore avec certitude quelle était l'étendue de la mainmise soviétique sur Cuba et quelle serait notre réaction, et tant que nous n'avions encore consulté aucun de nos alliés, pour lesquels notre façon d'agir pouvait être lourde de conséquences. »

Le Président dit alors que pendant la semaine même de la crise et jusqu'au dimanche « quand nous avons reçu de M. Khrouchtchev la première annonce du retrait des fusées, nous nous sommes efforcés de faire entendre une seule version gouvernementale des faits. Les restrictions imposées à la presse étaient inévitables. Il était, par exemple, interdit aux journalistes de se rendre à Guantanamo parce qu'il ne faisait aucun doute que c'était là que pouvait se déclencher une attaque. A partir du dimanche, nous avons essayé ou, tout au moins, nous comptions essayer de lever l'embargo sur l'information. Et je crois vraiment que les journaux — et j'en lis beaucoup moi-même — ont, dans l'ensemble, donné une idée sensiblement exacte de l'état de nos négociations avec l'Union soviétique ».

En réponse à une autre question, le Président rappela son principe directeur :

— Je puis vous assurer que notre unique désir, au cours de cette période critique et des jours qui ont suivi, a été essentiellement d'essayer d'empêcher que le Pentagone ne laisse fuir des renseignements sur les sujets extrêmement délicats et secrets. J'en ai eu l'expérience il n'y a pas si longtemps, ces fuites eussent été extrêmement préjudiciables aux intérêts des États-Unis. C'est-à-dire, à la seule chose qui nous intéresse.

Il est inutile d'entrer ici dans une longue discussion sur les accusations et leurs ripostes qui furent échangées au cours des jours fébriles qui suivirent la crise cubaine. Il est regrettable que l'on tienne encore dans certains milieux comme indiscutable que le peuple américain a été privé de la vérité.

La presse l'a prétendu à maintes reprises et, lors de deux incidents postérieurs à la crise, elle s'efforça de démontrer le bien-fondé de ses allégations. Le premier est relatif à une série d'articles à sensation publiés dans les journaux du groupe Hearst notamment, affirmant que les Russes avaient trouvé le moyen de dissimuler un certain nombre de fusées dans des grottes à Cuba et qu'ils ne les avaient pas évacuées. Cette information provenait de réfugiés cubains dont on ne donnait pas les noms. Quelques membres du Congrès avaient même repris cette thèse dans des déclarations émanant de leurs bureaux. Mais, lorsque le Président avait envoyé des spécialistes du CIA au Capitole, ils refusèrent de révéler leurs sources, ce qui avait amené le Président à faire, lors d'une de ses conférences de presse, cette réflexion un peu amère que le gouvernement des États-Unis n'était tout de même pas une « puissance étrangère »!

Le *Mirror* de New York avait passé une manchette alarmiste : LES MISSILES DE CUBA REPÉRÉS et il avait affirmé qu'il existait dans les grottes de l'île « littéralement des douzaines de bases secrètes » où les fusées étaient cachées. Il tenait cette information sensationnelle de réfugiés et de membres du maquis cubain qui l'auraient signalée au « Service des renseignements cubain » de Coral Gables, en Floride. L'United Press International tenait du « Comité pour la Vérité sur Cuba » qu'il existait vingt et une grottes secrètes et autres emplacements souterrains dans lesquels des missiles étaient cachés. Chacune de ces « révélations » fut soigneusement étudiée par les spécialistes du deuxième Bureau et, jour après jour, des avions américains allaient faire des vols de reconnaissance à basse altitude au-dessus de Cuba : ils ne décelèrent pas le moindre témoignage confirmant ces déclarations. Les représentants du gouvernement convenaient, naturellement, que le meilleur des services de renseignements n'est pas à l'abri d'erreurs. Mais les experts les plus qualifiés et les mieux informés du deuxième Bureau étaient absolument convaincus que toutes les fusées avaient été évacuées de Cuba et qu'aucune n'était restée camouflée dans des souterrains.

L'autre incident fut déclenché par les journaux Scripps-Howard avec leur manchette à sensation disant que des avions de reconnaissance soviétiques avaient survolé la Floride au cours de l'affaire de Cuba, obligeant les chasseurs américains à se tenir sur le qui-vive pour les intercepter. Il n'y avait absolument rien de vrai dans cette information et, interrogé par Scripps-Howard (après que celui-ci eut lancé sa « bombe » sans chercher à en vérifier l'authenticité auprès de la Maison-Blanche, du ministère de la Défense ou du State Department), je déclarai d'une façon formelle que la nouvelle était totalement dénuée de fondement. Le lendemain, l'*Evening News* de Washington, l'un des organes de la chaîne Scripps-Howard, repassait l'article en caractère encore plus gros, suivi de ma dénégation; mais concluant en lettres énormes qu'ils n'y ajoutaient pas foi et préféraient croire leurs informateurs plutôt que les miens! Je bondis quand je vis cela et apportai le journal au Président. Il l'avait déjà lu et était hors de lui. Il m'enjoignit d'appeler Walker Stone, le chef de la rédaction des journaux Scripps-Howard en suggérant de le mettre en communication téléphonique avec n'importe lequel des membres du gouvernement en qui il avait confiance. Quand j'obtins Stone, je lui dis que j'avais pour mission de le mettre en ligne avec la personne de son choix parmi les membres du gouvernement à condition qu'il s'engageât par avance à le croire, que ce fût le Président, le Secrétaire de la Défense, le directeur du deuxième Bureau ou celui du NORAD [1], l'état-major de la défense aérienne de l'Amérique du Nord. Je l'entendis avec stupeur me répondre qu'il était bien inutile qu'il eût recours à aucun d'eux. « Nous croyons en la véracité de nos informateurs et rien ne nous fera changer d'opinion! » Je demandai à Stone s'il se rendait compte qu'il traitait en fait de menteurs le Président des États-Unis et quelques-uns des plus hauts fonctionnaires du gouvernement. Il me répondit que ce n'était pas ce qu'il voulait dire, mais qu'il s'en tenait à son information! La source de celle-ci se révéla être un lieutenant-colonel d'une unité de réserve commandée par Strom Thurmond, sénateur de la Caroline du Sud (alors Démocrate, maintenant Républicain). Et lorsque le NORAD, par la voix de son commandant, le général John Gerhart, mit les choses au point le 6 décembre 1962, il aurait

1. North American Air Defense Command.

fallu un microscope pour découvrir le communiqué que publia le *Washington News*.

« Je tiens à préciser, disait le général Gerhart dans ce communiqué, en tant que commandant en chef de l'État-Major de la Défense aérienne de l'Amérique du Nord et responsable de la défense spatiale du continent nord-américain, qu'*aucun* avion russe de quelque type que ce soit n'a survolé la moindre partie du territoire des États-Unis au cours de la crise de Cuba ou depuis. Mon état-major en a déjà donné l'assurance, mais en raison des controverses qui se poursuivent dans la presse, j'estime qu'il est de mon devoir personnel de confirmer une fois de plus cette déclaration. »

L'affaire de Cuba, quand on l'analyse avec soin, n'est qu'un des aspects d'un plus vaste problème auquel la presse américaine et le gouvernement des États-Unis n'ont vraiment jamais conjointement essayé de trouver une solution. C'est celui de la façon dont une démocratie fondée sur des principes de liberté, telle que la nôtre, peut se défendre en cas de guerre froide contre un ennemi qui a la faculté d'agir en secret. C'est là, selon moi, l'un des grands problèmes de notre temps qui n'a jamais été abordé au fond dans toutes ces controverses entre la presse et le gouvernement au sujet de la liberté et de l'authenticité de l'information.

Au cours de l'histoire récente, les relations avec la presse dans une situation telle que la Seconde Guerre mondiale, ou même la guerre de Corée, ne présentaient pas de difficultés fondamentales. On pouvait alors imposer une censure de guerre et la presse acceptait en temps de guerre des limites qu'elle n'aurait pas supportées en temps de paix. Mais les menaces de la seconde moitié du XXe siècle se font plus subtiles. Je crois que la première crise en matière d'information — qui prit l'aspect d'une crise nationale — découle de notre ambivalence et de notre désir d'éviter tout conflit. Ce fut à propos de l'affaire de l'avion *U-2* de Francis Gary Powers abattu au-dessus de l'Union soviétique en 1960. Dans notre hâte de respecter la sacro-sainte doctrine du « droit de savoir », notre gouvernement s'était empressé de diffuser de quatre sources différentes des communiqués de presse pour expliquer ce que Powers faisait là-bas. Malheureusement, les quatre versions ne laissaient aucune place à l'équivoque et l'Union soviétique s'était vue dans l'obligation de réagir devant ce franc aveu des États-Unis qu'ils envoyaient des avions faire de l'espionnage au-dessus de son territoire national. Étant ainsi mis au courant par les déclarations américaines, les Soviets ne pouvaient avoir qu'une seule réaction : exprimer — comme ils l'ont fait — une violente irritation à l'égard des États-Unis, faire passer Powers en jugement et annuler l'invitation qu'ils avaient faite au Président Eisenhower de se rendre en visite officielle en Russie. Je ne veux pas laisser entendre après coup que je trouve que notre gouvernement aurait mieux fait de garder l'incident secret, mais un seul communiqué du ministère de la Défense parlant au nom du gouvernement tout entier, en termes judicieusement pesés, aurait pu avoir pour effet de minimiser l'incident. Khrouchtchev n'aurait pas été mis dans l'obligation de prendre l'attitude hostile qu'il adopta.

L'attitude de la presse au Viêt-nam entre 1958 et 1964 offre un autre exemple de ce problème. Au cours de cette période, malgré la présence au Viêt-nam d'une vingtaine de milliers de nos hommes agissant comme « conseillers » du gouvernement sud-vietnamien, nous étions officiellement non-belligérants. Et cependant, les États-Unis prenaient au Viêt-nam certaines dispositions indispensables dont il eût mieux valu que l'ennemi n'eût pas connaissance. (Je m'étendrai davantage dans un autre chapitre sur la façon dont la presse s'est comportée dans l'affaire du Viêt-nam au temps de Kennedy.)

Toute catastrophique que fut l'affaire de la baie des Cochons, elle avait été, comme je l'ai déjà fait voir, un effort d'une société libre et démocratique pour organiser en secret une expédition militaire. Et si l'annonce prématurée dans les journaux du débarquement avait profité à Fidel Castro, on ne saurait imputer à la presse américaine l'échec de la baie des Cochons. Et pourtant, c'est encore là un incident qui confirme ma thèse.

Je ne veux pas dire que la presse américaine, en tant qu'institution, s'attache aveuglément à divulguer pour le plus grand profit de nos ennemis les décisions les plus secrètes de notre pays, et je ne serai pas non plus naïf au point de prétendre que le gouvernement des États-Unis n'a que des intentions pures dans son comportement envers la presse. Il est arrivé à celle-ci de divulguer des secrets d'importance capitale, et le gouvernement a, de son côté, dissimulé des choses qu'elle était en droit de savoir.

Mais cela ne retire rien à ma conviction qu'il devrait y avoir une re-évaluation de la façon dont une démocratie doit fonctionner dans la grisaille actuelle de la politique mondiale. De grandes démocraties comme la France et la Grande-Bretagne ont résolu le problème chacune à sa façon. Les gouvernements français, y compris le régime actuel du Président de Gaulle, n'hésitent pas à saisir des éditions entières de journaux et de publications quand ils ont l'impression que certains articles publiés sont préjudiciables à l'intérêt national (et même parfois pour la raison moins valable qu'ils attaquent un ministre au pouvoir). En Grande-Bretagne, il arrive que des notes dites « Q » soient adressées à la presse sur des sujets délicats en matière de sécurité. Ces notes interdisent aux journaux de publier le moindre mot du sujet auquel elles se rapportent. Je ne cite pas ces exemples pour prétendre que les États-Unis devraient en faire autant, mais plutôt comme argument à l'appui de ce fait trop fréquemment oublié lors des conflits presse-gouvernement en matière de la liberté de l'information, c'est que les États-Unis jouissent de la démocratie la plus libre que le monde ait jamais connue, où la liberté de la presse est plus grande que partout ailleurs.

Quel autre gouvernement aurait osé réaliser, comme nous l'avons fait, des expériences spatiales sous l'œil impitoyable des caméras de T. V., avec tous les risques que cela pouvait comporter pour le prestige national?

Et pour en revenir aux deux déclarations de Sylvester, si mal choisi que fût le moment où elles furent faites, il y avait quelque élément de vérité dans chacune d'elles.

Ne pas reconnaître l'importance de la presse dans les périodes de crise serait souhaiter quelque chose qui ne s'est jamais fait et ne se fera jamais. Elle joua certainement un rôle capital dans la crise de Cuba lorsque certains messages adressés à Khrouchtchev empruntèrent ses canaux pour atteindre le Premier soviétique. Dans un pareil cas, on a constaté que les voies normales de transmission étaient trop lentes pour la rapidité avec laquelle la crise évoluait.

Il ne fait pas de doute que les communiqués, faisant connaître que les Soviets continuaient à aménager des rampes de lancement de fusées, que je diffusai à trois reprises de la Maison-Blanche, au cours de cette dramatique semaine, furent aussi importants à exercer une pression continue sur l'Union soviétique pendant que des troupes prenaient position en prévision d'un éventuel débarquement à Cuba.

Mais l'exemple le plus probant est celui de l'affaire de l'*U-2* en 1962. Le soir du 27 octobre nous apprîmes, au cours d'une réunion du Conseil national de Sécurité, qu'un de nos avions *U-2*, parti d'une base de l'Alaska, s'était, par suite d'un mauvais fonctionnement de son appareillage de navigation, égaré au-dessus du territoire soviétique où il avait pénétré de quelque douze cents kilomètres. La situation ne pouvait qu'ajouter à la tension déjà grande de nos relations avec l'Union soviétique. En diffusant la nouvelle, nous courions, me semble-t-il, le risque de retirer au Président Khrouchtchev quelques-unes des échappatoires, sinon toutes, dont il disposait encore. Nous aurions très bien pu le mettre en face d'un nouveau cas Powells et à ce moment-là, au plus fort de la discussion sur les missiles, c'était impensable. Le Comité exécutif du Conseil national de Sécurité décida à l'unanimité ce soir-là de ne pas souffler mot de cet *U-2*, en laissant aux Russes le soin d'annoncer l'incident s'ils le jugeaient à propos. L'Union soviétique n'en parla jamais, mais le lendemain matin, le Président Khrouchtchev annonçait qu'il retirait les missiles de Cuba.

Ce qu'il nous faudrait, c'est une politique nette et articulée, selon moi, nous n'en avons aucune à l'heure actuelle. Il est facile à un Arthur Krock, de son bureau du *New York Times*, de fulminer contre l'administration Kennedy pour ce qu'il prétendait être les tares de la diplomatie secrète, puis de faire volte-face deux ans après en attaquant celle de Johnson au Viêt-nam, ainsi qu'il le fit pendant l'offensive de paix de 1965, sous prétexte que sa diplomatie était menée au grand jour! Il est également facile (bien que pénible!) pour un gouvernement de prendre le contre-pied de ragots tels que l'histoire des fusées camouflées dans les grottes de Cuba, en faisant tenir une conférence de presse télévisée de deux heures à son Secrétaire de la Défense, pour que celui-ci puisse infirmer ce que les journaux ont dit. Mais ni l'un ni l'autre n'est la bonne solution.

XXI

UNE DAME INDÉPENDANTE

L'Investiture du 20 janvier 1961 ne fut pas seulement marquée par l'entrée en fonction de John F. Kennedy : elle amena également à la Maison-Blanche Jacqueline Bouvier Kennedy.

Il ne suffit pas de dire que Mrs Kennedy est une personne incomparable, ce qu'elle est indéniablement : sa personnalité est tissée de contrastes. Elle est farouchement indépendante, mais, en même temps, réservée et consciente de ses devoirs. Elle éprouvait une répugnance visible pour le métier de la politique en même temps qu'une admiration manifeste pour quiconque le pratiquait avec brio et intelligence. Elle peut paraître détachée du monde frénétique du XXe siècle tout en témoignant d'une compréhension aiguë de ses problèmes. Elle aurait fait tout au monde plutôt que de heurter la sensibilité d'autrui.

J'avais fait la connaissance de Jacqueline Kennedy au printemps de 1957, à peu près en même temps que celle du futur Président, mais ce n'est que vers la fin de 1959 que sa personnalité se manifesta à moi, lorsque John F. Kennedy, alors sénateur, commença à songer sérieusement à poser sa candidature à la Présidence.

Au cours des mois qui suivirent, alors que nous pataugions dans les neiges du New Hampshire et du Wisconsin et arpentions la région des mines de charbon de la Virginie occidentale, j'avais pris conscience d'un subtil changement dans son attitude vis-à-vis de la campagne électorale. Je ne ferai offense à personne en disant qu'au début, la dernière chose au monde qu'eût désirée Mrs Kennedy, c'était de se voir entraînée dans une campagne politique nationale. Il fallait y consacrer des heures interminables, y affronter des foules immenses et parfois oppressives. Et pourtant, il ne faisait aucun doute que Mrs Kennedy constituait un atout politique considérable pour son mari. Dave Powers aimait à taquiner JFK en lui disant : « Ce n'est pas vous que la moitié au moins des gens étaient venus voir, c'était Jackie! » Nul ne s'en rendait mieux compte que le sénateur Kennedy lui-même. Mais, comme les mois s'écoulaient, Mrs Kennedy était de plus en plus « dans le bain ». Cette campagne était devenue la sienne tout autant que celle du sénateur, et elle déplorait sincèrement que la naissance imminente de John l'obligeât à s'en dissocier un peu avant la Convention démocrate nationale de Los Angeles en 1960. Bien que le bébé fût attendu dans moins de deux mois, elle vint à New York en octobre prendre part à un défilé monstre dans Broadway, à grand renfort de confetti, qui attira plus de deux millions de personnes.

Mais ce n'était pas pendant la campagne électorale que Jacqueline Kennedy devait tant faire impression sur les masses américaines. Et ce n'était pas non plus au cours d'une campagne électorale qu'elle allait imprimer sa marque profonde.

Et ce n'est pas sans quelque ironie du destin que, la semaine même avant l'assassinat du Président, Mrs Kennedy avait déjà commencé de s'intéresser à la campagne de 1964. Mrs Lyndon Johnson lui avait fait savoir qu'au Texas, la presse se passionnait davantage pour sa venue imminente que pour celle du Président. Cette information avait été pour elle un argument de plus dans la controverse qu'elle soutenait depuis longtemps avec son mari : s'il était vrai qu'elle pouvait jouer un rôle en politique — et, sans vanité, elle s'en rendait bien compte — elle pourrait se montrer beaucoup plus utile pour lui si l'on savait l'employer judicieusement. Elle avait, le 11 novembre 1963, fait parvenir à sa secrétaire de presse, Miss Pamela Turnure, une note dans laquelle elle ébauchait la façon dont elle pourrait le plus utilement intervenir au cours des élections de 1964. Son habituel sens de l'humour transparaissait quand elle écrivait à Pamela : *Je crois bien que si Pierre en arrive à me faire paraître avec les enfants sur la couverture de* Look *dans un bain de mousse, il faudra bien que j'en passe par là!* Elle affirmait dans cette note son intention d'intervenir de façon très directe dans la campagne à venir, et terminait en disant : *Je ferai tout en mon pouvoir pour me rendre utile.*

Il est juste de dire que Mrs Kennedy, à part les vœux qu'elle faisait en elle-même pour le succès de son mari, ne s'était en rien préparée en 1960, avant que l'élection eût lieu, pour jouer le rôle de femme de Président des États-Unis. Mais une fois la victoire acquise, elle prit sa revanche.

Elle se trouvait en réalité dans un état de grossesse très avancée le soir de l'élection : John allait naître peu de temps après le même mois. Ce fut, à vrai dire, la première visite de la Maison-Blanche qu'elle fit après la naissance de John qui cristallisa diverses pensées qu'elle avait en elle. Elle avait, enfant, visité la Maison-Blanche et en avait gardé une impression : c'est qu'il était regrettable qu'il n'y existât aucun souvenir que les millions de touristes qui la visitent chaque année pussent emporter, pas de brochure donnant l'histoire de cette demeure historique et de quelques-uns de ses occupants. La visite qu'elle en fit avec Mrs Eisenhower la convainquit de deux autres choses : tout d'abord que, telle qu'elle était, la Maison-Blanche n'était pas un logis pour une famille avec de jeunes enfants. La seconde, c'était que l'on avait, pour une raison ou une autre, laissé se disperser le plus gros du mobilier historique et des œuvres d'art qu'elle avait contenus. Certains meubles avaient été vendus par des épouses de présidents à court d'argent, d'autres, mis au rancart par des présidents et leurs épouses qui préféraient le moderne à la Macy [1] aux trésors historiques de la vieille Amérique.

Mrs Kennedy résolut de trouver une solution à ce triple état de choses.

En tout premier lieu, et cela est symptomatique, c'est à ses enfants qu'elle pensa d'abord. Dès l'installation des Kennedy, des menuisiers et autres artisans avaient été appelés pour aménager les chambres de Caroline et de John. Le Président et Mrs Kennedy avaient remis à plus tard l'aménagement de leurs propres chambres et avaient passé les premières semaines de leur stage à la Maison-Blanche, lui, dans la chambre de Lincoln, et elle, dans celle de la Reine. Une autre transformation fut entreprise presque tout de suite. Mrs Kennedy s'était rendu compte que, pour avoir des repas chauds dans leurs appartements, il fallait les faire monter sur des plateaux de la cuisine qui se trouvait au rez-de-chaussée. Elle avait également constaté qu'il n'existait aucune petite salle à manger dans leurs appartements privés qui leur permît de recevoir leurs intimes. Au nord du petit salon se trouvaient deux pièces qui avaient servi de chambre à coucher et de boudoir à la fille du Président Harry S. Truman, Margaret. Mrs Kennedy fit transformer ces pièces en salle à manger particulière, avec une petite cuisine contiguë et, les soirs où les Kennedy dînaient seuls ou avec quelques amis, le chef, René Verdon, montait y préparer les repas.

Au cours des semaines qui suivirent la naissance de John, Mrs Kennedy avait en outre songé au projet plus important dont l'avenir lui attribuera justement la réalisation. Elle avait demandé à la Bibliothèque du Congrès de lui procurer toute la bibliographie relative à la Maison-Blanche et à son ameublement, et elle avait consciencieusement entrepris la lecture de toute cette documentation afin de voir ce qu'il convenait de faire pour restituer à la résidence présidentielle sa condition de monument historique.

Il faut avouer que le Président Kennedy ne montra pas au début un grand

1. Le « Lévitan » d'outre-Atlantique! *(N. d. T.)*

enthousiasme pour ce projet. Non qu'il doutât de la capacité qu'avait son épouse de le mener à bien, mais il se rappelait le tollé qu'avait déchaîné dans le public la construction du fameux balcon sud du Président Truman.

Non seulement le Président commença-t-il par se montrer hostile au projet, mais pas mal de membres du gouvernement partagèrent son sentiment. Quand elle se remémorait la guerre intestine qu'avait déclenchée son idée de restaurer la Maison-Blanche, Mrs Kennedy devait dire plus tard dans un billet à une amie : « On m'a mise en garde, on m'a suppliée, on m'a presque menacée pour m'empêcher d'entreprendre cette restauration. » En fin de compte, toutefois, elle obtint gain de cause, et le soutien massif que lui apporta le peuple américain témoigna de la justesse de son projet.

Il ne pouvait s'agir, pour le réaliser, de recourir aux finances nationales, et c'était donc sur des contributions bénévoles qu'il fallait compter. Et le Président ne voulait pas qu'on pût critiquer ces appels de fonds et leur usage.

Comme il était manifeste que Mrs Kennedy n'avait pas l'intention de démordre de son idée, le Président appela un éminent homme de loi de Washington, Clark Clifford, pour lui demander d'élaborer les statuts du comité de sauvegarde artistique que sa femme voulait constituer, qui en définiraient les attributions et permettraient au public d'en contrôler l'action à tout moment.

Pour former ce comité, Mrs Kennedy fit en premier lieu appel à son amie de Palm Beach, Mrs Jane Wrightsman, l'épouse du pétrolier texan millionnaire Charles Wrightsman. Elles allèrent ensemble voir Henry Dupont, le propriétaire du Musée Winterthur, sanctuaire américain le plus considérable d'ameublement d'époque et le convainquirent de prendre la tête du Comité des Beaux-Arts de la Maison-Blanche. Les membres en furent des personnes, venues de toutes les parties des États-Unis, spécialement compétentes en la matière. Un comité analogue, mais spécialisé dans la peinture et la sculpture, fut organisé par James Fosburgh, peintre, conférencier et amateur d'art de New York.

Mrs Kennedy attachait beaucoup d'importance à ce projet auquel elle consacra, pour le faire heureusement aboutir, une bonne partie de son temps personnel. Les employés du conservateur tendaient le dos quand ils voyaient arriver un colis, parce qu'ils savaient que Mrs Kennedy serait là cinq minutes après en demandant pourquoi son contenu n'était pas encore déballé. Elle surveillait elle-même avec M. Fosburgh l'accrochage des toiles que l'on venait d'acquérir, et avec non moins d'ardeur la mise en place de meubles d'époque quand ils arrivaient.

Une fois le projet en exécution, le Président accorda tout son appui à

Mrs Kennedy dans les décisions qu'elle prenait. Il advint que l'une d'elles provoqua pas mal de commentaires à la Maison-Blanche. Ce fut lorsque Mrs Kennedy décida de changer la tapisserie murale de la Chambre bleue pour une blanche avec des touches de bleu. La question finit par être soumise au Président, fortement chapitré par sa femme pour qu'il l'approuvât. Mais elle avait fait plus que de recommander son projet : elle avait découvert des arguments pour démontrer que c'était bien la décoration d'origine de la pièce. Elle finit par avoir gain de cause.

Je dirai, entre parenthèses, que cette modification me valut l'une de mes conférences de presse les plus burlesques. Elle avait commencé assez placidement :

Q. : Est-il exact que la Chambre verte va devenir chartreuse, et que la bleue va devenir blanche sur blanc?

R. : Je suis enchanté que vous évoquiez ce sujet.

Q. : Quelle est la question?

R. : Il s'agit de savoir si la Chambre verte va devenir chartreuse, et si la bleue va devenir blanche sur blanc. Je vous répondrai dans la mesure où je possède quelque information, mais je puis en tout cas vous dire avec équivoque...

Q. : Vous voulez dire : sans équivoque?

R. : Sans équivoque, que la Chambre bleue va continuer d'être bleue.

Q. : Vous n'avez pas répondu à une question qu'on vous a posée : qu'appelez-vous chartreuse?

R. : Je ne saurais vous le dire. La Chambre verte restera la Chambre verte, et la Chambre bleue, la Chambre bleue.

Q. : Pierre, je voudrais vous poser deux questions : est-ce que ces pièces vont être entièrement refaites? la tapisserie actuelle va-t-elle en être retirée?

R. : La tapisserie des deux pièces est vieille et passée et sera remplacée. C'est exact. C'est la seule chose qui le sera et, virtuellement, la seule partie de l'affaire qui soit exacte.

Q. : On a beaucoup parlé de la personne qui doit fournir les tissus.

R. : Je puis même vous en dire plus. Pour autant que je sache, et je pense que Miss Turnure dira comme moi, il n'a pas reçu la commande du tissu pour ces deux pièces.

Q. : Qu'est-ce que vous voulez dire?

R. : Je veux dire que la Chambre verte restera verte, et que la Chambre bleue restera bleue, et qu'aucune décision définitive n'a été prise pour les tissus.

Q. : Resteront-ils de même couleur?

Q. : Savez-vous quand le travail doit commencer?

R. : Je ne puis vous le dire.

Q. : En d'autres termes, on va déposer le tissu bleu actuel pour le remplacer par un autre tissu bleu?

R. : La Chambre bleue restera bleue, et la Chambre verte restera verte.

Q. : Pourra-t-on continuer de dire la Chambre bleue si la pièce a une tapisserie blanche?

R. : Il est seulement prévu que les murs en seront blancs. Aucune commande n'a encore été passée ni aucune décision prise pour ce qui est des tissus devant recouvrir les murs de la Chambre bleue. Cette Chambre bleue restera la Chambre bleue.

Q. : Sera-t-elle bleue, oui ou non?

R. : La Chambre bleue restera la Chambre bleue.

Q. : Vous voulez dire : rien que de nom?

R. : Je n'en dirai pas plus.

Quelques incidents s'étaient produits au cours de la restauration. Mrs Kennedy avait fait redécorer la salle à manger du premier étage, dite « salle à manger familiale[1] ». C'était là que régulièrement chaque mardi le Président prenait son *breakfast* avec les divers leaders politiques. Pendant plusieurs semaines, en attendant que sa restauration fût achevée, ces réunions avaient eu lieu dans une autre pièce. Le matin était enfin venu où il avait été possible de prendre le *breakfast* de nouveau dans la « salle à manger familiale ». La réunion commençait à huit heures quarante-cinq, mais ce matin-là, le Président avait fait savoir qu'il serait quelques minutes en retard et qu'on ne l'attendît pas pour commencer. Comme Larry O'Brien s'asseyait, sa chaise céda sous lui et il s'étala par terre.

— Il est heureux que ce n'ait pas été le Président, fit remarquer le président de la Chambre des Représentants, John V. McCormack, en aidant Larry, d'ailleurs indemne, à se remettre sur pied.

Quelques minutes après, le Président arriva et nous nous levâmes tous comme il entrait dans la pièce. Alors que nous nous rasseyions, nous entendîmes un autre craquement. Cette fois, c'était la chaise du Président qui rendait l'âme! Rattrapé tout de suite par Mike Mansfield, le leader de la majorité du Sénat, et par McCormack, le Président put éviter de s'affaler complètement, mais on assure que cet aspect particulier du programme de rénovation de Mrs Kennedy fut la cause d'une belle discussion ce soir-là à la table du dîner...

1. Qu'il ne faut pas confondre avec la salle à manger particulière des Kennedy au second étage. La « salle à manger familiale » est contiguë à la grande salle à manger d'apparat, dans l'aile ouest de la Maison-Blanche. *(N. d. T.)*

La presse, comme c'était le cas pour presque tout ce qui se passait à la Maison-Blanche, joua également un rôle dans les plans de restauration de Mrs Kennedy. Celle-ci s'était, entre autres choses, efforcée d'empêcher que l'on ne fît savoir qu'elle projetait d'acquérir tel ou tel meuble nouveau. Quand la presse en publiait la nouvelle, le résultat était prévisible : le prix de tous les objets susceptibles d'être achetés par la Maison-Blanche se mettait à monter, et le bureau de Mrs Kennedy était submergé d'offres d'innombrables objets analogues. Les fuites au bénéfice de la presse provenaient généralement de marchands pressentis par la Maison-Blanche ou désireux d'y vendre quelque chose. Malgré le désir explicitement exprimé que leurs négociations avec la Maison-Blanche restent strictement confidentielles jusqu'à l'annonce de l'achat, l'attrait de voir mentionner leur nom dans les journaux était plus fort pour les vendeurs que leur promesse. Une série d'articles sur les projets de rénovation de Mrs Kennedy, écrits par Maxime Cheshire pour le *Post* de Washington, puisaient presque entièrement leur source dans ce genre d'informations.

La troisième phase du programme d'innovations de Mrs Kennedy fut le lancement du *Guide de la Maison-Blanche*. Le texte en avait été écrit par Mrs Lorraine Pearce, qui était à l'époque conservateur de la Maison-Blanche, mais Mrs Kennedy en avait en personne assuré la publication. Elle participa également au choix des illustrations pour l'élégante plaquette préparée et publiée par la National Geographic Society. L'idée de vendre le guide souleva de fortes oppositions. Mrs Kennedy confia à une amie qu'elle avait reçu des liasses de protestations de gens prétendant qu'il était « sacrilège de tolérer des trafics d'argent à la Maison-Blanche ». Par ailleurs, le Secret Service était hostile à quoi que ce soit qui pût empêcher le flot des touristes de s'écouler régulièrement et les inciter à s'attarder. Mrs Kennedy persévéra en dépit de ces oppositions et obtint un résultat étourdissant. Entre juillet 1962, quand les premières brochures furent mises en vente, et novembre 1963, au moment de l'assassinat du Président Kennedy, plus de six cent mille exemplaires en avaient été vendus, ce qui faisait de ce guide un *best-seller* national. Le bénéfice de sa vente servit à l'entretien du mobilier de la Maison-Blanche et à en acheter un surplus, ce qui soulagea de façon sensible les collecteurs de subsides du Comité des Beaux-Arts de la Maison-Blanche.

La restauration de la résidence présidentielle fut l'une des manifestations du désir qu'avait Mrs Kennedy d'en faire un centre culturel qui ne se limitât pas à des questions d'ameublement. On a écrit que la culture l'attirait par pur dilettantisme. Ce qu'elle désirait vraiment, c'était de faire de la

Maison-Blanche un sanctuaire de ce qu'il y avait de meilleur en musique, en poésie et dans tous les arts. Et c'est avec cette idée constamment en tête qu'elle joua un tel rôle dans la vie culturelle des cercles gouvernementaux au temps de la Présidence de son mari.

L'apogée de ses réalisations dans ce domaine fut le concert Pablo Casals donné à la Maison-Blanche à l'occasion d'une réception en l'honneur du gouverneur de la République de Porto Rico, Luis Muñoz-Marin. L'illustre violoncelliste s'était exilé des États-Unis par protestation contre la politique du gouvernement américain à l'égard du général Franco, qu'il jugeait trop favorable au dictateur et inadmissible.

Avant d'en arriver au concert Casals toutefois, il serait préférable de brosser un tableau des activités culturelles à la Maison-Blanche.

Le trait dominant, comme je l'ai déjà fait remarquer, était le désir qu'avait Mrs Kennedy d'y attirer tout ce qu'il y avait de meilleur dans toutes les sphères. Elle voulait avant tout y donner aux manifestations artistiques un ton qui déclenchât un élan à travers le pays. J'eus à jouer mon rôle dans ces activités en raison de l'attrait que j'éprouve moi-même pour la musique et de mon (trop bref) passé de pianiste de concert. Lors d'un banquet donné au profit de l'Orchestre symphonique de Washington, j'avais lancé l'idée de la fondation d'un prix de la Maison-Blanche pour la musique et les autres arts, destiné à susciter et à encourager la vocation artistique chez les jeunes Américains et à les faire connaître dans leur propre pays. Je me rappelais qu'il avait fallu que ce fût l'Union soviétique qui révélât la valeur de grands artistes américains comme le pianiste Van Cliburn avant qu'on les apprécie chez nous.

A la suite de cette allocution, qui avait été favorablement accueillie, Isaac Stern, le violoniste virtuose américain, que j'avais connu étant jeune, vint me voir. Stern, qui avait mené le combat pour sauver le Carnegie Hall de New York, était débordant d'idées sur la façon de provoquer une renaissance artistique aux États-Unis, et avait mille suggestions sur le rôle que pouvaient jouer les Kennedy dans un tel mouvement. Mrs Kennedy l'invita à déjeuner à la Maison-Blanche et nous échangeâmes tous trois des idées pendant plus de deux heures. Mrs Kennedy était très séduite par les diverses suggestions de Stern; il avait entre autres proposé de faire du Centre culturel national de Washington, simple nom d'une bâtisse, un foyer d'art vivant réunissant tous les efforts de création artistique (c'est maintenant le Centre artistique John Kennedy) ou même de former des orchestres groupant les jeunes musiciens les plus doués des États-Unis. Le sujet de Casals fut évoqué au cours du déjeuner. Abe Fortas, alors avocat à Washington, maintenant juge suppléant à la Cour suprême, m'avait déjà parlé de faire donner un concert à la Maison-Blanche par Casals; celui-ci était fort impressionné par la contribution du Président Kennedy à la paix mondiale, et désirait faire quelque chose pour lui en témoigner sa reconnaissance. Fortas en avait également touché quelques mots à Stern.

La décision fut prise au cours du déjeuner de réaliser ce projet, dont Stern fut chargé de la mise au point. La date du 13 novembre 1961 fut retenue pour ce concert.

Mrs Kennedy m'avait demandé de lui soumettre une liste d'invitations à lancer. J'inclus dans ma liste les meilleurs compositeurs classiques d'Amérique, tels qu'Aaron Copland, Norman Della Joio, Samuel Barber, Ray Green, Leonard Bernstein et Roy Harris. Les invitations furent envoyées et la nuit de la grande soirée arriva. Ce fut une soirée animée et les compositeurs étaient ravis. Presque aucun d'eux n'avait jamais été invité à la Maison-Blanche et ils trouvaient que leur présence à ce gala était une juste reconnaissance de leur œuvre. Casals joua divinement avec une émotion profonde et termina par un chant catalan de sa province natale.

Je reçus le lendemain matin un billet charmant, écrit de la main même de Mrs Kennedy, me remerciant du rôle que j'avais joué :

Mon cher Pierre, ce fut hier un rêve incroyable, et tout cela grâce à vous...

Elle me flattait car, sans elle, ce rêve ne se fût jamais réalisé.

Le Président suivait le programme artistique avec intérêt. Il faut dire, en toute franchise, qu'il n'était pas fanatique de musique classique, mais il se rendait compte de l'importance de ce programme. Le concert Pablo Casals n'en était qu'un début. Auguste Heckscher, qui avait participé au « Fonds du XXe siècle », se fit mettre en congé de six mois pour pouvoir collaborer avec les nombreux groupes que l'initiative de la Maison-Blanche avait suscités dans le domaine artistique. Quand Heckscher fut reparti, le Président Kennedy demanda à Arthur Schlesinger et à moi-même d'étudier les moyens de continuer ce programme culturel. Nous organisâmes dans l'auditorium du State Department une série de concerts, placés sous le patronage des membres du cabinet. Pendant ce temps se poursuivait la collecte de fonds au profit du Centre culturel national, et une quantité d'autres grandes manifestations artistiques avaient lieu à la Maison-Blanche. La plus remarquable fut la soirée donnée en l'honneur du ministre français des Affaires culturelles, André Malraux, où Isaac Stern, le violoncelliste Leonard Rose et le pianiste Eugène Istomin jouèrent en trio. J'avais prévu une autre soirée où le clarinettiste Benny Goodman et Louis Armstrong nous présenteraient les meilleurs morceaux du jazz américain; le jazz est une forme musicale si typiquement américaine qu'il ne pouvait être omis de notre programme de concerts. Mais ce concert, qui aurait certainement été mémorable, dut être annulé, les invités en l'honneur de qui elle avait été prévue ayant été empêchés d'y assister au dernier moment.

Une autre manifestation exceptionnelle personnellement organisée par Mrs Kennedy fut la venue pour la première fois en Amérique du célèbre tableau de la *Joconde*, du Musée du Louvre. La présentation du chef-d'œuvre de Léonard de Vinci en Amérique fut l'aboutissement de longs entretiens entre Mrs Kennedy et André Malraux. Mrs Kennedy avait eu l'occasion de faire ample connaissance avec André Malraux lors de la visite du Président à Paris en 1961, et elle avait été particulièrement touchée par le fait qu'il avait tenu à lui faire visiter en personne le Louvre et la Malmaison, bien qu'il vînt de perdre ses deux fils dans un accident d'automobile. C'est alors qu'elle lui avait parlé de la Monna Lisa et l'envoi en Amérique de ce chef-d'œuvre avait été finalement mis au point lors de la visite de Malraux à Washington en 1962.

Des controverses se sont élevées sur la valeur réelle du programme culturel de la Maison-Blanche de la Présidence Kennedy. Ce n'était assurément pas une réponse intégrale au problème du développement de la culture aux États-Unis, mais, en tous les cas, lorsque les meilleurs de nos musiciens classiques jouaient à la Maison-Blanche, c'était une façon de rappeler à l'opinion publique qu'il existe autre chose en musique que les Beatles.

Malgré tout ce que j'ai dit de l'intérêt que portait Mrs Kennedy à la restauration de la Maison-Blanche, aux arts et à la culture, il ne faut pas perdre de vue que son souci principal constant c'était son mari et ses enfants.

A la Maison-Blanche, Mrs Kennedy avait fixé une règle capitale, c'était d'y rendre l'existence aussi normale que possible pour ses enfants, Caroline et John. Il en résultait entre nous quelques « prises de bec », aussi bien à la Maison-Blanche qu'au-dehors. Je garde précieusement la collection de notes que m'adressait Mrs Kennedy pour me demander (généralement avec colère, et comme on le comprend!) pourquoi tel article ou telle photographie avait paru dans la presse. Si elle manifestait parfois quelque mauvaise humeur envers son entourage pour les infractions aux règles qu'elle avait établies en vue de sauvegarder la vie privée des siens, c'est parce qu'elle était convaincue de leur nécessité. Après avoir reçu toute une série de notes dénonçant mes échecs pour protéger ses enfants de la publicité, j'en recevais une autre avec ces mots en vedette : *Ne vous en faites pas, cette note-ci est bien gentille!*

Elle voulait faire de la Maison-Blanche un logis aussi agréable que possible pour son mari et ses enfants, un refuge au milieu du tourbillon des occupations du Président et, en général, une institution dont tous les Américains pussent être fiers. Elle poursuivait cet objectif avec beaucoup de doigté et une grande constance. Mais ses intentions véritables (et leur sincérité) n'ont jamais, je le crains, été comprises par les reporters des pages qui étaient plus spécialement chargées de relater ses faits et gestes. Elles trouvaient Mrs Kennedy distante et d'un commerce difficile, et le flot de leurs critiques retombait sur sa jeune et jolie secrétaire de presse, Pamela Turnure. Celle-ci n'avait jamais eu affaire aux journalistes avant de recevoir de Mrs Kennedy cette assignation, mais elle n'en était pas moins idéalement qualifiée pour cette tâche. Elle avait la confiance du Président aussi bien que de Mrs Kennedy, et si la presse la critiquait fréquemment pour ne pas lui avoir fait connaître tel ou tel détail de la vie à la Maison-Blanche, c'est qu'elle ne faisait que respecter les instructions qu'elle avait reçues de Mrs Kennedy.

Ces efforts pour sauvegarder la vie privée de la famille présidentielle provoquèrent une crise en mars 1961, à la suite de la décision prise par le Service des Parcs nationaux d'améliorer le tracé des pelouses de la Maison-Blanche. Parmi les solutions préconisées se trouvait celle de faire planter des rhododendrons de deux mètres de haut pour masquer aux regards des badauds certaines zones privées.

Le Service des Parcs s'apprêtait à passer à l'exécution, en plein accord avec le Président et Mrs Kennedy, quand parut dans le *Star* de Washington un article prétendant que cette mesure avait été ordonnée par le Président, pour protéger les ébats de la petite Caroline, et que les rhododendrons priveraient des centaines de milliers de touristes de la vue que l'on avait du parc de la Maison-Blanche, côté sud.

J'ignorais tout du sujet quand un reporter du *Star* me questionna à ce propos lors d'une de mes conférences de presse. J'avais répondu que la question était « trop stupide » pour mériter une réponse. En fait, avais-je ajouté, je n'irai même pas déranger les Kennedy pour leur demander des précisions.

Mais rien n'excite les animaux de l'espèce journaliste comme de leur dire qu'une de leurs questions est « stupide », et les correspondants me tombèrent dessus à bras raccourcis.

Je décidai de faire une enquête personnelle, et je découvris que le Service des Parcs ne faisait que mettre en exécution un certain Plan Olmstead, établi vingt-six ans auparavant par une firme de Brooklin, Massachusetts! C'était de toute évidence, bien avant que Caroline fût au monde, ce qui retirait tout fondement à l'accusation du *Star*.

En fait, ce Plan Olmstead ne prévoyait pas que toute la perspective sud de la Maison-Blanche fût masquée par des rhododendrons, mais deux parties seulement, aux abords des grilles est et ouest.

Il était bien exact que le Service des Parcs avait montré les plans à Mrs Kennedy, mais l'unique contribution de celle-ci avait été de demander que des arbustes plus haut fussent plantés aux alentours du petit enclos où jouaient ses enfants.

Quand la vérité fut connue, le *Star* publia un autre article dans lequel il s'excusait d'avoir indiqué un faux emplacement pour la plantation des rhododendrons en donnant à entendre, de ce fait, que le Président voulait boucher la vue de la Maison-Blanche du côté du sud, et que la modification du projet de 1935 allait certainement apporter une solution plus satisfaisante dans l'ensemble.

Mais le journal ne put s'empêcher de me jeter une dernière pierre : « Bien que M. Salinger se soit acquis à San Francisco la réputation d'un journaliste de premier ordre, il est relativement nouveau venu à Washington et le *Star* ne le considère pas comme suffisamment informé des degrés d'absurdité auxquels on peut arriver dans cette ville... »

Je décidai de faire une retraite stratégique! J'aurais pu, assurément, faire publiquement état de ce que le *Star* reconnaissait s'être trompé, mais cela n'aurait servi qu'à m'attirer un nouveau camouflet. D'un commun accord, nous décidâmes de laisser l'affaire des rhododendrons sombrer dans l'oubli...

Un mois après, environ, je fus invité à un déjeuner intime par Benjamin McKelway, le rédacteur en chef du *Star*, avec d'autres personnalités importantes de la presse. Je m'y rendis avec un cadeau pour McKelway : un plant de rhododendron avec une note épinglée : « Cet arbuste est offert au *Star* pour planter devant leur édifice et le cacher au public. » Mes rapports avec le *Star* s'améliorèrent à partir de ce moment.

Les enfants nous procuraient des moments amusants. Caroline et John folâtraient à travers la Maison-Blanche et apparaissaient aux endroits les plus inattendus. Un certain après-midi, avant son Investiture, le Président tenait une conférence de presse à Palm Beach sur le patio de la villa de son père. Elle était commencée depuis un bon moment déjà quand apparut Caroline, en chemise de nuit et chaussée des souliers de sa mère! Après un bref et inutile effort pour lui faire faire demi-tour, je dus prendre Caroline par la main pour la faire rentrer dans la villa.

Une autre fois, à la Maison-Blanche, Caroline s'était aventurée dans le vestibule ouest où les journalistes étaient rassemblés en attendant la venue du Président. L'un d'eux demanda à la petite fille ce que pouvait bien faire son père. « Oh, il est en haut, il a enlevé ses souliers et ses chaussettes et il ne fait rien. » Ce fut la dernière conférence de presse de Caroline! John et elle accompagnaient leur père jusqu'à son bureau presque tous les matins. Marcher à côté de papa était pour eux une partie de plaisir, mais ils y trouvaient également un autre petit profit : une visite à la boîte de bonbons que Mrs Evelyn Lincoln, la secrétaire du Président, avait toujours sur son bureau pour eux. Au bout de cinq ou dix minutes, Miss Maud Shaw, leur gouvernante anglaise, apparaissait et les emmenait dans les appartements particuliers.

Caroline allait à un jardin d'enfants où la dernière année John vint la rejoindre. Ce jardin d'enfants avait été organisé par Mrs Kennedy pour que Caroline pût aller en classe avec des petits camarades de son âge sans avoir à quitter le domaine de la Maison-Blanche. Les parents payaient pour eux un droit scolaire nominal dont le montant servait à rétribuer les deux maîtresses. Parmi les élèves se trouvaient Avery Hatcher, le fils de mon secrétaire de presse adjoint, Andrew Hatcher. Le premier jour que le petit Avery vint en classe, sa mère à son retour lui demanda comment cela s'était passé.

— Oh, très bien, répondit-il. Et puis, j'ai fait la connaissance du Président des États-Unis, ajouta-t-il.

— Comment sais-tu que c'était le Président des États-Unis? lui demanda sa mère.

— Oh, je l'ai bien reconnu d'après ses portraits dans les journaux. Et puis, tu ne sais pas? Il m'a reconnu aussi! fit le petit Noir.

— Qu'est-ce qui te fait croire qu'il t'a reconnu? demanda la mère.

— Papa a dû lui dire que j'étais celui qui porterait une culotte verte, répondit l'enfant.

Le Président pouvait voir de la fenêtre de son cabinet les élèves de la petite école jouer pendant leurs récréations sur le tas de sable derrière son bureau. Parfois, il se levait de sa table et allait rejoindre les enfants pour bavarder avec Caroline, John et tous les autres.

Les bêtes tenaient une grande place à la Maison-Blanche, car la famille Kennedy les aimait beaucoup. Il n'y avait jamais moins d'une quinzaine d'animaux domestiques en pension, de deux poneys et des hamsters toujours en quête de plaies et bosses.

Bien que JFK fût allergique aux chiens, il en acceptait volontiers le désagrément à cause du plaisir qu'ils faisaient à Caroline et à John. Il sortait parfois de son bureau entre deux rendez-vous, frappait dans ses mains et se préparait à résister à l'assaut immanquable de ses enfants et de leurs amis chiens. Parmi ces derniers, il y avait un terrier gallois, Charlie, un cocker irlandais, Shannon, cadeau du Premier ministre Eamon de Valera lors de la visite en Irlande du Président en 1963, et Pouchinka, la fille de Laïka, première chienne spatiale russe, que Khrouchtchev avait donnée à Mrs Kennedy.

L'heureuse union de Pouchinka et de Charlie avait produit des petits chiens pour lesquels Mrs Kennedy devait trouver un toit. L'un était allé à Peter et Pat Lawford, et deux autres aux gagnants d'un concours national de lettres d'enfants. En réponse à l'invitation que leur en avait faite Mrs Kennedy, plus de dix mille garçonnets et fillettes américains avaient exprimé leur idée sur la façon dont on devait loger et traiter un chien. Il m'avait fallu réduire la montagne de réponses à une centaine de lettres les meilleures, parmi lesquelles Mrs Kennedy avait fait une sélection finale. La lettre la plus éloquente était venue d'un petit garçon de Chicago, mais qui ne put être classé parce qu'il avait omis de donner son nom et son adresse! Il avait écrit : *J'apprendrai à mon chien à être Démocrate et à mordre tous les Républicains!* Le poney de Caroline, Nacaroni, était aussi hébergé à la Maison-Blanche.

Un autre animal fit parler de lui : Sardar, le superbe cheval donné à Mrs Kennedy par Mohammed Ayoub Khan, Président du Pakistan, après le voyage qu'elle avait fait dans ce pays en 1962. Mrs Kennedy avait fort judicieusement décidé de refuser deux autres cadeaux : un éléphant des Indes et une portée de petits tigres. Le public s'émut. Sardar était arrivé à Washington à bord de l'un des appareils du Service des Transports aériens de l'Armée (MATS), c'est-à-dire aux frais des contribuables. Mais l'émotion s'était vite calmée quand j'eus précisé à la presse que c'était au cours d'un vol réglementaire, et que l'avion, comme la plupart des avions-cargos du MATS, rentrait normalement à vide en Amérique.

Stephen M. Young, sénateur démocrate de l'Ohio, célèbre pour les lettres caustiques qu'il envoyait à ses électeurs, eut le dernier mot dans cette controverse. Un riche habitant de Cleveland lui ayant écrit qu'il avait en Europe des chevaux qu'il aurait bien voulu pouvoir rapatrier aux frais de l'État et lui demandant d'essayer de les faire venir sur les avions du MATS, le sénateur lui avait répondu :

— Tout ce que votre lettre prouve, c'est qu'il y a à Cleveland, rue..., quelqu'un qui a un toupet de cheval!

Mais les pensionnaires du zoo de la Maison-Blanche qui faisaient le plus parler d'eux étaient les hamsters de Caroline. Ils ne cessaient de s'échapper, de prendre froid ou de courir à leur perte par des moyens qui eussent fait les délices de James Bond! Les journalistes de la Maison-Blanche et, en particulier les correspondantes de journaux féminins, s'intéressaient puissamment à la santé et aux faits et gestes de ces hamsters.

Helen Thomas, de l'UPI, me tira une fois, vers trois heures du matin, d'un profond sommeil pour me dire :

— Vous m'excuserez, Pierre, de vous réveiller à une heure aussi indue, mais c'est pour un motif très grave. Nous apprenons que l'un des hamsters de Caroline serait mort! Voudriez-vous m'en donner la confirmation?

J'éclatai.

— Et à qui voulez-vous que je le demande, Helen? A Caroline? A Mrs Kennedy? Au Président lui-même?

Et je me recouchai sans attendre sa réponse. J'appris dans le courant de la matinée que ce qu'Helen avait dit était exact : l'un des hamsters de Caroline avait, en effet, trouvé le moyen de tomber dans la baignoire du Président et de s'y noyer!

En plus des animaux domestiques réguliers de la Maison-Blanche, il y avait ceux qui étaient envoyés comme cadeaux à Caroline et à John et y faisaient une apparition temporaire. La plupart des donateurs ne voyaient là qu'un moyen de se faire de la publicité et leurs envois étaient promptement dirigés vers des orphelinats de Washington. Le plus spectaculaire de ces hôtes de passage fut Zsa-Zsa, le lapin buveur de bière et joueur de trompette, qu'un prestidigitateur de Pittsburgh avait envoyé avec son instrument et un ouvre-bouteilles!

L'incident figure dans le compte rendu de l'une de mes conférences de presse.

Q. : Monsieur le secrétaire, savez-vous que ce lapin est un phénomène?

R. : Tout ce que j'en sais est qu'il peut jouer les cinq premières mesures de *La Bannière étoilée* sur une petite trompette dorée.

Q. : Ne pourrait-on nous faire voir ce lapin pour qu'il nous fasse quelques-uns de ses tours?

R. : Je puis toujours le lui demander.

Q. : Est-ce qu'il jouait de la trompette quand il est arrivée à la Maison-Blanche?

R. : Non, la trompette est arrivée sous emballage séparé et sera envoyée à l'orphelinat avec le lapin. Je m'en voudrais de séparer Zsa-Zsa de sa trompette.

Q. : Vous voulez donc l'envoyer à un orphelinat?

R. : Oui, et immédiatement.

La vie privée des Kennedy inspirait un commerce lucratif. En raison de l'intérêt manifeste qu'ils présentaient pour le gros public, des efforts incessants étaient faits, même après la mort du Président, pour en tirer parti.

Nous pouvions nous y opposer dans certains cas; dans d'autres, nous étions impuissants. Il était impossible de freiner la honteuse exploitation que l'on faisait de Mrs Kennedy, principalement dans certains magazines pour cinéphiles, exploitation qui continue toujours. Numéro après numéro, la couverture de ces magazines reproduisait des portraits de Mrs Kennedy accompagnés de titres des plus suggestifs. Les articles eux-mêmes ne disaient pas grand-chose, mais les titres suffisaient à faire vendre le numéro. Les photos dont on se servait étaient généralement dans le domaine public et l'on ne pouvait non plus les empêcher de paraître.

Puis il y avait les disques dans lesquels on caricaturait les Kennedy. Il en parut un certain nombre, mais celui qui eut vraiment du succès fut *La Première Famille américaine* de Vaughn Meader. Le Président et Mrs Kennedy s'étaient procuré l'album Meader et l'écoutaient avec beaucoup de bonne humeur, mais des imitations de Meader qui parurent ensuite leur plurent beaucoup moins.

Les objets les plus divers tentaient de reproduire les traits des Kennedy. C'étaient par exemple les innombrables poupées Caroline et Jacqueline Kennedy qui furent lancées sur le marché. Certaines étaient de pacotille, d'autres, extrêmement finies, ce qui ne les empêchait pas d'être une violation de la personnalité des modèles. Il était, en un sens, flatteur pour les Kennedy de voir que tant de gens s'inspiraient d'eux pour leurs articles, mais la Maison-Blanche s'était depuis quelque temps déclarée contre l'exploitation commerciale des familles présidentielles et veillait chaque année, avec l'aide du Better Business Bureau — le service de l'amélioration commerciale — à faire respecter cette décision. Au cours de mon stage de secrétaire de presse, j'ai bien adressé des douzaines de lettres et passé autant de coups de téléphone à des industriels pour les dissuader de mettre certains articles en vente. Quand nous arrivions à remonter à la source, nous obtenions généralement gain de cause et la vente de l'article litigieux était arrêtée. Mais les États-Unis sont un grand pays et il s'y vendait trop d'articles Kennedy pour arriver à les atteindre tous.

Les principaux collaborateurs de Mrs Kennedy étaient sa secrétaire sociale, Letitia Balbridge (maintenant Mrs Robert Hollensteiner), à qui succéda Nancy Tuckerman au début de 1963; sa secrétaire de presse, Pamela Turnure; le conservateur de la Maison-Blanche, Mrs Lorraine Pearce et la directrice ménagère, Anne Lincoln. Miss Balbridge était entrée à la Maison-Blanche avec une bonne expérience des affaires et des relations publiques; elle s'occupait de l'ensemble de l'organisation des réceptions et activités mondaines de la Présidence et répondait au courrier non personnel de Mrs Kennedy. Miss Lincoln composait les menus pour les banquets et dîners officiels, dirigeait le personnel domestique et contrôlait les dépenses alimentaires. Pam était chargée des relations avec les journalistes féminines, tâche, à plus d'un égard, plus périlleuse que la mienne! Ces journalistes en jupons ne se satisfaisaient jamais des nouvelles qu'on leur donnait sur Mrs Kennedy et ses enfants. Lorsqu'il y avait grand gala à la Maison-Blanche, les reporters des revues mondaines de toute l'Amérique étaient également invitées pour en faire le compte rendu. Au cours de la réception, elles retenaient chacun des invités et ceux-ci ne se doutant pas toujours qu'ils parlaient à un membre de la presse et fournissaient la matière des potins publiés le lendemain. Mrs Kennedy aurait bien voulu éliminer ces chroniqueurs mondains de certaines manifestations. Par exemple, elle aurait préféré que les comptes rendus du concert de Pablo Casals fussent faits par des critiques musicaux, que les représentations théâtrales le fussent par des critiques dramatiques et ainsi de suite. Elle finit par prendre une décision radicale en interdisant à la presse l'accès à la réception suivante. Les journalistes devraient la suivre d'un emplacement spécialement réservé, ainsi ils ne pourraient plus interviewer les invités. Cela fit un beau tapage, la crise cubaine de l'aile est! Art Buchwald la surnomma la crise de l' « Entre-Quat'-z-yeux », et les dames journalistes rédigèrent des articles indignés sur la façon dont on les contraignit à se cacher derrière des plantes vertes pour suivre les manifestations mondaines de la Maison-Blanche! En vérité, la réaction fut si violente que la Maison-Blanche dut céder et que la réception suivante vit les journalistes reprendre leur pratique habituelle d'interviewer les invités. Pam supporta toutes ces algarades avec beaucoup de grâce et de bonne humeur, et il fallait bien souvent rendre hommage à son tact. Mrs Pearce faisait la liaison entre Mrs Kennedy et son Comité artistique et l'assista dans la rédaction du premier catalogue sur du mobilier de la Maison-Blanche.

Mrs Kennedy était une infatigable rédactrice de notes, toujours écrites de sa main, généralement sur de longues feuilles de papier jaune. Il ne s'écoulait pas de matin qu'un des huissiers de la Maison-Blanche n'apporta dix ou quinze notes à l'adresse de Tish, de Pam, Anne ou Lorraine. Quand le Président se plongeait dans sa lecture le soir, Mrs Kennedy s'installait devant son bloc-notes. Tous les jours, vers quatre heures et demie de l'après-midi, elle recevait des memoranda des divers membres de son personnel lui demandant son avis, ou son approbation, sur tel ou tel sujet ainsi que les lettres qu'elle avait à signer. Mrs Kennedy préférait écrire à la main la plus grande partie de ses lettres personnelles plutôt que de les dicter à une secrétaire. Le matin qui avait suivi un dîner de gala, même si elle était allée se coucher à deux heures ou plus tard encore, les notes arrivaient exprimant sa satisfaction de la façon dont la soirée s'était déroulée et louant l'intéressé de la part qu'il y avait prise, ou bien encore suggérant des améliorations possibles pour le prochain dîner. Le chef René Verdon recevait invariablement après chacun de ces dîners une note le remerciant de ses efforts. Verdon épinglait la note sur le panneau d'affichage de la cuisine pour que tous ses collaborateurs en profitent. Parfois, Mrs Kennedy faisait le croquis de canapés auxquels elle songeait pour le prochain dîner et les faisait parvenir au chef ou à Anne Lincoln.

Son souci des détails était légendaire et un dîner d'apparat reflétait les aspects multiples de sa sollicitude. Des bouquets de fleurs semblables à des natures mortes de peintres flamands étaient préparés dans les serres de la Maison-Blanche. Dès le début de 1961, Mrs Kennedy avait fait réorganiser ces serres sous la tutelle compétente de Mrs Paul Mellon. Mrs Mellon devait plus tard dessiner la roseraie, qui procurait au Président un plaisir intarissable. Les tables resplendissaient de services en vermeil, dont certaines pièces remontaient au temps de James Monroe, et les vins étaient servis dans des verres en cristal de Virginie occidentale, discret témoignage de la fidélité à la promesse que le Président et Mrs Kennedy avaient faite de ne jamais oublier cet État qui avait assuré le début de leur succès.

L'après-midi précédant un grand dîner, Sandy Fox, responsable des fêtes à la Maison-Blanche, apportait le projet de la liste des convives et le plan de table. Mrs Kennedy avait personnellement préparé ce plan accroupie sur la moquette de son boudoir. Certaines places étaient déterminées par le protocole; dans un dîner de cent vingt couverts, il y avait peut-être une quarantaine d'hôtes soumis à cette obligation. Mais c'était Mrs Kennedy qui décidait de la façon dont seraient disposés tous les autres.

Mrs Kennedy n'aimait pas perdre son temps. Au cours des mois de 1963 pendant lesquels elle attendait la naissance de Patrick Bouvier (et pendant que JFK était en Allemagne, en Italie et en Irlande), elle s'était appliquée à choisir les cartes de vœux de Noël officielles et personnelles, ainsi que tous les cadeaux que le Président et elle comptaient envoyer cette année-là. Bien que les cartes ne fussent pas expédiées, et malgré l'immense douleur consécutive à l'assassinat du Président, elle veilla à ce que chacun reçût le cadeau qui lui était destiné. Le mien consistait en un exemplaire relié cuir des discours d'investiture de tous les présidents des États-Unis, avec l'inscription manuscrite suivante sur la page de garde : *Pour Pierre. Le Président comptait vous offrir ce recueil pour Noël. Veuillez l'accepter maintenant de ma part avec l'expression de toute ma gratitude.*

XXII

BRANLE-BAS AU VIÊT-NAM

Tandis que la crise cubaine des missiles offrait, dans une situation de guerre froide, un exemple spectaculaire de l'affrontement de la presse et du gouvernement, la guerre au Viêt-nam, à de nombreux égards, posait aux deux parties des problèmes beaucoup plus inquiétants.

Les aspects délicats de la politique de l'information concernant la guerre au Viêt-nam entre 1961 et le début de 1964 exigèrent des heures de réunions, des changements fréquents de ligne de conduite et de personnel, pour aboutir, en fin de compte, à un complet échec, échec empreint, de fait, d'une sorte d'exaspération.

Ce qui suit n'est pas un joli chapitre dans la poursuite des relations entre le gouvernement et la presse. Ce n'est certes pas une apologie de l'action du gouvernement, car nous fûmes responsables d'un certain nombre d'erreurs tandis que nous nous efforcions de trouver une solution au problème d'une « non-guerre » dans laquelle mouraient des Américains. Je n'accepte pas non plus le point de vue de certains membres de la presse selon lequel ils avaient entièrement raison et que tous ceux du gouvernement avec lesquels ils entretenaient des relations étaient des dupes ou des imbéciles.

Pour comprendre le problème de l'information que nous avions à résoudre au Viêt-nam, il est d'abord important de connaître certaines des décisions politiques prises dans ce malheureux pays déchiré par la guerre depuis plus de vingt ans déjà.

Lorsque John F. Kennedy devint Président des États-Unis, les forces totales des U. S. A. au Viêt-nam s'élevaient à six cents hommes. On pourrait dire à juste titre que les États-Unis n'agissaient qu'en qualité de conseillers auprès du gouvernement du Sud Viêt-nam. L'activité et le nombre de nos troupes restaient parfaitement dans les limites imposées par la conférence de Genève de 1954, qui, l'espéraient ses signataires, réglerait définitivement le problème de l'Indochine. Cette conférence avait divisé en quatre parties l'Indochine française : un Nord Viêt-nam communiste, un Sud Viêt-nam non communiste (sur le modèle de la Corée) et deux nations neutres, le Cambodge et le Laos. A la fin de 1959, la situation au Viêt-nam, et militaire et politique, commença de se détériorer. Les Nord Vietnamiens proclamèrent l'existence au Sud Viêt-nam du Front National de Libération (F. N. L.) du Viêt-nam, qui devint plus connu sous le nom de Viêt-cong. A cette époque, le Viêt-cong s'enhardit dans les attaques auxquelles il se livrait sur les troupes gouvernementales dans les campagnes. Il commença également à exercer un contrôle accru sur les petits villages dans les régions rurales du Sud Viêt-nam. En même temps, le gouvernement du Président Ngo Dinh Diem, après un début prometteur, devint de plus en plus dictatorial, s'éloignant ainsi du peuple du Viêt-nam.

A la fin de 1961, le Président envoya au Viêt-nam le général Maxwell Taylor, qui était alors son conseiller militaire à la Maison-Blanche, pour y faire une enquête personnelle sur la situation. Quand le général Taylor revint, il se dégageait de son rapport un mélange d'optimisme et de pessimisme. Le général pensait que les Sud Vietnamiens pouvaient gagner la guerre contre le Viêt-cong; il pensait également que le niveau de l'appui, tant en hommes qu'en matériel, devait être intensifié.

Le Président Kennedy et les chefs d'état-major partageaient les vues du général Taylor et les États-Unis commencèrent à renforcer graduellement les troupes, qui devaient dépasser le chiffre de vingt mille hommes au moment de la mort du Président.

Les premiers mois de cette progression nous convainquirent, à Washington, qu'un changement était nécessaire dans notre politique à l'égard de la presse au Viêt-nam. Il existait plusieurs facteurs très sérieux et de nature à compliquer les choses : les États-Unis jouaient encore le rôle de conseillers auprès du gouvernement du Sud Viêt-nam et les Sud Vietnamiens avaient la ferme conviction que les relations avec la presse devaient être assujetties au contrôle de leur gouvernement. Ni l'ambassadeur Frederick E. Nolting Jr., ni le commandant en chef des forces U. S. A. au Viêt-nam, le général Paul D. Harkins, n'entretenaient avec la presse des relations particulièrement cordiales. Avec l'accroissement des troupes et du matériel américain, ce gouvernement allait être entraîné dans des activités qui constituaient une violation évidente de la conférence de Genève de 1954. (Le fait que les Nord Vietnamiens violaient déjà systématiquement ces accords depuis un certain temps n'empêchait les principaux responsables de la politique de penser qu'admettre que les États-Unis violaient pareillement ces accords serait de notre part une grave erreur de tactique.)

Finalement, après le désastre de la baie des Cochons et tant que la crise de Berlin nécessitait l'envoi de divisions supplémentaires en Europe, l'administration n'était pas désireuse d'admettre l'existence d'une guerre véritable dans l'Asie du Sud-Est. Et nos représentants dans la région (ainsi que certains des généraux et amiraux qui s'y trouvaient en tournée d'inspection) étaient enclins à donner des conférences de presse qui faisaient un tableau beaucoup trop optimiste de la situation réelle au Viêt-nam.

De son côté, la presse élevait de véhémentes objections contre les contraintes sous lesquelles elle était forcée d'agir. Homer Bigart, le correspondant du *New York Times*, lauréat du Prix Pulitzer, accusait avec une âpreté particulière les représentants des U. S. A. au Viêt-nam de ne pas dire la vérité à la presse sur ce qui s'y passait.

Au début de 1962, avec l'arrivée au Viêt-nam de troupes fraîches et d'un grand nombre d'hélicoptères, je décidai avec les hauts fonctionnaires chargés de l'information au Département d'État, Bob Manning et Carl Rowan, Edward R. Murrow et Don Wilson de l'USIA et Arthur Sylvester du Département de la Défense, que quelque chose de spectaculaire devait être fait pour améliorer là-bas nos relations avec la presse.

Lors d'une réunion entre le Président Kennedy et le Secrétaire d'État, Dean Rusk, au début de février, Rowan fit un exposé vigoureux sur la nécessité de relâcher notre politique trop stricte concernant les informations de presse au Viêt-nam. J'avais dit précédemment au Président que je sentais que nous allions à une collision avec la presse au Viêt-nam et que si nous ne prenions des mesures énergiques, l'administration se trouverait entraînée dans une lutte qu'elle ne pourrait gagner.

Le Président nous donna toute latitude pour deux changements : d'abord, l'exposé d'une nouvelle ligne de conduite à l'égard de la presse devait être envoyé dans la zone opérationnelle, exprimant le désir de l'administration d'une coopération maximum entre la mission des U. S. A. à Saïgon et la presse; ensuite, un renouvellement des hauts-fonctionnaires du Service de l'Information à Saïgon. Sans avoir de grief particulier contre John M. Anspacher, alors à la tête du Service de l'Information (USIS) à Saïgon, nous pensions qu'un changement de personnel pourrait également donner le signal d'un changement d'attitude de la part de l'administration envers notre politique vietnamienne.

Il nous fallut résoudre ce dernier problème en deux phases. Lors de nos discussions avec le Président, nous n'avions pas sous la main l'homme que nous souhaitions pour la tâche envisagée à Saïgon. Pour combler cette lacune pendant plusieurs mois, je suggérai d'envoyer à Saïgon Charlie Davis, attaché de presse de l'USIS à Tokyo. Je connaissais Davis personnellement depuis plus de vingt ans. Nous avions fait ensemble nos études secondaires et, de fait, avions été des adversaires politiques lorsque j'avais fait ma première tentative dans ce domaine : une élection pour le titre de rédacteur en chef de l'hebdomadaire de la *Lowell High School.* C'est non sans amertume que je me rappelle encore cette élection (peut-être était-ce le signe avant-coureur d'autres échecs à venir). J'adoptai ce slogan très populaire qui conseille de rompre avec les clubs et les cercles d'élèves de l'école secondaire. Davis recueillit 1.800 voix et j'en eus moins de 300. Davis avait servi dans la marine pendant la guerre du Pacifique et s'était installé au Japon. Il avait appris à parler couramment le japonais et le coréen et était devenu l'un des collaborateurs les plus brillants que l'USIS eût dans le monde entier. De plus, il entretenait des relations personnelles avec la plupart des reporters qui travaillaient alors au Viêt-nam et l'honoraient de leur confiance.

Le 17 février, un câble fut expédié à Tokyo, désignant Davis pour aller à Saïgon TRAVAILLER DIRECTEMENT AVEC LA PRESSE AMÉRICAINE, EN PARTICULIER POUR LES QUESTIONS MILITAIRES. Avant de partir pour Saïgon, Davis fut envoyé à Honolulu pour y assister, le 19 février, à une réunion avec l'ambassadeur Nolting, le général Harkins, Sylvester et Rowan. Ces deux derniers avaient apporté à cette séance le projet d'exposé de notre nouvelle politique à l'égard de la presse au Viêt-nam, qui avait également été câblé à l'ambassade à Saïgon.

Davis m'écrivit personnellement après son arrivée au Viêt-nam. Le tableau qu'il me faisait de la situation n'était pas encourageant. Les fonctionnaires du gouvernement des États-Unis avec lesquels il devait travailler éprouvaient à son égard de la défiance et du ressentiment parce que ses ordres venaient directement de la Maison-Blanche. « L'acrimonie entre l'ambassade et les militaires est chose normale. Le manque de confiance des journalistes dans notre position est essentiellement fondé sur les mauvaises relations entre la presse et les fonctionnaires de l'information publique. La faiblesse d'une véritable politique d'information est presque irréelle », écrivait Davis.

Pour occuper ce poste à long terme, nous nous adressâmes à John Mecklin, correspondant de *Time* et de *Life*, qui avait une ample expérience du Viêtnam. Mecklin avait vécu la guerre d'Indochine où les Français se trouvaient engagés, connaissait bien le pays et était tenu en haute estime par ses confrères. Mecklin accepta le poste et arriva à Saïgon au début de mai.

Pour l'aspect militaire, nous décidâmes également d'envoyer à Saïgon un fonctionnaire de l'armée de l'Air compétent en matière d'information publique. Sylvester et le Secrétaire de la Défense, Robert McNamara, choisirent pour ce poste le colonel Lee Baker.

Le mémorandum des directives destinées à la presse fut rédigé par Rowan avec l'aide de Sterling Cottrell, officier de carrière du Département d'État qui dirigeait la mission de ce ministère au Viêt-nam. La Sous-Commission du congrès chargée de l'information, dans un rapport daté de 1963, tenta d'imputer à Rowan toute la responsabilité du mémorandum, mais le fait est qu'il fût lu et approuvé par Manning, Sylvester, Murrow, Wilson et moi-même. De plus, avant qu'il fût envoyé dans la zone opérationnelle, le mémorandum fut montré au Président Kennedy, ainsi qu'à McGeorge Bundy, son conseiller à la sécurité nationale. Des exemplaires du mémorandum furent également approuvés par Averell Harriman, secrétaire d'État aux Affaires d'Extrême-Orient, Robert McNamara, secrétaire de la Défense, et U. Alexis Johnson, sous-secrétaire d'État adjoint aux Affaires politiques (ce dernier allait devenir plus tard ambassadeur adjoint à Saïgon pendant la durée de l'ambassade du général Maxwell Taylor).

Si je consacre une certaine place à la mise au point du mémorandum, c'est parce qu'il donna lieu plus tard à maintes controverses. Toutefois, l'évidente intention du mémorandum était d'améliorer la situation de la presse pendant la durée de la guerre au Viêt-nam. Le fait que certains paragraphes du mémorandum furent plus tard utilisés pour restreindre les informations plutôt que les répandre ne diminue en rien l'évidente intention des rédacteurs de ce document d'améliorer la situation.

Le mémorandum étant encore classé « confidentiel », je ne puis le citer littéralement. Mais son intention est clairement exposée dans le premier paragraphe, qui exprimait la détermination des Départements d'État et de la Défense, ainsi que de l'USIA, d'adopter une plus grande souplesse dans les relations avec la presse pendant la guerre au Viêt-nam. Le mémorandum préconisait la plus grande coopération avec la presse et faisait appel à la bonne foi des correspondants dans leur utilisation d'informations qui pourraient être défavorables aux intérêts de la sécurité nationale des États-Unis.

Parmi les autres choses que faisait observer le mémorandum, il était spécifié que la guerre était clairement une guerre vietnamienne dans laquelle nous prêtions notre appui, uniquement à titre d'instructeurs et de conseillers. Il était admis qu'il n'était pas en notre pouvoir de juguler les critiques de la presse à l'égard du régime Diem, mais qu'il fallait signaler à la presse que ce genre de critiques rendait plus difficile notre tâche au Viêt-nam. Nous exhortions l'ambassadeur et le général Harkins à voir la presse aussi fréquemment que possible et à la tenir au courant de ce que faisaient les

États-Unis dans la mesure où cela était compatible avec les besoins de la sécurité nationale. Nous signalions enfin que les histoires à sensation qui tendaient à dépeindre certaines batailles comme décisives dans cette guerre qui allait s'amplifiant étaient inexactes dans la mesure où elle était vraisemblablement susceptible de se poursuivre longtemps encore.

Le mémorandum, plus connu sous le nom de « Câble 1006 », avait été rédigé dans les meilleures intentions du monde. Je me souviens fort bien que nous étions fermement convaincus, à Washington, que celui-ci, combiné avec le changement de personnel, améliorerait certainement nos relations avec la presse à Saïgon. Dans un livre qu'il écrivit après avoir accompli son service au Viêt-nam (*Mission in Torment*, Doubleday & Company, 1965), Mecklin souligne à quel point nous étions dans l'erreur. Dans cette étude approfondie du problème de la presse au Viêt-nam, Mecklin écrit :

« Dès le début de 1962, les difficultés avec la presse avaient atteint un stade où Washington décida de réexaminer la politique de l'information. Il en résulta une directive nouvelle, le Câble 1006 du 21 février 1962 provenant du Département d'État — deux mois avant mon arrivée — rapport qui était censé « libéraliser » cette politique. Elle était « libérale » dans la mesure où elle reconnaissait aux journalistes américains le droit d'observer la guerre au Viêt-nam, mais, à d'autres égards, ce n'était guère plus qu'une codification des erreurs que la mission commettait déjà. »

Toutefois, en dépit des commentaires de Mecklin, nous avions l'impression, à Washington, que le Câble 1006 constituait un pas en avant. D'après les rapports qui parvinrent à Washington dans les mois qui suivirent, ils marquaient une amélioration. L'État, la Défense et l'USIA signalaient tous une diminution des plaintes de la presse à Saïgon.

(Détail intéressant : par suite d'une erreur, le colonel Baker ne reçut pas d'exemplaire du Câble 1006 avant trois mois au moins. Par conséquent, les accusations ultérieures prétendant que Baker réduisait les informations militaires à la presse sur les bases du Câble 1006 étaient fausses. Il n'avait simplement pas vu le câble.)

Quand la Sous-Commission du Congrès chargée de l'information publia son rapport sur la politique de l'administration concernant la presse, dans les derniers mois de 1963, elle blâmait particulièrement le Câble 1006 et en attribuait très précisément la responsabilité à Carl Rowan, qui était alors devenu ambassadeur en Finlande. Rowan avait noté ceci des relations du gouvernement avec la presse après l'envoi du Câble 1006.

« Le rapport de la Sous-Commission Moss (président du Comité John Moss de Californie) déclare que « peu de temps après la mise en vigueur des

« directives concernant la presse, les journalistes commencèrent à signaler « les difficultés qu'ils avaient à obtenir des informations des fonctionnaires « des États-Unis au Viêt-nam. » Le contraire absolu se produisit. Les archives montreront que des correspondants tels que Homer Bigart et Keyes Beech, ainsi que des magazines tels qu'*U. S. News and World Report* avaient formulé d'amers griefs au cours des semaines antérieures au 17 février [1962]. Tous les rapports que je reçus postérieurement aux directives concernant la presse indiquaient que l'envoi de Davis à Saïgon avec qualité d'agir pour aider les journalistes à lever certaines barrières était très apprécié des correspondants et mit virtuellement fin aux plaintes jusqu'à ce que d'autres problèmes absolument différents eussent surgi des mois plus tard. »

Il est donc essentiel, pour comprendre les événements qui suivirent, de rappeler que deux points avaient été acceptés à Washington au printemps de 1962 : 1° les relations avec la presse s'étaient améliorées à Saïgon; 2° à cause de notre politique de presse plus libérale, le gouvernement devait s'attendre à voir publier des commentaires qu'il eût préféré ne pas voir imprimés. Le premier point se révéla être une illusion. Le second ne fut que trop vrai.

Des récits commencèrent à paraître avec une régularité croissante, relatant que les forces américaines s'engageaient massivement dans les opérations vietnamiennes et que des hélicoptères américains étaient abattus. Aujourd'hui où les troupes U. S. A. au Viêt-nam s'élèvent à plus de deux cent trente-cinq mille hommes, de tels articles sont fréquents, mais, pris dans le contexte des opérations de 1962-1963, ils révélaient au peuple américain la perspective d'une guerre élargie dans l'Asie du Sud-Est, et c'est précisément ce que, pour les raisons précédemment exposées, l'administration désirait cacher. Le Président Kennedy était particulièrement désappointé par certains de ces articles. J'étais d'avis, à l'époque, que nous devions être prêts à accepter les bons comptes rendus comme les mauvais au Viêt-nam, mais le Président nous pressa d'y resserrer les mesures permettant aux correspondants d'observer en personne les opérations.

Une histoire avait particulièrement irrité le Président. Elle racontait comment huit hélicoptères U. S. avaient été abattus dans une opération avec les Vietnamiens. L'histoire était exagérée (il se révéla qu'il n'y avait eu que cinq hélicoptères abattus), mais, là encore, le tableau d'un engagement massif et croissant des États-Unis au Viêt-nam inquiétait l'administration.

Les responsables de la politique d'information du gouvernement étaient par conséquent fortement partagés entre le désir de l'administration de minimiser l'image de la guerre pour toutes sortes de raisons militaires et politiques et le désir des reporters sur le champ des opérations de tout relater au peuple américain. Il me semble qu'on eût parfaitement pu parvenir à un moyen terme, mais le durcissement de l'attitude et de la presse et du gouvernement ne permit jamais d'atteindre ce compromis.

Pour compliquer encore les choses, le gouvernement Diem, en particulier le frère de Diem, Ngo Dinh Nhu, et sa femme, manifesta une haine fanatique à l'égard d'une grande partie des journalistes américains au Viêt-nam. En deux occasions, sur les instructions de Washington, l'ambassadeur Nolting avait dû faire des remarques personnelles au Président Diem pour empêcher l'expulsion du pays de François Sully, le correspondant à Saïgon du magazine *Newsweek*. En dépit de ces efforts, Sully fut expulsé en fin de compte, comme le fut James Robinson de N. B. C. Mais les Diem nourrissaient une haine toute spéciale pour trois jeunes correspondants américains, David Halberstam du *New York Times*, Neil Sheehan de l'UPI et Malcom Browne de l'AP. Les reporters, qui leur rendaient bien leur aversion, en vinrent à la conclusion qu'il n'y aurait aucun progrès réel dans la guerre au Viêt-nam aussi longtemps que le gouvernement Diem ne serait destitué et remplacé par un gouvernement qui comprendrait vraiment les besoins du peuple vietnamien.

La politique des États-Unis à la fin de 1962 et au début de 1963 étant fondée sur la continuation de l'aide au Président Diem, les trois reporters devinrent la bête noire tant auprès de la mission américaine à Saïgon que des hauts fonctionnaires du gouvernement à Washington. Comme Halberstam le rapporte dans son livre, *The Making of a Quagmire* (Random * House, 1964), il est vrai que le Président Kennedy suggéra à Arthur Hays Sulzberger, le nouveau directeur du *New York Times*, d'accorder un congé à Halberstam pour l'éloigner du Viêt-nam. Mais, comme l'a récemment déclaré Halberstam, une telle requête aurait pu avoir l'effet opposé et le *New York Times* aurait pu raidir son attitude en exigeant le maintien d'Halberstam au Viêt-nam, ne fût-ce que pour prouver à l'administration qu'elle ne pouvait s'immiscer dans ses affaires.

Puisque Halberstam, Sheehan et Browne devinrent un tel foyer d'agitation dans notre politique d'information vietnamienne, il est bon d'analyser leur rôle dans ce pays. Pour le faire en toute équité, il faut séparer les aspects militaires des aspects politiques de la guerre. En ce qui concerne les premiers, on peut dire avec impartialité que les trois reporters accomplissaient fidèlement leur mission en relatant les batailles au Viêt-nam, même si ces relations devaient montrer les États-Unis sous un jour défavorable.

* *En plein Bourbier* (Buchet/Chastel 1966).

Halberstam prétend, dans son livre, que la presse avait toujours raison et le gouvernement toujours tort. C'est cette trop grande simplification qui affaiblit sa position plus que sa manière tout à fait convenable de couvrir la situation militaire au Viêt-nam.

Mais lorsque nous en venons à la situation politique, la position d'Halberstam, de Sheehan et de Browne se trouve beaucoup moins justifiable. En 1963, les trois reporters suivirent la crise politique qui se produisit à Saïgon, en particulier le grave conflit entre le gouvernement et les bouddhistes. Que ce fût ou non leur intention, leurs articles reflétaient leur extrême aversion contre le gouvernement Diem et leur dessein avoué (déclaré à un certain nombre de reporters à Saïgon) d'abattre le gouvernement Diem. Une importante question se pose en matière d'éthique du reportage : la chute d'un gouvernement entre-t-elle dans le cadre légitime du journalisme?

Mecklin tomba malade en février 1963 et, après avoir été examiné à la base aérienne de Clark près de Manille, on décela une tumeur maligne à l'estomac. Il gagna par avion l'Hôpital naval de Bethesda, à Maryland, pour y être opéré.

A la fin d'avril, il était suffisamment rétabli pour préparer son retour à Saïgon. Don Wilson, le directeur adjoint de l'USIA, me demanda en plusieurs occasions de voir Mecklin. Ce dernier vint finalement à mon bureau et son récit des difficultés qui allaient croissant à Saïgon me convainquit qu'il était nécessaire que le Président les entendît lui-même. Je pris pour Mecklin un rendez-vous avec le Président Kennedy le 29 avril 1963. Je pensais que Mecklin devait voir le Président seul et lui recommandai de ne pas affaiblir son récit.

Après l'entrevue, le Président me dit avoir été profondément impressionné par le compte rendu de Mecklin. Il n'était toutefois pas convaincu qu'une nouvelle politique de presse au Viêt-nam serait, en fin de compte, couronnée de succès à cause des grands conflits d'intérêt qui y existaient entre le gouvernement et la presse. Mais après une discussion, à laquelle prit part McGeorge Bundy, il m'autorisa à envoyer à Saïgon de nouvelles directives pour remplacer le Câble 1006 du Département d'État.

La nouvelle politique de presse était contenue dans un mémorandum secret qui devait être remis personnellement à l'ambassadeur Nolting et au général Harkins par Arthur Sylvester lors de l'une des réunions périodiques sur les affaires vietnamiennes à Honolulu.

Le mémorandum reconnaissait les problèmes que posait la presse au Viêt-nam et accordait une plus grande marge aux fonctionnaires en place dans les relations avec les correspondants. Il recommandait à nos représentants de gagner la confiance des reporters et déclarait que Washington ferait montre de patience jusqu'à la mise en vigueur des nouvelles directives. Et, ce qui était probablement le plus important du point de vue de ceux qui reçurent le mémorandum, il spécifiait que le Président lui-même avait été consulté sur sa rédaction. Le mémorandum recommandait aussi une certaine prudence dans la description de la situation militaire et politique à Saïgon.

Mecklin était enthousiaste à propos du mémorandum et regagna Saïgon, convaincu d'avoir enfin en main des directives qui lui permettraient de mettre fin à la guerre entre la presse et le gouvernement.

La crise bouddhiste, qui éclata presque immédiatement, brisa tous ces espoirs et, comme Mecklin l'écrivit plus tard, fit surgir des problèmes « qui, probablement, n'eussent pu être résolus, même si Kennedy en personne était venu payer aux journalistes une tournée de pots de bière au bar de l'Hôtel Caravelle ».

La crise bouddhiste marqua le commencement de la fin du régime Diem. Dans son dernier paroxysme de pouvoir, le régime déjà sur le déclin concentra sa haine et ses attaques sur la presse américaine. Le point culminant fut atteint le 7 juillet 1963, lorsqu'un groupe de journalistes américains fut attaqué à l'entrée d'une pagode bouddhiste par des policiers en civil du gouvernement vietnamien, alors qu'ils observaient une cérémonie religieuse.

Dans un télégramme au Président, signé par Halberstam, Browne, Sheehan et Peter Kalisher, correspondant du CBS en Extrême-Orient, les journalistes rapportaient que neuf représentants des organismes de presse U. S. A. avaient été « sans provocation attaqués avec violence et par surprise par des policiers en civil du gouvernement alors qu'ils observaient une cérémonie religieuse bouddhiste paisible par ailleurs. Un correspondant fut jeté à terre et frappé à coups de pied. D'autres journalistes furent poussés, bousculés et criblés de pierres lancées par les hommes en civil, ceci sous les yeux de quarante à soixante agents de police en uniforme et d'une brigade pour le maintien de l'ordre. Au cours de l'attaque, un appareil photographique fut brisé et plusieurs autres endommagés.

« La conclusion qui s'impose est que le gouvernement du Sud Viêt-nam, pays où les États-Unis sont fortement engagés, a ouvertement commencé une campagne d'intimidation par la force pour empêcher la transmission de nouvelles que nous autres, Américains, croyons avoir le droit de connaître... Puisque l'ambassade des États-Unis ici n'estime pas cet incident assez sérieux pour élever une protestation formelle, nous vous demandons respectueusement, monsieur le Président, de protester contre cette attaque et d'obtenir l'assurance qu'elle ne se reproduira pas. »

Le fait est que l'ambassade des États-Unis avait déjà fait des reproches au gouvernement vietnamien avant que le télégramme eût atteint le Président. Faisant abstraction de tous les problèmes antérieurs auxquels nous avions eu à faire face avec la presse à Saïgon, il y avait là, de toute évidence, un cas qui exigeait plus qu'une réponse de routine. Je conseillai au Président de dépêcher immédiatement Bob Manning à Saïgon pour examiner la situation sur place. Le Président fut d'accord et j'expédiai un télégramme aux correspondants quelques heures après la réception du leur par le Président. Je les y informais de la protestation présentée par notre ambassade et leur disais que Manning serait à Saïgon la semaine suivante.

Si la mission Manning ne fit que peu de chose pour résoudre les problèmes immédiats à Saïgon, elle servit un objet plus important et plus vaste. A son retour, Manning établit un mémorandum de vingt-huit pages à l'intention du Secrétaire d'État Rusk et d'autres fonctionnaires supérieurs du Département d'État, rapport remarquable par son impartialité et sa perspicacité concernant nos problèmes dans ce pays.

De nouveau, comme lors de la crise cubaine des missiles, la lecture du rapport Manning nous ramena au fond du problème de l'information.

La question est de savoir comment une société libre et démocrate régit ses relations avec la presse dans la zone grise de la guerre froide.

Halberstam ne consacre qu'un seul paragraphe à ce problème dans son livre de trois cent vingt-trois pages. « La scission entre la presse et la mission américaine fut pour une grande part le résultat des libertés et des convictions traditionnelles de notre pays, écrit-il. Il y avait un conflit entre celles-ci et la pression de la guerre froide, qui jette souvent les États-Unis dans des situations compliquées, difficiles et essentiellement contradictoires. Nous autres, reporters, étions les héritiers d'une liberté américaine traditionnelle : le droit, pour un journaliste, d'écrire ce qu'il voit, que les nouvelles soient bonnes ou mauvaises pour son propre pays. Nous n'avions pas à nous soucier des alternatives de l'évolution politique. D'autre part, les ambassadeurs et les généraux étaient les héritiers d'une nouveau dilemme : la dissension entre les instincts traditionnels de ce pays et ses devoirs et responsabilités dans la guerre froide. »

Manning exposait cela de façon différente : « Le problème de la presse au Viêt-nam est spécial à cause de la nature spéciale de l'engagement des États-Unis dans ce pays. Notre engagement est assez important pour justifier un examen public, examen dévolu à la presse. Mais cette investigation est entourée de tant de restrictions qu'il est difficile au gouvernement des États-Unis de la préconiser et de l'assurer. Le problème est compliqué par le désir de longue date du gouvernement des États-Unis de voir l'engagement au Viêt-nam minimisé, et même présenté comme étant moindre qu'il ne l'est en réalité. L'histoire des premiers temps de l'engagement américain est marquée par des attitudes, des directives et des actions qui à Washington et dans la zone opérationnelle reflètent ce désir des États-Unis. »

Le délégué du Département d'État plaida pour « le relâchement de certaines — mais non de toutes — des entraves encore imposées au reportage des événements vietnamiens par la presse américaine ». Il recommanda également une « attitude moins rigoureuse de la part des fonctionnaires américains à l'égard des comptes rendus et commentaires de la presse des États-Unis. Cela contribuerait beaucoup à réduire les improvisations dignes d'*Alice au pays des merveilles* qui caractérisent la situation de la presse au Viêt-nam et aiderait à établir un certain degré de confiance et de crédibilité mutuelles entre les autorités américaines et les correspondants américains détachés au Viêt-nam ».

Ce dernier point était particulièrement important parce qu'il n'était que trop évident que la nervosité des fonctionnaires des U. S. A. — qui avait gagné le Président des États-Unis lui-même — à propos de ce qui paraissait dans les journaux sur les événements au Viêt-nam, n'était pas réaliste alors que le public réagissait avec plus de compréhension et plus de maturité.

L'une des principales recommandations de Manning était d'utiliser l'arrivée du nouvel ambassadeur, Henry Cabot Lodge, en remplacement de l'ambassadeur Nolting, comme point de départ de relations nouvelles et plus productives avec la presse américaine à Saïgon. L'argument de Manning était que Lodge n'avait pas pris part à la longue guerre avec la presse qui avait harcelé son prédécesseur, et qu'il pourrait créer un climat de coopération nouveau.

C'est, de fait, ce qui se produisit. Avec Lodge comme ambassadeur, une ère nouvelle s'ouvrit dans les relations entre la presse et le gouvernement américain. La chute du gouvernement Diem plusieurs mois plus tard étendit l'amélioration générale aux rapports entre les Vietnamiens et la presse des États-Unis.

J'abandonne ce récit au moment de l'assassinat du Président Kennedy parce que je ne continuai pas à jouer un rôle d'importance dans la politique de l'information au Viêt-nam. Elle ne cessa pas d'être difficile, mais avec la présence de deux cent quarante mille hommes au Viêt-nam, la situation ne put plus être qualifiée de prétendue « non-guerre » et elle s'orienta vers les pratiques traditionnelles de guerre, telles qu'elles avaient été adoptées durant la Deuxième Guerre mondiale et le conflit coréen.

Il y a un certain nombre de dures leçons à tirer du « maniement » de la presse au Viêt-nam entre 1961 et le début de 1964.

La plus importante est que, bien que le contraire puisse se justifier, le gouvernement ne saurait escompter de succès que d'une politique de presse reposant sur une entière honnêteté. C'est ainsi que le gouvernement des États-Unis, en tant que société démocratique libre, peut se trouver en présence d'un choix impossible : soit user de tous moyens à sa disposition — y compris les opérations secrètes — pour défendre l'intérêt national, soit agir ouvertement en toutes choses et subir les inconvénients qui pourraient découler d'une telle politique.

Je ne crois pas qu'un tel choix doive être imposé ni au gouvernement ni à la presse. C'est une solution trop simpliste, en mettant les choses au mieux, et inacceptable, en les mettant au pire, pour une grande nation engagée dans la lutte autour du monde.

C'est pourquoi j'ai fréquemment suggéré qu'au lieu de fermer les yeux sur ce problème capital de notre époque, avec l'espoir qu'il se résoudra de façon ou d'autre, les personnes les plus capables et les plus douées de facultés créatrices et dans le gouvernement et dans la presse devraient en discuter ensemble.

Durant mes fonctions dans l'administration Kennedy, de nombreux efforts furent tentés pour ouvrir de telles discussions, dont les rencontres du Président lui-même avec les représentants les plus marquants de la presse après la crise de la baie des Cochons. Toutefois, tous ces efforts furent voués à l'échec, échec imputable à la presse et au gouvernement dans la même proportion.

Les événements du Viêt-nam durant ces dernières années rendent encore plus urgente la nécessité d'un tel rapprochement. Il s'agit de savoir si le gouvernement et la presse se satisferont pour le reste du XXe siècle d'une situation boiteuse assujettie aux principes d'une politique maladroite fondée sur l'improvisation.

XXIII

APRÈS KENNEDY

John F. Kennedy fut ramené de Dallas à la Maison-Blanche le samedi, 23 novembre 1963, à quatre heures vingt-cinq du matin.

Ken O'Donnell, Larry O'Brien et moi étions de ceux qui attendaient avec Mrs Kennedy lorsque le cercueil fut apporté dans la Chambre Est. Des cierges furent allumés à la tête et au pied du cercueil, un prêtre dit les prières et la veuve s'agenouilla un long moment près du noir catafalque. Puis, se levant pour sortir, elle nous aperçut, Ken, Larry et moi.

— Ce fut pour nous tous une longue journée, dit-elle, et il est bien trop tard pour que vous puissiez rentrer en voiture. Pourquoi ne pas rester ici?

Je ne dormais que depuis une heure lorsque, à huit heures, le téléphone retentit dans ma chambre, au troisième étage.

— M. Salinger, le Président vous demande.

Le Président? Mais le Président était mort. Puis j'entendis la voix de Lyndon B. Johnson.

— Pierre, je sais tout ce que le Président représentait pour vous, et je sais ce que vous devez éprouver. Mais je voudrais que vous restiez à votre poste. J'ai plus besoin de vous qu'il n'en a jamais eu besoin lui-même.

Je lui répondis que je restais.

— Venez me voir dès que possible, dit-il.

Je m'habillai en hâte et descendis à mon bureau, m'arrêtant dans la Chambre Est pour jeter encore un regard au cercueil. La porte du bureau du Président était entrouverte et je risquai un coup d'œil à l'intérieur. Toutes les possessions personnelles de John F. Kennedy avaient été enlevées pendant la nuit : le fauteuil à bascule, les maquettes de bateaux, les portraits de Caroline et de John.

Lyndon Johnson exerçait ses fonctions dans les bureaux vice-présidentiels du bâtiment de l'Exécutif et n'emménagea à la Maison-Blanche que plusieurs jours après les funérailles, qui eurent lieu le lundi suivant. Mais la vue de ce bureau nu attendant son nouvel occupant fut pour moi la première notion que la transition avait déjà commencé.

Quelques jours plus tard, alors que Mrs Kennedy faisait le tri des objets ayant appartenu à son mari, elle trouva pour ses collaborateurs quelque chose ayant pour chacun d'eux une signification particulière. Elle me fit don de l'étui à cigares du Président gravé aux initiales JFK. Elle m'envoya également l'un des drapeaux qui avait été accroché dans son bureau.

Je vis le nouveau Président ce matin-là à huit heures trente et il fut convenu que je m'occuperais personnellement des arrangements en matière de presse pour les funérailles et que Malcolm Kilduff irait dans les bureaux de l'Exécutif pour assister George Reedy, qui avait été secrétaire de Presse du Vice-Président.

Pendant les quatre jours qui suivirent, je me trouvai servir deux présidents : un mort et un vivant. Mes communiqués bi-quotidiens étaient attendus par la plus grande foule de reporters que connût l'histoire de la Maison-Blanche. Chacun d'eux était divisé en deux parties : la première avait trait à l'ordonnance des funérailles et la seconde aux activités du Président Johnson. La profonde affection personnelle de la plupart des correspondants pour John F. Kennedy était évidente à chaque communiqué. Nombre de journalistes pleuraient sans retenue. D'autres me dirent plus tard qu'ils avaient dû se forcer à prendre des notes parce qu'ils ne pouvaient croire qu'ils faisaient un reportage sur la mort du Président Kennedy. Très souvent — et non seulement pendant cette période, mais dans les mois qui suivirent — j'annonçais que le « Président Kennedy » venait de faire ceci ou cela, mais la presse comprenait et aucun correspondant ne rapportait mes lapsus.

Après l'un de mes communiqués, j'allai dans un bureau contigu au mien vérifier un texte sur un stencil. La jeune fille qui l'avait tapé, appuyée contre un classeur, était en train de pleurer. Du liquide bleu employé pour les corrections était répandu sur son bureau et lorsque je sortis le cliché de sa machine à écrire pour le donner à une autre secrétaire, je vis l'erreur qu'elle avait été incapable de corriger : « Le Président Kennedy a annoncé aujourd'hui... »

Le lundi, avec dix autres membres de l'équipe, je suivis l'affût de canon qui transportait le corps de John F. Kennedy de la Maison-Blanche à St Matthew puis pris ma place dans la garde d'honneur qui accompagna le cercueil dans la cathédrale. Après l'inhumation dans le cimetière national d'Arlington, je regagnai mon bureau pour retrouver le même fauteuil, le même entassement de journaux sur ma table, le même bruit des télétypes transmettant les nouvelles. Mais, pour la première fois depuis près de trois ans, j'avais l'impression d'être en un lieu étranger. Le souvenir de John F. Kennedy était trop proche et la blessure mettrait trop de temps à se cicatriser.

Jusque-là, dans l'Histoire, aucun secrétaire de presse n'avait servi deux présidents. Steve Early, lui, resta pour peu de temps avec Harry S. Truman après la mort de Franklin D. Roosevelt, mais il était entendu qu'il partirait dès qu'on lui aurait trouvé un successeur. Traditionnellement, les relations entre un président et son secrétaire de presse sont de nature extrêmement personnelles. Le secrétaire de presse, porte-parole du Président, communique chaque jour, par l'intermédiaire de la presse, ses attitudes et ses actions à des centaines de millions de lecteurs et d'auditeurs. Ceci exige une confiance née d'une longue collaboration et d'une communauté de goûts et nous sommes loin du jour, si toutefois il devait arriver, où le Président Johnson et moi établirions ces rapports.

Dès la première semaine, je lui dis qu'il lui faudrait songer à me remplacer le plus tôt possible par un homme à lui. J'avais deux candidats à lui proposer : George Reedy, qui travaillait avec lui depuis nombre d'années et était tenu en haute estime par le corps de la presse à Washington, et Carl Rowan, l'ancien directeur de l'Agence d'Information des États-Unis, alors ambassadeur en Finlande. L. B. Johnson et Rowan avaient fait ensemble, en 1961, un voyage en Asie du Sud-Est, à l'époque où Rowan était au Département d'État, et je savais que le Président avait fort bonne opinion de son intelligence et de ses capacités.

L. B. Johnson me laissa parler et dit qu'il comprenait mes sentiments. « Mais je souhaite que vous restiez avec moi aussi longtemps que vous le pourrez. »

Le premier objectif du Président était de maintenir intacts le cabinet et l'équipe de J. F. Kennedy. Il savait que des transferts de postes parmi les hauts fonctionnaires seraient préjudiciables à la transition et au sentiment de continuité de la nation. S'il amena à la Maison-Blanche un certain nombre d'hommes à lui, ceux-ci s'efforcèrent de rester aussi effacés que possible, sur ses ordres directs, sans aucun doute.

Le plus compétent des nouveaux fonctionnaires était Walter Jenkins, qui travaillait avec Johnson depuis vingt ans et connaissait bien son homme. Jenkins avait un excellent jugement et un don vital dans le service de la Maison-Blanche, celui de parler au Président. Sa démission, en 1964, fut une grande perte pour L. B. Johnson.

Deux nouveaux venus importants furent Bill D. Moyers, maintenant secrétaire de presse de la Maison-Blanche, et Jack Valenti, un adjoint spécial. Moyers, ancien étudiant en théologie, avait déjà montré sa compétence comme directeur adjoint du *Peace Corps* (Corps des Volontaires de la paix). C'était un administrateur habile et il était doué pour écrire des discours. Il devint le membre le plus influent de l'équipe.

Valenti, petit homme tiré à quatre épingles, ancien agent de publicité à Houston, fut indispensable au Président durant ces premiers jours. Il restait à la Maison-Blanche vingt heures par jour, transmettant les ordres du Président, accueillant les dignitaires, sanctionnant les discours et accomplissant mille et une autres besognes. (Depuis, il est devenu président de la Motion Picture Association of America, organisme directeur de l'industrie cinématographique.)

J'avais quelques avantages au début de mon service auprès du Président Johnson. Ses relations avec certains membres de l'équipe de J. F. Kennedy avaient été quelque peu froides et distantes. Mais j'avais essayé de maintenir une liaison aussi étroite que possible avec Reedy et lui. L. B. Johnson se trouvait toujours à la conférence de coordination préliminaire aux conférences de presse et Reedy assistait à ma table ronde hebdomadaire des hauts fonctionnaires de l'information publique. D'autre part, L. B. Johnson n'avait pas oublié qu'un certain nombre d'importants fonctionnaires avaient été violemment opposés lors de sa nomination à la Vice-Présidence à Los Angeles. Bien que j'eusse été pour Stuart Symington, dès que John Kennedy eût choisi Lyndon Johnson, j'avais fait tout ce qui était en mon pouvoir pour l'aider à recruter les collaborateurs de sa campagne et coordonner les opérations avec John Kennedy et les siennes.

En conséquence, le nouveau Président et moi étions en termes tout à fait amicaux et il fit le maximum pour me mettre à l'aise dans l'atmosphère nouvelle de la Maison-Blanche. Il donna des instructions catégoriques au nouveau personnel qu'il avait amené avec lui, lui interdisant de s'immiscer dans mon travail. On chargea Reedy de mission hors du bureau de presse. Bien qu'il eût le droit de s'attendre à me succéder avec l'accès de Lyndon Johnson à la Présidence, Reedy accepta la nouvelle situation avec une inébranlable bonne humeur. On me donna également libre accès auprès du Président : j'étais le seul membre du personnel qui pouvait entrer dans son bureau sans permission. Quand je lui donnais un avis, il l'acceptait généralement avec ce commentaire : « Si vous croyez que c'est ce qu'il faut faire, allez-y. »

En dehors de nos relations à la Maison-Blanche, il me témoigna sa sollicitude en maintes occasions.

Un samedi matin, peu de temps après avoir été, ma femme et moi, les invités des Johnson à un dîner à la Maison-Blanche, je lui dis que nous aimerions les avoir un soir, Lady Bird et lui, dans notre maison de Falls Church. Il me rappela quelques minutes plus tard.

— Si vous êtes libre ce soir, nous aimerions beaucoup venir dîner chez vous.

Ce n'est qu'au dernier moment que je pus prévenir ma femme que le Président et Mrs Johnson, ainsi que le juge et Mrs Homer Thornberry, seraient nos invités. Je n'oublierai jamais cette soirée-là. Lyndon Johnson et sa femme se comportent en société simplement et sans prétention, ce qui mit ma famille tout à fait à l'aise... malgré le cordon d'agents du Service Secret à l'extérieur.

La poterie était le passe-temps favori de ma femme et c'est elle qui avait fait toute la vaisselle de notre service, y compris les tasses à café.

Le Président prit une première gorgée de café et dit :

— Voyez-vous, c'est la première tasse à café que j'aie jamais eue qui ne m'ait pas brûlé les lèvres.

— Alors, il faut que vous l'emportiez, répondit ma femme.

Lyndon Johnson l'emporta et, pendant des semaines, il me répétait qu'il buvait dans cette tasse tous les matins. Plus tard, cette année-là, après mon départ de la Maison-Blanche, il rencontra de nouveau ma femme lorsque lui et moi faisions campagne ensemble en Californie. « J'ai toujours cette tasse, lui dit-il, et je m'en sers toujours. »

Au cours de mes relations avec le Président Johnson, je découvris que, tout comme John Kennedy, il n'était nullement opposé à la diplomatie personnelle. L'un de mes amis les plus intimes parmi les secrétaires de presse étrangers était Fabian Velarde, qui appartenait au personnel du Président Roberto Chiari du Panama. Velarde me téléphona vers la fin de 1964, au plus fort des émeutes des étudiants dans la zone du Canal, et me dit qu'il était urgent que la question du Panama fût discutée personnellement par les Présidents Johnson et Chiari. Mais il y avait, dit-il, des raisons diplomatiques pour qu'aucun des deux chefs d'État ne prît l'initiative d'un appel téléphonique.

Velarde me suggéra de me trouver dans le bureau du Président Johnson à une heure donnée tandis que lui, Velarde, m'appellerait du bureau du Président Chiari. Nous passerions alors le téléphone à nos supérieurs. Lyndon Johnson n'avait aucune objection à cette idée et elle fut mise à exécution. C'est au cours de cette conversation que le Président Johnson déclara au dirigeant panamien qu'il comprenait les griefs de la nation latine et qu'il serait disposé à négocier un nouveau traité du canal, mais non à la pointe du canon. Dès que Chiari pourrait rétablir l'ordre et mettre fin à la destruction des biens américains, Johnson serait ouvert à la négociation. Cette brève conversation fut le point de départ du règlement ultérieur de la querelle du Panama.

Les Russes me ménagèrent un jour une surprise ahurissante.

Peu de temps après la mort du Président Kennedy, je reçus un coup de téléphone d'un haut fonctionnaire de l'ambassade des Soviets à Washington. Il était urgent, dit-il, que nous déjeunions ensemble le jour même.

Quand nous nous fûmes mis à table, il en vint tout de suite au fait.

— Le Président Khrouchtchev m'a demandé de vous voir. Il vous connaît et a confiance en vous. Il aimerait avoir votre appréciation sur le nouveau Président des États-Unis.

J'étais stupéfait par l'audace de la requête! Mais je crois avoir réussi à masquer ma stupéfaction tandis que je disais au Russe que j'avais l'absolue conviction que le Président Johnson prenait autant d'intérêt à la paix et aux bonnes relations avec l'Union soviétique que l'avait fait le Président Kennedy.

Le Russe me remercia avec effusion de cette information et la conversation se poursuivit sur d'autres sujets. Il me dit, entre autres choses, que le Président Khrouchtchev avait été bouleversé par la mort du Président Kennedy et avait pleuré en l'apprenant. « Il a erré dans son bureau pendant plusieurs jours, comme hébété. »

L'un des premiers voyages que je fis avec le nouveau Président fut au ranch des Johnson peu de temps avant la Noël de 1963, alors qu'il recevait le chancelier allemand Ludwig Erhard. Il désapprouva ma tenue de ville trop habillée et fit venir son tailleur de San Antonio pour m'équiper en « western ». Mais il fut grandement déçu quand le tailleur me livra directement les vêtements.

— Je voulais vous les donner moi-même, dit-il.

Tandis que nous arrêtions les plans de ce voyage au Texas, le Président me fit retenir un appartement au Driskill Hotel à Austin, qui était le quartier général de la presse quand Johnson était à son ranch.

Je trouvai là une suite entièrement refaite, avec des meubles et des tapis neufs, un appareil de télévision et un bar généreusement garni. Et, comme si ce n'était pas assez, il me donna également la clé de ses propres appartements au Driskill.

— Si vous avez jamais envie de vous évader de là, dit-il, grimpez là-haut et faites comme chez vous.

Plus tard, il me dit : « Lorsqu'un homme travaille pour moi, il devient un membre de ma famille. »

Au ranch, il y avait chaque jour un déjeuner familial auquel se joignaient les collaborateurs du Président. Le Président ou Bill Moyers disaient le bénédicite.

L'un des événements organisé en l'honneur du chancelier Erhard fut un barbecue dans le gymnase de l'école secondaire de Stonewall. Après quoi, le pianiste Van Cliburn, né au Texas, interpréta pour une foule de six cents personnes un certain nombre d'œuvres de Chopin extrêmement difficiles.

Quand les applaudissements s'éteignirent, j'entendis la voix du Président retentir dans le haut-parleur.

— Maintenant, M. Salinger voudrait-il se mettre au piano?

Moi, après Van Cliburn?

La gorge aussi serrée que lorsque John Kennedy m'avait prié de jouer pour Igor Stravinsky, je me dirigeai vers le piano et exécutai la *Sonate sans nom.* C'est une œuvre de ma composition que je tiens en réserve pour de telles occasions parce qu'aucun autre pianiste au monde ne peut la jouer et qu'une évaluation de mon talent y est nettement impossible.

Quand j'eus terminé, Erhard, qui n'était guère critique musical, me serra la main avec enthousiasme. Puis Lyndon Johnson retourna vers le haut-parleur.

— Je n'ai pas à vous apprendre, dit-il, que M. Salinger était le secrétaire de presse de John Kennedy... et je ne sais ce que j'aurais fait sans lui, nuit et jour, tout le mois dernier.

C'était de sa part un éloge étrange, presque incongru, à faire en présence d'un chef d'État à un barbecue au Texas. Mais c'était là l'un des gestes typiques, généreux bien que surprenants, qu'il était capable d'avoir alors (et qu'il devait avoir plus tard) envers moi.

Je passais beaucoup plus de temps à la Maison-Blanche avec le Président Johnson que je ne l'avais fait avec John Kennedy. Je nageais avec lui deux fois par jour dans la piscine de la Maison-Blanche et nos conversations s'étendaient non seulement à maints sujets, mais étaient extrêmement franches. Le Président Johnson avait la plus grande admiration et le plus grand respect pour le Président et Mrs Kennedy. Il s'attendrissait toujours lorsqu'il parlait de toutes les bontés qu'ils avaient eues pour lui. « Elle me mettait toujours à l'aise », disait-il. De fait, au cours de l'une de ces conversations à la piscine, il discuta sérieusement avec moi pendant plus d'une heure de son désir de nommer Mrs Kennedy ambassadrice auprès d'une nation étrangère. Parmi les pays qu'il avait en vue, se trouvaient la France et le Mexique. Tout en reconnaissant que Mrs Kennedy eût été imbattable comme ambassadrice, je dis au Président que j'avais la certitude que Mrs Kennedy n'accepterait pas une telle offre et que je croyais, de plus, que le lui suggérer serait une erreur. A ma connaissance, il ne le fit jamais. Toutefois, son admiration pour le Président Kennedy ne s'étendait pas à Robert Kennedy, le ministre de la Justice. Il était convaincu que celui-ci avait tenté de saboter sa nomination à la Vice-Présidence en 1960. Ses sentiments à ce sujet étaient si véhéments qu'au cours d'une conversation je lui fis part de mon point de vue sur la nomination à la Vice-Présidence telle que je l'ai déjà esquissée plus haut. J'avais l'impression que le ressentiment vice-présidentiel était le résultat d'un sinistre malentendu, mais je ne crois pas que le Président Johnson fut persuadé par ma version. Il me raconta combien le président du Congrès, Sam Rayburn, et le sénateur Robert Kerr avaient insisté pour qu'il refusât sa nomination, disant qu'il serait « démoli » en se présentant sous la même étiquette politique que ce « Catholique ». Et il ajouta qu'il convainquit finalement Rayburn et Kerr en leur rappelant que l'élection de Richard Nixon était pour eux tous un plus grand danger.

Lyndon Johnson avait toujours eu des relations assez efficaces avec la presse et il vint à la Maison-Blanche avec ses propres conceptions sur la façon de présenter son administration sous le meilleur jour possible. Mais il rechercha et adopta mes avis sur bien des aspects de ses relations publiques, et notamment le style de ses conférences de presse.

J'avais le sentiment qu'il lui fallait faire des expériences jusqu'à ce qu'il trouvât l'arrangement dans lequel il se sentirait le plus à l'aise. John Kennedy avait choisi la conférence de presse en masse, ouverte en direct à la télévision et à la radio parce qu'il était convaincu qu'il devrait aller directement au peuple pour vendre les innovations de la « Nouvelle Frontière ». De plus, il avait grande confiance dans ce procédé après le succès de ses débats contre Richard Nixon.

Je n'avais pas le moindre doute que le Président Johnson saurait se comporter admirablement dans cette atmosphère, mais j'étais convaincu qu'il n'avait pas les mêmes raisons de l'adopter. Il pouvait escompter du Congrès un plus grand appui que John Kennedy, non seulement parce que l'opposition partisane ne serait pas aussi virulente pendant la transition présidentielle, mais aussi parce qu'il avait su entretenir avec le Congrès d'excellents rapports.

Nous convînmes qu'il devrait essayer un certain nombre de types de conférence de presse, y compris la télévision en direct, mais devrait commencer de façon plus intime. La première conférence, qui eut lieu le

7 décembre 1963, fut entièrement improvisée. A la fin de mon propre communiqué, ce matin-là, j'annonçais que le Président était dans son bureau et aimerait que les reporters y vinssent prendre une tasse de café. Questions et réponses se croisèrent dans une atmosphère qui rappelait les réunions de Franklin D. Roosevelt avec la presse. Il n'y avait là que vingt ou trente reporters, tous appartenant au personnel permanent, qui furent flattés de cette attention particulière. Il y eut, bien entendu, des protestations de la part de la télévision et de la radio, qui n'apprirent pas la chose à temps pour préparer leur équipement, et d'autres reporters qui n'étaient pas à la Maison-Blanche ce matin-là. Mais la Conférence fut très féconde en nouvelles et Lyndon Johnson fut enchanté du reportage.

Il était maintenant impatient de s'essayer à la télévision en direct, mais il admit avec moi que le cadre ne devrait pas être le même que celui que John Kennedy avait adopté dans le nouvel auditorium du Département d'État. Je choisis la salle de conférences internationales du Département d'État, où le Secrétaire Rusk tenait ses conférences de presse. Elle contenait quatre cents sièges, au lieu des huit cents de l'auditorium. Mais il n'y avait pas moyen d'en réduire le nombre des places comme nous l'avions fait dans le grand auditorium. Le seul autre changement était que Lyndon Johnson était assis à un bureau, tandis que John Kennedy préférait se tenir debout sur une estrade. Cette conférence, qui eut lieu le 29 février 1964, fut également fort réussie.

Ma troisième suggestion était que le Président Johnson eût une discussion télévisée d'une heure avec un groupe de reporters importants à peu près de la façon dont le Président Kennedy l'avait fait en décembre 1962. Je pensais qu'un tel programme aiderait à établir solidement dans toute la nation l'image présidentielle. Au début, le Président était très hostile à cette idée, mais, après plusieurs semaines de persuasion, il consentit finalement à cette manifestation. Elle eut lieu le 15 mars 1964 et fut extrêmement bien accueillie. Les réponses réfléchies du Président Johnson aux questions qui lui furent posées firent beaucoup pour souligner le fait qu'il avait fermement en main les rênes du gouvernement.

Me référant à mes fonctions auprès des Présidents Kennedy et Johnson, j'ai l'impression qu'on peut faire de la conférence de presse un intermédiaire plus efficace encore d'information publique qu'elle ne l'a été dans le passé. Nos présidents et nos secrétaires de presse devraient, par exemple, envisager de temps à autre une conférence de presse sur un seul sujet. Toutes les questions traiteraient d'un domaine spécifique d'importance capitale. Le Viêt-nam et la politique fiscale se prêteraient aisément à de telles discussions approfondies.

Je crois également que les conférences de presse pourraient être divisées en questions écrites et en questions orales. Le but d'un reporter à une conférence de presse est d'obtenir des informations du Président et non de le prendre au dépourvu. Le Président pourrait ouvrir la conférence avec quatre ou cinq questions écrites sur des affaires importantes qui auraient été soumises d'avance, questions auxquelles il *souhaite* répondre parce qu'il juge essentiel que le peuple soit mieux informé de sa position et de ses intentions sur un certain sujet. Les questions écrites qui n'auraient pas été acceptées par le Président pourraient lui être posées au cours de la période orale.

Je suis d'avis en outre que nos présidents devraient rencontrer une fois l'an au moins tous les rédacteurs en chef des journaux des principales universités. Les enceintes de nos universités sont très souvent les centres les plus actifs d'agitation sociale et politique et je crois que les étudiants ont le droit d'aller directement au Président et de lui demander son opinion sur des questions qui sont pour eux du plus haut intérêt. Le Président aurait, évidemment, à jongler avec maintes questions brûlantes, mais l'amélioration des relations avec la jeune génération en vaudrait la peine.

Comme John Kennedy, le Président Johnson avait ses favoris dans le corps de la presse et, parmi eux, Phil Potter, du *Baltimore Sun*, et les chroniqueurs William S. White et Max Freedman. Potter et White étaient des amis de longue date et Freedman avait écrit certains de ses discours lorsqu'il était Vice-Président. Mais Johnson était très accessible à tous les autres correspondants de la Maison-Blanche. En fait, le seul reporter auquel j'ai essayé de ménager une interview et qui s'est heurté à un « non » catégorique est Théodore H. White.

Teddy, l'auteur de *The making of the President 1960* [1] et sa suite, en 1964, est l'un des écrivains politiques les plus brillants de notre génération. Il me téléphona au début de 1964, m'apprit qu'il travaillait déjà à son nouveau livre et aimerait passer une heure avec Lyndon Johnson, comme il l'avait fait avec John Kennedy quatre ans auparavant. Je lui répondis que je croyais pouvoir arranger la chose.

Je fus toutefois stupéfait lorsque le Président déclara que, White l'ayant desservi dans son livre de 1960, il refusait de lui parler. Je lui démontrai que même si sa colère contre White était justifiée — et je ne pensais pas qu'elle le fût — la façon d'agir la plus objective et la plus judicieuse en ce qui concernait le nouveau livre serait de répondre aux questions de White. Mais

1. En français aux Éditions Laffont sous le titre : *Comment on devient Président.*

il fut intransigeant et White écrivit *The making of the President 1964* sans avoir interviewé une seule fois son principal personnage.

Cependant, en général, le Président Johnson entretint d'excellentes relations avec la presse durant les premières semaines de sa venue au pouvoir. Bien entendu, les correspondants n'ignoraient pas que la nation avait été ébranlée après le cauchemar de Dallas et ils essayaient de jouer un rôle constructif en rétablissant la stabilité à Washington. Mais aucune lune de miel d'un président avec la presse n'a jamais duré bien longtemps et celle de Lyndon Johnson prit fin, elle aussi. Des malentendus et des ressentiments éclatèrent des deux côtés. Le Président, accoutumé à être traité par la presse avec une grande sympathie pendant les semaines qui suivirent l'assassinat, était exaspéré par la plus grande fréquence des questions difficiles posées à ses conférences de presse et de l'hostilité de certains articles. Si la presse s'était volontairement associée au gouvernement en rétablissant l'unité nationale après Dallas, elle reprenait maintenant son rôle normal.

Comme John Kennedy, le Président Johnson s'emportait quand des fuites se produisaient dans les nouvelles de la Maison-Blanche, en particulier à propos des nominations présidentielles. Mais il allait plus loin que le Président Kennedy en exprimant sa colère. Dans quelques cas, il alla jusqu'à annuler des nominations dont l'annonce avait été publiée prématurément.

Peu à peu, le Président devint plus réservé avec les correspondants. Et, parce que j'étais son lien direct avec eux, je commençai à recevoir moins d'informations. J'avais toujours pu entrer dans son bureau à volonté s'il n'avait pas de visiteurs, mais, un beau jour, son secrétaire me fit savoir qu'il me faudrait désormais prendre rendez-vous. Cela ne m'offensa point. J'avais toujours eu à passer par l'intermédiaire de Ken O'Donnell avant d'entrer chez John Kennedy et, jusqu'alors, j'avais été le seul membre du personnel de Lyndon Johnson à avoir le libre accès de son bureau.

Une nouvelle source de friction entre Lyndon Johnson et le corps de la presse fut sa fréquente mauvaise volonté à révéler à l'avance ses projets de voyage. Une fois, il ne me prévint que dix minutes avant de monter dans un jet pour aller passer le week-end au Texas. Il y eut de terribles problèmes d'organisation à résoudre pour transporter cinquante ou soixante reporters et leurs bagages dans un délai si court et, dans ce cas, l'avion qui contenait la presse ne parvint au Texas que cinq heures après le Président. Ceci n'était guère fait pour améliorer un état de choses qui allait déjà s'aggravant.

Les deux présidents, Johnson et Kennedy, me dirent souvent de téléphoner à des reporters pour se plaindre de comptes rendus injustes ou inexacts. Pour Kennedy, je savais que, dans la plupart des cas, ce n'était qu'une irritation passagère et je n'y donnais pas suite. Mais je ne pouvais m'en tirer à si bon compte avec Johnson. Non seulement attendait-il de moi l'appel téléphonique, mais un rapport sur la conversation.

Finalement, Jack Valenti et Bill Moyers commencèrent à s'inquiéter du changement survenu dans les relations avec la presse et vinrent me voir à diverses reprises pour en discuter. Je suggérai à Valenti d'assister à mes conférences de presse pour se faire une meilleure idée des reporters appartenant au personnel de la Maison-Blanche et de leurs problèmes. C'est ce qu'il fit, mais la presse aussitôt prétendit que Valenti était là pour rapporter au Président la nature des questions ainsi que mes réponses. Cette accusation était, bien entendu, ridicule puisque la transcription complète de mes communiqués était de toute façon à la disposition de Lyndon Johnson.

Un autre différend, cette fois avec les photographes de la Maison-Blanche, mettait en cause les activités d'Yoichi R. Okamota, un photographe de premier ordre qui figurait sur la feuille d'émargement de l'Agence d'Information des U. S. A. Okamota avait fait un certain nombre de voyages avec Lyndon Johnson lorsqu'il était Vice-Président et ce dernier trouvait son travail hors ligne. Au début de 1964, le photographe commença à passer la plus grande partie de son temps autour du bureau du Président, ce qui lui permit de faire le reportage le plus inaccoutumé et le plus complet de la Présidence qui ait jamais été réalisé — reportage qui devrait être un jour publié.

Lyndon Johnson était si impressionné par certaines de ces photographies qu'il me chargea de les donner aux magazines et aux journaux pour publication. Il y eut aussitôt des cris d'indignation de la part des photographes attitrés de la Maison-Blanche. Tout en admettant que les photos d'Okamota étaient sensationnelles, ils protestèrent qu'on ne leur avait pas donné la même chance de prendre de telles photographies exclusives et naturelles. Bien que leur argument ne fût pas sans justesse, il eût été impossible de prendre des photos aussi vivantes avec toute une armée de photographes rôdant autour du Président. En tout cas, Okamota devint une *cause célèbre* [1] et l'histoire du « photographe particulier du Président Johnson » tint une place prédominante dans les journaux et dans les magazines. Puis, un beau jour, Okamota disparut. Il avait repris son ancienne place à l'USIA.

Pour moi, après trois ans passés à la Maison-Blanche, tout cela était devenu monnaie courante et n'eut rien à voir avec ma décision, cet hiver-là, de démissionner de mon poste de secrétaire de presse. J'avais alors, et j'ai encore, une grande affection et un grand respect pour Lyndon Johnson et

1. En français dans le texte.

une durable gratitude pour ses nombreuses bontés à mon égard. Le fait que je ne pus continuer mon travail à la Maison-Blanche après la mort du Président Kennedy était ma faute et non celle du Président Johnson. J'en étais simplement venu à me rendre compte que le souvenir de John Kennedy était trop persistant et que je ne servais pas Lyndon Johnson avec tout le zèle nécessaire.

Mais j'étais déterminé à ne partir que lorsque cela ne gênerait pas le Président Johnson et seulement pour une occupation qui serait aussi stimulante que l'avait été mon travail à la Maison-Blanche.

Cette occasion survint en mars 1964.

XXIV

LE RETOUR AU PAYS

En août 1963, le sénateur démocrate Clair Engle, de Californie, fut opéré à Washington d'une tumeur au cerveau. Il devint partiellement paralysé et le Président Kennedy apprit par les médecins de l'hôpital naval de Bethesda qu'Engle serait incapable de se porter candidat à la réélection en 1964.

Cette nouvelle me causa un grand choc. Le sénateur et moi avions été des alliés dans les batailles politiques de Californie qui remontaient à la fin des années 40 et il m'envoyait auprès du Président pour les projets relatifs à notre État natal. Engle, qui avait passé quatorze ans au Congrès avant son élection au Sénat, en 1958, était l'une des figures les plus pittoresques de Washington. Ancien vacher de Red Bluff, vallée de la Californie du Nord, il avait le don de ramener les questions complexes — ainsi que ses adversaires — à leurs dimensions véritables.

Son adversaire républicain en 1958, le gouverneur Goodwin J. Knight, un athlète de 1 m 85, s'était formalisé de l'imposante photographie d'Engle figurant sur les affiches électorales. « Cette photo lui donne l'air d'un géant, reprocha Knight, et ce n'est qu'un gringalet. »

— De là où je viens, répliqua Engle, qui n'avait que 1 m 68, on ne mesure un homme qu'à la hauteur de sa tête.

Le sénateur était partisan des pouvoirs publics. Au début de sa carrière, l'une des entreprises privées de travaux publics les plus importantes de Californie sollicita le droit d'utiliser la centrale électrique d'un nouveau barrage fédéral sur la Trinity River. « Il nous faut construire le matériel et tout ce qu'ils veulent, eux, c'est l'argent », dit-il à ses collègues du Congrès, et son argument prévalut. Mais il admit plus tard qu'il ne luttait que pour le principe. « Il y a plus de force dans les lucioles qui volent au-dessus du Potomac que dans les eaux de la Trinity River. »

Engle avait été presque certain de sa réélection et la probabilité qu'il ne serait pas à même de se porter candidat contrariait et les stratèges politiques du Président et les leaders du Parti Démocrate en Californie. Cet État, maintenant le plus peuplé de la nation, n'avait plus voté démocrate pendant une année d'élections présidentielles depuis la victoire-surprise d'Harry Truman sur Thomas E. Dewey en 1948. John Kennedy, en 1960, y avait été battu de peu par Richard Nixon, et l'absence du seul sénateur démocrate de Californie assombrissait les perspectives du Parti Démocrate pour les élections de 1964.

Au fur et à mesure que les semaines s'écoulaient et que l'état d'Engle empirait, trois noms furent mis en avant en Californie comme candidats possibles à sa succession dans le Parti Démocrate en juin 1964 : le procureur général Stanley Mosk, le contrôleur de l'État Alan Cranston et le membre du Congrès James Roosevelt, le fils aîné de Franklin D. Roosevelt.

Vers la fin de septembre 1963, le Président partit en avion pour la Californie afin d'inaugurer un barrage à Whiskey-Town. Le gouverneur Pat Brown nous accompagnait à bord de l'*Air Force One* et John Kennedy lui fit part de son inquiétude, craignant qu'une lutte de parti pour la nomination ne pût nous coûter le siège d'Engle. Le gouverneur me jeta un coup d'œil.

— Qu'en pensez-vous, Pierre?

— Je pense que si vous autres continuez à vous chamailler ainsi, je finirai par poser ma candidature.

Le gouverneur se mit à rire.

Jusque-là, je n'avais jamais songé sérieusement à me porter candidat à des fonctions publiques. De fait, à deux reprises, j'avais décliné, à San Francisco, des occasions de poser ma candidature comme membre du Congrès, la première fois lorsque des amis avaient tenté de me persuader de me présenter contre le Républicain William S. Mailliard (qui détient encore le siège) et avaient même déposé dix mille dollars à la banque pour financer la campagne. Mais je travaillais à l'époque pour le *Chronicle* de San Francisco et je voyais dans le journalisme une carrière plus passionnante que la politique.

Ma seconde occasion s'était produite en 1963 lorsque le membre du Congrès John F. Shelley se porta, avec succès, candidat comme maire de San Francisco. Il vint voir le Président Kennedy après avoir fait acte de candidat et dit plus tard au corps de la presse de la Maison-Blanche que je ferais un « excellent candidat » pour lui succéder au Congrès. Quand les correspondants vinrent me voir pour me demander un commentaire, je fis une déclaration qui devait me poursuivre nuit et jour toute l'année qui suivit : « J'habite en Virginie. Je ne pourrais en aucune façon me porter candidat à des fonctions publiques en Californie. »

En automne 1962, je m'étais retiré de l'arène politique avec une déclaration plus catégorique encore que celle de Sherman [1]. Le membre du Congrès de mon district en Virginie était le Républicain Joel T. Broyhill, qui est encore l'un des législateurs les plus réactionnaires et les plus irascibles de Washington. Quand je donnai chez moi une réception pour recueillir des fonds pour la campagne de son adversaire démocrate, Gus Johnson, Broyhill accusa — ce qui était à prévoir — l'administration Kennedy d'essayer de l'éliminer.

Plus tard dans la semaine, à sa conférence de presse, le Président fut prié de répondre aux « choses assez aigres que le membre du Congrès Broyhill a dites sur vous et votre secrétaire de presse ». John Kennedy sourit. « Je n'ai jamais lu autant de choses sur un membre du Congrès... et jamais moins vu de résultats législatifs. »

Broyhill proféra sur mon compte d'autres invectives et mes amis du corps de la presse dirent que je ne pouvais racheter mon honneur qu'en me présentant contre lui aux prochaines élections.

— Vous avez devant vous, dis-je, quelqu'un qui ne sera jamais candidat à des fonctions publiques.

La suite des événements qui devaient me faire revenir sur cette décision commencèrent à se succéder au cours de l'été 1963 dans le lieu le plus invraisemblable : Mexico. Je me trouvais là en vacances. J'étais l'invité du Président Adolfo Lopez Mateos à qui je portai un message de John Kennedy suggérant une rencontre des deux présidents sur le sol américain, l'année suivante. Lopez Mateos y consentit volontiers et se rangea à mon avis que la rencontre aurait une plus grande signification en Californie du Sud, avec sa nombreuse population mexico-américaine, qu'à Washington.

Je commençai rapidement de faire les arrangements nécessaires avec l'ambassadeur Justo Sierra, représentant personnel de Lopez Mateos pour la presse et les affaires publiques. Jim Hagerty m'avait dit, quand j'avais repris sa place à la Maison-Blanche : « Justo est un grand type. Comme moi, vous aimerez travailler avec lui. » Jim avait raison. Sierra avait toujours été franc dans ses relations avec la presse américaine et avec moi — vertu qui manque souvent aux attachés de presse étrangers — et, depuis, nous sommes devenus des amis intimes.

Nos négociations furent interrompues par l'assassinat du Président Kennedy, en novembre, mais Lyndon Johnson me dit de les reprendre plus

1. Lorsqu'on lui demanda de poser sa candidature à la Présidence, le général Sherman répondit : « Même si vous me désignez, je refuserai encore absolument de me présenter. *(N. d. T.)*

tard, en décembre. Il fut finalement convenu que les deux présidents paraîtraient à une assemblée à l'Université de Californie, à Los Angeles, le 21 février, puis se rendraient en avion à Palm Springs pour des discussions positives.

Ce mois-là, j'arrivai plus tôt en Californie pour devancer la visite présidentielle et je pris la parole à un dîner donné en l'honneur du procureur général Mosk pour services rendus à l'État d'Israël. (Jusque-là, seul Cranston avait posé sa candidature au poste de sénateur. Mosk et Roosevelt attendaient encore et observaient la situation.) Tandis que nous étions ensemble à la table d'honneur, le procureur général me dit qu'il avait lu ma déclaration prétendant que j'étais inéligible pour le siège de Shelley au Congrès.

— Vous étiez dans l'erreur, dit-il. Vous êtes parfaitement éligible pour un poste fédéral en Californie.

— Merci pour le renseignement, répondis-je. Je promets de ne jamais utiliser ce droit contre vous.

A ce moment, ma décision de démissionner de mon poste de secrétaire de presse allait s'affermissant. J'avais simplement été incapable de m'habituer à la mort du Président Kennedy et aux souvenirs constants qui me restaient de lui à la Maison-Blanche. J'avais réuni, dans *Un tribut à John F. Kennedy*, une collection d'articles, avec Sander Vanocur, correspondant de la National Broadcasting Corporation. Le livre fut un *best-seller* et les recettes en furent versées à la Bibliothèque Kennedy. Bien qu'il fût dans mes intentions de quitter la Maison-Blanche en faisant en sorte de ne causer aucun embarras au Président Johnson, je n'avais guère réfléchi à mon avenir. J'avais eu des offres intéressantes d'un certain nombre d'organismes pour diriger leur service de presse ou leurs relations avec le gouvernement et c'est dans cette direction que je m'orientais. La suggestion de Mosk que je pourrais retourner en Californie et faire acte de candidature à des fonctions publiques n'était qu'une possibilité de plus, mais fort lointaine.

Je ne la pris au sérieux qu'au jour de mon arrivée à Los Angeles pour la conférence « au sommet » Johnson-Lopez Mateos, et seulement à cause d'un incident absolument imprévisible. Après leur discours devant les étudiants de l'Université de Californie à Los Angeles, les deux présidents allèrent dans le bureau du chancelier Franklin Murphy, dans le bâtiment de l'Union des Étudiants, prendre une tasse de café. Je les y laissai pour rejoindre le contingent massif de la presse qui suivait l'événement. Comme je sortais de l'Union des Étudiants, une foule d'étudiants — qui attendaient là pour voir de plus près les deux chefs d'État — éclatèrent en applaudissements.

J'étais pris complètement au dépourvu. Mais c'est alors, et pour la première fois, qu'il m'apparut que mes fonctions à la Maison-Blanche pourraient se révéler être un important atout politique. Il me vint à l'esprit que si je pouvais provoquer cette réaction spontanée parmi les étudiants de l'Université, qui sont — et à juste titre — fort soupçonneux à l'égard de la plupart des politiciens, je pourrais peut-être séduire les électeurs.

Le soir même, à Palm Springs, des amis du procureur Mosk me dirent qu'il renonçait définitivement à sa candidature à la nomination sénatoriale. Et, le lendemain même, Roosevelt, membre du Congrès, se retira après avoir perdu au profit du contrôleur Cranston l'approbation du CDC (California Democratic Council), approbation préliminaire à la réunion des votants pour le choix d'un candidat. Il ne restait donc officiellement dans la course que Cranston et le sénateur Engle, et le désistement de ce dernier n'était qu'une question de temps.

Je connaissais Cranston depuis 1957, époque à laquelle nous étions les co-fondateurs du CDC. Il avait obtenu le poste de contrôleur l'année suivante, lors de cette victoire démocratique qui avait donné à Pat Brown un million de voix contre le chef de la majorité du Sénat, William F. Knowland, pour le poste de gouverneur. Alan et moi entretenions des relations cordiales, mais non intimes, et nous nous trouvâmes plus d'une fois des deux côtés de la barrière politique.

Mais la décision qui prenait forme dans mon esprit de m'opposer à lui pour la candidature au Sénat n'était pas le résultat de divergences passées. En comparant ses accomplissements aux miens, je croyais honnêtement que je pouvais représenter notre État de façon plus efficiente. Durant mon séjour de moins de trois ans à la Maison-Blanche, j'avais travaillé en étroites relations avec le sénateur Engle et avec la délégation congressionnelle de la Californie. John Kennedy avait pris mon avis sur des questions d'ordre politique et administratif concernant mon État natal et j'étais allé par avion en Californie à maintes reprises pour me tenir au courant du déroulement des événements. Je pensais aussi que mes rapports avec les membres du cabinet et les chefs importants de l'administration et de l'Assemblée législative me donneraient un plus grand accès auprès de ces personnalités en faveur de la Californie que Cranston ne pouvait l'espérer. Un autre facteur encore était que Cranston n'était pas accepté par toutes les factions du Parti Démocrate de Californie.

Je ne fis cependant aucune démarche avant que Mosk se fût formellement retiré. Puis, au début de mars, je pris l'avis de Don L. Bradley, un ami de San Francisco de longue date, secrétaire exécutif du Comité central démocratique de l'État.

— Si vous avez jamais songé à vous présenter aux élections, dit-il, vous n'aurez jamais de meilleure chance.

Ma visite suivante fut pour Mosk, procureur de la Californie.

— Je serai constamment pour vous, dit-il.

Jesse Unruh, le puissant orateur de la chambre basse de la Législature de la Californie et chef de l'élément anti-Cranston du parti, me dit qu'il était pour Engle et ne se dédirait pas de son engagement. « Mais si Clair se retire, je serai pour vous. De fait, je pourrais être en mesure de vous aider un peu, même s'il n'abandonne pas. »

Je parlai ensuite au membre du Congrès Roosevelt (maintenant l'un de nos représentants à l'O. N. U.) chez son frère, le maire de Palm Beach, Elliott Roosevelt. Il me dit qu'il ferait pour moi tout ce qu'il pourrait, mais il revint plus tard sur sa promesse et écrivit une lettre à ses électeurs pour les inciter à voter pour Cranston.

Earl (Squire) Behrens, le grincheux rédacteur en chef politique du *Chronicle* de San Francisco était un ardent républicain avec lequel j'avais eu de nombreuses querelles partisanes lorsque j'appartenais aussi au personnel du *Chronicle*. Il était d'avis que je pouvais battre Cranston, mais il doutait que je fusse légalement éligible pour poser ma candidature aux élections primaires.

Ma dernière visite d'exploration fut pour un avocat de mes amis en Californie, qui faisait autorité en matière de droit électoral. Il consentit à faire des recherches sur la question de mon éligibilité et dit qu'il m'en donnerait le résultat le plus rapidement possible. Le temps pressait. La date limite d'inscription pour les élections primaires était le 19 mars : il ne restait qu'une dizaine de jours.

Le 17 mars, je dis à Bob Kennedy, ministre de la Justice, et à Ken O'Donnell que je n'attendais que le feu vert de l'avocat avant de démissionner de la Maison-Blanche. Bob me donna un conseil digne de John Kennedy : « Ne vous présentez que si vous pouvez gagner. » Ken pensait que c'était « une idée intéressante, mais je ne crois pas que vous ayez le cran nécessaire ». Ce soir-là, je rendis visite à Jacqueline Kennedy dans sa maison de Georgetown. Elle montra un grand enthousiasme. « Je sais que vous gagnerez, dit-elle, et si je puis vous aider de quelque façon discrète, faites-le-moi savoir. » Bob vint plus tard boire un verre. Il n'était nullement convaincu que j'avais le temps de mettre sur pied une organisation capable de remporter la victoire, mais « vous pouvez compter sur mon aide ». Cinq mois plus tard, il décidait lui-même de se présenter contre le sénateur républicain Kenneth B. Keating dans l'État de New York.

Le lendemain, je déjeunais avec Bob Six, le président de la Continental Airlines, et son vice-président exécutif, Harding Lawrence, au restaurant Sans-Souci à Washington, lorsque l'avocat de Californie m'appela au téléphone.

— Vous êtes tout à fait éligible. Cela ne fait aucun doute. Les précédents sont nombreux.

— Bon, répondis-je, je pose ma candidature.

Sur le point de sortir du restaurant, j'aperçus Ken O'Donnell en train de déjeuner avec sa femme, Helen. « Vous m'avez dit que je n'aurais pas le cran nécessaire, dis-je à Ken. Je veux seulement que vous sachiez que je vais de ce pas au bureau du Président pour lui donner ma démission. » Il faillit en tomber de sa chaise.

Quand je rentrai à la Maison-Blanche, le Président Johnson recevait une délégation d'éditeurs dans la salle à manger familiale. Je trouvai ensemble Walter Jenkins et Bill Moyers, leur dis qu'il me fallait voir Lyndon Johnson le plus tôt possible et leur en donnai la raison. Ils furent presque aussi effarés qu'O'Donnell, et Moyers transmit un message au Président. Nombre de mes connaissances, y compris Larry Fanning, maintenant du *Daily News* de Chicago, surprirent la fin de la conversation avec Lyndon Johnson, mais le Président se garda de faire savoir à ses invités que son secrétaire de presse attendait, dans les coulisses, pour donner sa démission.

Moyers me dit que le Président me verrait dès qu'il serait libre. En l'attendant, je téléphonai à mon ami, Arthur J. Goldberg, juge à la Cour suprême (maintenant représentant des États-Unis à l'O. N. U.). Il fut stupéfait de ma décision. « Je crois que vous avez eu un mauvais avis légal. Il me paraît impossible qu'un homme qui vote en Virginie puisse poser sa candidature au Sénat en Californie. » Mais, une demi-heure plus tard, il me rappelait. « J'ai fait examiner votre cas par l'un de mes clercs, dit-il, et il apparaît que vous êtes éligible. Mais si votre cas est jamais porté devant la Cour suprême, il faudra que je me disqualifie moi-même ! »

Le Président me fit appeler à trois heures trente de l'après-midi.

— Vous avez été merveilleux pour moi, dis-je, et ma décision ne vous est en rien imputable. Mais c'est là ma chance de retourner dans mon État natal pour une chose que je crois importante.

— Vous n'avez pas à me l'expliquer, répondit-il. Souvenez-vous que j'ai un jour agi de même. Quand voulez-vous annoncer votre démission ?

— Le plus tôt possible, répondis-je. Il faut que j'attrape un avion pour la Californie dès ce soir.

Il me demanda de rédiger une lettre de démission et me dit que, de son côté, il en écrirait une pour l'accepter.

Je regagnai mon bureau, différai ce qui devait être ma dernière conférence de presse (je la donnerais entre 4 et 6 h) et informai de mon projet le personnel du bureau. Tous étaient bouleversés. Nous avions formé une équipe heureuse et l'avenir de mes collaborateurs se trouvait remis en question. Ils dirent pour la plupart qu'ils étaient prêts à venir en Californie travailler à mon bureau et deux d'entre eux (Sue Vogelsinger et Barbara Coleman) le firent en fin de compte. Le seul membre du personnel absent ce jour-là de la Maison-Blanche était Andy Hatcher. La téléphoniste put le joindre à l'aérodrome de Newark.

— Annoncez ma démission en même temps que la vôtre, me dit-il. Je retourne en Californie avec vous.

Je donnai ma lettre de démission au Président à cinq heures et il me tendit sa réponse. C'est une lettre que je conserve encore précieusement :

« Cher Pierre,

« J'accepte votre démission, mais avec le plus grand regret, et c'est à contrecœur que je m'incline devant votre ferme désir personnel de retourner en Californie.

« Vous avez bien servi votre pays durant ces trois dernières années. J'apprécie hautement les services compétents et fidèles que vous m'avez rendus depuis que je suis devenu Président. Votre énergie et vos talents m'ont été indispensables et ils me manqueront cruellement.

« Je répugne à vous voir partir. Je vous serai toujours reconnaissant de votre aide et du dévouement que vous m'avez témoigné, mais, avant toute chose, de votre amitié.

« Sincèrement à vous,

« Lyndon Johnson. »

J'avais laissé à Lyndon Johnson fort peu de temps pour me trouver un successeur. « Qui, pensez-vous, qu'il devrait être? me demanda-t-il, Reedy ou Valenti? » Je répondis que Valenti était extrêmement capable, mais que Reedy avait un passé plus important dans le journalisme et était tenu en haute estime par la presse de Washington. De fait, avant d'être engagé au service de Lyndon Johnson en 1951, Reedy avait été correspondant à Washington pour l'une des agences de presse.

Le Président convoqua alors Jenkins et O'Donnell pour leur demander leur avis et ils votèrent, eux aussi, pour Reedy. George était alors à l'hôpital à Washington, où Lyndon Johnson l'avait envoyé perdre vingt kilos. Son séjour à l'hôpital, où son régime le faisait presque mourir de faim, fut l'occasion d'une histoire qui caractérise son sens de l'humour secret : le Président avait envoyé à Reedy un bouquet de fleurs le quatrième ou cinquième jour de son entrée à l'hôpital et George lui avait télégraphié : MERCI POUR LES FLEURS. ELLES ÉTAIENT DÉLICIEUSES.

Lyndon Johnson dit alors à Jenkins d'appeler Reedy à l'hôpital. « Dites-lui d'enfiler ses vêtements et de venir ici. A partir de maintenant, il est le nouveau secrétaire de presse. »

Puis le Président se tourna vers moi.

— Vous savez, bien entendu, que je ne puis être mêlé à une élection primaire du Parti Démocrate, mais il doit bien y avoir quelque moyen de vous aider. Quels sont les frais d'inscription, là-bas, en Californie?

Je lui dis qu'ils s'élevaient à 450 dollars, mais il dut entendre 250. Il tira de son portefeuille deux billets de 100 et un billet de 50 dollars et dit : « Voici la première contribution à votre campagne. » Je décidai rapidement de ne pas lui dire qu'il s'en fallait de 200 dollars.

Nous nous serrâmes la main et ce fut tout. Je retournai à mon bureau où la presse attendait. Je déclarai simplement que je donnais immédiatement ma démission pour retourner en Californie et que j'avais une décision importante à annoncer le lendemain. Mais tous les reporters en tirèrent la conclusion évidente et la nouvelle de mon entrée en lice pour le poste de sénateur dans le Parti Démocrate était dans toutes les dépêches vingt minutes après. Cette dernière réunion fut tout à fait impersonnelle, mais, ensuite, nombre des correspondants vinrent à mon bureau un à un me souhaiter bonne chance. Dans les semaines qui suivirent, douze d'entre eux m'envoyèrent pour ma campagne des contributions allant de 25 à 100 dollars.

Le correspondant du *New York Times*, Tom Wicker, se trouvait à une conférence de presse de Barry Goldwater à Los Angeles quand il fut appelé au téléphone par son bureau de Washington et apprit ma démission. Il laissa échapper une exclamation qui fut entendue du sénateur, qui menait déjà sa campagne en Californie.

— Que se passe-t-il? demanda Goldwater.

— Pierre Salinger vient de donner sa démission et arrive ici poser sa candidature au Sénat.

— Je crois que Pierre ferait un bon sénateur, dit Goldwater.

Mais c'est là le dernier commentaire qu'il fit en faveur de ma candidature.

Il ne me fallut que quarante-cinq minutes pour ranger mon bureau et donner mon dernier coup de téléphone de la Maison-Blanche. J'appelai le gouverneur Pat Brown, qui avait pris fait et cause pour Cranston après la démission de Mosk. Le gouverneur était absolument opposé à ma candidature. Il pensait que je me présentais trop tard et qu'une lutte préliminaire épuiserait des dollars démocrates dont il pourrait être fait meilleur usage dans la bataille finale contre le candidat désigné par le Parti Républicain. Il pensait aussi que le parti, après avoir pris des partis différents au cours de la réunion des électeurs, pourrait n'être pas à même de faire bloc autour du gagnant dans l'élection générale.

Je répliquai que ma décision n'était en aucune façon un défi à sa direction. J'étais alors d'avis — et je le suis encore — que Brown est le gouverneur le plus efficient du pays. Mais je lui dis que Cranston n'était certainement pas le candidat qui réunissait le plus de suffrages, que j'avais déjà des promesses d'appui de démocrates en vue, y compris nombre des propres supporters du gouverneur. Je lui dis également que j'étais convaincu que j'avais de meilleures qualifications que Cranston et qu'on devrait donner aux électeurs l'occasion de choisir entre nous.

Quand le gouverneur me rappela son engagement envers Cranston, je lui dis qu'il devait, bien entendu, y faire honneur. « Mais j'espère que vous bornerez vos activités à déclarer que vous êtes pour lui et avez l'intention de voter pour lui. Je ne crois pas que votre engagement exige que vous preniez une part active à la campagne. »

Il n'était pas d'accord. « Quand je suis pour quelqu'un, je n'ai pas envie de rester sur une voie de garage. J'ai l'intention de faire tout ce que je pourrai pour Cranston. »

Ma famille me conduisit à l'aérodrome national de Washington ce soir-là à dix heures pour prendre un avion pour San Francisco. Il était alors sept heures de l'après-midi en Californie : il ne restait que vingt-quatre heures avant le moment où j'aurais à me présenter pour l'inscription de ma candidature dans le registre des électeurs à l'hôtel de ville de San Francisco.

Le seul journaliste qui m'attendait à l'aérodrome pour me dire au revoir était Zygmunt Broniarek, correspondant à la Maison-Blanche du *Trybuna Ludu*, quotidien communiste de Pologne.

— Vous auriez dû venir au bureau plus tôt, dis-je. Vous n'aviez pas besoin de vous déranger jusqu'ici.

— Non, répondit-il, c'était bon pour vos amis américains. Pour moi, c'est mieux ainsi.

J'atterris à San Francisco à quatre heures du matin. M'attendant par ce matin morne et froid, il y avait là la plus petite délégation possible qui dût jamais accueillir un candidat à de hautes fonctions politiques : mon frère Herbert, alors inspecteur adjoint des écoles de Napa, en Californie; Don Bradley, qui consentit plus tard à diriger ma campagne; Melvin C. Tate, le propriétaire du Hanno's Bar, mon quartier général aux anciens jours du *Chronicle*, et un vieillard qui m'était complètement étranger. Il avait entendu dire que j'arriverais par avion et m'attendait depuis minuit.

— J'étais pour John Kennedy et je suis pour vous, dit-il. Voici une pièce porte-bonheur. Si vous la portez toujours sur vous, vous ne pouvez perdre.

Il me donna alors une pièce neuve d'un demi-dollar à l'effigie de Kennedy. Je l'ai fait monter en pince à billets de banque et je la porte encore.

Mon frère, Bradley et moi nous rendîmes tout de suite à la chambre retenue au Fairmont Hotel, sur la colline de Nob. Nous n'avions plus que douze heures pour obtenir ma qualification de candidat, me préparer à l'examen légal inévitable de mon éligibilité et commencer à recruter des publicistes, des gens pour écrire mes discours, des spécialistes de la publicité et répandre dans tout l'État l'image de Salinger, candidat au siège de sénateur.

Il me fallut d'abord rassembler soixante-cinq amis pour signer la pétition pour ma nomination de candidat avant cinq heures du matin dès ce premier jour. Je ne cessai de lancer des appels téléphoniques à des amis journalistes et à d'anciens camarades de l'Université de San Francisco. Parmi ces derniers se trouvait Rinaldo Carmazzi, un républicain qui dut se faire réenregistrer comme démocrate avant de pouvoir signer la pétition et la faire circuler.

Sur le front légal, deux autres amis, Alvin Goldstein et Quentin Kopp, consentirent à me représenter sans honoraires et se mirent promptement à l'œuvre pour rechercher des précédents pour appuyer mon éligibilité.

Autre élément de première nécessité : l'argent. Je téléphonai à cinq de mes connaissances qui avaient de la fortune et demandai à chacune d'elles un prêt de 5.000 dollars. « Mais je veux vous prévenir, leur dis-je, que pas un centime ne vous sera remboursé si la Cour m'élimine de la course. »

Walter Leftwich, qui s'occupait à Los Angeles de publicité et de relations publiques, partit ce jour-là de bonne heure pour San Francisco pour prendre en main toutes les opérations.

Dix heures après mon arrivée, j'avais les 65 signatures pour présenter ma pétition, 25.000 dollars en banque, et commande était passée à une compagnie de publicité pour l'impression et l'affichage de 7.000 affiches Salinger comme sénateur dans les quarante-huit heures à venir. Dans la même journée, nous arrêtâmes les éléments de l'organisation de ma campagne et commençâmes d'accepter des engagements pour des réunions électorales. La première eut lieu trois jours plus tard et je parlai devant une assemblée d'instituteurs à Fresno. Mon frère écrivit le projet de mon premier discours.

Notre offensive éclair prit les forces Cranston par surprise. Elles n'avaient évidemment pas prévu d'opposition importante pour les élections primaires et suivaient leur petit bonhomme de chemin. A cause de la rapidité et de l'efficacité avec lesquelles se déroulaient nos propres opérations, elles étaient convaincues que mes supporters travaillaient secrètement depuis des semaines, arrêtant notre stratégie, préparant notre matériel de campagne, réunissant des fonds et recrutant un personnel hautement qualifié.

Cette impression n'était imputable qu'à un seul homme : Bradley. Il avait dirigé la campagne victorieuse du gouverneur Brown contre deux géants républicains, William Knowland et Richard Nixon, et je me remis complètement entre ses mains. Il lui fallut prendre la plupart des premières décisions dans des conditions critiques et imprévues et dans une ambiance qui n'eût pu être plus trépidante.

Pendant la première semaine, notre unique base d'opérations était la chambre du Fairmont. L'écriteau sur la porte indiquait SALLINGER, QUARTIER GÉNÉRAL (avec deux L), prélude au chaos que l'on devait trouver à l'intérieur. La pièce était constamment bourrée de reporters, de photographes et de partisans. Les téléphones ne cessaient jamais de retentir. Le sol était jonché de journaux. Et toutes les surfaces planes étaient couvertes de cafetières et de restes de sandwiches et de frites. De temps à autre, j'allais en titubant jusqu'au lit pour faire un petit somme de cinq minutes auquel j'étais bientôt arraché pour donner une approbation ensommeillée à la publication d'un article ou à un rendez-vous avec un président de comté.

Je fus une fois éveillé d'un tel somme par une blonde séduisante assise près de moi sur le lit. Elle portait un chapeau de paille rouge, blanc et bleu sur lequel était imprimé JOLIS CŒURS POUR SALINGER.

— Je suis pour vous, Pierre, murmura-t-elle.

Je grommelai quelques mots pour signifier que j'étais marié et me rendormis.

Après Bradley, celui qui eut la plus grande responsabilité dans le lancement tumultueux de ma campagne fut un républicain, le Secrétaire d'État Frank M. Jordan. Bien que ma pétition eût été inscrite sans soulever d'objection sur le Registre des Électeurs, Jordan refusa de mettre mon nom sur les bulletins de vote sous le prétexte que je n'étais pas membre du Parti Démocrate de Californie depuis quatre-vingt-dix jours et que, par conséquent, je n'étais pas qualifié pour me présenter à la réunion des électeurs.

J'étais nettement éligible selon la constitution des U. S. A., qui exige simplement d'un candidat au Sénat qu'il soit âgé de trente-cinq ans au moins et habite l'État au moment de son élection. Le point légal en question était de savoir si un État peut imposer des qualifications additionnelles, en ce cas les quatre-vingt-dix jours requis d'appartenance au parti.

Les avocats Goldstein et Kopp se rendirent immédiatement à la Cour suprême de l'État pour obtenir un mandement forçant Jordan à accepter ma pétition. La substance de leur argument était que le Parti Démocrate est un parti national et non d'État. Et ils furent à même de produire des photostats témoignant de mon activité au parti en Virginie et prouvant que j'étais démocrate depuis beaucoup plus longtemps que quatre-vingt-dix jours.

Tandis que les avocats argumentaient, c'était un grand jour pour les reporters. L'histoire était annoncée en manchettes sensationnelles dans tous les journaux métropolitains de Californie et tenait la première place dans les nouvelles diffusées par la radio et la télévision. Cranston n'était pas un plaignant direct dans ce procès, mais certains de ses supporters préparaient un dossier *amicus curiae* pour soutenir Jordan. La réaction immédiate parmi de nombreux démocrates fut que mon adversaire essayait de gagner devant le tribunal un verdict qu'il craignait de perdre aux élections. Non seulement cela offensait-il Cranston, mais me reléguait au second plan.

Mais la publicité de mon départ en avion pour la Californie à la dernière heure et la mise en doute de ma qualification avaient un important désavantage. Elles dramatisaient ce qui devait être la principale contestation : le fait que j'étais un candidat étranger à la circonscription, un Pierre-de-la-dernière-minute qui était resté trop longtemps absent de la Californie pour comprendre ses problèmes. Pour triompher de cet argument, il me fallait faire montre d'une connaissance de la Californie au moins égale à celle de Cranston. Un seul moyen s'offrait de le faire : une confrontation directe avec lui à la télévision qui pût toucher tout l'État. Dès cette première semaine, je commençai de l'inciter à un débat et ne le lâchai pas avant qu'il eût accepté.

Le huitième jour, la Cour suprême décida que je m'étais conformé à la loi de façon « substantielle » et donna à Jordan des instructions pour que mon nom fût mis sur les bulletins. Les manchettes des journaux, SALINGER GAGNE !, prophétisèrent le dénouement. Mais Jordan n'en avait pas fini avec moi. Il refusa plus tard de mettre « secrétaire de presse de la Présidence » sur les bulletins, prétendant que je ne détenais plus cette position. C'était simple rancune de sa part, mais nous ne le traînâmes pas de nouveau devant le tribunal. L'une des raisons de son ressentiment était un sondage de l'opinion publique fait dans la semaine qui suivit l'arrêt de la Cour suprême et qui montrait que 85 % des votants pouvaient identifier mes anciennes occupations et que 35 % seulement d'entre eux savaient qui était Cranston. Ce même sondage eut pour résultat de lui faire perdre à mon avantage une marge de 16 % des votes, grâce, en partie, à la contestation que Jordan avait faite de mon éligibilité.

Cranston et moi n'avions jamais été très divisés sur les questions essentielles. Nous étions tous deux des supporters de la ligne de conduite Kennedy-Johnson en politique intérieure, bien que je fusse plus enclin que lui à critiquer nos actions à l'étranger. Je désavouai, par exemple, le fait d'avoir sanctionné un coup d'État militaire au Brésil parce que c'était, de toute évidence, encourager les forces réactionnaires de tous les autres pays instables de l'Amérique latine à prendre les armes contre les régimes démocratiques. Cranston eut tôt fait de m'accuser de tirer dans le dos du Président Johnson, accusation qui provoqua des murmures d'irritation de la part de ses supporters progressistes dans le Conseil Démocrate de la Californie.

Mais le fait que j'étais un candidat étranger à la circonscription continua d'être son thème principal. En dépit de la décision de la Cour suprême en ma faveur, il rappelait également aux électeurs dix fois par jour ma propre déclaration inexacte à Washington que mon statut d'électeur en Virginie me disqualifiait pour des fonctions politiques en Californie. Une victoire Salinger, disait-il, donnerait trois sénateurs à la Virginie et un seul à la Californie.

J'admets maintenant que je ne fus pas le premier dans ma famille à être candidat étranger à la circonscription. Mon grand-père maternel, Pierre Biétry, fut, en France, membre de la Chambre des Députés de 1906 à 1910. Il représentait la circonscription de Brest, sur la côte ouest. Mais il habitait le Territoire de Belfort, qui ne se trouve qu'à huit kilomètres de la frontière suisse. Il vivait donc aussi loin de Brest qu'il est possible pour être encore en France. Tout cela était parfaitement légal. En France, un législateur n'a pas besoin de résider dans la circonscription qu'il représente.

Dans mon cas, cependant, j'avais le sentiment que les assertions de Cranston n'étaient pas fondées. J'étais né en Californie, tout comme mes trois enfants (et maintenant mon quatrième). J'y avais reçu mon éducation, j'y avais travaillé et j'y avais mené une activité dans la politique de l'État plus longtemps que mon adversaire. J'étais resté, il est vrai, à Washington pendant plus de six ans. Mais si j'étais un candidat étranger à la circonscription, la même accusation pouvait être portée contre Adlaï Stevenson, qui avait quitté le Département d'État pour se porter candidat au poste de gouverneur de l'Illinois, ou contre Franklin Delano Roosevelt, qui avait été sous-secrétaire à la Marine avant de retourner à New York gagner son titre de gouverneur.

Mon seul conflit direct avec le gouverneur Brown était ma qualité de candidat étranger à la circonscription. Il déclara devant un auditoire de travailleurs à Los Angeles que j'étais une « recrue politique » qui n'avait pas de qualifications pour revenir en Californie y briguer sa plus haute fonction fédérale. Je lui répondis qu'il ne m'avait pas toujours vu sous l'angle d'une « recrue politique » et n'avait été que trop heureux d'utiliser mes services en 1952 dans sa lutte infructueuse contre Estes Kefauver pour la candidature présidentielle. Mais le gouverneur était beau joueur et, après ma victoire sur Cranston, il me qualifia de « recrue de l'année ».

Évidemment, Cranston avait parfaitement le droit d'exploiter l'accusation que j'avais été trop longtemps absent de Californie. Mais certains de ses supporters plus zélés allaient un peu trop loin en me reprochant de dénaturer mes relations avec John F. Kennedy et l'importance de mes fonctions à la Maison-Blanche. Mrs Kennedy, qui avait suivi la campagne de près dans les journaux de Washington, fut offensée par l'affirmation que je n'avais pas la confiance de John Kennedy et n'étais rien de plus qu'un agent de presse. Elle réfuta ces allégations dans une interview avec Robert Thompson, correspondant à la Maison-Blanche du *Times* de Los Angeles. Ses déclarations furent largement diffusées dans tout l'État et cette calomnie ne se renouvela point.

Mais il n'était pas douteux que cette condition de candidat étranger à la circonscription me causait du tort. Dans tous les sondages de l'opinion publique que faisait pour moi Don Muchmore — le plus précis des sondeurs d'opinion politique du pays — Cranston gagnait du terrain. J'intensifiai mes efforts pour l'attirer dans un débat à la télévision dans lequel je pourrais mesurer ma connaissance des problèmes de la Californie contre la sienne dans une confrontation directe. Il finit par y consentir et nous nous rencontrâmes à la mi-mai à la KOGO à San Diego, filiale de la National Broadcasting Corporation. La KOGO rendit le débat accessible à tous les autres postes de télévision en Californie et nous attirâmes un auditoire considérable.

Howard K Smith dirigeait les débats. C'était lui qui avait également mené les débats Kennedy-Nixon en 1960. J'avoue maintenant que la rencontre produisit plus de chaleur que de lumière. L'un de mes angles d'attaque contre Cranston était le fait qu'il avait, pour sa campagne, sollicité des contributions d'experts chargés d'évaluer les droits de succession revenant à l'État, experts dont la position lucrative dépendait de son bon plaisir. En réalité, l'utilisation politique qu'il fit de ses obligés ne fut pas plus grande que celle de ses prédécesseurs républicains. C'est le système qui était fautif et Cranston entreprit plus tard, de sa propre initiative, des réformes importantes. Mais les questions que les reporters me posaient alternativement avaient plus de rapport avec la qualité d'étranger à la circonscription et des questions de droit de succession que sur nos positions respectives dans les affaires nationales et internationales. De toute évidence, Smith s'impatientait de ce genre de questions limitées et ne réussissait guère à orienter le dialogue vers des sujets plus importants. Lorsque le débat fut enfin dirigé sur les affaires de l'État, ainsi que sur les affaires nationales et internationales, je sus bien maintenir ma position. Après cela, on accorda beaucoup moins de crédit aux attaques contre le candidat étranger à la circonscription.

Mais le point décisif survint lorsque le sénateur Engle — qui n'avait jamais quitté Washington — se retira finalement pour raisons de santé sans se prononcer ni pour Cranston ni pour moi. Mon adversaire et moi étions manche à manche devant le scrutin et il était clair que la répartition des voix fidèles à Engle déciderait de l'élection. Jusque-là, je n'avais jamais approché ni le sénateur ni sa courageuse femme, Lucretia, pour demander qu'Engle s'engageât à mon profit ou me prêtât son appui dans le cas où il se retirerait. Mais un jour ou deux après l'annonce de son départ, le feu courriériste George Dixon, et sa femme, Ymelda, fille du sénateur Dennis Chavez, parlèrent à Mrs Engle en ma faveur. Un autre de mes émissaires fut Jerry Waldie, chef de la majorité démocratique de l'Assemblée de Californie, l'un de mes partisans les plus convaincus. Leurs arguments en ma faveur furent persuasifs. Mrs Engle parla devant les caméras de la télévision et dit que je faisais l'objet de son choix pour succéder à son mari.

Deux jours avant les élections, le sondeur d'opinion Muchmore me dit que je gagnerais par un nombre de voix allant de 150.000 à 200.000. Le 2 juin 1964, ma marge finale était de 174.000.

Le Républicain qu'il me faudrait affronter à la course finale de novembre était l'acteur George Murphy, qui, à bon compte, avait gagné la nomination de son parti contre l'industriel Leland Kaiser. Mais à cause de la proportion de trois démocrates contre deux républicains parmi les électeurs de la Californie, deux seulement des observateurs politiques de l'État lui donnèrent une chance de gagner. L'un était Murphy lui-même. L'autre était moi.

XXV

DE L'ÉCRAN AU SÉNAT

Quand George Murphy gagna la nomination sénatoriale du Parti Républicain, il était plus connu dans le rôle de chanteur-danseur qui perdait toujours l'héroïne au profit de son meilleur ami dans les vieux films transmis à la télévision aux dernières heures de la nuit. Il ne s'était plus guère produit ni sur scène ni à l'écran depuis des années, et n'avait jamais joué de rôle important dans les affaires républicaines. Sa philosophie politique était un mystère, même pour la plupart des membres de son propre parti.

On en avait cependant deux clés significatives : la plupart de ses amis intimes et supporters financiers d'Hollywood étaient d'ardents partisans de Goldwater et Murphy lui-même avait, pendant un certain temps, pris part à la Croisade chrétienne anticommuniste du Dr Fred Schwarz (Destituer Earl Warren, faire sortir les U. S. A. de l'O. N. U.). Mais pendant sa campagne contre Leland Kaiser, Murphy fut à même de dissimuler ses relations avec les conservateurs et d'esquiver toutes les questions directes sur des problèmes vitaux en rappelant les charmants souvenirs du bon vieux temps d'Hollywood.

Dans la course finale, j'avais donc à affronter un candidat politique neutre, habile à évoquer l'intérêt que la plupart des Américains portaient aux droits civils ou au Viêt-nam, mais se gardait d'exprimer aucune opinion tranchée sur la façon de traiter de telles questions.

Mes propres conseillers étaient convaincus que Murphy ne pouvait gagner à l'élection générale avec une tactique aussi évasive. Son ami et co-idéologue, Barry Goldwater, avait les plus grandes chances de devenir le candidat du Parti Républicain à la Présidence et le seul choix honorable de Murphy était de se prononcer et pour Goldwater et pour les convictions politiques qu'ils partageaient. Même en juin, de nombreuses semaines avant les conventions nationales, les sondages d'opinion avaient donné au Président Lyndon B. Johnson une victoire remportée haut la main sur

Goldwater en Californie et mes stratèges étaient d'avis que Murphy serait enterré dans la défaite de Goldwater.

Mais j'en doutais. Murphy, qui avait pris soin de se dissocier de Goldwater pendant toute la campagne préliminaire, lisait les mêmes sondages d'opinion. Pourquoi donc s'associer à un perdant? Et pourquoi révéler ses propres convictions conservatrices si son auditoire était disposé à se contenter d'un sourire et d'une poignée de main?

Une autre raison pour laquelle je n'ai jamais fait bon marché de Murphy était que sa campagne préliminaire ne lui avait pas laissé de cicatrices visibles. La scission entre les Républicains modérés et les Conservateurs à propos de Goldwater ne l'affectait nullement. Il n'avait pris aucune position qui pût offenser l'une ou l'autre faction et était également acceptable aux Démocrates conservateurs dans un État où, de tradition, l'on votait pour l'homme et non pour le parti.

Ma candidature, elle, avait laissé un grand ressentiment dans les rangs des Démocrates, surtout parmi les leaders du libéral Conseil Démocratique de Californie (CDC), la plus forte circonscription électorale de tout le territoire américain. Alan Cranston, président fondateur du CDC, avait été leur candidat et sa défaite avait coûté à l'organisation beaucoup de prestige. Bien que le gouverneur Pat Brown et le contrôleur Cranston m'eussent apporté sans tarder leur soutien après la campagne préliminaire, beaucoup de membres du CDC n'étaient pas disposés au pardon et à l'oubli. Il était improbable que de tels Démocrates pussent voter pour Murphy, mais ils n'allaient certainement pas tirer les sonnettes pour mon compte. Ils concentreraient au contraire leur énergie pour la course présidentielle et les joutes locales pour la Législature de l'État et des Représentants.

Mon activité le jour des élections primaires, alors que j'étais déjà certain de ma victoire sur Cranston, indique que je ne sous-estimais pas la lutte imminente contre Murphy. Ce jour-là, à cinq heures du matin, j'étais à la porte d'une usine de Los Angeles pour demander aux ouvriers de me soutenir contre Cranston. Je fis dans la journée huit apparitions supplémentaires à des réunions et dans des quartiers commerçants et parcourus toute une circonscription électorale pour récolter des voix. Je tins une conférence du personnel en fin d'après-midi et me rendis à mon quartier général de Los Angeles pour apprendre les premiers résultats. Quand la tendance fut apparente, je partis en avion pour célébrer la victoire à San Francisco. Deux heures plus tard, je reprenais l'avion pour Los Angeles et le lendemain matin, à cinq heures, j'étais de retour à la même porte d'usine pour remercier les ouvriers d'avoir voté pour moi et leur demander de me soutenir contre Murphy.

J'avais l'intention de mener les choses aussi rondement jusqu'au jour de l'élection, en novembre. Mes seules « vacances » seraient un tour du monde de trois semaines pour la revue *Look* dans lequel je devais écrire une série d'articles dépeignant la réaction de l'étranger à la politique extérieure américaine. J'allai d'abord à Tokyo pour interviewer le Premier ministre Hayato Ikeda, puis à Manille pour converser avec le Président Diosdado Macapagal et le respectable Carlos P. Romulo. Le 3 août, j'étais dans le bureau du Premier ministre Nguyen Khanh à Saïgon lorsqu'un appel téléphonique me parvint de Washington. Le sénateur Clair Engle était mort.

Look consentit une courte interruption de la tournée pour me permettre d'assister aux funérailles, à Red Bluff. Après la cérémonie, je me rendis en avion dans la capitale de l'État, Sacramento, avec le gouverneur Brown. Il me dit qu'il avait l'intention de me nommer immédiatement comme successeur d'Engle. Il y eut un bref débat pour savoir si je devais accepter. Certaines personnes étaient convaincues que Murphy aurait tôt fait de contester mon éligibilité (ce qu'il fit), ressuscitant ainsi la question de ma qualité d'étranger à la circonscription. Ils avaient aussi l'impression que Murphy gagnerait sur place un terrain appréciable pendant que je serais à Washington et que mon séjour de brève durée au Sénat n'apporterait aucun avantage matériel. Leur point de vue était assez plausible, mais les arguments contraires étaient plus persuasifs. Si le gouvernement ne me désignait pas, cela pouvait signifier qu'il mettait en question, lui aussi, mon éligibilité et que le soutien qu'il m'avait promis, après la bataille avec Cranston, n'était pas précisément sincère.

Mais, en dehors de telles considérations, j'étais, de toute évidence, le candidat désigné. Engle était un Démocrate et les électeurs du Parti Démocrate de Californie m'avaient désigné pour lui succéder. De plus, ma nomination me donnerait au Sénat une priorité importante, au moment de la formation des commissions, sur les nouveaux sénateurs élus à l'automne.

Je dis au gouverneur que j'acceptai et le 4 août à minuit, par avion spécial, je quittai la Californie avec lui et plus de cent Démocrates éminents. Je me présentai devant le Sénat le lendemain, après une nuit sans sommeil, pour prêter serment.

Mais un certain nombre de sénateurs républicains, conduits par le redoutable Everett M. Dirksen, contestèrent mon droit légal de prendre le siège d'Engle. Leurs objections étaient en grande partie un réchauffé des points soulevés devant la Cour suprême de Californie, points résolus en ma faveur, moins de trois mois plus tôt. Elles servirent pourtant leur dessein : aider

Murphy à jeter le doute sur mes qualifications et ressusciter l'image du candidat étranger à la circonscription. Le seul Républicain qui parla en ma faveur fut Tom Kuchel, de Californie. (« Mon État a droit à deux sénateurs et non à un seul. ») Il fallut à Kuchel beaucoup de courage pour s'opposer à ses camarades républicains, d'autant plus qu'il était le chef de file de la minorité. Finalement, après plus de deux heures de débats, le Sénat vota pour que j'occupe le siège à titre conditionnel jusqu'à ce qu'une audience pût être tenue devant la Commission des Statuts du Sénat. La semaine suivante celle-ci me reconnut le siège à titre permanent. Chose typique à propos de Dirksen : après avoir longuement parlé contre moi avec beaucoup de passion, il fut le premier à me serrer la main dès que le sénateur Carl Hayden, de l'Arizona, m'eut fait prêter serment.

Je ne devais remplir mon office au Sénat que pendant cent quarante-huit jours. Mais, pendant ce temps, je fus à même de faire accepter un amendement à la loi sur la Sécurité Sociale qui eût représenté six millions de dollars de bénéfices supplémentaires pour les vieillards de la Californie s'il n'avait été réduit à néant lors de son passage du Sénat au Congrès. Je fus, avec Kuchel, co-auteur d'un plan de répartition des eaux qui est encore une solide base de négociations dans la querelle de longue date entre la Californie et l'Arizona à propos de la division des eaux du Colorado. J'eus aussi l'occasion d'exprimer mon grand respect pour le sénateur Engle en faisant voter une motion grâce à laquelle le barrage de la Trinité, dans la Californie du Nord, est maintenant connu sous le nom de Barrage Engle. Et, avec l'approbation de la Maison-Blanche, je réfutai, dans mon premier discours au Sénat, l'accusation complètement dépourvue de fondement du sénateur Goldwater prétendant que John F. Kennedy avait provoqué délibérément la crise cubaine des missiles pour influencer les élections d'automne en 1962. J'héritai aussi de l'une des besognes traditionnelles des sénateurs nouveaux venus, celle de présider la séance lorsqu'un quorum n'est pas atteint. Un soir, je passai plus de deux heures seul avec Wayne Morse à la chambre législative tandis que le sénateur de l'Oregon lisait plus d'une centaine de lettres de mandants protestant contre notre politique au Viêt-nam.

Un après-midi, mon plus jeune fils, Stephen, était venu dans la galerie pour me voir remplir mon office dans le fauteuil présidentiel. Plus tard, comme nous longions le couloir souterrain du Sénat pour regagner mon bureau (et en présence d'autres sénateurs), il s'écria : « Dis donc, papa, tu n'es au Sénat que depuis une semaine, et tu diriges déjà la boîte ! »

Mon travail au Sénat m'obligeait à me multiplier. En plus des réunions que je devais présider faute de quorum, des séances de commissions et de comités électoraux des partis, il y avait une montagne de courrier, un flot constant de visiteurs qui défilaient dans mon bureau, des articles à écrire pour *Look* et autres publications et des consultations presque quotidiennes avec le sénateur Kuchel sur la législation affectant la Californie. Il ne mit pas une seule fois des considérations partisanes au-dessus des intérêts de l'État et mes premières semaines au Sénat eussent été beaucoup plus difficiles sans ses conseils et son amitié.

Même au milieu de cette intense activité à Washington, je ne pouvais me permettre d'ignorer la lutte contre Murphy. Je m'efforçais de rentrer chez moi une fois au moins par semaine pour honorer des engagements de paraître à des réunions, engagements que j'avais pris avant de devenir sénateur. Je quittais généralement Washington par le dernier avion du vendredi soir pour faire acte de présence à mon premier rendez-vous en Californie, le lendemain matin, après avoir dormi très peu ou pas du tout, je restais sur la brèche jusqu'au samedi minuit, heure à laquelle j'attrapais l'avion spécial pour rentrer à Washington et arriver à mon bureau le lundi matin, hagard et épuisé.

La Convention Démocratique Nationale qui se tint à Atlantic City dans la dernière semaine d'août fut une heureuse interruption à cette épuisante routine. Je ne pouvais être délégué à la Convention parce que je n'étais pas encore un électeur qualifié en Californie. Mais, à la requête du Président Johnson et d'Hubert H. Humphrey, j'eus le privilège d'appuyer la proposition pour la nomination de ce dernier à la Vice-Présidence.

Sous la direction d'Humphrey, je consacrai également mon activité à élaborer le compromis définitif sur l'attribution de sièges aux Noirs de la Délégation du Mississipi pour la Liberté. Il était risqué d'accorder des sièges à toute la délégation, car cela provoquerait un retrait massif des délégations blanches du Sud. Et le compromis selon lequel des sièges symboliques étaient attribués aux délégués noirs du Mississipi et l'amendement au statut des conventions prohibant toute discrimination future vis-à-vis des délégations pour raison de couleur furent la victoire la plus importante qui pouvait être gagnée.

Je n'assistai pas à la séance de la Convention le soir où l'on projeta *Les Mille Jours*. Ken O'Donnell, Larry O'Brien et moi étions allés voir à la télévision le film documentaire sur la Présidence de John F. Kennedy dans la chambre de motel de Ken. Mais l'émouvante introduction de Bob Kennedy me fit fondre en larmes. Je quittai le motel et restai seul sur le trottoir tandis que le film était présenté aux délégués et à un auditoire de millions de personnes à la télévision dans toute la nation.

Avec l'ajournement du Congrès, le 3 octobre, je regagnai en avion la Californie pour l'événement essentiel : le tournoi contre George Murphy. Le premier sondage après les élections primaires indiquait pour moi une supériorité de 16 % des voix. Mais cette marge était tombée à 11 % pendant les semaines de mon séjour à Washington. N'ayant de rival que pendant le week-end, Murphy avait pu user de faux-fuyants, tout comme il l'avait fait pendant la campagne primaire. Bien que personne ne sût exactement comment il voterait sur la plupart des questions nationales et internationales susceptibles de venir devant le Sénat, tout le monde le trouvait affable et séduisant.

La stratégie de Murphy était aussi transparente qu'efficace. Certain de réunir presque toutes les voix des Républicains, il devait encore pour gagner débaucher un Démocrate sur cinq. Et, pour y parvenir, il devait se désolidariser complètement de son propre compagnon de course.

C'est exactement ce que fit Murphy. Il ne paraissait jamais sur la même estrade que Goldwater et désavouait certaines des positions explosives du sénateur de l'Arizona. Cela ne l'empêcha pas de retrouver ses idées conservatrices pendant ses deux dernières années au Sénat.

Mais il me faut admettre que Murphy était trop pour moi. Je trouvais impossible d'attaquer un homme qui était pour une politique plus agressive au Viêt-nam, mais contre l'intensification de la guerre, qui était pour les droits civils, mais contre les démonstrations pour les droits civils, qui était pour le plein emploi des ouvriers agricoles, mais contre une réduction de la concurrence des journaliers mexicains concurrents. Je ne puis me rappeler que deux questions sur lesquelles il prenait nettement position : il était pour la dessalaison du Pacifique et la désalingération du Sénat.

Cependant, sa tactique portait ses fruits. Chaque nouveau sondage montrait qu'il était en train de combler la brèche et je ne pouvais trouver aucun moyen d'y faire obstacle. Mais, en dépit des indices croissants de ma défaite, la campagne n'était pas sans moments amusants.

A une réception pour mon comité américano-japonais, je découvris qu'il y a certains avantages à mesurer 1 m 75 alors que votre adversaire mesure plus de 1 m 80.

Un homme de Nisei me serra la main et dit :

— Jusqu'à ce soir, je ne savais pour qui j'allais voter. Mais maintenant que je vous ai vu en personne, je suis pour vous 100 %.

— C'est merveilleux.

— Ne voulez-vous pas savoir pourquoi? insista-t-il.

— Pourquoi?

— Parce que vous avez la même taille que nous.

Une femme d'un certain âge vint à moi au cours d'un meeting dans le parking d'un supermarché et m'annonça qu'elle allait voter pour moi « parce que je suis contribuable et que je ne suis pas partisan de gâcher les dollars des contribuables ».

— Je suis heureux que vous soyez d'accord avec ma politique fiscale, dis-je.

— Votre politique n'a rien à voir là-dedans, répondit-elle. Si Murphy est élu, nous aurons à payer son déménagement et celui de toute sa famille à Washington. Mais vous, vous avez déjà une maison là-bas.

L'une des activités les plus agréables de ma campagne était les tournées en train à travers les petites localités. Des étoiles d'Hollywood venaient souvent divertir la foule avant que je prenne la parole.

Mais au cours de l'une de ces tournées, à travers le comté d'Orange, en Californie du Sud — forteresse de la Société John Birch — la foule était hostile. Des œufs et des tomates furent lancés sur le train et des affiches jetées à la figure des stars. Dick van Dyke essaya de calmer la foule, mais sans succès. Angie Dickinson, elle aussi, affronta courageusement la populace pendant un certain temps avant de battre en retraite. Mais quand le massif Dan Blocker, le « Hoss » du feuilleton de la télévision, *Bonanza*, prit le microphone et ordonna aux chahuteurs de se tenir tranquilles, il obtint soudain un silence respectueux.

Vue avec le recul du temps, ma défaite fut le résultat de nombreux facteurs adverses, plus ou moins importants. Aux yeux de mes conseillers, l'un d'eux était la télévision. La Californie est l'État le plus grand de la nation en population et le troisième en étendue après l'Alaska et le Texas. Un candidat ne peut espérer rencontrer personnellement plus de 2 ou 3 % des quelque 19.000.000 d'habitants et doit s'en remettre à la télévision pour faire connaître sa personnalité et sa politique. Il était généralement admis que Murphy, avec ses longues années d'expérience devant la caméra, avait l'avantage de l'acteur.

Notre seule confrontation face à face à la télévision eut lieu au cours d'un débat diffusé dans tout l'État sur le réseau du Columbia Broadcasting System. Bien entendu, j'étais sénateur et il n'était pas de très bonne tactique de me livrer à un débat contradictoire avec le candidat adverse, mais je croyais n'avoir pas le choix après avoir poussé Cranston avec autant d'insistance à un débat pendant la campagne primaire.

La confrontation directe d'une heure avec Murphy fut tout aussi décevante que l'avaient été nos échanges de vues en général. Je ne fus jamais à même de développer nos divergences sur les sujets débattus. Quand ce fut fini, un technicien du studio me dit : « Vous avez gagné le débat, Pierre, mais George a gagné l'Oscar... et c'est ce qui compte à la télévision. » Ce commentaire résume probablement l'impression d'ensemble que les électeurs se firent sur notre compte en nous voyant à la télévision; et cette impression n'était pas à mon avantage.

Beaucoup de mes amis pensent que la décision de Bob Kennedy de se présenter au Sénat à New York fut une raison majeure de ma défaite. Ce n'est pas mon avis. Bien qu'elle entretînt l'idée que j'étais étranger à mon État, Murphy eût exploité ce thème avec ou sans la candidature de Bob. Pendant la dernière semaine, le battage de mon adversaire, tant par la publicité sur des pages entières de journaux que par des discours à la radio et des apparitions à la télévision, fut destructeur : « Pourquoi voter pour un homme qui ne peut voter pour lui-même? »

Il n'est pas non plus douteux que nombre de Démocrates conservateurs, qui m'avaient trouvé préférable à Cranston pendant les élections primaires à cause de l'adhésion du CDC libéral à son nom, trouvèrent Murphy plus près que moi de leur philosophie dans la course finale.

Mais je crois maintenant que la principale cause de ma défaite, je la dois à la position impopulaire que j'avais prise au sujet de la Proposition 14, tandis que Murphy s'était abstenu d'en prendre une.

La Proposition 14 était une initiative récente ayant pour objet d'amender la constitution de l'État. Cet amendement donnait la sanction constitutionnelle à la discrimination raciale en Californie en matière de logement, en laissant au propriétaire le droit de vendre ou de louer à des personnes de son choix.

Aucun autre État — pas même la Géorgie, l'Alabama ou le Mississipi — n'avait dans sa constitution une clause aussi honteuse et je croyais qu'aucun candidat à un office public ne pouvait ignorer ses implications. Mais je me trompais. Fidèle à lui-même, Murphy n'était ni pour ni contre la Proposition 14 — du moins en public — bien que ses déclarations, lorsqu'il se laissait prendre au dépourvu, ne laissaient aucun doute sur son vote affirmatif. Sa « position » lui évitait toute obligation, en tant que candidat pour un office fédéral, « d'influencer le résultat d'un problème d'État ». C'était, bien entendu, ridicule. L'équité en matière de logement, qui touchait au fond même des droits civils, était la question nationale la plus importante des élections de 1964.

La Proposition 14 soulevait une grande émotion. La California Real Estate Association (Association Immobilière de la Californie) dépensa une fortune en propagande en faveur des propriétaires blancs. Elle craignait que l'équité en matière de logement ne fît baisser la valeur des immeubles où des Noirs se seraient installés. Le White Citizens Council (Conseil des Citoyens de Race Blanche) et le Parti nazi américain allèrent plus loin encore en affirmant que libérer le Nègre de son ghetto ferait des faubourgs blancs une ceinture noire de crime et de violence.

Il fut apparent dès le début que la Proposition 14 serait adoptée à une immense majorité et mes propres conseillers me dirent que c'était de ma part du don-quichottisme que de m'élever contre elle à chacune de mes interviews à la télévision et de mes apparitions en public.

Politiquement, c'était peu avisé. Rien de ce que je pouvais faire n'était à même de changer le dénouement. Mais, moralement, je n'avais pas le choix... surtout après m'être tant dépensé à Birmingham et à Oxford avec John F. Kennedy.

Dix jours avant l'élection, Don Muchmore, chargé des sondages, me dit que Murphy avait l'avantage et que je perdrais à coup sûr, à moins de recueillir presque tous les votes que l'on pouvait encore récolter. Mais je n'avais guère de chance à cet égard. Le cinquième des Démocrates qui n'avait pas encore choisi entre Murphy et moi était à 4 contre 1 en faveur de la Proposition 14.

Après cela, je continuai de jouer le jeu, essayant d'avoir l'air heureux et confiant, mais je savais que j'étais voué à l'échec.

Je perdis finalement par 216.643 voix, tandis que le Président Johnson battait Goldwater en Californie par 1.292.769 voix. La Proposition 14 l'emporta par 2.130.713 voix. Il est, bien entendu, impossible d'évaluer avec précision les nombreux éléments de ma défaite. Mais un dixième de ces 2.130.713 voix était contre moi à cause de ma position à l'égard de la Proposition 14, cela explique la différence.

(Un sondage fait pendant la semaine qui précéda les élections révéla que ceux qui accordaient leur vote au Démocrate Johnson et au Républicain Murphy étaient à 9 contre 1 en faveur de la Proposition 14.)

Mais le temps des introspections est depuis longtemps passé et je ne retiendrai que les paroles qu'un Bob Kennedy victorieux me dit de New York au téléphone tard le soir des élections : « Mon frère eût été fier de la façon dont vous avez perdu. »

Le compte rendu télévisé et radiodiffusé des élections nationales de 1964 m'amène à évoquer ce que je crois être une grave menace pour notre système démocratique : l'influence des pronostics électroniques sur le résultat du vote. Sur la base des premières statistiques de la côte est, le réseau des machines à calculer indiquait le Président Johnson comme gagnant certain, alors qu'il restait encore une heure pour voter dans le Midwest, deux heures dans les États montagneux et trois heures en Californie. Dans mon propre État, avec le résultat des élections nationales déjà certain, 300.000 votants ne prirent pas la peine de se déranger.

Cela n'eût pu faire de différence dans ma propre bataille contre Murphy. Mais il se peut que ce fût le facteur décisif dans bien des courses serrées pour des offices d'État et fédéraux dans tout le pays.

Je doute sérieusement que le droit de rendre compte d'une élection comprend aussi celui de décourager le vote en déclarant que votre vote ou le mien ne saurait influer sur le résultat. A cause de leur âpre concurrence à reporter l'actualité, il est improbable que les trois réseaux principaux de télévision consentent à des contraintes volontaires. La solution serait plutôt une réorganisation de tout notre système de vote.

Je crois que les États devraient se mettre d'accord pour que le scrutin soit ouvert au public pour une journée de vingt-quatre heures et terminé partout exactement à la même heure. Ainsi, le vote pourrait commencer un lundi à 11 heures du soir sur le littoral est et finir le lendemain à 11 heures du soir. Dans la zone de l'heure centrale, le scrutin serait ouvert de 10 heures du soir jusqu'au lendemain à 10 heures du soir; dans les États montagneux, de 9 heures du soir au lendemain 9 heures du soir; sur la côte Pacifique, de 8 heures du soir au lendemain 8 heures du soir; dans les îles Hawaii et dans l'Alaska, de 6 heures du soir au lendemain 6 heures du soir. En procédant ainsi dans toutes les zones horaires, tous les lieux de vote du continent, y compris ceux des îles Hawaii et de l'Alaska, fermeraient au même instant.

De cette façon, les machines à calculer auraient à attendre que le dernier vote fût enregistré pour accomplir leurs prodiges. Les stations de Télévision continueraient à se faire concurrence pour projeter les premiers résultats accessibles, mais leur compétition ne pourrait en rien affecter le résultat des élections.

J'ai la conviction que ce système, ou un autre de ce genre, fera, en fin de compte, partie de notre méthode électorale. Sinon, nous serons placés devant cette perspective très réelle que l'abstention à cause de l'électronique de millions d'électeurs américains pourrait décider du résultat d'une future élection présidentielle.

Je n'ai jamais eu le moral aussi bas que le lendemain des élections. J'étais le seul sénateur démocrate en exercice du pays à perdre son siège et le plus jeune ex-sénateur de toute l'histoire américaine. Mes amis et des milliers de volontaires que je n'avais jamais rencontrés avaient passé de longues journées et de longues nuits à timbrer des enveloppes et à parcourir pour moi les circonscriptions électorales. Pour les élections primaires et générales, mes supporters avaient dépensé plus de 1.300.000 dollars et nous nous trouvions devant un déficit de 300.000 dollars. Et tout cela pour rien.

Ma vie personnelle se trouvait également à un stade difficile. Nancy, qui était ma femme depuis huit ans, n'avait jamais pu s'adapter à la vie frénétique que nous avions menée à Washington. Elle était déterminée à mener une vie plus calme qui lui permettrait d'exercer son grand talent de céramiste. Et nous savions tous deux que je ne pourrais être heureux que si j'étais toujours en mouvement. C'est cette différence entre nos deux conceptions de la vie, et non un manque de respect mutuel, qui aboutit à notre divorce.

Mais des vacances à Palm Spring comme invité de Frank Sinatra firent beaucoup pour relever mon courage. Yul Brynner et Léo Durocher séjournaient également chez lui et nous nous donnâmes du bon temps à faire le tour des terrains de golf et à nous baigner dans la piscine de Frank. Sinatra avait prêté son nom et son talent pour lutter avec moi contre la Proposition 14, comme il l'avait fait pour nombre de causes libérales. Un soir, nous étions en train de boire quelque chose lorsqu'il demanda à son valet de chambre noir, George Jacobs, comment il avait voté à propos de la Proposition 14.

George regarda Brynner, qui est d'extraction suisse et mongole, et répondit : « J'ai voté oui. Croyez-vous que j'aie envie d'avoir cet Oriental pour voisin? »

Dès la semaine qui suivit les élections, je commençai à réfléchir à ce que j'allais faire. Mais avant que je pusse me décider entre un certain nombre d'offres de situation, Bob et Ted Kennedy me donnèrent la possibilité d'aller en Europe, avec mon fils Marc, pour ouvrir les expositions de la Bibliothèque John F. Kennedy, à Zurich et à Milan. Au début de 1966, j'acceptai le poste de vice-président de la National General Corporation, dont le siège est à Beverly Hill. Mon employeur était Eugen Klein, qui avait été l'un de mes principaux supporters. La National General est une corporation aux activités diverses dont les avoirs comprennent aussi bien des théâtres que des associations de prêt et d'épargne. Je m'occupais surtout de la publicité, des projets de production et du financement des films.

En septembre 1965, je devins vice-président des Affaires internationales de la Continental Air Lines et travaillai avec le président Bob Six, l'ami avec lequel je déjeunais au restaurant le Sans-Souci le jour où j'avais démissionné de la Maison-Blanche. Mais je suis resté en relation avec la National General comme président d'une filiale engagée dans la construction de théâtres outre-mer et comme conseiller de la maison mère.

Vers la fin de la campagne contre George Murphy, j'étais dans un ascenseur, à Hollywood, quand j'entendis une séduisante jeune femme et son compagnon, un photographe, parler français. Quand je me tournai vers eux, elle me reconnut.

— Pierre Salinger ! J'essaie de vous voir depuis des jours et des jours, mais vos assistants ont refusé de me donner un rendez-vous.

Elle se présenta alors : Nicole Gillmann, reporter-journaliste, et me dit qu'elle avait été chargée de m'interviewer.

Or, un article dans une publication française n'était guère susceptible de me procurer beaucoup de voix en Californie, mais Miss Gillmann était trop charmante pour qu'on pût lui résister et, cet après-midi-là, dans ma voiture, elle se rendit avec moi à une série de réunions, me décochant en français des questions rapides comme des flèches.

Après les élections, en route pour les expositions de la Bibliothèque Kennedy à Zurich et à Milan, je rencontrai de nouveau Miss Gillmann, tout à fait par hasard, à une réception à Paris.

Nicole est maintenant ma femme. Notre premier enfant, Gregory, est né le 25 mars 1966. Nous habitons une maison à flanc de coteau qui surplombe le Sunset Strip à Hollywood, maison toujours ouverte aux vieux amis de la presse à Washington et à mes collègues d'autrefois à la Maison-Blanche.

Dans le domaine de la politique, j'ai continué mon activité comme président du California Golden Bear Club, organisation chargée de réunir des fonds pour les candidats démocrates, et comme membre du comité directeur de la campagne du gouverneur Brown pour son troisième mandat.

Au fur et à mesure que ma carrière politique, brève mais mouvementée, va s'éloignant dans le passé, je suis de moins en moins enclin à croire que je poserai de nouveau ma candidature à un poste public. Mais, ayant autrefois prononcé d'irrévocables dénégations d'ambition politique pour revenir plus tard sur mes déclarations, je m'en garderai à présent.

Depuis que j'ai quitté Washington, j'ai donné nombre de conférences devant des auditoires d'étudiants. La question qui m'est le plus souvent posée est celle-ci : Croyez-vous que John F. Kennedy passera dans l'Histoire pour un grand Président? Il est difficile de répondre à cette question. Pour sa part, il n'était certainement pas du tout satisfait des résultats de son administration. Il tenait le traité d'interdiction des expériences nucléaires pour son accomplissement le plus important et le Viêt-nam pour le plus décevant de ses efforts en matière de politique étrangère. Dans le domaine des affaires intérieures, il était déçu de n'avoir été à même de faire adopter par le Congrès ni les lois sur la sécurité sociale ni un projet de loi pour l'ensemble des droits civils. Il n'y a pourtant aucun doute que le terrain qu'il a préparé dans les deux cas fut un facteur de leur promulgation finale sous le Président Johnson.

Je suis, bien entendu, un témoin partial. Mais je suis convaincu que les générations américaines à venir compteront John F. Kennedy comme l'un de nos plus grands présidents, non pas seulement à cause de ses accomplissements spécifiques, et ils furent nombreux, mais parce qu'il sut apporter à un monde rendu cynique par deux décennies de guerre froide l'espoir qu'une vie meilleure était possible. Peut-être y réussit-il grâce à sa jeunesse, à son éloquence ou à son indéniable confiance dans la vie et dans la perfection. Mais, surtout il fit naître un espoir nouveau dans le cœur de tous les peuples du monde, l'espoir que la force de la raison, et non la force des armes, pourrait finalement l'emporter dans les querelles des hommes.

ÉPILOGUE

Ce que j'ai tenté de consigner dans ces pages est un aperçu de la vie au centre du pouvoir et la Présidence des États-Unis détient le plus haut degré de pouvoir que nous connaissions aujourd'hui dans le monde.

Beaucoup se sont étonnés qu'un homme puisse désirer porter le fardeau de la Présidence. Évidemment, il y a à cela différents mobiles, mais les présidents qui ont marqué et marqueront notre Histoire de leur empreinte étaient des hommes qui avaient des idées et qui savaient que la Présidence est le lieu où ces idées peuvent être mises en œuvre.

Ces hommes ont compris deux choses :

La première est la nature du pouvoir et la conscience de l'ampleur de pouvoir que détient cette nation.

La seconde, moins importante, est le concept qui unit les idées et le pouvoir et la notion que, pour donner de la force aux idées, il faut savoir comment les lancer et d'où elles doivent être lancées.

Le monde du XXe siècle a offert à nos présidents de multiples moyens de répandre leurs conceptions. Ces mêmes moyens ont rendu l'information accessible à une plus large couche du peuple américain et, par conséquent, lui ont permis de se faire des idées personnelles sur la conduite de leur pays.

Certains croient que l'on doit toujours être guidé par un autre, ou le peuple par les idées de son Président, ou le Président par les idées de son peuple.

C'est une notion funeste dans notre système démocratique. Lorsque le peuple renonce à son droit de dissentiment et de discussion à l'égard des décisions de ses gouvernants, c'est la destruction finale de la démocratie. Il est tout aussi destructeur pour un Président de modeler ses décisions pour se conformer à ce qu'il croit être le désir du public. C'est là une complète abdication de ses responsabilités de chef.

Ceci dit, un Président américain ne saurait, toutefois, réussir si son attitude à l'égard d'un grand nombre de problèmes ne rencontre l'acceptation et le soutien général. C'est ainsi que le Président peut accepter du public son point de vue sur certaines questions et tenter de le stimuler, de le persuader ou de l'instruire pour amener un changement de ses vues sur d'autres questions.

La nécessité pour un Président de se faire accepter et celle de transformer, à l'occasion, le point de vue public sur d'importants problèmes, explique l'influence de la presse américaine et de ses relations avec la Présidence américaine.

J'ai signalé un conflit presque constant entre ces deux institutions, mais il n'y a pas lieu de s'en émouvoir. Il est inévitable et il continuera. La presse (et j'englobe ici tous les modes de communication) fait plus que transmettre les nouvelles. En un sens très réel, elle reflète les questions que se pose le peuple américain, son désir d'acquérir toujours plus d'informations sur lesquelles il peut former un jugement plus pertinent. (On peut se demander si, parfois, le déluge d'informations dont on dispose dans notre société démocratique n'a pas pour effet de jeter la confusion dans les esprits plutôt que de tenir la population au courant.)

John F. Kennedy le reconnaissait dans l'un de ses derniers discours, au collège d'Amherst, le 26 octobre 1963, lorsqu'il disait : « Les hommes qui assument le pouvoir contribuent à la grandeur de la nation, mais les hommes qui commentent le pouvoir y contribuent tout autant, surtout lorsque cette mise en question est désintéressée, car elle détermine si nous utilisons le pouvoir ou si le pouvoir nous utilise. Notre force nationale compte, mais l'esprit qui informe et contrôle notre force compte pour autant. »

Le Président a encore un autre objectif. Il tente de présenter les décisions et la politique de son administration sous le meilleur jour possible. Et le besoin qu'il a d'exposer ses vues de façon ordonnée entre parfois en contradiction avec le désir fondamental de la presse d'anticiper les nouvelles et de raconter ce que va faire le Président avant qu'il le fasse.

On ne peut trouver à redire ni aux désirs de la presse ni à ceux du Président. Il faut cependant les comprendre parce qu'ils sont à la base de la conduite des affaires publiques de notre pays.

L'histoire de notre pays nous enseigne que lorsqu'un Président a complètement et clairement expliqué sa politique dans une situation de crise, il a eu généralement l'appui du peuple. Lorsque, volontairement ou involontairement, un Président n'explique pas sa position complètement et avec précision, l'opinion publique se trouve invariablement confuse et divisée.

La presse n'aime pas à se considérer comme une arme de propagande pour la Présidence. En même temps, elle transmettra généralement son point de vue avec loyauté si l'occasion lui en est donnée. La multiplicité des méthodes d'information permet au Président de choisir le meilleur moyen pour communiquer avec le public et lui donne clairement la possibilité d'en user.

La télévision américaine a, sans le vouloir, amélioré le niveau des journaux américains et élargi l'accès du public à une masse de connaissances qui étaient jusqu'alors réservées aux universitaires et aux étudiants. La télévision américaine a également accru les possibilités des présidents américains de communiquer avec le public. Un citoyen qui voit son Président expliquer ses vues directement à la télévision se laissera plus difficilement induire en erreur en lisant, dans son journal du matin, un compte rendu incomplet de ce qu'a dit le Président.

Je n'ai parlé jusqu'ici que de l'opinion publique américaine, mais, en réalité, ce sera à l'échelle du monde entier que l'esprit humain échangera ses idées pendant le reste de ce siècle.

Le pouvoir de la Présidence des États-Unis s'étend bien au-delà des frontières de notre pays et ce qu'il dit est d'importance vitale pour les peuples du monde entier. L'avènement de la télévision internationale par satellite, qui n'est éloignée que de cinq années, révolutionnera la faculté des présidents américains et des autres dirigeants du monde de communiquer avec les peuples de toutes les nations. Il se peut que les présidents américains du passé aient eu le sentiment que ce que les peuples des autres nations pensaient de leur politique était sans grande importance. Un tel jugement ne sera point permis aux présidents de l'avenir.

Ce que j'ai dit à propos de l'opinion publique américaine sera également vrai pour l'opinion publique internationale. Les présidents américains n'auront pas à se soumettre au point de vue des peuples étrangers, mais il leur faudra en prendre conscience et, en certains cas, expliquer leur politique de façon à avoir sur eux quelque influence. Le Président américain qui n'aura pas un certain appui dans le monde entier connaîtra le même échec que le Président américain d'aujourd'hui et d'hier qui n'a pas ce même appui du peuple américain.

Si de temps à autre, dans ce livre, j'ai été dur pour la presse américaine, ce n'est ni par aversion ni par défiance à l'égard de cette institution. Le contraire est vrai. C'est parce que j'ai une grande estime pour la presse, lorsqu'elle fait honneur à ses plus hautes capacités, que je suis déçu lorsqu'elle s'y dérobe. Je n'ai pas non plus écrit ce livre pour faire l'apologie du gouvernement dans ses relations avec la presse. J'ai souligné les responsabilités du gouvernement dans un certain nombre de domaines et ses erreurs dans des questions spécifiques. Je ne crois pas que la presse ou le gouvernement aient toujours raison ou toujours tort. Je ne souscris certainement pas à cette façon de voir qu'un journaliste, s'il joue un rôle dans l'appareil gouvernemental, devient soudain un adversaire implacable de la presse et membre d'une conspiration destinée à priver le peuple américain d'une information à laquelle il a un droit légitime. Je ne crois pas non plus que la presse n'ait pour but que de publier les secrets les plus confidentiels du gouvernement au risque d'en faire profiter ses ennemis.

Ce que je crois, c'est que le gouvernement et la presse des États-Unis ont besoin l'un de l'autre et doivent se comprendre mutuellement. Si les relations entre les deux institutions se détériorent, c'est le public qui, en définitive, est la victime. Dans le genre de monde où nous vivons, c'est là une situation que nous ne pouvons nous permettre.

Je crois que, sur un point critique, les relations entre la presse et le gouvernement se sont trouvées rompues: sur la question de savoir comment le gouvernement et la presse doivent travailler ensemble en un temps de crise nationale qui frôle la guerre déclarée.

Nous avons vu surgir ce problème lors de l'invasion de la baie des Cochons, pendant la crise cubaine des missiles en 1962, puis au cours de la guerre du Viêt-nam.

Ce qui est maintenant nécessaire est un honnête effort pour résoudre ce problème. Je suggérerais une conférence immédiate sur ce sujet, en dehors de Washington, dans un cadre qui inciterait à une discussion cordiale, mais sans détours. Les participants à cette conférence devraient être d'une part les dirigeants des principales stations de télévision et de radios et des agences de presse et les rédacteurs en chef d'une douzaine des plus importants journaux, d'autre part les hauts fonctionnaires du gouvernement responsables de l'information. Peut-être l'Institut d'Aspen pour les études humanitaires, à Aspen, Colorado, voudrait-il prêter son cadre inestimable pour une telle réunion. (Je sais qu'il ferait bon accueil à ce projet.) Le sujet essentiel en serait la diffusion de l'information par le gouvernement lorsque la sécurité et les intérêts vitaux de notre nation sont en jeu. Les représentants de la presse devraient être préparés à contribuer à cette discussion de façon concrète, sans recourir à leurs accusations habituelles contre la censure de la presse. Et les représentants du gouvernement devraient venir à la réunion sans leur conviction habituelle que la presse est toujours le traître de la partie. Peut-être serait-il bon d'inclure dans cette conférence d'anciens secrétaires de presse de présidents américains pour faire appel à leur expérience de la Maison-Blanche.

Si ce livre pouvait inciter à une telle discussion, j'estimerais alors qu'il a rempli son dessein.

TABLE DES MATIÈRES

Traduit de l'américain par

H. Delgove, B. Delorme, C. Genensohn, J. M. Jasienko, L. Lack.

Cet ouvrage
a été reproduit
et achevé d'imprimer
par G. Canale et C. S. P. A.,
Borgaro T.se (Turin) en octobre 1995.

Dépôt légal : octobre 1995.
Imprimé en Italie.
N° d'éditeur : 889